OBRIGAÇÕES DE SERVIÇOS PÚBLICOS NO SETOR PRIVADO

FUNDAMENTOS JURÍDICOS PARA A IMPOSIÇÃO REGULATÓRIA DE ENCARGOS DO REGIME JURÍDICO "TÍPICO" DA PRESTAÇÃO DO SERVIÇO PÚBLICO À INICIATIVA PRIVADA NO DIREITO BRASILEIRO

MURILO MELO VALE

Prefácio
Maurício Zockun

Apresentação
Onofre Alves Batista Júnior

OBRIGAÇÕES DE SERVIÇOS PÚBLICOS NO SETOR PRIVADO

FUNDAMENTOS JURÍDICOS PARA A IMPOSIÇÃO REGULATÓRIA DE ENCARGOS DO REGIME JURÍDICO "TÍPICO" DA PRESTAÇÃO DO SERVIÇO PÚBLICO À INICIATIVA PRIVADA NO DIREITO BRASILEIRO

Belo Horizonte

2022

© 2022 Editora Fórum Ltda.

É proibida a reprodução total ou parcial desta obra, por qualquer meio eletrônico, inclusive por processos xerográficos, sem autorização expressa do Editor.

Conselho Editorial

Adilson Abreu Dallari
Alécia Paolucci Nogueira Bicalho
Alexandre Coutinho Pagliarini
André Ramos Tavares
Carlos Ayres Britto
Carlos Mário da Silva Velloso
Cármen Lúcia Antunes Rocha
Cesar Augusto Guimarães Pereira
Clovis Beznos
Cristiana Fortini
Dinorá Adelaide Musetti Grotti
Diogo de Figueiredo Moreira Neto (*in memoriam*)
Egon Bockmann Moreira
Emerson Gabardo
Fabrício Motta
Fernando Rossi
Flávio Henrique Unes Pereira

Floriano de Azevedo Marques Neto
Gustavo Justino de Oliveira
Inês Virgínia Prado Soares
Jorge Ulisses Jacoby Fernandes
Juarez Freitas
Luciano Ferraz
Lúcio Delfino
Marcia Carla Pereira Ribeiro
Márcio Cammarosano
Marcos Ehrhardt Jr.
Maria Sylvia Zanella Di Pietro
Ney José de Freitas
Oswaldo Othon de Pontes Saraiva Filho
Paulo Modesto
Romeu Felipe Bacellar Filho
Sérgio Guerra
Walber de Moura Agra

Luís Cláudio Rodrigues Ferreira
Presidente e Editor

Apoio: Associação dos Magistrados Brasileiros

Coordenação editorial: Leonardo Eustáquio Siqueira Araújo
Aline Sobreira de Oliveira

Rua Paulo Ribeiro Bastos, 211 – Jardim Atlântico – CEP 31710-430
Belo Horizonte – Minas Gerais – Tel.: (31) 2121.4900
www.editoraforum.com.br – editoraforum@editoraforum.com.br

Técnica. Empenho. Zelo. Esses foram alguns dos cuidados aplicados na edição desta obra. No entanto, podem ocorrer erros de impressão, digitação ou mesmo restar alguma dúvida conceitual. Caso se constate algo assim, solicitamos a gentileza de nos comunicar através do *e-mail* editorial@editoraforum.com.br para que possamos esclarecer, no que couber. A sua contribuição é muito importante para mantermos a excelência editorial. A Editora Fórum agradece a sua contribuição.

Dados Internacionais de Catalogação na Publicação (CIP) de acordo com ISBD

V149o	Vale, Murilo Melo Obrigações de serviços públicos no setor privado: fundamentos jurídicos para a imposição regulatória de encargos do regime jurídico "típico" da prestação do serviço público à iniciativa privada no Direito brasileiro / Murilo Melo Vale. - Belo Horizonte : Fórum, 2022. 359p. ; 17cm x 24cm. Inclui bibliografia. ISBN: 978-65-5518-341-2 1. Direito Administrativo. 2. Regime Jurídico do Serviço Público. 3. Privatizações e desestatizações. I. Título.
2022-474	CDD: 341.3 CDU: 342.0

Elaborado por Odilio Hilario Moreira Junior - CRB-8/9949

Informação bibliográfica deste livro, conforme a NBR 6023:2018 da Associação Brasileira de Normas Técnicas (ABNT):

VALE, Murilo Melo. *Obrigações de serviços públicos no setor privado*: fundamentos jurídicos para a imposição regulatória de encargos do regime jurídico "típico" da prestação do serviço público à iniciativa privada no Direito brasileiro. Belo Horizonte: Fórum, 2022. 359p. ISBN 978-65-5518-341-2.

À Ester, por me conceber, e à Cinthia, por conceber meu filho.

Aos que surgiram e se tornaram perpétuos em minha vida.

AGRADECIMENTOS

O presente trabalho foi desenvolvido mediante a inspiração, dedicação, colaboração, apoio e exclusiva presença de pessoas incríveis:
- ao professor Onofre Alves Batista Júnior, pelo acolhimento da orientação, pela confiança depositada no desenvolvimento da pesquisa sobre um tema tão desafiador, bem como por todas as ponderações e sugestões apresentadas;
- aos professores Pedro Costa Gonçalves e Licínio Lopes Martins, pela supervisão e apoio na realização do proveitoso período de intercâmbio acadêmico perante a Faculdade de Direito da Universidade de Coimbra, cujas conversas e participações na pesquisa em desenvolvimento consubstanciaram vigorosa luz para a estruturação da presente Tese;
- aos professores da Faculdade de Direito da UFMG, em especial, professora Cristiana Fortini, professor Eurico Bitencourt Neto, professor Florivaldo Dutra Araújo, professor (visitante) Giuseppe Bellantuono, professor Luciano Ferraz, professora Maria Tereza Fonseca Dias, professor Marcelo Andrade Feres, professora Maria Coeli Simões Pires, cujos ensinamentos e apoio foram indispensáveis ao desenvolvimento da pesquisa;
- ao meu amado filho, Sergio, concebido no cume do desenvolvimento da pesquisa, por ter me revelado uma dimensão insubstituível da felicidade, e por me mostrar que não há obstáculos e desafios que não possam ser encarados com a mais pura alegria;
- à minha esposa, Cinthia, pelos exemplos de força e dedicação, pelo amor, confiança, paciência e pelo especial apoio que foi imprescindível para que eu pudesse finalizar o presente trabalho;
- à minha avó Conceição (*in memoriam*), por ter me encorajado, há vários anos, a seguir o caminho do Direito;
- à minha mãe, Ester, pela grande dedicação, amor e incentivo à minha empreitada acadêmica;
- ao meu pai, Paulo, aos meus irmãos, Victor e Paula, e a todos os meus familiares, pelo apoio, companheirismo, alegria e amizade;
- aos colegas do escritório Tavernard Advogados, em especial ao meu sócio Mário Tavernard, Guilherme Vinseiro Martins, e ao Pedro Henrique Colombini Delpino e à Julia Maciel, pelos debates jurídicos que proporcionaram melhor caminho ao desenvolvimento desta Tese;
- a todos os colegas do Programa de Pós-Graduação em Direito da UFMG, pelos fervorosos debates, companheirismo e ensinamentos, em especial, ao Federico Nunes de Matos, Bruna Rodrigues Colombarolli, Túlio César Pereira Machado Martins, Mariana Bueno Resende, Thiago Quintão Riccio, Ariane Shermam Morais Vieira, Débora Carvalho Mascarenhas dos Anjos, Caio Barros Cordeiro, Mariana Magalhães Avelar, Rafael Amorim de Amorim, Gilberto Pinto Monteiro Diniz, Lucas Dutra Dadalto, Felipe Alexandre Santa Anna Mucci Daniel, Laís Rocha Salgado, Renata Vaz Marques Costa Rainho,

Leonardo Antonacci Barone Santos, Gabriel Fajardo, Danuza Paiva, André Villani, Mila Batista Leite Corrêa da Costa, Thiago Aguiar Simim, Raphaela Borges David, Joyce Karine de Sá Souza, Henrique Carvalhais da Cunha Melo, Sírlei de Sá Moura, Rafael Eustáquio Meira Mila, Paula Carolina de Oliveira Azevedo da Mata, Vitor Valverde, Bruno Miranda Gontijo, Fernanda Versiani, Paulo Honório de Castro Júnior, Reinaldo Belli de Souza Alves Costa, Marina Soares Marinho, Aline de Abreu Lima Jorge, e inúmeros outros excepcionais estudantes com os quais tive o prazer de frequentar disciplinas, eventos e grupos de estudos.

A todos vocês que, a seu modo, contribuíram no caminho desta empreitada, muito obrigado!

Qualquer reforma da administração exige reforma do Estado e qualquer reforma do Estado é indissociável da reforma da administração

(José Joaquim Gomes Canotilho, 2000, p. 21)

LISTA DE ABREVIATURAS E SIGLAS

ADCT – Ato das Disposições Constitucionais Transitórias
ANA – Agência Nacional de Águas
ANAC – Agência Nacional de Aviação Civil
ANATEL – Agência Nacional de Telecomunicações
ANCINE – Agência Nacional do Cinema
ANEEL – Agência Nacional de Energia Elétrica
ANP – Agência Nacional do Petróleo, Gás Natural e Biocombustíveis
ANS – Agência Nacional de Saúde Suplementar
ANTAQ – Agência Nacional de Transporte Aquaviário
ANTT – Agência Nacional de Transporte Terrestre
ANVISA – Agência Nacional de Vigilância Sanitária
BNDES – Banco Nacional de Desenvolvimento Econômico Social
BOO – *Build Operate and Own*
BOT – *Build Operate and Transfer*
CBA – Código Brasileiro de Aeronáutica
CMED – Câmara de Regulação do Mercado de Medicamentos
CND – Conselho Nacional de Desestatização
CPPI – Conselho do Programa de Parcerias de Investimentos
CR88 – Constituição da República Federativa do Brasil de 1988
CVRD – Companhia Vale do Rio Doce
DAC – Departamento de Aviação Civil
DASP – Departamento Administrativo do Serviço Público
DBFO – *Design, Build, Finance and Operate*
DBFT – *Design, Build, Finance and Transfer*
DGAC – Diretoria-Geral do Departamento de Aviação Civil
DNPM – Departamento Nacional de Produção Mineral
EUA – Estados Unidos da América
FERC – *Federal Energy Regulatory Commission*
FGV – Fundação Getúlio Vargas
FM – Frequência Modulada
HOTRAN – Horário de Transporte
IAC – Instrução de Aviação Civil
ICMS – Imposto sobre Operações relativas à Circulação de Mercadorias e sobre Prestações de Serviços de Transporte Interestadual e Intermunicipal e de Comunicação
IRB – Brasil Resseguros S.A
MARE – Ministério da Administração e Reforma do Estado
OAB – Ordem dos Advogados do Brasil

OCDE – Organização para a Cooperação e Desenvolvimento Econômico
OFTEL – *Office of Telecommunications*
OIT – Organização Internacional do Trabalho
ONS – Operador Nacional do Sistema Elétrico
OSCIP – Organizações da Sociedade Civil de Interesse Público
PLANASA – Plano Nacional de Saneamento Básico
PNAC – Política Nacional de Aviação Civil
PND – Plano Nacional de Desestatizações
PPPs – Parcerias Público-Privadas
PRODIST – Procedimentos de Distribuição de Energia Elétrica no Sistema Elétrico Nacional
PUC – *Public Utility Commission*
RBAC – Regulamento Brasileiro da Aviação Civil
RBHA – Regulamentos Brasileiros de Homologação Aeronáutica
SAC – Serviço de Atendimento ao Consumidor
SAE – Serviço Aéreo Público Especializado
SBDP – Sociedade Brasileira de Direito Público
SENAC – Serviço Nacional de Aprendizagem Comercial
SENAI – Serviço Nacional de Aprendizagem Industrial
SESC – Serviço Social do Comércio
SESI – Serviço Social da Indústria
SIEG – Serviços de Interesse Econômico Geral
STFC – Serviço Telefônico Fixo Comutado
TCCEE – Tratado Constitutivo da Comunidade Econômica Europeia

LISTA DE ILUSTRAÇÕES

FIGURA 1 – Representação da simbiose conceitual

GRÁFICO 1 – Representação dos graus de publicização do serviço

SUMÁRIO

PREFÁCIO
Maurício Zockun 21

APRESENTAÇÃO
Onofre Alves Batista Júnior 23

INTRODUÇÃO 25

PARTE I
PRESSUPOSTOS HISTÓRICOS E TEÓRICOS

CAPÍTULO 1
PRESSUPOSTOS HISTÓRICOS DA COMPETÊNCIA PRESTACIONAL DO ESTADO BRASILEIRO 39
1.1   Nótulas preliminares: a importância da análise histórica do pressuposto da precedência do resguardo prestacional 39
1.2   Origens históricas e evolução do dever estatal de prestar serviços em benefício da coletividade 41
1.3   Os precedentes históricos do resguardo prestacional no Brasil 48
1.3.1   O dever prestacional no Brasil Imperial 48
1.3.1.1   O papel prestacional das câmaras municipais no Brasil Império 48
1.3.1.2   Resguardo na área de educação e assistência social 50
1.3.1.3   Regulação financeira e política de acesso a créditos populares 51
1.3.1.4   Atuação estatal no desenvolvimento da infraestrutura no Brasil 52
1.3.2   O dever prestacional na República Velha 54
1.4   Razões histórico-políticas para a centralização das atividades prestacionais no Estado Novo 56
1.5   Razões jurídico-históricas para a definição constitucional da competência federal para a titularização de atividades de interesse geral: serviços que podem ser, mas não são, *a priori*, serviços públicos pelo crivo político legislativo da União 61
1.5.1   Serviços de produção de energia elétrica 63
1.5.2   Serviços de telégrafos 67
1.5.3   Serviços de radiocomunicação 70

CAPÍTULO 2
O DOGMA DA NOÇÃO TRADICIONAL DO SERVIÇO PÚBLICO NO BRASIL E IMPLICAÇÕES SOBRE O REGIME JURÍDICO DOS SERVIÇOS PÚBLICOS 73

2.1   A incorporação das noções francesas inerentes ao serviço público, em detrimento das premissas anglo-americana das *public utilities*, como proeminência de influência doutrinária e não como decorrência de imperativo constitucional 73

2.2   Panorama das visões doutrinárias sobre o conceito e enquadramento do serviço público e seu regime jurídico no Direito brasileiro 82

2.2.1   A abrangência das concepções do serviço público no Direito brasileiro 82

2.2.2   O predomínio do entendimento do serviço público como atividades de domínio estatal 85

2.2.3   Panorama teórico sobre a relação entre o regime jurídico do serviço público e o próprio conceito de serviço público no Direito brasileiro 91

2.3   As crises da concepção do serviço público e o novo *modus operandi* de condução do dever prestacional do Estado 95

2.4   Pontos e contrapontos na doutrina brasileira sobre a impossibilidade de imposição ao setor privado de obrigações de serviços públicos 101

PARTE II
DESFAZENDO A ILUSÃO DA INDISSOCIABILIDADE DAS OBRIGAÇÕES DE SERVIÇO PÚBLICO COM O DOMÍNIO ESTATAL DA ATIVIDADE

CAPÍTULO 3
A ARTIFICIALIDADE DA CONSTRUÇÃO FRANCESA DO REGIME JURÍDICO TÍPICO DO SERVIÇO PÚBLICO 111

3.1   Considerações preliminares 111

3.2   O enquadramento dos princípios fundamentais do serviço público na evolução da noção francesa 112

3.2.1   A Escola de Bordeaux e a evolução da noção de serviço público como critério definidor do Direito Administrativo e fundamento do poder estatal 112

3.2.2   A insurgência das obrigações de serviço público como critério definidor do regime jurídico público do serviço público e de sua submissão à jurisdição administrativa 116

3.2.3   O "mito do serviço público" e a premissa da indissociabilidade do elemento orgânico com o elemento formal do serviço público 121

3.3   A "peculiaridade" jurídica do *Common Law*: a imposição de "obrigações de serviços públicos" nas *public utilities* de domínio privado como prerrogativa da função social da propriedade 124

3.3.1   Premissas jurídicas da proteção prestacional e da imposição de "encargos de serviço público" no *Common Law* 124

3.3.2   Período de nacionalização no Reino Unido e o paradoxo da flexibilização regulatória quanto à imposição de encargos de serviço público 129

3.3.3   Serviço universal: contorno anglo-saxão de encargos de regulação social que caracteriza a universalidade e modicidade tarifária 131

3.3.4	Panorama das obrigações de serviços públicos nas *public utilities*	136
3.3.4.1	Telecomunicações	136
3.3.4.2	Energia elétrica	137
3.3.4.3	Outras utilidades públicas	140
3.4	Conclusões parciais: a artificialidade do regime jurídico típico da atividade estatal	141

CAPÍTULO 4
A VISÃO INSTRUMENTAL DO SERVIÇO PÚBLICO: *PUBLICATIO* E INICIATIVA ECONÔMICA PÚBLICA COMO INSTRUMENTO PARA RESGUARDO DO REGIME JURÍDICO-PRESTACIONAL 145

4.1	Considerações preliminares	145
4.2	A noção tradicional francesa do serviço público e a visão formal-finalística do serviço público: a substantivação e ideologização do conceito e sua perpetuação na doutrina brasileira	147
4.3	Iniciativa Econômica Pública e a visão instrumental do serviço público no contexto da Comunidade Europeia: do serviço público ao "serviço para o público" (*service rendu au public*)	153
4.3.1	O serviço de interesse econômico geral e o enquadramento do conceito do serviço público na Comunidade Europeia	153
4.3.2	O novo papel da imposição das obrigações de serviço público no Direito Comunitário	157
4.3.3.	As licenças com encargos de serviço público	163
4.3.4	Balanço conclusivo: a prerrogativa de iniciativa econômica pública como instrumento de resguardo prestacional	164
4.4	Razões que evidenciam o caráter instrumental do serviço público e a prerrogativa de iniciativa econômica pública no Direito brasileiro	168
4.4.1	O *publicatio* enquanto prerrogativa do legislador infraconstitucional em definir o grau de intervenção do Estado na livre iniciativa, de acordo com a repartição constitucional de competência federativa	168
4.4.2	A intangibilidade do dever de resguardo prestacional no período de privatizações na década de 1990	176
4.4.3	O enquadramento das obrigações de serviço público, no Direito brasileiro, como direitos do usuário e não como encargos necessários à atividade	184
4.5	O sentido jurídico-constitucional da incumbência estatal em prestar serviços públicos definido no artigo 175, da Constituição da República de 1988, na perspectiva da iniciativa econômica pública e da visão instrumental do serviço público	192
4.5.1	O conceito estrito de serviço público na perspectiva da visão instrumental do serviço público	199
4.6	Conclusões parciais: o serviço público como instrumento de intervenção estatal para preservação do regime jurídico-prestacional	199

CAPÍTULO 5
A REGULAÇÃO SOCIAL E AS NOVAS FRONTEIRAS INTERVENTIVAS PARA A IMPOSIÇÃO REGULATÓRIA DE ENCARGOS DE SERVIÇO PÚBLICO 205

5.1	Considerações preliminares 205
5.2	O poder de polícia e a ilusão do "máximo" interventivo 206
5.2.1	Precedentes do poder de polícia 206
5.2.2	A construção do controle formal do poder de polícia na França revolucionária e na Alemanha bismarckiana 208
5.2.3	O referencial smithiano para a construção dos limites do poder de polícia 212
5.2.4	A construção silogística da caracterização do poder de polícia como máximo interventivo 214
5.3	Novos limites para o intervencionismo estatal no *welfare state* 219
5.4	O modelo intervencionista no Estado Regulador 226
5.5	Coordenadas jurídicas pós-privatizações 232
5.6	Particularidades da função administrativa regulatória e novos vetores para a intervenção na autonomia privada 241
5.7	Regulação social como um dos tipos de regulação: a legitimação da imposição regulatória de encargos de serviço público à autonomia privada 247
5.8	A imposição regulatória de obrigações de serviço público ao setor privado: breve panorama da literatura europeia 256
5.9	Intervenção pública e ponderabilidade do princípio da livre iniciativa 261
5.10	Imposição regulatória das obrigações de serviço público e a Lei da Declaração de Direitos de Liberdade Econômica 265
5.11	Conclusões parciais: a regulação social como instrumento interventivo legítimo para a imposição de obrigações de serviço público para atividades privadas abertas à livre iniciativa 271

PARTE III

INVESTIGAÇÃO JURÍDICO-EXPLORATÓRIA – O REGIME JURÍDICO DAS OBRIGAÇÕES DO SERVIÇO PÚBLICO E DIAGNÓSTICO DE SUA INCIDÊNCIA NO SETOR PRIVADO ABERTO À LIVRE INICIATIVA

CAPÍTULO 6
ANÁLISE JURÍDICO-EXPLORATÓRIA DA IMPOSIÇÃO DE OBRIGAÇÕES DE SERVIÇOS PÚBLICOS NO DIREITO COMUNITÁRIO 279

6.1	Obrigação de garantir a continuidade do serviço 279
6.2	Obrigação de igualdade de tratamento 281
6.3	Obrigação de mutabilidade ou adaptabilidade do serviço 282
6.4	Obrigação de universalidade na prestação do serviço 283
6.5	Obrigação de modicidade ou acessibilidade dos preços 284
6.6	Obrigação de qualidade e padrão de desempenho mínimo 287
6.7	Obrigação de segurança privada com função de segurança pública 289
6.8	Obrigação de segurança no provisionamento 290
6.9	Obrigação de transparência e permissividade de acesso à informação 291

6.10   Obrigação de permissividade de participação dos usuários 293
6.11   Obrigação de adoção de práticas de proteção e sustentabilidade ambiental 294
6.12   Obrigação de permissão de acesso a infraestrutura de domínio privado 296

CAPÍTULO 7
DIAGNÓSTICO SETORIAL DA REGULAÇÃO SOCIAL E DE IMPOSIÇÃO DE OBRIGAÇÕES DE SERVIÇOS PÚBLICOS EM ATIVIDADES LIBERALIZADAS NO BRASIL 299

7.1   Esclarecimentos preliminares 299
7.2   Energia Elétrica 300
7.3   Telecomunicações 307
7.4   Saneamento básico 313
7.5   Transportes individuais de passageiros (táxi e transporte por aplicativo) 317
7.6   Navegação aérea 322

CONSIDERAÇÕES FINAIS 329

REFERÊNCIAS 333

PREFÁCIO

A Constituição da República foi pródiga ao cominar ao Estado um plexo de deveres, cujo exercício tem por único propósito a tutela do bem comum. Dentre esses múltiplos deveres, a prestação dos denominados serviços públicos recebeu um singular tratamento.

Ademais, ao qualificar um especial conjunto desses deveres estatais como serviços públicos, a Constituição da República atribuiu a titularidade dessa competência ao Estado. Como as competências estatais também se prestam a delimitar os confins constitucionais da nossa federação, segue-se que o poder constituído não poderá arredá-la da alçada pública, sob pena de ofensa a uma cláusula pétrea. Daí porque acertadamente se afirma que os serviços públicos se qualificam como elementos integrantes e balizadores das denominadas cláusulas pétreas, sendo, por isto mesmo, inarredáveis da alçada estatal.

De outra banda, a sua prestação recebe variado tratamento jurídico, pois o seu exercício pode ser concretamente levado a efeito pelo Estado ou por pessoa privada. Seja em relação à titularidade, seja em relação à prestação, o regime jurídico incidente é de direito público ou preponderantemente de direito público.

Ademais, sendo o dever de prestação dessas atividades uma competência pública, o seu exercício é obrigatório e irrenunciável, atributo inextensível no desempenho de atividade sob o influxo do regime jurídico de direito privado.

Há, no entanto, um singular espaço neste tema. É neste específico campo que o presente trabalho, edificado pelas mãos de Murilo Melo Vale, brinda a comunidade jurídica: o regime jurídico de prestação de serviços públicos por concessionária, permissionária ou autorizada.

Isso, porque a prestação dessas atividades se edifica, como regra, em regime de competição: um *medius* entre a submissão às normas de direito público e de direito privado. Um *loci* no qual as normas de direito público preponderam e são permissivas e permeáveis pelo invariável influxo das normas de direito privado. Um sistema híbrido, portanto, no qual Murilo observa por uma especial ótica.

O que pretende Murilo? Prescrutar os confins do legítimo influxo das normas de direito público na regulação da prestação desses serviços concedidos à iniciativa privada, qualificados por Murilo como "atividades liberalizadas".

As ideias são novas e provocativas.

Acredito que os leitores, assim como eu, colherão bons frutos da leitura. Desfrutem!

São Paulo, 11 de maio de 2022.

Maurício Zockun
Professor de direito administrativo na PUC-SP. Doutor e Livre-docente em direito administrativo pela PUC-SP.

APRESENTAÇÃO

Foi com enorme prazer que recebi o honroso convite de apresentar ao leitor a obra *Obrigações de serviços públicos no setor privado: Fundamentos jurídicos para a imposição regulatória de encargos do regime jurídico "típico" da prestação do serviço público à iniciativa privada no Direito brasileiro*. Murilo Melo Vale, que tive o prazer de ter como orientando de Doutorado, apresenta-se como autor de valor na literatura jurídica brasileira.

Trata-se de obra decorrente de sua tese de Doutorado no Programa de Pós-Graduação em Direito mais bem avaliado do País, o da Faculdade de Direito da Universidade Federal de Minas Gerais (FDUFMG). Durante o período de suas investigações, atuou como Professor visitante na Faculdade de Direito da Universidade de Coimbra, em Portugal. Murilo é ainda Mestre em Direito Administrativo pela UFMG, Especialista em Direito Público pela Universidade Gama Filho/RJ e em Direito Tributário pela Universidade FUMEC. Além de Professor Substituto de Direito Administrativo na UFMG, é Professor de Direito Público credenciado na Escola de Contas do TCE/MG, bem como Professor de Direito Público atuante em diferentes instituições de ensino superior.

Tive a honra de acompanhar sua trajetória acadêmica e profissional desde o seu ingresso no Programa até o Doutorado.

Seu trabalho está alinhado com os estudos que vêm sendo desenvolvidos na Faculdade de Direito da UFMG, que objetivam possibilitar uma revisão crítica do Direito Administrativo brasileiro. E foi com esse olhar crítico e questionador que sua obra tratou do funcionamento do sistema e do papel do Estado atrelado à proteção do interesse coletivo, ao longo da história.

Fica delegado ao leitor o prazer de acompanhar um trabalho robusto, textualmente bem construído, analiticamente preciso, que descortina e explora o Direito Administrativo. O texto faz o leitor refletir e revela as faces e consequências da linha histórica que percorreu a administração pública, diante de atividades liberalizadas e dos setores privados. Tais setores, inevitavelmente, alteram a função estatal e a visão sobre o serviço público.

O texto enfoca a possibilidade de imposição de obrigações de serviços públicos a atividades privadas. O autor busca desfazer a ideia de "serviço público" tradicional, indissociada da presença estatal em atividades de interesse coletivo. O autor critica a premissa jurídica artificial que dificulta a garantia prestacional da atividade de serviço público, com suas reduções no entendimento sobre quem seria o prestador da atividade, cujo domínio não necessariamente deve ser estatal.

Murilo, assim, defronta e demonstra notória intimidade com diplomas normativos nacionais e internacionais, documentos internacionais, decisões judiciais nacionais e estrangeiras, bem como de livros, artigos científicos e informações em mídia eletrônica sobre o assunto, haurindo toda a interpretação gramatical, histórica, teleológica e sistemática que permeia a análise.

Na miríade qualitativa da necessidade de respeito às funções das atividades administrativas, faz-se necessária a leitura da obra, para compreender, através da investigação brilhantemente realizada, as razões institucionais para a construção da noção jurídica do serviço público, bem como seus princípios fundamentais. A sapiência concernente à obra estende-se à criticidade da visão histórico-brasileira de serviço público e à compatibilidade constitucional, bem como do espectro da máxima intervenção do poder de polícia.

Propõe-se, então, que o leitor se deleite com a obra preciosa para a doutrina jurídica brasileira, ponto de partida e já de referência do estudo crítico do direito administrativo.

Onofre Alves Batista Júnior
Professor Associado de Direito Público do quadro efetivo da graduação e Pós-Graduação da Universidade Federal de Minas Gerais (UFMG). Mestre em Ciências Jurídico-Políticas pela Universidade de Lisboa. Doutor em Direito pela UFMG. Pós-Doutoramento em Direito (Democracia e Direitos Humanos) pela Universidade de Coimbra. Diretor Científico da Associação Brasileira de Direito Tributário (ABRADT). Membro do Conselheiro Consultivo do Colégio Nacional de Procuradores-Gerais do Estado e do Distrito Federal. Ex-Advogado-Geral do Estado de Minas Gerais. Ex-Procurador do Estado de Minas Gerais. Sócio Conselheiro do Coimbra, Chaves & Batista Advogados (Curriculum lattes http://lattes.cnpq.br/2284086832664522).

INTRODUÇÃO

Este trabalho tem o objetivo de trazer os parâmetros jurídicos que evidenciam a possibilidade regulatória de imposição de encargos prestacionais, conhecidos como "obrigações de serviço público", às atividades privadas, abertas à livre iniciativa. O texto aqui desenvolvido decorre da Tese de Doutoramento em Direito Administrativo, defendido pelo autor em 2021, perante o Programa de Pós-Graduação em Direito da Universidade Federal de Minas Gerais, o qual possui como propósito central *desfazer uma premissa jurídica*, muitas vezes superficialmente adotada, no sentido de que encargos regulatórios, conhecidos como "obrigações de serviço público", somente podem existir na execução direta ou indireta de um "serviço público", ou seja, na existência de uma atividade de domínio estatal, que pode ser executada direta ou indiretamente. Além de demonstrar essa dissociabilidade entre o que se identifica como um regime jurídico típico do serviço público, pretende-se demonstrar também como isso ocorre na prática, fazendo a análise de aspectos regulatórios de alguns serviços abertos à livre iniciativa.

É conveniente frisar que não se pretende, com esta obra, defender que a imposição de obrigações de serviço público é algo necessário ou conveniente, *per si*, tampouco se anseia nutrir o Estado de um instrumento jurídico de intervenção em atividades privadas, além da exata medida do necessário, proporcional e adequado para a persecução de um reputado interesse público, resguardada a devida ponderação valorativa do princípio da livre iniciativa. Entende-se que a análise de adequação regulatória desse tipo de oneração, depende de uma avaliação casuística da oneração para cada atividade, especialmente em vista da ponderabilidade do princípio da livre iniciativa e da aferição concreta de impacto regulatório.

Em que pese a aferição do impacto regulatório em cada atividade não ser o objetivo do presente trabalho, as conclusões e parâmetros jurídicos aqui desenvolvidos contribuem, em nossa visão, para um repensar sobre como conflui um regime que é identificado como típico da prestação de um serviço público econômico, e como poderá transparecer em uma atividade privada, especialmente decorrente de privatizações e liberalizações de grandes serviços públicos.

Importante indagação, que merece especial destaque nos estudos jurídicos do direito público, é o questionamento acerca do papel do Estado, e consequentemente, do futuro de institutos jurídicos tradicionais do Direito Administrativo, após a crise do paradigma do *welfare state*. Diante do cenário de liberalização de grandes serviços públicos e privatizações de entidades prestacionais estatais, assistiu-se a uma profunda transformação das funções do Estado, em um curto período de tempo. Enfim, qual seria o papel do Estado nesse novo contexto?

Não se pode dizer, pelo menos em nosso entendimento, que o Estado brasileiro vivencia hoje uma fase "pós-social", como se os parâmetros do constitucionalismo social deixassem de existir. Sabe-se que diversas constituições europeias pós-guerra e, "[...] sob sua matriz, a brasileira de 1988, consagram um *princípio geral de socialidade*, fundado, de modo explícito ou implícito, em direitos fundamentais cuja vocação principal é assegurar prestações materiais oponíveis ao Estado" (BITENCOURT NETO, 2017b, p. 292). O desmantelamento de um Estado prestador dá lugar ao Estado de Garantia, que não implica o retorno aos valores liberais do início do século XIX, mas a manutenção dos valores do constitucionalismo social, sob outras vestes. Hodiernamente, deve-se admitir distintos meios de concretização dos fins sociais do Estado, incluindo a execução privada de atividades de interesse público, sendo que não se pode ignorar que a preservação desse interesse público demanda uma atuação regulatória destinada a impor condições operativas específicas, mesmo se tratando de atividades privatizadas.

Ao Estado é atribuído a importante função de sempre estar guiado ao atingimento do interesse coletivo, o qual é cada vez mais plural, complexo e entrelaçado com diversos setores econômicos e sociais. Enfim, ao papel estratégico, garantístico, regulador, estruturador das relações sociais e econômicas, não se pode conceber, e aceitar, a premissa de que processos de privatizações ou liberalizações [como é a atual tendência, em maior ou menor grau, independentemente de partidos políticos que estão no Poder] signifique o absenteísmo do Estado no exercício dos objetivos públicos que lhes são atribuídos pelo ordenamento constitucional.

A relevância do papel do Estado, após a crise do *welfare state*, mostra-se ainda mais proeminente no tocante à fiscalização e regulação de serviços privados, econômicos e sociais, de relevante interesse coletivo, materialmente semelhantes a serviços públicos, prestados com exclusivismo,[1] ou não, e sujeitos a processos políticos de liberalização e abertura à livre iniciativa.[2]

Por isso, ao considerar a relevância do serviço a ser prestado (aspecto teleológico), é comum ao Estado imputar uma série de obrigações ao prestador do serviço público, pertencentes a um regime jurídico próprio ("regime jurídico-prestacional"), aqui referidas como *obrigações de serviço público* (normalmente identificado como de natureza juspublicista), notadamente, as obrigações de regularidade, continuidade, eficiência, segurança, atualidade, generalidade, cortesia na sua prestação e modicidade das tarifas, dispostas no art. 6º, §1º, da Lei Federal nº 8.987/1995, ao conceituar o que consubstanciaria o "serviço adequado". Importante ressaltar que, como já propagava a doutrina administrativista, ainda há a obrigação de transparência, como uma das obrigações necessárias para a adequada prestação dos serviços públicos, tal como contemplado

---

[1] Na Europa Continental, o termo exclusivismo estatal na prestação é, normalmente, referenciado como "monopólio", referindo-se a direitos exclusivos de exploração concedidos legalmente, seja para atividades econômicas *stricto sensu*, seja para a exploração de serviços públicos de caráter econômico. Essa diferenciação é necessária diante da existência de uma corrente doutrinária no Brasil que aponte que o uso do vocábulo "monopólio" somente faz sentido, no ordenamento jurídico brasileiro, para atividades econômicas *stricto sensu*, não classificadas como "serviços públicos", posto que não sendo de titularidade do Estado. Para esta corrente, serviços públicos, considerando ser de titularidade do Estado, naturalmente decorreria do seu caráter de exclusividade, caso em que a prestação concorrente do setor privado somente poderia ocorrer em hipóteses de delegação ou outorga. No presente caso, considerando o entendimento de que a subjetivação da atividade é uma das estratégias interventivas do Estado, entendemos que a inviabilização da prestação da atividade por terceiros é, sim, um monopólio, visto este como um instrumento de viabilização de realização de imposição de obrigações de serviços públicos. Todavia, considerando que *essa diferenciação não é o objeto do trabalho*, preferimos evitar utilizar o termo "monopólio" para representar o exclusivismo estatal na prestação de um serviço público titularizado, em que pese ser usual essa utilização na doutrina europeia.

[2] Segundo Pedro Gonçalves (2005, p. 159 *et seq*.), o fenômeno das privatizações de tarefas públicas representa um processo que envolve a análise de custos e benefícios da desestatização e resulta em uma tarefa de duração indeterminada de analisar os efeitos e consequências, bem como de gerenciar tais consequências, direcionando as tarefas privadas à prossecução de missões de interesse público relacionadas a sua prestação.

no art. 4º, da Lei Federal nº 13.460/2017. Além desses, é possível identificar na doutrina outros encargos imputáveis ao serviço público, tais como normas regulatórias para proteção da livre concorrência (como a obrigação de acesso à rede pelos concorrentes), obrigatoriedade de criação de mecanismos de participação ativa de usuários e formas alternativas de resolução de conflitos.[3]

A questão é que, após as privatizações e liberalizações de grandes serviços públicos (como serviços de telecomunicações, produção de energia elétrica, dentre outros), a relevância coletiva (viés teleológico) na adequada prestação dessas atividades (agora privadas) ainda permanece e é reconhecida pelo Estado. Por isso, como bem pontua Rodrigo Gouveia (2001, p. 25), as recentes privatizações (inclusive liberalizações) de atividades estatais levantam a preocupação de que o mercado possa não assegurar, por si só, as exigências que se impõem no âmbito dos serviços de interesse geral. Diante disso, como também pontuam Gonçalves e Martins (2004, p. 182), estamos, portanto, diante de uma "nova responsabilidade pública", pois o Estado deixa de ter o encargo de prestar serviços essenciais e assume, por sua vez, o dever de disciplinar ou de regular o modo como os agentes do mercado prestarão esses mesmos serviços (no sentido material).

Diante dessa nova responsabilidade estatal, é possível constatar a imposição, pela regulação administrativa, de diversas obrigações positivas, em face de atividades liberalizadas, semelhantes àqueles encargos pertencentes ao regime jurídico da prestação de serviços públicos. Assim, esse novo cenário traz consigo indagações sobre a possibilidade jurídica de *imposição de obrigações de serviços públicos em face de serviços privados*, bem como a adequação jurídica da premissa, usualmente adotada, de que a incidência dessas obrigações somente poderia ocorrer em serviços de domínio estatal, ou que a pretensão de sua imposição necessariamente demanda a titularização da atividade como um "serviço público".[4]

---

[3] Por exemplo, é o que identifica Rodrigo Gouveia (2001).

[4] Essa situação problema traz repercussões práticas relevantes, induzindo a situações desarrazoadas e lesivas ao princípio da livre iniciativa, tal como impedir o exercício de determinadas atividades privadas pelo simples fato de se entender necessária a imposição de uma série de condições operacionais identificadas em serviços públicos. Podemos exemplificar recentíssima decisão do Tribunal de Justiça do Rio de Janeiro, no Agravo de Instrumento nº 0016889-29.2020.8.19.0000, que proibiu a operação do *Buser*, um inovador meio tecnológico de transporte coletivo, que intermedeia prestadores privados de transporte de fretamento colaborativo com usuários, em método semelhante ao utilizado para o transporte coletivo intermunicipal, porém com melhor qualidade e preços mais baratos. Em suas razões, além de questões de desconexão regulatória com a atividade de fretamento, verificou-se a reprodução da visão de que um regime jurídico prestacional somente poderia incidir em um serviço público, o que revelaria, por isso, uma espécie de "simulação" da atividade privada em questão, que é grande sucesso entre os consumidores. Isso fica claro no seguinte trecho da decisão de origem, utilizada como fundamento pela decisão do Agravo de Instrumento: "[...] em uma análise mais ampla de toda a sistemática jurídica que envolve a prestação do serviço público de transporte coletivo, mister se faz concluir em sentido contrário, o que passo a expor. Inicialmente cumpre observar que o serviço de transporte coletivo de passageiros é exercido por empresas particulares mediante delegação do Poder Público, nos termos do art. 21, XII, alínea e), da CRFB/88 e art. 242, §§2º, 3º e 4º, da Constituição Estadual. Por força de tais dispositivos, forçoso concluir que tal espécie de contrato de transporte está submetido às regras de direito público, entre as quais, a regulação exercida pela Agência Nacional de Transportes – ANTT [sic]. Cumpre ainda observar que a Constituição Federal, em seu art. 170, assegura a todos o livre exercício de qualquer atividade econômica, independentemente de autorização de órgãos públicos, salvo nos casos previstos em lei, como na hipótese dos autos. Nesse sentido, a Lei Federal nº 10.233/2001, estabeleceu que para a prestação de serviço de transporte internacional e interestadual, deve haver a outorga sob a forma de autorização. Dada a sua enorme relevância, *o transporte público foi erigido à categoria de direito social elencado no art. 6º, da CRFB/88, devendo ser prestado pelo Estado, ou pelas pessoas jurídicas privadas por ele autorizadas, garantindo a universalidade, a continuidade e a eficiência.* [...] Em um simples acesso ao aplicativo Buser se faz possível constatar que o serviço prestado possui as seguintes características: (i) diversas origens e destinos, todos predeterminados, sem necessidade de ida e volta no mesmo

Tais questões pertinentes à imposição de obrigações de serviços públicos foram suscitadas no Direito Comunitário Europeu, quando criaram o conceito de *"serviços de interesse econômico geral"*, uma forma de abarcar a totalidade das tradições divergentes dos países membros quanto ao conceito e implicações do "serviço público", em especial a construção francesa da noção do serviço público e a concepção das *public utilities* anglo-saxônica. (GONÇALVES; MARTINS, 2004, p. 198). O que se pretendeu foi criar um supra conceito, que evidenciasse que a transformação de uma atividade como de domínio público não seria mera decorrência da imposição de um regime jurídico-prestacional desejado. Nesse contexto, buscou-se difundir a ideia de que a desejada imposição de "obrigações de serviço público" não necessitaria da transformação da referida atividade em um empreendimento estatal prestado com exclusivismo, de modo a homenagear a livre concorrência e a coesão econômica no bloco econômico que estava surgindo.

Ainda é possível diagnosticar, através de uma investigação jurídico-exploratória, que o Brasil, influenciado por experiências de outros países da Comunidade Europeia, bem como daqueles regidos pelo sistema da *Common Law*, possui previsões de imposições regulatórias setoriais que representam a pretensão do Estado em garantir que os mesmos princípios fundamentais do serviço público, em diferentes graus de intensidade, sejam observados pelo setor privado na condução de algumas atividades de interesse coletivo abertas à livre iniciativa.

Contudo, esse embate de tradições jurídicas no Direito Comunitário, e a necessária adaptação da noção tradicional do serviço público, não ocorreu no Brasil a nível doutrinário, que manteve todas as bases jurídicas da vetusta noção francesa do serviço público na forma de se enxergar o papel do regime jurídico-prestacional e quanto à ideia da intransponibilidade das obrigações do serviço público à própria presença de um "serviço público". A compreensão jurídica conferida ao arcabouço constitucional brasileiro gerou, de certo modo, o entendimento de que o regime jurídico-prestacional seria indissociável da existência de um serviço público, ou seja, uma atividade titularizada como de domínio estatal. Essa posição evidencia o apego a um raciocínio jurídico simbiótico – estruturador da noção clássica francesa do serviço público – que combina o pressuposto de substantivização jurídica de atividades da Administração Pública e a ideologia da imprescindibilidade da presença estatal em atividades de interesse coletivo, diante da importância da imposição desse regime jurídico especial.

Por isso, é raro se ver tocar no assunto da presença de "obrigações de serviço público" em atividades privadas, pela aparente ilogicidade que isso transplanta diante da noção clássica do serviço público. Ainda, como veremos, alguns administrativistas que tocam no tema costumam ser cabais e inflexíveis com a assertiva de que não é possível juridicamente a imposição de obrigações de serviços públicos a atividades privadas, posto que "não são serviços públicos", ou que são regidos pelo princípio da livre iniciativa.

---

veículo; (ii) horários regulares e fixos, também predeterminados; (iii) locais de embarque e desembarque também predeterminados; (iv) tarifas módicas e prefixadas, ou seja, com preços baratos, como amplamente divulgado pelo próprio aplicativo Buser; (v) viagens para qualquer pessoa (generalidade) e para várias localidades. *Não se trata, portanto, de transporte mediante fretamento, mas sim de transporte regular de passageiros, sem qualquer intervenção do estado, não sendo observados direitos garantidos aos usuários do serviço, tais como, gratuidades de idosos e deficientes físicos de baixa renda.*" (grifos do autor). Outras discussões judiciais ainda estão em andamento.

Este trabalho pretende demostrar que essa é uma ideia essencialista, que ignora a natureza instrumental do serviço público e que impõe limites conceituais artificialmente construídos para propósitos alheios à realidade histórica e institucional brasileira e ao atual cenário regulatório. Entende-se que se está diante de uma premissa jurídica, muito difundida em manuais de Direito Administrativo, artificialmente construída e que não encontra amparo normativo e constitucional.

Assim, essa tese, fundamentada neste livro, propõe desfazer a ilusão da indissociabilidade das obrigações de serviço público com o domínio estatal da atividade, trazendo 3 *(três) macro conclusões*:

(i) a construção francesa do regime jurídico típico do serviço público é artificialmente pensada para sanar questões internas de natureza processual para fins de competência jurisdicional (Capítulo 3). Nesse contexto, a ideia de obrigações típicas de serviços de domínio público não pressupôs o impedimento que estas existissem em atividades de domínio privado, porém a indissociabilidade desses encargos com o domínio público foi induzida doutrinariamente pela crescente dicotomia entre o regime jurídico do direito público e privado.

(ii) através da compreensão da visão instrumental do serviço público – identificado no nosso ordenamento jurídico e que motivou alterações no papel do serviço público no Direito Comunitário – verifica-se que o regime jurídico-prestacional não é consequência da titularização de uma atividade como "serviço público", e sim pressuposto para a criação deste. Ou seja, a transformação de uma atividade como de domínio público é uma prerrogativa estatal para fomentar e garantir o regime jurídico-prestacional que se identifica com a atividade, independentemente de quem seja o prestador (Capítulo 4). A ideia de antecedência do regime jurídico-prestacional revela a inexistência de uma relação jurídica de dependência entre esse regime jurídico e o domínio estatal da atividade.

(iii) é possível demonstrar a ilusão na identificação do poder de polícia como limite para o exercício da função regulatória pelo Estado, seja diante da construção silogística, que concebeu e reproduziu o conceito jurídico do poder de polícia como "máximo interventivo", bem como diante da evolução do papel interventivo do Estado, que revelou novas fronteiras para o condicionamento da liberdade individual em prol do interesse coletivo (Capítulo 5).

A fundamentação de cada um desses 3 (três) eixos argumentativos, e decorrentes conclusões parciais, foram trazidas, respectivamente, nos Capítulos 3, 4 e 5.

No desenvolvimento de cada um desses eixos argumentativos, este trabalho utilizou de dados primários (diplomas normativos nacionais e internacionais, documentos internacionais, decisões judiciais nacionais e estrangeiras) e dados secundários (livros, artigos científicos, informações em mídia eletrônica).

Além disso, o presente trabalho se desenvolveu em 4 *(quatro) linhas metodológicas distintas*: (i) investigação jurídico-histórica; (ii) investigação comparatística; (iii) investigação jurídico-teórica; e (iv) investigação jurídico-exploratória.

A *investigação jurídico-histórica* foi necessária para demonstrar: (i) as razões institucionais para a construção da noção jurídica do serviço público, bem como da identificação dos princípios fundamentais do serviço público, de modo a melhor compreender a artificialidade da construção francesa do regime jurídico "típico" do serviço público; (ii) a análise histórica das razões constitucionais para definição da competência exploratória da União no tocante a alguns serviços de interesse coletivo, tal como definido no art. 21, da Constituição da República de 1988, de modo a demonstrar a compatibilidade constitucional com a visão instrumental do serviço público; e (iii) a análise das razões históricas para a edificação do conceito de poder de polícia como "máximo interventivo".

É de se pontuar que a investigação jurídico-histórica *não se apresenta como uma parte introdutória* da tese. Não se pode confundir introdução histórica, comuns a diversos trabalhos jurídicos, e que se presta apenas a uma contextualização inicial, com argumentação sob a linha jurídico-histórica. As investigações do tipo histórico-jurídico, segundo Gustin e Dias (2010, p. 25) "[...] são aquelas que, segundo o autor, analisam a evolução de determinado instituto jurídico pela compatibilização de espaço/tempo". Por isso, na adoção dessa linha argumentativa: "[...] deve haver uma constante preocupação com uma história compreensiva que incorpore as contradições entre fenômenos [...]". (GUSTIN; DIAS, 2010, p. 26).

O desenvolvimento dessa vertente histórico-jurídica também será compatibilizado com uma *investigação comparatística,* para contribuir na demonstração da artificialidade da construção francesa do regime jurídico típico do serviço público, bem como para demonstração da evolução da visão instrumental do serviço público no Direito Comunitário.[5] Usar da comparatística não é meramente reproduzir normas de outros países, como forma de buscar soluções para nossos próprios problemas. É, ao contrário, entender como é aplicada a lei, em consideração ao contexto político, econômico, cultural em que ela está inserida. Desse modo, busca-se desconstruir premissas jurídicas, alimentadas pela doutrina administrativista nacional, por meio de uma análise comparatística, realizada concomitantemente com a investigação jurídico-histórica da evolução e fundamentos do modelo regulatório anglo-americano quanto à imposição de obrigações positivas (semelhantes às obrigações de serviço público) para *public utilities,* bem como da evolução do Direito Comunitário europeu na substituição da noção de serviço público pelo conceito de serviço de interesse econômico geral, no qual se admite a imposição de obrigações de serviços públicos para particulares, prestadores de serviços de interesse geral abertos à livre iniciativa.

---

[5] Segundo Marrara (2014, p. 30), a comparatística é um trabalho investigativo específico destinado a comparar ou confrontar objetos "evidenciando seus pontos comuns e suas divergências no intuito de contribuir para o aprimoramento dos sistemas jurídicos ou da disciplina jurídica dos objetos confrontados". Com efeito, a comparatística não pode ser confundida com uma pesquisa que visa simplesmente a saciar a curiosidade do pesquisador ou para dar maior estética a argumentos jurídicos. O Direito Comparado não é basicamente um método, mas uma forma de se obter conhecimento sobre determinados conceitos jurídicos a serem analisados. Ou seja, no aspecto epistemológico, é, por si só, uma forma de inteligibilidade de determinados problemas pela análise de formas de pensar determinadas questões jurídicas em diferentes sistemas legais. Ou melhor, a comparatística pretende avaliar qual seria a função de determinados institutos legais em diferentes contextos jurídicos. Nesse sentido, Geoffrey Samuel (2014, p. 21 *et seq.*) ensina que não existe ciência sem método; e o que interliga a ciência com o método é o esquema de inteligibilidade, cujo objetivo é explorar as experiências reais e transpassá-las a um esquema de elementos e relações. Nesse sentido, Samuel (2014, p. 5 *et seq.*) bem pontua que a metodologia comparada não pode se divorciar da epistemologia, sendo necessário, às vezes, o pesquisador dialogar com bibliografias externas à disciplina jurídica, comprometendo-se com a interdisciplinaridade.

Para melhor desenvolvimento da pesquisa comparatística, contribuiu-se para a elaboração do presente trabalho a realização de um período de intercâmbio acadêmico, através de programa de mobilidade internacional promovido pela Universidade de Coimbra, Portugal, sob a supervisão do professor Pedro Costa Gonçalves e com o apoio do professor Licínio Lopes Martins. Através de entrevistas com professores da instituição, em especial com o professor supervisor, e mediante o acesso ao acervo bibliográfico mais extenso, essa incursão internacional foi muito importante para a compreensão do raciocínio jurídico para a imposição de obrigações de serviços públicos a atividades privadas, bem como da visão instrumental do serviço público, fundamental para a estruturação do presente trabalho.

A *investigação jurídico-teórica*, buscou, através de adequada revisão de bibliografia, compreender como se enquadra a doutrina administrativista hoje, quanto à relação do regime jurídico-prestacional com o domínio público da atividade e à visão formal-finalística do serviço público no Direito brasileiro, demonstrando elementos teóricos da existência de um modelo instrumental no Brasil. Através dessa investigação jurídico-teórica, o presente trabalho também buscará demonstrar os fundamentos teóricos que estruturam a tipologia da regulação social, com a legitimação regulatória da imposição de obrigações de serviços públicos aos particulares, utilizando-se aqui em especial destaque os referenciais teóricos de Pedro Costa Gonçalves (1999; 2006) e Tony Prosser (1997).

Por fim, com o propósito de melhor ilustrar como se dá, ou pode se dar, a imposição de obrigações de serviço público a serviços privados abertos à livre iniciativa, utilizar-se-á de uma *investigação jurídico-exploratória*, para compreender o regime jurídico das obrigações de serviço público e como se efetiva a imposição desse regime jurídico-prestacional no Direito europeu. Além disso, através de uma investigação jurídico-exploratória, realizaremos um diagnóstico de imposição de obrigações de serviços públicos a algumas atividades reguladas abertas à livre iniciativa no Brasil. Os Capítulos 6 e 7 serão destinados a apresentar o resultado dessa investigação jurídico-exploratória.

Assim, em atenção a essa metodologia, o presente trabalho se estruturou da seguinte forma:

A primeira parte do trabalho (*Parte I*), composta pelos Capítulo 1 e Capítulo 2, irá demonstrar e compreender alguns pressupostos históricos e teóricos para o problema proposto.

O *Capítulo 1* irá realizar uma análise histórica do dever prestacional do Estado, com o intuito de demonstrar que o pressuposto da precedência do resguardo prestacional é um princípio estruturador da função pública, em constante evolução. Neste capítulo, também utilizando-se de uma investigação jurídico-histórica, busca-se compreender a evolução do papel prestacional no Estado brasileiro e entender as razões políticas para a centralização de atividades de interesse coletivo no Estado Novo. Esta evolução histórica é essencial para revelar que a definição constitucional da competência federal para a exploração de atividades de interesse geral não é uma "titulação" de serviços públicos, mas de serviços que podem ser "públicos", ou melhor, a serem titularizados pelo Estado, conforme o crivo político-legislativo verificado na história institucional brasileira. Trata-se de constatação histórica que é pressuposto para a posterior compreensão da visão instrumental do serviço público.

O *Capítulo 2* irá demonstrar, para melhor visualização do problema de pesquisa, como se construiu e foi internalizado, no Direito brasileiro, o dogma da noção tradicional do serviço público, bem como suas implicações sobre o regime jurídico de sua prestação. A noção do serviço público no Brasil foi desenvolvida com diferentes abrangências e imiscuiu-se com influências de doutrina estrangeira de inspiração inglesa e norte-americana dos *public utilities*. Pretende-se demonstrar que o predomínio da noção francesa do serviço público foi uma opção doutrinária, em disputa de influências literárias estrangeiras, e não decorreu de uma construção constitucional específica. Também demonstrar-se-á como essa noção tradicional se manteve em um cenário de evolução da noção clássica francesa do serviço público (diferentes crises do serviço público) e como se reproduz, na doutrina nacional, a impossibilidade de imposição ao setor privado de obrigações de serviço público. Este Capítulo 2 buscou apenas a contextualização do dogma do serviço público no Direito brasileiro, de maneira suficientemente necessária para avançar na fundamentação da tese proposta, o que desaconselhou, por razões metodológicas, a imersão teórica em diversos aspectos jurídicos muito desenvolvidos no Brasil, quanto ao tema do serviço público.

Visto os pressupostos históricos e teóricos para o problema de pesquisa apresentado, a *Parte II* deste trabalho será destinada à fundamentação da tese, buscando, em seus Capítulos 3, 4 e 5, desfazer a ilusão da indissociabilidade das obrigações de serviço público com a ideia de domínio estatal da atividade.

O *Capítulo 3* destinará a fundamentar a artificialidade da construção francesa do regime jurídico "típico" do serviço público. Para tanto, busca-se compreender a evolução da noção do serviço público, pela Escola de Bordeaux, e o caráter processual do esforço doutrinário para a identificação de um regime jurídico que é típico das funções do Estado, para fins de definição da competência da jurisdição administrativa. Nesse contexto, as Leis de Rolland foram a consagração de uma sistematização artificial da doutrina francesa sobre o conteúdo jurídico mínimo de algumas atividades estatais sujeitas ao contencioso administrativo. Além disso, através de uma análise histórica e comparada, pretende-se compreender como se desenvolveu a legitimidade jurídica de imposição regulatória de encargos semelhantes aos princípios fundamentais do serviço público, no Reino Unido e nos Estados Unidos da América – países consagrados por valores semelhantes, e até mais intensos, da livre iniciativa, comparados com outros países europeus – de modo a demonstrar que os fundamentos jurídicos utilizados pelos precedentes judiciais teriam total adequabilidade ao contexto jurídico francês e, naturalmente, ao brasileiro. Com essas demonstrações teóricas, históricas e comparatísticas, busca evidenciar que a ideia de um "regime jurídico-prestacional" típico e indissociável de uma atividade estatal é uma ideia artificial plenamente contestável.

O *Capítulo 4* se dedicará a fundamentar e explicitar como se desenvolveu a visão instrumental do serviço público no Direito Comunitário, comparando-o com a permanência de uma "visão formal-finalística" do serviço público na doutrina administrativista brasileira, a qual insiste em identificar algumas atividades estatais como inerentes ao Estado pela relevância conferida pelo ordenamento e pelo regime jurídico-prestacional conferido a sua atividade. Nesse contexto, também pretende apresentar algumas razões que evidenciam que, também no Direito brasileiro, o serviço público – em seu sentido mais estrito – é um instrumento de resguardo prestacional e não meramente a natureza típica de determinadas atividades – substantivizadas com obrigações de serviço público – inclusive aquelas descritas na Constituição como de competência prestacional de determinados entes federativos – por exemplo, os serviços definidos no art. 21, XI e XII, da Constituição da República.

Esse capítulo esquadrinhará o conceito jurídico de serviço público, constitucionalmente considerado, no intuito de revelar que se trata de um *instrumento jurídico de intervenção do Estado na ordem econômica*, decorrente de uma prerrogativa da *iniciativa econômica pública*. Este é o sentido do instituto previsto no art. 175, da atual Constituição, em uma interpretação histórica desde a Constituição de 1937. Verificar-se-á inexistir amparo para uma ideia constitucional de serviço público *por natureza*, o que faz concluir que são serviços públicos – enquanto atividades econômicas de domínio público e regidos por um regime jurídico especial – o que *o legislador infraconstitucional assim decidir, conforme crivo político-legislativo aferido em sintonia com os objetivos públicos definidos constitucionalmente*. Nesse contexto, busca-se fundamentar que algumas atividades econômicas descritas no rol de atribuições federativas não são, aprioristicamente, um serviço de domínio público, *sem que haja previamente a devida publicização pelo legislador infraconstitucional*. A previsão, trazida no art. 21, da Constituição, sem o necessário *publicatio*[6] pelo legislador, terá o efeito apenas de implicar *uma divisão de competências federativas*, em sintonia com as demais disposições desse capítulo constitucional. Isso faz concluir que algumas atividades econômicas *não nascem* serviços públicos (em uma acepção orgânica), mas *podem ser* serviços públicos. *Serviços públicos*, em seu sentido mais estrito, seria, por isso, um instrumento estatal, de intervenção no domínio econômico, destinado a resguardar a boa prestação de atividades econômicas de interesse geral.

Assim, esse enquadramento do conceito de serviço público no Direito brasileiro viabiliza, certamente, o raciocínio que o *regime jurídico-prestacional*, ou melhor, um regime jurídico caracterizado por obrigações de serviço público, é *pressuposto, e não consequência da titularização de uma atividade*. Ou seja, a imposição de obrigações de serviços públicos representaria, desse modo, um nível de publicização das atividades menores e anteriores ao grau máximo de publicização da atividade, que é o serviço público (em seu sentido orgânico e restrito). Isso nos faz concluir que, sob a perspectiva da imposição desse regime jurídico especial de obrigações, o conceito de serviço público pode ser visto sob *outro prisma*: Serviço público, no sentido trazido no art. 175, é um instrumento, disponível ao poder público, de intervenção no domínio econômico, constituído por lei, que torna de domínio público um serviço econômico de interesse geral, previsto expressamente na Constituição, ou não, para exercício da atividade de maneira exclusiva, ou não, de forma direta, ou por meio da técnica concessória, com o objetivo de resguardar a imposição de um regime jurídico-prestacional, caracterizado pela incidência de obrigações especiais afetas à relevância pública da atividade (obrigações de serviço público), necessárias à boa consecução das finalidades pretendidas com a atividade.

A visão instrumental, portanto, deixa clara a ideia de dissociabilidade das obrigações de serviço público com o domínio estatal da atividade, uma vez que a titularização da atividade seria apenas uma forma de fomento e incentivo à efetividade desse regime jurídico, mas não *conditio sine qua non* para sua imposição.

---

[6] *Publicatio* é uma expressão tradicionalmente utilizada pela doutrina administrativista, de influência europeia, que se refere ao ato estatal que transforma uma determinada atividade como de domínio público, ou melhor, que institucionaliza a titularidade sobre determinada atividade.

O *Capítulo 5*, por sua vez, busca desmitificar a construção jurídica do poder de polícia como limite ao poder interventivo do Estado. Neste caso, mostrou-se necessário revelar, em uma análise jurídico-histórica, como ocorreu a edificação do conceito do poder de polícia como "máximo interventivo", diante da demonstração da evolução do controle formal do poder real na França revolucionária e na Alemanha bismarckiana, e a influência do referencial smithiano para o raciocínio silogístico que solidificou o limite jurídico do poder interventivo. Em sequência, este capítulo demonstrará, através de uma análise jurídico-teórica e exploratória, como desenvolveram as fronteiras para o intervencionismo do Estado no *welfare state* e no modelo do Estado Regulador. A ideia de resguardo prestacional, que indicava a necessidade de subjetivação pública da atividade, pode ser demonstrada também pela análise das coordenadas jurídicas pós-privatizações, como se verifica no Brasil e em outros países europeus. A desmitificação dos limites ao poder interventivo também será fundamentada por análises teóricas sobre os novos vetores e mudanças na função administrativa, bem como pela evolução da tipologia da "regulação social", vista como meio de intervenção do Estado destinada a impor obrigações garantidoras de direitos sociais, que também amparam regras "típicas" do regime jurídico-prestacional do serviço público. Também irá ser realizado neste Capítulo um panorama literário internacional sobre a prerrogativa de imposição de obrigações de serviço público ao setor privado, como novo alcance da ação estatal no Estado Regulador. Este novo alcance também é reforçado pelo reconhecimento da ponderabilidade do princípio da livre iniciativa com outros valores constitucionais, tal como também debatido neste Capítulo. Toda essa digressão histórica e teórica sobre a ilusão da construção silogística do poder de polícia, e sobre a evolução do papel interventivo do Estado, evidencia certamente a possibilidade jurídica do Estado em impor obrigações de serviço público a atividades privadas abertas à livre iniciativa.

A *Parte III* deste trabalho, composto pelos Capítulos 6 e 7, se dedicará à realização de uma investigação jurídico-exploratória acerca do regime jurídico das obrigações de serviço público e para o diagnóstico exemplificativo de sua incidência no setor privado aberto à livre iniciativa, de forma a melhor ilustrar o objeto de investigação.

O *Capítulo 6* irá sistematizar quais são os tipos de obrigações de serviço público normalmente identificados na doutrina e intercorrências de sua execução pelo setor privado. Neste caso, a terminologia utilizada foi inspirada pela sistematização trazida pelo Direito Comunitário, especialmente pelo "Livro Verde dos Serviços de Interesse Geral", elaborado pela Comissão das Comunidades Europeias, o que também inspirou a sistematização doutrinária realizada por diversos autores europeus.

O *Capítulo 7*, por sua vez, irá realizar um diagnóstico setorial da imposição de obrigações de serviços públicos a algumas atividades de interesse coletivo liberalizadas no Brasil. O intuito deste Capítulo não é realizar uma digressão sobre todos os aspectos regulatórios de cada setor, o que superaria demasiadamente os objetivos deste trabalho. Pretende-se, isso sim, através do método de amostragem intencional, apresentar alguns exemplos de imposição de obrigações de serviço públicos a atividades consideradas como atividades privadas abertas à livre iniciativa. Certamente, e é importante ressaltar, que a comprovação da legítima imposição de encargos semelhantes a serviços públicos a atividades privadas não demanda um mapeamento completo de todas as normas regulatórias aplicáveis ao referido setor – o que exigiria um manual específico para cada atividade. Além disso, a escolha dos setores se deu em razão de sua importância regulatória, e de sua similitude com atividades titularizadas como serviço público, para melhor compreensão da visão instrumental deste instituto.

Com toda essa digressão, acredita-se que o presente trabalho conseguirá demonstrar e fundamentar a tese de que não há elementos jurídicos que amparam a premissa da indissociabilidade das obrigações de serviço público com o domínio público da atividade. Trata-se de conclusão elementar para amparar juridicamente a ideia de que, também no Brasil, é possível ao Estado impor a uma atividade privada, aberta à livre iniciativa, obrigações típicas de serviço público, notadamente, as obrigações de regularidade, continuidade, eficiência, segurança, atualidade, generalidade, transparência, cortesia na sua prestação e modicidade das tarifas, dentre outras identificadas no contexto comunitário como "obrigações de serviço público" (universalidade, padrão de desempenho mínimo, segurança privada com função de segurança pública, segurança no provisionamento, permissividade à participação de consumidores, sustentabilidade ambiental e permissividade de acesso a infraestrutura pelo concorrente), desde que o condicionamento da liberdade econômica seja justificável em vista de valores e objetivos constitucionalmente aceitos e aplicáveis em uma ponderação de necessidade e adequação regulatória.

PARTE I

PRESSUPOSTOS HISTÓRICOS E TEÓRICOS

CAPÍTULO 1

PRESSUPOSTOS HISTÓRICOS DA COMPETÊNCIA PRESTACIONAL DO ESTADO BRASILEIRO

1.1 Nótulas preliminares: a importância da análise histórica do pressuposto da precedência do resguardo prestacional

Em todo o decorrer deste trabalho, assume-se a existência de um pressuposto de ação estatal, representado por um dever público em atender aos anseios dos governados em suas demandas prestacionais, observáveis em diferentes graus e amplitudes, variando de acordo com o lugar e o tempo.

É o que referenciamos como *princípio do resguardo prestacional*: não se trata de uma norma jurídica, mas sim de um princípio de ação estatal que se ampara na ideia de que toda ação legítima do Estado, em diferentes momentos históricos, pressupõe-se a precedência de uma *premissa* de que sua ação é realizada para proteger (e resguardar) necessidades e utilidades públicas por determinadas prestações, ora assumidas pelo Estado, ou então executadas pelo setor privado sob o escrutínio, incentivo e proteção do poder público. O pressuposto (ou princípio) do resguardo prestacional é o que motiva e justifica ações estatais que visam a atender a determinados objetivos coletivos e solidaristas e que, conforme sempre mencionado neste trabalho, induzem a assunção de novas responsabilidades prestacionais. É sob esse pilar estruturante da ação estatal que se legitima, por exemplo, a transformação de uma atividade econômica de interesse coletivo em domínio estatal, ou ainda que ampara determinadas ações interventivas na autonomia privada, visando a imposição de encargos criados para a proteção e promoção de direitos coletivos.[7]

Considerando esse pressuposto, que define a forma que o Estado tem de lidar com demandas coletivas na boa prestação de serviços de "interesse coletivo", este trabalho também buscou se distanciar da usual classificação "serviço público" e "atividade

---

[7] Como é o caso da imposição de obrigações do serviço público para agentes privados no exercício de atividades abertas à livre iniciativa.

econômica", como conceitos diametralmente opostos, considerando a posição aqui assumida – e que será mais bem exposta na demonstração da visão instrumental do serviço público[8] – de que o serviço público é apenas um dos meios disponíveis ao Estado para o resguardo prestacional. Por isso é que usualmente se faz menção, neste trabalho, a "serviços de interesse coletivo", que não é um conceito definido no ordenamento jurídico pátrio, mas uma forma classificatória de se referir aprioristicamente a atividades econômicas, exploráveis pelo particular, que assumem especial atenção do poder público em vista do interesse coletivo a ele reputado – e que, sobretudo, pode ser motivo para a sua transformação, em determinado momento, em atividades de domínio público (serviço público).

Para melhor ilustrar este pressuposto de ação estatal, entendemos conveniente apresentar, com os devidos detalhes, uma contextualização da evolução histórica dos contornos desse dever prestacional, anteriormente à incorporação e concretização da noção do serviço público. Com efeito, a melhor compreensão histórica de elementos prestacionais é um caminho vigoroso, porém, necessário para a plena compreensão dessa premissa de ação estatal, que consubstanciaram nas bases para a emergência da concepção francesa do serviço público[9] e, especialmente, da premissa jurídica de indissociabilidade do regime jurídico da prestação do serviço público (aqui classificado como regime jurídico-prestacional, tal como o princípio da continuidade, adequação, igualdade, universalidade etc.) com a presença de uma atividade de domínio estatal.

É célebre a assertiva de Rudolf Von Jhering que, ao observar a interferência progressiva do Estado na ordem social, observava: "[...] se é permitido tirar do passado, conclusões para o futuro, pode dizer-se que dia virá em que o Estado tenha absorvido todos os fins sociais" (JHERING, 1963, p. 212).[10] Não se pode contestar a relevância jurídica da interpretação do passado, para compor conclusões jurídicas.

A análise histórica do conceito de serviço público no Direito francês foi consequência de uma transformação jurídica verificada pelo aumento do solidarismo estatal, a partir do século XIX. Tal como ocorreu no Reino Unido, Estados Unidos da América e na Comunidade Europeia, a imposição de encargos regulatórios, identificados como obrigações de serviços públicos, também foi consequência da evolução de uma preocupação estatal em resguardar a boa prestação de determinados tipos de atividades essenciais à coesão social e econômica.

A história institucional brasileira, tal como verificada na França, no Reino Unido e na Comunidade Europeia, também revela que a incorporação do conceito de serviço público francês também se deveu ao crescente solidarismo estatal, que induziu o Estado a assumir a prestação de serviços que, até então, eram entregues aos particulares, por considerar que o setor privado não tinha um espírito público, diante da predisposição natural à obtenção do lucro.

---

[8] Vide Capítulo 4.
[9] Tal concepção será analisada mais detidamente em momento oportuno, quando da análise do artificialismo da construção francesa do regime jurídico "típico" do serviço público (Capítulo 3).
[10] Em que pese Jhering compor uma visão realista, frente ao historicismo jurídico de Savigny, pautando-se pela ideia de que o Direito é fruto de uma "luta social", verifica-se nas obras de Jhering, que este autor atribui uma grande importância ao devir histórico na formação do sentimento jurídico, apostando que o sentido do direito é modelado pela história e não proveniente das leis naturais eternas. (CARNIO, 2015, p. 1).

Não obstante, o dever de resguardo prestacional assumido pelo Estado brasileiro não se deu como mera importação de um modelo social europeu, como se a preocupação estatal em zelar pela boa execução de atividades de interesse coletivo fosse simples consequência da assunção de uma noção jurídica de serviço público doutrinariamente construída na França e, como visto, para propósitos instrumentais.

Antes mesmo da incorporação jurídica da noção tradicional francesa do serviço público, o constitucionalismo liberal que vigorou no Brasil, especialmente durante o Governo Imperial e no início do século XX, durante a República Velha, revelou o desenvolvimento de um dever prestacional com suas próprias características. O mesmo solidarismo francês, desenvolvido no século XIX, que resultou na desconstrução da ideia de que o Estado seria fundamentado pela prerrogativa do poder público, também marcou a história administrativa brasileira, ao seu modo.

Por isso, é adequado compreender, em um uma visão geral, a origem e o desenvolvimento desse papel solidarista e interventivo na Europa, e posteriormente desenvolvido no Brasil durante o constitucionalismo liberal, como pressuposto para a adoção do paradigma do serviço público, como é visto atualmente. Por mais que o apogeu do período de centralização e nacionalização de atividades de interesse coletivo tenha ocorrido em meados do século XX, não se pode afirmar que o papel prestacional do Estado tenha se iniciado pela adoção de uma construção jurídica francesa sobre o serviço público enquanto fundamento do Estado.

Não apenas isso, há elementos importantes sobre os alicerces para o desenvolvimento e a centralização de competências prestacionais no Direito brasileiro, que também precisam ser contextualizados para melhor compreensão histórico-jurídica de entendimentos jurídicos assumidos até então sobre a definição e abrangência da ideia do serviço público no Direito pátrio.

1.2 Origens históricas e evolução do dever estatal de prestar serviços em benefício da coletividade

A expressão "serviço público", utilizada em sua acepção mais ampla, abrangendo todas as funções do Estado, traz hoje a ideia de que as atividades estatais devem ser aquelas em que se busca atender aos interesses da coletividade. Isso induz, naturalmente, à conclusão de que a função estatal está intrinsecamente afetada a servir ao interesse coletivo. Todas as benesses criadas para suprir necessidades materiais, ou o exercício de prerrogativas estatais, como o monopólio do uso da força, por exemplo, seriam atividades permitidas, como se dialoga na literatura jurídica hoje, apenas porque o interesse coletivo assim demanda.

Trata-se de uma ideologia atrelada aos fundamentos do Estado de Direito e do Direito Administrativo. Segundo os ideais revolucionários da Revolução Francesa, todos os cidadãos seriam os verdadeiros donos da "soberania" nacional e destinatários dela. Para viabilizar o bem comum, seria necessário abdicar da soberania individual para que se permitisse ao Estado a contrapartida de se utilizar de prerrogativas a ele atribuídas para atingir os melhores interesses da coletividade. O papel do Estado na busca desse bem comum é o pilar estrutural das correntes contratualistas, sendo Rousseau (1999) um dos seus principais expoentes, cujas premissas possuem grande receptividade atual, especialmente no papel do Estado em atender às necessidades coletivas.[11] Bem comum é o interesse público, o que não é um mero somatório de interesses, mas um interesse de cada um, considerado no todo coletivo.[12] Com essas premissas, o interesse público é sempre utilizado como fundamento do poder político, que legitima e justifica as funções e prerrogativas estatais.

Mas não apenas isso. O bem comum, ainda mais em uma construção afirmativa do Estado Social, não pode simplesmente ser visto como uma abdicação, para um interesse maior, e sim como uma finalidade utilitarista do Estado. Tal como bem pontua Onofre Alves Batista Júnior, a ideia do bem comum traz para a Administração Pública deveres positivos prestacionais, conforme é bem claro na seguinte passagem:

> No Estado Democrático de Direito, os fins que o Estado deve perseguir são amplos, não se restringindo mais à segurança, e cobrem, na realidade, quase tudo o que se referir à promoção do bem comum.
>
> Para uma visão mais precisa da questão, deve-se tomar a formulação feita pelo Papa João XXIII, no sentido de que o bem comum consiste no conjunto de todas as condições da vida social que consintam e favoreçam o desenvolvimento integral da personalidade humana, compreendendo, inclusive, os valores materiais e espirituais. Cumpre verificar que o "interesse público geral" expressa muito mais a ideia de vantagens puramente quantitativas, deixando de lado elementos qualitativos. Nesse sentido, pode-se afirmar que o Estado Democrático de Direito deve cumprir sua finalidade social essencial e primeira de busca do bem comum, e não do mero interesse público geral. A ideia de bem comum, ainda, não limita seus horizontes às aspirações e necessidades de um determinado povo, em determinada época, mas resulta da verificação destas, tomando-se por referência, pelo menos, os anseios das gerações presentes e futuras.
>
> Em realidade, a razão última para a atribuição do poder-dever à AP está exatamente nessa sua potencial condição de atender ao bem comum, em seu sentido holístico mais amplo. (BATISTA JÚNIOR, 2012, p. 77).

O fundamento do Poder, contudo, nem sempre esteve atrelado ao dever de o Estado ter que "servir ao público", tampouco se pode identificar que essa ideia somente surgiu com o Estado de Direito. A origem da concepção de que as instituições estatais existem para estarem "ao serviço do público" remonta à Idade Média, período no qual surgiram as primeiras bases do dever do poder público em atender às necessidades do *coletivo*, como será mais bem exposto adiante. Os contornos do surgimento do dever prestacional do Estado estão dissociados da origem da prerrogativa de império (*puissance publique*) ou do exercício da soberania. Pelo contrário, são inconfundíveis com este.

---

[11] O ideal contratualista é evidente no seguinte trecho de sua obra "[...] só a vontade geral pode dirigir as forças do Estado em conformidade com o objetivo de sua instituição, que é o bem comum: pois, se a oposição dos interesses particulares tornou necessário o estabelecimento das sociedades, foi o acordo desses mesmos interesses que o tornou possível. O vínculo social é formado pelo o que há de comum nesses diferentes interesses, e, se não houvesse um ponto em que todos os interesses concordam, nenhuma sociedade poderia existir. Ora, é unicamente com base nesse interesse comum que a sociedade deve ser governada" (ROUSSEAU, 1999, p. 33).

[12] Essa ideia rousseauniana que busca justificar a existência do Estado, possui afinidade com o conceito de interesse público trazido por Celso Antônio Bandeira de Mello (2006): "Não é, portanto, de forma alguma, um interesse constituído autonomamente, dissociado do interesse das partes e, pois, passível de ser tomado como categoria jurídica que possa ser erigida irrelatamente aos interesses individuais, pois, em fim de contas, ele nada mais é que uma faceta dos interesses dos indivíduos: aquela que se manifesta enquanto estes – inevitavelmente membros de um corpo social – comparecem em tal qualidade. [...] Donde, o interesse público deve ser conceituado como o interesse resultante do conjunto dos interesses que os indivíduos pessoalmente têm quando considerados em sua qualidade de membros da Sociedade e pelo simples fato de o serem." (MELLO, 2006, p. 58).

A soberania nacional, ou soberania de uma nação, como primórdios do princípio democrático de organização do Estado, é uma criação artificial dos revolucionários franceses, para legitimar o rompimento abrupto com o Antigo Regime.

O poder de império, ou potestade pública (*imperium* e *potestas*), tem origem no Direito Romano, que foi posteriormente incorporado na figura do rei. O poder de império não tinha qualquer relação com delegação pública, mas era uma propriedade atribuída a uma pessoa, o imperador, cuja vontade deveria ser respeitada por todos (DUGUIT, 1921, p. 2). Tal conceito foi posteriormente incorporado pelos juristas do Antigo Regime, para legitimar o poder de império do rei, que exercia esse direito subjetivo. Essa propriedade do poder público é muito bem relatada por Charles Loyseau, em sua obra "Tratado da Nobreza" (1610), traduzido por Howell A. Lloyd, conforme a seguinte passagem:

> Pois, como eu disse [em outro lugar], existem três tipos de dignidade: cargo, nobreza e ordem. Eles estão relacionados não apenas em termos do que eles têm em comum, ou seja, dignidade, mas também em termos do que os diferencia, ou seja, poder público, no qual cada um deles participa diferentemente. Pois cargo implica o exercício do poder público, razão pela qual o defini como dignidade com função pública; nobreza implica propriedade do poder público, e é por isso que eu o defini como dignidade com posse do poder público; e, finalmente, a ordem implica apenas aptidão para o poder público, e é por isso que eu a defini como dignidade com aptidão para o poder público. (LOYSEAU, 1994, p. 9, tradução própria).

E, por ser [o poder de império] sua propriedade, transmitir-se-ia para seus herdeiros (DUGUIT, 1921, p. 3). Trata-se, assim, de um direito natural do soberano, advindo daí o termo "soberania", originalmente relacionada à pessoa singular do rei, passando a significar o próprio poder real por si mesmo, o qual representa o exercício de um direito natural de algo que era sua propriedade, ou seja, a potestade pública.[13] Enfim, o termo "soberania", em sua origem, nunca esteve atrelado à ideia de nação ou coletividade de pessoas, mas sim à figura de um imperador, ou rei, que exerce este direito dentro do espaço territorial que possuía o *domínio eminente*.

Desde a antiguidade, não se via no Estado a função essencial de prestação de serviços para aqueles que seriam governados. Pode-se dizer que o mecanismo de contraprestação por funções exercidas na organização estatal é exemplo disso. A colaboração com as funções estatais não era inserida como elemento orgânico ou estruturador do Estado, mas sim como uma *função social não remunerada*, seja por amor ao ofício ou filantropia. No antigo Império Romano, como pontua Rudolf von Jhering (1963, p. 85), essa concepção de não haver remuneração para o exercício de funções públicas "[...] tinha um imenso alcance social: não que ela regulasse a posição social do indivíduo e a distinção das classes, mas porque atribuía uma função social para os serviços gratuitos", os quais correspondiam às "necessidades essenciais da sociedade e do Estado".[14]

---

[13] Conveniente citar, nesse sentido, transcrição de obra de *Kantorowitz*, trazida por Foucault, no livro *Vigiar e Punir*: "[...] fez uma vez do 'corpo do rei' uma análise notável: corpo duplo de acordo com a teologia jurídica formada na Idade Média, pois comporta além do elemento transitório que nasce e morre um outro que permanece através do tempo e se mantém como fundamento físico, mas intangível do reino." (FOUCAULT, 1999, p. 36).

[14] Esse autor completa: "O Estado e a sociedade mantiveram-se ali [sic] durante séculos sob o império da ideia de que taes [sic] serviços estavam suficientemente assegurados sem serem remunerados, como entre nós acontece com a água para beber indispensável, e, comtudo [sic], gratuita." (JHERING, 1963, p. 85 *et seq*.).

Em Roma, muitas funções intelectuais não proviam nenhum tipo de remuneração por parte do Estado, por uma incompatibilidade moral, já que a criação e difusão do conhecimento não seria compatível com uma contraprestação pecuniária. Nesse sentido, professores e jurisconsultos não foram, durante muito tempo, remunerados pelo Estado. Se o intelectual não possuísse condições próprias para o seu sustento, a manutenção da atividade somente poderia ser viabilizada por subsídios de terceiros (BRANT, 1951, p. 42 *et seq.*). Nesse contexto, é de se pontuar que a incompatibilidade de "salário" com o exercício de uma função intelectual no Estado se estendeu por séculos afora e influenciou a natureza da remuneração recebida pelo agente estatal. Neste caso, persistiu a teoria, de grande importância no Direito Administrativo, no sentido de que a retribuição dada pelo Estado ao funcionário público não tem relação com o serviço por ele prestado, mas seria apenas um subsídio para viabilizar o sustento da pessoa que age em nome dele (BRANT, 1951, p. 46).

A origem dessa concepção remuneratória da função pública revela, ao nosso ver, que, desde o Império Romano, não existia a noção de que as funções estatais, e demais funções públicas exercidas por agentes do Estado, consubstanciariam a concretização de um dever prestacional do soberano. Por isso, é de se dizer que, durante muito tempo, não existia a concepção de que as funções exercidas pelo Estado seriam um dever obrigacional do soberano, que detinha a propriedade do poder de mando, ou de seus colaboradores ou daqueles que exerciam funções sociais, passíveis de serem exigidos por seus beneficiários.

Se a soberania está ligada ao poder de império do rei, foi o instituto da *suserania*, do período feudal, que representou as raízes de um sistema de direitos e deveres que consubstanciam o dever de prestar serviços em benefício de um grupo de pessoas sujeitas a essa relação. Neste contexto, o senhor feudal não exerce um direito natural de império, como o soberano. Todas as suas prerrogativas e direitos decorriam de um "contrato" (*concordia*), no qual exigia dos "fracos" a serventia em troca do cumprimento de deveres prestacionais, seja de segurança, seja de assistência para suprir o essencial para a sobrevivência (DUGUIT, 1921, p. 4). Havia também a disponibilização e fornecimento, pelo senhor feudal, de comodidades aos vassalos, para viabilizar a realização de atividades econômicas para o sustento próprio e do feudo, conhecidas como "banalidades", tais como moinhos, fundições, fornos etc. (ARAGÃO, 2007a, p. 28). A servidão feudal, longe de ser comparável com a relação existente hoje entre o cidadão e o Estado, é o despertar de um dever inerente ao governante de prestar atividades que lhe incumbiam para satisfação daqueles que se submetiam a esse poder.

Isso não implica dizer que não existiam, em períodos anteriores, atividades prestacionais ou deveres atribuídos ao titular do poder de império. O dever de guerrear e trazer justiça e paz, bem como benesses que eram concedidas, muitas vezes se davam por paternalismo, critérios morais, pressões da comunidade ou do poder eclesiástico, ou até mesmo, como meio de preservação de domínio. Contudo, a existência de um "dever prestacional" possui raízes na suserania, cujas atribuições foram assumidas pelo rei, quando da formação do Estado Nacional, que exercia, não apenas a potestade pública (que era de sua propriedade), mas as funções prestacionais antes exercidas pelos senhores feudais.[15]

---

[15] Como relatado por Duguit (1921, p. 4, tradução nossa), citando Luchaire: "O próprio 'feudalismo leigo' reconheceu que o propósito do ofício Real seria a justiça e a paz. O juramento realizado pelo Felipe I e seus sucessores em sua coroação os obrigou a dar a cada um a justiça que lhe era devido, agir corretamente com todos e trazer às pessoas satisfação para suas legítimas demandas".

Na França absolutista, por exemplo, o Estado sempre teve presença considerável na vida social, exercendo funções ampliadas e diversificadas no domínio social, cultural e econômico (CHEVALLIER, 2017, p. 26). O colbertismo comprova o papel prestacional assumido pela monarquia absolutista francesa, já que Jean-Baptiste Colbert, ministro de Luís XIV, representante dos tempos "áureos" do mercantilismo, era visto como um "maníaco da regulamentação" de atividades privadas (NUNES, 2009, p. 3).

O apoio e incentivo mercantilista para o desenvolvimento econômico abrangia inclusive "medidas sociais"[16] para viabilizar a obtenção de trabalho pelos pobres. Não se encontra na literatura mercantilista qualquer preocupação com os efeitos perversos das vicissitudes econômicas para pobres e mendigos. Pelo contrário, a lei absolutista reprimia com crueldade essa situação, como se verifica das leis inglesas no tempo de Henrique VIII e Isabel I, que previam pena de morte para mendigos reincidentes (NUNES, 2009, p. 4). Todavia, várias leis foram criadas na época do mercantilismo com o objetivo de organizar a assistência aos pobres, mesmo que sem respeito a qualquer liberdade individual. Por exemplo, eram criados fundos resultantes de impostos locais especiais, para financiar a compra de cânhamo, linho e lã, que permitiam pôr os pobres a trabalhar nas manufaturas. Se recusassem, mendigos eram internados nas *workhouses* e forçados a trabalhar nas manufaturas (NUNES, 2009, p. 4).

Em que pesem as características incompatíveis com o respeito a direitos do ser humano, políticas mercantilistas, especialmente o colbertismo, buscavam fazer uma intervenção na livre iniciativa com o intuito expresso de desenvolver uma economia de abastecimento nacional, contra o abuso econômico de setores da burguesia e aristocracia, bem como para viabilizar um controle de preços que pudesse melhorar as condições sociais em diversas partes da França. Para tanto, Colbert instituiu políticas monetárias, de comércio exterior e de repressão ao acúmulo econômico, mediante intensa regulação que buscava incentivar a dinamização das manufaturas no interior, contra o poderio dos "corpos intermédios", herdados da Idade Média, representados pelas comunas e corporações de ofício (NUNES, 2009, p. 5).

No absolutismo do Antigo Regime, a intervenção na esfera privada para atender a imperativos de desenvolvimento social e econômico era colocado como uma prerrogativa da "soberania", enquanto poder real. O soberano era visto pela literatura mercantilista como "o condutor supremo da máquina econômica" (NUNES, 2009, p. 3). Contudo, o mercantilismo não era avesso à iniciativa privada, da liberdade de comércio e da concorrência entre produtores e comerciais. Pelo contrário, já propagava a importância da livre iniciativa, mas reiterava a prerrogativa do Estado Nacional em intervir para atingir objetivos ditos como públicos e de interesse de toda a coletividade [segundo o rei], o que certamente não seria do interesse de setores influentes da burguesia, principais adeptos aos ideais iluministas, e que possuíam especial interesse no colapso do sistema intervencionista monárquico.

Após a revolução francesa, a soberania – cuja etimologia remetia à propriedade da potestade pública em uma pessoa – passou a significar o *poder de uma nação*, que legitimaria o poder do povo e o exercício das prerrogativas estatais, antes atribuídas

---

[16] Medidas sociais é colocado entre aspas, pois é importante ressaltar que muito se diferencia da concepção solidarista assumida pelo Estado Social de Direito. As medidas sociais aqui referem à intervenção estatal na esfera social assumido por política mercantilista, ao seu modo.

ao *imperium*, exercício este agora instrumental para o atingimento dos interesses da coletividade.

No início do século XIX, o primado da liberdade fez com que o Estado Liberal recém instaurado se distanciasse desse intervencionismo na esfera social e econômica vislumbrado pelo Estado absolutista mercantilista, buscando concentrar os "serviços" estatais na proteção da "ordem pública" e administração da justiça. Em que pese o primado do individualismo defendido pelo Estado Liberal clássico, não se pode dizer que o constitucionalismo liberal desconheceu por completo esse intervencionismo na esfera social e econômica, o qual se intensificou na segunda metade do século XIX, pelo crescimento de um solidarismo induzido por circunstâncias diversas, que levou o Estado a se engajar mais ativamente na vida social (CHEVALLIER, 2017, p. 26). Segundo Jacques Chevallier essa evolução ocorreu na França da seguinte forma:

> No plano econômico, as intervenções clássicas, tais como o funcionamento dos serviços de regulação global da economia (moeda, poupança, crédito, alfândega...) ou a criação de infraestruturas necessárias ao desenvolvimento da produção e do comércio (ferrovias, rodovias, equipamentos coletivos, obras públicas...) se multiplicaram a partir de um apoio ao desenvolvimento agrícola e industrial ("Estado conservador-propulsivo", segundo P. Rosanvallon, 1990), assim como por meio da gestão direta de certas empresas (por exemplo, o monopólio de fósforos estabelecidos em 1872 e explorado diretamente pelo Estado em 1889); sobretudo, o desenvolvimento do socialismo municipal que levou à assunção, por parte das coletividades locais de uma série de serviços de interesse local. No plano cultural, as grandes leis escolares com o advento da Terceira República desembocam na instalação de um vasto aparelho educativo sob a égide do Estado, e investido de uma função essencial de formação e de socialização. Enfim, no plano social, o reforço dos dispositivos de assistência, geridos em nível local, se multiplica com a implementação de mecanismos de proteção à classe operária, fundados principalmente sobre a ideia de previdência [...] (CHEVALLIER, 2017, p. 26 *et seq.*).

Mesmo que sob uma lógica de subsidiariedade, o Estado no século XIX teve que assumir um papel de intervenção pública no campo econômico, além do mero dever de resguardo da ordem pública. Ainda na segunda metade do século XIX, assistiu-se a uma alteração da responsabilidade pública no âmbito das atividades de natureza econômica, especialmente motivada por avanço da Revolução Industrial. Neste contexto, o Estado se viu confrontado com novas exigências, que lhe impunham o abandono de uma atividade meramente regulamentadora da liberdade econômica, ou da simples regulação policial, passando a assumir a administração da infraestrutura, que impunha a participação estatal na construção de estradas de ferro, vias rodoviárias, linhas de distribuição de energia, canalização de gás, dentre outros (GONÇALVES; MARTINS, 2004, p. 174 *et seq.*).[17]

O Estado Liberal passa, assim, a ter que assumir novas tarefas de planejamento, execução, direção, gestão e exploração de atividades, que escapam das funções que, até então, lhe seriam típicas.[18] Contudo, tais atividades que impunham a intervenção estatal,

---

[17] Como se verá mais adiante, neste Capítulo, essa evolução ocorreu no Brasil imperial, no qual o Governo Imperial teve que assumir um importante papel na construção da infraestrutura, especialmente, na construção de estradas de ferro, em parceria com o Visconde de Mauá.

[18] Como bem pontua Carmem Lúcia Antunes Rocha (1996, p. 13): "O Estado viu-se na contingência de ter de desempenhar atividades antes entregues apenas aos particulares, que, no sistema capitalista, é a quem incumbe

especialmente na construção da infraestrutura, não tinham a aptidão natural para se inserir em um mercado concorrencial. Pelo contrário, o conjunto de exigências, e o fato de serem atividades ligadas a redes, revelaram a vocação dessas atividades para o exercício de um regime de monopólio ou de exclusividade, surgindo, inevitavelmente, o problema de determinação da titularidade sobre tais atividades (GONÇALVES; MARTINS, 2004, p. 175). Enquanto na experiência norte-americana, e anglo-saxã, regulou-se monopólios privados, sujeitos às exigências públicas, conforme será visto mais a diante, em países de tradição francesa o Estado qualificou, em muitos casos, essas atividades como de sua propriedade (GONÇALVES; MARTINS, 2004, p. 175 *et seq.*).

Contudo, no século XIX e início do século XX, a assunção da responsabilidade estatal para a execução dessas atividades, transformando-as em sua propriedade, não se deu em razão de uma nova ideologia política ou econômica, que impunha ao Estado a função primordial, e preferencial, frente ao setor privado, de fornecer comodidades para coletividade. Pelo contrário, segundo Pedro Gonçalves e Licínio Lopes Martins (2004, p. 176), o principal motivo para assunção de responsabilidade nesse domínio foi a "[...] circunstância de se tratar de atividades que usavam em larga extensão parcelas do domínio público ou que estavam associadas ao estabelecimento e instalação de infraestrutura de natureza pública [...]", tais como estradas, pontes, caminhos de ferro, redes de comunicações etc. Nesse contexto, o desenvolvimento do instituto da "concessão", na segunda metade do século XIX e início do século XX, deveu-se, menos como consequência do papel prestacional de um novo Estado Social, e mais em razão da natureza pública dos bens e infraestruturas envolvidas (GONÇALVES; MARTINS, 2004, p. 176).

O fato é que a intensificação da atuação estatal em atividades prestacionais diversas fez abalar as estruturas da concepção do Estado como exercício do poder de soberania, trazendo elementos para a caracterização do Estado como entidade legitimada justamente para a prestação de serviços públicos e para o atendimento de necessidades coletivas, como veremos mais adiante.

Todavia, é importante ressaltar que o Estado, pré e pós revolucionário, já vinha exemplificando um dever prestacional, mesmo no paradigma do individualismo liberal. O dever prestacional não é uma criação momentânea de um período histórico que compreendeu o paradigma do *welfare state*, mesmo tendo sido um momento de intensificação da atuação direta estatal em atividades econômicas e sociais. Trata-se de uma característica da história administrativa, existente em momentos anteriores à criação do Estado de Direito e da implantação de políticas econômicas desenvolvimentistas criadas na primeira metade do século XX.

Por essas razões, não é adequado induzir o pressuposto de que o dever prestacional é uma invenção de um protótipo de Estado, politicamente criado após crises econômicas ocorridas no início do século XX. É certo que a intervenção estatal em atividades privadas de interesse coletivo é uma agenda pública sujeita a diferentes graus e variações, de acordo com circunstâncias políticas, sociais e econômicas de um

---

desenvolvê-las, obter lucro através delas, fazer capital, trabalhá-lo e fazê-lo render. Como algumas dessas atividades, conquanto consideradas de incumbência precípua do particular empresário, tornaram-se suporte de condições sociais pelas quais se responsabilizava o Estado, passou ele a assumir algumas delas, tornando-se assim aparentado ao empresário em sua ação".

determinado contexto histórico. Mas, sob a perspectiva histórico-institucional, verifica-se que o "dever prestacional", ou melhor, o dever de exigir que o Estado intervenha no domínio econômico e social para proteger interesses coletivos, não emergiu de uma mudança paradigmática dos contornos de como se vê e se caracteriza o Estado, antes identificado pelo seu caráter instrumental (potestade pública), para ser visto apenas por seu caráter finalístico (interesse público).

O dever prestacional, desse período pré-revolucionário, conviveu com o paradigma da soberania enquanto propriedade da potestade pública pela realeza, tendo se intensificado no final do século XIX, especialmente diante das novas demandas sociais criadas pelas inovações tecnológicas que a revolução industrial proporcionou.

1.3 Os precedentes históricos do resguardo prestacional no Brasil

1.3.1 O dever prestacional no Brasil Imperial

1.3.1.1 O papel prestacional das câmaras municipais no Brasil Império

O constitucionalismo imperial concretizou uma descentralização de funções prestacionais, que deveriam ser exercidas em esfera municipal. O Estado, no Brasil Imperial, era dividido em províncias, unidades administrativas, cujo presidente era livremente nomeado e exonerado pelo Imperador (art. 165, da Constituição de 1824). Mas, os assuntos de sua competência eram deliberados pelos *Conselhos Gerais da Província*, posteriormente transformados em "Assembleias Legislativas Provinciais", pela Lei nº 16, de 12.08.1834, que ampliou os poderes administrativos das províncias, conferindo maior autonomia para se organizarem internamente, fixarem o regime de pessoal, estabelecerem normas financeiras, disporem sobre forças policiais locais e, dentre outras atribuições, merece destaque o poder para normatizarem sobre educação ("instrução pública") e atividades de assistência social ("casas de socorros públicos").

As câmaras municipais, nos termos das competências trazidas pela Lei de 1º de outubro de 1828, possuíam um grande rol de competências deliberativas,[19] tais como urbanismo, obras públicas, saúde pública, assistência social, política "social", proteção ao trabalho e à propriedade (TAUNAY; AVELLAR, 1974, p. 105). Nesse mesmo diploma normativo, definiu-se que, nos locais onde não existissem casas de misericórdia, as câmaras municipais estariam autorizadas a aplicar rendas públicas "[...] na criação dos expostos, sua educação, e dos mais órfãos pobres, e desamparados" (artigo 76). Assim, a descentralização administrativa ocorrida à época foi extensa, com atribuições de poderes normativos[20] (mesmo que dependentes) e administrativos amplos.

Nesse contexto, José Murilo de Carvalho (2008, p. 30 *et seq.*) aponta que, no período Imperial, "os direitos políticos saem na frente", pois eram mais vanguardistas para os padrões da época. Inicialmente, na prática, toda a população adulta masculina (livre),

---

[19] Suas deliberações eram representadas através do ato administrativo dantes denominado de "posturas policiais" (artigo 64 da Lei de 1º de outubro de 1828).

[20] Os municípios, gerenciados pelas câmaras municipais (compostas por vereadores eleitos), realizavam deliberações sobre os mais diversos temas, que envolviam normas de diferentes campos do Direito (civil, penal, administrativo etc.), diante da inexistência de competência taxativa constitucional ou legal.

inclusive os analfabetos, poderia participar da formação do governo.[21] Esses direitos políticos foram, paradoxalmente, restringidos na República Velha, com a extinção do primeiro turno das eleições e instituição apenas do voto direto masculino para quem possuísse um limite ainda maior de renda. Não bastasse isso, o retrocesso político foi acentuado pelo sistema do coronelismo, que detinha formas de controlar as eleições, em benefício de oligarquias políticas que se revezavam no poder (CARVALHO, 2008, p. 38 *et seq.*).

Em que pese a descentralização política ter sido realizada sempre com o controle político central, não se pode negar que essa delegação de funções às câmaras municipais contribuiu para incentivar um papel prestacional do poder público, a nível local. Por um lado, é de se ressalvar que diversas deliberações, realizadas por um amplo crivo "popular", dependiam de uma espécie de "sanção" dos poderes provinciais, o que gerava um atraso ou perda de interesse político e social nas medidas que eram votadas. Neste cenário, o instituto da "tutela", previsto no período imperial, gerava certa ineficácia das deliberações normativas realizadas pelos níveis locais de descentralização política. Todavia, por outro lado, havia grande delegação de poderes executivos para autoridades locais, para execução de políticas de "cunho social", medidas restritivas de polícia, mediação de conflitos e até poderes jurisdicionais, mesmo que tais poderes fossem submetidos ao poder hierárquico que remetia diretamente ao Imperador (CARVALHO, 2008).

Não se pode olvidar, certamente, que a efetividade executiva e participativa no Brasil Império foi cultivada em um contexto jurídico e histórico de restrições a direitos civis, em uma sociedade que apoiava amplamente a escravatura[22] e fundada em uma economia agrária, centrada nas grandes propriedades, o que submetia os direitos civis ao controle político e econômico dos senhores dos latifúndios. Ou seja, pode-se dizer que os direitos civis constavam apenas no "papel" (CARVALHO, 2008, p. 45 *et seq.*).

De todo modo, a organização administrativa do Império do Brasil, como se verifica, mesmo que estruturada em sistema político centralizado e monárquico, foi concebida para que se viabilizasse deliberações públicas para atendimento de interesses públicos locais, de modo que a própria população pudesse tomar medidas "públicas", em vista do interesse em comum, consubstanciada em atividades prestacionais na área social, tais como políticas assistenciais, educacionais e na área de saúde pública.

---

[21] Segundo José Murilo de Carvalho (2008, p. 30): "A eleição era indireta, feita em dois turnos. No primeiro, os votantes escolhiam os eleitores, na proporção de um eleitor para cada 100 domicílios. Os eleitores, que deviam ter renda de 200 mil-réis, elegiam os deputados e senadores. Os senadores eram eleitos em lista tríplice, da qual o Imperador escolhia o candidato de sua preferência. Os senadores eram vitalícios, os deputados tinham mandato de quatro anos, a não ser que a Câmara fosse dissolvida antes. Nos municípios, os vereadores e juízes de paz eram eleitos pelos votantes em um só turno. Os presidentes de província eram de nomeação do governo central". Cabe apontar, ainda, que as eleições foram, no período imperial, realizadas de forma ininterrupta, suspensas apenas em casos excepcionais e locais específicos, como na Guerra do Paraguai, entre 1865 e 1870, durante a qual as eleições foram interrompidas no Rio Grande do Sul, muito próximo "do teatro de operações" (CARVALHO, 2008, p. 31).

[22] É curioso e tormentoso observar que a escravatura estava tão enraizada na sociedade brasileira que, em que pese os interesses econômicos dos senhores latifundiários na sua perpetuação, ex-escravos, que tanto lutaram para ser libertos, muitas vezes, posteriormente, se tornavam senhores de escravos (CARVALHO, 2008, p. 49).

1.3.1.2 Resguardo na área de educação e assistência social

O Governo Imperial que se inaugurou no Brasil recém independente, como se sabe, foi inspirado por uma filosofia liberal vigente no mundo europeu, devendo o Estado incumbir-se especialmente da segurança pública, integridade nacional, proteção à liberdade, à vida e à propriedade. Apesar disso, a Constituição Imperial de 1824, no artigo destinado aos direitos e garantias fundamentais (art. 179), previu a obrigação do Estado em relação a dois direitos de fundo social: a assistência social ("socorro público") e a educação primária gratuita ("instrução primária gratuita").

Aliás, desde o Brasil colonial, em que pese o ideal liberal vigente, existiam instituições de assistência a pessoas carentes, especialmente as chamadas "Casas de Misericórdias", *criadas sob o amparo e apoio financeiro estatal*. Por exemplo, segundo informações da Irmandade da Santa Casa de Misericórdia de São Paulo, citada por Maria Tereza Fonseca Dias (2008, p. 123), a "ordem das Santas Casas" foi instituída em Portugal, no ano de 1498, por compromissos assumidos pela alta corte portuguesa. No Brasil, a Santa Casa de Misericórdia foi criada em torno de 1560, por Brás Cubas, um explorador português, fundador da cidade de Santos e governador da Capitania de São Vicente.

No *campo educacional e profissionalizante*, durante o período imperial foi possível verificar também um considerável papel do Estado no incentivo à criação e controle de cursos de ensino superior, havendo a criação de faculdades de Medicina,[23] de Direito (Recife e São Paulo),[24] Escola de Minas (Vila Rica),[25] Belas Artes [Academia Imperial de Belas Artes],[26] ciências diversas [Academia Imperial Militar],[27] dentre outras, bem como tendo regulado e incentivado a criação de um sistema de ensino primário e secundário.[28]

---

[23] A Lei de 3 de outubro de 1832, transformou as academias médico-cirúrgicas do Rio de Janeiro e da Bahia em escolas ou faculdades de Medicina, sendo considerada uma linha demarcadora da institucionalização da Medicina acadêmica e de seu campo profissional (CABRAL, 2016). Por meio dessa Lei, passou-se a limitar a atividade informal de Medicina, sendo obrigatória a licença em cursos de Medicina autorizados ou criados pelo Governo Imperial. Em reforma realizada em 1853, o Governo Imperial criou normas regulatórias do ensino médico, as quais evidenciaram o intuito do Estado Imperial em exercer "[...] maior controle e fiscalização sobre as instituições de ensino público e particular, expresso em regulamentos que procuravam dar conta de aspectos variados da organização e funcionamento dos diversos cursos". (CABRAL, 2016).

[24] A Lei de 11 de agosto de 1827 criou dois cursos de ciências jurídicas e sociais, um em Olinda, outro em São Paulo. A referida lei regulamentou o plano de ensino do curso, e expôs a finalidade de incentivar a formação dessa profissão, para suprimentos de cargos de magistrados e advogados.

[25] A Escola de Minas foi criada pelo Decreto nº 6.026, de 6 de novembro de 1875, de ensino gratuito. Esse decreto estabeleceu o plano de ensino do curso e a composição do corpo docente. Em seu art. 24, previu-se um subsídio ("pensão") oferecido pelo Governo, para alunos com "grande aptidão" e de "reconhecida pobreza", para viabilizar seus estudos na escola. Previu-se também a possibilidade de o Governo subsidiar o "intercâmbio" internacional para a América do Norte e Europa.

[26] Segundo Gabler: "A Academia Imperial de Belas Artes teve sua origem no projeto da Escola Real de Ciências, Artes e Ofícios, aprovado pelo decreto de 12 de agosto de 1816, que concedeu pensões a diversos artistas franceses que vieram morar no Brasil. O projeto inicial de criação esteve relacionado não só às artes, mas também aos estudos das ciências naturais, físicas e exatas, voltados para o desenvolvimento do reino". (GABLER, 2017a).

[27] Foi criada pela Carta de Lei de 4 de dezembro de 1810, possuindo como objetivo ministrar na colônia curso de ciências matemáticas e "ciências de observação", como física, química etc. Com o Decreto de 9 de março de 1832, criou-se a Academia Militar e de Marinha, com a fusão das academias militares da Corte e dos "Guardas-Marinha" (CABRAL; ALMEIDA, 2016).

[28] Interessante observar, por exemplo, o caso das Escolas Normais, cuja regulamentação foi criada pelo Decreto nº 7.247, de 19 de abril de 1879, o qual buscou reformar o ensino primário e secundário em todo o Império. Em seu artigo 8º, §2º, previu-se a possibilidade de o governo subvencionar "as escolas particulares que inspirem a necessária confiança e mediante condições razoáveis se preste a receber e ensinar gratuitamente os meninos pobres da freguesia", em localidades mais afastadas ou em locais em que o número destas for insuficiente, representando um meio de garantir maior generalidade na prestação do serviço pelo setor privado. Ainda,

Em muitos desses cursos – conforme se verifica nas respectivas leis de regência – o Governo Imperial se preocupava com a *acessibilidade* aos cursos, custeando as despesas comuns para os alunos carentes, importando livros e materiais essenciais para o bom magistério e formação profissional, inclusive fazendo aporte de recursos para escolas particulares, como era o caso das instituições privadas de ensino primário e secundário.

Nesse contexto prestacional, na área de educação e assistência social, merece destaque também o Decreto nº 5.532, de 24 de janeiro de 1874, que instituiu o "Asilo dos Meninos Desvalidos", estruturando, inicialmente, 10 (dez) escolas públicas de instrução primária no Rio de Janeiro, destinadas a servir de asilo para recolher menores de 12 anos pobres, que fossem encontrados "vagando ou mendigando nos distritos" (PESSOA, 2016). A gestão das escolas era realizada por um setor privado, parceiro do Estado, mas cuja atuação era regulada pelo Estado e sustentada com subvenções estatais[29] (PAVÃO, 2013, p. 5). Nesse sentido, é importante observar que, de acordo com o marco da educação imperial, o Governo garantiria o custeio das escolas primárias e secundárias geridas pelas paróquias, bem como livros e outros materiais escolares (art. 60, do Decreto nº 1.331-A, de 17 de fevereiro de 1854).

Também merece destaque, o *Imperial Instituto dos Meninos Cegos*, criado em 1854, pelo Decreto nº 1.428, de 12 de setembro de 1854, que possuía a finalidade de promover o ministério da educação primária, de alguns ramos da educação secundária, da educação moral e da religiosa, do ensino de música, bem como de ofícios fabris.[30]

1.3.1.3 Regulação financeira e política de acesso a créditos populares

No período pré-imperial, após desembarque da corte portuguesa no Brasil, foi criado um "Banco Nacional" [Banco do Brasil], pelo Alvará de 12 de outubro de 1808, expedido pelo Príncipe Regente D. João, na cidade do Rio de Janeiro (LOBO, 2016). O banco, inicialmente concebido para ser *exclusivamente de capital privado*, foi posteriormente estatizado, em razão da baixa procura pelas ações dessa instituição, após uma grave crise financeira decorrente do retorno da Família Real a Portugal, em 1821.[31]

O Banco Nacional [Banco do Brasil] foi o emblemático caso concreto de parceria institucional entre o poder público e o setor privado, para a condução de algumas atividades de interesse público. A ideia de criar esse tipo de entidade surgiu antes mesmo da fuga da Corte Real portuguesa para o Brasil, pós-invasão napoleônica. O intuito era que se criasse uma instituição regida por capital totalmente privado, mas regulada pela Corte, para recebimento de depósitos públicos e recolhimento da arrecadação de tributos. Com um mercado interno em formação, o banco assumiria uma função pública

---

preocupando-se com a qualidade do serviço educacional prestado pelo setor privado, o Governo Imperial previu a possibilidade de concessão de títulos de "Escola Normal Livre" para todas as instituições privadas de ensino, existentes há mais de 5 anos, com mais de 40 alunos aprovados em todas as matérias, que passariam a exercer as mesmas prerrogativas das Escolas Normais Públicas.

[29] O incentivo à criação dessas escolas decorreu dos artigos 62 e 63 do Decreto nº 1.331-A, de 17 de fevereiro de 1854, que instituiu a regulação estatal sobre o serviço público e privado de instrução primária e secundária.

[30] Pelo Decreto nº 781, de 10 de setembro de 1854, permitiu-se que o governo subvencionasse a atividade, exercida e concebida por um particular, José Álvares de Azevedo, com aplicação de verbas do Tesouro Nacional.

[31] A liquidação desse banco ocorreu em 11 de dezembro de 1829, diante do término do prazo estatutário de funcionamento, quando então seus ativos passaram a ser administrados pela "Caixa de Amortização" (LOBO, 2016), um conselho de natureza mista, formado por membros do governo e investidores privados.

de financiamento dos gastos públicos (LOBO, 2016). Com a dissolução do Banco do Brasil, em 1829, o papel de regulador monetário do país passou a ser exercido pela *Caixa de Amortização*, uma espécie de órgão público autônomo do Tesouro Nacional. Posteriormente, por intermédio da Lei nº 683 de 5 de julho de 1853, um novo Banco do Brasil foi refundado pelo Governo Imperial, com a fusão do Banco Comercial do Rio de Janeiro e do Banco do Brasil criado em 1838, pelo futuro Barão de Mauá. Este novo Banco do Brasil se estruturou como uma sociedade anônima de capital aberto a investidores nacionais e estrangeiros. Todavia, apesar de ser de capital privado, o presidente da Companhia era nomeado pelo Imperador dentre o rol de acionistas (art. 1º, §2º). Esse novo banco, privado, porém ligado ao Estado, possuiu, durante muito tempo, a função de emissor exclusivo de moeda (metálica e papel) e fomentador da economia, predominantemente cafeeira, da época (PESSOA, 2016).

Nesse contexto, verifica-se que o Governo Imperial buscou, através do setor privado, garantir o amplo acesso a empréstimos por pessoas menos abastadas, mediante a criação das *caixas econômicas e montes de socorro*, que eram entidades privadas voltadas, respectivamente, para as atividades de poupança e empréstimos, garantidos por penhor, destinados aos mais pobres (GABLER, 2017b). Por meio da Lei nº 1.083, de 22 de agosto de 1860,[32] criou-se a figura das *Caixas Econômicas*, como espécie de pessoas jurídicas incumbidas de atividades de beneficência que, mesmo sendo criadas por particulares, seriam geridas por diretores nomeados pelo Governo Imperial e sua criação dependeria de uma autorização governamental (GABLER, 2017b). Sua função seria receber quantias financeiras de pequena monta, com valores de remuneração financeira regulada e limitadas a juros de 6% (seis por cento), os quais seriam acumulados semestralmente (art. 2º, §16, da Lei nº 1.083, de 22 de agosto de 1860).

Essa mesma lei regulava as *sociedades de socorros mútuos* ou *montes de socorro*, que seriam incumbidos de oferecer empréstimos populares por juros que o Governo estabelecesse, cujo fundo seria criado por doações e subscrições particulares e fomentado por empréstimos do Governo (art. 2º, §19). Interessante observar que essa lei exigia que todo lucro gerado deveria ser revertido ao capital da sociedade, depois de deduzidos os empréstimos governamentais realizados (art. 2º, §20), de modo a buscar garantir taxas financeiras mais acessíveis. Além do empréstimo governamental, previu-se isenção do "tributo do selo" como outra forma de fomento ao seu funcionamento (art. 2º, §22).

1.3.1.4 Atuação estatal no desenvolvimento da infraestrutura no Brasil

No setor econômico, verifica-se uma atuação desenvolvimentista do Governo Imperial com o apoio estatal ao desenvolvimento de atividades essenciais para a infraestrutura. Isso se evidenciou pela criação em 1810, e perpetuação no Governo Imperial, da Fábrica de Ferro de Sorocaba, exercida pela iniciativa privada, com apoio governamental em sua criação e desenvolvimento de suas atividades.

Também merece destaque a *Real Junta do Comércio, Agricultura, Fábricas e Navegação*, criado pelo Alvará de 23 de agosto de 1808, e perpetuado após a Independência,[33] o

---

[32] A Lei nº 1.083, de 22 de agosto de 1860, buscou regular a organização e o regime jurídico das companhias e sociedades anônimas, civis e mercantis, existentes na esfera econômica.

[33] Após a independência, passou a se chamar Imperial Junta do Comércio, Agricultura, Fábricas e Navegação.

qual possuía o objetivo de estabelecer uma instância judicial e administrativa para tratar dos negócios "relativos a comércio, agricultura, fábricas e navegação, visando, sobretudo, o fomento à indústria e ao comércio, através de prêmios, privilégios, isenções e concessões" (GABLER, 2017d).

Nesse ímpeto desenvolvimentista, destaca-se a direta condução imperial na construção de estradas de ferro. A primeira ferrovia foi construída em 1852, por Irineu Evangelista de Souza (futuro Visconde de Mauá), que ligou o Rio de Janeiro ao Vale do Paraíba e futuramente, Minas Gerais (GABLER, 2017c). Essa primeira construção foi resultado do Decreto nº 641, de 26 de junho de 1852. Através desse diploma normativo, considerando a utilização de bens de domínio público e da necessidade de utilização de prerrogativas estatais,[34] o Governo Imperial autorizou uma concessão para a iniciativa privada para a construção e exploração da referida estrada de ferro, que unisse Rio de Janeiro a São Paulo [Vale do Paraíba] e Minas Gerais, em um prazo de 90 (noventa) anos, contados da "incorporação da Companhia" [art. 1º] (BRASIL, 1852).

Por outro lado, o Governo Imperial impôs diversas limitações à exploração desse serviço de interesse coletivo [restrição de autoridade política], como o controle de preço e a restrição do regime de pessoal. No caso, a concessão estava condicionada ao controle e fixação das tarifas pelo governo, que iria limitar-se ao custo de operacionalização, sendo garantida uma remuneração de 5% (cinco por cento) sobre o investimento realizado (art. 1º, §§5º e 6º). Além disso, o referido decreto proibiu a utilização de trabalho escravo, somente podendo empregar trabalhadores livres (art. 1º, §9º).

Pouco depois, em 1855, o Governo Imperial editou o Decreto nº 1.599, de 09 de maio de 1855, aprovando os estatutos da Companhia da Estrada de Ferro de D. Pedro II. Essa companhia assumiu o formato de sociedade anônima, com ações livremente negociadas no mercado. Possuía nítida identificação com a sociedade de economia mista nos moldes atuais, já que o Governo aparecia como acionista majoritário e ainda detinha o controle nas deliberações sociais. A constituição dessa "sociedade de economia mista" representou outra ação desenvolvimentista, assumida pelo Governo Imperial, visando incentivar a expansão da rede férrea na região do sudeste brasileiro.[35] Também foi objeto de fomento estatal (isenção de direitos de importação, benefício na utilização de bens públicos e matérias primas para construções etc.), bem como objeto de restrições à livre iniciativa, como a fixação das tarifas e proibição do uso de mão de obra escrava. Em 1865, através do Decreto nº 3.503, de 10 de julho de 1865, e para garantir a continuidade das atividades da Companhia, em vista de problemas financeiros encontrados, o Governo Imperial incorporou em seu patrimônio a integralidade das ações da companhia, passando a ser exclusivamente estatal.

---

[34] Importante observar que a referida concessão acompanhou-se da delegação de prerrogativas estatais e concessão de privilégios para a execução das atividades pertinentes à construção e gestão do serviço público ferroviário, a saber: (i) foi delegado o "direito de desapropriar, na forma da Lei", imóveis particulares necessários à construção (art. 1º, §1º); (ii) possibilidade de utilização de matérias primas, como madeira e minérios, existentes em terras devolutas ou públicas (art. 1º, §2º); (iii) isenção de "direitos de importação" sobre trilhos, máquinas e outros equipamentos necessários (art. 1º, §3º); (iv) monopólio de exploração da atividade para o percurso realizado, no período da concessão (art. 1º, §4º).

[35] Essa companhia também passou a ser objeto de transferência de poderes públicos, sendo concedido o poder de executar o procedimento de desapropriação, em rito sumário, regido por um diploma normativo (Decreto nº 1.664, de 27 de outubro de 1855) especialmente criado para a execução das obras ferroviárias.

Assim, mesmo inexistente a noção tradicional de serviço público, como atividades necessariamente de titularidade estatal, verifica-se na história das estradas de ferro no Brasil que o Estado assumiu um papel ativo, não apenas no fomento, mas especialmente no controle da prestação desse tipo de atividade econômica de interesse coletivo, que estava atrelada ao setor privado. Tanto é assim que a assunção da responsabilidade na execução da atividade pelo Governo Imperial – diante de problemas financeiros da entidade – se deu pela aquisição das ações da companhia, tornando-se empresário para a execução direta da atividade. A concessão prevista no Decreto nº 641, de 26 de junho de 1852, não se deveu por uma titularidade da atividade, mas sim pelo incentivo de construção da utilidade pública em domínios públicos e mediante a transferência de prerrogativas públicas, como a de desapropriar terrenos privados.

1.3.2 O dever prestacional na República Velha

Em 15 de novembro de 1889, um levante político-militar, liderado pelo Marechal Manuel Deodoro da Fonseca, derrubou o Estado Imperial e instaurou a República, em um regime federal e presidencialista de nítida influência estadunidense. A nação deixou de ser denominada "Império do Brazil", passando a denominar-se "República dos Estados Unidos do Brasil". A República Velha, pode-se dizer, foi a fase da história do país em que se assumiu o mais elevado grau de federalismo. Certamente, houve uma aproximação maior com o eleitor local (mesmo que o conceito de eleitor fosse ainda mais restrito do que no regime anterior), diante da possibilidade de eleição direta dos presidentes dos estados e dos prefeitos, os quais possuíam um rol maior de competências normativas autônomas.[36]

A República Velha também foi caracterizada por um liberalismo ortodoxo já superado em muitos países, tanto que retirou do Estado a obrigação de fornecer a educação primária, que existia na Constituição de 1824 (CARVALHO, 2008, p. 62). Com efeito, o alto grau de federalismo assumido pela República Velha não resultou em maior participação política. Pelo contrário, o federalismo fez crescer o poder dos coronéis, instrumento de dominação política oligárquica e consequente restrição de direitos políticos. Nesse contexto, a dominação política pela oligarquia econômica e agrária, somada à precariedade da participação política, resultaram em ausência do papel fomentador do Estado na execução as atividades sociais. A assistência social

---

[36] Importante pontuar que esse ideário republicano, que justificou a queda da monarquia brasileira, foi ilusório. A instauração da República, pelo contrário, restringiu, ainda mais, os direitos políticos e civis existentes no Brasil Imperial. Em 1881, a Câmara dos Deputados editou a "Lei Saraiva" (Decreto nº 3.029, de 9 de janeiro de 1881), restringindo os direitos de voto, através da supressão da primeira etapa das eleições, estabelecendo o voto direto daqueles que possuíam mais do que 200 mil réis, excluindo ainda os analfabetos e tornando o voto facultativo. A comprovação da renda ficou mais rígida do que ocorria anteriormente (CARVALHO, 2008, p. 38 *et seq.*). E esse retrocesso perdurou na República, cuja instauração foi apoiada pela mesma elite política que restringiu o direito de voto. Nem se pode entender que a abolição tardia da escravatura, motivo de grande constrangimento perante a comunidade internacional, estivesse ligada à ideia de um Estado monárquico. Historiadores apontam que o Imperador não se mostrava favorável à escravidão, mas a manutenção de seu trono era sustentada por uma elite agrária, composta pelos maiores apoiadores da monarquia e contrários à abolição. Mesmo sabendo da inevitabilidade da abolição, a elite econômica brasileira buscava no Senado uma maneira de serem ressarcidos pela eventual "desapropriação" a ser gerada pela abolição iminente. Contudo, a Lei Áurea, de 1888, expedida pela Princesa Isabel, que aboliu a escravatura sem qualquer tipo de indenização, apesar de gerar popularidade da família real perante o setor mais popular e urbano, custou o trono imperial, já que fez com que a elite econômica apoiasse o "golpe" republicano (RASPANTI, 2013).

estava quase exclusivamente sob a competência de associações particulares e sociedades de auxílio mútuo (CARVALHO, 2008, p. 61), as quais tiveram suas bases criadas no Governo Imperial.

No campo, durante a República Velha, a assistência social era exercida essencialmente pelos "coronéis". Além de obter o controle político e institucional, "os grandes proprietários também constituíam o único recurso dos trabalhadores quando se tratava de comprar remédios, de chamar um médico, de ser levado a um hospital, de ser enterrado" (CARVALHO, 2008, p. 64). A dominação dos coronéis implicava essa conduta tipicamente paternalista, que lhes atribuía certa legitimidade política (CARVALHO, 2008, p. 64), mas também o poder de controle de votos.

Na esfera econômica, o poder público na República Velha mostrou-se bastante intervencionista apenas quando a questão era a *proteção da produção cafeeira*, uma das bases do poder econômico das oligarquias estaduais. Em 1906, foi firmado entre os governadores dos estados produtores de café (São Paulo, Minas Gerais e Rio de Janeiro) o *Convênio de Taubaté*, em que se estabeleceram medidas para a manutenção do preço do café através de um equilíbrio entre oferta e procura, a ocorrer mediante a intervenção estatal para a aquisição de excedente de produção. Em 1908, os encargos dessa política firmada pelo Convênio de Taubaté foram assumidos pelo Governo Federal, na presidência de Afonso Pena.[37]

Em que pese o liberalismo ortodoxo adotado pela República das Oligarquias, é possível vislumbrar a preocupação do Estado na condução de uma atividade paraestatal ligada ao sindicalismo e à previdência social, incipientes à época. Movimentos trabalhistas já haviam assumido certa presença na República Velha, sob influência estrangeira, especialmente com a presença crescente de imigrantes europeus. Em 1903, em vista da influência italiana nas lavouras cafeeiras, foi expedido o Decreto nº 979, de 06 de janeiro de 1903, regulamentando a livre criação dos sindicatos rurais.[38]

Em 1907, o então presidente Afonso Pena, reconhecendo esse crescente movimento organizado, buscou regulamentar os sindicatos urbanos e as sociedades cooperativas, através do Decreto nº 1.637, de 05 de janeiro de 1907. Esse decreto presidencial estabeleceu as bases da pluralidade sindical no país, bem como a definição da organização corporativa da entidade, que deveria ter como finalidade "o estudo, a defesa e o desenvolvimento dos interesses gerais da profissão e dos interesses profissionais de seus membros" (art. 1º, *caput*). Ficou estabelecida a liberdade sindical, sendo interessante observar que esse decreto definiu privilégios para os sindicatos que firmarem, junto com os patrões, "conselhos permanentes de conciliação e arbitragem, destinados a dirimir as divergências e contestações entre o capital e o trabalho", caso em que seriam considerados representantes legais da classe, podendo ser consultados sobre todos os aspectos da profissão (art. 8º).

Nesse mesmo decreto de 1907 também foi regulamentada a constituição das *cooperativas*, que serviu de instrumento de desenvolvimento de setores econômicos

---

[37] Nesse sentido, interessante apontar a iniciativa do Estado de São Paulo na criação do Instituto de Defesa Permanente do Café, pela Lei nº 2.004, de 19 de dezembro de 1924, uma autarquia especializada em realizar as intervenções estatais no equilíbrio do preço do café.

[38] Estabeleceu-se que, caso dissolvida essa entidade privada, o resultado financeiro de sua dissolução deveria ser aplicado em obras de utilidade agrícola, de acordo com a definição dos membros do sindicato (art. 6º).

agrícolas e urbanos, bem como do apoio mútuo, em uma típica entidade não apenas representativa de classe, mas fomentadora de interesses coletivos.

Nos últimos suspiros da República Velha, o apoio à causa trabalhista e previdenciária pelo governo federal aumentou. Pode-se dizer que isso decorreu do ingresso do país na Organização Internacional do Trabalho (OIT), em 1919, bem como do acirramento da militância sindicalista nessa época. Em 1926, a Constituição de 1891 foi emendada (Emenda Constitucional de 3 de setembro de 1926) trazendo, ao Estado Liberal existente, um maior poder de intervenção na esfera social e econômica. Somente com essa Emenda Constitucional é que se permitiu ao Congresso Nacional criar normas sobre as relações de trabalho (art. 34, inciso 28). Assim, no mês seguinte à Emenda Constitucional, regulamentou-se o direito de férias (Decreto nº 17.496, de 30 de outubro de 1926) e, em 1927, criou-se um "Código dos Menores" (Decreto nº 17.943-A, de 12 de outubro de 1927), que buscou criar normas sobre o trabalho de menores e criar normas específicas sobre assistência a menores carentes.

Nesse contexto, o Decreto nº 4.682, de 24 de janeiro de 1923, conhecido como "Lei Elói Chaves" (autor do projeto) é considerado como marco legal para a criação da previdência social propriamente dita. A Lei Elói Chaves criou a *Caixa de Aposentadoria e Pensões* dos empregados das empresas ferroviárias, formadas obrigatoriamente com contribuições deduzidas da folha de salários, de contribuição patronal e de parte do lucro de tarifas ferroviárias. A "Caixa" se consubstanciava em uma espécie de entidade mista privada, formada por representantes dos empresários e de trabalhadores da empresa, que tinha a função de administrar os benefícios previdenciários dessa classe de trabalhadores.

Três anos depois, o Decreto nº 5.109, de 20 de dezembro de 1926, estendeu o regime da Lei Elói Chaves aos portuários e marítimos e, até 1933, esse regime foi ampliado, por outras leis, a outros setores, como dos serviços de telegráficos, radiográficos, força, luz e bondes. Tratou-se de uma verdadeira entidade pública não estatal, reconhecida e regulamentada por lei, que exercia o novo papel social e trabalhista assumido constitucionalmente pela Emenda Constitucional de 1926.

Assim, durante a República Velha, mesmo que estruturada sob um liberalismo mais ortodoxo, verificava-se a emergência de um conjunto de regramentos normativos, apoiados pelo Estado, para exercício de atividades assistenciais, especialmente pelo setor privado, na área de previdência e cooperativismo.

1.4 Razões histórico-políticas para a centralização das atividades prestacionais no Estado Novo

No período conhecido como "Estado Novo", o governo central buscou ampliar a máquina administrativa do Estado, em um intuito de viabilizar o projeto centralizador e desenvolvimentista que se pôs em prática, com especial inspiração da nova onda solidarista vinda da Europa.

Em 1930, o Presidente Washington Luís foi deposto em um movimento armado, liderado pelos estados de Minas Gerais, Rio Grande do Sul e Paraíba, colocando fim à República Velha. Como resultado de grandes mudanças e influências externas [1ª Guerra Mundial, Revolução Russa de 1917] a década de 20 foi caracterizada por uma crescente oposição ao governo oligárquico e à grande autonomização estadual. Inúmeras revoltas militares foram registradas, ora motivadas pela perda do prestígio do exército, que teve participação ativa na Proclamação da República, mas, especialmente, em razão de influências do fascismo e comunismo (CARVALHO, 2008, p. 89 *et seq.*). Essas revoltas resultaram em incursões tenentistas que colocavam em xeque o federalismo oligárquico. Nesse contexto, muitos filósofos políticos defendiam que o governo central retomasse seu papel organizador da ação, como nos tempos do Império (CARVALHO, 2008, p. 93).

O apoio do estado de Minas Gerais ao golpe realizado em face de Washington Luís também foi motivado pela quebra de acordo político, pelo estado de São Paulo, para a alternância de poder (política do "café com leite"), o que fez aumentar a aceitação a Getúlio Vargas, candidato à Presidência da República que não representava a continuidade administrativa com o regime anterior. Apesar do amplo apoio político à oposição, o candidato apoiado pelas oligarquias venceu as eleições, sob alegações de fraudes eleitorais, como era de costume. O estopim para justificar o golpe do Estado Novo foi o assassinato do governador da Paraíba por um inimigo político local (CARVALHO, 2008, p. 95), que inaugurou um levante armado para derrubar o regime oligárquico. Desse golpe, resultou o início de um governo provisório, levando grupos políticos [especialmente de São Paulo] a pressionar pela vinda de um novo regime constitucionalista, a ser imediatamente inaugurado.

A constituinte resultante ratificou a presidência de Getúlio Vargas e inaugurou um verdadeiro constitucionalismo social [Constituição de 1934], com grande influência da República de Weimar, edificando, pela primeira vez, um capítulo sobre a ordem econômica e social. Contudo, o crescimento da militância e revoltas militares perpetradas pela Aliança Nacional Libertadora, liderada por Luís Carlos Prestes, que buscava instaurar os dogmas do comunismo soviético no Brasil, e o consequente crescimento do papel do partido da Ação Integralista Brasileira, de forte influência fascista, resultaram no fechamento do Congresso e na instauração de um regime ditatorial, por Getúlio Vargas, que não encontrou maiores resistências para sua implantação (CARVALHO, 2008, p. 102 *et seq.*).

O novo golpe deu fim ao breve regime constitucionalista de 1934, por meio da Constituição de 1937, perdurando até 1945. O regime estadonovista foi caracterizado por um forte nacionalismo econômico, estatização de alguns setores da economia, como o do petróleo, e a atuação direta do Estado na construção de infraestrutura e indústria de base.[39]

Para fazer frente à primazia política das oligarquias estaduais da República Velha, o Estado Novo, de Vargas, modificou o *modus operandi* do patrimonialismo brasileiro, implantando na Administração Pública uma extensa *rede de profissionalização do serviço público e mecanismos de centralização*, tais como: (i) o sistema de interventorias nos estados; (ii) a criação do Departamento Administrativo do Serviço Público, que funcionava como um superministério, que exercia um controle direto sobre o sistema administrativo brasileiro; e (iii) a criação de entidades, autarquias e agências especializadas, para fortalecer a máquina decisória do poder central (SOUZA, 1990, p. 86 *et seq.*).

---

[39] Por exemplo, Getúlio Vargas negociou com os Estados Unidos da América a entrada do Brasil na Segunda Guerra Mundial, em troca do apoio dos americanos na construção da grande siderúrgica estatal de Volta Redonda [Companhia Siderúrgica Nacional] (CARVALHO, 2008, p. 107).

Nesse contexto, tendo como lema, dentre outros, o desenvolvimento de um Estado nacional forte, em detrimento do atraso do regime oligárquico, o período varguista foi responsável pela implantação, no Brasil, de uma grande reestruturação da Organização Administrativa, de modo a implementar *políticas de centralização* que resultaram na implementação de premissas da noção tradicional francesa de serviço público, de modo a reservar, para o âmbito federal, uma série de competências prestacionais, especialmente, no tocante a serviços públicos de natureza econômica.

No campo dos *direitos sociais*, o período varguista foi caracterizado pela condução centralista no notável avanço de direitos trabalhistas e previdenciários. Diversas leis e regulamentos trabalhistas foram criados, dando surgimento à Consolidação das Leis do Trabalho (Decreto-Lei nº 5.452, de 1º de maio de 1943), muitas de suas normas vigentes até hoje. O regime privado de previdência, existente pelo sistema de Caixas de Aposentadorias e Pensão, foi substituído pela *condução direta do Estado* nessa seara, especialmente com a criação do *Instituto de Aposentadoria e Pensões dos Marítimos*, como entidade pública incumbida para a prestação desse serviço social. Como meio de fortalecer a causa sindical [mas também de manter um controle sobre a massa trabalhadora], o Estado Novo rompeu com o sistema da pluralidade sindical, instaurando a unicidade sindical, em inspiração a estados fascistas europeus (CARVALHO, 2008, p. 119 *et seq.*). Foi criado um imposto sindical em 1940, obrigatório para toda a classe, para custeio dos sindicatos, suas federações e confederações, vigente até hoje. Foi criada uma Justiça especializada nas relações do trabalho. Enfim, o período do Estado Novo pode ser considerado como a era dos direitos sociais, muitos deles mantidos até hoje, modernizados ou adaptados aos tempos atuais (CARVALHO, 2008, p. 123).

Por outro lado, no *campo político*, o projeto centralizador demandou o afastamento de direitos políticos e a força de partidos políticos (SOUZA, 1990, p. 83). O principal instrumento centralizante desse período foi o *sistema das interventorias*. A Constituição de 1937 estabeleceu um Estado centralizado, no qual as unidades políticas eram *submetidas ao controle da* União. Nesse sistema centralizado, os governadores seriam escolhidos pelo Presidente da República e os prefeitos, pelos governadores, pelo que não haveria que se falar em autonomia federativa. Tanto que não se aludia à "federação" ou "princípio federativo" na Carta Política de 1937, em que pese haver divisões de competências de entes "federados". Naquele contexto, a intervenção do governo central nos estados era a regra na Constituição de 1937, conforme dispunha o seu art. 9º, *caput*,[40] que instituía o sistema das interventorias.

No campo *administrativo*, ao lado do sistema das interventorias, a centralização política do período do Estado Novo também foi reforçada mediante um rigoroso sistema de controle e centralização de julgamento administrativo, por meio da atuação do *Departamento Administrativo de Serviço Público* (DASP) e pela *criação de institutos, autarquias e grupos técnicos*. Como aponta Maria do Carmo Campello de Souza:

> Vedados os canais tradicionais de representação e influência, as antigas e novas oligarquias foram absorvidas ou encurraladas num sistema que tinha como fulcro as interventorias,

---

[40] "Art. 9º – O Governo federal intervirá nos Estados, mediante a nomeação pelo Presidente da República de um interventor, que assumirá no Estado as funções que, pela sua Constituição, competirem ao Poder Executivo, ou as que, de acordo com as conveniências e necessidades de cada caso, lhe forem atribuídas pelo Presidente da República."

acopladas a órgãos burocráticos subordinados ao DASP – Departamento Administrativo do Serviço Público – sujeitos por sua vez ao Presidente da República. (SOUZA, 1990, p. 86).

O DASP foi criado em 1938 e concebido como um departamento administrativo geral, vinculado diretamente ao Presidente da República, e possuía o objetivo de realizar um estudo global do sistema administrativo do país, a fim de que fossem instituídas mudanças em relação à sua economia e eficiência (SOUZA, 1990, p. 96).[41] Segundo Arízio de Viana, que dirigiu o DASP entre 1951 e 1954 [durante a segunda presidência de Getúlio Vargas], assim se poderia resumir o escopo desse órgão:

> É, por conseguinte, uma entidade enquadrada no denominado sistema de órgãos da Presidência da República, com a missão fundamental e específica de assessorar e ajudar o Chefe do Poder Executivo. Como já foi acentuado [...], o D.A.S.P desempenha, no Brasil, funções análogas às que, nos Estados Unidos da América, são cometidas ao Bureau of the Budget e à Civil Service Comission [...]. O D.A.S.P se mantém equidistante dos Ministérios, em virtude de um imperativo das técnicas de administração geral que exigem tratamento sistemático e racional para os seus problemas. [...] Organismo integralmente dedicado aos ideais de produtividade e racionalização administrativa, constitui o D.A.S.P, na prática, a maior experiência brasileira da reação contra a inércia burocrática, a nossa desumana e tradicional "paperassérie".[42] Cumpre insistir no fato de que o D.A.S.P, ao promover o aperfeiçoamento geral das atividades administrativas da União, está contribuindo, de maneira decisiva, para elevar os níveis de moralidade e eficiência dos serviços públicos. (VIANA, 1953, p. 9 *et seq.*).

Na prática, o DASP funcionava como uma *engrenagem de centralização* executada pelo Estado Novo. Os departamentos estaduais do DASP (conhecido como "daspinhos") atuavam como uma espécie de legislativo estadual e um corpo supervisor para o interventor e para o Ministério da Justiça: no caso, os prefeitos tinham que se submeter não apenas ao interventor, mas também ao presidente do departamento estadual de serviço público (SOUZA, 1990, p. 96).

Como pontua Maria do Carmo Campello de Souza (1990, p. 96 *et seq.*), a interventoria, o DASP e o Ministério da Justiça cooperavam, como uma espécie de engrenagem, na administração dos estados, sob o controle geral do Presidente da República. O interventor agia como coordenador político e o DASP, por sua vez, era dirigido por uma tecnocracia formada por engenheiros, agrônomos, estatísticos etc. Muitas vezes,

---

[41] Segundo o art. 2º, do Decreto-Lei nº 579/1938, que organizou o DASP, este órgão possuía a competência de: "a) o estado pormenorizado das repartições, departamentos e estabelecimentos públicos, com o fim de determinar, do ponto de vista da economia e eficiência, as modificações a serem feitas na organização dos serviços públicos, sua distribuição e agrupamentos, dotações orçamentárias, condições e processos de trabalho, relações de uns com os outros e com o público; b) organizar anualmente, de acordo com as instruções do Presidente da República, a proposta orçamentária a ser enviada por este à Câmara dos Deputados; c) fiscalizar, por delegação do Presidente da República e na conformidade das suas instruções, a execução orçamentária; d) selecionar os candidatos aos cargos públicos federais, excetuados os das Secretarias da Câmara dos Deputados e do Conselho Federal e os do magistério e da magistratura; e) promover a readaptação e o aperfeiçoamento dos funcionários cíveis da União; f) estudar e fixar os padrões e especificações do material para uso nos serviços públicos; g) auxiliar o Presidente da República no exame dos projetos de lei submetidos a sanção; h) inspecionar os serviços públicos; i) apresentar anualmente ao Presidente da República relatório pormenorizado dos trabalhos realizados e em andamento."

[42] "*Paperasserie*" é expressão utilizada na língua francesa para fazer referência a "papelada" ou "criptografia". A utilização da expressão pelo autor buscou criticar o travamento e ineficiência administrativa em questão.

o presidente de um departamento estadual do DASP exercia um poder maior do que o interventor, já que reclamações e denúncias contra este eram analisadas por aquele (SOUZA, 1990, p. 97).

Pontua-se que o DASP foi não apenas um instrumento centralizante, mas o principal mecanismo para implantar o típico modelo burocrático weberiano,[43] buscando se pautar em princípios da impessoalidade, profissionalismo, formalismo, equidade, hierarquia, e meritocracia, como meio de afastar a gestão patrimonialista vigente, em prol de uma gestão mais moderna e eficiente.[44]

Ao lado da presença do DASP como força centralizadora e modernizadora da gestão pública, cabe ressaltar a elevada criação de *institutos, autarquias e grupos técnicos*. Paradoxalmente, o aparato administrativo centralizado que se pretendeu criar no período varguista, sob aspiração na burocracia weberiana, também ocorreu por meio de um processo de descentralização administrativa, amparado pelo princípio da especialização, através da criação de diversas entidades técnicas vinculadas ao poder central, mas que regulavam a atividade administrativa em todo o país com base em critérios pretensamente técnicos e de modernização e eficiência administrativa.

O fortalecimento do aparato decisório central envolvia a necessidade de se criar uma série de órgãos e entidades especializadas em determinados assuntos e interesses, para assessorar a definição das diretrizes centrais a serem tomadas pelo Presidente da República. Segundo Maria do Carmo Campello de Souza (1990, p. 99), é possível agrupar em quatro categorias os órgãos [e entidades] criados ou revitalizados no período varguista com o objetivo de controlar atividades econômicas: (i) órgãos [entidades] destinados a equilibrar consumo e produção em setores agrícolas e extrativos, ou reger sua importação e exportação;[45] (ii) órgãos destinados a aplicar medidas de incentivo à indústria privada; (iii) órgãos destinados à implantação, ampliação ou remodelação

---

[43] Felipe Gonçalves Brasil, Vera Alves Cepêda e Tiago Batista Medeiros (2014, p. 16) bem expõem que as reformas conduzidas pelo DASP, vistas como inovadoras para a época, consideravam que antigos princípios políticos deveriam ser substituídos por uma nova estrutura, mais burocratizada e menos dependente dos interesses clientelistas, sendo que o modelo burocrático seria adotado como elemento organizador de uma cultura científica, assegurada por uma elite técnica e especializada.

[44] Nesse sentido, através do DASP, buscou-se: estabelecer uma maior integração entre os diversos setores da Administração Pública; instaurar procedimentos técnicos e isonômicos de seleção de pessoal; incentivar a profissionalização do gestor público e a cultura da eficiência através da promoção de cursos gerenciais e incentivo à produção e divulgação de obras técnicas [tendo sido responsável pela criação da ilustre Revista do Serviço Público]; estabelecer uma jurisprudência administrativa uniformizadora relacionada à administração de pessoal e seu regime jurídico.

[45] Com relação a este primeiro grupo, cabe destacar a criação das seguintes entidades autárquicas: *(i) Instituto do Pinho*, criado pelo Decreto-Lei nº 3.124, de 19 de março de 1941, é uma espécie de entidade com autonomia administrativa e financeira, custeado diretamente pela produção desse tipo de madeira, vinculado à "jurisdição" do Ministério do Trabalho, Indústria e Comércio, e formado por representante nomeado por estados produtores e por delegados dos produtores, conforme regulamento criado pelo Decreto nº 20.471, de 23 de janeiro de 1946; *(ii) Instituto Nacional do Sal*, criado pelo Decreto-Lei nº 2.300, de 10 de junho de 1940, e regimento estabelecido pelo Decreto-Lei nº 2.398, de 11 de julho de 1940, era uma autarquia vinculada à Presidência da República e possuía função regulatória e de intervenção no consumo do produto, entre outras competências, passando a se denominar de "Instituto Brasileiro do Sal", através da Lei nº 3.137/1957; *(iii) Instituto do Açúcar e do Álcool*, criado pelo Decreto nº 22.789, de 1º de junho de 1933, é uma entidade autárquica federal que possuía o escopo de assegurar o equilíbrio do mercado de açúcar, conciliando, do melhor modo, os interesses de produtores e consumidores, bem como servindo de instrumento de intervenção estatal na agroindústria canavieira do país; *(iv) Conselho Nacional do Café*, trata-se de uma entidade, de natureza autárquica, que resultou de convênio realizado pelos estados produtores realizado em 1930, e regulamentado pelo Decreto nº 20.405, de 16 de setembro de 1931, de natureza intervencionista no mercado cafeeiro.

de serviços básicos de infraestrutura para a industrialização; (iv) órgãos destinados a ingressar diretamente em atividades produtivas.[46]

A ampliação das competências centrais no Estado Novo, somada ao centralismo político e decisório, evidenciou a necessidade de uma descentralização técnico-administrativa, com atribuições técnico-gerenciais, para funções consultivas, fiscalizatórias, regulatórias e de intervenção direta na esfera econômica e social, mas sob o controle direto do Governo central. Foi nesse contexto de centralização e descentralização técnica, pautado pela rigidez hierárquica do modelo burocrático e intervencionista típico de um Estado Social, que se criou as bases para a inauguração dos *serviços sociais autônomos*,[47] o primeiro modelo institucionalizado de um setor público não estatal na história administrativa brasileira.

Como melhor veremos abaixo,[48] essa mudança institucional centralizadora, que justificou o regime estadonovista, foi responsável para a definição da competência da União na condução de algumas atividades de interesse geral. Neste contexto, o dogma da noção tradicional do serviço público, de influência francesa, consolidou-se posteriormente na doutrina administrativista brasileira, especialmente para legitimar esse projeto centralizador do Estado Novo e servir de engrenagem para o aumento das competências estatais e para a titularização de diversas atividades de natureza econômica, de interesse coletivo.

1.5 Razões jurídico-históricas para a definição constitucional da competência federal para a titularização de atividades de interesse geral: serviços que podem ser, mas não são, *a priori*, serviços públicos pelo crivo político legislativo da União

O propósito centralizador do Estado Novo refletiu na definição de uma série de competências da União para a condução de várias atividades econômicas e sociais. O afastamento dos poderes das oligarquias da República Velha demandaria a construção de um governo central forte, que tivesse a capacidade de intervir em decisões políticas regionais. Isso tornou necessária a mudança da arquitetura administrativa, de modo a criar um sistema que centralizasse todas as decisões políticas, como também a atuação de importantes atividades prestacionais do Estado, as quais estivessem predispostas a interferir em decisões locais.

---

[46] Neste caso, cabe menção à desapropriação realizada das Companhias Brasileiras de Mineração e Siderurgia S.A. e Itabira de Mineração S.A, para a criação da Companhia do Vale do Rio Doce, a Criação da Companhia Siderúrgica Nacional, e a criação da Petrobrás.

[47] O Decreto-Lei nº 4.048, de 22 de janeiro de 1942, criou o Serviço Nacional de Aprendizagem dos Industriários (SENAI), a ser organizado e dirigido pela Confederação Nacional da Indústria e que teria a incumbência de organizar e administrar, em todo o país, escolas de aprendizagem para industriários. E, como meio eficaz de fomento estatal, foi criada uma contribuição tributária, a ser cobrada dos estabelecimentos industriais das modalidades de indústrias enquadradas na Confederação Nacional da Indústria. Posteriormente, como legado desse modelo, foram criados: o Serviço Nacional de Aprendizagem Comercial (SENAC), pelo Decreto-Lei nº 8.621/1946; Serviço Social da Indústria (SESI), pelo Decreto-Lei nº 9.403/1946; e o Serviço Social do Comércio (SESC), pelo Decreto-Lei nº 9.853/1946. Tais entidades também foram objeto do mesmo tipo de fomento estatal, para custeio de suas atividades, de inegável relevância pública e não exclusivas do Estado.

[48] Capítulo 4.

Pode-se dizer que esse mencionado projeto centralizador do Estado Novo foi a *mola propulsora* para a fixação da competência da União na titularização de diversas atividades de interesse coletivo, além de outras atividades econômicas não prestacionais, e o afastamento dos estados e municípios na competência de livremente explorá-los.

Nesse sentido, a definição da competência da União, em detrimento dos estados e municípios, na exploração de alguns serviços de relevância pública, tais como "telégrafos, radiocomunicação e navegação aérea, inclusive as instalações de pouso, bem como as vias-férreas que liguem diretamente portos marítimos a fronteiras nacionais, ou transponham os limites de um Estado" (artigo 5º, VIII, da Constituição de 1934), é uma *consequência do projeto centralizador do Estado Novo*. O intuito centralizador e estatizante do novo regime instaurado pela Constituição de 1934 foi evidenciado também pela prerrogativa exclusiva da União em monopolizar determinada atividade econômica, por motivo de interesse público, nos termos do que ficou definido no artigo 116,[49] da Constituição de 1934.

Todavia, a transformação de uma atividade econômica de interesse coletivo em domínio público da União não se deu em decorrência direta da previsão constitucional da divisão de competências federativas. E, isso pode ser constatado por parte de todos os serviços de interesse geral definidos no artigo 5º, VIII, da Constituição de 1934, bem como dos serviços de produção e comercialização de energia elétrica. A investigação jurídico-histórica elucida que a definição do domínio estatal na execução exclusiva de uma atividade de interesse geral não decorreu de uma definição constitucional, mas uma *opção política infraconstitucional*, cuja competência decisória foi estabelecida no texto constitucional posteriormente.

Isso implica dizer que a competência constitucional, definida no artigo 21, XI e XII, da Constituição da República de 1988, ao contrário do que se propaga na doutrina, não é uma cláusula constitucional definidora de serviços públicos, mas de atividades que podem ser serviços públicos, dentre outras. Ou seja, tais atividades *não são originalmente "serviços públicos", mas podem ser serviços públicos*, nos termos da lei, que define as hipóteses de titularização ou liberalização da respectiva atividade, como ocorreu na história institucional brasileira.

Tal previsão constitucional refere-se, como melhor será elucidado, a uma repartição de competências federativas, estabelecendo que o exercício da iniciativa econômica pública deverá observar tais competências. Tanto que tais disposições se encontram no "Título III – Da Organização do Estado" e, não, na definição dos fundamentos econômicos da nação que, sobretudo, descreve o pilar de uma livre iniciativa "reservada", já que passível de intervenção estatal, nos termos do parágrafo único, do artigo 170.[50] Assim, a mera menção constitucional de competência para explorar alguns serviços não é a previsão de cláusulas de *publicatio*, ou seja, de transformação das referidas atividades como de domínio público (serviço público); apenas define que a exploração de tal atividade somente poderá ser perscrutada pela União, relegando os estados e municípios a competência apenas de explorar serviços de interesse local.

---

[49] "Art 116 – Por motivo de interesse público e autorizada em lei especial, a União poderá monopolizar determinada indústria ou atividade econômica, asseguradas as indenizações, devidas, conforme o art. 112, nº 17, e ressalvados os serviços municipalizados ou de competência dos Poderes locais."

[50] Neste ponto, verifica-se que, nas constituições anteriores, toda definição de competência federativa para explorar determinados serviços, encontra-se em tópicos referentes à organização do Estado.

A análise histórico-institucional do enquadramento do serviço público no Brasil torna, ao nosso ver, indelével essa conclusão, como também a conclusão de que o sentido da previsão constitucional definida nos referidos dispositivos não é constituir cláusulas de *publicatio*, mas sim, de estabelecer cláusulas de repartição de competências: é dizer, se algum ente federativo pretender executar, com exclusivismo, ou não, a atividade, este deve ser a União, e não os estados e municípios. Esse é o sentido constitucional da previsão de exploração das referidas atividades, desde a Constituição de 1934, que instaurou o período estadonovista. Com efeito, a repartição constitucional de competências federativas na prestação dos referidos serviços é reminiscência do projeto centralizador e anti-oligárquico do Estado Novo.

Para compreender esse raciocínio, eminentemente jurídico-histórico, reputa-se conveniente compreender a evolução histórica de três tipos de atividades que se transformaram [e algumas delas, ainda permanecem] em domínio público: os serviços de produção de energia hidroelétrica; os serviços de telégrafos; e os serviços de radiocomunicação.

1.5.1 Serviços de produção de energia elétrica

A atividade de produção de energia elétrica obteve a titularização federal através da edição do Código de Águas (Decreto nº 24.643/1934). Elaborado pelo Governo provisório, liderado por Getúlio Vargas, e editado em 10 de julho de 1934, o Código de Águas apenas foi publicado em 23 de julho de 1934, poucos dias após a promulgação da Constituição de 1934. O fato de ter sido elaborado anteriormente à promulgação da Constituição de 1934 motivou a instauração de impugnação de inconstitucionalidade do referido decreto, cuja tese não foi aceita pelo Supremo Tribunal Federal à época (VENÂNCIO FILHO, 2019).

Logo após a formação do Governo provisório, com a "Revolução de 1930", foram constituídas diversas comissões legislativas e, dentre elas, uma subcomissão de Direito das Águas, composta por Alfredo Valadão, Castro Nunes e Veríssimo de Melo. O próprio Alfredo Valadão refez as bases do projeto do Código das Águas da República, apresentando um capítulo novo sobre a regulamentação das forças hidráulicas inspirada na moderna doutrina jurídica norte-americana, e criando a Comissão de Forças Hidráulicas, à semelhança da *Federal Power Commission* (VENÂNCIO FILHO, 2019).

A primeira atividade de aproveitamento industrial hidroelétrico foi realizada em Juiz de Fora, em 1889, por meio de uma empresa privada pertencente a Bernardo Mascarenhas (COMPANHIA ENERGÉTICA DE MINAS GERAIS, 2019). Desta data, até a vigência do Código de Águas, a atividade de produção hidroelétrica ficou inserida no período conhecido como fase do "interesse local" na produção de energia elétrica.

Em 1904, Rui Barbosa, então consultor jurídico do consórcio que viria a ser a empresa Light, defendeu que a livre concorrência era absolutamente impossível por razões técnicas e econômicas. A referida exploração só poderia funcionar conforme o interesse público, mediante "monopólios de fato" em mãos de grandes empresas ou das municipalidades (SANCHES, 2006, p. 4). Tal situação induziu o governo federal, em 1903, a estabelecer a obrigação estatal em promover o aproveitamento da força hidráulica para transformação em energia elétrica para uso em serviços federais, bem como autorizar o emprego do "excesso da força" no desenvolvimento da lavoura, indústria e outros fins (artigo 23, da Lei nº 1.145/1903). Para regulamentar esse dispositivo, foi editado o Decreto nº 5.407/1904, que autorizava o governo "a promover administrativamente, ou por concessão, o aproveitamento da força hidráulica para transformação em energia elétrica aplicada a serviços federais" (artigo 1º). Contudo, essa determinação não implicava cláusula de *publicatio*, pois que a iniciativa privada também poderia proceder ao aproveitamento industrial do potencial hidroelétrico, respeitados os regulamentos administrativos.

O Decreto nº 5.407/1904 representou o reconhecimento da importância da atividade, para o sustento dos serviços federais, tanto que determinou o dever de o Estado promover a atividade, que também estaria aberta à iniciativa privada, e que não necessariamente dependeria de contrato de concessão para utilização do potencial hidroelétrico. Quanto ao atendimento de interesses privados, o regramento acerca do uso do potencial hidroelétrico era realizado pelo Código Civil de 1916, em seus artigos 563 a 568, no capítulo destinado ao uso das águas. Segundo o Código Civil de 1916, o proprietário poderia utilizar das águas que cortavam seu terreno, desde que não impedisse "o curso natural das águas em prédios inferiores" (artigo 565). Além disso, era permitido "canalizar, em proveito agrícola ou industrial, as águas a que tenha direito", mediante prévia indenização aos proprietários prejudicados (artigo 567).

Assim, pode-se dizer que, anteriormente à titularização da atividade perpetrada pelo Código de Águas, o aproveitamento industrial hidroelétrico era uma atividade aberta à iniciativa privada, mesmo que sujeito a "regramentos administrativos", os quais visavam, na verdade, a imposição de normas regulatórias conciliadoras do uso desse bem público, de modo a resguardar interesses públicos genéricos, como a salubridade, a minimização do dano ambiental e de danos a terceiros.

Através do Código de Águas, estabeleceu-se a regra de *publicatio* federal, no sentido de que o "aproveitamento industrial das quedas de água e outras fontes de energia hidráulica, quer do domínio público, quer do domínio particular, far-se-á pelo regime de autorizações e concessões instituído neste Código" (artigo 139), excluindo da titularização apenas o aproveitamento energético de potência inferior a 50 kWs (cinquenta quilowatts) (artigo 139, §2º). Nesse sentido, estabeleceu-se a competência do Presidente da República para a outorga de concessões pertinentes ao aproveitamento industrial hidroelétrico (artigo 150).

Somente com a publicação do Código de Águas é que houve o rompimento de um regime de execução do aproveitamento energético, anteriormente aberto à livre iniciativa. O Código representava uma mudança completa no regime anterior, de base meramente contratual e privatística, alterando substancialmente o regime das concessões e dando ao poder público a possibilidade de um controle muito mais rigoroso (VENÂNCIO FILHO, 2019). A partir de então, a atividade de produção de energia elétrica, mediante o uso de potencial hidroelétrico, seria de propriedade da União, não podendo – salvo mediante autorização federal – ser executada por estados e municípios, tampouco pelo setor privado, quando a produção ultrapassasse a potência de 50kWs (cinquenta quilowatts).

Nesse contexto, através do Código de Águas, instituiu-se a prerrogativa de um órgão (Serviço de Águas do Departamento Nacional de Produção Mineral – DNPM), em regular a atividade, mediante o estabelecimento de obrigações com o triplo objetivo de (i) assegurar um serviço adequado, (ii) fixar tarifas razoáveis e (iii) garantir a estabilidade financeira das empresas (artigo 178), bem como de impor a obrigação de transparência, de modo a viabilizar a "fiscalização da contabilidade das empresas" (artigo 178, parágrafo único).[51]

Portanto, através de lei, houve o estabelecimento da prerrogativa de imposição de obrigações de serviços públicos, *mesmo sem qualquer regra constitucional definindo a competência* da União em explorar, direta ou indiretamente, serviços de aproveitamento de potencial hidroelétrico. Com efeito, a titularização da atividade de produção de energia hidroelétrica foi realizada sem qualquer estabelecimento de obrigação na Constituição de 1934 dessa incumbência, muito menos de qualquer competência constitucional da União em explorar tais serviços. O que havia era apenas a competência da União em legislar sobre energia elétrica (artigo 5º, XIX, alínea "j"). A competência deste ente em regular a atividade também foi prevista no artigo 12, das Disposições Transitórias da Constituição de 1934, ao determinar que os "particulares ou empresas que ao tempo da promulgação desta Constituição explorarem a indústria de energia hidrelétrica ou de mineração, ficarão sujeitos às normas de regulamentação que forem consagradas na lei federal". O que passou a existir foi a competência federativa para regulação desse tipo de atividade, assim como a da mineração. A repartição constitucional da competência federativa para exploração das instalações de energia, ocorreu apenas com a Constituição de 1967, com o artigo 8º, XV, "b", permanecendo a competência da União na sua exploração na Constituição da República de 1988.

Assim, o serviço de produção de energia elétrica não se transformou em titularidade da União em decorrência da delimitação da competência em estabelecer normas sobre energia elétrica e sobre o uso das quedas de água, tampouco pela delimitação da competência da União para sua exploração. Assim, a definição da competência federativa, posteriormente ocorrida, representou o resguardo à União em sua competência exclusiva na intervenção nesse tipo de atividade de interesse geral, em detrimento dos estados e municípios. Ou seja, tratou-se apenas de especificação da repartição de competência entre os entes federativos, e isoladamente, cláusulas de *publicatio*.

Na década de 1990, em decorrência de política liberalizante e de redução do aparato estatal, o setor energético sofreu uma reestruturação que foi responsável por uma liberalização parcial do serviço de produção e comercialização de energia elétrica. A Lei nº 9.074/1995 inaugurou um novo modelo de produção de energia elétrica, com a flexibilização de prerrogativas estatais na realização da execução material dessa atividade, com o objetivo de tentar atrair o investimento de capitais privados para a *expansão do sistema e o atendimento do mercado de energia*, como um meio de evitar o racionamento e *blackouts*. (CALDAS, 2001, p. 169 *et seq.*). Para tanto, previu-se a figura do *Produtor Independente de Energia* e a autorização para que a livre iniciativa privada pudesse exercer atividades que antes eram reservadas ao domínio público, tal como realizar uma produção independente de energia, em um maior patamar, inclusive por meio da utilização de potenciais hidroelétricos (Pequenas Centrais Hidroelétricas), sem mencionar a liberalização para a venda de energia no atacado, como uma *commodity*. Coroando essa liberalização parcial, a Lei nº 9.648/1998, em seu artigo 7º, prevê a alteração

---

[51] Trata-se de norma ainda vigente, mas cujas competências foram assumidas por outras entidades regulatórias criadas para tanto, tal como a ANEEL.

do regime do gerador hídrico de energia elétrica, de "serviço público" para "produção independente". Além disso, a Lei nº 9.074/1995 viabilizou o aproveitamento de potenciais hidráulicos iguais ou inferiores a 3.000 kW (três mil quilowatts) e a implantação de usinas termoelétricas de potência igual ou inferior a 5.000 kW (cinco mil quilowatts) por mera comunicação ao poder concedente, sem necessidade de ato autorizativo.

Mais recentemente, o avanço da tecnologia de sistemas de energia fotovoltaica obteve o reconhecimento por parte da Agência Nacional de Energia Elétrica (ANEEL), que buscou criar diversas condições regulatórias para a fruição desses sistemas pelos consumidores, de forma a trazer maior segurança no investimento e instalação dos referidos equipamentos, os quais podem ser uma solução à escassez de produção energética em futuro não muito distante. A Resolução Normativa ANEEL nº 482/2012 – alterada pela Resolução Normativa ANEEL nº 687, de 24.11.2015 – além de prever o sistema de compensação de energia elétrica, regulamentou as figuras do "empreendimento com múltiplas unidades consumidoras",[52] "a geração compartilhada"[53] e o "autoconsumo remoto".[54] Através dos procedimentos definidos nesse diploma regulatório, criou-se segurança para que os particulares possam investir na produção de energia fotovoltaica, de modo que a energia produzida seja conectada à rede pública gerida pela concessionária de energia, com a subsequente geração de um crédito de energia a ser utilizado no prazo de 60 (sessenta) meses. E, para a adesão aos sistemas de compensação e geração compartilhada (nos termos do artigo 4º, dessa resolução), "fica dispensada a assinatura de contratos de uso e conexão na qualidade de central geradora" sendo suficiente a celebração de um "acordo operativo", que se dará por meio de mero requerimento do interessado e averiguação [vinculativa] do atendimento às condições objetivamente estabelecidas pela ANEEL.[55]

Portanto, verifica-se que, assim como a competência para explorar os serviços de energia elétrica coube constitucionalmente à União (desde 1934), tendo ela estabelecido a titularização da atividade através de opção político-legislativa, verifica-se que a própria União, também utilizando da mesma competência constitucional, procedeu à liberalização parcial dos mesmos serviços, cuja competência exploratória foi reservada a este ente federativo.

---

[52] Para a ANEEL "empreendimento com múltiplas unidades consumidoras" é caracterizado pela utilização da energia elétrica de forma independente, no qual cada fração com uso individualizado constitua uma unidade consumidora e as instalações para atendimento das áreas de uso comum constituam uma unidade consumidora distinta, de responsabilidade do condomínio, da administração ou do proprietário do empreendimento, com microgeração ou minigeração distribuída, e desde que as unidades consumidoras estejam localizadas em uma mesma propriedade ou em propriedades contíguas, sendo vedada a utilização de vias públicas, de passagem aérea ou subterrânea e de propriedades de terceiros não integrantes do empreendimento.

[53] "Geração compartilhada", por sua vez, é caracterizada pela ANEEL como a reunião de consumidores, dentro da mesma área de concessão ou permissão, por meio de consórcio ou cooperativa, composta por pessoa física ou jurídica, que possua unidade consumidora com microgeração ou minigeração distribuída em local diferente das unidades consumidoras nas quais a energia excedente será compensada.

[54] "Autoconsumo remoto" é caracterizado por unidades consumidoras de titularidade de uma mesma Pessoa Jurídica, incluídas matriz e filial, ou Pessoa Física que possua unidade consumidora com microgeração ou minigeração distribuída em local diferente das unidades consumidoras, dentro da mesma área de concessão ou permissão, nas quais a energia excedente será compensada.

[55] Essas condições são estabelecidas pela Seção 3.7, do Módulo 3, do PRODIST ("Procedimentos de Distribuição de Energia Elétrica no Sistema Elétrico Nacional"), tal como disposto na Resolução Normativa ANEEL nº 482/2012.

1.5.2 Serviços de telégrafos

Pode-se dizer que os serviços de telégrafos elétricos foram o marco revolucionário da atual fase da Era da Comunicação que estamos vivenciando. Tendo sido inventado em meados do século XIX, os telégrafos conquistaram elevada admiração e importância em várias nações, inclusive no Brasil Imperial, que passou a investir rapidamente na instalação de redes de telégrafo. Mesmo que tivesse recebido com muita desconfiança por parte da população, que não acreditava na idoneidade desse tipo de comunicação – que tinha que ser interpretada por outra parte, desconfiando-se ser um "truque" ou "ilusionismo" – foi o próprio Estado que passou inicialmente a reconhecer a importância desse tipo de serviço, que necessariamente deveria ser implantado no país[56] (MACIEL, 2001, p. 131).[57] A importância dessa atividade para o Estado assumiu diversas dimensões.

A primeira seria a revolução na condução de prerrogativas exclusivas de Estado, como o da *segurança pública e de guerrear*. Uma das situações, que antes era impossível ao Estado, e que muito impressionou os governantes, foi a possibilidade de continuação de perseguição policial: antes, um criminoso que conseguisse se livrar ao embarcar em um trem já seria considerado vitorioso; após a instalação das redes de telégrafo elétrico, ocorreu o inimaginável, pois um ladrão foragido conseguiria ser pego na próxima estação de trem (DIAS, 2015). Não se conseguiria imaginar, em meados do século XIX, um meio de comunicação mais rápido do que um trem. Além disso, a imprescindibilidade estatal dos telégrafos, no Brasil, foi revelada pelo seu uso na *Guerra do Paraguai*, no qual as linhas montadas para campanhas mostrar-se-iam eficientes para orientar o rápido avanço das tropas e para redefinição das estratégias militares (MACIEL, 2001, p. 131).

Além da revolução no *modus operandi* do poder de império e do monopólio do uso da força, os telégrafos se mostraram imprescindíveis para viabilizar uma necessária coesão social, econômica e territorial no Brasil, o que contribuiu para a unidade do Governo Central com as províncias do "sertão", aqui entendido as províncias não litorâneas, e outras províncias do Norte. De 1866 a 1886, o Governo Imperial construiu mais de 10.969 (dez mil novecentos e sessenta e nove) quilômetros de linhas telegráficas, inclusive linhas submarinas, que ligaram o Rio de Janeiro às capitais da Bahia, Pernambuco e Pará (MACIEL, 2001, p. 132). Essa coesão também foi econômica, pois foi notável o papel que a instalação de estações telegráficas, assim como das estações de trem, possuiu para o desenvolvimento do interior e outras regiões "não civilizadas".[58] Assim, a instalação, expansão e administração do telégrafo se apresentou como um instrumento essencial para a Administração Pública, para o exercício das funções estatais.[59]

---

[56] Em 1850, o Ministro do Supremo Tribunal de Justiça, *Eusébio de Queiroz* assim se manifestou: "Tenho o prazer de anunciar-vos, que dentro de pouco tempo se acharão em exercício os telégrafos elétricos, e ainda que sobre linhas de pequena extensão, considero de grande importância este primeiro ensaio de tão prodigiosa descoberta. A comunicação dos pensamentos, das ordens, das notícias já não encontra demora na distância." (MACIEL, 2001, p. 130).

[57] Importante ressaltar a insuficiência de trabalhos jurídicos atuais destinados a estudar os serviços de telégrafos no Brasil. O trabalho desenvolvido por Laura Antunes Maciel (2001) é o único que se conseguiu vislumbrar e ter acesso, o que motivou ser considerado o referencial bibliográfico neste tema.

[58] Segundo o *Marechal Rondon*, que construiu milhares de quilômetros de linhas telegráficas nos estados do Mato Grosso, Acre e Amazonas, testemunhava: "onde quer que chegue o telégrafo [...] ali far-se-ão os benéficos influxos da civilização. Com o estabelecimento da ordem, obtida pela facilidade com que os governos podem agir [para] distribuir o bem público e a justiça, virá fatalmente o desenvolvimento do homem e das indústrias." (*apud* MACIEL, 2001, p. 138).

[59] Isso se revelou pela ordem preferencial de transmissão dos telegramas, pelo artigo 40, do Decreto nº 3.288/1864: teriam preferência na transmissão, primeiro os telegramas oficiais; segundo, os telegramas da Casa Imperial; terceiro, os telegramas comerciais; e, quarto, os telegramas de particulares.

No início, os serviços de telégrafos eram desenvolvidos concorrentemente por particulares e pelo Estado. Desde que o telégrafo elétrico foi instalado no Brasil, em 1852, os dois maiores concorrentes do serviço foram as companhias de estradas de ferro e de cabos submarinos construídos pela empresa norte-americana, *Western Telegraph Company*, que ligava o Brasil aos Estados Unidos da América (EUA) e Europa (MACIEL, 2001, p. 139). Os proprietários das estradas de ferro também construíram mais de 17.000 (dezessete mil) quilômetros de linhas telegráficas, caso em que restava ao Governo, por meio da Repartição Geral de Telégrafos, a construção de linhas telegráficas em regiões menos lucrativas (MACIEL, 2001, p. 132).

É de se pontuar que, em que pese a imprescindibilidade do serviço às funções estatais, ao desenvolvimento e à coesão social e econômica nacional, sua exploração não era lucrativa para os investimentos particulares, diante do alto custo da construção e instalação das linhas e dificuldades na sua operação e consumo (MACIEL, 2001, p. 139). Isso foi o contrário do que ocorreu posteriormente com os serviços de telefonia, cuja tecnologia foi espalhada no início do século XX, sob o controle das mesmas repartições administrativas que geriam os serviços de telégrafos, diante da utilização de tecnologia semelhante. Todavia, no caso do serviço de telefonia, houve uma incidência muito maior de investidores privados, diante da maior atratividade de utilização pelo usuário, pelo fato de o serviço ser usufruído diretamente e sem a intermediação de estações de decifragem do "Código Morse". Por isso, no início do século XX, já havia prestador de serviço de telefonia em Cuiabá, em locais em que sequer existiam serviços de distribuição de energia elétrica (MACIEL, 2001, p. 140).

Antes disso, no caso dos serviços de telégrafos, a necessidade de generalidade e segurança no provimento, especialmente para o bom funcionamento das funções estatais, bem como para a consecução do projeto de integração nacional, gerou uma tendência para a titularização pública da atividade, que não poderia depender do setor privado para viabilizar os referidos projetos, que tinham como principal usuário o aparelho administrativo. Em que pese a Repartição dos Telégrafos, criada e regulamentada pelo Decreto nº 3.288/1864, ter buscado difundir uma cultura monopolizadora da atividade, o fato é que, no Brasil, adotou-se inicialmente um regime semelhante ao dos Estados Unidos da América, no qual o setor público poderia atuar paralelamente à iniciativa privada (MACIEL, 2001, p. 136). Neste caso, o Decreto nº 3.288/1864 *não previu a impossibilidade de prestação do serviço pelo setor privado* ou a imprescindibilidade de concessão para a instalação de linhas telegráficas pela iniciativa privada. O que se buscou, por meio dessa regulamentação inicial promovida pelo Decreto nº 3.288/1864 foi a *regulamentação de um empreendimento econômico que o Estado decidiu enveredar*, sem qualquer cláusula de *publicatio*.

Contudo, a presença marcante dos empreendimentos estatais, diante do desinteresse do setor privado em atuação maciça e em áreas não lucrativas, bem como a necessidade de se manter o controle e padronização da atividade, fez ganhar força movimentos para afastar a iniciativa privada da livre exploração nesse campo, mesmo diante de resistências encontradas em alguns juristas da época, que viam no Estado um papel apenas fomentador e regulador e, não, executor exclusivo de atividades econômicas. Para Viveiros de Castro (*apud* MACIEL, 2001, p. 137), o monopólio do Estado na atividade seria contrário aos princípios jurídicos brasileiros, pois não se poderia conceber que o Estado fosse, ao mesmo tempo, construtor e explorador de serviços; em seu entendimento, o Estado cuidaria do interesse público desenvolvendo as suas linhas, estabelecendo taxas módicas, que facilitassem o emprego "do mais rápido meio de comunicação". Ou seja, o Estado teria o dever de fomentar a implantação da atividade e de regular com a imposição das obrigações que seriam necessárias para o seu adequado funcionamento. Todavia, os imperativos públicos para a difusão e manutenção da atividade, bem como a contrapartida pública necessária ao seu desenvolvimento – com a criação de uma verdadeira organização burocrática e administrativa em âmbito nacional, com padronização de cargos e carreiras técnicas, investimento em qualificação profissional etc. – foram motivos para que se tomasse a decisão de titularização da atividade (MACIEL, 2001, p. 141 *et seq.*).

Por isso, *ainda no período Imperial*, houve a publicação de nova regulamentação dos telégrafos, através do Decreto nº 8.354/1881, no qual estabeleceu a *propriedade pública da prestação do serviço* pelo Estado nacional, no seu artigo 1º: "As linhas telegráficas no Império pertencem ao domínio do Estado, e são destinadas ao serviço da administração pública e dos particulares". E o artigo 2º, desse decreto, passou a limitar o ingresso do setor privado, diante da imprescindibilidade da concessão, que seria ato exclusivo do Governo Imperial.

Em que pese a primeira Constituição republicana de 1891 não ter estabelecido a competência do governo federal em executar os serviços de telégrafos, mas apenas de legislar sobre o tema (artigo 34, inciso 15), o Decreto nº 372-A, de 2 de maio de 1890, editado por Deodoro da Fonseca, manteve a titularização da atividade, dispondo, em seu artigo 1º, que as linhas telegráficas seriam de propriedade da federação, distribuindo a competência para sua instalação entre União e estados. E, não apenas isso, inserindo e equiparando os regimes jurídicos aplicáveis, o Decreto nº 372-A, de 2 de maio de 1890, titularizou também os serviços de telefonia, recém inventados nos Estados Unidos da América, equiparando ao regime jurídico aplicável aos telégrafos, e sujeitos ao controle e exercício da Repartição Geral dos Telégrafos.[60]

Os serviços de telégrafos passam, logo após a Revolução de 1930, a ser de domínio exclusivo da União, através do artigo 1º do Decreto nº 19.881/1931,[61] evidenciando a mencionada estratégia centralizante do Estado Novo. Portanto, antes mesmo da previsão da competência da União na prestação de serviços telegráficos, disposta no artigo 5º, VIII, da Constituição de 1934, a titularização federal do serviço de telégrafo (como o de telefonia), já havia sido estabelecida como exclusivamente federal, cuja competência se manteve na Constituição de 1937 (artigo 15, VII), na Constituição de 1946 (artigo 5º, VII),

---

[60] O telefone foi inventado pelo norte-americano Graham Bell em 1876. É notória a história em que Dom Pedro II, em junho de 1876, assistindo às demonstrações de inventos na Exposição do Primeiro Centenário da Independência dos Estados Unidos na Filadélfia, foi convidado por Graham Bell para experimentar o seu invento. E em uma distância de 150 (cento e cinquenta) metros, o inventor declamou Shakespeare "*to be or not to be*" e o Imperador exclamou "*My God, it talks!*" após ouvir a voz na outra extremidade, frase que virou manchete nos jornais norte-americanos no dia seguinte. No ano seguinte, em 1877, Graham Bell presenteou o Imperador Dom Pedro II com um par de telefones, a ser utilizado na cidade do Rio de Janeiro, que foi a primeira cidade fora dos Estados Unidos a realizar uma ligação telefônica. Em 1879, Dom Pedro II autorizou a exploração dos serviços telefônicos no Brasil. O empresário Charles Paul Mackie obteve autorização para implantar linhas telefônicas no Rio de Janeiro, em seus subúrbios e em Niterói (TELECOMUNICAÇÕES DO BRASIL, 2019). Apenas 4 (quatro) anos depois da instalação da primeira linha, através do Decreto nº 8.354/1881, estabeleceu-se, em seu artigo 35, §1º, que alguns tipos de estações telegráficas poderiam empregar aparelhos telefônicos, mas sem definir a titularidade da atividade.

[61] "Art. 1º Os serviços telegráficos em todo o território nacional são da exclusiva competência da União".

e na redação original do artigo 21, XI, da Constituição de 1988. Após a Emenda Constitucional nº 8, de 1995, os serviços de telegrafia foram inseridos no conceito geral de telecomunicações.

Portanto, verifica-se que a competência da União na exploração dos serviços de telégrafos foi estabelecida muito tempo depois da opção político-legislativa de titularização dessa atividade, revelando apenas uma reserva constitucional decorrente de repartição de competências federativas, de modo a impedir estados e municípios em enveredar concorrentemente o mesmo serviço.

1.5.3 Serviços de radiocomunicação

Radiocomunicação é referido como um amplo conceito no qual o setor das telecomunicações substituiu. Os meios de comunicação instantânea hoje evoluíram de tal forma, que suplantaram a comunicação por fio elétrico ou óptico, ou aquela realizada por ondas de rádio. Ao lado da invenção revolucionária, para a Era das Comunicações, representada pelo telégrafo, a comunicação por ondas de rádio fez com que a comunicação atingisse um novo patamar na história da humanidade. Inventada pelo italiano *Guglielmo Marconi*, no fim do século XIX, com a criação de um telégrafo sem fio, foi um Padre gaúcho *Roberto Landell de Moura* que, pela primeira vez, inovou a tecnologia para a criação de um rádio de comunicação de voz (CASONATTO, 2010). Este foi o pioneiro a transmitir a voz por rádio, tendo, em 1893, realizado esse feito inédito na Avenida Paulista, em São Paulo, a uma distância de 4.500 (quatro mil e quinhentos) metros.[62]

No Brasil, de acordo com relatos históricos, o início da radiodifusão ocorreu com a primeira transmissão de voz, sem fio, em 07 de setembro de 1922, do pronunciamento do então presidente Epitácio Pessoa, em comemoração ao centenário da Independência. Todavia, desde sua incorporação e difusão pelo Estado e pelos particulares, não havia uma regulamentação geral, tendo o "novo" serviço sido sujeito à fiscalização da Repartição Geral dos Correios e Telégrafos (BREITENBACH, 2016, p. 13).

Em que pese os serviços de rádio já estarem em plena operação, somente com o Estado Novo é que foi publicado, em 1931, o Decreto nº 20.047,[63] estabelecendo que:

---

[62] Mesmo não tendo obtido reconhecimento internacional, há diversos relatos de observadores de outros países sobre o pioneirismo de Roberto Landell de Moura na inovação da tecnologia do rádio, para transmissão de voz sem fio. Neste caso, em 10 de dezembro de 1900 o doutor J. Rodrigo Botet, através do jornal *La Voz de España*, em sua edição brasileira, reforçou o seu pioneirismo: "Um jornal da capital federal atribuiu a invenção desse aparelho, que tem a propriedade de transmitir a voz humana a uma distância de oito dez ou 12 quilômetros sem necessidade de fios metálicos, ao engenheiro inglês Brighton. O diário a que me refiro está mal informado. Nem a invenção do sistema de transmitir a palavra a distância é recente nem foi um inglês o primeiro sábio que resolveu satisfatoriamente esse árduo problema, que envolveu os mais intricados princípios físico-químicos que podem oferecer-se a ciência humana. O que primeiro penetrou e descobriu os grandes segredos da telúrica etérea com glória e proveito, faz pouco mais ou menos um ano foi um brasileiro, foi o nobre sábio o padre Roberto Landell de Moura. Porque acompanhei passo a passo o estudo de seus inventos sobre telegrafia e telefonia, com e sem fios; porque fui testemunha presencial de várias experiências, todas prodigiosas; e porque tive a honra de me ocupar do sábio e de suas eminentes obras em dois artigos publicados em El Diário Español, de São Paulo, artigos que mereceram a honra de serem reproduzidos no Rio de Janeiro, no Jornal do Commercio, por tudo isto, julgo-me obrigado, agora a sair em defesa do direito de prioridade que assiste ao benemérito brasileiro o padre Roberto Landell de Moura, no que tange à transmissão da palavra falada sem necessidade de fios. [...] Mas acontece que o humilde sacerdote se fecha em sua modéstia habitual em vez de dormir sobre os louros. Os poucos amigos e admiradores que tem a seu lado são capazes de compreender o sábio e avaliar o valor de seus inventos" (CASONATTO, 2010).

[63] O regulamento para a execução dos serviços de radiocomunicação no território nacional veio logo em seguida, através da publicação do Decreto nº 21.111, de 1º de março de 1932.

"Os serviços de radiocomunicação no território, nas águas territoriais e no espaço aéreo nacionais são da exclusiva competência da União." (artigo 1º). E essa transformação da atividade em domínio público foi perpetrada *independentemente da existência de qualquer norma constitucional com previsão de tal competência prestacional*. Com base nisso, firmou-se a titularidade pública na sua prestação, e limitando a atuação do particular apenas em caso de concessão do Governo Federal (artigo 6º).

O projeto centralizador do Estado Novo e de concentração de atividades de interesse geral fez com que, tal como os serviços de telégrafos, colocasse-se a exploração dos serviços de radiocomunicação como de competência exclusiva da União. Nesse contexto, como bem pontua Genira Chagas Correia (2014, p. 1), com o Decreto nº 20.047, Getúlio Vargas introduziu elemento novo no cenário institucional, outra instância de força: *a audiência*. Segundo a autora,

> Movido pela vontade de poder, em seus mandatos o rádio teve importância reconhecida, tornando-se instrumento para capitalizar a atenção da audiência para suas realizações, ao mesmo tempo em que ele próprio ganhava destaque como chefe de Estado. Com esse ato Getúlio Vargas inaugurou uma nova forma de fazer política. A abertura de um outro campo econômico na sociedade brasileira, sendo este no ramo das comunicações, contribuiu para alargar os espaços de visibilidade, de produção e de trocas das formas simbólicas, entre outras manifestações cotidianas. Tais formas foram definidas por Thompson (1995, p. 9) como expressões linguísticas, gestos, ações, textos, obras de arte, fotografias. (CORREIA, 2014, p. 1 *et seq.*).

Assim, vitorioso na "Revolução de 1930", Getúlio Vargas – apoiado por setores das Forças Armadas, em especial o general Góes Monteiro – viu na institucionalização da radiodifusão a oportunidade para articular a audiência em torno de seu projeto de Estado compromissado com os interesses da classe média, em detrimento da velha oligarquia (CORREIA, 2014, p. 3).

Portanto, antes de ter sido inserida como uma competência privativa da União na Constituição de 1934 (artigo 5º, VIII), a titularização do serviço havia sido firmada por ato infraconstitucional (Decreto nº 20.047/1931), o que conduziu na definição da competência exploratória da União, em detrimento de outros entes federativos. Tal competência federal para se explorar o serviço foi integralmente mantida na Constituição de 1937 (artigo 15, VII), na Constituição de 1946 (artigo 5º, XII), Constituição de 1967 (artigo 8º, XV), Constituição de 1969 (artigo 8º, XV) e na Constituição de 1988 (artigo 21, incisos XI e XII alínea "a").

Após o fim do Estado Novo, em 1945, Getúlio Vargas deixou o governo. Em 1951, retorna ao poder pelo voto, e logo percebe o potencial da televisão, um poderoso instrumento de difusão de formas simbólicas, trazido ao país por Assis Chateaubriand, em 1950 (CORREIA, 2014, p. 6). Com a chegada dessa nova forma de transmissão de radiodifusão no Brasil, Getúlio Vargas edita novo regulamento dos serviços de radiocomunicação, inserindo as transmissões de imagens dentro do conceito do serviço de radiocomunicação, titularizado pelo Governo Federal.

Com a promulgação do Código Brasileiro de Telecomunicações, pela Lei nº 4.117/1962 – o qual está vigente até o presente momento, com as revogações expressas e tácitas realizadas pela legislação superveniente, sobretudo, pela Lei Geral de Telecomunicações, de 1997 – os serviços de radiocomunicação se mantiveram como titularidade da União. Com a vigência da atual Constituição da República de 1988 (CR88), a titularidade federal, legalmente definida, manteve-se dentro do quadro de competências federativas (artigo 21, XI), cuja operacionalização foi realizada através do Conselho de Comunicação Social, órgão criado pela Lei nº 8.389/1991, o qual era responsável pela outorga de concessões para serviços de radiodifusão.

Contudo, para colocar em prática o seu projeto de desestatização e abertura à iniciativa privada na execução de serviços antes reservados ao Estado, o Governo Federal procedeu à extinção do exclusivismo na exploração dos serviços de telecomunicações, justamente com o intuito de massificar o seu uso pela abertura da atividade à livre iniciativa. Para tanto, por meio da Lei Geral de Telecomunicações (Lei nº 9.472/1997), criou-se normas próprias de execução dos serviços em "regime privado", as quais foram grandes responsáveis para a notória ampliação do acesso e modernização da prestação do serviço de telefonia móvel, TV a cabo, e internet.

Desde a Emenda Constitucional nº 8, de 15.08.1995, compete à União explorar, diretamente ou mediante autorização, concessão ou permissão, os serviços de telecomunicações, nos termos da lei, que disporá sobre a organização dos serviços, a criação de um órgão regulador e outros aspectos institucionais. Anteriormente à modificação do artigo 21, XI, da CR88, o dispositivo fazia menção a "serviços *públicos* de telecomunicações". Neste caso, é importante observar que a redação do dispositivo dado com a Emenda Constitucional nº 8, de 15.08.1995, possuía muita semelhança com a redação existente na Constituição de 1967 e 1969, que se referia à competência da União em "explorar, diretamente ou mediante autorização ou concessão [...] os serviços de telecomunicações". Todavia, neste caso, a legislação infraconstitucional havia estabelecido a *publicatio*, com vedação de acesso do setor privado à atividade, exceto no caso de concessões a serem outorgadas.

Portanto, assim como ocorreu com os serviços de energia elétrica, verifica-se que no caso dos serviços de radiocomunicação (posteriormente incorporados como serviços de telecomunicações), a definição da competência exploratória ocorreu posteriormente à decisão de titularização pública da atividade, tendo essa mesma competência exploratória sido utilizada para a liberalização parcial dos mesmos serviços pela União.

CAPÍTULO 2

O DOGMA DA NOÇÃO TRADICIONAL DO SERVIÇO PÚBLICO NO BRASIL E IMPLICAÇÕES SOBRE O REGIME JURÍDICO DOS SERVIÇOS PÚBLICOS

2.1 A incorporação das noções francesas inerentes ao serviço público, em detrimento das premissas anglo-americana das *public utilities*, como proeminência de influência doutrinária e não como decorrência de imperativo constitucional

No Brasil, a noção do serviço público, tipicamente francesa,[64] não surgiu como uma mudança de paradigma constitucional, mas de uma disputa de influências doutrinárias inspiradas na tradição britânica e norte-americanas das *public utilities*, e a tradição francesa dos serviços públicos.

A dualidade de influências marcou a primeira metade do século XX. Nesse período, não se conseguiu identificar, com clareza, uma definição doutrinária do enquadramento do serviço público. O que se verificava, inicialmente, era uma aproximação com a concepção das *public utilities* nos Estados Unidos da América, que foi sendo substituída pela influência francesa na adoção de uma noção tradicional dos serviços públicos, seja pela ideia de sua aptidão natural para o domínio público, seja pela imersão de um regime jurídico especial, que caracterizava a sua execução.

Interessante observar que a influência exercida pela Europa continental, na adoção da noção tradicional francesa dos serviços públicos pela doutrina administrativista brasileira, não se deu com o afastamento completo da influência norte-americana inerente aos *serviços de utilidade pública*, especialmente do modelo de "regulamentação" das atividades afetadas por um interesse coletivo.

---

[64] Para fins metodológicos, detalhes específicos sobre a noção jurídica francesa do serviço público será detalhado no Capítulo 3, que trata sobre a artificialidade do conceito.

Odilon C. Andrade (*apud* BRANT, 1951, p. 114 *et seq.*), em seu livro "Serviços Públicos e de Utilidade Pública", evidencia sua influência pelo direito norte-americano ao apresentar a seguinte classificação: (i) *serviços públicos* seriam os serviços que o Estado impõe e o cidadão sofre, assegurados por meio da coação, não importando a forma, conquanto atinja uma liberdade pública, exercida por funcionários públicos sujeitos a um regime estatutário; (ii) por outro lado, *serviços de utilidade pública* seriam serviços que o Estado põe à disposição do cidadão, e que ele pode aceitar ou recusar, sem qualquer consequência para as suas liberdades, seara em que trabalham simples empregados, sendo afetados por uma "legislação social, pouco importando que o serviço seja explorado pelo Estado".[65]

Essa influência *yankee*, segundo Celso Brant (1951, p. 115 *et seq.*), inspirou o legislador constituinte da Constituição de 1934, quando em seu artigo 5º, §2º,[66] equiparou os serviços portuários, navegação aérea, telégrafos como serviços "de utilidade pública".[67]

A combinação de influências jurídicas estadunidense e francesa também é encontrada na doutrina de Manoel de Oliveira Franco Sobrinho (1940), em seu livro "Os Serviços de Utilidade Pública".[68] Na visão do autor, serviço público e função pública são conceitos interligados, sendo o "serviço civil um conceito mais restrito do que o próprio serviço público", revelando uma influência da consagrada expressão anglo-americana *civil service*, que representa a função pública propriamente dita.[69] Neste ponto, verifica-se que a criação do DASP revelou uma mistura de influência francesa e norte-americana. O DASP é resultante da criação da Comissão Federal do Serviço Público Civil, criado pela Lei nº 284, de 28 de outubro de 1936, a qual buscou se tornar um órgão de jurisdição administrativa, a ele cabendo a solução dos problemas diretamente ligados aos departamentos da administração pública federal." (FRANCO SOBRINHO, 1940, p. 18). Para Franco Sobrinho (1940, p. 18), citando Themistocles Brandão Cavalcanti, o DASP

---

[65] Segundo Celso Brant (1951, p. 116), a distinção feita por Odilon Andrade representa uma confusão da tradição norte-americana das *public utilities*, com a antiga e superada divisão de atos de império e atos de gestão, de origem francesa.

[66] "Art 5º [...] §2º – Os Estados terão preferência para a concessão federal, nos seus territórios, de vias-férreas, de serviços portuários, de navegação aérea, de telégrafos e de outros de utilidade pública, e bem assim para a aquisição dos bens alienáveis da União. Para atender às suas necessidades administrativas, os Estados poderão manter serviços de radiocomunicação."

[67] Conforme pontua esse autor, "a influência da noção *yankee* relativa às *public utilities* tem gerado numerosas confusões nos nossos publicistas que se têm ocupado dos serviços públicos." (BRANT, 1951, p. 114). Uma dessas confusões é a já apontada diferenciação trazida por Odilon Andrade sobre serviços públicos e serviços de utilidade pública, cuja confusão também se estende ao mencionado art. 5º, §2º, da Constituição de 1934, para quem se trata dos poucos dispositivos em que transparece essa influência da concepção das *public utilities*. Nesse contexto, esse autor entende que serviços de utilidade pública não é o mesmo que serviço público, mas difere-se deste pelo fato de ser um serviço privado. Celso Brant (1951, p. 111 *et seq.*) equipara o conceito de serviço de utilidade pública, com a ideia francesa de "estabelecimento de utilidade pública", por influência da doutrina de Gaston Jèze. Nesse sentido, seria um estabelecimento de utilidade pública, que para esse autor executa "serviços de utilidade pública", as "associações de utilidade pública", definidas no artigo 16, do Código Civil de 1916 (BRANT, 1951, p. 112).

[68] Segundo o autor, essa obra é resultante da tese para concurso à carreira de Técnico de Administração do quadro permanente do Departamento Administrativo do Serviço Público.

[69] Segundo o autor (1940, p. 17): "Fazendo o elogio da alta reputação do serviço civil inglês, Harold J. Laski lembra o grau de eficiência e sentido técnico a que soube atingir a Inglaterra. A neutralidade em assuntos políticos parecerá, à primeira vista, fator de maior e merecida importância. Mas o verdadeiramente importante é que o serviço civil inglês atingiu um ponto tal de evolução que se governa por si próprio. Nos Estados Unidos, desde 1829, a preocupação do serviço civil enche as plataformas políticas".

seria caracterizado pela predominância da estrutura administrativa sobre a estrutura política do Estado, em sintonia com o *administrative law* norte americano. Conforme *Arízio de Viana*, o DASP teria sido criado para desempenhar funções semelhantes às que, nos Estados Unidos da América, são conferidas ao *Bureau of the Budget* e à *Civil Service Comission* (VIANA, 1953, p. 9).

Manoel de Oliveira Franco Sobrinho (1940, p. 20) revela uma aproximação grande com a concepção das *public utilities* norte-americana, em sua proposta classificatória acerca das atividades econômicas do Estado. Segundo o autor, estas podem ser atividades "públicas" ou "privadas". As atividades econômicas privadas do Estado, se referem à gestão de negócios do Estado, de seus interesses privativos. As atividades econômicas públicas são repartidas em: *(i) serviços públicos*, quando "garantidos pelo pagamento obrigatório de taxas e impostos sobre que incidirem"; e *(ii) serviços de utilidade pública*, quando se tratar de atividade ligada à noção do "bem comum", que demanda o controle e regulamentação por parte do Estado, nos moldes das comissões de regulamentação norte-americanas:

> O conceito de utilidade pública vem ligado à noção do bem comum. O sentido da responsabilidade, a necessidade de salvaguardar o interesse geral, faz com que o poder público exercite autoridade repressiva de controle, sempre que se encontre em jogo serviços sociais e que afetam a coletividade Nos Estados Unidos criou-se a *Federal Power Commission* para fiscalizar a exploração das águas públicas e da indústria hidroelétrica. (FRANCO SOBRINHO, 1940, p. 21).

Ainda, este autor fundamenta o dever de regulamentação das atividades de utilidade pública mediante o uso de premissas jurisprudenciais[70] construídas no *Common Law* para autorizar a intervenção na propriedade privada de produção.[71] Nesse sentido, este autor busca inserir o conceito de "concessão", inspirado da tradição jurídica da Europa continental, dentro de um sistema norte-americano de regulação de serviços de utilidade pública. Tanto que concessão de serviço seria, para o autor, *uma forma de intervenção do Estado na propriedade, fundada na ideia de utilidade ou necessidade pública*, a qual também fundamenta a desapropriação, evidenciando, ao nosso ver, a influência

---

[70] Uma análise mais detida dessas premissas jurisprudenciais do *Common Law* será apresentada no Capítulo 3, no qual irá se discutir a artificialidade da noção jurídica francesa do serviço público, e como se construiu a ideia de que a legitimidade de regulação de *public utilities* de domínio privado se fundamentou na função social da propriedade.

[71] Segundo o autor: "O espírito político dos norte-americanos exige se asculte a opinião pública e se decida, então, sobre matéria pública. O caso *Munn*, apesar de antigo, e a que se refere Anhaia Mello, é típico e merece lembrança, pois envolve sábia e jurídica decisão da Côrte Suprema dos Estados Unidos (225). Desde 1876 que a Côrte Suprema firmou o princípio do controle especial dos serviços de utilidade pública, confirmando sentença do tribunal de Illinois, onde a visão do espírito norte-americano nos faz crer no acerto e na ponderação das soluções adotadas. A firma *Munn and Scott* possuía silos para depósito de cereais, na cidade de Chicago. Não tendo competidores, resolveu aproveitar da situação, elevando os preços do armazenamento. A municipalidade, em defesa do interesse público, fixou tarifa máxima. Interposta apelação para o Tribunal de Illinois, este deu ganho de causa à Municipalidade. Recorreu-se, então, para o Supremo, com a alegação de que a cidade de Chicago pretendia privá-los da propriedade, sem o devido processo legal. A Corte Suprema, porém, confirmou a sentença do Tribunal de Illinois. O voto do presidente Waite, foi o seguinte: 'Uma propriedade qualquer veste-se de interesse público, quando usada de forma a tornar-se de necessidade pública e afetar a coletividade toda. Portanto, quando um indivíduo destina sua propriedade a uso, no qual o público tem interesse, ele associa o público nesse uso, e tem que se submeter ao controle do público para o bem comum, proporcionalmente ao interesse criado.'" (FRANCO SOBRINHO, 1940, p. 76).

da *Common Law* em suas construções jurídicas (FRANCO SOBRINHO, 1940, p. 80). Assim, conclui:

> [...] os serviços de utilidade pública, estejam sob a imediata direção do Estado, ou a cargo e direção de empreza [sic] concessionária e privada, são sempre melhor orientados dentro de regime próprio de controle e regulamentação. [...] Elogiamos a criação de comissões de fiscalização e controle, pelo motivo seguinte: a permissão do Estado, quando concede, ou quando simplesmente autoriza, não exclue [sic] a administração da tutela dos negócios de interesse público. *O exemplo dos Estados Unidos serve para o Brasil. Quando o indivíduo destina sua propriedade a uso, no qual o público tem interesse, associa o público a esse uso.* (FRANCO SOBRINHO, 1940, p. 105, grifos nossos).[72]

Nos trabalhos iniciais de Themistocles Brandão Cavalcanti (1936), também se verifica a imersão da influência norte-americana em sua doutrina, mesmo que referenciando conceitos trazidos pela Escola do Serviço Público francês. Em seu livro "Instituições de Direito Administrativo Brasileiro", constata-se o uso da expressão "serviço de utilidade pública", ao referenciar o serviço de aproveitamento de energia hidroelétrica (CAVALCANTI, 1936, p. 257), bem como ao fundamentar as prerrogativas de fiscalização dos serviços públicos concedidos com o modelo da *Federal Power Commission* norte-americana (CAVALCANTI, 1936, p. 72 *et seq.*). Em obras posteriores, este autor teve importante papel para a difusão da doutrina francesa dos serviços públicos, tanto na identificação dos serviços públicos como atividades orgânicas do Estado e, também, como atividades sujeitas a um regime jurídico especial, diferente das demais atividades privadas, consubstanciadas por normas impostas para o melhor atendimento das necessidades coletivas (SCHIRATO, 2012, p. 47).

A tradição das *public utilities* é evidente também em Bilac Pinto, em seu livro "Regulamentação Efetiva dos Serviços de Utilidade Pública" (1941), que, segundo o autor, é resultante de sua nomeação para a Comissão Especial criada para elaboração do Anteprojeto de Lei Orgânica Federal, em regulamentação ao artigo 147,[73] da Constituição de 1937. Para Bilac Pinto (1941, p. 25), todo o sistema norte-americano de regulamentação das *public utilities* tem inteira aplicação no Brasil. Para o autor, é possível identificar *três tipos de controle e fiscalização* dos serviços de utilidade pública: (i) regulamentação puramente contratual; (ii) *regulamentação efetiva por comissões*; e (iii) regulamentação direta pelo poder público. O primeiro tipo [regulamentação contratual] que, segundo o autor, vem sendo praticada desde o Império, é uma "pseudo-regulamentação" inócua, inadequada e imprópria para os seus fins (PINTO, 1941, p. 30 *et seq.*). Por isso, em seu entendimento, o artigo 147, da Constituição de 1937, foi criado justamente para pôr termo à regulamentação puramente contratual dos serviços de utilidade pública, o que demandaria a regulamentação efetiva por comissões, que "tem, ainda, em seu favor, a experiência dos Estados Unidos, coroada de pleno êxito" (PINTO, 1941, p. 34).

---

[72] A fundamentação do autor revela uma aproximação muito grande com os fundamentos jurisprudenciais do case *Allnutt v. Inglis*, de 1810, no Reino Unido, no qual se defendeu que a propriedade deve se curvar ao interesse público, quando o seu uso próprio é destinado ao interesse coletivo. Como será visto no Capítulo 3, tal base jurisprudencial inspirou a jurisprudência dos Estados Unidos da América para fundamentar as prerrogativas de regulação social das *public utilities*.

[73] "Art. 147 – A lei federal regulará a fiscalização e revisão das tarifas dos serviços públicos explorados por concessão para que, no interesse coletivo, delas retire o capital uma retribuição justa ou adequada e sejam atendidas convenientemente as exigências de expansão e melhoramento dos serviços."

Nesse contexto, Bilac Pinto (1941, p. 35) ainda relembra que o relator do Anteprojeto do Código de Águas, Ministro Alfredo Valadão, havia acolhido o modelo das comissões norte-americanas, por meio da previsão nos artigos 211 a 228, o que também ficou claro na exposição de motivos desse anteprojeto:

> O controle do poder público sobre as empresas hidroelétricas, eu o estabeleci nos termos os mais amplos, no projeto remodelado; isto é, nos termos da regulamentação dos serviços de utilidade pública pela Comissão Administrativa, como se pratica nos Estados Unidos (PINTO, 1941, p. 35).

Contudo, em que pese a cristalina influência da noção das *public utilities* em Bilac Pinto, enquanto membro da Comissão Especial criada para elaboração do Anteprojeto de Lei Orgânica Federal, em regulamentação ao artigo 147, da Constituição de 1937, constatou-se a proeminência da influência da noção francesa do serviço público em demais membros da comissão, conforme se verifica do posicionamento de Odilon Braga (*apud* SCHIRATO, 2012, p. 44 *et seq.*), também membro da referida comissão:

> Bem se vê, pois que a noção de serviço público explorado por concessão, resultante dos trabalhos da Comissão Geral e das votações da Comissão Coordenadora, é a que emerge das realidades tradicionais do nosso direito administrativo, inspiradas pelo direito equivalente da Europa continental. Por efeito dela, o serviço denomina-se 'público', não porque seja de utilização do 'público' ou de 'um público', mas porque pertence ao sistema das atividades do poder público (arts. 1º, 8º, e 10º). Por conseguinte, o que este concede não é o serviço, mas tão somente sua execução lucrativa, mediante o uso e gozo dos bens e direitos destinados a assegurar a sua organização e seu funcionamento. (BRAGA *apud* SCHIRATO, 2012, p. 44 *et seq.*).

Vitor Rhein Schirato (2012, p. 41) menciona também que, durante o período da República Velha, "predominava a noção de liberdade de iniciativa, inclusive com relação aos serviços de utilidade pública", como decorrência da influência da noção das *public utilities*, no qual, ao Estado, caberia a função de regulamentação da atividade. Em seguida, este autor menciona que a substituição gradual da noção anglicizada dos serviços de utilidade pública, pela noção francesa do serviço público, se deu em decorrência das atividades da referida Comissão Especial, verificando-se, a partir da Constituição de 1937, uma significativa transição no Direito Administrativo brasileiro "vincada pela passagem de atividades privadas sujeitas a uma regulamentação pública, nos moldes norte-americanos, para atividades públicas, pertencentes ao poder público, cuja execução poderia ser transferida a particulares" (SCHIRATO, 2012, p. 45).

Contudo, tal assertiva não pode ser assumida com precisão, pois diversos serviços públicos, inseridos dentro da competência exploratória da União a partir da Constituição de 1934, já haviam sido objeto de titularização por parte do Império, bem como pela República Velha.[74] O que há é um paulatino afastamento da noção das *public utilities* na doutrina administrativa brasileira, em primazia absoluta da noção francesa dos serviços públicos.

---

[74] Essa demonstração da evolução da titularização de alguns serviços será mais detalhadamente exposta no Capítulo 4, quando da fundamentação da *visão instrumental do serviço público* no Direito brasileiro.

Mário Masagão (1933), antes mesmo, já evidenciava a influência da tradição francesa, em sua obra "A Natureza Jurídica da Concessão de Serviço Público", ao advogar a tese de que a concessão possuiria a natureza de contrato de direito público, e não contrato de direito privado.[75]

O fato é que, com a predominância doutrinária da noção tradicional francesa do serviço público, a doutrina administrativa contribuiu para criar um *campo de legitimação do aumento da atividade estatal e da gestão direta de atividades econômicas*, partindo do pressuposto de que o Estado teria a predisposição natural para executar atividades de interesse coletivo, ao contrário do setor privado.[76] Como testemunhou Celso Brant (1951, p. 54), "a tendência para a estatização dos serviços de interesse geral é, hoje, avassaladora", o que resultou na incorporação de vários serviços, até então considerados completamente alheios às finalidades do Estado, mas que passaram a fazer parte de suas atividades "típicas". Assim, com a adoção da noção tradicional francesa, o "serviço público" passou a representar atividades que compunham organicamente a estrutura do Estado e, por isso, devendo ser regidas pelo regime jurídico que lhe é próprio, fazendo esvaziar as premissas doutrinárias que impunham ao Estado o dever de supervisão de atividades privadas de interesse público (utilidades públicas), consoante o modelo norte-americano das *public utilities* (BRANT, 1951, p. 59).

A noção tradicional francesa do serviço público, adveio assim, a ser o *modelo de inspiração doutrinária no Direito Administrativo brasileiro*, como é evidenciado por clássicas obras criadas a partir da segunda metade do século XX, tais como as influentes obras de Themístocles Brandão Cavalcanti (Curso de Direito Administrativo, 1958), Ruy Cirne Lima (Princípios de Direito Administrativo, 2007) e especialmente, Celso Antônio Bandeira de Mello (Curso de Direito Administrativo, 2009).

Importante consignar que o afastamento da influência norte-americana das *public utilities* na doutrina do serviço público *não foi abrupta*, mas se deu de maneira progressiva, deixando ainda vestígios na doutrina nacional da segunda metade do século XX. Por exemplo, em que pese a primazia da noção francesa do serviço público na doutrina brasileira, Hely Lopes Meirelles (1966, p. 268) revelava sua opção por continuar advogando por premissas jurídicas de influência norte-americana, separando a noção do serviço público, dos serviços de utilidade pública. Para o autor, *serviço público* visa satisfazer necessidades gerais e essenciais da sociedade, enquanto *serviço de utilidade pública* busca facilitar a vida do indivíduo na coletividade, pondo a sua disposição benesses que lhes proporcionarão mais conforto e bem-estar.

Ainda, como bem pontua Vitor Schirato (2012, p. 79), a noção de serviço público também foi influenciada pela *doutrina italiana*, que buscou identificar na ideia de serviço público apenas aqueles serviços *uti singuli*, diferenciando-se das demais atividades, e,

---

[75] Segundo o autor: "Serviços públicos existem, que o Estado, forçosamente, há de executar por si próprio, de forma direta. Em primeiro lugar, entre eles, avultam os da atividade jurídica. Declarar o direito, manter a ordem internamente, defender o país contra o inimigo externo, distribuir justiça, são funções que o Estado a ninguém pode confiar. [...] Fora desses casos, pode a administração preferir, ao invés de fazer a gestão direta do serviço, confiá-lo a pessoa, física ou jurídica, de direito privado, que apresente provadas condições de idoneidade, e aceite o encargo. Aparece aqui a concessão." (MASAGÃO, 1933, p. 21 *et seq.*). Neste ponto, é possível verificar a utilização de argumentos trazidos por Gaston Jèze e Leon Duguit para a demonstração da natureza pública do contrato de concessão.

[76] Trata-se do mito do serviço público, que será mais discutido no Capítulo 3, durante a análise da artificialidade da noção francesa do serviço público e que atingiu fortemente o Brasil.

portanto, da concepção ampla francesa de serviço público. Diante da influência de obras como Renato Alessi, o termo "serviço público", na doutrina, passou a se identificar apenas com aqueles serviços em que há uma relação de bilateralidade, que podem ser usufruídos individualmente, tal como se verifica, hoje, no conceito de serviço público trazido por Celso Antônio Bandeira de Mello,[77] dentre outros autores da doutrina mais atual.

Assim, é importante observar que a adoção da noção tradicional francesa do serviço público *não se deu por uma alteração de paradigma constitucional, mas apenas em razão da proeminência de doutrinas estrangeiras*, propagadas pela doutrina administrativa nacional. Com efeito, desde a Constituição de 1934, a repartição constitucional de competências federativas para a exploração de determinados serviços de interesse geral, manteve-se em alinhamento com as constituições ulteriores no país, inclusive com a Constituição da República de 1988, o que a sistematização abaixo deixará mais claro:

- A *Constituição de 1891* não apresenta um capítulo específico sobre a intervenção do Estado na "Ordem Econômica", evidenciando a sua influência no constitucionalismo liberal. Fala-se, contudo, em serviços do Estado, especialmente a competência do Congresso Nacional em legislar sobre serviços, hoje normativamente definidos como serviços públicos, tais como os *serviços de correios e telégrafos* (artigo 34, inciso 15). Fala-se ainda, em "serviços que na capital forem reservados para o Governo da União" (artigo 34, inciso 30). As outras menções a "serviços" do Estado, remete-se às demais funções estatais, o mesmo que verificado na Constituição Imperial de 1824. Ademais, como será mais detalhado abaixo,[78] já existiam atos infraconstitucionais titularizando atividades de interesse geral, tais como o telégrafo e radiocomunicação.
- A *Constituição de 1934* insere um capítulo especial destinado à intervenção do Estado na esfera econômica e social, confirmando a opção política por um Estado mais intervencionista, típico do constitucionalismo social. O artigo 5º, inciso VIII, definiu a competência privativa da União na exploração de alguns "serviços", alguns hoje definidos como de domínio público, a saber: "serviços de telégrafos, radiocomunicação e navegação aérea, inclusive as instalações de pouso, bem como as vias-férreas que liguem diretamente portos marítimos a fronteiras nacionais, ou transponham os limites de um Estado". O artigo 116, por sua vez, havia definido a prerrogativa da União em monopolizar determinada indústria ou atividade econômica.
- A *Constituição de 1937*, seguindo o constitucionalismo social instaurado pela Constituição de 1934, deixa mais evidente o papel da intervenção do Estado no domínio econômico, em seu artigo 135,[79] o qual poderá ser através do

---

[77] Segundo o autor: "Serviço público é toda atividade de oferecimento de utilidade ou comodidade material destinada à satisfação da coletividade em geral, mas fruível singularmente pelos administrados, que o Estado assume como pertinente a seus deveres e presta por si mesmo ou por quem lhe faça as vezes, sob um regime de Direito Público – portanto, consagrador de prerrogativas de supremacia e de restrições especiais –, instituído em favor dos interesses definidos como públicos no sistema normativo." (MELLO, 2009, p. 665).

[78] Capítulo 4.

[79] "Art. 135 – Na iniciativa individual, no poder de criação, de organização e de invenção do indivíduo, exercido nos limites do bem público, funda-se a riqueza e a prosperidade nacional. A intervenção do Estado no domínio

controle, do estímulo ou da gestão direta. Nesse contexto, assim como na Constituição de 1934, o artigo 15, inciso VII, definiu a competência privativa da União em "explorar ou dar em concessão os serviços de telégrafos, radiocomunicação e navegação aérea, inclusive as instalações de pouso, bem como as vias férreas que liguem diretamente portos marítimos a fronteiras nacionais ou transponham os limites de um Estado". O artigo 147 estabeleceu a necessidade de ser criada uma lei federal para regular a "fiscalização e revisão das tarifas dos serviços públicos explorados por concessão para que, no interesse coletivo, delas retire o capital uma retribuição justa ou adequada e sejam atendidas convenientemente as exigências de expansão e melhoramento dos serviços".

- Com a *Constituição de 1946*, após a redemocratização, mantiveram-se as premissas das Constituições de 1934 e 1937 no tocante à prerrogativa do Estado à intervenção na esfera econômica e social (artigo 146). Da mesma forma que as Constituições de 1934 e 1937, o artigo 5º, inciso XII, manteve a competência da União em "explorar, diretamente ou mediante autorização ou concessão, os serviços de telégrafos, de radiocomunicação, de radiodifusão, de telefones interestaduais e internacionais, de navegação aérea e de vias férreas que liguem portos marítimos a fronteiras nacionais ou transponham os limites de um Estado".

- A *Constituição de 1967* também manteve a prerrogativa de intervenção no domínio econômico prevista nas constituições anteriores, conforme se verifica de sua disposição no artigo 157, §8º.[80] Na mesma linha das constituições anteriores, definiu-se a competência da União em explorar, diretamente ou mediante autorização ou concessão, os serviços de telecomunicações, os serviços e instalações de energia elétrica de qualquer origem ou natureza, a navegação aérea e as vias de transporte entre portos marítimos e fronteiras nacionais ou que transponham os limites de um Estado, ou Território (artigo 8º, inciso XV), bem como a competência em "manter o serviço postal e o Correio Aéreo Nacional" (artigo 8º, inciso XI). A mesma redação dos referidos dispositivos foi mantida pela Emenda Constituição nº 01, de 1969 (artigo 8º, incisos XII e XV, e artigos 160 e 163).

- A *Constituição da República de 1988*, em sintonia com as demais constituições, desde 1934, previu a competência da União na prestação de serviços de

---

econômico só se legitima para suprir as deficiências da iniciativa individual e coordenar os fatores da produção, de maneira a evitar ou resolver os seus conflitos e introduzir no jogo das competições individuais o pensamento dos interesses da Nação, representados pelo Estado. A intervenção no domínio econômico poderá ser mediata e imediata, revestindo a forma do controle, do estímulo ou da gestão direta."

[80] "Art 157 – A ordem econômica tem por fim realizar a justiça social, com base nos seguintes princípios: I – liberdade de iniciativa; II – valorização do trabalho como condição da dignidade humana; III – função social da propriedade; IV – harmonia e solidariedade entre os fatores de produção; V – desenvolvimento econômico; VI – repressão ao abuso do poder econômico, caracterizado pelo domínio dos mercados, a eliminação da concorrência e o aumento arbitrário dos lucros. [...] §8º – São facultados a intervenção no domínio econômico e o monopólio de determinada indústria ou atividade, mediante lei da União, quando indispensável por motivos de segurança nacional, ou para organizar setor que não possa ser desenvolvido com eficiência no regime de competição e de liberdade de iniciativa, assegurados os direitos e garantias individuais."

interesse geral, tais como "serviço postal e correio aéreo nacional (artigo 21, inciso X), serviços de telecomunicações (artigo 21, inciso XI e inciso XII, alínea "a"), serviços e instalações de energia elétrica e o aproveitamento energético dos cursos de água (artigo 21, inciso XII, alínea "b"), "navegação aérea, aeroespacial e a infra-estrutura aeroportuária" (artigo 21, inciso XII, alínea "c"), "serviços de transporte ferroviário e aquaviário" (artigo 21, inciso XII, alínea "d") e serviços de transporte rodoviário interestadual e internacional de passageiros (artigo 21, inciso XII, alínea "e").

Mesmo diante de uma trajetória constitucional harmônica, no tocante à repartição das competências entre os entes federados na exploração de determinados serviços de interesse geral, verifica-se que foram desenvolvidas doutrinas inspiradas em diferentes tradições jurídicas pelo Direito Administrativo brasileiro, o que corrobora o entendimento de que a adoção do modelo de regulamentação das *public utilities*, ou outro modelo amparado pela noção francesa do serviço público, não representaria uma incompatibilidade constitucional, mas sim uma adequação a uma influência teórica externa, bem como a observância a critérios de conveniência de ordem política.

Tanto é verdade que a referida Comissão Especial, destinada a criar uma lei regulamentadora de um modelo de fiscalização e controle dos serviços públicos explorados por concessão, revelou que a proeminência da adoção da noção francesa *não se dava por imperativo constitucional, mas por interesses governamentais envolvidos*, por parte do Estado Novo, de concentrar o maior número de atividades públicas sob o controle estatal, como meio de afastar o poder das oligarquias, tal como descrito no capítulo anterior. Como apontou Odilon Braga (*apud* SCHIRATO, 2012, p. 80, *et seq.*), as concessões dos chamados serviços de utilidade pública não seriam convenientes, pois o contrato, pela natureza jurídica de direito privado, não conferia ao poder público os poderes necessários para o adequado controle da atividade, o que demandaria a adoção do modelo utilizado por países de tradição francesa do serviço púbico.

Em que pese a repartição constitucional de competências federativas na exploração de determinadas atividades de natureza econômica ter se mantido em certo padrão, o que ocorreram foram alterações legislativas que inseriram *disposições normativas infraconstitucionais* alinhadas com a doutrina administrativista influenciada pela noção tradicional francesa dos serviços públicos. Tanto é assim que, como visto, sobreviveu-se, por bastante tempo, posicionamentos doutrinários influenciados por preceitos norte-americanos das *public utilities*, sem que tais entendimentos doutrinários tenham sido contestados por incompatibilidade constitucional.

Portanto, em conclusão, não se pode dizer que a Constituição define a influência ou noção adotada, seja a francesa de serviço público ou a das *public utilities* advinda do *Common Law*. Sobretudo, a referência ao termo serviço público na Constituição, como veremos, é imprecisa, revelando diferentes acepções e alcances.

2.2 Panorama das visões doutrinárias sobre o conceito e enquadramento do serviço público e seu regime jurídico no Direito brasileiro

2.2.1 A abrangência das concepções do serviço público no Direito brasileiro

Em vista das diferentes influências de doutrina estrangeira no Direito brasileiro, foram concebidas múltiplas visões sobre os contornos jurídicos do conceito de serviço público, seu regime jurídico de execução e as formas de execução material pelo setor privado. A pluralidade de visões e abordagens se verifica quanto: as diferentes visões sobre a abrangência dos serviços incluídos dentro do conceito de serviço público; a classificação dos tipos de serviços públicos; a possibilidade de atuação concorrente pelo setor privado; aos meios jurídicos de delegação do seu exercício pelo setor privado, dentre outros enfoques.

Não é o intuito deste trabalho, tampouco metodologicamente adequado, esgotar cada um dos temas levantados pela doutrina brasileira no tocante ao "serviço público", com obras publicadas no decorrer de quase cem anos. Mas é importante fazer um breve panorama, até mesmo para evidenciar um relevante ponto: o ordenamento constitucional pátrio não revela, para a doutrina nacional, com precisão, o papel do setor privado e do setor público na execução de determinadas atividades, e do regime jurídico que é possível de ser exigido no exercício das atividades, quando assumidas pelo poder público ou pelo setor privado.

A definição do que vem a ser "serviço público" é um questionamento com diferentes respostas na doutrina nacional.

Quando se busca definir quais são as atividades que seriam serviços públicos, verifica-se que a literatura é cambiante: (i) na adoção de um *conceito orgânico amplíssimo* de serviço público, que abrange todas as atividades estatais exclusivas e não exclusivas; (ii) em um *conceito orgânico amplo de serviço público*, que abrange apenas as atividades da função administrativa assumidas pelo Estado ou exercidas indiretamente; (iii) em um *conceito orgânico restrito* de serviço público, no qual são abrangidos apenas aqueles serviços estatais usufruídos singularmente pelo particular.

O *conceito orgânico amplíssimo* de serviço público é aquele que abrange todas as atividades do Estado, seja do Poder Executivo, Legislativo ou Judiciário. A Constituição da República de 1988 referencia o termo "serviço público" no sentido orgânico amplíssimo, com mais frequência do que os demais sentidos, conforme se verifica nos seguintes artigos: 20, IV; 37, XIII; 40, §1º, II, em sua redação original; 40, §3º, em sua redação original; 40, §16º; 145, II; 241; 8º, §4º do Ato das Disposições Constitucionais Transitórias (ADCT); 19, do ADCT; 53, do ADCT.[81] Em adoção do conceito orgânico amplíssimo,

---

[81] "Art. 20. São bens da União: [...] IV as ilhas fluviais e lacustres nas zonas limítrofes com outros países; as praias marítimas; as ilhas oceânicas e as costeiras, excluídas, destas, as que contenham a sede de Municípios, exceto aquelas áreas afetadas ao serviço público e a unidade ambiental federal, e as referidas no art. 26, II; [...] Art. 37. [...] XIII – é vedada a vinculação ou equiparação de quaisquer espécies remuneratórias para o efeito de remuneração de pessoal do serviço público. [...] Art. 40. [...] §1º [...] II – voluntariamente, desde que cumprido tempo mínimo de dez anos de efetivo exercício no serviço público e cinco anos no cargo efetivo em que se dará a aposentadoria (redação original) [...] §3º – O tempo de serviço público federal, estadual ou municipal será computado integralmente para os efeitos de aposentadoria e de disponibilidade (redação original) [...] §16 –

verifica-se Mário Masagão (1933, p. 21 *et seq.*), que classifica os serviços públicos em delegáveis ou não delegáveis, dentre os quais estão as atividades legislativas e judiciárias. Esse também é o posicionamento de Themistocles Brandão Cavalcanti (1936),[82] Manoel de Oliveira Franco Sobrinho (1940),[83] Celso Brant (1951),[84] dentre outros. Neste ponto, é de se notar que o próprio legislador da Lei Federal nº 8.987/1995 adotou, nas exposições de motivos, uma classificação amplíssima de serviços públicos, ao entender que existem os serviços públicos *próprios* do Estado ("que trazem subjacente o poder de império estatal") e os serviços públicos impróprios do Estado (passível de ter sua execução "transferida a particulares, que os executem mediante remuneração, sob regulamentação e controle do poder público").

O *conceito orgânico amplo*, assim entendido como toda atividade pertinente à função administrativa do Estado, com exclusão da judiciária e legislativa, prestado *uti universi* ou *uti singuli* também é referenciado pela Constituição em vários dispositivos: 21, XIV; 37, §3º, 37, §3º, I e §6º; 39, §7º, 61, §1º, II, b.[85] Diversos doutrinadores adotam o

---

Somente mediante sua prévia e expressa opção, o disposto nos §§14 e 15 poderá ser aplicado ao servidor que tiver ingressado no serviço público até a data da publicação do ato de instituição do correspondente regime de previdência complementar. [...] Art. 145. A União, os Estados, o Distrito Federal e os Municípios poderão instituir os seguintes tributos: [...] II – taxas, em razão do exercício do poder de polícia ou pela utilização, efetiva ou potencial, de serviços públicos específicos e divisíveis, prestados ao contribuinte ou postos a sua disposição; [...] Art. 241. A União, os Estados, o Distrito Federal e os Municípios disciplinarão por meio de lei os consórcios públicos e os convênios de cooperação entre os entes federados, autorizando a gestão associada de serviços públicos, bem como a transferência total ou parcial de encargos, serviços, pessoal e bens essenciais à continuidade dos serviços transferidos. [...] ATO DAS DISPOSIÇÕES CONSTITUCIONAIS TRANSITÓRIAS [...] Art. 8º [...] §4º Aos que, por força de atos institucionais, tenham exercido gratuitamente mandato eletivo de vereador serão computados, para efeito de aposentadoria no serviço público e previdência social, os respectivos períodos. [...] Art. 19. Os servidores públicos civis da União, dos Estados, do Distrito Federal e dos Municípios, da administração direta, autárquica e das fundações públicas, em exercício na data da promulgação da Constituição, há pelo menos cinco anos continuados, e que não tenham sido admitidos na forma regulada no art. 37, da Constituição, são considerados estáveis no serviço público. [...] Art. 53. Ao ex-combatente que tenha efetivamente participado de operações bélicas durante a Segunda Guerra Mundial, nos termos da Lei nº 5.315, de 12 de setembro de 1967, serão assegurados os seguintes direitos: I – aproveitamento no serviço público, sem a exigência de concurso, com estabilidade."

[82] Neste caso, o autor parte da premissa de que não são todos os serviços que podem ser delegados, por serem típicos do Estado (CAVALCANTI, 1936, p. 252).

[83] Para o autor, "o serviço público é serviço do Estado" (FRANCO SOBRINHO, 1940, p. 11), e define o objeto do serviço público como "a satisfação plena das necessidades da administração por iniciativa direta daqueles que são os responsáveis pelo patrimônio do Estado ou pelos destinos da coisa pública." (FRANCO SOBRINHO, 1940, p. 5).

[84] Celso Brant (1951, p. 129) apresenta a seguinte classificação de serviços públicos: (i) quanto ao poder a que se referem, podem ser serviços públicos legislativos, judiciários e executivos, sendo somente este último objeto de estudo pelo Direito Administrativo; (ii) quanto à pessoa de direito público que o exerce, pode ser serviços públicos federais, estaduais ou municipais; (iii) quanto à forma de execução, podem ser serviços públicos de execução direta, ou de execução indireta, neste caso, quando se trata de concessão ou de execução por "serviços personificados", como entidades públicas criadas para tal prestação; (iv) quanto à extensão dos efeitos, podem ser serviços públicos gerais ou locais; (v) quanto ao regime jurídico de sua proteção, podem ser serviços públicos "monopolizados", como o "serviço de Justiça", ou sem monopólio, como o serviço de ensino; (vi) quanto à sua relação com o particular, os serviços podem ser obrigatórios (como o serviço militar), ou facultativo, como o serviço de correios; (vii) quanto à forma de seu aproveitamento, os serviços públicos podem ser *uti singuli*, quando de uso individualizado, ou *uti universi*, destinado à comunidade; e (viii) quanto à sua duração, os serviços públicos podem ser permanentes ou eventuais. O que se verifica é que, para este autor, serviços públicos assumem a dimensão geral francesa.

[85] "Art. 21 – Compete à União: [...] XIV – organizar e manter a polícia civil, a polícia militar e o corpo de bombeiros militar do Distrito Federal, bem como prestar assistência financeira ao Distrito Federal para a execução de serviços públicos, por meio de fundo próprio. Art. 37 [...] §3º A lei disciplinará as formas de participação do usuário na administração pública direta e indireta, regulando especialmente: I – as reclamações relativas à prestação dos serviços públicos em geral, asseguradas a manutenção de serviços de atendimento ao usuário e a avaliação

conceito orgânico amplíssimo do serviço público, tal como se verifica em Hely Lopes Meirelles (1966),[86] José Cretella Júnior (1999),[87] Odete Medauar (1992).[88]

O *conceito orgânico restrito* de serviço público é aquele que referencia as atividades prestacionais assumidas como empreendimento da Administração Pública, prestados *uti singuli*, cujas comodidades são passíveis de serem usufruídas individualmente pelos particulares. Esses serviços podem estar se referindo a atividades de natureza econômica, que são assumidas pelo Estado, ou outros serviços públicos sociais, tais como educação, saúde e serviços da seguridade social, enquanto se trate de empreendimentos estatais. Quando se trata de atividades de natureza econômica, a serem prestados sob um regime prestacional específico, a Constituição da República dispõe sobre tal conceito nos seguintes dispositivos: 21, XI; 54, I, a; 139, VI; 175 *caput* e parágrafo único, I; 202, §5º, 66, do ADCT.[89] No sentido em que abrange tanto serviços de natureza econômica, como de natureza social, a Constituição da República de 1988 adota esse conceito orgânico restrito de serviço público nos seguintes dispositivos: 30, V; 136, §1º, II.[90]

---

periódica, externa e interna, da qualidade dos serviços; [...] §6º As pessoas jurídicas de direito público e as de direito privado prestadoras de serviços públicos responderão pelos danos que seus agentes, nessa qualidade, causarem a terceiros, assegurado o direito de regresso contra o responsável nos casos de dolo ou culpa (considerando que empresas privadas em concessões administrativas também respondem por este dispositivo). Art. 39. [...] §7º Lei da União, dos Estados, do Distrito Federal e dos Municípios disciplinará a aplicação de recursos orçamentários provenientes da economia com despesas correntes em cada órgão, autarquia e fundação, para aplicação no desenvolvimento de programas de qualidade e produtividade, treinamento e desenvolvimento, modernização, reaparelhamento e racionalização do serviço público, inclusive sob a forma de adicional ou prêmio de produtividade. [...] Art. 61 [...] §1º São de iniciativa privativa do Presidente da República as leis que: [...] II º disponham sobre: [...] b) organização administrativa e judiciária, matéria tributária e orçamentária, serviços públicos e pessoal da administração dos Territórios."

[86] Segundo Hely Lopes Meirelles, "Por serviços públicos, em sentido amplo, são todos aqueles realizados pelo Estado ou por seus delegados, sob as condições impostas pelo Poder Público, para a satisfação de necessidades essenciais ou secundárias da comunidade." (MEIRELLES, 1966, p. 267).

[87] Segundo o autor, serviço público é "toda atividade que o Estado exerce, direta ou indiretamente, para a satisfação do interesse público, mediante procedimento de direito público." (CRETELLA JÚNIOR, 1999, p. 409).

[88] Esta autora caracteriza serviços público como toda atividade que tem vínculo orgânico com a Administração Pública, e que possui o regime total ou parcialmente derrogado por normas de direito público (MEDAUAR, 1992, p. 110 *et seq.*).

[89] "Art. 21 [...] XI – explorar, diretamente ou mediante concessão a empresas sob controle acionário estatal, os serviços telefônicos, telegráficos, de transmissão de dados e demais serviços públicos de telecomunicações, assegurada a prestação de serviços de informações por entidades de direito privado através da rede pública de telecomunicações explorada pela União. (redação original) [...] Art. 54 – I [...] a) firmar ou manter contrato com pessoa jurídica de direito público, autarquia, empresa pública, sociedade de economia mista ou empresa concessionária de serviço público, salvo quando o contrato obedecer a cláusulas uniformes. [...] Art. 139. Na vigência do estado de sítio decretado com fundamento no art. 137, I, só poderão ser tomadas contra as pessoas as seguintes medidas: [...] VI – intervenção nas empresas de serviços públicos; [...] Art. 175. Incumbe ao Poder Público, na forma da lei, diretamente ou sob regime de concessão ou permissão, sempre através de licitação, a prestação de serviços públicos. Parágrafo único. A lei disporá sobre: I – o regime das empresas concessionárias e permissionárias de serviços públicos, o caráter especial de seu contrato e de sua prorrogação, bem como as condições de caducidade, fiscalização e rescisão da concessão ou permissão; [...] Art. 202 [...] §5º A lei complementar de que trata o §4º aplicar-se-á, no que couber, às empresas privadas permissionárias ou concessionárias de prestação de serviços públicos, quando patrocinadoras de planos de benefícios em entidades de previdência complementar. [...] ATO DAS DISPOSIÇÕES CONSTITUCIONAIS TRANSITÓRIAS [...] Art. 66. São mantidas as concessões de serviços públicos de telecomunicações atualmente em vigor, nos termos da lei."

[90] "Art. 30 – Compete aos Municípios: [...] V – organizar e prestar, diretamente ou sob regime de concessão ou permissão, os serviços públicos de interesse local, incluído o de transporte coletivo, que tem caráter essencial; [...] Art. 136 [...] §1º O decreto que instituir o estado de defesa determinará o tempo de sua duração, especificará as áreas a serem abrangidas e indicará, nos termos e limites da lei, as medidas coercitivas a vigorarem, dentre as seguintes: [...] II – ocupação e uso temporário de bens e serviços públicos, na hipótese de calamidade pública, respondendo a União pelos danos e custos decorrentes."

No tocante ao serviço de saúde assumido pelo Estado, a Constituição faz menção a esse conceito orgânico restrito nos seguintes dispositivos: 34, VII, e; 166, §§9º e 10º; 167, IV; 198, §2º.[91] Celso Antônio Bandeira de Mello (2009, p. 665) é o expoente doutrinador da concepção mais restrita de serviço público, segundo o qual "é toda atividade de oferecimento de utilidade ou comodidade material destinada à satisfação da coletividade em geral, mas fruível singularmente pelos administrados, que o Estado assume como pertinente a seus deveres". Esse conceito encontra guarida também por Maria Sylvia Zanella Di Pietro (2017), Marçal Justen Filho (2002), Alexandre Santos de Aragão (2007a),[92] dentre outros.

2.2.2 O predomínio do entendimento do serviço público como atividades de domínio estatal

Nesse contexto de múltiplos sentidos e abrangência da expressão "serviço público", a doutrina administrativista brasileira, em apego à influência da noção tradicional francesa do serviço público, difunde, em sua grande maioria, o entendimento de que serviços públicos necessariamente envolvem serviços que são de *domínio exclusivo* do Estado. No sentido restrito do conceito (serviço público *uti singuli*), o domínio público ocorreu de maneira gradual. O Estado passou a assumir, progressivamente, como próprias, algumas tarefas que até então não eram consideradas estatais, e que eram desenvolvidas pela sociedade ou por entidades filantrópicas, como a Igreja, as fundações, as universidades e outros (GROTTI, 2017b, p. 6).

Para Dinorá Adelaide Musetti Grotti (2017b, p. 7), a incorporação dessa responsabilidade não se deu repentinamente com a definição de ser tal atividade tipicamente estatal, mas como resultado de um processo gradual de publicização, desde uma maior "regulação de polícia" sobre as liberdades particulares, passando por uma intervenção direta do Estado na execução de algumas atividades que, inicialmente, demandavam a utilização de domínio público ou privado de terceiros, resultando na necessidade

---

[91] "Art. 34. A União não intervirá nos Estados nem no Distrito Federal, exceto para: [...] VII – assegurar a observância dos seguintes princípios constitucionais: [...] e) aplicação do mínimo exigido da receita resultante de impostos estaduais, compreendida a proveniente de transferências, na manutenção e desenvolvimento do ensino e nas ações e serviços públicos de saúde. [...] Art. 166 [...] §9º As emendas individuais ao projeto de lei orçamentária serão aprovadas no limite de 1,2% (um inteiro e dois décimos por cento) da receita corrente líquida prevista no projeto encaminhado pelo Poder Executivo, sendo que a metade deste percentual será destinada a ações e serviços públicos de saúde. §10. A execução do montante destinado a ações e serviços públicos de saúde previsto no §9º, inclusive custeio, será computada para fins do cumprimento do inciso I do §2º do art. 198, vedada a destinação para pagamento de pessoal ou encargos sociais. [...] Art. 167. São vedados: [...] IV – a vinculação de receita de impostos a órgão, fundo ou despesa, ressalvadas a repartição do produto da arrecadação dos impostos a que se referem os arts. 158 e 159, a destinação de recursos para as ações e serviços públicos de saúde, para manutenção e desenvolvimento do ensino e para realização de atividades da administração tributária, como determinado, respectivamente, pelos arts. 198, §2º, 212 e 37, XXII, e a prestação de garantias às operações de crédito por antecipação de receita, previstas no art. 165, §8º, bem como o disposto no §4º deste artigo; [...] Art. 198. As ações e serviços públicos de saúde integram uma rede regionalizada e hierarquizada e constituem um sistema único, organizado de acordo com as seguintes diretrizes: [...] §2º A União, os Estados, o Distrito Federal e os Municípios aplicarão, anualmente, em ações e serviços públicos de saúde recursos mínimos derivados da aplicação de percentuais calculados sobre: [...]".

[92] Segundo o autor, "[...] serviços públicos são as atividades de prestação de utilidades econômicas a indivíduos determinados, colocadas pela Constituição ou pela Lei a cargo do Estado, com ou sem reserva de titularidade, e por ele desempenhadas diretamente ou por seus delegatários, gratuita ou remuneradamente, com vistas ao bem-estar da coletividade." (ARAGÃO, 2007a, p. 157).

da definição da atividade como um "serviço público", *no sentido de ser uma atividade do domínio público* (titularidade estatal).

Esse mesmo serviço público é visto, por grande parte da doutrina, como atividade que não é passível de ser livremente exercida pelo particular, diante da natureza de *atividade de domínio público*. Assim, urge a presença do *elemento subjetivo*, qual seja, uma atividade organicamente pertencente ao Estado. E, somente quando precedida de prévia "delegação" pelo titular do serviço público, é que o particular poderia executar essa atividade, que mesmo assim pertenceria ao domínio público.

Carmen Lúcia Antunes Rocha (1996, p. 27), por exemplo, afirma que "a primeira ideia que se põe quando se cuida da prestação de serviços públicos é a de uma entidade pública a desempenhá-los diretamente", isto sem olvidar da possibilidade de execução indireta do serviço pelo Estado.

De maneira semelhante, tal como apresentado por diversos outros doutrinadores do Direito Administrativo, Maria Sylvia Zanella Di Pietro (2017, p. 139), afirma que serviço público é "toda atividade material que a lei atribui ao Estado para que a exerça diretamente ou por meio de seus delegados, com o objetivo de satisfazer concretamente às necessidades coletivas, sob regime jurídico total ou parcialmente público".

Para Odete Medauar (1992, p. 110), as atividades qualificadas como serviços públicos necessariamente têm um "vínculo orgânico com a Administração", o que implica "presunção de serviço público", segundo a qual "quando a atividade é exercida pelo poder público, presume-se que o serviço é público". Por outro lado, "se exercida pelo ente privado, a presunção é de atividade privada". Além disso, o vínculo orgânico com a Administração também se apresenta pela relação de dependência entre a atividade e a Administração Pública. Neste caso, a "Administração exerce controle permanente sobre o gestor de serviço público; sua intervenção é maior do que a aplicação de medidas de polícia, porque a Administração é a responsável, em última instância, pela atividade" (MEDAUAR, 1992, p. 110). Além do elemento orgânico, no serviço público, segundo a autora, necessariamente deve haver a submissão total ou parcial ao Direito Administrativo (MEDAUAR, 1992, p. 110).

Nesse contexto, para grande parte da doutrina administrativa, os serviços públicos são aqueles definidos em lei, como também elencados na Constituição. Todavia, o que se verifica são divergências quanto à consideração de serviços abertos à livre iniciativa como serviços públicos, ou não.

Por exemplo, Celso Antônio Bandeira de Mello (2017, 88 *et seq.*) difunde que há atividades que, por força da Constituição, são obrigatoriamente serviços públicos, assim como outras que obrigatoriamente não o são. Dentre os serviços públicos por força da Constituição, é possível dividi-los nas seguintes categorias: (i) serviços de prestação obrigatória e exclusiva do Estado (p. ex., o serviço postal); (ii) os serviços que o Estado tem obrigação de prestar, mas sem exclusividade (seria o caso dos serviços de educação, saúde, previdência social, assistência social, radiodifusão sonora etc.); (iii) serviços que o Estado tem obrigação de prestar e obrigação de conceder (serviço de radiodifusão sonora ou de sons e imagens, em razão do princípio da complementariedade); e (iv) os serviços que o Estado tem apenas o dever de promover a prestação (todos os demais serviços previstos no art. 21, XI e XII, da CR88), os quais pode prestar diretamente, ou por meio de concessão, permissão ou autorização. Nesse contexto, este autor é irrefutável no sentido de que a dimensão subjetiva é imprescindível para a caracterização de um serviço como público. Todavia, para esse autor, há serviços públicos que são prestados pelo Estado e outros nos quais os particulares também podem exercer, sem a desclassificação como serviço público, assumindo então a existência de uma ideia de "serviço público impróprio".

Em sentido semelhante, Eros Roberto Grau (2018, p. 118 *et seq.*), pontua que há uma divisão classificatória em serviços públicos *privativos e não privativos*, este último abrangendo os serviços de educação e saúde que podem ser prestados concorrentemente pelo Estado e pelo setor privado.[93]

Dinorá Adelaide Musetti Grotti (2003, p. 100), por outro lado, por considerar imprescindível o elemento subjetivo (titularidade pública) para a caracterização do serviço público, defende que serviços públicos impróprios ou virtuais não podem ser caracterizados como "serviços públicos", em contradição ao posicionamento dos autores acima. No caso dos serviços públicos impróprios, por mais que haja uma aproximação do regime jurídico através da regulação, essa autora pontua que os titulares são os agentes privados, que os exploram livremente. Por isso, segundo a autora, "os serviços públicos impróprios (ou virtuais) não são serviços públicos em sentido jurídico e nem se deve tampouco dar-lhes essa designação de 'serviço público', que apenas concorre para criar mais dificuldades que soluções." (GROTTI, 2003, p. 100). E completa:

> Ao estender o conceito de serviço público às atividades consideradas pela doutrina serviços públicos impróprios, objetivos ou virtuais, corre-se o risco de que o mesmo venha a "perder seu sentido descritivo de atividade prestacional da Administração" e, portanto, de torná-lo completamente inservível. Estar-se-ia novamente incorrendo na mesma generalização decorrente da noção ampla de serviço público, estendida a toda atuação da Administração Pública, só que agora em sentido contrário: sua extrapolação para a atividade privada comprometeria, dessa forma, por seu maior alcance, a distinção entre o público e o privado e não somente a categoria da esfera do público. (GROTTI, 2003, p. 100).

Na mesma linha, Maria Sylvia Zanella Di Pietro (2017, p. 146) ao se referir aos serviços públicos impróprios – os quais são caracterizados como aqueles que atendem a necessidades coletivas, mas que não assumidos pelo Estado, direta ou indiretamente, apenas autorizados, regulamentados e fiscalizados – para quem não se trata de serviços públicos. Segundo a autora, tais serviços não são da competência exclusiva do Estado, mas o ordenamento jurídico deixou para livre exercício dos particulares, porém sujeitos a um regime jurídico especial, razão pela qual são atividades privadas, e não serviços públicos (DI PIETRO, 2017, p. 146).[94]

---

[93] Segundo o autor: "Cumpre distinguir, desde logo, os *serviços públicos privativos* dos *serviços públicos não privativos*. Entre os primeiros, aqueles cuja prestação é privativa do Estado (União, Estado-membro ou Município), ainda que admitida a possibilidade de entidades do setor privado desenvolvê-los, apenas e tão somente, contudo, em regime de concessão ou permissão (art. 175 da Constituição de 1988). Entre os restantes – *serviços públicos não privativos* – aqueles que em edições anteriores deste livro equivocadamente afirmei terem por substrato atividade econômica que tanto pode ser desenvolvida pelo Estado, enquanto *serviço público*, quanto pelo setor privado, caracterizando-se tal desenvolvimento, então, como modalidade de *atividade econômica em sentido estrito*. Exemplos típicos de serviços públicos não privativos manifestar-se-iam nas hipóteses de prestação dos serviços de educação e saúde. O raciocínio assim desenrolado era evidentemente errôneo, visto ter partido de premissa equivocada, qual seja, a de que a mesma atividade caracteriza ou deixa de caracterizar serviço público conforme esteja sendo empreendida pelo Estado ou pelo setor privado. Isso, como se vê, é inteiramente insustentável. (GRAU, 2018, p. 118).

[94] Segundo Jacques Chevallier (2017, p. 66), essa distinção de serviços públicos impróprios ou "virtuais", não foi aceita no tocante ao exercício privado de funções de domínio público, conforme menciona no seguinte trecho: "Quanto à tese chamada de 'serviço público virtual', sustentada por certos comissários do governo (B.

O panorama doutrinário do conceito de serviço público no Brasil, de nítida influência francesa, deixa claro que se trata sempre de uma atividade que *a contrario sensu não é, e não pode ser, privado*. Nesse sentido, Antônio Carlos Cintra do Amaral (2002, p. 17) é pontual em constatar que a "Constituição Federal atribui determinadas atividades ao Poder Público", que seriam os "serviços públicos", sendo que todas as demais atividades, ditas "atividades econômicas", são por ela atribuídas à iniciativa privada. Logo, propaga-se, por grande parte da doutrina administrativista, que todas as atividades mencionadas na Constituição seriam "serviços públicos", pelo mero fato de haver uma atribuição executória para a Administração Pública.[95]

Por isso, comumente se defende que, havendo menção de competência exploratória ao Estado, como no caso dos serviços arrolados no artigo 21, incisos X, XI e XII, tratar-se-iam de "serviços públicos". Como assim se manifesta Odete Medauar (1992, p. 113):

> No Brasil, a Constituição qualifica várias atividades como serviço público, o que traz impedimento à privatização (no sentido de transferência total ao particular), pois o art. 175 diz incumbir aos poderes públicos os serviços públicos. Assim, por ex.: o art. 21, XI, atribui à União explorar diretamente ou mediante concessão a empresas sob controle acionário estatal, os serviços telefônicos, telegráficos, de transmissão de dados e demais serviços públicos de telecomunicações. É monopólio estatal, sem possibilidade de privatização, como bem esclarece o prof. José Afonso da Silva (Curso de Direito Constitucional Positivo, 1991, p. 430).

Da mesma forma entendem Carmen Lúcia Antunes Rocha (1996, p. 20), Maria Sylvia Zanella Di Pietro (2017, p. 138), Celso Antônio Bandeira de Mello (2017, p. 88), dentre vários outros autores.[96]

Essa é uma das principais razões que amparam o entendimento de que vários desses serviços, arrolados na Constituição da República como de competência

---

Chenot, 1948), ela não havia sido aceita a não ser em relação às atividades privadas exercidas sobre o domínio público e que possuem um suficiente interesse geral (*Compagnie maritime de l'Afrique orientale*, 1944; *Compagnie carcassonnaise de transports em commun*, 1948; *Société Radio-Atlantique*, 1948)."

[95] Como melhor exporemos no Capítulo 4, não temos o entendimento de que a Constituição pré-define quais seriam os serviços públicos em sentido estrito; haveria uma delimitação de competência legislativa, cuja competência federativa foi devidamente delimitada na Constituição, para que se possa definir, ou não, determinada atividade como serviço público.

[96] Da mesma forma entendem Carmen Lúcia Antunes Rocha (1996, p. 20): "Alguns dos dispositivos constitucionais deixam clara a definição de algumas atividades como serviços públicos, superando-se o debate quanto à sua qualificação e quase que inteiramente quanto ao debate quanto à sua qualificação e quase que inteiramente quanto ao regime de Direito sobre eles deve incidir no Direito Positivo fundamental. Nesse sentido, a Constituição da República apenas acolhe figurino anteriormente adotado no Direito Constitucional Positivo brasileiro, indicando alguns serviços públicos e inclusive as formas possíveis – em alguns casos obrigatórias – de sua prestação (p. ex., nos arts. 21, XI, XII, XXII, 177, com redação dada pela Emenda nº 4/95, dentre outros)." Para Di Pietro (2017, p. 138): "o Estado, por meio da lei, que escolhe quais as atividades que, em determinado momento, são consideradas serviços públicos; no direito brasileiro, a própria Constituição faz essa indicação nos artigos 21, incisos X, XI, XII, XV e XXIII, e 25, §2º, alterados, respectivamente, pelas Emendas Constitucionais 8 e 5, de 1995; isto exclui a possibilidade de distinguir, mediante critérios objetivos, o serviço público da atividade privada; esta permanecerá como tal enquanto o Estado não a assumir como própria". Celso Antônio Bandeira de Mello, também entende dessa forma: "Há certas prestações de atividade material que, por força da Constituição, são obrigatoriamente serviços públicos (obviamente quando volvidos à satisfação da coletividade em geral), assim como outras obrigatoriamente não o são. São obrigatoriamente públicos os serviços que a Lei Magna declarou competirem ao Poder Público. Assim, serão públicos federais os arrolados como de competência da União no art. 21 [...]." (MELLO, 2017, p. 88).

exploratória da União, não podem ser exercidos pela livre iniciativa ou pelo regime integral de direito privado. Por isso, logicamente, todas as tentativas de liberalização desses mesmos serviços, para abertura à livre concorrência, chocariam com o disposto no texto constitucional.[97]

Há, entretanto, autores que consideram como "serviço público" algumas atividades abertas à livre iniciativa, e sujeitas apenas a autorizações vinculativas, mesmo se tratando de atividades arroladas na Constituição como de competência exploratória de determinados entes federativos. Nessa situação, Carlos Ari Sundfeld (2002) adota o posicionamento de que a atuação autorizada do setor privado em campos liberalizados, tais como as telecomunicações, seriam uma outra hipótese de delegação de serviços públicos aos particulares. Tal entendimento fica bem esposado na seguinte passagem, que merece menção integral:

> [...] está em curso no Brasil um debate, um tanto surdo, quanto à possibilidade de a exploração de serviço de titularidade estatal, como os de telecomunicações e energia elétrica, ser feita em regime privado, o que foi previsto nas leis de reestruturação, com o intuito de introduzir a desregulação parcial desses setores (por meio de mecanismos como a liberalização do acesso dos exploradores ao mercado, a flexibilização dos preços, a ausência de garantia de rentabilidade etc.).
> Alguns de meus colegas consideram que isso seria contrário à Constituição, pois dela decorreria o caráter necessariamente público de exploração, por particulares, das atividades reservadas ao Estado. Esse argumento baseia-se na crença de que existiria, implícito nas dobras constitucionais, um regime jurídico único para a exploração de serviços estatais (que mereceria o qualificativo de "público").
> Quanto a mim, não consigo, ao examinar a Constituição, localizar onde estaria a definição desse regime único; o que encontro, em sucessivas passagens, é a previsão de que cabe às leis disciplinar os direitos e deveres de prestadores, de usuários e do Poder Público. Sendo bastante honesto, penso que essa crítica doutrinária tem pouco de jurídico e mais de política, pois, de um lado, inspira-se no desejo de ver preservado o modelo estatal e monopolista de exploração e, de outro, traduz grande desconfiança quanto à idoneidade do atual legislador brasileiro para disciplinar os serviços (donde a pretensão de esses juristas concorrerem para o estabelecimento de rígidos limites ao poder de legislar sobre "serviços públicos" por via de uma interpretação muito pessoal da Constituição). (SUNDFELD, 2002, p. 34 *et seq.*).

No tocante à autorização como uma forma de delegação do serviço público, Celso Antônio Bandeira de Mello (2009, p. 684 *et seq.*) rechaça essa hipótese e afirma que o art. 21 foi infeliz em se referir à autorização como uma hipótese de delegação do serviço público. Nesse contexto, em leitura com o art. 175, da Constituição, esse autor defende que a autorização somente pode ter em mira duas situações: (i) quando

---

[97] Segundo Carmen Lúcia Antunes Rocha (1996, p. 24): "[...] toda a reforma constitucional atualmente proposta no Brasil, invade a seara de definições e identificação dos limites constitucionais quanto à tipificação das atividades consideradas serviços públicos, pois o que se pretende é o repensamento do próprio modelo de Estado adotado, seu desenho jurídico fundamental em razão da escolha de um figurino político antes escolhido e até aqui considerado crescente em seus deveres e em sua responsabilidade social, inclusive pela prestação de quanto necessário e fundamental para a coletividade, e que se vê prostrado e frustrado em seu desempenho". No mesmo sentido, Cristiana Maria Fortini Pinto e Silva (2009, p. 32): "Os serviços prestados sob o regime privado não são serviços públicos, mas atividades que se inserem no campo da livre iniciativa e que, contudo, precisam ser controladas pelo Poder Público".

há efetivamente serviço privado de telecomunicação, está se tratando de autorização como um ato de polícia administrativa, para verificação de atendimento da atividade ao interesse público; (ii) quando se está em pauta um verdadeiro serviço público, a autorização aparece apenas como um ato emergencial até a adoção dos procedimentos para a concessão e permissão.

Assumindo uma posição intermediária, Almiro Couto e Silva (2002, p. 71 *et seq.*), por outro lado, entende que não se pode confundir a autorização, enquanto ato de delegação de serviço público, com a autorização de certas atividades que, por mais que tenham a aparência de serviços públicos, não implicam a satisfação de interesses gerais ou coletivos. Assim, para esse autor, serão "serviços públicos" se os atos autorizados visarem ao interesse coletivo, caso em que a autorização não será um ato de poder de polícia, mas um ato de delegação de serviço público.

O Supremo Tribunal Federal, por outro lado, no contexto do Recurso Extraordinário 220.999-7/PE, buscou afastar a hipótese de ser o ato de autorização uma forma de delegação de serviço público. Para tanto, pautou-se no entendimento de que a inclusão do transporte aquaviário no rol das atividades da competência da União (art. 21, XII, "d", da CR88) não seria suficiente para qualificá-lo como serviço público, no caso concreto, por se tratar de transporte efetuado por empresa estatal das mercadorias fabricadas por empresa privada.[98] Todavia, o Supremo Tribuna Federal, por diversas outras vezes, referenciou as atividades descritas no artigo 21, incisos XI, como serviços públicos.[99]

Enfim, existe um grande debate na doutrina administrativa sobre o que seriam elementos caracterizadores do serviço público e se aquele serviço, mencionado no texto constitucional como de competência do Estado, quando prestado pelo particular em um regime de livre iniciativa, seria um "serviço público", especialmente em vista do necessário regime jurídico aplicado à atividade. Pode-se dizer que uma das razões pelas quais se busca justificar o enquadramento do setor privado no âmbito do "serviço público" se deve à premissa assumida de que atividades arroladas na Constituição como de competência exploratória do Estado, seriam naturalmente um "serviço público", independentemente da forma como está sendo executado o serviço.

---

[98] Nesse julgado, como bem relata Dinorá Adelaide Musetti Grotti (2017b, p. 41), Eros Roberto Grau entendeu não caber a qualificação da atividade de que se cuida (transporte aquaviário) como serviço público, pois, essa atividade, no caso "reclama mera autorização para que possa ser empreendida por empresa privada – compreende atividade econômica em sentido estrito. Pelo contrário, acaso houvesse, no caso, prestação de serviço público, então a sua prestação por uma empresa privada exigiria a obtenção de permissão ou concessão da União, nos termos do disposto no art. 175 da Constituição de 1988".

[99] "O sistema federativo instituído pela CF de 1988 torna inequívoco que cabe à União a competência legislativa e administrativa para a disciplina e a prestação dos serviços públicos de telecomunicações e energia elétrica (CF, arts. 21, XI e XII, b, e 22, IV). A Lei 3.449/2004 do Distrito Federal, ao proibir a cobrança da tarifa de assinatura básica 'pelas concessionárias prestadoras de serviços de água, luz, gás, TV a cabo e telefonia no Distrito Federal' (art. 1º, caput), incorreu em inconstitucionalidade formal, porquanto necessariamente inserida a fixação da 'política tarifária' no âmbito de poderes inerentes à titularidade de determinado serviço público, como prevê o art. 175, parágrafo único, III, da Constituição, elemento indispensável para a preservação do equilíbrio econômico-financeiro do contrato de concessão e, por consequência, da manutenção do próprio sistema de prestação da atividade. Inexiste, in casu, suposto respaldo para o diploma impugnado na competência concorrente dos Estados-membros para dispor sobre direito do consumidor (CF, art. 24, V e VII), cuja interpretação não pode conduzir à frustração da teleologia da referida regra expressa contida no art. 175, parágrafo único, III, da CF, descabendo, ademais, a aproximação entre as figuras do consumidor e do usuário de serviços públicos, já que o regime jurídico deste último, além de informado pela lógica da solidariedade social (CF, art. 3º, I), encontra sede específica na cláusula 'direitos dos usuários' prevista no art. 175, parágrafo único, II, da Constituição." (Supremo Tribunal Federal, ADI 3.343, rel. p/ o ac. min. Luiz Fux, j. 1º-9-2011, P, DJE de 22-11-2011).

Pode-se afirmar aqui que toda menção ao termo "serviço público" na Constituição traduz a ideia de uma atividade *de domínio estatal*, que lhe pertence como própria, ou seja, um "empreendimento estatal". Por isso, em linha com grande parte da doutrina administrativista, é de se apoiar o entendimento de que não é cabível falar em "serviço público" quando se está diante de um serviço que pode ser livremente exercido pelo particular, mesmo que sujeito a autorizações condicionais, destinadas a resguardar, através de normas regulatórias setoriais, a boa execução da mesma atividade, em vista da proteção do interesse coletivo. Por essa razão, de fato, a terminologia "serviços públicos impróprios" é inadequada, podendo melhor ser designada como *atividades privadas muito reguladas*, ou, se tratando de atividades de educação e de saúde, como *serviços sociais privados regulados*, ou ainda, *serviços de interesse geral abertos à livre iniciativa*.

Enfim, não cabe aqui desenhar uma proposta classificatória, mas apresentar o pressuposto, importante para os fins deste trabalho, no sentido de que, segundo entendimento doutrinário dominante, a figura do "serviço público" é *indissociável a ideia de domínio público*, o que consubstancia em um dos motivos que trazem estranheza doutrinária à ideia de "obrigações de serviço público" poderem ser impostas a atividades privadas.

2.2.3 Panorama teórico sobre a relação entre o regime jurídico do serviço público e o próprio conceito de serviço público no Direito brasileiro

O debate doutrinário no Brasil acerca da delimitação conceitual do serviço público, e sua identificação no ordenamento jurídico, foi força motriz para a consolidação da premissa de indissociabilidade do regime jurídico do serviço público com a atividade de domínio estatal, especialmente diante do *pressuposto* criado de que *o regime jurídico identificado nos serviços públicos* (princípios ou obrigações de serviço público) *seriam elementares ao próprio conceito de serviço público*.

Em sua definição mais restrita, tal como assumida por grande parte da doutrina brasileira, serviço público não se equivale a quaisquer atividades assumidas pelo Estado, ou aqueloutras que sejam de relevante interesse coletivo, executados pelo setor público. Segundo a doutrina majoritária, para ser "serviço público" não é suficiente a sua identificação através de um substrato material (atividade destinada a um fim público) ou orgânico (atividade assumida pelo Estado). É necessário também a identificação de um regime jurídico que lhe é típico, este sim requisito elementar para a identificação e justificação de uma atividade estatal como um verdadeiro "serviço público".

Com efeito, guiando grande parte da doutrina administrativa brasileira, Celso Antônio Bandeira de Mello (2017, p. 57) é enfático em afirmar que "serviço público, como conceito jurídico, só pode ser igual a um 'regime jurídico'", ou melhor, somente haverá serviço público se o legislador atribuir um regime especial a determinadas atividades. Ou seja, pela mera qualificação de uma atividade administrativa como serviço público (*publicatio*), logicamente deve decorrer a sua submissão a um regime de direito público, que é a razão jurídica de subjetivação pública de uma atividade, para direcioná-la ao caminho do melhor atendimento ao interesse coletivo, que demanda sua prestação pelo Estado (MELLO, 2017, p. 41). Nesse contexto, citando Ricardo Marcondes Martins, esse autor encampa a ideia de que é uma *questão lógica e conceitual* que uma atividade, que é taxada pelo legislador como "própria do Estado", dever ser submetida a um regime do direito público, como é o caso do serviço público, que é naturalmente um serviço de titularidade do Estado (MELLO, 2017, p. 41 *et seq.*).

Assim, para haver "serviço público", Celso Antônio Bandeira de Mello (2017, p. 72 *et seq.*), defende que deve concorrer cumulativamente os seguintes *requisitos*: (i) tratar de uma atividade *uti singuli*, ou seja, fruível singularmente pelo administrado; (ii) consistir em atividade material, ou seja, atividades prestacionais que atendem a utilidades públicas que a coletividade precisa fruir; (iii) destinar-se ao atendimento de necessidades da coletividade em geral, ou seja, que seja destinado ao público como um todo; (iv) ser reputado pela sociedade como importante para a satisfação dos interesses coletivos; (v) serem atividades qualificadas como pertinentes ao Estado, e assumidas por este como própria; e, finalmente, (vi) *que a atividade seja submetida a uma específica disciplina de direito público*.

Assim, apesar de todos os requisitos elencados para a identificação de um serviço público, segundo o autor, é a submissão ao regime jurídico do direito público que é o critério elementar para a conceituação e identificação de um serviço público no ordenamento. Quando o Estado assume o exercício de uma atividade econômica, em concorrência com o particular, mesmo que diante da presença de vários desses requisitos, a não incidência do regime jurídico próprio do serviço público enseja necessariamente a conclusão de inexistir o serviço público, pelo fato de não se tratar de uma atividade tipicamente estatal. É somente nesse sentido que poderia se cogitar, segundo o autor, na aplicação de normas de direito privado, consoante mencionado no art. 173, §1º, da CR88, uma vez que não seria necessária a convergência de um sistema de normas destinadas a melhor resguardar o interesse público (direito público). Por outro lado, ao prestar "serviço público", ou seja, uma atividade designada juridicamente como "própria" do Estado, há necessariamente a submissão ao regime que lhe é próprio, ou seja, o direito público, que é o *regime inverso às atividades que não são típicas do Estado*. Nesse sentido, o autor pontua:

> De revés, ao prestar serviço público, o Estado, suas entidades ou os particulares que, por concessão, permissão ou autorização, o desempenhem assujeitam-se ao regime inverso, ou seja, ao regime de direito público, que este é o regime idôneo para proteger interesses qualificados como pertinentes ao corpo social, e não às conveniências privadas. *Nunca de direito privado*. Assim é tanto porque o regime jurídico do Estado é o público, quanto porque não faria sentido que colecionasse tal serviço como seu para submetê-lo a uma disciplina oposta àquela que lhe é correspondente.
>
> De resto, englobar sob um mesmo rótulo ("serviço público") atividades prestadas pelo Estado sob regência do direito público e atividades por ele prestadas sob regência do direito privado seria juridicamente um contrassenso gritante, *pois não cumpriria a única função dos conceitos jurídicos*: isolar objetos constituídos por uma unidade de regime; ou seja, aparentados, de direito, entre si. (MELLO, 2017, p. 79 *et seq.*).

Assim, nessa concepção, o regime jurídico típico do serviço público – apesar de inexistir um padrão para a sua identificação, é de se ressaltar – é a coroação de uma atividade como "serviço público", pois o regime jurídico é o instrumento para que o Estado, no exercício de funções que lhe são próprias, possa assegurar que o interesse público prepondere sobre o interesse privado, especialmente no âmbito prestacional de atividades de imenso interesse coletivo.

Importante dizer que, para Celso Antônio Bandeira de Mello (2017), a imputação do elemento formal (regime jurídico especial), em determinada atividade assumida pelo Estado, é imprescindível para o seu enquadramento como "serviço público". Caso haja uma atividade assumida pelo Estado, mesmo em caráter de exclusividade (como o caso dos monopólios estatais, definidos no art. 177, da CR88), não se poderá identificar um serviço como "público" se o ordenamento jurídico não lhe impuser esse regime que lhe é característico. Com isso, este autor rejeita teses *essencialistas* que pregam a identificação de serviços públicos pela sua importância coletiva. Ao que parece, o posicionamento do autor reflete uma separação entre a ideia duguiniana de ver o serviço público como um *fundamento* para a atuação estatal, de modo a identificar o serviço público pelo procedimento jurídico que é adotado, de maneira bem alinhada com o critério de serviço público difundido por Gaston Jèze, o qual identificava a necessária correlação entre o serviço público com o "procedimento de serviço público",[100] sendo que atividades estatais sem este procedimento seriam identificadas como atividades privadas da Administração.[101]

No mesmo sentido, é de se referenciar Odete Medauar (1992, p. 110 *et seq.*) e Maria Sylvia Zanella Di Pietro (2014, p. 107), dentre diversos outros autores, que, utilizando-se de bases jurídicas da Escola de Serviço Público, também afirmam que o elemento caracterizador do serviço público é o seu regime jurídico especial, mesmo que não seja integralmente verificado em determinada atividade assim enquadrada.

O que se verifica, portanto, é que a identificação de um serviço público, para diversos autores do Direito Administrativo, se deve pela *identificação de um regime jurídico especial*. Ou seja, havendo a incidência desse regime em atividades de domínio estatal, criada para o atendimento coletivo, estar-se-ia diante de um verdadeiro serviço público.

Contudo, em corrente oposta – sem, contudo, desvincular o serviço público com o regime que lhe é próprio – Eros Roberto Grau (2018) defende que não se pode concluir que uma atividade é serviço público diante da constatação do regime jurídico que lhe é próprio; pelo contrário, há a determinação de imposição do regime jurídico de serviço público porque se está diante de uma atividade que já é identificada como "serviço público":

> É inteiramente equivocada a tentativa de conceituar-se serviço público como atividade sujeita a regime de serviço público. Ao afirmar-se tal – que serviço público é atividade desempenhada sob esse regime – além de privilegiar-se a forma, em detrimento do conteúdo, perpetra-se indesculpável tautologia. Determinada atividade fica sujeita a regime de serviço público porque é serviço público; não o inverso, como muitos propõem, ou seja, passa a ser tida como serviço público porque assujeitada a regime de serviço público. (GRAU, 2018, p. 112).

---

[100] Especificidades da construção da noção jurídica francesa do serviço público serão abordadas no Capítulo 3.
[101] Isso fica claro na seguinte passagem do autor: "As convicções de cada um e suas vontades jurídicas não têm o poder de derrogar a vontade legislativa, pelo menos enquanto não consigam se expressar legislativamente. Portanto, a posse do fundamento de um dado regime não outorga (e não coincide com) a posse do critério para identificar um regime jurídico. Descoberto o fundamento, nem por isso se descobriu o sistema de normas, pois que não há entre ambos automática coincidência. Pode, pois, uma determinada noção ser o razoável fundamento para tal regime normativo sem, no entanto, servir como critério preciso para identificá-lo. [...] Então, ao se tomar como critério do direito administrativo uma noção de serviço público que consorcia um elemento orgânico e um elemento material, transformou-se algo que desempenhava muito bem o papel de fundamento (conceito extrajurídico, como se viu) do mesmo direito em instrumental forçosamente perecível enquanto chave para identificação de um conjunto de normas." (MELLO, 2017, p. 52 *et seq.*).

A posição de Eros Roberto Grau (2018) evidencia sua visão *essencialista* do serviço público na medida em que a identificação desse tipo de atividade deve ser através da natureza da atividade, diante da importância que tem para uma determinada sociedade. Mas, de todo modo, assim como demais doutrinadores, este autor é inarredável quanto à relação de dependência existente entre o regime jurídico de serviço público e a própria existência de um serviço público, neste caso, a ser identificado *a priori*.

De uma maneira mais extensiva, Diogo de Figueiredo Moreira Neto (2000a, p. 143 *et seq.*) apresenta um modelo mais amplo de identificação de serviço público, que não o eminentemente vinculado com o elemento orgânico. Nesse sentido, esse autor entende que é possível

> [...] retirar dos próprios princípios reitores do serviço público, de geral aceitação, um *quarto critério* (em oposição aos tradicionais critérios subjetivo, material e formal), *teleológico*, construído, assim, sobre sua necessária generalidade, continuidade e modicidade, que representam, cada uma a seu modo e em síntese, a segurança jurídica, que o Estado deve garantir à sua prestação. [...] Sob esse critério, os tipos de serviços públicos possíveis, no Direito Administrativo, variarão, desde aqueles que apresentam superiores exigências de segurança, e deverão ser, por isso, integralmente planejados, executados e controlados pelo poder público, até os que apenas exigem acompanhamento, para detectar a eventual irregularidade, que poderão ser planejados e executados pelo setor privado e apenas regulados pelo Estado. Em cada uma das hipóteses, estará caracterizado um serviço público no sentido proposto, que é o da atividade de algum modo assegurada pelo Estado, não importando em que etapa possa ou deva intervir com emprego da coerção, o modo com que o fará e com que intensidade, o que assimilaria em uma mesma categoria os serviços públicos tradicionais e os serviços de interesse geral, de recente conceito. (MOREIRA NETO, 2000a, p. 143 *et seq.*).

Assim, esse autor compreende que, "[...] adotando-se um critério subjetivo, referido ao prestador, chega-se não mais que a um conceito tautológico e inútil, pois se estaria afirmando que os serviços públicos se definem como aqueles prestados pelo Estado-administrador" (MOREIRA NETO, 2014, p. 566). Da mesma forma, para esse autor, ao se valer do critério objetivo, referido ao conteúdo da prestação, torna-se necessário precisar, preliminarmente, qual seria a natureza desse serviço, que o diferenciaria substancialmente do serviço privado, o que sempre conduzirá "[...] a árduas, intermináveis e improfícuas discussões sociológicas sobre a natureza do que caracterizaria essas necessidades singulares, tarefa que seria, a busca de uma definição acadêmica da utilidade pública" (MOREIRA NETO, 2014, p. 566). Por esses motivos, prefere adotar

> [...] um *critério funcional*, eminentemente *jurídico*, que independe das flutuações conceptuais – que sempre resultarão das recorrentes referências sociológicas e políticas – visa a superar essas velhas deficiências e se apresentar, em acréscimo, como *consentânea com a ideia de Estado Democrático de Direito*, que supõe, por definição, que *toda atividade administrativa pública há de estar, formal, funcional e integralmente, submetida à Constituição* e, por isso, à sua missão de *realização dos direitos fundamentais das pessoas* (MOREIRA NETO, 2014, p. 566).

Há ainda administrativistas, tal como Carlos Ari Sundfeld (2002, p. 32), que rejeitam a utilidade desses critérios de identificação de um serviço público, que representam nítido desdobramento da noção francesa do serviço público. Para este autor, a noção do serviço público perdeu toda sua utilidade, considerando que "[...] cada serviço estatal, hoje, é objeto de um universo jurídico com peculiaridades muito próprias, não sendo mais viável, portanto, explicar tudo globalmente" (SUNDFELD, 2002, p. 32). Por isso, a preocupação da doutrina atual não seria verificar qual é, ou não, "serviço público", mas sim fazer a categorização com base na *ideia de regulação*, ou seja, atividade mais ou menos reguladas pelo Estado.

> Simplesmente não faz sentido, na atualidade, supor que as respostas a muitas dúvidas cruciais (por exemplo: Pode-se negar o serviço a consumidor inadimplente? Pode haver liberdade para o próprio prestador determinar seu preço? Há responsabilidade do Estado em virtude dos danos gerados pela execução de serviços por empresa autorizada?) serão encontradas por meio da operação simplista de identificar o caráter público ou privado do serviço em causa, que teria o mágico condão de determinar a aplicabilidade de um regime jurídico geral. Daí a mudança total de enfoque. Não se cuida mais de discutir o caráter público ou privado de certo serviço, mas sim de identificar como ele é regulado pelo Estado no tocante ao aspecto tal ou qual. (SUNDFELD, 2002, p. 33).

Tal como bem pontua Regis da Silva Conrado (2013, p. 176), em análise a este posicionamento, verifica-se que a preocupação de Carlos Ari Sundfeld (2002) é evitar confundir a essência do conceito "serviço público" com o seu regime jurídico, que seria uma consequência para a sua caracterização. De todo modo, isso não impede ou contradiz construções jurídicas no sentido de que o regime jurídico de direito público poder ser consequência da categorização de uma atividade como serviço público.

Nesse sentido, em alusão à posição essencialista de Eros Roberto Grau (2018), Regis da Silva Conrado (2013, p. 177) pontua que apesar de que, em um ponto de vista pré-jurídico, poder ser construída a ideia de precedência da identificação de um serviço público em face da atribuição de um regime jurídico especial que lhe é próprio, no ponto de vista *eminentemente jurídico e prático* "a construção do conceito de serviço público nasce considerando as regras jurídicas que a ele são aplicáveis". Por isso, continua este autor que "ao considerar a peculiaridade de determinadas atividades e a conveniência de a elas serem aplicadas determinadas consequências jurídicas, é elaborado o conceito de serviço público do ponto de vista jurídico".

As variações que se encontram na relação entre o conceito de serviço público e um regime jurídico que lhe é peculiar decorrem, em grande parte, de variações relativas a distintas visões sobre como se identifica o serviço público no ordenamento jurídico. Mas essas variações não afastam a ideia de que o regime jurídico do serviço público é, por outro lado, um elemento formal visto como algo natural e inerente a existência de um "serviço público".

2.3 As crises da concepção do serviço público e o novo *modus operandi* de condução do dever prestacional do Estado

O serviço público é uma noção em permanente crise (ARAGÃO, 2007a, p. 240), como se verifica de constantes mudanças jurisprudenciais e doutrinárias relacionadas ao regime jurídico típico do serviço público e seus aspectos caracterizadores. Estar constantemente em crise pressupõe, contudo, a permanência de um conceito, mesmo que transformado. Porém, a sua extinção nunca pressupôs o falecimento do conceito, mas modificação de sua execução, com momentos de retração e expansão (ARAGÃO,

2007a, p. 240). As alterações e mudanças paradigmáticas da conceituação clássica do serviço público foram categorizadas em momentos distintos para a "crise dos serviços públicos".

Segundo Aragão (2007a, p. 240 *et seq.*), a primeira crise dos serviços ocorreu em meados do século passado, diante do aumento da intervenção regulatória de atividades econômicas, não apenas para impedir a violação a um interesse público, mas com o propósito de promover sua realização. Os *serviços públicos virtuais, ou impróprios*, são uma classificação resultante dessa característica da primeira crise, diante de um aspecto diretivo da função regulatória de atividades abertas à livre iniciativa, como a educação e a saúde. Tal expressão é hoje criticada por parte considerável da doutrina brasileira, por considerar que a intensificação diretiva da regulação não tem o condão de classificar uma atividade privada como "serviço público", justamente pela ausência do aspecto subjetivo que lhe é inerente (propriedade do Estado). Também corresponde à primeira crise da noção do serviço público quando se verificou que as atividades econômicas de titularidade estatal pudessem ser igualmente executadas por meio de um regime de direito privado, com a intensificação da técnica concessória, bem como quando o Estado passou a atuar, não apenas na esfera do "serviço público econômico", mas em atividades econômicas abertas à livre iniciativa, competindo em igualdade de condições com a esfera privada.

Neste ângulo, a premissa de que as obrigações do serviço público seriam caracterizadoras de toda atividade pública, foi se esvaziando, considerando a realização de "serviços públicos industriais"[102] pelo Estado, com variações de preços para melhor adequar à realidade do mercado, com diferenciações de negociações entre cada consumidor. Com efeito, o ponto de diferenciação apontado pela doutrina francesa (princípios fundamentais dos serviços públicos) nunca foi constante na evolução prestacional do Estado. Tampouco, o mínimo prestacional atribuído ao regime jurídico aplicável aos serviços públicos industriais e os administrativos, na França, foi idêntico e constante.

A inserção de empresas estatais em um mercado altamente concorrencial, e a sua submissão às regras da concorrência, alterou os dogmas jurídicos da noção clássica do serviço público, para prezar pelo ideal da rentabilidade: neste caso, serviços não rentáveis deveriam ser deixados de lado pelo Estado, vendidos ao setor privado, bem como justificariam diferenciações tarifárias, ensejando, assim, a inflexão da aplicação dos princípios tradicionais da continuidade, da mutabilidade e da igualdade, ou seja, do regime jurídico que era considerado como o "mínimo" que seria exigível de um serviço público (CHEVALLIER, 2017, p. 58). Enfim, a atuação econômica direta do Estado, em um mercado concorrencial em que os serviços públicos comerciais e industriais se inseriram, evidenciou *deficiência* na concepção de que as tidas "obrigações de serviços públicos" seriam caracterizadoras da atuação estatal.

Enquanto a primeira crise representou uma expansão da intervenção do Estado na esfera privada, a *segunda crise* das noções tradicionais do serviço público foi marcada por movimentos de expansão da esfera privada em competências antes reservadas ao

---

[102] A expressão "serviços públicos industriais e comerciais" é adotada na França, como uma subdivisão dos serviços públicos econômicos, especialmente em vista da concepção mais ampla de serviço público que é cultivado no Direito francês, no qual serviços públicos abrangem todas as atividades estatais, incluindo serviços preponderantemente regido por normas de direito privado (mesmo que parcialmente derrogadas por normas de direito público), aqui identificadas como as *atividades econômicas exploradas pelo Estado*, nos termos do art. 173, da CR88.

Estado, mediante o aumento de políticas de privatização e liberalização de atividades estatais, bem como o aumento da descentralização da execução de serviços públicos, por intermédio da priorização em políticas concessórias. Por isso, é possível dizer que a conhecida "segunda crise dos serviços públicos" representou um movimento de "devolução" de atividades assumidas como serviços públicos, para a execução do setor privado.

Contudo, essa devolução não consubstanciou apenas a mudança de qualificação das atividades, pois o pretendido protagonismo do setor privado foi incentivado com o intuito de melhor preservar o interesse da coletividade na execução dos serviços, que ainda são de interesse coletivo. Paradoxalmente, e em guinada à ideia de supremacia natural do Estado em gerir atividades de interesse coletivo, foi justamente o imperativo do dever estatal em garantir a boa execução de atividades de interesse coletivo que motivou politicamente o afastamento do Estado na execução direta de algumas atividades públicas, por considerar que o setor privado estaria em melhores condições de exercê-la do que o setor público. Nesse contexto, em 1990, o ex-Presidente Fernando Henrique Cardoso, na exposição de motivos do Projeto de Lei do Senado nº 179/1990 (anexado ao Projeto de Lei do Senado nº 202/1991 e que resultou na Lei nº 8.987/1995), asseverava que:

> Já vem de muito o clamor nacional pelo aumento da eficiência na prestação de serviços públicos, quer com respeito àqueles executados diretamente por órgãos estatais, quer no que concerne àqueles cuja execução é transferida a particulares. Do mesmo modo, já é longa a história da insuficiência crônica de recursos públicos para atender às necessidades da população brasileira ou relatos e comprovações de má aplicação dos recursos arrecadados do sofrido contribuinte. (CARDOSO, 1991).

Neste caso, a importância da atividade para a coletividade e, também, para o Estado permaneceu, e a boa execução desse *munus* deveria ser "garantido" e tutelado pelo Estado, por meio de uma maior ingerência regulatória, com intensificação de imposições diretivas na execução das atividades, em um grau de incidência regulatória ainda nunca vislumbrado pela iniciativa privada.[103]

A descentralização, privatização e liberalização dos serviços públicos, dentre outros fatores, foram intensificadas em resposta a novas diretrizes de modernização da gestão pública e a redefinição das funções do Estado, ocorridas a partir da década de 1970. Diante da concentração dos esforços estatais nas "funções estratégicas" e de um esforço descentralizador das funções operacionais na prestação material dos serviços ditos "públicos", foi imposto ao poder público, em substituição à assunção da responsabilidade pela execução direta da atividade, o desenvolvimento de uma nova função regulatória, com a criação de "administrações independentes" (agências reguladoras), que possuem o propósito de normatizar e manter o "controle" [sob o viés da regulação setorial] de determinadas atividades econômicas, reputadas essenciais, e sobre um extenso rol de serviços públicos "privatizados" ou delegados para o exercício do setor privado.

---

[103] Os desdobramentos regulatórios decorrentes da nova responsabilidade pública de o Estado garantir a boa execução de serviços de interesse público, mesmo os privatizados e liberalizados, será um dos objetivos do Capítulo 5 deste trabalho.

Tais reformas gerenciais e institucionais realizadas a partir da década de 1970, em razão de diversas crises fiscais e de ingovernabilidade, evidenciaram irreversível crise das noções tradicionais do serviço público. As reformas liberalizantes dos serviços públicos se pautaram pela premissa de que o particular teria mais condições de executar certas atividades, antes titularizadas como serviços públicos, para atingimento das finalidades públicas que antes justificavam a reserva de titularidade. Por outro lado, serviços públicos, ainda assumidos pelo Estado, deixaram de ser prestados com exclusivismo, para poder competir em um mercado concorrencial. Nesse aspecto, a doutrina juspublicista brasileira é variante na conceituação dessa nova esfera privada: para uns, trata-se de um campo de atividades privadas mais regulamentadas; para outros, trata-se do aumento de uma categoria de serviços públicos, conceituados apenas por sua natureza teleológica, não mais subjetiva, ao lado dos serviços públicos impróprios ou virtuais, diante da maior publicização desse tipo de atividade.

No contexto europeu,[104] as liberalizações foram decorrência de uma pressão da Comunidade Europeia no sentido de extinção do monopólio de vários serviços públicos econômicos, como nos setores das telecomunicações, energia e transporte, no esforço de formação de um mercado comum. Neste caso, determinações comunitárias impuseram não apenas a extinção de alguns monopólios, como também a extinção de barreiras legais e administrativas para o ingresso do setor privado no exercício dos mesmos serviços públicos antes prestados com exclusivismo. O que houve, portanto, foi uma verdadeira privatização orgânica de serviços públicos, não significando apenas uma intensificação de "delegações" para o particular, e sim uma redução do âmbito de competência do setor público na prestação exclusiva de algumas atividades. Por isso, essa fase de liberalizações foi vista como uma verdadeira crise do serviço público, pelo afastamento do aspecto subjetivo ou orgânico que lhe é elementar, chegando até mesmo a ser referenciada como a fase da "morte do serviço público".

Por outro lado, a crise da noção clássica do serviço público perpetrada pelas políticas de liberalizações nas décadas de 1980 e 1990 desenvolveu, no contexto europeu, uma situação peculiar quanto à caracterização do elemento formal e finalístico como caracterizador do serviço público, o que deu ensejo a um novo e duradouro debate conceitual sobre o que seria "serviço público".

A questão é que, após as privatizações e liberalizações de grandes serviços públicos (como serviços de telecomunicações, produção de energia, navegação aérea, atividades portuárias, dentre outros), a relevância coletiva (viés teleológico) na adequada prestação dessas atividades (agora privadas) ainda permanece e é reconhecida pelo Estado. Todas as atividades liberalizadas, e que não seriam mais do âmbito de competência de execução exclusiva pelo Estado, nunca perderam sua dimensão finalística como uma atividade de interesse público e que deveria ser resguardada pelo Estado. Em oposição, alguns setores foram contemplados em políticas de liberalização justamente para se obter melhorias na sua execução e na maior satisfação dos usuários desses serviços, no tocante aos deveres estatais inerentes à adequação prestacional de serviços de interesse coletivo. Como bem pontua Rodrigo Gouveia (2001, p. 25), a recente fase de privatizações e liberalizações de atividades estatais levantou a preocupação de

---

[104] Como será melhor detalhado no Capítulo 4 adiante.

que o mercado possa não assegurar, por si só, as exigências que se impõem no âmbito dos serviços de interesse geral. Por isso, em contrapartida às liberalizações, passou-se a exigir que tais atividades, mesmo que privadas, submetessem-se a um regime regulatório especial, de modo a resguardar a sua boa execução.

Diante disso, como bem pontua Pedro Gonçalves e Licínio Martins (2004, p. 182), estamos, portanto, diante de uma "nova responsabilidade pública", pois o Estado deixou de ter o encargo de prestar serviços essenciais e assumiu, por sua vez, o dever de disciplinar ou de regular o modo como os agentes do mercado prestarão esses mesmos serviços (no sentido material). Para elucidação, é conveniente transcrever as palavras desses autores:

> O novo modelo, de Estado Regulador, não representa, portanto, a retirada, abdicação ou renúncia do Estado a toda e qualquer forma de compromisso em face das novas atividades correspondentes aos serviços públicos econômicos. Essas, por força do processo de privatização material de que foram objeto, são agora atividades privadas, exercidas segundo a lógica do mercado. Mas essa lógica do mercado é temperada pela presença do Estado, do qual se reclama a definição da disciplina que rege a actuação dos agentes do mercado, a supervisão e a fiscalização do cumprimento do que nessas regras se estabelece e se exige que garanta a realização, pelo mercado, de certos fins sociais (para esse efeito, cabe-lhe estabelecer uma regulação social, que, entre outras coisas, assegure o acesso de todos os cidadãos a certos serviços essenciais: para explicar esta nova forma de realização daquilo que, apesar de tudo, continua a ser uma incumbência social do Estado fala-se de serviço universal e de obrigações de serviço público). (GONÇALVES; MARTINS, 2004, p. 182).

Diante dessa nova responsabilidade estatal, é possível constatar a imposição, pela regulação administrativa, de diversas obrigações positivas, em face de atividades liberalizadas, semelhantes àqueles encargos pertencentes ao regime jurídico da prestação de serviços públicos, tal como veremos mais adiante nesse trabalho.

Nesse sentido, essa segunda crise do serviço público é, apenas, a *crise da dimensão subjetiva* do conceito, sendo que foi possível se vislumbrar a manutenção da dimensão material-finalística do serviço público (relevância para o interesse coletivo, a justificar a intervenção estatal), bem como a dimensão formal-jurídica do serviço público, a impor a manutenção das "leis do serviço público" na condução de tais atividades pelo setor privado, no regime de livre iniciativa (GONÇALVES; MARTINS, 2004, p. 186). Por isso, especialmente no contexto europeu, a emergência de uma regulação econômica e social, com imposição de uma série de obrigações semelhantes às decorrentes do regime jurídico dos serviços públicos, levou alguns a defenderem a sobrevivência do "ideal" do serviço público, não com a identificação de tarefas estatais, mas para identificação de atividades de interesse público que devam ficar sujeitas a um regime especificamente estabelecido em função da importância que tais atividades têm para os cidadãos (GONÇALVES; MARTINS, 2004, p. 186).

Mesmo diante desse cenário em que há mudanças doutrinárias e institucionais – que sobretudo ocorreram no Brasil – na forma como se vê e se identifica o "serviço público", em seu aspecto conceitual-jurídico, mesmo assim, grande parte da doutrina administrativa brasileira se mantém reticente em face de qualquer crise do conceito, como se qualquer mudança conceitual fosse incompatível em nosso ordenamento jurídico.

Com efeito, segundo Maria Sylvia Zanella Di Pietro (2014, p. 111 *et seq.*), no Brasil não existiria a mesma justificativa, utilizada no contexto europeu, para se defender uma crise do serviço público, considerando que

> [...] o país não está vinculado a qualquer tratado que estipule medidas semelhantes às impostas à União Europeia, mesmo porque a Constituição Federal continua a atribuir atividades ao poder público, com caráter de exclusividade, como ocorre, por exemplo, com o artigo 21; e continua a prever, como encargo do Estado, a prestação de serviço público, nos termos do artigo 175. Sem alterar a Constituição é muito difícil adotar a mesma orientação imposta pelo Tratado de Roma, tal como interpretado pela Comissão Europeia e pelo Tribunal de Justiça das Comunidades Europeias. (DI PIETRO, 2014, p. 111 *et seq.*).

No mesmo sentido, Augusto Neves Dal Pozzo e Ricardo Marcondes Martins, em prefácio ao livro "Serviço Público", de Jacques Chevallier, são enfáticos quanto ao seguinte entendimento:

> Interessa-nos – como juristas brasileiros – verificar se essa pretendida transformação [perpetrada na visão do serviço público em razão da formação da União Europeia] foi válida perante nosso direito positivo. Nossa resposta é enfática: não foi! Todas as leis infraconstitucionais que violam o conceito constitucional de serviço público são inconstitucionais. A farta doutrina brasileira elaborada em prol da referida transformação é absolutamente equivocada. Insistimos: a segunda crise do serviço público foi, do ponto de vista dogmático, absolutamente irrelevante para o direito brasileiro. (CHEVALLIER, 2017, p. 14).

Mais enfático ainda é Celso Antônio Bandeira de Mello, cujo entendimento é importante transcrever aqui:

> Também entre nós houve quem, afoitamente, haja afirmado que o serviço público havia morrido. É claro que tal manifestação não representava outra coisa senão mais uma destas expressões servis, típicas de País ainda subdesenvolvido, no qual é considerado de bom tom ecoar, de preferência exageradamente, opiniões emitidas em outros Países cujos ambientes jurídicos são tidos como mais evoluídos e até mesmo paradigmáticos.
> No Brasil, entretanto, em face de nosso direito positivo, assertivas deste teor são literalmente absurdas e até mesmo grotescas. Implicam ignorar ou pelo menos olvidar que nossa Constituição atribuiu tão subido relevo ao serviço público, que nela esta literal expressão é mencionada diretamente, como dantes anotamos, nada mais nada menos que 18 vezes [...]. E tudo isto de fora parte inúmeros outros casos em que a Constituição caracteriza determinados serviços como públicos sem utilizar, como também já foi dito, esta voz, tais, e.g., os tipicamente públicos mencionados no art. 21, X, XI e XII, "a"-"f", a serem, conforme ali se determina, explorados diretamente pela União ou mediante concessão, permissão ou autorização, como nela se diz. (MELLO, 2017, p. 62).

Realmente, é de se concordar que não há a clamada "morte do serviço público" no Direito brasileiro. Mas, também não houve esse evento fatídico no contexto europeu: como será mais bem explicitado no decorrer deste trabalho, não entendemos que essa expressão, mesmo no conceito europeu, tenha tido a mesma conotação que aqui referenciada literalmente.

Neste cenário, um dos pontos que revelam que o regime jurídico dos princípios dos serviços públicos é dissociável da execução de uma atividade de domínio estatal é justamente essa imprecisão em como se identifica essas alterações morfológicas que se conceituaram como "crise do serviço público". Como veremos, independentemente de tratados constitutivos da comunidade europeia, a noção tradicional do serviço público, enquanto atividade politicamente definida como de domínio público e submetida a regime jurídico peculiar, manteve-se no continente europeu, mesmo diante de diretrizes comunitárias.

O que ocorreu foi uma mudança política que demandou uma *ponderação pública mais restritiva* quanto à definição de quais atividades de interesse coletivo deveriam, ou não, ser publicizadas como um "serviço público", *buscando prezar pela livre concorrência em mercados antes exclusivos do Estado*. Mas, mesmo assim, essa decisão, em *ultima ratio*, é resguardada ao Estado-membro, como em qualquer outro momento da história.

Nesse contexto, entende-se fundamental refletir sobre como as mudanças perpetradas no continente europeu influenciaram a flexibilização da "sagrada" vinculação entre o regime jurídico-prestacional e o domínio público da atividade[105] até mesmo para compreender o apego conceitual da doutrina brasileira, que nada mais é do que a reprodução de um brocado ultrapassado, e que foi construído em bases jurídicas e históricas totalmente alheias ao contexto brasileiro.

2.4 Pontos e contrapontos na doutrina brasileira sobre a impossibilidade de imposição ao setor privado de obrigações de serviços públicos

A tarefa em fundamentar, no Direito brasileiro, a possibilidade jurídica de imposição regulatória de "obrigações de serviço público" demanda, inicialmente, a compreensão do cenário geral sobre como o tema é tratado hoje pela literatura administrativista. Neste caso, não é recomendável retirar conclusões da história institucional brasileira, no tocante ao enquadramento das obrigações do serviço público, tal como influenciado pela noção tradicional francesa de serviço público, sem a compreensão da visão de como se enquadram tais obrigações hoje no Direito brasileiro, especialmente, quanto ao tema da possibilidade de imposição desse tipo de obrigação ao setor privado.

Todas as mudanças circunstanciais que resultaram nas reformas gerenciais e institucionais, iniciadas a partir da década de 1970 na Europa e nos EUA, foram incorporadas institucionalmente no Brasil. Crises econômicas que atingiram diversas partes do mundo, na década de 1970, afetou profundamente as bases institucionais que o Brasil havia construído. Movimentos reformistas da gestão e das funções do Estado seguiram diretrizes advindas de países da Comunidade Europeia e dos EUA, como solução para resolver a ineficiência e o excesso do crescimento do aparato administrativo, durante o apogeu do modelo do Estado de bem-estar social.

Por mais que seja possível verificar a assimilação de práticas políticas e gerenciais pertinentes às privatizações e posterior regulação setorial de relevantes serviços públicos econômicos, o Direito Administrativo brasileiro não avançou em aprofundar reflexões sobre premissas clássicas que identificam determinadas normas prestacionais (obrigações de serviços públicos) com a própria execução de uma atividade tipicamente estatal, não encontrando, por isso, estudos que aprofundam o tema da possibilidade

---

[105] Esta é uma decorrência da visão instrumental do serviço público, como será mais bem explicada no Capítulo 4.

jurídica de imposição de encargos semelhantes a obrigações de serviço público em face de serviços privados de interesse geral abertos à livre iniciativa.

No Direito brasileiro, é comum identificar apontamentos doutrinários sobre a intensificação do poder de polícia administrativa pela regulação setorial, como forma de preservar os interesses envolvidos na adequada prestação de determinadas atividades de interesse coletivo. Contudo, não se vislumbra qualquer esforço em teorizar e justificar a imposição de encargos típicos do regime jurídico-prestacional a atividades privadas abertas à livre iniciativa, como estratégia de intervenção do Estado no domínio econômico, para o devido resguardo de um dever constitucional de garantir a adequada prestação de serviços de interesse geral, como alternativa à subjetivação pública da atividade.

Alguns autores da literatura nacional apenas assumem a premissa dessa impossibilidade, diante do fundamento da livre iniciativa – que também existe em países europeus, alguns deles mais liberais do que o Brasil, como a Inglaterra, por exemplo. Com efeito, Alexandre Santos Aragão (2007a, p. 208 *et seq.*) aponta o seguinte:

> [...] uma das mais comuns formas de violação do núcleo essencial do direito à iniciativa privada nas atividades privadas regulamentadas, desnaturando-se ao tratá-las como se serviço público fossem, é a imposição quantitativa ou qualitativamente excessiva de obrigações de fazer. (ARAGÃO, 2007a, p. 208 *et seq.*).

Para esse autor, as autorizações administrativas modais, que seriam aquelas em que se impõem obrigações de serviços públicos, inexistem no Direito brasileiro. Contudo, tal assertiva não se pode dizer com precisão, pois há inúmeras autorizações condicionais para serviços de telecomunicações, navegação aérea, energia, transporte individual por aplicativo, dentre outros serviços abertos à livre iniciativa, em que se impõem obrigações semelhantes àquelas típicas do regime jurídico de prestação de serviços públicos, respeitada a proporcionalidade nesse tipo de imposição.[106]

Em seu tratado sobre serviços públicos, Alexandre Santos Aragão reserva poucas páginas para fundamentar seu entendimento de que não seria possível essa imposição de obrigações de serviços públicos a atividades privadas regulamentadas. Contudo, ressalvando todos os méritos devidos a essa ilustre obra doutrinária, o fundamento apresentado para essa vedação se mostra contraditório e impreciso, conforme se verifica do seguinte trecho:

> É certo que, exercendo uma atividade com fortes liames com as necessidades da coletividade, e já estando ultrapassada a visão oitocentista de poder de polícia, pode o Estado fazer com que a empresa contribua para o atendimento do interesse público setorialmente definido, *indo além da mera fixação de obrigações negativas de não ferir o interesse público geral.* O que não pode, seja pela quantidade de obrigações impostas, por sua excessiva onerosidade, ou em razão de as obrigações possuírem características propriamente assistenciais ou estatais, é fazer com que a empresa se substitua ao Estado no cumprimento das suas funções constitucionais.
>
> Em outras palavras, o Estado pode exigir das empresas alguns comportamentos, sempre acessórios às suas atividades principais – via de regra consequências lógicas de seu

---

[106] Esse diagnóstico, no contexto brasileiro, será apresentado no Capítulo 7 deste trabalho.

exercício –, que contribuam para realizar o interesse público setorial ligado à atividade principal. As empresas podem ter a atividade funcionalizada para a realização das políticas públicas do setor em que atuam, mas não podem ser forçadas elas próprias a executá-las, salvo se o Estado contratá-las ou indenizá-las. (ARAGÃO, 2007a, p. 209).

Enfim, como admitido pelo autor, é permitido ao Estado exercer um poder de polícia com imposições de obrigações positivas em determinadas atividades para atendimento do interesse público setorialmente definido (em superação a uma visão oitocentista de poder de polícia). Todavia, considerando que encargos encontrados no serviço público são criados justamente para a preservação do interesse público setorialmente definido, qual seria o fundamento para não poder impor obrigações de características assistenciais ou de outras atividades assumidas pelo Estado, ou que faça a empresa substituir o Estado no cumprimento de algumas de suas funções constitucionais? Essa colocação se problematiza ainda mais quando se tem em mente que várias competências, hoje estatais, sempre foram (ou já foram) competências livremente exercidas pelo setor privado, e que foram afastadas desse campo, ou assumidas pelo Estado, não por uma determinação constitucional, mas por uma opção politicamente definida em lei.

Segundo esse autor, a imposição de obrigações positivas, como seria o caso dos encargos de serviço público, encontraria vedação no art. 174, da Constituição, pois que "estar-se-ia impondo uma programação estatal obrigatória à iniciativa privada, através do estabelecimento de obrigações quanto à conformação, metas e objetivos (quanto, como e quando produzir)" (ARAGÃO, 2007a, p. 210). Esse mesmo artigo 174 afirma que é dever do Estado o papel de agente regulador e normatizador da atividade econômica, devendo exercer as funções de fiscalização, incentivo e planejamento, sendo que, no caso do planejamento da economia, este será determinante para o setor público e indicativo para o setor privado.

Contudo, ao contrário da interpretação realizada por esse autor, impor obrigações de serviço público, como condições ao exercício de atividades de interesse geral, não é "planificar" a economia ou substituir a autonomia gerencial pelo controle estatal das decisões da empresa. Condições operativas necessárias à regular prestação do serviço de interesse geral (como condições para autorização de funcionamento e operação da atividade, tal como ocorre nos casos de serviços de transporte por aplicativo, transportes escolares, navegação aérea, serviços privados de telecomunicações, produção independente de energia etc.), sempre existiram no Brasil, em maior ou menor grau, sendo que várias delas possuem uma natureza de obrigações impostas para garantia da regularidade, continuidade e generalidade prestacional de serviços públicos. O que o artigo 174, da Constituição da República de 1988, procura evitar é a *planificação dirigida* da economia, o que *não tem qualquer relação com a imposição de obrigações de serviços públicos* com o objetivo de resguardar a adequação prestacional de atividades econômicas relevantes para a devida coesão social.

Esse dispositivo constitucional institucionaliza um *modelo de economia orientada*, que representou uma superação do modelo de economia dirigida, típica de regimes propriamente ditatoriais, tais como os planos fascistas italianos, nazistas alemães e soviéticos (SOUZA, 1980, p. 415 *et seq.*). Pelo modelo da política de economia orientada, tem-se o *planejamento indicativo*, destinado a orientar a atividade econômica dos particulares, dispondo de certos elementos de sedução e de convencimento (SOUZA, 1980, p. 416).

Isso é o que ocorre com os incentivos fiscais em zonas de distritos industriais, atuação extrafiscal para reduzir o consumo de cigarro, redução de juros básicos da economia para incentivar o aumento do consumo etc. Enfim, o planejamento indicativo representa uma atuação estatal, interventiva na esfera econômica, buscando a *indução de um cenário macroeconômico desejado*. Todavia, o planejamento indicativo não tem qualquer relação com regulação administrativa para a adequação prestacional de serviços de interesse geral, que envolve uma limitação parcial da livre iniciativa e da propriedade privada, buscando melhor atender à finalidade pública de uma atividade de interesse coletivo, porém sem impedir os contornos da liberdade econômica e livre concorrência.

Nesse sentido, Alexandre Santos Aragão acaba assumindo, em nota de rodapé, citando Calixto Salomão Filho, que há doutrina no sentido de que a "[...] expressa menção do referido dispositivo ao fato de o planejamento econômico ser meramente indicativo para o setor privado elimina apenas a possibilidade de dirigismo econômico [...]", *pouco esclarecendo esse dispositivo com relação ao grau de intervencionismo* (ARAGÃO, 2007a, p. 210). E assim completa Calixto Salomão Filho, citado por Alexandre Santos Aragão:

> A competência normativa e reguladora atribuída pelo Constituinte ao Estado é ampla o suficiente para incluir intervenções bastante brandas ou bem extremadas na ordem econômica. Essa incerteza não desaparece uma vez analisados os princípios gerais estabelecidos no art. 170. De sua dicção não é possível definir com exatidão a extensão nem os limites do intervencionismo. A exata medida em que princípios como "livre iniciativa" e "justiça social" bem como "propriedade privada" e "função social da propriedade" devem conviver é deixada ao trabalho interpretativo do aplicador do Direito. Assim é que a vinculação do princípio da livre iniciativa ao da justiça social tem sido, por exemplo, usada em muitos casos para permitir o controle de preços em áreas sensíveis, como ocorrido com as mensalidades escolares: ADIn nº 319-DF, in RTJ 149/666 – onde o Supremo Tribunal Federal decidiu pela constitucionalidade da Lei 8.039, de 30.05.1990, que dispõe sobre os critérios de reajuste das mensalidades escolares. (SALOMÃO FILHO *apud* ARAGÃO, 2007a, p. 210 *et seq.*).

Em outra ocasião, esse mesmo autor manifesta apontando a diferença entre as normas regulatórias impostas aos concessionários e aquelas impostas a atividades privadas autorizadas, abertas à livre iniciativa:

> Destarte, em razão do contexto inegavelmente liberalizante em que nos encontramos e da disciplina constitucional que trata de atividades meramente autorizadas como serviços públicos, seria sustentável que em nosso Direito os serviços públicos possuem um conceito amplo, identificando-se com todas as atividades de interesse da coletividade sujeitas aos princípios da continuidade e universalidade, sejam elas titularizadas pelo Estado ou pela iniciativa privada.
> Isso não nos impede, todavia, de ver as grandes diferenças de regime jurídico entre as atividades titularizadas pelo Poder Público, em que a competição não é a regra, mas sim uma forte regulamentação e *jus variandi* nos casos em que tenha havido concessão ou permissão, e as atividades privadas de interesse coletivo, sujeitas à autorização, em que a competência e a abertura do mercado são a regra, sem embargo das normas editadas pelo poder público, cujo descumprimento pode levar à cassação da autorização. No primeiro caso, temos uma relação endógena entre a regulação pública e o prestador privado concessionário ou permissionário, ou seja, o Estado edita normas sobre o seu serviço. No

segundo caso, a relação é exógena: o Estado edita normas de regência de atividades da iniciativa privada para que atinjam as finalidades públicas a que se destinam. (ARAGÃO, 2002, p. 164).

Nesse contexto, Victor Rhein Schirato dá ênfase à tensão entre a liberdade e o ônus dos prestadores de serviços públicos. Na obra decorrente de sua tese de doutoramento "Livre Iniciativa nos Serviços Públicos", mesmo que o objeto de investigação de sua pesquisa tenha sido a viabilização do livre ingresso do setor privado para exercício de atividades semelhantes aos serviços de domínio público (serviço público), de modo a afastar os exclusivos públicos, esse autor defende que "[...] não há como afirmar que as obrigações de serviços públicos só podem ser realizadas por meio da supressão da liberdade." (SCHIRATO, 2012, p. 273). Por isso, entende que:

> [...] a tensão entre liberdade e ônus dos agentes prestadores de serviços públicos, nada mais é do que uma questão de proporcionalidade, segundo a qual a imposição de um ônus com a consequente restrição à liberdade dependerá sempre de uma análise de proporcionalidade (em todos os seus sentidos) com relação à finalidade que se pretende alcançar. (SCHIRATO, 2012, p. 275).

Maria Sylvia Zanella Di Pietro, em seu *Manual de Direito Administrativo*, por mais que não adentre profundamente no tema, assume a premissa jurídica de que "[...] sendo o serviço prestado pelo particular, como atividade privada, não se aplicam princípios como os da continuidade, universalidade, isonomia e outros inerentes à prestação de serviços públicos" (DI PIETRO, 2017, p. 40). E assume isso diante da previsão constitucional de que "incumbe ao estado prestar serviços públicos" (art. 175), como se as referidas obrigações de serviços públicos fossem então intransferíveis ou indissociáveis da noção tradicional do serviço público.

Celso Antônio Bandeira de Mello (2017, p. 60 *et seq.*), ao abordar a evolução doutrinária na União Europeia acerca da imposição de missões de serviço público para atividades privadas liberalizadas, sob o conceito do serviço de interesse econômico geral, não buscou analisar o aspecto da transferibilidade de tais encargos no Direito brasileiro, mas apenas se preocupou em afirmar que tal fenômeno europeu não poderia ser utilizado para defender a "morte do serviço público", diante de inúmeras disposições constitucionais que ressaltam esse encargo atribuído ao Estado brasileiro. Ou seja, este autor também parte da premissa da indissociabilidade do elemento formal com o elemento orgânico do serviço público, ao raciocinar que não há que se falar em obrigações de serviços públicos no setor privado, considerando que a prestação do serviço público pelo Estado é um dever expressamente previsto na Constituição.

No Direito brasileiro, poucos são os trabalhos doutrinários que buscam focar a análise do tema. Na maior parte dos manuais de Direito Administrativo, as obrigações de serviço público são suscitadas diretamente em tópicos específicos que descrevem os "princípios do serviço público", sem, contudo, encontrar abordagens doutrinárias sobre o tema da dissociabilidade do regime jurídico-prestacional com a própria noção do serviço público.

Não obstante, na *Argentina*, que, assim como no Brasil, está alheia às convenções comunitárias pertinentes ao regime dos serviços de interesse econômico geral, é possível encontrar na doutrina administrativista defesa à aplicação do regime jurídico dos serviços públicos (obrigações de serviço público) a atividades privadas de interesse geral. Juan González Moras, por exemplo, bem pontua que algumas atividades desenvolvidas por particulares, que satisfazem interesses gerais, são, por isso, "[...] sujeitas a um regime jurídico similar ao aplicável aos serviços públicos (tendente a assegurar a continuidade, obrigatoriedade, generalidade, igualdade e regularidade)." (MORAS, 2014, 176, tradução nossa). E completa:

> Não se trata de serviços públicos "próprios" prestados por particulares (de maneira indireta), porque nestes a titularidade da atividade seria do Estado (por meio da *publicatio*). Não obstante, existirá certa analogia com o regime do serviço público em um ou mais de seus caracteres (MORAS, 2014, 176 *et seq.*, tradução nossa).

Pode ser que a ausência de trabalhos acadêmicos no Brasil decorra de uma premissa – que este trabalho busca demonstrar ser equivocada – que torna indissociável a identificação dos princípios (ou obrigações) típicos dos serviços públicos com o próprio conceito de serviço público. Ou seja, um serviço público somente poderia assim ser considerado diante da presença da imposição desses encargos, que o diferenciaria de demais serviços do domínio privado, como se esse regime jurídico prestacional fosse o próprio divisor de águas entre o que pode ser público e o que pode ser privado. Por isso, somente seria juridicamente "natural" a existência desses encargos na presença de um "serviço público"; a *contrario sensu*, tais encargos seriam vedados juridicamente de serem exigidos dos serviços abertos à livre iniciativa, de domínio do particular, pois "serviços privados" não são "serviços públicos".

Também pode ter contribuído para a ausência de estudos sobre a prescindibilidade da presença de uma atividade de domínio estatal para a imposição de obrigações de serviço público, o fato de que a doutrina administrativa, como exposto, ter incorporado um modelo doutrinário "pronto" de serviço público, construída por premissas jurídicas do Direito francês, mas sem a devida contextualização a sua realidade e sua história institucional. Nesse cenário, não se vislumbram fundamentos jurídicos congruentes que amparem a premissa assumida acerca da impossibilidade dessa imposição ao setor privado.

A doutrina juspublicista brasileira, em sua grande maioria, analisa a questão em uma *dimensão diversa* da que realizada por este trabalho. Em vez de analisar a possibilidade e legitimidade de imposição de obrigações de serviço em atividades do setor privado aberto à livre iniciativa, como alternativa à subjetivação pública da atividade, as abordagens assumem um "lado diferente da moeda": buscam analisar se a noção do serviço público evoluiu ao ponto de considerar atividades privadas de interesse coletivo, sujeitos, ou não, a autorização do Estado, como "serviços públicos".

O estudo sobre a imposição de obrigações de serviços públicos no Direito brasileiro não é preciso e revelador. Não se verifica na doutrina administrativista nacional uma definição clara sobre a natureza jurídica e sistematização exata das obrigações típicas do regime jurídico do serviço público econômico, tampouco linhas teóricas contundentes aptas a defender ou rejeitar a possibilidade de imposição regulatória de obrigações do gênero.

O que se verifica, no Brasil, é a importação de doutrinas e a prevalência da ideia de que a reforma comunitária, nas bases tradicionais do serviço público, não se aplicaria no Brasil, por entender que o próprio ordenamento jurídico-constitucional contivesse as bases indeléveis da noção difundida pela Escola de *Bordeaux*. Cerraram os olhos para a situação de múltiplas concepções construídas do serviço público no decorrer da história, e das variadas influências da doutrina estrangeira, mesmo diante de uma perenidade constitucional na repartição de competências federativas para a exploração de determinadas atividades.

Por isso, antes de se fazer uma exposição teórica que fundamente um novo papel regulatório do Estado Garantia, ou de se sistematizar a operacionalização da regulação social no Brasil em comparação com a existente na Comunidade Europeia e nos EUA, é importante compreender a possibilidade de imposição de obrigações de serviço público no Brasil sob uma perspectiva histórica-institucional, a qual revela que tanto a titularização de uma atividade, bem como a restrição do direito de livre iniciativa a encargos regulatórios semelhantes a obrigações de serviço público, são faces de uma mesma prerrogativa estatal de intervenção no domínio econômico. Como visto, a doutrina nacional, durante bastante tempo, cambiou entre a influência norte-americana das *public utilities* e a noção francesa do serviço público. Além disso, mesmo durante o constitucionalismo liberal brasileiro, verificou-se uma manifestação estatal preocupada em resguardar a boa execução de determinadas atividades de interesse coletivo.

Como a história institucional brasileira demonstra, a definição de uma atividade como "serviço público", aqui entendido como uma atividade organicamente estatal, não se deu por imperativo da Constituição, mas por uma opção política de publicização da atividade, em seu mais alto grau, perpetrado por atos normativos infraconstitucionais. Como veremos,[107] um serviço público é assim não porque a Constituição o determina (em muitos dos casos), mas é porque o legislador ordinário assim decidiu, dentro dos limites da repartição das competências federativas.

A transformação de uma atividade econômica em domínio público é inerente à prerrogativa da iniciativa econômica pública em definir o grau de publicização de uma atividade. A reserva de um mercado ao poder público é, desse modo, um ato interventivo mais invasivo à esfera dos direitos de liberdade econômica do que a própria imposição de um regime jurídico-prestacional, que se repute politicamente necessário e congruente com as exigências do serviço, e que também seria exigido do Estado, enquanto prestador.

---

[107] Capítulo 4.

PARTE II

DESFAZENDO A ILUSÃO DA INDISSOCIABILIDADE DAS OBRIGAÇÕES DE SERVIÇO PÚBLICO COM O DOMÍNIO ESTATAL DA ATIVIDADE

CAPÍTULO 3

A ARTIFICIALIDADE DA CONSTRUÇÃO FRANCESA DO REGIME JURÍDICO TÍPICO DO SERVIÇO PÚBLICO

3.1 Considerações preliminares

O tema da imposição de obrigações de serviço público a atividades tipicamente privadas, a princípio, soa com certa estranheza. Por que as obrigações de serviço público não podem ser impostas ao setor privado? A resposta parece ser simples e lógica, porém resulta, ao nosso ver, de um vício tautológico que é reproduzido inquestionavelmente pela doutrina administrativista nacional: porque se trata de um regime jurídico típico de Estado, até mesmo porque as obrigações são de "serviços públicos", atividades assumidas como próprias do Estado, e não obrigações dos serviços privados, os quais são garantidos pelo fundamento da livre iniciativa.

Nesse contexto, questiona-se por que no sistema do *Common Law* há a imposição regulatória a *public utilities*, abertas à livre exploração do setor privado, com encargos semelhantes, e ainda mais incisivos, ao que se consubstancia no regime jurídico-prestacional do serviço público. A resposta, ao que parece, costuma indicar no sentido de que é porque nesse cenário jurídico não se "institucionalizou" a noção do serviço público.

Enfim, a análise da tese da possibilidade de imposição de obrigações de serviço público ao setor privado demanda, necessariamente, discutir as origens e finalidades teóricas que resultaram na concepção francesa do regime jurídico típico do serviço público. Também é importante, para melhor compreender o contexto dessa ilusão da indissociabilidade do regime jurídico dos serviços públicos com a presença de uma atividade estatal, entender os fundamentos jurídicos que permitem, em contradição, essa atuação regulatória do Estado, no sistema do *Common Law*, que também institucionalizou, e valoriza, a liberdade econômica e os valores do trabalho individual.

Este é o objetivo do presente Capítulo, que busca demonstrar, através da análise das origens e fundamentos da noção francesa do serviço público, bem como de breve estudo comparatístico com o sistema do *Common Law*, que a ideia de que a obrigação de serviço público ser algo inerente e indissociável de um serviço público, nada mais é do que um artificialismo doutrinário, reproduzido no Brasil, onde não se vivenciou as mesmas razões institucionais que justificaram essa construção doutrinária francesa.

3.2 O enquadramento dos princípios fundamentais do serviço público na evolução da noção francesa

3.2.1 A Escola de Bordeaux e a evolução da noção de serviço público como critério definidor do Direito Administrativo e fundamento do poder estatal

O crescimento da posição prestacional do Estado em pleno Estado Liberal, que assumia funções não apenas de autoridade – como instrumento de administração da ordem e da justiça – fez abalar, na doutrina francesa, as concepções tradicionais acerca do fundamento do poder público e das bases do direito público. Isso ensejou, em um primeiro momento, em esforços para buscar delimitar o campo de abrangência do Direito Administrativo, em vista da necessidade de se definir o campo de atuação da jurisdição administrativa. Durante o século XIX, o critério de definição da competência da jurisdição administrativa se ancorava na noção de *puissance publique*, o que criava o risco de redução de sua atuação ao mínimo, considerando as novas formas de atuação administrativa (CHEVALLIER, 2017, p. 29).

Esse esforço de classificação da atuação do Estado avançou-se com o *arrêt Blanco*, de 1873, no qual se definiu que o Estado poderia agir de duas maneiras distintas: *(i)* como pessoa civil ou proprietário, caso em que se submeteria à competência judiciária; ou *(ii)* como pessoa pública, escapando-se do direito privado, o que ensejaria na competência da jurisdição administrativa (CHEVALLIER, 2017, p. 29). Foi em razão dessa dupla personalidade[108] do Estado (possibilidade de agir com o regime jurídico de direito público e direito privado) que instigou Edouard Laferrière a fazer a classificação de atos de autoridade e atos de gestão, que seria definidor da competência da jurisdição administrativa (CHEVALLIER, 2017, p. 29).

Contudo, essa posição de que o Direito Administrativo se repousava no critério do privilégio de autoridade não perdurou muito na doutrina e jurisprudência francesas. A definição de que a caracterização do direito público estaria, não na superioridade da Administração, mas nos deveres a ela impostos, foi previsto em três julgados: *arrêt Terrier* (1903), *arrêt Feurty* (1908) e *arrêt Thérond* (1910). Mesmo que a ideia de serviço público, como caracterizador da função pública, já estivesse presente no *arrêt Blanco*, tal noção se mostrava secundária em relação às noções de *puissance publique* como critério definidor do Direito Administrativo (CHEVALLIER, 2017, p. 31). A partir de então, especialmente com contribuições de Gaston Jèze, a jurisprudência francesa se apoderou da noção do serviço público como critério definidor do Direito Administrativo.

Segundo Gaston Jèze (1928, p. 284), quando existe um serviço público criado para dar satisfação a certa categoria de necessidades de interesse geral, haverá a incidência

---

[108] Cabe ressaltar que Jacques Chevallier (2017) faz menção a "dupla personalidade" para mencionar a dupla forma como se exterioriza o regime jurídico do Estado, não se tratando de duas pessoas jurídicas distintas, pouco se assemelhando, desse modo, à teoria da dupla personalidade desenvolvida durante a Alemanha bismarckiana. Sobre essa teoria, remetemos ao item 5.2.2 deste trabalho.

de um regime jurídico especial, que "[...] tem por objetivo facilitar o funcionamento regular e contínuo, e de dar, de maneira mais rápida e completamente possível, a satisfação das necessidades de interesse geral" (JÈZE, 1928, p. 284, tradução nossa). Nestes casos, quando é possível identificar uma atividade como serviço público, estar-se-ia diante de critério de direito público a ensejar a competência da jurisdição administrativa.

Muitas vezes, como entendia Gaston Jèze, o critério definidor do serviço público já é definido por lei, mas em outros casos é necessário averiguar se um serviço a cargo da Administração é, ou não, um serviço público, o que demandaria aplicar regras especiais, caso contrário estaríamos diante do uso do direito privado pela Administração (JÈZE, 1928, p. 285). Neste ângulo, para Jèze, há, sim, a possibilidade de a Administração utilizar do direito privado para exercício de suas funções, o que ocorreria quando se verificasse que não há previsão legal e não existisse a necessidade de incidência de regras especiais típicas do regime do serviço público, criadas para viabilizar o atendimento dos interesses coletivos (JÈZE, 1929, p. 289).

Segundo a doutrina de Jèze, a identificação de uma atividade como serviço público demanda, em sua visão, a união de dois aspectos: (i) que seja pertinente a uma atividade administrativa, assumida pelo Estado; (ii) que seriam única e exclusivamente "serviços públicos" aquelas necessidades de interesse geral que os governantes, em certo país e uma determinada época, tenham resolvido satisfazer por meio do *"procedimento do serviço público"* (JÈZE, 1928, p. 290). Ou seja, não é todo o serviço assumido pelo Estado que é conceituado como "serviço público", mas aqueles serviços estatais que demandariam a aplicação de um regime especial, típico de serviço público e que, ao seu ver, caracterizaria o Direito Administrativo e a competência da jurisdição administrativa.

A posição de Gaston Jèze teve grande contribuição para firmar os critérios definidores do Direito Administrativo. Contudo, sua doutrina é pautada por uma metodologia essencialmente jurídica (MELLO, 2017, p. 7), não se adentrando nos aspectos sociológicos e na definição do serviço público enquanto fundamento do Estado. Contudo, a promoção do critério do serviço público, apoiado por sua doutrina, teve importância essencial para a ampliação considerável do campo de aplicação do Direito Administrativo e do contencioso administrativo, fazendo superar, de vez, a concepção da dupla personalidade do Estado, compreendendo que o Estado possui o objetivo único de servir ao público, o que abrange a quase totalidade das atividades administrativas (CHEVALLIER, 2017, p. 32 *et seq.*).

Na esteira do objetivismo da Escola do Serviço Público, Roger Bonnard também atribui ao serviço público a ideia central do Direito Administrativo, segundo o qual a função administrativa estaria ligada estritamente ao asseguramento dos serviços públicos (MELLO, 2017, p. 26). Contudo, para este administrativista francês, não existe uma absoluta correlação entre Direito Administrativo e serviço público, pois reconhece que, em certas ocasiões, alguns serviços estatais não se regem pela técnica do direito público, casos em que o regime de direito público não se impõe como condição para o bom funcionamento da atividade (MELLO, 2017, p. 27).

Contudo, a superação completa da noção da *puissance publique*, enquanto fundamento do poder estatal, e não apenas critério definidor do Direito Administrativo e da jurisdição administrativa, encontrou em Leon Duguit, o principal expoente da Escola do Serviço Público (ou Escola de Bordeaux). Mediante o objetivismo sociológico defendido por Duguit, criou-se a base jurídica para o fato de que *o cidadão possui direito subjetivo de exigir deveres prestacionais do Estado, justamente porque o fundamento do poder do Estado é o serviço público.*

Segundo a *Escola de Bordeaux*, o poder estatal não é uma prerrogativa de determinadas pessoas (governantes), mas um instrumento para suprimento de um interesse prestacional da coletividade. Ao contrário do que esposado pelo contratualismo clássico, a lei e a autoridade não são criadas por uma delegação da soberania pessoal, mas constituem um instrumento que institucionaliza o atendimento a necessidades públicas. É o dever prestacional e o efetivo atendimento às necessidades coletivas, prescritas em lei (criada pelos representantes da coletividade), que legitimam o poder estatal: não é o poder e autoridade do governante que definem o Estado, mas o seu dever de prestar serviços públicos, a única *ratio* do poder público. A lei, assim, não é uma prerrogativa do poder estatal, como defendido por *correntes subjetivistas* do poder, e que fazem objeções ao pensamento de Duguit; *a lei é a descrição do dever estatal no tocante a um dever prestacional*. Esse é o sentido da célebre afirmativa de Duguit, para quem o serviço público seria o fundamento e o limite do poder governamental. O poder do Estado somente pode ser exercido como instrumento para a execução de um serviço público (em sua concepção mais ampla), demandado pela sociedade e inscrito na Lei. Todo poder exercido além da exata demanda pelo serviço público é ilegítimo e poderia ser contestado pelo administrado.

Duguit bem pontua que o atendimento às necessidades coletivas já era fundamento do poder público, antes mesmo da Revolução Francesa e da superação completa da noção da soberania, enquanto direito subjetivo de um governante: "[…] em todas as eras, a massa dos homens já sabia que os detentores do poder não poderiam ter garantia de obediência salvo em troca da prestação de alguns serviços e ao grau de satisfação dos mesmos" (DUGUIT, 1921, p. 41, tradução nossa).

Após a Revolução Francesa, quando não mais subsiste a noção de "propriedade do poder público" resguardada a um governante (soberano), o que se vislumbra é uma interligação entre a posse do poder e o dever de prestar determinados serviços (DUGUIT, 1921, p. 44). Isso evidencia que o poder estatal não é um direito ou prerrogativa de determinadas pessoas, mas uma capacidade de agir para a realização de serviços públicos, em um amplo sentido. Isso se revela, na visão de Duguit, pelo notável crescimento do dever prestacional do Estado no final do século XIX, em vista do consenso público de que determinadas atividades seriam insuscetíveis de paralisação, e cuja continuidade plena demandaria uma atuação estatal positiva.

Neste aspecto, a demanda pela presença do Estado não implica apenas na incorporação de várias atividades pela Administração Pública, como energia, transporte ferroviário, serviço postal, dentre outros, mas também medidas regulatórias criadas para resguardar a boa prestação de atividades privadas de interesse coletivo.[109] Trazer tais atividades ao controle do Estado corrobora a demanda social para que esses empreendimentos sejam prestados sem qualquer interrupção: "[…] se há um critério formal que torna necessário que esses serviços sejam publicamente organizados, eu sugiro

---

[109] León Duguit, para exemplificar isso, cita o seguinte caso: "Da mesma forma, a greve dos mineiros ingleses de 1912, pelo desastre que poderia muito bem ter implicado, mostrou que o tempo está chegando quando as minerações de carvão devem ser organizadas como um serviço público, e quando o Sr. Asquith persuadiu o Parlamento a impor aos proprietários de carvão o dever de estabelecer um salário mínimo, ele deu o primeiro passo para a sua transformação em um serviço público." (DUGUIT, 1921, p. 48, tradução nossa).

que seja o transtorno social que resultaria na suspensão, mesmo por um curto período, desse serviço" (DUGUIT, 1921, p. 48, tradução nossa). Isso seria, na visão da Escola do Serviço Público, um critério mínimo para o adequado funcionamento de atividades de interesse coletivo que justificaria a intervenção estatal, qual seja, o transtorno social da interrupção da atividade (continuidade), a ponto de autorizar o poder público de restringir ou impedir o exercício de tal atividade pelo setor privado.

Contra o objetivismo da Escola de Bordeaux, insurgiu-se Maurice Hauriou, que não aceitava a negação da teoria subjetivista do poder, a qual defende que o poder público é um direito subjetivo de determinadas pessoas (governantes) e que cuja autoridade, ou o *puissance publique,* é o fundamento central do Estado. Nesse sentido, Maurice Hauriou busca demonstrar a insuficiência do critério objetivo defendido por Duguit e Jèze em matéria de serviços públicos. Para ele, se o serviço público, no entendimento dos objetivistas, somente pode ser executado na medida em que atenda à finalidade descrita no direito objetivo, o detentor do poder poderá, discricionariamente modificar os fins legais, o que implica uma essência subjetiva do poder (HAURIOU, 1927, p. 92).[110]

Mesmo diante da incisiva objeção da teoria subjetivista, *Duguit* se apoia nas próprias conclusões de *Hauriou* para reforçar sua teoria do serviço público, especialmente quando esse autor defende que o *puissance publique* não é mais um direito subjetivo, mas uma função social para atingimento dos fins do Estado, o que é a base para sua ideia de serviço público como fundamento do Estado (DUGUIT, 1921, p. 38).[111]

A grande importância da Escola do Serviço Público e da definição do serviço público enquanto critério do Direito Administrativo encontra-se na justificação teórica de que o Estado se move e se justifica pela solidariedade social e não apenas por um simples jogo de subordinação e poder. O papel dos governantes é trabalhar para a realização e o desenvolvimento da solidariedade social, assumindo atividades de interesse geral indispensáveis à coletividade e utilizando as prerrogativas estatais apenas como instrumento para esse *munus* (CHEVALLIER, 2017, p. 35). Com a evolução das posições doutrinárias, verifica-se que o serviço público assumiu o núcleo central do Direito

---

[110] Maurice Hauriou enfrenta, incisivamente, a rejeição subjetivista realizada por Duguit, como se verifica do seguinte trecho: "Sr. Duguit, cujo sistema de direito objetivo se repousa na negação do poder subjetivo, não poderia evidentemente admitir o direito de superioridade da 'elite'. Na segunda edição de seu Tratado de Direito Constitucional, 1921, tomo I, página 403, formula sua negativa da seguinte maneira: 'Visto que não pode ser mais que um poder de vontade, o poder de uma vontade de impor a outra como tal. Contudo, nem neste, nem em nenhum outro caso, se poderá demonstrar que a vontade de um homem seja superior à vontade de outro homem'. Não entendemos o que o Sr. Duguit quis dizer com essas palavras. Sem dúvida, quer dizer: 'Não se pode demonstrar que a vontade de um homem seja superior, enquanto vontade humana, do que a vontade de outro homem'. Se é assim, meu sábio colega, me permitirá te dizer que incorre em erro. Sem deixar de ser uma vontade humana, a vontade de um homem pode ser muito superior, por sua qualidade, à vontade de outro homem. Tem-se homens superiores, e assim o são pela prerrogativa de sua vontade como pela sua inteligência. Quer dizer M. Duguit que a superioridade qualitativa de uma vontade humana não é suficiente para lhe conferir o direito de mandar sobre os demais homens, que seria necessária uma diferença de natureza, que seria necessária a vontade de um super-homem ou de um Deus? Nos permitimos perguntar por quê?" (HAURIOU, 1927, p. 191 *et seq.*, tradução nossa).

[111] León Duguit revela isso da seguinte maneira: "Estou contente por pensar que, por diferentes métodos e em diferentes termos, tão eminente publicista como Sr. Hauriou chegou exatamente à mesma conclusão, quando ele diz: 'os serviços públicos são considerados em relação ao público, que faz uso deles, que constituem situações estabelecidas. O público não é um credor dos serviços públicos; o que eles podem fazer é tirar lucro deles. Cidadãos privados têm a sua disposição uma maneira prática de incrementar sua situação. Eles podem formular um pleito e pedir ao Conselho de Estado que decrete que a autoridade pública foi além de seus poderes; mas esse meio prático não muda o fato de que a situação é de caráter objetivo." (DUGUIT, 1921, p. 65 *et seq.*, tradução nossa).

Administrativo, inclusive para Hauriou, "que, desde 1892, reputou a noção de 'serviço público' como princípio da ação administrativa, apesar de continuar contrapondo-a ao conceito de *puissance publique*" (CHEVALLIER, 2017, p. 37).

Neste aspecto, o dever prestacional se revela como estrutural da função do Estado, que existe justamente para resguardar a boa execução de atividades reputadas como essenciais para o funcionamento da coletividade e que não podem ser interrompidas.

De todo modo, não se pode olvidar que o grande esforço doutrinário pela busca do fundamento do Estado e do próprio Direito Administrativo – e que estabeleceu as fronteiras entre o direito público e o direito privado – que surgiu na França – e influenciou a doutrina juspublicista de outros países europeus e da América Latina – teve um *propósito processual*: a definição da competência da jurisdição administrativa.

A guinada entre a doutrina da dupla personalidade, para a caracterização de um regime prestacional especial, típico do serviço público, evidencia isso. Assim, todo o estudo da conceituação e enquadramento do serviço público dentro das funções do Estado, e do regime jurídico aplicável, não pode, ao nosso ver, ignorar que a evolução da noção clássica se deveu por critérios eminentemente instrumentais, para fins de definição de competência jurisdicional, o que será objeto de análise adiante.

3.2.2 A insurgência das obrigações de serviço público como critério definidor do regime jurídico público do serviço público e de sua submissão à jurisdição administrativa

As obrigações do serviço público entraram no cenário da jurisprudência francesa como critério definidor do regime juspublicista dos serviços públicos, por influência da doutrina de Louis Rolland (1951), que realizou uma sistematização de um regime público típico de serviços públicos propriamente ditos, que resultaria em sua submissão à jurisdição administrativa.

As regras de competência da jurisdição administrativa sofreram diversas guinadas jurisprudenciais desde o século XIX. A solução primitiva, existente entre 1790 e 1830, consistia na aplicação literal do *princípio da separação dos poderes*, de forma a retirar da jurisdição comum todos os litígios envolvendo operações da organização administrativa. Entretanto, com o tempo, os tribunais judiciários passaram a assumir casos antes reservados à jurisdição administrativa, especialmente quando se buscava um maior resguardo a *garantias individuais*, como nos casos de intervenção do Estado na propriedade privada, tais como desapropriações, caso em que a jurisdição comum era chamada a decidir a justa e prévia indenização (ROLLAND, 1951, p. 288).

Em seguida, como já se adiantou, no período entre 1830 e 1895, novos formatos de atuação do Estado fizeram difundir a ideia de dupla personalidade estatal, com a distinção de atos de autoridade e atos de gestão. Neste último caso, quando a Administração Pública atuasse como gestor de serviços públicos e não como depositários da *puissance publique*, realizando atos que não superassem as faculdades privadas e as regras do direito privado, implicaria a submissão à jurisdição comum.

No final do século XIX, contudo, a jurisprudência francesa foi se afastando, aos poucos, do critério da *puissance publique* e da dupla personalidade como critério definidor do Direito Administrativo, assumindo a noção finalística do serviço público para caracterizar uma atividade como "pública". A doutrina francesa, amparada nas concepções de Gaston Jèze, reconhecia que era possível haver atividades assumidas pelo Estado não classificadas como "serviço público", especialmente nos casos em que o atingimento de suas finalidades não demandasse a utilização do *"procedimento do serviço público"*, que estaria reservada à autoridade pública.

Nesse contexto, o critério da "dupla personalidade" (duplo regime jurídico) não representava, com precisão, o rol de atividades que o Estado assumiu. Por isso, o reconhecimento da competência da jurisdição administrativa aumentou, tendo como marco inicial o caso Blanco, de 1873, consolidando-se essa posição pelos casos Terrier, Feuty, de Fonscolombe, Thérond, a partir de 1903. No caso Terrier, a noção de serviço público como critério definidor da jurisdição administrativa restou consagrada após se definir que todas as ações entre as entidades públicas e terceiros, que estivessem fundadas na execução, inexecução ou má execução de serviços públicos, estariam sujeitas ao contencioso administrativo (ROLLAND, 1951, p. 290).

Nada obstante, a adesão jurisprudencial à noção do serviço público, como critério finalístico para definição da jurisdição administrativa, não perdurou muito. E isso se deveu em especial pela falta de precisão da dimensão finalística assumida para definição do serviço público, considerando uma maior imersão da Administração Pública em regimes privados de atuação. Nesse cenário, emergiram vários serviços públicos industriais e comerciais e empresas de interesse geral ou de interesse público, que estariam sujeitos às normas típicas do direito privado.

A noção do serviço público, como solidificada no caso Terrier, manteve-se; contudo, foi objeto de uma série de diferentes interpretações jurisprudenciais, que passaram a remeter diversos casos, antes submetidos à jurisdição administrativa, para a jurisdição comum (ROLLAND, 1951, p. 291). Dentre os casos levados para a jurisdição comum, encontram-se aqueles em que se está diante de um serviço público no qual a Administração Pública renuncia aos "[...] procedimentos especiais a sua disposição e emprega processos de direito privado" (ROLLAND, 1951, p. 292, tradução nossa). O julgado *Bac d'Eloka* (1921) foi representativo dessa mudança jurisprudencial, ao indicar que uma pessoa pública poderia explorar um serviço nas mesmas condições que uma empresa privada e submeter todo o serviço (e não apenas alguns aspectos da gestão) à jurisdição comum (CHEVALLIER, 2017, p. 40).

No caso dos contratos celebrados para o funcionamento da função administrativa, por serem vistos como atos tipicamente estatais, paulatinamente a doutrina e a jurisprudência passaram a identificar atos de autoridade como elementos de distinção dos contratos privados (ESTORNINHO, 1990, p. 36 *et seq.*). A noção tradicional do serviço público, somada às mudanças da forma de se operacionalizar o serviço público, levou a jurisprudência francesa a seguir um caminho de uma *substantivação* do conteúdo do contrato administrativo, para submeter sua apreciação à jurisdição administrativa. Nesse sentido, cada vez mais, os julgados tiveram como referência as cláusulas contratuais exorbitantes do direito comum como critério definidor de um contrato administrativo (ROLLAND, 1951, p. 56). Esse momento corresponde, como bem pontua Maria João Estorninho, ao "salto dialético" para a caracterização de um contrato administrativo e sua separação dos contratos de direito privado firmados com a Administração Pública. Nessa toada, os contratos necessários para o funcionamento dos serviços públicos seriam caracterizados como contratos administrativos e, não, contratos privados (ESTORNINHO, 1990, p 36 *et seq.*).

Essa *substantivação atingiu também o esforço doutrinário e jurisprudencial na identificação de um serviço público sujeito à jurisdição administrativa*. Se o serviço público poderia, totalmente, ser estruturado com normas de direito privado e, com isso, submeter-se à jurisdição comum, *seria necessário identificar um regime jurídico especial*, para caracterizar o regime jurídico do serviço público.

O núcleo das obrigações típicas do regime jurídico do serviço público propriamente dito surgiu nesse cenário. Sob a influência da doutrina de Gaston Jèze, que identificava o serviço público como aquele que submetesse a um regime jurídico especial, referido como "procedimento de serviço público" (JÈZE, 1928, p. 290), Louis Rolland apresentou uma *sistematização do conteúdo desse regime jurídico* que, por sua grande receptividade, passou-se a se chamar de *"Leis de Rolland"*.

Louis Rolland, em harmonia com os ensinamentos de Gaston Jèze, posicionava-se no sentido de que o resguardo ao atendimento a um interesse da coletividade justificava a imposição de um regime jurídico especial para os "serviços públicos propriamente ditos", que seriam uma espécie do gênero "serviço público", concepção mais ampla da expressão no Direito francês. Para ele, há os serviços públicos em sentido *lato* e os serviços públicos propriamente ditos. Em sentido *lato*, os serviços públicos possuem diversas características em comum, quais sejam: (i) a finalidade pública, que justifica o uso da *puissance publique* para viabilizar esse objetivo; (ii) a necessidade de manter o serviço contínuo; (iii) as regras de organização e funcionamento sempre podem ser modificados pela autoridade pública competente (*ius variandi*); e (iv) todos os particulares são iguais perante qualquer serviço público, como consequência da Declaração dos Direitos do Homem e do Cidadão de 1789 (ROLLAND, 1951, p. 18).

Por outro lado, os serviços públicos propriamente ditos possuem um regime particular. Primeiro, a "lei de continuidade" deve ser aplicada de maneira absoluta, diante de sua extrema importância, devendo ser resguardada pelo Estado. Segundo, não pode haver vínculo contratual do regime de pessoal do serviço público, cujo funcionamento se submete a um regime estatutário, que pode ser alterado sem o consentimento do destinatário. Terceiro, o regime jurídico dos bens utilizados em um serviço público se difere do regime jurídico dos bens pertencentes aos particulares. Quarto, os recursos afetados ao serviço público possuem a característica de recursos públicos. Quinto, os atos ou contratos realizados nas operações para assegurar um serviço público são atos administrativos ou contratos administrativos. Sexto, as regras de responsabilidade civil em razão de danos do serviço público são diferentes da responsabilidade civil dos particulares. Sétimo, os litígios envolvidos na execução do serviço público são retirados da jurisdição comum e submetidos à jurisdição administrativa (ROLLAND, 1951, p. 19).

Esse regime particular dos serviços públicos *não é*, na visão de Louis Rolland, aplicado a todos os serviços públicos e, em certos casos, essa sistematização não é aplicada aos serviços públicos propriamente ditos. Segundo o autor, pode-se admitir que a Administração faça essa escolha de submissão ao regime privado, o que afetaria a competência do tribunal administrativo para conhecer de contendas que surgirem nessa seara. De todo modo, essa submissão seria excepcional, na visão de Louis Rolland (1951, p. 20).

Com a influência de Louis Rolland, um *novo critério definidor* de serviços públicos passou a ser explorado. Não seria suficiente identificar se a atividade possuiria regras de direito privado para definição da competência judiciária ou do contencioso administrativo. As leis de Rolland, sejam as gerais ou específicas, tais como as regras de continuidade, igualdade e mutabilidade, *seriam normas derrogatórias do direito comum que viabilizaria o desenvolvimento da gestão privada de funções estatais* (CHEVALLIER, 2017, p. 42).

As leis essenciais de Rolland seriam, então, uma forma de estabelecer um parâmetro de desenvolvimento da gestão privada do serviço público. Se para a nova jurisprudência francesa (*Bac d´Eloka*) a existência de um serviço público não é suficiente para a definição da jurisdição administrativa, e considerando que são necessárias normas derrogatórias do direito comum, *as leis de Rolland se mostraram como uma solução à "publicização" do serviço público gerido sob normas do direito privado*, considerando o atendimento ao interesse geral.

As obrigações do serviço público e o atrelamento realizado pela doutrina e jurisprudência ao "serviço público", gerido por normas de direito privado ou integralmente por procedimentos do direito público, surgiram desse esforço teórico que, em tese, buscava discernir atividades estatais sujeitas à jurisdição comum e àquelas sujeitas ao contencioso administrativo.

A proposição dos "princípios essenciais" do serviço público obteve grande aceitabilidade na doutrina e jurisprudência francesa, pois representou, e ainda representa, o *divisor de águas* entre o serviço público e o serviço privado, especialmente diante de esforços doutrinários para classificação de novos serviços públicos, especialmente os industriais e comerciais, que imergem em "procedimentos de direito privado".

O despertar de uma diversidade de *modi operandi*, e de gerenciamento dos serviços a cargo do Estado francês, gerou grande esforço de sistematização do regime jurídico aplicável. Como visto, a doutrina clássica da Escola do Serviço Público pressupunha a aplicação exclusiva e integral de regras do Direito Administrativo, as quais se apresentavam de acordo com as necessidades de cada atividade, o que tornaria necessário um regime jurídico especial para os agentes públicos envolvidos, os bens afetados ao serviço, os atos praticados e os contratos celebrados. O regime jurídico aplicável aos agentes deveria ser o mesmo dos agentes do Estado; o regime dos bens afetados às atividades deveria ser o mesmo dos bens do Estado; os atos e contratos realizados seriam verdadeiros atos e contratos administrativos. Neste aspecto, o estudo do regime jurídico dos serviços públicos, na visão clássica, *coincidiria com o próprio estudo do Direito Administrativo* (RIVERO, 1975, p. 427).

Contudo, a evolução das competências estatais e dos tipos de atividades exercidas demonstrou que essa equiparação *nunca foi exata*, pois alguns serviços poderiam escapar, mesmo que parcialmente, ao regime do Direito Administrativo, por exemplo, quando se confiava, a um particular, o exercício de um *munus* estatal, quando então haveria a ingerência de normas de direito privado.

Os diferentes tipos de gerenciamento de serviços públicos, resultaram em uma dupla classificação, ainda existente, do conceito, no sentido francês: (i) os serviços públicos propriamente ditos; e (ii) os serviços públicos industriais e comerciais. Ainda havia um esforço jurisprudencial para identificar um terceiro tipo, que seriam os "serviços públicos sociais" (RIVERO, 1975, p. 432). Os *serviços públicos propriamente ditos* seriam aqueles que estariam regidos integralmente por normas de direito público, como ocorre em atividades administrativas, e outras típicas do setor público. Neste tipo de serviço, procedimentos de direito privado seriam excepcionais. Com os *serviços públicos industriais e comerciais*, por outro lado, ocorreria o inverso: são atividades submetidas ao regime comum (direito privado), podendo, em diferentes graus, serem submetidos a uma dose, mais ou menos intensa, de normas de direito público, derrogatórias do direito comum. Mas, *sempre*, mesmo nestes casos, deveria haver uma *aplicação mínima de normas derrogatórias do direito comum, o que corresponderiam aos princípios fundamentais do serviço público*, também identificados como "obrigações do serviço público" (RIVERO, 1975, p. 430).

Com essas premissas, criou-se um campo fértil para a jurisprudência francesa identificar os tipos de atividades, independentemente do *nomen iuris*. Serviços públicos legalmente classificados como industriais, tinham esse aspecto negado pela jurisprudência; outras vezes, serviços públicos administrativos eram classificados como industriais e comerciais, a depender do grau de imersão em normas de direito privado. E isso *era sempre casuístico*, pois haveria até atividades industriais monopolizadas na França, como a produção de tabaco e fósforos, que tiveram o caráter industrial negado pela jurisprudência, fazendo suscitar inúmeras dúvidas sobre o limite dessa distinção entre serviços públicos administrativos e serviços públicos industriais e comerciais (RIVERO, 1975, p. 428).

Enfim, segundo Jean Rivero (1975, p. 428 *et seq.*), dizer que, no contexto francês, está-se diante de um "serviço público" é admitir que o regime da atividade em questão seja regido pelo direito público no tocante ao *necessário para perseguir o fim pretendido*. Para tanto, aplica-se o *princípio da proporcionalidade* dos meios aos fins pretendidos, para caracterizar o serviço público. Contudo, em virtude desse mesmo princípio, e diante da importância de regras de direito público em todo o ordenamento jurídico, a qualificação como "serviço público" não oferece uma precisão conceitual. Além disso, um certo número de atividades privadas de interesse geral, que certamente não têm a qualidade de serviço público, também se enquadram, em parte, no direito público. Segundo o autor, o "procedimento de serviço público" não define mais, hoje, um regime jurídico preciso (RIVERO, 1975, p. 430).

Todavia, em que pese a incerteza recorrente sobre o grau de publicização de serviços públicos, o denominador comum, que representaria o *mínimo derrogatório do direito comum* para classificação de uma atividade estatal qualquer como "serviço público", seriam as *obrigações de serviço público*, também referenciadas como "princípios fundamentais do serviço público", e que foram sistematizados por Louis Rolland, assim especificadas: (i) finalidade pública; (ii) continuidade do serviço público; (iii) mutabilidade do regime aplicável à prestação do serviço público; e (iv) igualdade de todos os usuários frente ao serviço. A *finalidade pública* pode envolver a satisfação individual, de maneira direta e indireta, comum a toda a coletividade; ou, ainda, a satisfação geral, mas cujo interesse não é identificável individualmente (como segurança pública, por exemplo). O *princípio da continuidade* gera consequências práticas, como a impossibilidade de paralisação do serviço, mesmo em caso de inadimplência, implicando, assim, restrições ao princípio jurídico da exceção do contrato não cumprido; gera até mesmo a impossibilidade de um agente público se exonerar do serviço antes da decisão formal de sua aceitação (RIVERO, 1975, p. 430). O *princípio da mutabilidade* gera a prerrogativa de alteração do regime de obrigações aplicável ao serviço, alteração tarifável, independentemente da aquiescência do usuário, bem como cria prerrogativa contratual de modificação unilateral do contrato administrativo, do *ius variandi* (RIVERO, 1975,

p. 431). E no tocante ao *princípio da igualdade*, cria-se o ônus para o prestador do serviço em oferecer a comodidade em igualdade de condições aos usuários, independentemente das diferenças das condições de utilização do serviço, o que seria permitido, lado outro, aos serviços econômicos privados (RIVERO, 1975, p. 432).

Esse mínimo de encargos da atividade assumida pelo Estado, portanto, é identificado na doutrina francesa, como o *regime jurídico mínimo*, que caracterizaria uma atividade estatal como um serviço público, e que, por isso, diferenciar-se-ia de outras atividades totalmente submersas por normas comuns ao direito privado. E tal construção doutrinária, como visto, mostrou-se como meramente instrumental, mas essencialmente necessária, para fins de definição da competência da jurisdição administrativa.

Essas foram as bases para a criação de uma premissa jurídica, típica do Direito francês, mas artificialmente construída, e que influenciou demais ordenamentos jurídicos de tradição francesa, no sentido de que as "obrigações de serviços públicos" seriam a representação da *puissance publique*, como ponto de diferenciação entre o público e o privado.

3.2.3 O "mito do serviço público" e a premissa da indissociabilidade do elemento orgânico com o elemento formal do serviço público

A emergência da teoria do serviço público trouxe uma nova perspectiva para a legitimidade política e estatal: a incorporação da ideia de que o poder não seria um atributo incontestável de certas pessoas, mas mero instrumento para o atendimento de necessidades básicas dos cidadãos, alterou a posição de como passamos a ver as atribuições do setor público e do setor privado. Se o Estado existe justamente para prestar serviços de interesse coletivo, este seria mais competente para prestar tal *munus* do que o próprio setor privado. O serviço público se tornou, então, um *critério axiológico* que caracteriza a função pública, diante da premissa de este ser naturalmente mais capaz de atender aos interesses da sociedade. E, disso, pode-se dizer que se construiu um dualismo entre o bem e o mal, deixando o setor privado relegado para uma posição egoística e que visa somente ao lucro, sendo incapaz de atender aos anseios da coletividade.

A identificação de um regime jurídico próprio dos serviços públicos, mesmo que desenvolvida para delimitação de critérios de identificação do campo de abrangência do contencioso administrativo, serviu de cerne representativo da função pública, e da separação entre o público e o privado. Serviço público não é uma atividade específica, mas um princípio teleológico que move o Estado. Isso criou um simbolismo político em torno do Estado no sentido de que todas as atividades destinadas a atender às necessidades coletivas *seriam mais bem concretizadas* se prestadas diretamente pelo Estado. Esta é a *visão mítica* criada a partir da difusão da noção do serviço público: o Estado não é apenas um ente transcendente dotado de poder, mas um ente funcional que se move pela "benevolência, onisciência e infalibilidade" na execução de serviços de interesse coletivo (CHEVALLIER, 2017, p. 50).

Se a Administração Pública é naturalmente superior no quesito de execução direta dos serviços de interesse geral, a ideologia do serviço público serviu de força motriz para a expansão da *atuação direta do Estado* em face de serviços de interesse geral antes executados pelo setor privado. Essa superioridade seria, a princípio, moral, pois o setor privado teria a finalidade exclusiva de buscar ganhos, enquanto o setor público se voltaria integralmente para o atendimento das necessidades coletivas (CHEVALLIER, 2017, p. 50). Por isso, haveria maior eficiência na assunção estatal da responsabilidade pela execução direta de atividades de interesse coletivo, em vista da predisposição em incrementar os ganhos sociais.

O mito do serviço público foi, assim, responsável pelo demasiado crescimento do campo de atuação estatal, consubstanciado pelo aumento da abrangência dos tipos de serviços que estariam inseridos no âmbito de sua titularidade, sob nítida influência política criada do serviço público enquanto pressuposto e fundamento do Estado.

Com efeito, através da teoria do serviço público, na noção apresentada pela Escola de Bordeaux, o fundamento do Direito Administrativo não seria mais o poder de mando, e sim os serviços prestados em vista da necessidade de preservação dos interesses da coletividade. Esse é o propósito natural do Estado e sua razão de ser: assumir atividades prestacionais que são importantes para o atendimento de um interesse geral, e não apenas individual do prestador. Há uma mudança exponencial nesse novo papel do Estado, cuja socialização atinge, inclusive, a esfera individual, pois que, no direito privado, o campo da autonomia da pessoa alterou-se para a ideia da função social que se impõe a cada indivíduo (BRANT, 1951, p. 32).

Diante desse novo papel, teoricamente redesenhado pela tradição jurídica da França e dos países que foram influenciados por ela, o Estado foi progressivamente assumindo atividades até então abertas ao setor privado, e livremente exploradas por este, justamente porque, em vista da teoria do serviço público, seriam incapazes para sua execução por serem vistos como inescrupulosos e sem o menor espírito público (BRANT, 1951, p. 22). O crescimento da abrangência do serviço público se deve a esse reconhecimento estatal de que a Administração Pública é mais capaz de resolver e administrar os assuntos de interesse coletivo e satisfazer os interesses gerais, do que o setor privado.

A concepção do serviço público francês criou um cristalino antagonismo entre o interesse comercial do particular e o interesse público da Administração. O particular visa ao lucro pessoal, enquanto a Administração tem em mira interesses gerais. O particular está pronto a colaborar onde quer que veja possibilidade de lucro, sendo este o seu verdadeiro fito (BRANT, 1951, p. 66 *et seq.*). Disso resulta que, em determinados serviços, há premente necessidade da intervenção do Estado, quando não para administrá-los diretamente, pelo menos indiretamente, mas sempre resguardando o domínio orgânico das atividades.[112]

Enfim, a noção do serviço público contribuiu para aprofundar a separação entre os campos de atuação do setor público e setor privado, sendo que este seria totalmente alheio às atividades assumidas como de interesse geral, que devem ser de domínio do Estado; da mesma forma, *o Estado também não poderia exigir, dos particulares, missões que seriam impostas ao poder público*. Esta visão doutrinária teve grande impacto na ideia de que os princípios "prestacionais" do serviço público (referido por nós como regime

---

[112] Segundo Celso Brant, essa visão ficou clara no seguinte entendimento: "É o que acontece, por exemplo, com o traçado das estradas de ferro. Se ficassem, inteiramente, ao arbítrio dos empresários, o que veríamos é que certas zonas, economicamente mais ricas, teriam um emaranhado de ferrovias, enquanto que as zonas mais pobres permaneceriam completamente esquecidas." (BRANT, 1951, p. 66 *et seq.*).

jurídico-prestacional), existentes para resguardar o atendimento do interesse coletivo na execução das atividades, seria um regime totalmente estranho ao setor privado quando da execução de atividades de interesse coletivo.

Pode-se dizer, então, que o mito do serviço público, por isso, contribuiu para a solidificação da *premissa da indissociabilidade do elemento orgânico com o elemento formal do serviço público*. Se determinadas atividades são inseridas como de domínio público como meio de resguardar um regime jurídico necessário para a adequação prestacional, esse regime jurídico somente seria passível de ser atendido se o serviço estiver sendo prestado pelo Estado e, não pelo particular. Sendo o setor privado, com a sua devoção natural ao lucro, incapaz de atender aos encargos imperativos à boa execução de um serviço de interesse geral, logo, o Estado também *não poderia impor ao particular o regime jurídico-prestacional*, cuja preservação demandaria a presença orgânica do Estado na prestação da referida atividade.

Como defendido neste trabalho, nada mais do que *uma grande ilusão teórica*, solidificada e descontextualizada pelas premissas criadas no Direito Administrativo.

Assim, a noção clássica do serviço público, de tradição francesa, contribuiu para aprofundar a separação e percepção de incomunicabilidade entre o setor público e o setor privado, já que se ampara pela ideia de uma superioridade na execução de serviços de interesse coletivo, que demandam a imposição de um regime jurídico especial. Dessa forma, o *mito do serviço público* – que foi responsável pela expansão do âmbito de competências e atividades assumidas pelo poder público, em sintonia com os esforços doutrinários e jurisprudenciais desenvolvidos na França – criou uma *ilusão jurídica de indissociabilidade do aspecto orgânico de um serviço de domínio público com o elemento formal identificador de um serviço público*. Tal premissa ilusória resultou na aceitação [infundada] da ideia de que esse regime jurídico mínimo não poderia ser imposto ao setor privado na exploração de atividades abertas à livre iniciativa, mesmo quando imperativo para preservar os interesses públicos envolvidos na execução de determinadas atividades de interesse coletivo. E isso se verificou especialmente no Brasil, em que não houve a devida contextualização das origens e finalidades [instrumentais] de identificação das obrigações do serviço público.

Neste caso, a ideia de impossibilidade de oneração de atividades privadas abertas à livre iniciativa com encargos do regime jurídico-prestacional, também pode ser identificada como força motriz para a *expansão da gestão indireta de serviços públicos*, através do uso da técnica concessória, vista como essencial para que se viabilizasse a manutenção de encargos de serviço público (justamente em razão da manutenção da titularidade do Estado quanto à exploração da referida atividade) e conciliando, em muitos casos, com a eficiência gerencial e mercadológica da iniciativa privada.

Neste aspecto, é esclarecedor entender as bases teóricas e jurisprudenciais que permitiram ao sistema anglo-saxão e ao norte-americano impor, ao setor privado, encargos de "regulação social", equivalentes a encargos prestacionais do serviço público, o que será objeto de análise adiante. Como se verá, o *Common Law* desenvolveu o pressuposto jurídico de que a própria função social da propriedade seria elemento normativo (também existente em países de tradição francesa do serviço público) para permitir e exigir, em determinados casos, a imposição de "obrigações de serviços públicos" a serviços de "utilidade pública" (*public utilities*).

3.3 A "peculiaridade" jurídica do *Common Law*: a imposição de "obrigações de serviços públicos" nas *public utilities* de domínio privado como prerrogativa da função social da propriedade

3.3.1 Premissas jurídicas da proteção prestacional e da imposição de "encargos de serviço público" no *Common Law*

As "obrigações de serviço público", identificadas, no Direito francês, como encargos mínimos para a caracterização de uma atividade como "serviço público", também são vislumbradas na evolução institucional e regulatória do Reino Unido e Estados Unidos da América, países cuja tradição jurídica não incorporaram a noção francesa do serviço público. Os mesmos encargos característicos do serviço público foram desenvolvidos no *Common Law* como meio de intervenção estatal no direito de propriedade, cujos princípios foram reconhecidos, inicialmente pelos tribunais britânicos, e aplicados através de atos do Parlamento inglês ou de atos de entidades independentes criadas com o propósito específico de regular atividades econômicas de utilidade pública, identificadas no Direito anglo-saxão como *"public utilities"*.

Como referenciado por Odete Medauar (*apud* ARAGÃO, 2007a, p. 102 *et seq.*), "as *public utilities* apresentam-se como atividades que se encontram (*are affected with*) com o interesse público e por isso sujeitam-se a um controle de preços (para que se tenha um preço *reasonable*), ao controle da qualidade dos serviços e outros controles".

A estruturação orgânica do serviço público, oriundo do Direito francês, não existiu no Reino Unido ou nos Estados Unidos da América, em que pese ser possível vislumbrar, em vários momentos da história, a existência e sobrevivência da propriedade pública de *public utilities* (*public utilities publicly owned*), processos de nacionalização e titularização pública de algumas atividades. No Direito anglo-saxão, não houve um esforço doutrinário e jurisprudencial para identificação de um regime jurídico próprio das funções estatais, visando solucionar problemas de competência jurisdicional. E isso se deve ao fato de no Direito anglo-saxão, que influenciou o Direito norte-americano, a jurisdição ser una, imperando-se o *rule of law*, traço característico do Direito inglês (ARAGÃO, 2007a, p. 101).

As premissas jurídicas que caracterizam a noção francesa do serviço público, não se desenvolveram no *Common Law*, que desconheceu qualquer esforço exegético em diferenciar um regime jurídico específico da função estatal e um regime jurídico específico que rege as relações privadas.

A correlação criada no Direito francês entre "direito público" e "aspecto finalístico" da prestação de algumas atividades – o que foi um dos principais fatores para o desenvolvimento da titularização estatal de alguns serviços – ficou alheia aos debates jurisprudenciais no *Common Law*, que naturalmente identificou, nas atividades de interesse coletivo e necessárias para a coesão social, um campo aberto para *atuação concorrente* do Estado e do particular. Mesmo assim, a verdade é que, no sistema do *Common Law*, sempre houve especial atenção do Estado na adequação prestacional de atividades de relevante interesse coletivo. A premissa assumida pelo Direito anglo-saxão, de que a execução de determinadas atividades de interesse coletivo seria alheia às funções estatais, mas típica da atuação do setor privado, nunca resultou em abstencionismo do Estado inglês na imposição de medidas necessárias para resguardar a boa fruição e disponibilização de serviços de utilidade pública.

Não se vislumbra no Direito inglês a acepção jurídica, criada no Direito francês, de que o reconhecimento da relevância pública de um serviço econômico enseja o dever de "titularização" estatal de uma atividade, a justificar a restrição de acesso do setor privado a determinadas atividades de utilidade pública. Por outro lado, é importante ressaltar que a doutrina inglesa sempre identificou nas instituições estatais o dever de garantir o bem-estar social e a adequada prestação de serviços essenciais ao cidadão, mesmo sendo estes de propriedade privada. Nesse cenário, o dever de adequação prestacional sempre existiu na história institucional do Estado inglês, e evoluiu de forma similar ao solidarismo francês do século XIX, o que foi responsável para o fortalecimento das raízes teóricas que resultaram na noção tradicional do serviço público. Harold Joseph Laski, no seu livro *"A Grammar of Politics"*, inicialmente publicado em 1925, assim descrevia o papel do Estado inglês:

> [...] o Estado é certamente uma organização para o serviço público. Ele se difere de outras organizações pelo fato de ele ser, em primeiro lugar, uma associação no qual o status de "associado" é obrigatório. Ele é, em segundo lugar, uma associação essencialmente territorial, por natureza. Os interesses das pessoas, como consumidores, são interesses de uma "vizinhança alargada"; eles exigem a satisfação de interesses, para a maior parte em determinada localidade. E, a um determinado nível, os interesses de seus membros são interesses idênticos. Todos eles precisam de alimentação, vestuário, educação e abrigo. O Estado é uma corporação que visa, então, a organização dos interesses dos consumidores para que estes obtenham as comodidades das quais eles precisem. (LASKI, 1938, p. 68 *et seq.*, tradução nossa).

No Reino Unido, a preocupação com o atendimento prestacional é antigo. Desde a época da Casa de Tudor (1485 a 1603), o Estado exerceu um extenso intervencionismo sem precedentes, exercendo regulação sobre comércio, preços praticados, qualidade de produtos, uso da terra e outros (PROSSER, 1997a, p. 33). Essa intervenção, que representou um aspecto marcante do mercantilismo inglês, foi reduzida consideravelmente no progredir do liberalismo econômico e do pensamento smithiano que se desenvolveu no século XIX. Todavia, mesmo no período, o *Common Law* havia desenvolvido *princípios de regulação social*, com imposições de obrigações positivas a determinadas atividades econômicas privadas de interesse coletivo. Esse tipo de regulação para adequação prestacional se intensificou a ponto de se desenvolver as bases para um direito de propriedade pública ocorrida *a posteriori*, mas em sentido diferente da noção francesa de titularização pública de atividades de interesse coletivo, pois a nacionalização se deveu inicialmente pela compra estatal de *public utilities* de propriedade privada.

Nesse contexto, a imposição de obrigações positivas, que caracterizaram, no Direito francês, um regime jurídico peculiar dos serviços públicos e exorbitante do direito privado, não foram, no *Common Law*, colocados como um regime jurídico típico da função estatal. Ao contrário da tradição jurídica tipicamente francesa, no qual os encargos "exorbitantes" na execução de um serviço de interesse geral eram identificados como a linha divisória entre a função pública e o setor privado, no Reino Unido tais encargos não se impuseram como elemento de diferenciação entre o que é tipicamente público e tipicamente privado. Como referenciado por Pedro Gonçalves e Licínio Martins (2004, p. 198):

É certo que também na doutrina anglo-saxônica das *Public Utilities* se pode divisar, como se torna óbvio, uma nota objectiva só que variável, uma vez que tais serviços tanto podem ser assegurados tanto por pessoas jurídicas públicas – '*public utilities publicly owned*' – como por pessoas jurídicas privadas – '*public utilities privately owned*' – sendo, no entanto, que o essencial nesta associação dos privados é a finalidade de prestar um serviço de interesse coletivo que, por isso, merece um tratamento jurídico particular.

[Assim, esses autores reiteram em nota de rodapé] São amiúde aprovados *Public Utilities Codes* que inscrevem as peculiaridades deste regime especial, em termos que não diferem grandemente das obrigações de serviço público que têm sido tradicionalmente divisadas no continente europeu. (GONÇALVES; MARTINS, 2004, p. 198 *et seq.*).

Assim, no *Common Law*, a imposição de encargos especiais na execução de serviços de utilidade pública não é corolário da noção de que tal serviço seria "estatal" ou de domínio público. Todas as obrigações especiais impostas às *public utilities*, semelhantes às mencionadas obrigações de serviço público, foram resultado de uma *relativização da propriedade privada* para adequação aos imperativos do interesse coletivo.

Neste caso, tais imposições regulatórias foram inicialmente amparadas pelos tribunais, os quais tiveram importante papel na criação de um regime jurídico peculiar para algumas atividades de interesse geral, mesmo que não sendo de propriedade pública e abertas ao setor privado. As "obrigações de serviço público" no *Common Law* – em que pese não vigorar essa terminologia – derivaram de uma recorrente limitação do uso da propriedade privada, em benefício da sociedade, semelhante ao que é usualmente identificado como *função social da propriedade*.

Não se admitiu no Direito inglês, desde o século XIX, mesmo no florescer do liberalismo econômico, o uso indiscriminado da propriedade, inclusive da propriedade dos *meios de produção*, em detrimento do interesse coletivo. A imposição de obrigações positivas em determinadas atividades de interesse coletivo se deveu ao *reconhecimento judicial de um dever social da propriedade de algumas atividades privadas*, que eram de inquestionável interesse coletivo. Toda limitação ao uso da propriedade, especialmente de atividades de interesse público que são exercidas sob um monopólio natural ou exclusividade territorial,[113] decorrem de um princípio criado pela jurisprudência inglesa que defende um dever social para garantir a acessibilidade e universalidade de algumas atividades relevantes.

O julgado referencial, no qual se iniciou a discussão acerca da legitimidade de imposição de encargos positivos de acessibilidade a algumas atividades de interesse coletivo, foi o *case Allnutt v. Inglis*, de 1810, em que se buscou definir os deveres de proprietários privados de cais.

Neste caso, foi defendido que "um monopólio legal foi criado para o benefício do público assim como para o do proprietário, caso em que o proprietário não é livre para impor encargos desarrazoados que impediriam o acesso público as suas utilidades" (PROSSER, 1997a, p. 24, tradução nossa). Nesse mesmo *case*, firmou-se a tese de que existem deveres impostos para quem adquire um monopólio virtual (BURDICK, 1911, p. 744), ou seja, atividades econômicas exercidas em caráter de exclusividade, como

---

[113] O conceito de exclusividade territorial foi apresentado por Prosser (1997a) como uma ideia mais restrita do que de monopólio, como em casos em que é inviável ou inconveniente a utilização de outra utilidade pública que não seja a de proximidade do usuário, como no caso de docas, silos e outros empreendimentos privados.

ferrovias e cais. Desta feita, criou-se o princípio jurídico que dispunha que não se pode impor condições comerciais que limitem o acesso do público aos serviços de utilidade pública, influenciando assim o dever de *modicidade tarifária* e de possibilidade de controle público dos preços cobrados. Tal princípio jurídico se estendeu, assim, para outras *public utilities*, mesmo que não exercidos em caráter de exclusividade (PROSSER, 1997a, p. 24).

A regulação imposta a *public utilities*, amparada por tal princípio jurisprudencial, diferenciava-se de outras regulações que visavam apenas otimizar a atividade econômica, e evitar prejuízos à competitividade, e revelaram uma verdadeira *imposição de regulação social*, com criação de encargos positivos, semelhantes às obrigações decorrentes do procedimento do serviço público de tradição francesa, que visavam o atendimento ao interesse coletivo, em detrimento ao direito de propriedade. Isso ficou claro na própria decisão do *case Allnutt v. Inglis*, que, segundo palavras expressadas pelo Lord Ellenborough,

> Se, para um determinado fim, o público tem o direito de recorrer as suas instalações e utilizá-las, e tendo ele o monopólio sobre essa atividade, se ele se beneficia desse monopólio, ele deve, por outro lado, desempenhar esse dever em termos razoáveis. (ELLENBOROUGH *apud* PROSSER, 1997a, p. 25).

Na linha desse marco jurisprudencial, o *Common Law* defendeu o princípio de que se uma propriedade privada é *afetada* a um interesse coletivo, ela deixará de ser apenas um direito individual. Por isso, nos casos em que a propriedade se dedica a tal finalidade pública, os proprietários não podem impor restrições ou taxas desarrazoadas que impeçam a fruição isonômica da mesma atividade pela população (PROSSER, 1997a, p. 25). Portanto, é visível que a imposição de encargos de serviço público no *common law* se fundou pela ideia de *"propriedade relativizada"* ou *"função social da propriedade"*, no tocante a atividades de interesse coletivo. Assim, todas as licenças e atos regulatórios incidentes sobre atividades privadas de interesse coletivo (*public utilities*) envolvem, não apenas objetivos econômicos, mas sociais, de modo a viabilizar o acesso, com igualdade de condições, a serviços privados de interesse geral. Ou seja, o indivíduo tem direito de uso e gozo de seus bens, todavia, a lei poderá restringir o seu uso ao interesse social envolvido.[114]

O *case Allnutt v. Inglis* influenciou sobremaneira na formação do entendimento jurisprudencial norte-americano, que utilizou desse julgado inglês para formar a premissa jurídica de que determinadas atividades privadas estão sujeitas a deveres especiais. Isso foi revelado pelo *case Munn v. Illinois*, de 1876, no qual a Suprema Corte dos EUA entendeu que uma lei do Estado de Illinois, fixando tarifas máximas para serem cobradas em serviços de utilização de armazéns de grãos, seria constitucional (BURDICK, 1911, p. 743). Nessa decisão, inspirado em princípios do *case Allnutt v. Inglis*, defendeu-se que a propriedade deve se curvar ao interesse público, quando o seu uso próprio é destinado ao interesse coletivo e que afeta largamente a coletividade.

---

[114] É de se destacar que essa premissa também foi adotada pelo Brasil, não apenas em razão do direito fundamental previsto no artigo 5º, XXIII, da Constituição da República de 1988, mas especialmente o fato de o Brasil ser signatário da Convenção Interamericana de Direitos Humanos, a qual estabelece, em seu artigo 21, inciso 1, o seguinte: "Toda pessoa tem direito ao uso e gozo dos seus bens. *A lei pode subordinar esse uso e gozo ao interesse social.*" (grifo nosso).

Se alguém se põe a explorar uma atividade que se destina naturalmente ao uso do público, necessariamente deve se submeter ao controle "desse mesmo público", de modo que o "bem comum" especifique a adequada prestação da atividade ao fim a que ela se destina (BURDICK, 1911, p. 744).

Nesse caso, a decisão da Suprema Corte americana entendeu que a regulação de preços de serviços privados não viola o direito constitucional de propriedade, mas representa um *poder de polícia direcionado à adequação prestacional* desse tipo de atividade. Pouco tempo depois, também amparado no *case Allnutt v. Inglis,* a Suprema Corte norte-americana, julgando o *case Budd v. New York,* entendeu que a imposição de obrigações de acessibilidade em atividades de balsa e docas é legítima pela regulação estatal, como aspecto inerente ao exercício do poder de polícia, caso em que a destinação pública do empreendimento privado enseja, naturalmente, determinados deveres a serem impostos unilateralmente pela atividade regulatória (BURDICK, 1911, p. 745).

Esse preceito é, segundo Washington Peluso Albino de Souza (1980, p. 180), uma regra estrutural de Direito Econômico, consagrada na doutrina, referenciada como *regra da utilidade pública*: "Quando uma empresa privada pratica atividade que interessa particularmente à comunidade tem o dever de fornecer os seus serviços a tarifas razoáveis e de acordo com os objetivos da política econômica posta em prática" (SOUZA, 1980, p. 180). Segundo o autor:

> Esta regra refere-se a conceito muito discutido e é aplicada sobretudo no Direito norte-americano (*public utilities*), sendo aparentemente mais perceptível na área do Direito Administrativo com os concessionários de serviços. Em Direito Econômico, possibilita o enquadramento da empresa privada à política econômica, como, por exemplo, aos planos, prende-se às razões dos incentivos e outros tipos de estímulos oferecidos pelo Estado ao particular, além de oferecer elementos para julgamento de procedimentos como a recusa de venda por parte do empresário e outros. (SOUZA, 1980, p. 180).

Sob essa premissa jurídica, a regulação das *public utilities* no Reino Unido tomou uma variedade de formas. No setor da energia, desde 1882, existiam comissários com poderes de conceder licenças para exploração da atividade, a qual estaria sujeita a diversos encargos prestacionais. Nesses casos, as Comissões de Energia não eram proprietárias, ou titulares da atividade, e tampouco geriam as atividades de energia, exceto em casos excepcionais. Mas, tais comissões tinham um controle absoluto sobre os processos de tomada de decisões nas estações de energia de propriedade privada (PROSSER, 1997a, p. 37). A preocupação com o controle da atividade prestacional de serviços de energia elétrica de propriedade privada era também clara na agenda política nos EUA.[115]

No caso de serviços de distribuição de gás, atos do Parlamento inglês, como a *Gasworks Clauses Act*, de 1847, buscaram limitar os dividendos em 10% ao ano para esse tipo de atividade, bem como viabilizaram aos usuários que solicitassem revisão

---

[115] Com efeito, é esclarecedor o discurso proferido pelo ex-Governador Franklin Roosevelt, depois de revelar que todo o serviço de energia elétrica do Estado de Nova York pertencia unicamente ao grupo Morgan, em vista da fusão das três companhias exploradoras de seu fornecimento (PINTO, 1941, p. 44): "Isso representa uma ameaça tal que poderá provocar uma nova Declaração de Independência. Até o próprio govêrno [sic] ficará submetido a um poder semelhante. Além disso, emprêsas [sic] de serviços públicos jamais deverão ser nossos senhores e sim, e sempre – nossos servidores – bem pagos como devem ser todos os que nos servem, mas de qualquer maneira, nossos servidores".

de preços, se estes estivessem gerando lucros excessivos ao proprietário; houve ainda imposição regulatória de padrões de qualidade; e, em 1871, a *Gasworks Clauses Act* introduziu uma obrigação do *princípio da universalidade* (encargo de serviço universal) ao exigir o fornecimento a todo usuário que se encontre dentro de 25 jardas de uma estação de gás; tais encargos também se estenderam para serviços de água e esgoto, independentemente de serem *public utilities publicly owned* ou *privately owned* (PROSSER, 1997a, p. 38 *et seq.*).

Portanto, desde o século XIX, a regulação no Direito anglo-saxão e norte americano esteve preocupada com um sistema rigoroso de modicidade dos preços de *public utilities* de modo a garantir a acessibilidade, bem como interveio com imposição de encargos de regularidade e universalidade na prestação dos serviços de propriedade privada.

3.3.2 Período de nacionalização no Reino Unido e o paradoxo da flexibilização regulatória quanto à imposição de encargos de serviço público

A partir de 1940, identifica-se no Reino Unido um período intitulado de *public ownership* das *public utilities*, no qual o governo inglês, com influência predominante do partido trabalhista, e colocando em prática ideias da escola keynesiana, passou a proceder a nacionalizações de importantes indústrias e serviços, como o Banco da Inglaterra, a mineração de carvão, a indústria siderúrgica, eletricidade, gás e transportes internos (incluindo ferrovias, transporte por caminhões e canais). Além disso, criou-se um Serviço Nacional de Saúde, em 1948, visto como a maior realização do partido trabalhista (LARKIN, 2007, p. 190).

Nesse período, curiosamente, os princípios de regulação social, desenvolvidos até então, e que legitimaram a imposição de "encargos de serviço público", perderam sua importância. A fase da propriedade pública de várias *public utilities*, no Reino Unido, em meados do século XX, deixou para segundo plano o papel das instituições regulatórias até então criadas, passando a influenciar os Estados Unidos da América (PROSSER, 1997a, p. 41).

Esse período de nacionalização das *public utilities* desponta, de certo modo, o dualismo entre a posição dos encargos do serviço público no Direito anglo-saxão, e o artificialismo da identificação das "obrigações do serviço público" como característica essencial do regime jurídico dos serviços públicos na tradição francesa.

Uma das forças motrizes da nacionalização, ao lado das justificativas econômico-desenvolvimentista keynesianas, seria a grande pressão do setor industrial britânico para reduzir a crescente intervenção regulatória sobre *public utilities privately owned*, perpetrada pelo Parlamento e comissões independentes. Nesse contexto, a propriedade pública seria uma *solução* para atender também aos anseios do setor privado por uma menor imposição de encargos aos serviços privados de interesse coletivo, que exploravam economicamente.

Assim, questionava-se: qual seria a razão de tamanho esforço regulatório estatal para controle de preços, regras de acessibilidade, regularidade e universalidade, se o governo poderia [e também seria recomendável, sob o ponto de vista de teorias de inspiração keynesiana] ser proprietário de tais empreendimentos (*public utilities*)? (PROSSER, 1997a, p. 41).

Essa fase da história institucional britânica revela, assim, uma peculiar [e esclarecedora] contradição com a noção de serviço público de tradição francesa. É de se notar que, durante o período da propriedade pública no Reino Unido, não se vislumbrou o aprofundamento de discussões sobre obrigações impostas às *public utilities*, equiparáveis às "obrigações de serviços públicos". Pelo contrário. As nacionalizações reduziram a aplicação prática de todos os princípios regulatórios que amparavam a imposição de encargos da regulação social a atividades de interesse coletivo.

Neste ponto, temos uma característica diametralmente oposta do sistema do *Common Law*, se comparada com a noção desenvolvida pela tradição francesa: enquanto, na França, a identificação de um regime jurídico próprio de atividades de interesse coletivo revelaria um regime que deveria ser típico da função estatal [e do Direito Administrativo], no contexto britânico, a imposição desse mesmo regime jurídico-prestacional, com imposições de "obrigações de serviços público", somente fez sentido em *período alheio* ao da fase da *public ownership* das *public utilities*, e somente seria relevante em um contexto de *public utilities privately owned*.

De fato, trata-se de uma constatação intrigante: enquanto a identificação de um regime jurídico típico do serviço público foi força motriz na França para o crescimento da transformação de tais atividades em domínio público, na Inglaterra, o crescimento das nacionalizações ensejaria – e seria uma solução para tanto – a diminuição da importância da imposição de regime jurídico semelhante às "obrigações de serviço público". E somente a desnacionalização das *public utilities* que fez, novamente, incrementar toda a discussão sobre a imposição de "encargos de serviço público", identificados como "regulação social", como decorrência do antigo princípio jurisdicional de relatividade da propriedade privada e dos contornos jurídicos de atividades de interesse coletivo.

De fato, a nacionalização de algumas atividades se deveu à pressão realizada por setores da indústria que se incomodavam com a ingerência regulatória em seus negócios. E durante o período de nacionalização, o setor industrial no Reino Unido viveu *um momento de mais autonomia e menos ingerência estatal* se comparado ao período que se antecedeu às nacionalizações e que sucedeu após as privatizações (PROSSER, 1997a, p. 42). Desta forma, constata-se que um dos vetores da nacionalização no Reino Unido foi *substituir o controle externo das atividades de interesse geral, pelo controle interno, por meio da propriedade pública*, o que gerou menos conflito com setores industriais influentes do governo.

É bem verdade que todas essas imposições positivas, necessárias à adequada prestação do serviço, foram consequência natural da assunção de uma responsabilidade pública para a execução de tais atividades. Todavia, isso não ensejou um esforço doutrinário e jurisprudencial para fazer uma diferenciação das *utilities* de propriedade pública e das *utilities* de propriedade privada, tal como ocorreu nos países de tradição francesa.

A estruturação de uma máquina regulatória e a outorga de maior autonomia regulatória para comissões, e outras autoridades públicas independentes, não foram consequência da nacionalização, mas de um *planejamento para a privatização* de tais atividades, que moveu a preocupação do governo a partir da década de 1970 (PROSSER, 1997a, p 42 *et seq.*).[116] Com efeito, o crescimento da estrutura regulatória fez parte de

---

[116] No período de propriedade pública, umas das inovações regulatórias foi a criação de "Conselhos de Usuários", com poderes restritos a obtenção de informações e exercer pressão sobre a regularidade prestacional de

uma estratégia estatal de privatizações de tais atividades (PROSSER, 1997a, p. 45). Isso é reforçado pelo fato de que as privatizações de diversas *public utilities* foram realizadas com prévia determinação de controle sobre empreendimentos privatizados, a ser exercido por algumas instâncias regulatórias. Isso é revelado pelo fato de que todas as licenças concedidas continham condições que definiriam como executar tais atividades privadas, estabelecendo obrigações de modicidade de preços, regularidade, igualdade de acessibilidade e outras obrigações positivas semelhantes a encargos de serviço público (PROSSER, 1997a, p. 47).

Essa constatação comparatística, em análise à experiência histórico-institucional do Reino Unido, certamente faz estremecer o dogma que identifica as obrigações de serviço público como princípios essenciais e indissociáveis da prestação de um serviço de domínio público, desenvolvido na França e reproduzido incondicionalmente pela doutrina juspublicista de diversos outros países que incorporaram o modelo, como o Brasil.

3.3.3 Serviço universal: contorno anglo-saxão de encargos de regulação social que caracteriza a universalidade e modicidade tarifária

Princípios normativos desenvolvidos no *Common Law* criaram as bases para o conceito de "serviço universal", que implica em deveres, aplicáveis a determinadas *public utilities*, de amplo acesso ao serviço, em condições de igualdade e a preços acessíveis, a toda uma circunscrição geográfica. Ao passo que os "princípios comuns" do serviço público, inicialmente sistematizado por Louis Rolland, previam os deveres de continuidade, igualdade e mutabilidade como encargos derrogatórios do direito comum, foi inicialmente na Inglaterra e na Escócia, e posteriormente nos Estados Unidos, que se criaram e solidificaram as premissas jurídicas do *princípio da universalidade e modicidade tarifária*, aplicáveis à prestação de serviços de interesse geral.

Os deveres de universalidade e modicidade, que foram posteriormente incorporados, através do próprio Direito Comunitário, nos ordenamentos jurídicos de Estados-membros adeptos da tradição francesa do serviço público, são uma peculiaridade da *Common Law*, os quais não foram classificados, originalmente no Direito francês, como caracteres do Direito Administrativo que identificaria uma atividade estatal como um "serviço público". Além disso, o conceito de serviço universal *é ainda mais abrangente* do que a noção do serviço público, de tradição francesa, e dos princípios inicialmente criados nesse contexto (continuidade, igualdade, mutabilidade), pois a aplicação das premissas do serviço universal exige:

---

determinadas atividades (p. 42). É de se notar que esse conselho exerce funções semelhantes aos conselhos de usuários, previsto no art. 18, da Lei Federal nº 13.460/2017 (Lei dos Direitos dos Usuários de Serviço Público), no Brasil. Teve também criação de conselhos para tomada de decisões de *public utilities publicly owned*, como no caso da aviação civil, com a criação do *Civil Aviation Authority*, em 1972. Diversos outros conselhos foram criados em várias *public utilities publicly owned*, que revelaram um crescimento de um estado intervencionista, porém o intuito de impor obrigações, através de regulação, foi exercida mais incisivamente durante o período de privatizações realizadas nos governos conservadores da década de 1980 (PROSSER, 1997a, p. 44 *et seq.*).

> [...] a presença da dimensão pessoal (disponibilização a todos os utentes, em idênticas condições) e temporal, uma consideração geográfica ou de ubiquidade territorial (a sua ampliação a todo o território dos Estados-membros, em especial os menos atrativos), uma dimensão econômico-social (a acessibilidade em termos tarifários) e, de não somenos importância, uma exigência de qualidade. (GONÇALVES; MARTINS, 2004, p. 206).

Todas as inovações legislativas concernentes ao serviço universal refletem a antiga tradição inglesa e escocesa quanto aos deveres inerentes ao exercício de uma atividade naturalmente praticada em caráter de monopólio ou exclusividade territorial, em atenção à função social da propriedade, que passou a demandar amplo acesso à utilidade pública por todos os cidadãos, e que tal acesso fosse garantido a todos em termos de acessibilidade do preço exigido. E essa inovação surgiu do mencionado *case Allnutt v. Inglis*, de 1810, sobre deveres aplicáveis ao proprietário de uma doca. Tal princípio passou a ser aplicado em diversas outras *public utilities* nas leis inglesas e escocesas.

Nos Estados Unidos da América, o princípio da acessibilidade foi incorporado do Direito anglo-saxão pelo *case Munn v. Illinois*, de 1876. O princípio segundo o qual a propriedade privada, em atividades de monopólio natural, deve se curvar ao interesse coletivo, para garantir o amplo acesso, contribuiu para desenvolver um *dever de expansividade* nas *public utilities* prestados em rede. Essa expansividade gerou o conceito de "serviço universal", pelo Direito norte-americano, que foi inicialmente incorporado pelo marco regulatório das telecomunicações de 1934 (*Communications Act of 1934*).

Em 1934, os serviços de telecomunicações eram um monopólio natural, não podendo ser prestado por duas ou mais concorrentes. Nessa época, o governo federal norte-americano permitiu que esse serviço fosse prestado, de maneira não monopolizada pela AT&T, sob a contrapartida de ter que suportar as obrigações de serviço universal, ou seja, que se prestasse serviço de igual qualidade em diferentes localidades do país, com base em preços e demais requisitos de adequação prestacional regulados pelo governo federal e pelos governos estaduais.

Os princípios da universalidade e da modicidade foram, no *Communications Act of 1934*, colocados como fundamento central para a criação da Comissão Federal de Telecomunicações, conforme se verifica da redação inicial desse diploma normativo:

> Título I – Disposições Gerais
> Sec. 1. [47 U.S.C. 151] Objetivos do Ato Normativo, Criação da Comissão Federal de Telecomunicações
> Com a finalidade de regular as operações comerciais interestaduais e internacionais de telecomunicações por fio e rádio, de modo a disponibilizar, na medida do possível, a todas as pessoas dos Estados Unidos, sem discriminação com base na raça, cor, religião, nacionalidade e gênero, um serviço de telecomunicações de fio e rádio célere, eficiente, com abrangência nacional e internacional e com instalações adequadas, por meio de tarifas razoáveis, com o propósito de defesa nacional, com o propósito de promover a segurança da vida e da propriedade através do uso de fios e rádio comunicação, e com o propósito de garantir uma execução mais eficaz desta política, através da centralização da autoridade, garantida por lei a várias agências e concedendo autoridade adicional, no que diz respeito ao comércio interestadual e internacional, a uma comissão criada para tanto, chamada de 'Comissão Federal de Telecomunicações', que deve ser constituída conforme as disposições a seguir, e que deve executar e aplicar as disposições deste Ato Normativo. (FEDERAL COMMUNICATIONS COMMISSION, 2019, tradução nossa).

Assim, através da experiência das atividades de telecomunicações no Estados Unidos da América, solidificou-se institucionalmente o conceito de "serviço universal", que implicou a oneração regulatória de serviços privados de interesse coletivo com a obrigação positiva de prover toda a infraestrutura necessária para prestação de um serviço universal, abrangendo toda uma circunscrição territorial, mesmo em localidades não lucrativas, e a um preço razoável, sujeito ao controle do poder público.

Nesse panorama, na regulação norte-americana, buscou-se preservar a adequada equação econômico-financeira da oneração decorrente da imposição das obrigações do serviço universal, mediante o estabelecimento de um *fundo* para "financiamento" dessas obrigações. Mesmo que prestado em regime estatal, sempre se buscou resguardar a viabilidade da prestação do serviço privado de telecomunicações, que não corria "a conta e risco" do particular, mas, ao contrário, era garantido por um fundo que viabilizaria os encargos do serviço universal, quando os custos necessários à universalidade e modicidade tarifária eventualmente fossem superiores às receitas advindas da atividade empresarial. O fundo para o serviço universal era financiado com a imposição de taxas de acesso para chamadas de longa-distância, sob a rubrica de "compensação de intercâmbio", a serem pagas a companhias locais para origem e término de ligações de longa-distância (FEDERAL COMMUNICATIONS COMMISSION, 2019).

A política do financiamento do serviço universal, segundo Rosenberg *et al.* (2006, p. 4 *et seq.*), possui diversas lógicas no contexto norte-americano. Primeiro, entende-se que a modicidade tarifária está vinculada à quantidade de pessoas que são assinantes e utilizam o sistema. Neste aspecto, o financiamento das obrigações pelo fundo do serviço universal implica atratividade ao ingresso na rede pelo usuário que não ingressaria, caso não houvesse esse financiamento. Isto, porque, o financiamento do serviço universal significaria uma garantia de que o serviço seria sempre cobrado mediante encargos razoáveis e em localidades diversas. Segundo, o financiamento do serviço universal está ancorada em uma lógica de interesse público e equidade, pois enseja a viabilização do acesso a um número maior de pessoas a serviços de interesse público, como os emergenciais de saúde, polícia e bombeiros. Também, possui um caráter redistributivo, pois viabiliza o acesso de indivíduos de baixa renda, residentes em regiões não atrativas economicamente. Terceiro, financiar as obrigações de serviço universal se fundamenta também na lógica de desenvolvimento econômico e da infraestrutura. A universalização do acesso ao serviço, especialmente em áreas não lucrativas, induzirá o desenvolvimento de infraestrutura em áreas mais pobres, bem como em maior dinamização econômica na região desfavorecida, o que gera benefícios para a coletividade, não apenas local, mas para toda a coletividade nacional (ROSENBERG *et al.*, 2006, p. 4 *et seq.*).

O conceito de serviço universal, enquanto impositivo de obrigações de universalidade e modicidade a serviço privado, por mais que resultante de premissas jurisprudenciais inspiradas no Direito anglo-saxão, não teve papel central na regulação dos serviços de telecomunicações no Reino Unido até 1984, com a privatização da British Telecom. Durante o período intitulado de *public ownership* das *public utilities*, a universalidade e modicidade tarifária foram uma decorrência da própria assunção pública da atividade, tendo se solidificado como princípios regulatórios quando a atividade foi privatizada. Neste caso, o conceito do serviço universal foi incorporado no *British Telecommunications Act*, de 1984, quando da previsão dos deveres primários, acima referidos, a serem atingidos pelo órgão regulador, quais sejam, (i) garantir que o serviço seja prestado em todo o território do Reino Unido, e (ii) que todas as pessoas, de diferentes condições socioeconômicas, consigam suportar o preço pelo serviço.

Diante disso, as obrigações de universalidade e modicidade, decorrentes do conceito de serviço universal, incorporaram-se no Direito Comunitário como instrumento legitimador do processo de liberalizações de grandes serviços públicos, que seria necessário à implantação de um mercado comum entre consumidores dos diferentes Estado-membros da Comunidade Europeia. A liberalização de grandes serviços públicos, que se apresentou como uma diretriz a ser seguida pelos Estados-membros da Comunidade Europeia, foi contrabalanceada pelo necessário reforço regulatório através da insurgência de um Estado garantidor da satisfação das necessidades coletivas, especialmente no tocante à prestação de serviços de interesse geral.

Nesse contexto, "[...] o recurso a um conceito de serviço universal não serve senão para alicerçar os fundamentos materiais dessa actuação, evitando os efeitos perversos associados à actuação de mercado em livre concorrência [...]" (GONÇALVES; MARTINS, 2004, p. 204), especialmente diante do desinteresse prestacional em áreas não lucrativas, bem como pela pressão interna para redução de custos da prestação dos serviços e consequente redução da qualidade, em ambiente de preços regulados.

Assim, os encargos de serviço universal, que não se encontravam nos tratados que instituíram a Comunidade Europeia, foram incorporados em diversos atos comunitários, especialmente na Comunicação da Comissão Europeia sobre os serviços de interesse geral na Europa (2001/C-17/04). A seção 4, do Comunicado 2001/C-17/04, apresenta alguns resultados preliminares obtidos com a experiência na aplicação do princípio do serviço universal em setores liberalizados ao abrigo do programa do mercado único. Isso fica evidenciado no parágrafo 39, do Comunicação da Comissão sobre serviços de interesse geral:

> O serviço universal, em especial a definição de obrigações específicas de serviço universal, constitui, na União Europeia, um componente fundamental da liberalização do mercado de sectores de serviços como as telecomunicações. A definição e garantia de serviço universal asseguram a manutenção da acessibilidade e qualidade dos serviços estabelecidos sem interrupção, para todos os utilizadores e consumidores durante o processo de transição do fornecimento em monopólio para mercados abertos à concorrência. O serviço universal, no contexto de mercados de telecomunicações abertos e concorrenciais, é definido como o conjunto mínimo de serviços de qualidade especificada a que todos os utilizadores e consumidores têm acesso a preços razoáveis nos termos de condições nacionais específicas. Estas disposições fixam o ponto de partida para melhorias impulsionadas pela concorrência a nível da qualidade e dos preços dos serviços. (COMISSÃO EUROPEIA, 2001, p. 11).

A interpretação dos deveres de universalidade, decorrentes do serviço universal, gerou, em sua acepção comunitária, a ampliação de deveres acessórios para sua garantia. Conforme o "Livro Verde dos Serviços de Interesse Geral", elaborado pela Comissão das Comunidades Europeias (2003, p. 37 *et seq.*), o conceito de serviço universal tem necessariamente um caráter dinâmico, de modo a garantir que as exigências de interesse geral tenham em conta os avanços políticos, sociais, econômicos e tecnológicos, bem como permitam um ajustamento regular dessas exigências às necessidades em mutação dos usuários. Assim, o dever de mutabilidade é, segundo interpretação normativa comunitária, inerentemente ao conceito de serviço universal.

Além disso, a incorporação do conceito de serviço universal na Comunidade Europeia deveria ser realizada sem prejuízo dos esforços para buscar manter um ambiente concorrencial. Nesse sentido, caso os mecanismos de mercado não sejam suficientes para conseguir manter as obrigações de serviço universal impostas, o Estado deve intervir para assegurar sua prestação, de maneira objetiva, não discriminatória e proporcional, de modo a minimizar as distorções na concorrência, o que deverá ser realizado por intermédio de medidas de compensação e financiamento (COMISSÃO DAS COMUNIDADES EUROPEIAS, 2003, p. 38). As obrigações de serviço universal também são acompanhadas, no *modus operandi* comunitário, de *obrigações acessórias de transparência e ampla acessibilidade*. De modo a assegurar a eficácia do serviço universal, segundo a concepção comunitária, as regras nesta matéria deveriam ser complementadas por uma série de direitos do usuário, tais como a acessibilidade física, independentemente de uma deficiência ou idade, a transparência e plena informação sobre tarifas, os termos e as condições contratuais, os indicadores de qualidade de desempenho e os índices de satisfação dos consumidores, o tratamento de queixas e os mecanismos de resolução de litígios (COMISSÃO DAS COMUNIDADES EUROPEIAS, 2003, p. 38 *et seq.*).

O serviço universal é um dos conceitos centrais da execução de serviços de interesse geral, ancorado em premissas criadas na *Common Law*, e é um dos principais pilares da regulação social, a qual se pauta em valores de integração e coesão social, cujos valores também são fundamentais para a *publicatio* de atividades, no contexto da noção tradicional francesa dos serviços públicos. Por isso, em sua essência, a noção do serviço universal consubstancia a legitimação de imposição de deveres, semelhantes aos decorrentes dos princípios fundamentais do serviço público, a atividades privadas não titularizadas pelo Estado. E, trata-se de conceito que foi incorporado na Comunidade Europeia e que, por isso, também influenciou o rol de obrigações regentes do serviço público no Brasil.[117] Não é por menos que há posições doutrinárias, como de Gaspar Ariño Ortiz (1996, p. 27 *et seq.*) no sentido de afirmar que o conceito de serviço universal veio substituir a *publicatio*, como garantia estatal na prestação de serviços de interesse econômico geral.

Por isso, mesmo que surgido no contexto norte-americano da prestação dos serviços de telecomunicações, e ancorado em premissas da jurisprudência britânica no início do século XIX, os encargos decorrentes do conceito de serviço universal passaram a representar a legitimidade de diretrizes regulatórias básicas de um novo paradigma do "Estado Garantia", atingindo, assim, outros serviços públicos liberalizados, como o caso dos serviços postais, saneamento, distribuição de água, eletricidade, dentre outros.

A noção do serviço universal não representou apenas uma espécie de obrigação a ser imposta, mas um dos princípios regentes dos serviços de interesse geral, pois significou uma "garantia" de que serviços públicos privatizados seriam disponibilizados a todos os usuários que dele necessitarem, a preços isonômicos e razoáveis, bem como em constante aprimoramento da qualidade prestacional. (SOUSA, 2010, p. 136).

---

[117] Institucionalmente, o princípio da generalidade do serviço público, como um aspecto da conceituação do "serviço adequado", foi inserido inicialmente em legislação federal apenas no art. 6º, da Lei nº 8.987/1995. Posteriormente, tal princípio da generalidade, como um aspecto da universalidade, foi reiterado no art. 4º, da Lei nº 13.460/2017, conhecida como Lei dos Direitos dos Usuários dos Serviços Públicos.

3.3.4 Panorama das obrigações de serviços públicos nas *public utilities*

3.3.4.1 Telecomunicações

Em 1984, a *British Telecommunications Act* realizou a privatização da British Telecom, a primeira *public utility publicly owned* desestatizada no contexto britânico. Esse ato também implantou um sistema de duopólio para a prestação de serviços de telecomunicações no Reino Unido, considerando limitações tecnológicas até então existentes. Esse duopólio durou até 1991, por implicações decorrentes da própria evolução tecnológica na prestação dos serviços de telecomunicações, tornando sem fundamento a manutenção de um mercado formado apenas por dois prestadores. Diante disso, o duopólio passou a ser substituído por uma ampla liberalização da atividade (PROSSER, 1997a, p. 60).

A regulação no setor privatizado das telecomunicações, no Reino Unido, é realizada por um departamento público não ministerial (*Office of Telecommunications* – OFTEL), sob comando do diretor geral de Telecomunicações, cujas atividades regulatórias são amparadas por mais de cento e sessenta e quatro conselhos consultivos que buscam analisar os interesses dos usuários (PROSSER, 1997a, p. 61).

Nesse contexto de privatização dos serviços de telecomunicações, o *British Telecommunications Act* impôs a esse órgão regulador *dois deveres primários* a serem atingidos. O primeiro, assegurar que o serviço seja provido em todo o Reino Unido, salvo nos casos em que seu fornecimento seja impraticável ou não razoavelmente praticável, devendo ainda satisfazer todas as demandas razoáveis em toda a área de abrangência, tais como serviços de emergência, serviços de caixa postal público, diretório de serviços de informações, serviços marítimos e serviços em zonas rurais; segundo, que seja assegurado que qualquer pessoa consiga arcar com esses serviços, sem prejuízo de todas as condições descritas anteriormente (PROSSER, 1997a, p. 62). No Reino Unido, a privatização dos serviços de telecomunicação, antes de propriedade pública, só foi perpetrada com condições regulatórias precisas de manutenção de garantia de universalidade e modicidade dos preços cobrados.

No tocante aos preços cobrados, os serviços privados de telecomunicações passaram a ser submetidos a um regime de controle tarifário. Neste contexto, na privatização, e mesmo após a liberalização da atividade, foram criadas regras de regulação de preços semelhantes aos existentes no monopólio da *British Telecom*, tais como fixação de *price cap* (preços máximos), bem como limitação da taxa de retorno (PROSSER, 1997a, p. 68 *et seq.*). Também houve intensa regulação com imposição de regras de regularidade e qualidade dos serviços prestados: neste caso, a *British Telecommunications Act* conferiu extensos poderes discricionários ao diretor geral de Telecomunicações para estabelecer padrões de desempenho geral, bem como para forçar todos os prestadores privados em estabelecer procedimentos para tratamento de reclamações e qualidade de atendimento (PROSSER, 1997a, p. 73).

A garantia à universalidade e à acessibilidade do serviço foram as principais preocupações do *British Telecommunications Act*, após a privatização desta *utility*. Para tanto, buscou-se resguardar que os serviços também deveriam ser prestados em localidades menos vantajosas economicamente para a empresa. Por isso, encargos de universalidade foram impostos pela regulação britânica como condições à outorga e manutenção de licenças de funcionamento (PROSSER, 1997a, p. 79). Outra condição estabelecida pelas licenças seria a imposição de um sistema tarifário especial para atender a demandas de políticas sociais, especialmente para pessoas que não teriam condições de arcar com os serviços (PROSSER, 1997a, p. 80).

A regulação dos serviços de telecomunicações, no Reino Unido, foi a base para as diretrizes impostas pela Comunidade Europeia, que caracterizou o "serviço universal", no qual houve a imposição de diversos encargos para que se garantisse uma prestação mínima, a toda localidade, por preços razoáveis. No contexto britânico, os encargos típicos de um "serviço universal" deveriam ser estruturados em princípios da universalidade, igualdade e continuidade, cuja experiência inspirou trabalhos da Comissão Europeia em 1994 (PROSSER, 1997a, p. 80 *et seq.*).

Para garantir a sustentabilidade de vários encargos do serviço universal no Reino Unido, foi criado um "fundo para o serviço universal", o qual deveria ser financiado pela própria receita dos operadores de telecomunicações, e que serviria para compensar eventuais prejuízos ocasionados pela execução de obrigações de serviço público exigidos em face de operadores privados.

3.3.4.2 Energia elétrica

No Reino Unido, os serviços de produção e comercialização de energia elétrica foram sempre uma mistura de propriedade pública e privada, sendo que é a *public utility* inglesa que mais possui histórico de aplicação de preceitos do serviço universal. Deveres prestacionais já haviam sido definidos pelas instâncias regulatórias desde o *Electric Lighting (Clauses) Act*, de 1899, que foi incorporado pelo *Electricity Act*, de 1947, o qual estabelecia o dever de fornecimento geral, sob solicitação do consumidor (desde que sujeito a determinadas condições), bem como a estabilidade no fornecimento dentro de cinquenta jardas das instalações elétricas (PROSSER, 1997a, p. 149). Essa atuação concorrente do setor público e do setor privado induziu, no Reino Unido, a um mercado concorrencial mais avançado nesse setor, o qual estaria submetido a uma forte presença estatal, sob o comando do secretário de estado do Reino Unido (PROSSER, 1997a, p. 149 *et seq.*).

Além de se submeter a mecanismos complexos de controle de preço, as empresas prestadoras do serviço devem seguir padrões de desempenho, estabelecidos em códigos de práticas, que também estabelecem restrições para a interrupção dos serviços por inadimplemento do usuário. Neste ponto, antes de privatizações de *public utilities publicly owned* nesse setor, haviam em torno de mais de 70.000 desconexões do serviço por inadimplemento, por ano, montante esse que passou a ser reduzido após as privatizações, por imposições regulatórias (PROSSER, 1997a, p. 173 *et seq.*). Nesse caso, existem disposições regulatórias, contidas em licenças de operação, que impedem a interrupção por falta de pagamento nos casos em que não se está diante de uma justa causa e quando não se realizem prévias tentativas de solução amigável para regularização dos pagamentos, através de meios alternativos extrajudiciais, medidas estas que resultaram na redução do índice de desconexões anuais para 19.266 em março de 1990 (PROSSER, 1997a, p. 173).

O ambiente concorrencial criado, especialmente para os consumidores de "primeira linha", ou seja, aqueles que compram grandes quantidades de energia no atacado, fez criar nas instâncias regulatórias um sentimento de que o mercado competitivo já traria as adequações necessárias para a fixação do preço adequado. Todavia, pressões de consumidores de "segunda linha", ou seja, consumidores finais nos serviços de distribuição de energia, induziram e legitimaram uma maior imposição de regras regulatórias – em sintonia com experiências prévias do setor do gás – como, por exemplo, o controle de preços para pequenos consumidores e limitações a discriminações tarifárias, exceto quando houvessem justificativas técnicas, aceitas pelas instâncias regulatórias, para essa diferenciação (PROSSER, 1997a, p. 174).

Nos Estados Unidos da América, por outro lado, durante o final do século XIX e início do século XX, quando a eletricidade era gerada em pequenas usinas localizadas perto da demanda, havia pouca necessidade de regulação estadual ou federal (BOYD; CARLSON, 2016, p. 822). A presença da regulação estatal se tornou mais evidente quando o sistema estava crescendo, fazendo surgir a atuação da Comissão Independente de Utilidade Pública (*Independent Public Utility Commission* – "PUC"). A expansão das prestadoras dos serviços, e o consequente aumento das transferências interestaduais, fez resultar em jurisprudência da Suprema Corte dos EUA, em 1927, proibindo os estados federados de regular tais operações interestaduais, criando uma lacuna no regime regulatório (BOYD; CARLSON, 2016, p. 823). Em resposta a essa lacuna, o Congresso dos EUA criou uma nova legislação, que conferiu à *Federal Power Commission*, predecessor da *Federal Energy Regulatory Commission* (FERC), "[...] a competência de definir as tarifas para serem aplicadas na venda interestadual de energia, bem como nas taxas aplicadas para transmissão de eletricidade entre os Estados (BOYD; CARLSON, 2016, p. 823, tradução nossa).

Nesse período, o poder regulatório exercido pela *Federal Power Commission* era limitado, especialmente diante de reservas regulatórias dos estados federados, exercidas por meio das Comissões estaduais, o planejamento e construção de infraestrutura de geração e do estabelecimento de tarifas para a venda de energia ao consumidor final (distribuição de energia). Diante desse cenário, tal como relatado por Boyd e Carlson, o principal papel das PUCs, na maior parte do século XX,

> [...] foi de estabelecer preços de tarifas para os serviços prestados pelas utilidades públicas de propriedade de investidores privados. A abordagem típica, que permaneceu dominante tradicionalmente nos Estados, implica que as utilidades públicas de propriedade de investidores privados recebem franquias de longo prazo em troca de um compromisso de fornecer, de maneira regular, energia a todos os consumidores dentro de uma área de prestação de serviço, mediante os preços, termos e condições estabelecidas pela comissão. Os preços a serem cobrados no varejo dos serviços de energia eram fixados mediante procedimentos de "estudos de caso de preços" [*rate cases*], baseados no custo do serviço. (BOYD; CARLSON, 2016, p. 827, tradução nossa).

O modelo tradicional de custo de serviço entrou em declínio após a crise do petróleo de 1970, o que resultou no aumento do preço do petróleo para utilidades públicas e, consequentemente, na oneração do custo da energia elétrica. Essa crise deu ensejo ao crescimento de um movimento por maior desregulamentação do setor elétrico, durante a década de 1980, bem como uma maior pressão para a abertura para o mercado competitivo, tanto no varejo, como no atacado do setor de energia. Por isso, modificações em leis energéticas, ocorridas no Congresso dos Estados Unidos da América em 1992, deram competência para os estados definirem a forma de exploração dos serviços de energia, recomendando-se a opção por uma maior abertura do mercado e o afastamento das barreiras à entrada de novos investidores privados (BOYD; CARLSON, 2016, p. 831).

Nesse contexto, a FERC passou a abrir o mercado atacadista de energia para a livre concorrência em 1996, incentivando as *public utilities* a fazerem a separação entre as fases de geração e transmissão de energia a fim de promover maior concorrência e, consequentemente, a redução de preços da energia comercializada. Como parte dessas medidas, a FERC procurou induzir a criação de "Operadores de Sistemas Independentes" e "Organizações de Transmissão Regional" para administrar a não discriminação na definição das tarifas de transmissão no mercado liberalizado, bem como para supervisionar esses mercados emergentes de atacado de energia (BOYD; CARLSON, 2016, p. 831 *et seq.*).

Assim, não houve, nos EUA, um esforço do Congresso para definir um modelo único de exploração de energia no seu território, fazendo com que se identificasse três modelos distintos de exploração do serviço:

- *Modelo Tradicional*: estruturado sob o modelo tradicional do custo de serviço, em parte ou integralmente no território do Estado. Neste modelo, as tarifas são mais estáveis, posto que realizadas pelas comissões, através de uma análise de custo do serviço. As comissões, neste modelo, também exercem uma forte autoridade sobre os requisitos de prestação para seus consumidores, que não poderiam ser recusados pelos prestadores (BOYD; CARLSON, 2016, p. 836).
- *Modelo reestruturado:* esse modelo, criado por reestruturações normativas do mercado energético na década de 1990, combina um mercado competitivo no varejo e atacado do setor de energia. Como pontuado por Boyd e Carlson (2016, p. 837), estados que operam nesse modelo estão em regiões cobertas pelas competências de Organizações de Transmissão Regional e Operadores de Sistemas Independentes que administram mercados atacadistas de energia e gerenciam os sistemas de transmissão em massa em grandes áreas interestaduais. Neste modelo, há ainda a presença regulatória das Comissões de Utilidade Pública (PUCs) para a fixação de tarifas no mercado atacadista, certificação de distribuições de energia e no estabelecimento de regras prestacionais reputadas necessárias, muitas delas inseridas no conceito de serviço universal. Neste caso, os prestadores de serviço de distribuição para usuários finais compram energia nos mercados atacadistas e concorrem por consumidores no mercado varejista, mediante a competitividade do preço oferecido (BOYD; CARLSON, 2016, p. 837).
- *Modelo Híbrido:* esse modelo combina o mercado competitivo no atacado de energia, e o tradicional modelo de franquias para *public utilities* de propriedade de investidores privados para o mercado do varejo, ou seja, para a distribuição de energia ao consumidor final. Nesse contexto, a maior diferença entre os estados que adotam o modelo tradicional, com aqueles que adotam o modelo híbrido, *é* que as utilidades públicas reguladas no modelo híbrido têm a opção de comprar energia através de mercados atacadistas administrados por Organizações de Transmissão Regional e Operadores de Sistemas Independentes, mas não têm qualquer controle operacional sobre seus sistemas de transmissão, e não têm controle de como a energia é distribuída nesse sistema (BOYD; CARLSON, 2016, p.838).

3.3.4.3 Outras utilidades públicas

A imposição regulatória de encargos da regulação social, especialmente pertinentes à noção de serviço universal, também ocorreram em diversas outras *public utilities*. Para melhor ilustrar essa imposição, vejamos sucintamente os casos dos serviços de distribuição de gás e dos serviços de distribuição de água no Reino Unido.

Antes da nacionalização dos serviços de gás no Reino Unido, em 1948, a propriedade dessa *public utility* estava fragmentada em 249 (duzentos e quarenta e nove) operadores municipais e 264 (duzentos e sessenta e quatro) companhias privadas sob o controle de 11 (onze) *holdings* e 509 (quinhentos e nove) outras empresas privadas independentes (PROSSER, 1997a, p. 89). Os serviços de gás eram vistos como as indústrias nacionalizadas que mais tiveram sucesso, tendo a liberalização sido implantada como medida para incentivar a competição nesse tipo de mercado.

No setor da exploração dos serviços de gás, houve a criação de instâncias regulatórias autônomas, como um "Conselho de Consumidores de Gás"; todavia, em 1995 foi criado o *Gas Act*, em que foi dado poderes regulatórios para o secretário de estado britânico, com poderes de veto de licenças de operadores (PROSSER, 1997a, p. 91).

Nesse contexto, as instituições regulatórias estabeleciam fórmulas para a fixação dos preços máximos das tarifas, taxas de retorno por volta de 5% (cinco por cento) a 7% (sete por cento) dos custos envolvidos, bem como eram estabelecidos níveis de qualidade de serviço a serem atendidos (PROSSER, 1997a, p. 98). Interessante observar que, para coagir na obtenção da qualidade exigida para o serviço, as instituições britânicas estabeleciam um procedimento de revisão dos preços cobrados, a menor, caso o nível de qualidade não atingisse as metas esperadas (PROSSER, 1997a, p. 102).

Antes da privatização da *British Gas* em 1986, no governo de Margaret Thatcher, o serviço público havia garantido o suprimento do serviço para 91% (noventa e um por cento) das famílias inglesas, não sendo a desconexão por inadimplemento um problema frequentemente apontado. Todavia, após a privatização, o índice de desconexão do serviço, em razão de inadimplemento, aumentou, o que induziu as instâncias regulatórias a imporem obrigações para garantir a continuidade no fornecimento, consubstanciada em restrições à interrupção por inadimplência sobre determinadas condições (PROSSER, 1997a, p. 107).

As instâncias regulatórias também criaram regras impedindo que empresas licenciadas procedessem a discriminações de atendimento ou tarifárias em face de pequenos consumidores, bem como determinou a obrigatoriedade de se estabelecer subsídios cruzados para viabilizar a prestação do serviço em zonas não lucrativas, dentro do âmbito territorial de sua prestação (PROSSER, 1997a, p. 108). Assim, estabeleceu-se a obrigação de os prestadores publicarem suas tarifas, os quais devem estar em conformidade com os critérios de igualdade, dentro do mercado concorrencial, sem qualquer preferência ou discriminação, respeitando ainda o *price cap* fixado pelas instâncias regulatórias.

Os *serviços de distribuição de água e esgotamento sanitário*, por sua vez, sempre foram prestados majoritariamente por autoridades locais, diante de características inerentes ao monopólio natural que é típico à atividade, sendo que até 1974 existiam mais de 1.393 (um mil trezentos e noventa e três) autoridades de serviços de esgotamento sanitário na Inglaterra e País de Gales. O sistema foi inteiramente transformado pelo *Water Act* de 1973, que estabeleceu um sistema de autoridades regulatórias regionais que assumiram as funções das autoridades locais, exceto as funções já exercidas concorrentemente pelas empresas privadas de distribuição de água e esgotamento sanitário (PROSSER, 1997a, p. 117).

Nesse contexto, devido à maior necessidade de investimento em larga escala para renovação da infraestrutura destinada a esses serviços, bem como para melhor atender aos imperativos de sustentabilidade ambiental, tais serviços de propriedade estatal foram objeto de processos de privatização (PROSSER, 1997a, p. 118). Assim, no Reino Unido, mesmo que situações de monopólio natural impedissem a dinamização de um mercado competitivo para os serviços de distribuição de água e esgotamento sanitário, o setor privado, que sempre atuou modestamente no setor, passou a assumir maiores responsabilidades após processos de privatizações ocorridas na década de 1980 em diante.

No exercício privado no setor da distribuição de água e esgotamento sanitário, foram estabelecidas zonas de tarifas, conforme metodologia de cobrança fixada por autoridades regulatórias. Neste contexto, não foi necessária a imposição de encargos de universalidade, considerando que, no período da propriedade pública de grande parte dos serviços de água, os índices de universalidade já haviam atingido, no território britânico, quase 100% (cem por cento) de residências conectadas às redes de serviço (PROSSER, 1997a, p. 139).

Assim como os serviços de gás, demonstrou-se também preocupação regulatória com a continuidade do serviço, impondo restrições a desconexões por inadimplemento do consumidor. O *Water Industry Act*, de 1992, previu proibição de desconexão por inadimplemento, quando não tivesse um distrato entre as partes ou uma decisão judicial prévia. Neste caso, as licenças de operação condicionavam a exploração da atividade à observância de um Código de Condutas para a Desconexão, que também dispunha sobre a necessidade de prévia decisão judicial ou uma violação, pelo consumidor, quanto a um acordo de pagamento previamente firmado entre o usuário e o prestador (PROSSER, 1997a, p. 140).

3.4 Conclusões parciais: a artificialidade do regime jurídico típico da atividade estatal

Assim através deste Capítulo, é possível extrair as seguintes conclusões parciais:

1) No Direito francês, é possível constatar que todo o esforço teórico desenvolvido para constatação do fundamento do Estado e da caracterização do serviço público possuiu um propósito processual, qual seja, de melhor identificação da competência do contencioso administrativo. A Escola do Serviço Público, e seus desdobramentos, tiveram grande influência na superação da dicotomia do duplo regime jurídico que o Estado pode revestir (atos de gestão e atos de império), na medida em que partiram do pressuposto de que o objetivo do Estado é a prestação de serviços públicos, sendo que as prerrogativas de poder público seriam instrumentais para esse fim.

2) A identificação do regime jurídico que é próprio da prestação dos serviços públicos, conhecidos como "obrigações de serviço público" é resultado de uma

sistematização da doutrina francesa, com especial relevância para a classificação de Louis Rolland, destinada a estabelecer parâmetros de verificação do que seria o direito derrogatório do direito comum, em atividades prestadas pelo Estado, para fins de sua remessa para a jurisdição administrativa. Os *princípios fundamentais do serviço público* (classificados por Rolland como os princípios da continuidade, mutabilidade e igualdade) foram, assim, referenciados como um "mínimo derrogatório do direito comum" para fins de identificação de uma atividade assumida pelo Estado, sujeita a procedimentos do direito comum, como um serviço público propriamente dito, o que seria requisito elementar para suscitar-se a jurisdição administrativa.

3) Verifica-se, assim, que as obrigações de serviço público, em sua concepção doutrinária francesa, não foram referenciadas como impassíveis de imposição aos particulares. Sua concepção representou essa base doutrinária cujo cenário justificador seria a fixação de critérios para separar e resolver conflitos de competências entre a jurisdição comum e a jurisdição administrativa. É neste aspecto que se pode afirmar que o regime jurídico mínimo dos serviços públicos (princípios fundamentais do serviço público) é uma construção jurídica artificial, mesmo que amparada em critérios jurídicos, que relacionou função pública com encargos de continuidade, igualdade e mutabilidade do serviço, bem como outros encargos necessários na execução do serviço e posteriormente classificados como "obrigações de serviço público", inerentes ao regime jurídico-prestacional.

4) A emergência da noção do serviço público também contribuiu para a solidificação de uma *premissa de indissociabilidade entre o regime jurídico mínimo do serviço público e o exercício de uma atividade estatal*. Difundiu-se a ideia de que o regime jurídico próprio dos serviços públicos é o cerne representativo da função pública, em oposição ao setor privado, na medida em que a execução do serviço público, regidos por seus princípios fundamentais, é a razão de ser do Estado. Disso, resultou-se em uma visão mítica de que o Estado seria o ente naturalmente destinado a assumir as atividades destinadas a atender às necessidades coletivas, que demandavam a presença de um regime jurídico especial, enquanto os particulares, por serem naturalmente tendentes ao egoísmo e busca pelo lucro, seriam incapazes de atender aos imperativos decorrentes da execução do serviço público. O regime jurídico do serviço público, mesmo sem suas dimensões mínimas (princípios fundamentais do serviço público) passa então a se concretizar como indissociável da função estatal, como se fosse elemento diferenciado do direito privado, reforçando, ainda mais, a dicotomia existente entre o direito público e o direto privado.

5) O sistema jurídico do *Common Law* revela uma contradição esclarecedora para demonstração da artificialidade da construção francesa do regime jurídico mínimo do serviço público. Como visto, no Reino Unido, foram construídas premissas jurisprudenciais, amparadas na ideia da *função social da propriedade*, que viabilizaram o direito do Estado em intervir no domínio privado, para

impor encargos mínimos prestacionais, semelhantes às obrigações de serviço público. Assim, no sistema do *Common Law*, a imposição de encargos especiais na execução de serviços de utilidade pública não é corolário da noção de que tal serviço seria "estatal" ou de domínio público. Todas as obrigações especiais impostas às *public utilities*, semelhantes às mencionadas obrigações de serviço público, foram resultado de uma *relativização da propriedade privada* para adequação aos imperativos do interesse coletivo. Tais premissas também influenciaram o Direito norte-americano para viabilizar a imposição de encargos típicos do regime jurídico-prestacional, especialmente a partir do *case Allnutt v. Inglis* e *case Budd v. New York*, no qual a Suprema Corte norte-americana entendeu ser constitucional impor obrigações de acessibilidade, igualdade e modicidade tarifária, em *public utilities* de propriedade privada.

6) O período das *public utilities publicly owned*, no Reino Unido, revela um *paradoxo* que também contribui para a fragilização do dogma que identifica as obrigações de serviço público como princípios atrelados ao exercício de um serviço público e, não, de um serviço privado. Isto, porque a fase da propriedade pública de empreendimentos de utilidade pública no Reino Unido ocorreu como resultado de uma pressão do setor empresarial para reduzir a incidência dos encargos da regulação social, semelhantes às obrigações do serviço público. E a reestruturação dos órgãos regulatórios foram desenvolvidos no Reino Unido, a partir da década de 1970, como medida de planejamento de privatização das mesmas *public utilities*. Enquanto na França, a identificação de um regime jurídico próprio da atividade revelaria um regime tipicamente estatal, no Reino Unido a identificação desse regime só faria sentido quando se tratasse da propriedade privada das *public utilities*.

7) Com base nessa noção de relativização da propriedade privada é que se criaram as premissas para a formação do conceito de *serviço universal*, que representa as obrigações de universalidade e de modicidade tarifária. Tal conceito, incorporado inicialmente no âmbito dos serviços de telecomunicações nos Estados Unidos da América, foi posteriormente adotado pela Comunidade Europeia como princípio que legitimaria as liberalizações de serviços públicos, para incidir em serviços privados abertos à livre iniciativa. A concepção dos princípios inerentes ao conceito de serviço universal é, então, *eminentemente regulatória de atividades privadas*, tanto no *Common Law*, como na Comunidade Europeia, os quais *foram importados no Direito brasileiro como princípios típicos do serviço público*. Foi com base no conteúdo jurídico do conceito de serviço universal, fundado em princípio jurisprudencial semelhante à "função social da propriedade", que se marcou a história regulatória de diversas *public utilities* no Reino Unido e Estados Unidos da América, com imposição de "obrigações de serviços públicos" (regulação social) a atividades de interesse geral de domínio privado, sem uma necessária transformação de tais atividades em domínio público.

CAPÍTULO 4

A VISÃO INSTRUMENTAL DO SERVIÇO PÚBLICO: *PUBLICATIO* E INICIATIVA ECONÔMICA PÚBLICA COMO INSTRUMENTO PARA RESGUARDO DO REGIME JURÍDICO-PRESTACIONAL

4.1 Considerações preliminares

O objetivo do presente Capítulo é compreender a visão instrumental do serviço público,[118] em contraposição à visão formal-finalística, oriunda da clássica noção francesa do serviço público.

Para tanto, pretende-se desmistificar as premissas da própria noção clássica, que alimentaram a dicotomia do direito público e privado e que contribuíram para uma proposição lógico-jurídica de substantivação (regime jurídico especial) e ideologização (predisposição pública) de determinadas atividades econômicas de interesse coletivo, que consubstanciaram o conceito do serviço público. Esse processo racional, que teve finalidades próprias (concepção de critérios para a definição da jurisdição administrativa), foi abalado por novas diretrizes da formação da Comunidade Econômica Europeia, que não excluíram o instituto do "serviço público", mas alteraram a forma de este ser identificado e conceituado, passando de ser remetido à ideia da natureza da função estatal (visão formal-essencialista) para beneficiar uma visão instrumental, como se o serviço público fosse uma prerrogativa inerente à iniciativa econômica pública.

Em sequência, utilizando preponderantemente de um raciocínio jurídico-histórico, busca-se demonstrar que a titularização de determinadas atividades como "serviço público", no Brasil, não decorreu de desdobramento jurídico da própria noção clássica francesa, mas foi resultante de um pragmatismo, que também revelou o uso do instituto do serviço público como instrumento de iniciativa econômica pública. Isso se

---

[118] A visão instrumental do serviço público foi desenvolvida em estudos realizados em período de intercâmbio acadêmico através de programa de mobilidade internacional promovido pela Universidade de Coimbra, Portugal, sob a supervisão do professor Pedro Costa Gonçalves e com o apoio do professor Licínio Lopes Martins.

revela também em razão da intangibilidade da demonstração do dever garantístico de resguardo da boa execução de serviços públicos que foram liberalizados e privatizados, bem como pela nova concepção atribuída às obrigações de serviço público, que passou a ver tais encargos como critérios de qualidade do serviço público e não como um regime jurídico de direito público que seria próprio de atividades estatais.

Neste ponto, é de se questionar: qual a relevância na identificação e compreensão da visão instrumental do serviço público, no Direito brasileiro?

Primeiramente, em linha ao que se busca defender neste trabalho, a incidência dos encargos prestacionais cunhados como "princípios do serviço público" *não é consequência da titularização, mas pressuposto desta*. Ou seja, não se concebem os encargos jurídico-prestacionais pelo fato de o poder público assumir a atividade; em verdade, o que se entende é que o Estado assume a atividade pela constatação de inviabilidade, inefetividade ou inconveniência de exigência e manutenção das "obrigações de serviço público", necessárias às atividades de interesse público, em um mercado aberto à iniciativa econômica privada. Este é um dos motivos condutores da iniciativa econômica pública.

Independentemente disso, entende-se que o desprendimento do "essencialismo", característico da visão clássica do serviço público, pode contribuir para o desenvolvimento de uma responsabilidade pública compartilhada, criando novos contornos e objetivos para a livre iniciativa regulada, e novos instrumentos de ação para o Estado Social, especialmente em um contexto de redução da atuação direta do poder público na economia.

A noção clássica do serviço público, ao induzir a indissociabilidade de seus elementos conceituais, traz, por sua própria natureza, imprecisões difíceis de serem lidadas. A ideia de que determinados serviços de natureza coletiva são, necessariamente, serviços públicos, ou de que a referência à competência exploratória transforma, por si mesma, uma determinada atividade como domínio público, irrenunciável, pode travar a imensa gama de formas de ação que o Estado pode assumir, para melhor resguardar o que é essencial: que o serviço de interesse coletivo visa atender ao cidadão e não ao próprio Estado. Por isso, a substituição da expressão *service public* para *service rendu au public* (serviço para o público).

O reconhecimento de uma prerrogativa de iniciativa econômica pública, dentro de um contexto de um sistema de deveres sociais e econômicos criados constitucionalmente para o Estado, reforça a ponderação da *utilidade e conveniência* no domínio público ou no domínio privado, como se ambos fossem parte da mesma feição do interesse público. A visão essencialista, por outro lado, instiga a oposição entre o público e o privado, que só tem o condão de acirrar opiniões, mais políticas do que jurídicas.

Neste caso, se a transformação em domínio público é medida instrumental para resguardar a boa execução do serviço econômico de interesse geral, em vista do interesse do cidadão, isso necessariamente induz o Estado a sair de sua "zona de conforto" para sempre avaliar o que é mais importante: se determinado serviço prestacional está sendo executado com qualidade, presteza, e amplitude esperada pela coletividade. O desvio do foco do "domínio" para a "qualidade", poderia, sobretudo, ensejar novos contornos para a função regulatória do Estado, em prol de uma regulação social que vise a adequação prestacional de determinada atividade aberta à livre iniciativa.

4.2 A noção tradicional francesa do serviço público e a visão formal-finalística do serviço público:[119] a substantivação e ideologização do conceito e sua perpetuação na doutrina brasileira

Como foi discutido no capítulo anterior, o ideal de "serviço público" surgiu na França como um critério definidor da competência jurisdicional, verificando um esforço doutrinário para a definição do que seria direito público (pertinente à jurisdição administrativa) e direito privado (pertinente à jurisdição comum). A trajetória da evolução da doutrina francesa sobre o critério do Direito Administrativo perpassou entre a ideia da dupla personalidade, identificada pelo critério da autoridade (*puissance publique*), dando lugar à ideia de que o regime jurídico do Estado estaria atrelado aos deveres que lhe eram atribuídos (serviço público), como se verifica na evolução da jurisprudência francesa (*arrêt Terrier*, *arrêt Feurty* e *arrêt Thérond*). Diante da influência da Escola do Serviço Público, mediante as contribuições de Léon Duguit e Gaston Jèze, a noção do serviço público passou a ser elementar na definição do direito público, o qual demanda a necessária aplicação de um regime jurídico especial que lhe dá suporte para o atendimento às necessidades de interesse geral.

Nesse contexto, é possível identificar *duas consequências* da emergência da noção do "serviço público", como critério de Direito Administrativo, na França, e em outros países que foram influenciados por este: (i) a *substantivação* de atividades estatais, e (ii) a *ideologização* do *munus* estatal.

A *substantivação* da atividade estatal manifestou-se pelo esforço doutrinário e jurisprudencial em buscar individualizar o conteúdo jurídico da atividade estatal, para diferenciá-lo do regime jurídico aplicável a uma atividade conduzida pelo setor privado. Se dada atividade é conferida ao Estado, a proteção do interesse público induziria a emergência de um regime jurídico próprio, conforme o "procedimento de direito público" (JÈZE, 1934). Neste caso, até mesmo em atividades econômicas privadas, quando assumidas pelo Estado (serviços públicos industriais e comerciais), "identificou-se" um regime jurídico com "elementos próprios", definidor do Direito Administrativo, como é o caso das *cláusulas exorbitantes* de um contrato administrativo e dos *princípios fundamentais do serviço público*. Neste último aspecto, os princípios fundamentais dos serviços públicos, tais como elencados por Louis Rolland (1951) representariam uma sistematização, bem recepcionada pela doutrina, do conteúdo jurídico mínimo de uma atribuição assumida pelo Estado, mesmo aquelas de natureza econômica.

Ao lado da substantivação de instrumentos jurídicos tipicamente privados, a *ideologização* da função do Estado foi outra relevante decorrência da incorporação da noção jurídica do serviço público. Se o fundamento do Estado repousa na prestação de serviços ao cidadão, para melhor atender aos interesses da coletividade, e não nas prerrogativas públicas a ele conferidas, esse possui a predisposição natural para assumir atividades que se inclinam a atender uma utilidade pública.

---

[119] É de se ressaltar que, para a formulação da ideia de simbiose conceitual, que caracteriza a visão formal-finalística do serviço público no Direito brasileiro, foram bem valiosos os debates proporcionados pela disciplina ofertada pelo professor Florivaldo Dutra Araújo, intitulada "Serviços Públicos na Ordem Econômica", cursada pelo autor durante o doutoramento.

Este é o fundamento do mencionado *mito do serviço público:*[120] serviço público é mais do que uma atividade estatal; é um princípio axiológico que move o Estado, que induziu a criação de um *simbolismo político* no sentido de que todas as atividades destinadas a atender às necessidades coletivas seriam mais bem atendidas se prestadas diretamente pelo poder público. O serviço público, enquanto pressuposto da ação estatal, dogmatiza, e torna intransponível, a ideia de que a Administração Pública é naturalmente superior ao setor privado no quesito de execução direta dos serviços de interesse geral, justamente porque a afabilidade e o altruísmo no atendimento dos interesses coletivos é a razão para sua existência.

A convergência das imbricações da noção do serviço público – substantivação e ideologização – foi fundamental para se conceber os elementos caracterizadores do "serviço público". Seria serviço público, e assim inerente à função pública, aquelas atividades predispostas a atender um interesse coletivo (ideologização do conceito), portanto submetidas a um regime jurídico tipicamente estatal (substantivação do conceito), diverso do existente no regime de direito privado. Passou-se a identificar o serviço público, então, pela junção dos elementos orgânicos ou subjetivo (domínio público), material ou finalístico (ideologização da função estatal) e formal (substantivação da atividade).

Neste aspecto, pode-se dizer que, doutrinariamente, os elementos caracterizadores não representaram apenas uma mera sistematização de elementos, mas uma *simbiose conceitual* responsável por dar sustentação a uma premissa da *indissociabilidade e dependência de seus elementos conceituais*: (i) a atividade é de domínio público (elemento orgânico ou subjetivo) posto que cuida de atividade de interesse coletivo (elemento material ou finalístico), sendo necessária a aplicação de um regime jurídico que lhe é próprio (elemento formal); (ii) a atividade de interesse coletivo (elemento material ou finalístico) demanda a aplicação de um regime jurídico especial (elemento formal), somente exercível através da subjetivação da atividade (elemento orgânico ou subjetivo); e (iii) o regime jurídico especial é indissociável de uma função estatal, já que destinado a atender um interesse coletivo.[121] Essa relação de dependência conceitual pode ser representada pela figura abaixo:

---

[120] Conforme item 3.2.3 acima.

[121] Essa simbiose conceitual, inerente à noção francesa do serviço público, encontra sintonia com a posição de Celso Antônio Bandeira de Mello (2017, p. 44), conforme se verifica da seguinte passagem: "O que importa frisar é o caráter pouco relevante das divergências, pois, qualquer que fosse o elemento em que se calcasse o conceito, da mesma forma se localizaria o serviço público. Se fosse dada ênfase ao aspecto formal – regime jurídico – via de regra lá estaria o serviço público, porque o processo de direito público de um modo geral se atribuía a organizações administrativas que desempenhavam atividade de interesse geral. Se, diversamente, se atribuísse relevo maior à natureza da atividade, ou seja, ao fato de seu objeto se constituir em persecução de interesse geral, lá estaria o serviço público, da mesma forma acompanhado pelos dois outros elementos, uma vez que tais atividades quase só organismos administrativos as prosseguiam e sempre mediante um regime jurídico de prerrogativas exorbitantes do direito privado. Se, afinal, se pusesse em maior evidência o sujeito da ação desempenhada, o organismo agente, lá estaria também o serviço público, posto que acompanhá-lo-iam os elementos restantes, material e formal, porquanto tais organismos prosseguiam atividades de interesse geral e mediante regime de direito público. Em suma, o estado das relações sociais existentes promovia por si só a coincidência dos três aspectos, de tal maneira que onde se encontrasse um quase sempre se encontrariam os outros dois." (MELLO, 2017, p. 44).

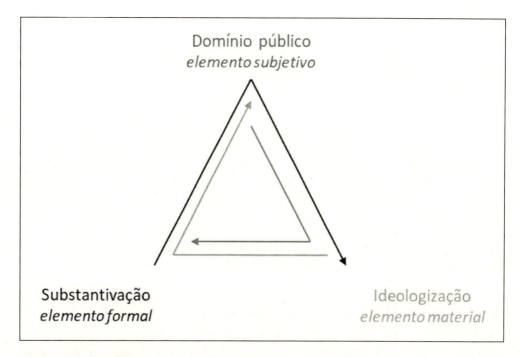

FIGURA 1 – Representação da simbiose conceitual

Fonte: Elaborado pelo autor, 2020.

Sabe-se que a presença indispensável dos elementos caracterizadores do serviço público foi sendo "flexibilizada" com o tempo. Isto, porque se diagnosticou que não era toda atividade estatal, predisposta a atender um interesse coletivo, que estaria submetida ao integral regime de direito público. Também, em diversos casos, vislumbrou-se que não era apenas o Estado que conduzia atividades de interesse coletivo, diante de uma maior incursão do setor privado na execução de atividades estatais.

O fato é que as "crises" do serviço público[122] – como usualmente se identifica – é uma expressão cunhada, e ainda propagada, que corrobora o *apego* doutrinário à simbiose dos elementos característicos do serviço público, resultantes da substantivação e ideologização da noção francesa do serviço público. Mesmo diante da desconstrução do pressuposto de que toda atividade de atribuição estatal deve ser conduzida unicamente pelo Estado, a ideia de "serviço público em crise" demonstra, a nosso ver, que a mencionada interconexão entre regime jurídico de direito público, interesse público e subjetivação pública permaneceu, especialmente para a caracterização do que seria ou poderia ser serviço público.

A noção tradicional francesa do serviço público é, assim, uma *visão formal-finalística*, pois: (i) identifica-o com a natureza ou objeto de uma atividade, e por isso com sua *essência*; e, (ii) correlaciona-o com o regime tipicamente estatal, diverso daquele

---

[122] Sobre as crises do serviço público, ver item 2.3 acima.

aplicável ao setor privado, considerando que se trata de uma atividade essencialmente estatal. Ou seja, diante da grande relevância pública da atividade, o Estado assume a atividade como pertencente a si própria, a qual assumirá, a partir de então, um regime jurídico que regulará a adequação prestacional. É serviço público, portanto, a atividade que é de relevância coletiva, o que insurge o domínio estatal, para que seja viável a aplicação de um regime jurídico garantidor do interesse público. O regime jurídico seria, então, indissociável da conceituação do serviço público, sendo imprescindível o domínio público, para sua incidência.

Assim, não há como dissociar esse apego à noção francesa com a visão dicotômica existente entre atividade econômica e serviço público, ainda perpetrada por posicionamentos doutrinários e jurisprudenciais. Algumas atividades são ou devem ser consideradas como "serviço público", ou seja, de domínio estatal – e, portanto, alheias ao domínio econômico – diante de sua predisposição a atender a um interesse coletivo, razão pela qual se submetem ao "procedimento de direito público". A visão formal-finalística, criou, assim, uma dicotomia entre atividade econômica e serviço público, o primeiro de domínio do setor privado (em que o Estado excepcionalmente atua), e o segundo, de domínio do setor público (em que o particular excepcionalmente atua). Serviço público e atividade econômica seriam conceitos inconfundíveis, assim como o direito público e o direito privado, o bem e o mal, o céu e a terra.

No Brasil, o que se verifica é a prevalência dessa *visão formal-finalística* na definição do serviço público, como perpetuação desse dogma doutrinário, oriundo da noção clássica francesa, que seria a junção entre o fenômeno da substantivação e da ideologização. Prepondera-se a concepção essencialista do serviço público, pois este não seria apenas uma atividade pertencente à estrutura administrativa do Estado; é a natureza de determinada atividade, delimitada por um princípio implícito constitucional, criado e perpetuado pela nítida influência da noção clássica francesa, de que serviços econômicos de interesse coletivo são, e devem ser, de propriedade estatal. Além disso, há, na doutrina e jurisprudência brasileira, a identificação de um regime próprio do Estado na sua condução, variando-se apenas o grau da incidência e preponderância do direito público, em cada caso.

Essa visão *formal-finalística* no Direito brasileiro é claramente identificada nas diferentes correntes sobre como se identifica o "serviço público", e qual seria o limite da discricionariedade legislativa na definição de quais atividades podem ser "serviços públicos" e quais são "naturalmente" afetas ao setor privado, representando, assim, as "atividades econômicas".

Para alguns, aqui categorizados como *convencional-essencialistas*, serviços públicos seriam aquelas atividades descritas na Constituição como de competência estatal (pois que já elencadas no texto constitucional), bem como outras atividades definidas pelo legislador como serviço público. Haveria, assim, a prerrogativa do Estado de definir, na lei, o que seria "serviço público", sem a qual determinada atividade não seria categorizada como tal. Porém, o legislador estaria *limitado à essência do conceito*: somente poderia ser serviço público a atividade naturalmente predisposta ao atendimento de um interesse coletivo, não "típica" de exploração pelo setor privado e, por isso, não sujeita à "livre iniciativa". Nessa corrente se identifica, por exemplo, Dinorá Adelaide Musetti

Grotti (2003),[123] Alexandre Santos de Aragão (2007a; 2007b),[124] Diogo de Figueiredo Moreira Neto (2014),[125] Carmen Lúcia Antunes Rocha (1996),[126] dentre outros.

Como pontua Celso Antônio Bandeira de Mello (2009, p. 685 *et seq.*), expoente representante dessa corrente, cabe ao Legislativo enumerar, além daquelas atividades mencionadas na Constituição, outros serviços públicos, excluindo aquelas pertencentes ao campo das atividades econômicas, as quais estão abertas à livre iniciativa. Segundo o autor, há relativa liberdade nessa definição do que vem a ser "serviço público", pois, na falta da definição constitucional do que vem a ser "atividades econômicas",

> [...] há de se entender que o constituinte se remeteu ao sentido comum da expressão, isto é, ao prevalente ao lume dos padrões de cultura de uma época, das convicções predominantes na Sociedade. Por isso mesmo não é total a liberdade do Legislativo, sob pena de ser retirado qualquer conteúdo de vontade ao dispositivo da Carta Magna, tornando-o letra morta, destituído de qualquer valia e significado (MELLO, 2009, p. 686).

Para outros, aqui categorizados como *essencialistas-conformacionais*, não caberia ao legislador definir o que seria serviço público dentro de uma conformação constitucional, já que há *serviços públicos por natureza*, que apenas são reconhecidos pelo Estado e que podem, assim, ser exigidos dele, justamente em vista de sua predisposição coletiva e, por isso, subtraídos do "domínio privado". Há, então, uma essência que torna determinada atividade como "serviço público", sendo que a lei apenas tem o condão de conformar a organização do serviço e demais aspectos de seu regime jurídico.

Eros Roberto Grau (2018, p. 124 *et seq.*), filiando-se a esta corrente, entende ser insuficiente a menção constitucional ou legal de determinada atividade como serviço público, para assim ser classificado, até mesmo porque há diversas atividades econômicas *stricto sensu* prestadas pelo Estado, quando há um imperativo de interesse coletivo.

Para esse autor, para ser "serviço público", é necessário que haja atribuição de "interesse social" na sua prestação, em sintonia com a ideia duguiniana de coesão e interdependência social. Enquanto a presença do "interesse social" exige a prestação do serviço público, o relevante interesse coletivo autoriza apenas o empreendimento de atividade econômica *stricto sensu* pelo Estado (GRAU, 2018, p. 127).

---

[123] Dinorá Adelaide Musetti Grotti (2003, p. 105 *et seq.*) perfilha do entendimento de que o campo de eleição do que venha a ser serviço público, "deve respeitar as indicações constantes do artigo 173, que deixam clara a excepcionalidade da exploração direta de atividade econômica pelo Estado, isto é, não serem tidas como próprias dos particulares num dado local e momento".

[124] Para Alexandre Santos de Aragão (2007a, p. 245 *et seq.*), a criação dos serviços públicos por lei é perpetrada como prerrogativa do Estado em atender aos objetivos da República, tal como a proteção da dignidade da pessoa humana, redução das desigualdades e outros; porém, menciona o entendimento do Supremo Tribunal Federal (Recurso Ordinário nº 49.988-SP), no sentido de que é necessário observar o princípio da proporcionalidade da medida administrativa e o intenso interesse público da atividade.

[125] Diogo de Figueiredo Moreira Neto (2014, p. 566 *et seq.*), busca explicar o conceito de serviço público, não em um aspecto subjetivo ou objetivo, mas funcional, no qual deve ser "consentânea com a ideia de Estado Democrático de Direito, que supõe, por definição, que toda atividade administrativa pública há de estar, formal, funcional e integralmente, submetida à Constituição e, por isso, à sua missão de realização dos direitos fundamentais das pessoas".

[126] Carmen Lúcia Antunes Rocha (1996, p. 20 *et seq.*), também defende que o legislador pode definir algumas atividades como serviços públicos, desde que respeitados os limites definidos na Constituição, que deve observar a essência do que deve ser uma obrigação estatal para atingimento de uma finalidade pública e condizentes com o sistema de princípios que rege a função pública.

Eros Roberto Grau não nega que há atividades categorizadas na Constituição como serviço público, ou que outras possam ser assim classificadas. Todavia, defende que a natureza de interesse social é pressuposto para a titularização, dando a entender, em linha de posicionamentos jurisprudenciais passados, que existe a competência do Judiciário intervir e declarar não ser possível a *publicatio*, mesmo quando definida em lei, quando a atividade não tenha essa essência:

> Serviço público, assim, na noção que dele podemos enunciar, é a atividade explícita ou supostamente definida pela Constituição como indispensável, em determinado momento histórico, à realização e ao desenvolvimento da coesão e da interdependência social (Duguit) – ou, em outros termos, atividade explícita ou supostamente definida pela Constituição como serviço existencial relativamente à sociedade em determinado momento histórico (Cirne Lima). (GRAU, 2018, p. 130).

Também pode ser identificado nessa corrente, Juarez Freitas,[127] Marçal Justen Filho,[128] dentre outros.

Ainda, é possível encontrar uma *vertente legalista pura*, quando da identificação do que vem a ser "serviço público", a qual não se preocupa com elementos jurídicos limitadores da opção legislativa sobre quais atividades deverão ser retiradas da livre iniciativa. Essa vertente é defendida por Antônio Carlos Cintra do Amaral (2002, p. 17 *et seq.*), segundo o qual: "Serviço público é o que o ordenamento jurídico de um dado país diz que é [...]", sendo totalmente inócua a identificação de qualquer essência delimitadora do conceito. Assim também se posiciona Maria Sylvia Zanella Di Pietro, segundo a qual é o Estado

> [...] que escolhe quais as atividades que, em determinado momento, são consideradas serviços públicos; no direito brasileiro, a própria Constituição faz essa indicação nos artigos 21, incisos X, XI, XII, XV e XXIII, e 25, §2º, alterados, respectivamente, pelas Emendas Constitucionais 8 e 5, de 1995; isto exclui a possibilidade de distinguir, mediante critérios objetivos, o serviço público da atividade privada; esta permanecerá como tal enquanto o Estado não a assumir como própria. (DI PIETRO, 2014, p. 106).

Mesmo que a "essência" não seja acolhida, pela corrente formalista pura, como critério limitador da definição do que seria, ou não, serviço público, é importante ressaltar que, mesmo nessa corrente, não se pode olvidar do apego à mencionada visão formal-finalística, o que é possível constatar, por exemplo, no reconhecimento da dicotomia "serviço público" e "atividade econômica", como atividades típicas do setor público e setor privado, respectivamente, bem como da repercussão disso no regime jurídico que é típico (público ou privado) da atividade.

---

[127] Juarez Freitas (*op. cit* GROTTI, 2003, p. 104 *et seq.*) afirma que serviço público é todo aquele essencial para a "realização dos objetivos fundamentais do Estado Democrático".

[128] Para Marçal Justen Filho, também sob análise de Dinorá Adelaide Musetti Grotti (2003, p. 105 *et seq.*), não é suficiente a vontade administrativa para definição de uma atividade como serviço público, pois deve existir no conceito de serviço público, de ordem constitucional, "um núcleo semântico, material, que limita essa vontade e que 'consiste na referibilidade do serviço à realização do interesse público', entendido este como 'afirmação da supremacia da dignidade da pessoa humana'".

Em conclusão: a preocupação na identificação constitucional do que seria serviço público, ou dos limites para a identificação do serviço público, especialmente em vista da convergência de elementos que lhe são "essenciais", é, nitidamente, fruto da influência jurídica francesa, cujos esforços doutrinários estiveram predispostos a finalidades diversas e alheias à realidade jurisdicional brasileira.

Isso ensejou uma visão que inseriu o serviço público como um fim em si mesmo, pois seriam identificados pela predisposição pública da atividade, e sua verificação no ordenamento jurídico deveria observar o que seria "naturalmente público", para não invadir a esfera do que seria "naturalmente privado". Não é de olvidar que a subjetivação pública de determinadas atividades seja considerada como essencial para o atendimento de finalidades públicas, mas a sua identificação é menos reputada como um caráter instrumental e, sim, como uma dicotomia entre o público e o privado.

Contudo, a visão formal-finalística criada pela incorporação da noção francesa do serviço público foi sendo suplantada por uma visão instrumental do serviço público, especialmente induzidas por novas diretrizes apresentadas pela Comunidade Econômica Europeia, em formação no período pós-guerra, que desmitificou a ideia de que o regime jurídico necessário para a boa execução de serviços de interesse geral seja decorrência da própria identificação do serviço público. Isso é objeto de análise a seguir.

4.3 Iniciativa Econômica Pública e a visão instrumental do serviço público no contexto da Comunidade Europeia: do serviço público ao "serviço para o público" (*service rendu au public*)

4.3.1 O serviço de interesse econômico geral e o enquadramento do conceito do serviço público na Comunidade Europeia

O processo de formação de um mercado comum na Europa iniciou-se com o Tratado de Roma de 1957, que se compunha pela junção de dois tratados: (i) Tratado Constitutivo da Comunidade Econômica Europeia ("TCCEE"); e (ii) o Tratado Constitutivo da Comunidade Europeia da Energia Atômica.

Na redação original do Tratado de Roma de 1957, no TCCEE, verifica-se que a noção clássica do serviço público não foi explorada de maneira conceitual ou como estruturante no âmbito da livre concorrência. No artigo 77 (atual artigo 73), a noção do serviço público foi apenas referenciada como uma disposição permissiva da concessão de auxílios na política de transportes, que "correspondam a certas prestações inerentes à noção do serviço público" (tradução nossa). Mais adiante, no artigo 90 (atual artigo 86), inciso 2, referenciou-se a "serviços de interesse econômico geral", da seguinte forma:

> Artigo 86.
> 1. No que respeita às empresas públicas e às empresas a que concedam direitos especiais ou exclusivos, os Estados-Membros não tomam nem mantêm qualquer medida contrária ao disposto no presente Tratado, designadamente ao disposto nos artigos 12º e 81º a 89º, inclusive.
> 2. As empresas encarregadas da gestão de *serviços de interesse econômico geral* ou que tenham a natureza de monopólio fiscal ficam submetidas ao disposto no presente Tratado, designadamente às regras de concorrência, na medida em que a aplicação destas regras não constitua obstáculo ao cumprimento, de direito ou de facto, da missão particular que lhes foi confiada. O desenvolvimento das trocas comerciais não deve ser afectado de maneira que contrarie os interesses da Comunidade.

3. A Comissão vela pela aplicação do disposto no presente artigo e dirige aos Estados-Membros, quando necessário, as directivas ou decisões adequadas. (UNIÃO EUROPEIA, 2002).

Pelo que se indica, a referência a *serviços de interesse econômico geral* foi inserida como um *conceito mais amplo* do que o próprio conceito de serviço público, considerando a preocupação em se buscar resguardar o estabelecimento de uma concorrência dentro de um espaço de livre circulação, o que incluiria atividades econômicas de interesse geral, para as quais se identificam diferentes responsabilidades públicas e regulatórias entre os diferentes Estados-membros.

O art. 86, inciso 1, do Tratado de Roma, buscou, então, compatibilizar regras de "exclusividade" conferidos em decorrência de noções do serviço público e de monopolização de *public utilities*, com as regras gerais de concorrências estabelecidas no tratado, considerando o esforço na criação de um mercado comum. Por outro lado, a disposição originária do artigo 86, nº 2, do Tratado de Roma, permitiu que as empresas encarregadas da gestão de serviços de interesse econômico geral poderiam se beneficiar de derrogações ou de exceções às regras gerais de concorrência, quando necessárias para atingir a "missão particular que lhe foi conferida" (MOREIRA, 2004, p. 549). O que se iniciou, portanto, foi um caminho para articular a aplicação proeminente do princípio da liberdade econômica e da concorrência e de restrição de reservas e de direitos exclusivos em setores tradicionalmente considerados públicos (GONÇALVES; MARTINS, 2004, p. 189).

Nesse primeiro momento, é possível identificar o intuito do Tratado de Roma em não imiscuir tradições jurídicas tão díspares. A abstração do conceito de "serviços de interesse econômico geral" seria uma forma de abarcar a totalidade das tradições divergentes dos países membros quanto ao conceito e implicações do "serviço público", em especial a decorrente da tradição francesa, e a concepção das *public utilities* anglo-saxônica (GONÇALVES; MARTINS, 2004, p. 198). Esse desinteresse inicial se deveu ao intuito em se promover um espaço de livre circulação em termos concorrenciais, o que apenas seria possível em domínios consensuais, não se alargando a zonas politicamente sensíveis (GONÇALVES; MARTINS, 2004, p. 187 *et seq.*). Segundo Souvirón Morenillha (*apud* GONÇALVES; MARTINS, 2004, p. 188), a França exercia muita pressão para que essa questão fosse subtraída à competência comunitária, por envolverem matérias irrenunciáveis e inegociáveis confiadas aos Estados-membros. Independentemente disso, a consolidação da Comunidade Econômica Europeia já dava indicações de que seria necessário resguardar a livre concorrência, inclusive no âmbito dos grandes serviços públicos.

Embora o Tratado de Roma tenha resguardado a existência das empresas estatais prestadoras de serviços públicos, a verdade é que elas deveriam operar, em princípio, sem privilégios ou exclusivismo num mercado concorrencial. Nessa perspectiva, "a dupla identidade em que assentava a concepção clássica do serviço público (serviço público – empresa pública – monopólio) era claramente afastada pela ordem econômica comunitária"[129] (MOREIRA, 2001, p. 234).

---

[129] Conforme o Decreto-Lei nº 558/99, de Portugal, as empresas públicas são as entidades encarregadas da gestão de serviços de interesse econômico geral, quando assumidas pelo Estado, nos termos de seus artigos 19 e seguintes.

Todavia, a noção de "serviços de interesse econômico geral" trouxe consigo a prerrogativa do Estado-membro de derrogar as regras de concorrência somente em situações excepcionais, pois, segundo o artigo 86, do Tratado de Roma, as empresas encarregadas da gestão de serviços de interesse econômico geral ficam submetidas às regras de concorrência, exceto (e na exata medida de) *quando a aplicação das regras de concorrência constituir um obstáculo ao cumprimento da missão particular que lhes foi confiada.*

Portanto, o Tratado de Roma buscou trazer as *seguintes diretrizes*: (i) todas as atividades de interesse geral, inclusive os setores tradicionalmente assumidos pelos serviços públicos, devem, em regra e sempre que possível, inserir-se em um mercado concorrencial, como meio de viabilização da formação de um mercado comum; por outro lado, (ii) somente excepcionalmente é que o Estado-membro poderia restringir o acesso ao mercado pelo particular, nos casos em que tal medida seja imprescindível para a viabilização da atividade dentro de seu território.

O Tratado da União Europeia *(Tratado de Maastricht) de 1992* concretizou essa diretriz, através da nova redação conferida ao artigo 4°[130] (anterior artigo 3-A) do Tratado que instituiu a Comunidade Europeia, de modo a reforçar a construção de uma economia de mercado aberta e de livre concorrência dentro do espaço econômico comum. Vale observar que esse mesmo Tratado da União Europeia alterou o nome da Comunidade Econômica Europeia para 'Comunidade Europeia', com o intuito de consolidar esse objetivo de construção de um espaço comum entre os países membros. O que se buscou com as alterações promovidas pelo Tratado da União Europeia foi estabelecer um espaço comum de consumo entre todos os cidadãos da Comunidade Europeia. Uma medida concreta para esse objetivo, e dotada de grande simbolismo, foi a criação de uma *cidadania da União*, pela nova redação do artigo 17,[131] do Tratado que instituiu a Comunidade Europeia.

A limitação à predisposição exclusivista da noção tradicional do serviço público, para dar espaço aos serviços de interesse econômico geral, em um mercado aberto à livre iniciativa, seria a solução necessária para se criar uma *estrutura de rede*, de modo a favorecer os usuários, na nova Comunidade Europeia que se estava estruturando. Neste contexto, os limites geográficos inerentes à noção do serviço público, como um "braço" das "funções soberanas" de determinado Estado-membro, seria um vigoroso empecilho ao consumo comunitário e à necessária coesão social e econômica imprescindíveis ao bom funcionamento da União Europeia.

De grande importância para esse desiderato foram as alterações promovidas no Tratado de Roma (que instituiu a Comunidade Europeia) com o *Tratado de Amesterdão*, de 1997. No caso, a nova redação do artigo 16, do Tratado que instituiu a Comunidade Europeia, conforme redação consolidada pelo Tratado de Nice de 2002, colocou o serviço de interesse econômico geral como *pilar estruturante da coesão social e territorial da Comunidade Europeia*:

---

[130] "Artigo 4° – 1. Para alcançar os fins enunciados no artigo 2°, a acção dos Estados-Membros e da Comunidade implica, nos termos do disposto e segundo o calendário previsto no presente Tratado, a adopção de uma política económica baseada na estreita coordenação das políticas económicas dos Estados-Membros, no mercado interno e na definição de objectivos comuns, e conduzida de acordo com o princípio de uma economia de mercado aberta e de livre concorrência."

[131] "Artigo 17° – 1. É instituída a cidadania da União. É cidadão da União qualquer pessoa que tenha a nacionalidade de um Estado-Membro. A cidadania da União é complementar da cidadania nacional e não a substitui. 2. Os cidadãos da União gozam dos direitos e estão sujeitos aos deveres previstos no presente Tratado."

Artigo 16º
Sem prejuízo do disposto nos artigos 73º, 86º e 87º, e atendendo à posição que os serviços de interesse econômico geral ocupam no conjunto dos valores comuns da União e ao papel que desempenham na promoção da coesão social e territorial, a Comunidade e os seus Estados-Membros, dentro do limite das respectivas competências e no âmbito de aplicação do presente Tratado, zelam por que esses serviços funcionem com base em princípios e em condições que lhes permitam cumprir as suas missões. (UNIÃO EUROPEIA, 2002).

Desta feita, as liberalizações de grandes serviços públicos, em sua concepção tradicional, seria o caminho necessário para atingir, portanto, aos objetivos unificadores da Comunidade Europeia. Isso não implicou, reprise-se, a extinção da figura dos serviços públicos no seu sentido tradicional.[132] Os serviços públicos, enquanto propriedade de serviços de interesse geral pelo Estado, eram uma das formas em que os serviços de interesse econômico geral poderiam se revestir.

Assim, o que ocorreu no Direito Comunitário foi justamente "transportar o serviço público – que na tradição francesa estava fora do mercado, não era uma mercadoria – para o âmbito do mercado e da concorrência, tendo o respectivo regime de ser justificado à luz dos limites consentidos à concorrência" (MOREIRA, 2004, p. 551). Segundo Vital Moreira (2004, p. 551), essa "mercadorização" do serviço público foi o traço essencial da transposição do conceito de serviço público para o conceito de serviço de interesse econômico geral. Enfim, os serviços de interesse econômico geral poderiam ser serviços de interesse geral de propriedade do Estado, ou então, serviços de interesse geral privatizados ou que tradicionalmente sejam executados pela iniciativa privada, sem o uso da técnica concessória, como nos casos de várias experiências de *public utilities* inglesas.

A inserção do conceito, porém, vincula-se à premissa de que o exclusivismo público não seja mera decorrência da atuação do Estado em determinado serviço de interesse geral, e sim como medida excepcional, desde que imprescindível para a boa execução da atividade. Desse modo, induziu-se que a criação e manutenção de serviços públicos, no seu sentido tradicional, não impedisse a expansão de um mercado concorrencial necessário para a devida coesão da comunidade europeia e aos interesses dos consumidores de diferentes países que compõem o bloco. Assim, o instituto do serviço público, no seu sentido tradicional, permaneceu, ao lado de outras formas de execução dos serviços de interesse econômico geral, como serviços abertos à livre iniciativa e sujeitos a obrigações de serviço público, tais como continuidade, universidade, mutabilidade, igualdade, dentre outros.

A privatização de grandes serviços públicos gerou, no Direito Comunitário, uma transformação radical das regras de funcionamento dessas atividades públicas e das formas de intervenção do Estado para resguardo dessas atividades, que permaneciam

---

[132] Nesse sentido, é interessante transcrever a seguinte passagem de Joaquín Tornos Mas (2016, p. 210), ao referenciar sobre a permanência das prerrogativas subjetivas pertinentes à noção do serviço público no Direito espanhol: "*Nuestro concepto subjetivo de servicio público, como actividad de titularidad pública excluida del mercado, de hecho no existe en el derecho comunitario. El derecho comunitario impulsa la liberalización de todas las actividades de servicios de contenido económico, y tan sólo contempla estas actividades ya liberalizadas cuando son servicios de interés general. En este sentido se pudo afirmar que el servicio público había muerto. Pero la realidad es que los Estados miembros pueden seguir manteniendo la existencia de servicios públicos subjetivos si las normas comunitarias no han impuesto expresamente su liberalización. Por otra parte, en el ámbito local, menos influido por el derecho comunitario, subsisten auténticos servicios públicos subjetivos [...].*"

sendo de interesse público (ROJAS, 2001, p. 212). Com isso, evidencia-se que a inserção da noção dos serviços de interesse econômico geral representou uma *alteração da estratégia estatal no resguardo da boa prestação dos serviços econômicos que cada ordenamento jurídico incumbiu resguardar*.[133]

4.3.2 O novo papel da imposição das obrigações de serviço público no Direito Comunitário

Os serviços de interesse econômico geral ocuparam, desde a versão originária do Tratado de Roma, o núcleo central da política comunitária. Trata-se de um conceito que, por sua própria natureza, abarca a totalidade dos serviços públicos econômicos, de tradição francesa, bem como a noção das *public utilities*, como estratégia de definição de um conceito jurídico novo e neutralizado em vista das diferentes tradições jurídicas incorporadas pelos Estados-membros que compõem o bloco. A busca pela criação de um mercado concorrencial comunitário, fez com que a Comunidade Europeia se mantivesse relutante quanto à incorporação da noção tradicional do serviço público, especialmente diante do necessário elemento subjetivo (domínio público) que o caracteriza. Assim, em vista de divergências conceituais aplicáveis, especialmente da tradição britânica, seria necessário conciliar o regime aplicado a todos os serviços classificados como serviços públicos e *public utilities*, aproximando-se do conceito de 'serviço público' apenas sob o ponto de vista material, o que demandaria a *imposição de um regime jurídico especial* para o resguardo de sua prestação adequada, de modo a atingir a necessária coesão social e econômica pretendida pela União Europeia.

Como já relatado,[134] o fato é que o Direito britânico não desconhecia de *public utilities* de propriedade pública, cuja execução foi assumida, em determinado período do século XX, como um dever do Estado. Todavia, o processo de nacionalização da atividade não tornou as *public utility publicly owned* substancialmente diferente das *public utility privately owned*, que executavam a atividade por meio de autorizações condicionadas a encargos regulatórios, que o assemelhavam materialmente aos serviços assumidos como propriedade do Estado britânico. A inserção das premissas do serviço de interesse econômico geral não provocou grande dificuldade no contexto britânico, por se aproximar da própria experiência das *public utilities*. Mas o mesmo não ocorreu nos demais países que adotam a tradição francesa dos serviços públicos.

Por isso, "interesse econômico geral", *propositalmente*, foi apresentado como um *conceito abstrato*, a ser concretizado de acordo com as autoridades públicas de cada Estado-membro, que continuaram a ter a discricionariedade em aferir quais seriam aquelas atividades de interesse geral que, por esta característica, deveriam se submeter a obrigações específicas de interesse público (GONÇALVES; MARTINS, 2004, p. 199).

---

[133] Segundo bem pontuado por Francisco José Villar Rojas: "O monopólio abre caminho para a livre iniciativa empresarial. A planificação territorial da mídia e dos serviços abre espaço para a livre concorrência e, se em subsistir em algum caso, terá caráter meramente indicativo. O regime de concessões abre espaço para as autorizações decorrentes do poder de polícia. A Administração Pública deixa de ser provedora de serviços para passar a regular as atividades e assegurar as obrigações de serviços públicos. A esse fenômeno que se vem denominando liberalização (desmonopolização)." (ROJAS, 2001, p. 212, tradução nossa).

[134] Capítulo 3.

Assim, os serviços de interesse econômico geral se apresentaram no Direito Comunitário como um conceito visto em *dupla perspectiva*.

Em *primeiro lugar*, seriam equivalentes a serviços públicos, porém, sem a incidência de seu aspecto subjetivo. Regra geral, o Estado-membro poderia ter ampla liberdade de se tornar "proprietário" de serviços de interesse geral; mas, sempre que possível, não poderia impor empecilhos ao ingresso do setor privado na sua exploração comercial, em um mercado concorrencial. Neste caso, ao contrário do que seria a consequência inevitável da adoção da noção tradicional francesa do serviço público, a titularização e o exclusivismo estatal *seriam medidas de publicização excepcional*, permitida aos Estados, *apenas quando fossem estritamente necessárias para viabilização da missão particular que lhes foi confiada* (artigo 86, nº 2, do Tratado de Roma).

Assim, a noção tradicional do serviço público *permaneceu*, todavia, apenas quando imprescindível para viabilizar a adequada prestação da atividade que se pretendesse resguardar. Isso poderia ocorrer, por exemplo, em casos de serviços de transmissão de energia que, por empecilhos de ordem prática e dominial, é legítima a titularização e o exclusivismo estatal da atividade, por ser um imperativo à sua viabilização. Por outro lado, no caso dos serviços de transportes ferroviários, tornou-se exigível uma série de encargos para compartilhamento da via pública, para homenagear a livre concorrência, justamente porque a imposição desse encargo não inviabiliza o atingimento do fim que se pretenderia pelo exercício público de tal atividade. Neste caso, a titularização da atividade é desaconselhada, pois a viabilização do livre ingresso do setor privado para a execução da atividade é um instrumento hábil e mais eficaz para obter a desejada coesão social e econômica no referido setor. O mesmo raciocínio também se aplicaria aos transportes aéreos, telecomunicações, navegações etc.

Sob outra perspectiva, serviços de interesse econômico geral não estariam restritos a atividades "titularizadas" por determinado Estado-membro, mas abrangeria qualquer serviço econômico que, em determinado contexto, reconheça-se a sua importância ao interesse público e, assim, poderiam ser exigidas obrigações de serviço público, em semelhança aos encargos típicos decorrentes dos princípios essenciais da noção tradicional do serviço público. Mesmo que, para tanto, seja necessário o Estado-membro conferir direitos especiais ou sujeitar a atividade a políticas de fomento e compensações para viabilização do seu exercício dentro de um mercado concorrencial.

Em leitura aos incisos 1 e 2, do artigo 86, do Tratado de Roma, evidencia-se o desiderato de incluir dentro do conceito de serviço de interesse econômico geral quaisquer atividades empresariais, e não apenas empresas estatais. Neste viés, os serviços de interesse econômico geral funcionariam também como *critério de diferenciação de dois tipos de atividades econômicas privadas*: *(i)* serviços econômicos comuns, sem qualquer imposição de encargos de serviço público; e *(ii)* outros serviços econômicos, categorizados em determinado ordenamento jurídico como "serviços de interesse geral" e, por isso, sujeitos a encargos de serviço público, mesmo que inseridos em um contexto de livre iniciativa.

Dentro desse prisma, os serviços de interesse econômico geral também diferenciam dos serviços privados comuns, diante de sua *essencialidade*: para as autoridades públicas, é necessário que tais serviços de interesse geral sejam prestados, de maneira contínua, mesmo nos casos em que o mercado possa não ter incentivos suficientes para o fazer (GONÇALVES; MARTINS, 2004, p. 204). Desse modo, ou se criam incentivos para a sua prestação privada, mesmo que sujeitos a encargos de serviço público; ou, então, o Estado titulariza o exercício de sua atividade, para executá-la diretamente, ou indiretamente, através da técnica concessória.

Independentemente da dimensão na qual os serviços de interesse econômico geral se revelam, o fato é que a sua inserção no Direito Comunitário *desmantelou* a ideia, advinda da tradição jurídica francesa, que as obrigações de serviços públicos seriam caracterizadoras de uma atividade estatal, linha divisória entre o regime público e o regime privado. Tais encargos deixariam de ser princípios típicos de uma atividade essencialmente estatal, para se transformar em obrigações imprescindíveis de serem exigidas do setor privado, no exercício de seu direito à livre exploração de atividades econômicas, em vista do aspecto material da atividade e sua relevância pública. Nesse sentido, como bem pontua Vital Moreira:

> [...] a figura do serviço público, como encargo e responsabilidade exclusiva do Estado (embora com possibilidade de concessão a empresas privadas), deixa naturalmente de ter guarida, tendo sido crescentemente substituída – e mesmo assim, a título de mera faculdade consentida ao Estado – pela ideia de simples "obrigações de serviço público", impostas a uma ou mais empresas, públicas ou privadas, operando num mercado concorrencial. (MOREIRA, 2001, p. 235).

O reconhecimento de que atividades econômicas, abertas à livre iniciativa, poderiam estar sujeitas a encargos de serviço público, *não demandou alteração estrutural da Constituição Econômica dos Estados-membros*. Nada se alterou quanto aos fundamentos econômicos da livre iniciativa e livre concorrência. Tampouco houve permissão para uma planificação estatal da economia. A imposição de obrigações de serviço público não foi vista, no contexto comunitário, como uma ingerência indevida na livre iniciativa, mas uma nova dimensão de um direito fundamental do consumidor/utente, frente a serviços categorizados como essenciais.

O que se vislumbrou foi uma mudança na forma como se lidou com o serviço público dentro dos Estados-membros da Comunidade Europeia. Essa mudança, certamente, induziu a reformulação da delimitação dos serviços que estariam, por inteiro, reservados ao domínio público. Ao romper com a lógica que consistia em inserir campos inteiros de atividades sob o domínio público, dotando operadores públicos de um privilégio de exclusividade, a reestruturação tratou de circunscrever dentro de cada setor aquilo que deve ser objeto de obrigações específicas, por força do imperativo de coesão social (CHEVALLIER, 2017, p. 79).

As alterações constitucionais, que se perpetraram como resultado das novas diretrizes comunitárias, representaram *a reiteração* de um dever do Estado em resguardar que o setor privado, incumbido com serviços de interesse geral, sujeitasse-se aos *deveres que a atividade realizada exige*. O dever não decorre da subjetivação pública da atividade, mas *é inerente à própria atividade*, considerada em si mesma, independentemente de quem seja o titular de sua execução.

Por exemplo, a Constituição da República Portuguesa, em seu artigo 86, nº 1, passou a referenciar os serviços de interesse econômico geral, como uma das formas que o setor privado poderia assumir, em sintonia com os tratados constitutivos da Comunidade Europeia, o que demandaria ser necessário observar as obrigações legais que lhe são impostas em decorrência disso:

Artigo 86º
Empresas privadas

1. O Estado incentiva a atividade empresarial, em particular das pequenas e médias empresas, e fiscaliza o cumprimento das respetivas obrigações legais, em especial por parte das empresas que prossigam atividades de interesse económico geral.
2. O Estado só pode intervir na gestão de empresas privadas a título transitório, nos casos expressamente previstos na lei e, em regra, mediante prévia decisão judicial.
3. A lei pode definir sectores básicos nos quais seja vedada a atividade às empresas privadas e a outras entidades da mesma natureza. (PORTUGAL, 2005)

No contexto comunitário, o ponto fulcral é que a imposição de obrigações de serviço público não se apresentou como estruturante da dimensão orgânica do serviço público, ou de característica da própria atividade pública. Ainda, a ideia de imposição de obrigações de serviço público não implicou em espécie de "cláusula de exceção" ao princípio da livre iniciativa. Ao contrário do que se poderia conjecturar, a imposição de obrigações de serviço público seria uma medida regulatória *necessária justamente para preservação da livre iniciativa e ampla concorrência* dentro do mercado comum que se formava.

Além disso, a ideia de "financiamento de obrigações de serviço público" alterou a perspectiva da imposição de encargos de serviço público: impor deveres de continuidade, igualdade, modicidade e de universalidade ao agente privado não se deve ao fato de uma atividade ser um serviço público, executado de maneira indireta pelo particular, mediante a técnica concessória. A prestação com exclusividade de um serviço de interesse geral, titularizado pelo Estado, pelo particular, por meio de um contrato de concessão, seria apenas *um dos instrumentos estatais disponíveis para financiar* a imposição de encargos de serviço público ao agente privado.

Em suma, não se impõem obrigações de serviço público por estar diante de um serviço público. O *raciocínio é o oposto*: uma atividade *se torna* serviço público, ao ser "delegada" por concessão, como uma contrapartida especial (e extraordinária) ao agente privado em vista a imposição de encargos especiais de interesse público. O privilégio de exploração da atividade em monopólio, com eventual restrição de ingresso de outros agentes privados, será excepcionalmente concedido a um agente privado, vencedor de uma seleção pública, como contrapartida à imposição de encargos de serviço público (CHEVALLIER, 2017, p. 83).

Desse modo, em que pese o conceito de serviços de interesse econômico geral ter surgido como mecanismo apto a derrubar os "exclusivos públicos", a Corte de Justiça da União Europeia, interpretando o artigo 86, nº 2, do Tratado de Roma, passou a flexibilizar a jurisprudência inaugural, passando a admitir a criação de privilégios de exclusividade, a serem outorgados por concessão, *como forma de compensar a imposição de obrigações de serviço público*, desde que isso fosse estritamente necessário para a concretização de suas missões. Nesse sentido, de acordo com Jacques Chevallier:

Em seguida, a ideia que os serviços de interesse econômico geral (SIEG), prestados indiferentemente por empresas públicas ou privadas, cuja atividade apresenta "caracteres específicos em relação àqueles que possuem outras atividades econômicas" (CJCE, Port des Gênes, 1991), podem se beneficiar de derrogações das regras de concorrência, mas na condição de que essas regras constituam obstáculo à concretização de suas missões (CJCE, British Telecom, 1985) e de que o desenvolvimento do comércio não seja afetado de maneira contrária ao interesse europeu. A CJUE flexibilizou um pouco a jurisprudência originalmente muito restritiva, admitindo que as obrigações de serviço público possam ser compensadas por certas restrições à concorrência (Corbeau, 1993, para o correio; Commune d'Almelo, 1994, para o setor de energia), indo até à outorga eventual de direitos exclusivos (CEE c/ République française, 1997 – a propósito do monopólio de importação e exportação de gás e de eletricidade). (CHEVALLIER, 2017, p. 85).

Em vez de proceder à "titularização" (*publicatio*) da atividade, outras formas de financiamento de obrigações de serviços públicos poderiam ser adotadas, sem que se fosse necessário conceder o privilégio de exploração exclusiva. Seria o caso, por exemplo, da criação de subvenções estatais e fundos específicos destinados às empresas sujeitas a obrigações de serviço público, como meio de assegurar a exploração em regime concorrencial com outras atividades. A criação desse fundo ocorreu, por exemplo, para subvenção das obrigações de serviço universal de telecomunicações na França, como uma "contrapartida" à regulação social em seu mais alto grau de publicização (CHEVALLIER, 2017, p. 90).

Esse seria, então, o "novo modelo de serviço público" idealizado pelo Direito Comunitário: *(i)* a "subjetivação" da atividade como instrumento subsidiário de resguardo à adequação prestacional, para servir de contrapartida à necessária imposição de obrigações de serviço público; *(ii)* a titularização da atividade seria, assim, plenamente vinculada ao princípio da subsidiariedade;[135] e *(iii)* os serviços de interesse econômico geral seriam uma categorização de atividades que deveriam despertar o dever garantidor do Estado, mediante a imposição de obrigações de serviço público.

Portanto, é de se frisar, nesse novo modelo, os serviços de interesse geral, não subjetivados pelo Estado, não são necessariamente "serviços públicos". Não existiu a difusão de uma nova era de serviços públicos impróprios ou virtuais. Serviços de interesse econômico geral ora são serviços privados, abertos à livre iniciativa e próprios do domínio privado; ora são serviços públicos, executados com privilégio de exclusividade, ou não. Esse novo modelo é uma nova forma de o Estado ver o seu dever de subjetivação de uma atividade – como instrumento garantidor de sua boa prestação – que deixa de ser regra geral em países de tradição francesa, para se transformar em *regra excepcional*, utilizado apenas quando for imperativo para atingir a missão de interesse público atinente ao serviço.

É por isso que, "impressivamente, ainda que do ponto de vista da organização do 'novo modelo de serviço público' as regras se tenham modificado substancialmente, é de notar que do ponto de vista do utente a mutação não é tão visível" (GONÇALVES; MARTINS, 2004, p. 214). Isto, porque, independentemente da mudança na forma em se ver o papel do Estado na condução de atividades de interesse coletivo, o regime jurídico

---

[135] Subsidiariedade aqui referido sob o prisma do caráter instrumental da titularização de determinada atividade como serviço público, ou seja, a transformação de determinado serviço de interesse geral como um serviço público, executado através do exclusivismo estatal, seria apenas adotada quando os fins públicos na execução do serviço não forem viáveis através da atuação da livre iniciativa regulada. Todavia, não se pode ignorar que a preservação da livre concorrência também demanda a presença do Estado para a regulação do setor, especialmente para a imposição de encargos regulatórios semelhantes a serviços públicos, o que afasta a noção mais abrangente do princípio da subsidiariedade.

aplicável para o resguardo da adequação prestacional permaneceu, o que legitimou, e serviu de incentivo, para as liberalizações de grandes serviços públicos.

Por isso, as alterações normativas referentes ao *publicatio* e domínio público no exercício de alguns serviços de interesse geral, ocorrido no contexto comunitário, *não ensejou a alteração do próprio conceito constitucional do serviço público*. O que ocorreu foi apenas um movimento da perda de titulação de algumas atividades como "exclusivos públicos". Agora, tais atividades poderiam ser exploradas com privilégio de exclusividade apenas se estritamente necessário à viabilização de algumas obrigações, as quais, sem esse privilégio, não poderiam ter efetividade.

Por isso, *não foi necessário alterar as bases jurídicas, de ordem constitucional, para legitimar a imposição de obrigações de serviço público*.[136] A noção tradicional do serviço público manteve-se intacta: o ordenamento jurídico de determinado Estado-membro poderia classificar algumas atividades a serem prestadas exclusivamente pelo Estado, como inerentes às funções públicas.

A reestruturação ocorreu justamente na imposição de uma diretriz geral de *ponderação política* sobre a *imprescindibilidade* da estatização de um serviço, medida que poderia afastar, por completo, a livre concorrência e livre iniciativa. Em proteção da livre iniciativa, a titularização da atividade não poderia ser vista como uma regra geral, excepcionada apenas pelas concessões públicas, mas uma última *ratio* para resguardar a necessária imposição de obrigações de serviços públicos, que seria a regra, quando se tratasse de serviços de interesse econômico geral.

Essa noção instrumental do serviço público é, de certo modo, reveladora. A reestruturação comunitária elucidou que *a imposição de obrigações de serviço público não está atrelada ao conceito tradicional francês de serviço público, mas é plenamente dissociável deste*. A utilização da noção do serviço público, em seu viés orgânico, passou a ser vista apenas como contrapartida à viabilização econômico-financeira de exploração de serviços de interesse geral em situações desfavoráveis, geradas pela necessária imposição de encargos de interesse público. Tal situação, então, suscita a conclusão de que "obrigações de serviço público" não ocorrem exclusivamente na seara da prestação de uma função econômica assumida pelo Estado, ou melhor, como consequência da prestação de um serviço público, em seu sentido tradicional.

Assim, a análise histórico-institucional e comparada do Direito Comunitário torna, a nosso ver, questionável as seguintes premissas muitas vezes assumidas pela doutrina jurídica nacional, a saber: *(i)* que os "princípios do serviço público" seriam impassíveis de se impor às atividades econômicas abertas ao setor privado, em vista

---

[136] Pedro Gonçalves (2006, p. 550 *et seq.*) bem expõe, contudo, que o modelo do Estado Regulador, criado em decorrência das grandes privatizações, no contexto europeu, proporcionou uma "europeização" do regime jurídico aplicável, especialmente diante da "influência determinante do direito comunitário na cada vez maior homogeneização dos regimes jurídicos aplicáveis nos vários Estados-membros e, por outro, na estruturação de um sistema administrativo europeu, que conjuga degraus de administração comunitária e nacional". Em sintonia disso, Pablo Georges Cícero Fraga Leurquin e Fabiano Teodoro de Rezende Lara (2016, p. 150) bem expõe: "Apesar do conceito de concorrência já pertencer ao ordenamento jurídico francês, houve uma profunda mudança no direito administrativo desse país, com a decisão *Million et Marais*. Esse caso marcou a equivalência do Direito Comunitário ao Direito interno, especialmente no pertinente às questões concorrenciais no direito interno francês, de modo a confirmar a progressiva aplicação direta do ordenamento jurídico comunitário". Todavia, independentemente dessa equivalência, em múltiplas formas, de diretrizes comunitárias com o direito interno de muitos Estados-membros, mesmo assim, as bases constitucionais referentes à livre iniciativa e as prerrogativas inerentes ao serviço público permaneceram.

do fundamento da livre iniciativa; e *(ii)* que as atividades arroladas no artigo 21, X, XI e XII, da Constituição da República de 1988, são incapazes de poderem ser abertas à livre iniciativa, sob a condição de prévia imposição de obrigações típicas do regime jurídico aplicável ao exercício de um serviço público econômico, na medida do necessário. Até porque não existe qualquer sustentação constitucional que demande a interligação entre a imposição de obrigações típicas do serviço público com a própria dimensão subjetiva de uma atividade assumida como "serviço público".

Ao contrário, o que se pode dar a certeza é que a Constituição brasileira prevê grande rol de valores e princípios fundamentais que demandam uma atuação positiva do Estado para resguardar a adequação prestacional de atividades de interesse coletivo, sobretudo quando estas estejam sob o domínio do setor privado e da livre iniciativa, tendo em vista legítimos interesses dos usuários, constitucionalmente protegidos. Como visto,[137] a imposição de obrigação típica de "serviço público", no Direito brasileiro, sempre esteve concatenada com a noção tradicional do serviço público, como se fosse uma característica do simples fato de uma atividade ser considerada como função tipicamente pública.

Enfim, o que o estudo da experiência comunitária nos revela é que as diretrizes para a redução dos "exclusivos públicos" não demandaram, necessariamente, um movimento político de alteração constitucional para desvincular "a imposição do regime jurídico de serviço público" da própria "noção tradicional francesa do serviço público". Neste caso, os mesmos fundamentos econômicos de vários ordenamentos constitucionais de Estados-membros da Comunidade Europeia permaneceram, sempre conectados ao fundamento da livre iniciativa, tal como impera na Constituição Federal brasileira.

4.3.3. As licenças com encargos de serviço público

O serviço de interesse econômico geral resgatou, no contexto europeu, a discussão jurídica sobre os instrumentos disponíveis à Administração para fins de melhor resguardar a boa prestação de serviço de interesse geral sob o domínio do setor privado e, especialmente, da imposição, mutabilidade e fiscalização de cumprimento das obrigações de serviço público.

Nesse contexto, fala-se que a técnica concessória vem perdendo espaço em face da utilização de *licenças com encargos de serviço público*, mecanismo de habilitação para que empresas possam atuar no campo dos serviços de interesse econômico geral, abertos à livre iniciativa, especialmente diante da perda da dimensão subjetiva na prestação de alguns serviços de interesse coletivo, antes de propriedade do Estado. Em substituição, as licenças com encargos de serviço público seriam uma forma efetiva do controle do Estado na boa execução de serviços econômicos de interesse geral abertos à livre iniciativa (GONÇALVES; MARTINS, 2004, p. 307 *et seq.*).

Quando subsiste a titularidade estatal de um serviço, a concessão continua sendo o melhor caminho para impor obrigações de serviço público, por intermédio de compromissos contratuais, como é tradicionalmente feito, sempre resguardando o princípio da não discriminação na definição do concessionário. Todavia, ausente o

---

[137] Capítulo 2.

instrumento contratual, velhos mecanismos do Direito Administrativo são resgatados, com o objetivo de manter o papel do Estado garantidor. As autorizações realizadas para a execução de um serviço, com imposição de condições específicas, vêm sendo adotadas no Direito Comunitário como o melhor mecanismo de controle estatal da adequação prestacional das referidas atividades, conquanto não haja qualquer tipo de prejuízo à livre concorrência no setor.

A livre iniciativa é um dos principais valores perpetrados para a formação da Comunidade Europeia e para a criação do conceito de serviços de interesse econômico geral. Mesmo prezando-se pelo livre ingresso no mercado dos serviços de interesse geral, os tratados europeus permitiram que pudesse ficar a cargo de cada Estado-membro a definição [legal] dos contornos de como será exigida cada obrigação de serviço público. Adotando a livre iniciativa como ponto de partida, a condução dos serviços de interesse geral pode ser livremente interpretada pelo legislador de cada Estado-membro, em consideração a cada Constituição Econômica e dos bens jurídicos tutelados em cada ordenamento constitucional.

Por isso, não se reputou adequado fixar as cláusulas regulatórias pertinentes à execução dos serviços de interesse econômico geral em toda a Comunidade Europeia, não apenas em razão das diferentes necessidades, culturas e circunstâncias socioeconômicas de cada Estado-membro, mas em vista da multiplicidade de objetivos constitucionais envolvidos. Por isso, a utilização da licença (ou autorizações vinculativas) para estabelecimento das cláusulas de ingresso no mercado e da manutenção neste, seria um instrumento adequado para a definição do conteúdo e intensidade das obrigações de serviço público, de acordo com a conveniência política de cada Estado-membro. Não sendo cumpridas as condições definidas, ou alteradas no decorrer da atividade – em vista da prerrogativa de *ius variandi* na execução desse tipo de atividade – a cassação é medida de controle estatal necessária e passível de ser utilizada, sem que haja qualquer prejuízo aos valores de livre concorrência estabelecidos no Tratado de Roma.

Assim, as licenças com encargos de serviço público revelam, no Direito Comunitário, uma legitimação do uso do poder de polícia administrativa como instrumento de resguardo da boa execução de serviços de interesse geral, o qual demandaria, em alguns casos, a imposição de encargos do regime jurídico-prestacional típico da execução de serviços públicos econômicos.

A função regulatória é, desse modo um meio hábil para a imposição de obrigações de serviço público a atividades abertas à livre iniciativa, em semelhança ao que ocorre com os contratos de concessão, no âmbito da prestação indireta do serviço de domínio do Estado.

4.3.4 Balanço conclusivo: a prerrogativa de iniciativa econômica pública como instrumento de resguardo prestacional

A categoria dos serviços de interesse econômico geral, em sintonia com o que se debateu nos tópicos anteriores, buscou afastar a premissa dicotômica da noção tradicional do serviço público, para homenagear uma *concepção instrumental do serviço público*. Este não é identificado como a natureza própria de determinadas atividades afetas ao interesse coletivo, mas sim uma *prerrogativa estatal* destinada a resguardar a sua boa execução, especialmente quando a prestação em regime de livre iniciativa não conseguir resguardar as "missões" do serviço, consoante diretriz do artigo 86 (ex-artigo 90), inciso 2, do Tratado de Roma.[138] Por isso, para fomentar um mercado concorrencial e unificado dentro desse bloco econômico, não se rejeitou a noção do serviço público, que permaneceu no interior de cada Estado-membro, porém se buscou um *pacto pela ponderação da titularização pública* de determinada atividade de interesse coletivo. O exclusivismo poderia, e deveria ser instituído, afastando a livre concorrência quando esta representar um obstáculo à missão particular do serviço de interesse coletivo.

Pode-se dizer que a ideia fulcral do serviço público, que identificava a natureza coletiva com o domínio público, foi desmistificada, dando ensejo à expressão "serviço para o público" (*service rendu au public*), na terminologia adotada pelo Conselho Europeu (ROUVIER-MEXIS, 1996, p. 122).

Os serviços de interesse econômico geral foram concebidos para serem um meio essencial à participação social plena, dentro do âmbito da Comunidade Europeia, o que elevou esse conceito a um importante fator de consagração de uma nova dimensão de cidadania, e os seus utilizadores, *mais do que meros consumidores, são cidadãos, titulares de direitos fundamentais* (GOUVEIA, 2001, p. 19). Neste contexto, a Comissão Europeia, em sua Comunicação COM 580/2000, reconheceu que, no centro da política comunitária relativa aos serviços de interesse geral, estão os *interesses dos cidadãos*, pois, nos termos da nova redação do artigo 16 do tratado que instituiu a Comunidade Europeia, existe clara ligação entre o acesso aos serviços de interesse geral e a Cidadania Europeia (GOUVEIA, 2001, p. 19). Assim, negar o acesso de consumidores a esses serviços, fora da própria circunscrição territorial do respectivo Estado, significa não apenas deixar de responder as suas necessidades econômicas, mas, especialmente, atentar contra a sua dignidade e seus direitos enquanto cidadãos (GOUVEIA, 2001, p. 20).

Por isso, o fundamental na aferição da conveniência da titularização pública, ou não, seria a análise do *melhor interesse do usuário*. Assim, a "livre iniciativa" [regulada] e o "serviço público" não poderiam [tampouco era recomendável] representar a dicotomia entre o público e o privado, mas sim deveriam ser vistos como *dois instrumentos estatais*, a serem utilizados em cada caso concreto, e instrumentais à observância da melhor execução do serviço de interesse geral, cuja aferição estaria sujeita a uma discricionariedade político-legislativa. Com isso, evidencia-se que a inserção da noção dos serviços de interesse econômico geral representou uma *alteração da estratégia estatal no resguardo da boa prestação* dos serviços econômicos de interesse coletivo, que cada ordenamento jurídico incumbiu resguardar.

A preocupação a nível comunitário de regular quais seriam as atividades abrangidas pela ideia de serviço público, de forma a limitar a iniciativa econômica pública, foi determinante na elaboração de um projeto de *"Carta Europeia dos Serviços Públicos"*, mas que não logrou efetividade (GONÇALVES; MARTINS, 2004, p. 190). Essa carta buscaria ser um instrumento de interpretação dos tratados, quanto às definições de execução do conjunto de serviços públicos, prezando-se pelo *princípio da proporcionalidade*. Este princípio, segundo concepção comunitária, representaria um elemento

---

[138] "As empresas encarregadas da gestão de serviços de interesse económico geral ou que tenham a natureza de monopólio fiscal ficam submetidas ao disposto no presente Tratado, designadamente às regras de concorrência, na medida em que a aplicação destas regras não constitua obstáculo ao cumprimento, de direito ou de facto, da missão particular que lhes foi confiada."

essencial do modelo assumido de serviço público e significaria um *ponto de equilíbrio* entre as regras de livre concorrência e a eventual necessidade de imposição de restrições de exclusividade para viabilização de alguns serviços públicos, conforme os objetivos que se pretendessem acautelar (GONÇALVES; MARTINS, 2004, p. 190). Esse projeto de Carta Europeia dos Serviços Públicos ia, inclusivamente, no sentido de considerar serviços mínimos ou universais como um direito econômico e social, além de ter individualizado e classificado um conjunto de razões de interesse geral que poderia apontar no sentido de individualização de uma atividade de interesse econômico geral, por isso derrogatória das normas gerais comunitárias consideradas pertinentes (GONÇALVES; MARTINS, 2004, p. 197).

Portanto, o serviço público, em seu sentido mais restrito, deixou de ser uma feição essencial de determinadas atividades necessárias à coesão social (Duguit) e passou a ser visto como o resultado de um atuar do Estado, enquanto agente econômico, dentro de um campo aberto à sua atuação, quando o interesse coletivo assim demandasse [o que não poderia deixar de ser]. Deixou de ser um fim em si mesmo, para ser reconhecido o seu caráter instrumental. O serviço público é, então, prerrogativa da *iniciativa econômica pública*, inerentemente ao atuar estatal, dentro de um crivo discricionário do Estado, limitado pelas finalidades públicas juridicamente descritas no respectivo ordenamento jurídico.

Nesse contexto, é possível identificar vários doutrinadores europeus que defendem que Estado é um agente, assim como o particular, na incursão de empreendimentos econômicos, diferenciando apenas pelas finalidades dessa iniciativa. Enquanto o setor privado atua economicamente para fins individuais (lucro), o Estado atua porque é imperativo do interesse público. Nesta concepção, a intervenção do Estado no domínio econômico não seria pautada pela subsidiariedade, mas pela *discricionariedade político-legislativa*, aferindo o grau de conveniência e oportunidade de atuação do Estado, de acordo com concepções ideológicas ou pragmáticas de determinado momento histórico. A *iniciativa econômica pública* é, nesse contexto, um *princípio de auto-organização do Estado*, dentro dos limites de sua Constituição econômica.

A iniciativa econômica pública poderá se dar na esfera empresarial, para o Estado concorrer com o particular no mercado de produção de bens e serviços (*ex vi* art. 173, da CR88), sem qualquer reserva de mercado, ou na transformação (*publicatio*) de uma atividade econômica de provisão de serviços de interesse coletivo como de seu domínio exclusivo (serviço público econômico), como forma de melhor atender aos imperativos da atividade (*ex vi* art. 175, da CR88). Nesse contexto, diversas constituições econômicas resguardam a prerrogativa da iniciativa econômica pública em restringir o acesso da iniciativa econômica privada em determinadas atividades econômicas escolhidas, no crivo político-legislativo de determinado momento, como de atividade exclusiva do Estado ou de quem lhe faça as vezes.

O serviço público, em seu sentido mais estrito, seria, então, *consequência da iniciativa econômica pública*, enquanto prerrogativa discricionária do Estado em intervir na esfera econômica. Por isso, desde que sob a aura do necessário atendimento ao interesse coletivo (a ser aferido politicamente), sob pena de *desvio de finalidade*, o domínio econômico é um *ambiente sujeito à iniciativa pública*, seja para concorrer com particulares na produção de bens e serviços, seja para excluir o acesso da iniciativa privada na provisão de determinados serviços e bens, como meio de resguardo da qualidade prestacional.

Assim, a definição de quais atividades serão serviços públicos é uma decisão política decorrente da iniciativa econômica pública. Isso é normalmente verificado em âmbito local, quando o município ora exerce atividade econômica em concorrência com o setor privado (hotelaria e armazenagem, p. ex.), ora transforma algumas atividades econômicas como serviços públicos, de sua titularidade, para melhor resguardo prestacional (p. ex., funerárias, serviços de transporte, matadouros etc.). No Brasil, sendo de interesse local (art. 30, V, da CR88), em tese, qualquer atividade reputada de interesse coletivo poderá ser transformada em serviço público, mesmo sem prévia definição constitucional, não havendo regra delimitadora do âmbito de sua discricionariedade, excluídas as atividades econômicas em que a incursão econômica já foi definida na Constituição como de competência da União (art. 21, XI e XII) ou do Estado (art. 25, §2º). Isso se verifica, ainda, por exemplo, no caso da reconhecida competência municipal quanto à organização dos serviços de táxis e na atuação concorrente de transportes individuais por aplicativos.

Isso não significa defender que qualquer atividade econômica possa ser desvirtuada como um "serviço público", especialmente diante do *fundamento* de sua criação: serviço público não é apenas uma prerrogativa, mas um procedimento instrumental a um fim. Ou seja, assim como a incursão em um empreendimento empresarial deve ser motivado por um relevante interesse coletivo (art. 173, da Constituição), a transformação de atividade de domínio privado em "serviço público" é motivada como meio para dar efetividade aos encargos e condições que, politicamente, considera-se que seja importante ser resguardada na referida atividade e que, politicamente, reputa-se que o setor privado, por si só, não consegue preservar.

Em outros Direitos internos há prévia delimitação do âmbito discricionário da iniciativa econômica pública. Na Espanha, por exemplo, há um disciplinamento nacional (*Ley de Bases de Régimen Local*) de quais seriam as atividades essenciais que o governo local poderia enveredar, inclusive, reservando mercado para si.

Nesse contexto, o Direito Comunitário submeteu a iniciativa econômica privada e a iniciativa econômica pública às mesmas disposições, especialmente no tocante à proteção do mercado concorrencial (OTERO, 2001, p. 51). O que há, no Direito Comunitário, é um princípio de *neutralidade relativa*, na medida em que apresenta diretrizes que buscam limitar a iniciativa econômica pública do Estado-membro para a definição de quais atividades este poderá reservar a titularidade e qual o regime jurídico aplicável na exploração de atividades de natureza econômica pelo Estado (Tratado de Roma, art. 86 e art. 37).

Em suma, a experiência europeia dos serviços de interesse econômico geral não implicou em suplantar a noção do serviço público. Na verdade, esta categoria trouxe luz para a visão de que o serviço público não é *conditio* para que determinados serviços de interesse geral possam ser prestados sob determinadas condições regulatórias, conhecidas como obrigações de serviço público. Com efeito, o serviço público é apenas um instrumento, dentre outros, à disposição do Estado para que se possa garantir a efetividade de encargos afetados à determinada atividade de interesse coletivo, necessários para a proteção dos direitos fundamentais do cidadão-utente. O regime jurídico-prestacional da atividade é, por isso, dissociável da prévia ou posterior existência do instituto do serviço público, podendo existir e ser exigido sem que exista um serviço público.

4.4 Razões que evidenciam o caráter instrumental do serviço público e a prerrogativa de iniciativa econômica pública no Direito brasileiro

4.4.1 O *publicatio* enquanto prerrogativa do legislador infraconstitucional em definir o grau de intervenção do Estado na livre iniciativa, de acordo com a repartição constitucional de competência federativa

A simbiose dos elementos caracterizadores da noção clássica do serviço público faz ocultar o pragmatismo do serviço público, na evolução administrativa. A transposição de atividades economicamente exploráveis para o domínio público (*publicatio*), também no Brasil, não ocorreu por apego à mencionada visão finalística e sim pelo *viés instrumental* do serviço público. É de domínio público não apenas porque se está diante de uma atividade de interesse coletivo. É de domínio público porque o exclusivismo prestacional é essencial para garantir um regime de encargos que a atividade demanda, para atender aos interesses coletivos envolvidos, ou, ainda, para resguardar outros projetos de Estado. Mesmo em um cenário de quase absoluta prevalência do essencialismo da noção do serviço público na doutrina brasileira, a evolução histórica de seu enquadramento, no Brasil, revela o mencionado instrumentalismo.

A definição de quais atividades de interesse geral que devem ser consideradas como de domínio estatal é cambiante em cada país, e em determinados momentos da história. Nenhum serviço é público por si mesmo e nenhum governante é obrigado a tornar público determinado serviço (BRANT, 1951, p. 59).

No Brasil, como a análise histórico-jurídica do Capítulo 1 deste trabalho demonstrou,[139] a relatividade do domínio público de uma atividade é perscrutada pelas alterações das opções políticas descritas em atos normativos infraconstitucionais. Pode-se dizer, então, que a titularidade estatal na prestação de um determinado serviço é uma expressão histórica do exercício de uma *discricionariedade política* de intervenção estatal, dentro de um cenário geral de atividades abertas à livre iniciativa, e desde que presente a aferição jurídica de um "interesse geral".

Com efeito, a interpretação jurídico-histórica de nossa Constituição demonstra que as competências federativas para a exploração de determinadas atividades não são, nem nunca foram, cláusulas de instituição de *publicatio*. São, pelo contrário, a definição de uma repartição de competências federativas. Como se adiantou, a razão para a menção de competência na exploração de determinadas atividades é a definição do ente que tem a prerrogativa na publicização da atividade e a vedação de livre exploração pelos demais entes federativos. Ademais, como visto, a concentração de competências para a exploração de tais atividades na esfera da União é reminiscência do projeto de centralização, consignado constitucionalmente, e perpetrado pelo regime estadonovista, que foi perpetuado com sua manutenção nas ordens constitucionais posteriores, sobretudo, na Constituição da República de 1988.

Nesse contexto, a opção pelo exercício da prerrogativa estatal de publicização de uma atividade é sempre uma decisão realizada por lei, que será criada dentro da competência constitucionalmente distribuída entre os entes da federação. Assim, não

---

[139] Item 1.5.

existe serviço público "por natureza", antes de sua titulação legal e descrição de seus efeitos jurídicos sobre a iniciativa econômica privada. Existe serviço que se tornou público, ou seja, de titularidade estatal, por desejo político-legislativo. Portanto, é possível deduzir da evolução histórico-institucional que o serviço público não é a característica de algumas atividades, mas um instrumento de intervenção estatal em direitos econômicos do indivíduo e na propriedade produtiva privada, diante da restrição completa do direito constitucional de livre iniciativa.

A trajetória institucional dos três serviços analisados no Capítulo 1 (energia elétrica, telégrafos e radiocomunicação) demonstram que as atividades tiveram diferentes momentos e graus de publicização,[140] como bem ilustra o gráfico abaixo:

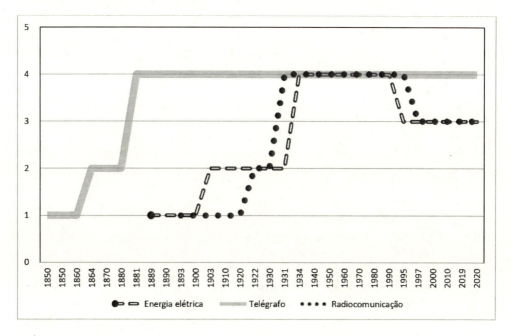

GRÁFICO 1 – Representação dos graus de publicização do serviço

Fonte: Elaborado pelo autor, 2018.

Neste gráfico, o *eixo y*, aponta o grau de publicização, sendo que: (i) o nível 1 é quando se trata de situação de atividade aberta à livre iniciativa, submetida apenas à regulamentação normal de todas as atividades econômicas; (ii) o nível 2, representa uma situação em que o próprio Estado resolve também exercer atividade econômica

---

[140] Sobre graus de publicização, como bem pontuam Fernando Borges Mânica e Fernando Menegat, estes podem ocorrer até nas diferentes formas de atuação do Estado: "É por isso que a doutrina vem sustentando com vigor a inutilidade da pura e simples oposição entre regime público e regime privado, de forma dicotômica, a qual se demonstra insuficiente para dar conta da realidade. Cada vez mais, regimes jurídicos intermediários, que intercalam elementos do regime público e do regime privado, imbricam-se na realidade, substituindo-se a oposição entre regime público e regime privado por uma verdadeira escala de *publicatio*, que vai desde atividades submetidas a um regime puramente privado até atividades submetidas a regime puramente público, com diversos graus intermédios." (MÂNICA; MENEGAT, 2017, p. 27).

dentre suas funções, mas sem restringir acesso à iniciativa privada a esse mercado; (iii) o nível 3, representa uma situação de liberalização parcial das atividades, caso em que é permitido o livre acesso da iniciativa privada, porém, submetida a um regime de regulação mais intenso, com imposição de encargos semelhantes ao regime jurídico--prestacional do serviço público econômico; (iv) o nível 4 representa o mais alto grau de publicização, com a titularização da atividade e a restrição completa de acesso à livre iniciativa privada na sua prestação.

Como visto, os serviços de produção de energia elétrica iniciaram abertos à livre iniciativa, possuindo como marco inicial o ano de 1889, quando foi implantada a primeira hidroelétrica no Brasil. A partir de 1903, com a Lei nº 1.145/1903, estabeleceu-se a obrigação do governo federal em explorar o serviço, mas sem estabelecer a titularização da atividade. Esta somente ocorreu com o Código de Águas, de 1934 que instituiu a titularidade da União em explorar o serviço. Em 1995, por meio da Lei nº 9.074, ocorreu uma liberalização parcial quanto aos serviços de produção energética, para produtores independentes, e a comercialização de energia no atacado. Neste ponto, verifica-se que a titularização estatal da atividade ocorreu *antes mesmo* de haver a definição de competência privativa da União para sua exploração direta ou indireta. E, ainda, verifica-se que houve liberalização parcial do serviço, mesmo durante a vigência de definição da competência da União para a exploração direta ou indireta do serviço.

No caso dos serviços de telégrafos, estes iniciaram sob a iniciativa privada, possuindo como marco inicial, no Brasil, o ano de 1850, aproximadamente. Em 1864, houve a edição do Decreto nº 3.288/1864, o qual regulamentou a atuação direta do Estado na realização desses serviços, mas sem instituir o domínio público na exploração da atividade. A titularização apenas ocorreu com o Decreto nº 8.354/1881, permanecendo no domínio do Estado até hoje. Neste ponto, verifica-se que a titularização estatal ocorreu antes mesmo de haver a definição de competência privativa da União para sua exploração direta ou indireta.

No caso dos serviços de radiocomunicação, sua exploração iniciou-se pela livre iniciativa em 1893, data representativa da invenção de radiodifusão de som. Estabeleceu-se a data de 1922 como o marco do início da exploração do serviço pelo Estado, com o primeiro pronunciamento estatal em 07 de setembro, quando ainda não havia regulamentação da atividade. A titularização da atividade ocorreu apenas em 1931, com o Decreto nº 20.047, caso em que diversos tipos de serviços foram inseridos no conceito de "radiocomunicação", posteriormente transformado na expressão "telecomunicações". Este setor foi submetido a uma liberalização das atividades, em 1997, especialmente dos serviços de telefonia, que foram inseridos como espécie dos serviços de telecomunicações. Neste ponto, verifica-se que a titularização estatal ocorreu antes mesmo de haver a repartição constitucional de competência da União para sua exploração direta ou indireta. E, ainda, nota-se que houve liberalização parcial do serviço, mesmo durante vigência de definição da competência privativa da União para a exploração direta ou indireta do serviço.

Em sintonia com o que já afirmava Celso Brant (1951, p. 59 *et seq.*), o Estado possui uma liberdade de atuação dentro de um campo jurídico, cujos limites são traçados pela Constituição. Dentro dele, o administrador, amparado pela lei, tem que se valer de sua capacidade de iniciativa (iniciativa econômica pública), procurando atender aos reclamos da sociedade, da melhor forma possível. É auscultando os interesses gerais, sentindo as necessidades dos seus administrados, que lhe compete erigir em serviços públicos determinadas atividades consideradas de interesse coletivo (BRANT, 1951, p. 60). E mais: dentro dos limites de intervenção estabelecidos pela Constituição, também caberia impor um grau interventivo menor do que a própria titularização da atividade, tal como ocorreu, nos exemplos acima, com os serviços de produção de energia elétrica e setores da radiocomunicação. É nesse campo do exercício de um nível intermediário de publicização, que a Administração Pública, devidamente autorizada por lei, colocou-se para regular a atividade, inclusive impondo obrigações semelhantes às que existiam quando do empreendimento de domínio público. *Assim, na perspectiva do grau da publicização, a imposição de obrigações de serviço público a algumas atividades privadas abertas à livre iniciativa seria "tão" igualmente constitucional quanto a opção político-legislativa de titularizar o exercício das mesmas atividades.*

Com efeito, vislumbra-se, na Constituição da República de 1988, *dois extremos* muito bem definidos: de um lado, a livre iniciativa e a liberdade individual (art. 5º, *caput*, e art. 1º, IV); por outro lado, a estatização de atividades, com a restrição completa de atuação do setor privado, representada por um plexo de disposições constitucionais que traçam os contornos das atividades tipicamente estatais. Entre esses extremos, é possível vislumbrar um movimento convergente de privatização das funções do Estado (e de seu regime jurídico aplicável) e de publicização de atividades privadas.

O processo de privatização do Estado é revelado através da criação de diversos instrumentos de delegação de funções ou atribuições assumidamente estatais (concessões comuns, PPPs, tabelionatos etc.); constata-se também através de várias experiências constitucionais e infraconstitucionais que defendem a abdicação parcial do regime jurídico-público para adoção daquele regime jurídico típico do setor privado, seja por criação de organismos estatais em semelhança do setor privado, seja pela substituição de instrumentos unilaterais e autoritários de atuação por mecanismos consensuais e por uma maior contratualização das funções do Estado.

Por outro lado, o processo de publicização das atividades privadas se inicia desde a instituição do princípio da liberdade condicionada, segundo o qual "ninguém será obrigado a fazer ou deixar de fazer alguma coisa senão em virtude de lei" (art. 5º, I, da CR88), passando-se pelo *princípio da intervenção prévia* da Administração, segundo o qual só é permitido o que foi autorizado, de maneira expressa ou tácita (RIVERO; MOUTOUH, 2006, p. 230), tal como prevê o parágrafo único do art. 170, da CR88.

Neste contexto, o *publicatio*, ou seja, a subjetivação pública de uma atividade prestacional, é aqui entendido como o grau mais elevado de intervencionismo estatal para a publicização de atividades privadas. A imposição de obrigações positivas, através da regulação administrativa, que faz assemelhar, em alguns aspectos, o regime da atividade privada regulada ao regime jurídico de prestação de um serviço público, é, assim, um grau de publicização menor do que seria a própria subjetivação pública.

A dualidade "serviço econômico de domínio público" e "serviço econômico de domínio privado" não é, nessa perspectiva, uma definição eminentemente constitucional, com exceção das hipóteses de monopólio da União, tal como elencado expressamente no artigo 177, da Constituição da República de 1988. Assim, há serviços privados que poderiam ser públicos e serviços públicos que poderiam ser privados. Ou melhor, na linha do entendimento esposado por Eros Grau (1988, p. 110), a "[...] iniciativa econômica está para o setor privado assim como o serviço público está para o setor público".

Na lógica da iniciativa econômica pública, se a lei pode definir a supressão completa da livre iniciativa em determinados serviços de interesse coletivo, quando o interesse público assim a demande – o que representa um grau máximo de intervencionismo na esfera econômica privada – certamente, não se poderá negar a prerrogativa de exercer um nível de intervencionismo em menor grau, também definido por lei. Logo, nesse prisma, não há vedação constitucional para que uma atividade econômica, aberta à livre iniciativa, politicamente identificada como de interesse geral, possa se sujeitar a algumas obrigações especiais, impostas pela função regulatória do Estado, equiparáveis a obrigações identificáveis no regime jurídico dos serviços públicos.

Em muitos casos, tal como a investigação jurídico-histórica demonstra, a utilização da prerrogativa de impor o mais alto grau de publicização [titularização da atividade] foi perpetrada, não apenas por razões de controle político, mas especialmente pela pretensão de viabilização da execução da atividade sob os mínimos padrões prestacionais exigidos pela sociedade. Esse raciocínio conduz, assim, na conclusão de que não há sustentação constitucional a premissa de que algumas atividades elencadas na Constituição são necessariamente "serviços públicos" – com a presença de seu elemento orgânico – bem como a premissa de que é somente pela titularização que se pode impor obrigações típicas do regime jurídico de serviço público a uma determinada atividade.

É de se ressaltar, adicionalmente: se é verdadeira essa *premissa interpretativa*, tradicionalmente aceita, de que a Constituição *taxou algumas atividades prestacionais como "serviços públicos"*, e em consideração ao disposto no art. 175, da CR88, as seguintes conclusões seriam, ao nosso ver, inevitáveis: (i) se as atividades prestacionais descritas no art. 21, por exemplo, são necessariamente "serviços públicos", que deveriam ser exercidos pelo Estado direta ou indiretamente, através de concessão ou permissão, sempre através de licitação, então a liberalização da atividade (abertura à livre iniciativa) é inconstitucional, sendo nulos todos os atos jurídicos de liberalização, configurando-se omissão ilegítima no exercício de funções constitucionais, passível de responsabilização; ou (ii) se todas as atividades do art. 21, por exemplo, são serviços públicos, o ato de autorização vinculativa é necessariamente um instrumento de delegação do serviço público, mas que cria uma incompatibilidade constitucional insanável, em vista das hipóteses de delegação (concessão ou permissão) e condições de delegação (prévia licitação) previstos no art. 175, que é um dispositivo constitucional originário.

Por outro lado, sob a visão instrumental do serviço público, que ampara a premissa interpretativa de que as atividades arroladas na Constituição, especialmente no art. 21, não são serviços públicos, mas sim serviços econômicos de interesse geral, que devem ser resguardados pelo Estado, seja pela sua subjetivação pública (grau máximo de publicização da atividade econômica), ou pela imposição de alguns encargos de serviços públicos às atividades privadas (grau alto de publicização da atividade econômica, porém menor do que a subjetivação pública), tal como efetivamente ocorre no caso de obrigações positivas impostas pela regulação social, entende-se que todas as incongruências conclusivas seriam solucionadas.

Em que pese a definição da natureza jurídica das atividades definidas no art. 21, da Constituição, não ser o cerne argumentativo da existência da visão instrumental do serviço público, entende-se que a compreensão dessa forma de se ver e identificar os serviços públicos contribui para solucionar contradições constitucionais geradas pela própria visão essencialista do conceito criado pela tradição clássica francesa.

Ademais, importa observar que a prerrogativa de intervir no domínio econômico em seu mais elevado grau de publicização [ou seja, transformar uma atividade em serviço público, restringindo o acesso do setor privado] não demanda a prévia definição na Constituição da competência federativa para a exploração da referida atividade: em todos os casos analisados (energia elétrica, telégrafos e radiocomunicação), a titularização das atividades foi legalmente institucionalizada sem qualquer menção constitucional de competência na exploração destas, direta ou indiretamente.

Por isso, é de se concluir que o estágio de grande publicização de atividades, mediante processos de nacionalização que foram vivenciados em meados do século XX, não é uma consequência de um imperativo constitucional. Trata-se de *variações políticas de uma mesma prerrogativa estatal*. Como bem pontua Washington Peluso Albino de Souza (1980, p. 413), "[...] o fato intervenção é de natureza originariamente política: apresenta-se como medida tomada pelo Estado com a finalidade de atingir determinados resultados e tem por terreno o domínio econômico". São as imposições políticas e sociais de um tempo que tem o condão de moldar o papel abstencionista, liberal, ou intervencionista no domínio econômico.[141]

O poder de intervenção econômica, em atividades de interesse coletivo, reflete, desse modo, vontades políticas conjunturais e temporárias, as quais estão inseridas em um cenário jurídico perene caracterizado por um dever estruturante de o Estado sempre zelar pela boa execução de serviços que sejam de interesse geral – que aqui chamamos de *princípio da adequação prestacional*.

Assim, a trajetória institucional dos serviços públicos revela que, em períodos anteriores e posteriores aos da incorporação de várias atividades econômicas no domínio exclusivo do Estado, afastando o ingresso do setor privado no mesmo mercado, o Estado também manifestava, e ainda manifesta, preocupações para a manutenção da qualidade, continuidade, universalidade e modicidade de serviços de interesse coletivo abertos à livre iniciativa. Com efeito, essa conclusão é retirada da própria análise da trajetória histórica[142] de deveres prestacionais, existentes no período do Império e na República Velha – em suas devidas proporções – quando a noção tradicional francesa do serviço público não se encontrava presente na estrutura normativa brasileira. Isso se reflete desde a descentralização de deliberação política para medidas de assistência social, no Brasil Imperial, como também os atos estatais responsáveis por viabilizar a dinamização do ensino básico e superior no país, os projetos assumidos para expansão da rede férrea, a criação de empresas destinadas a fornecer financiamentos módicos, o papel direto do Estado na criação de centros para fornecimento de saúde, o incentivo e depois a titularização dos serviços de telégrafos etc. Na República Velha, o dever prestacional, mesmo que mais reservado, manifestou-se pela criação das bases da previdência social e do cooperativismo, como instrumento de desenvolvimento econômico, como também pela manutenção da titularização de serviços de natureza econômica, realizada no período do Império.

---

[141] Nesse sentido, Washington Peluso Albino de Souza pontua: "Entre o Estado Liberal, abstencionista, aplicado a se administrar para uma restrita gama de funções de política, o Estado Intervencionista, que atua na economia do país, convivendo com todas as formas de atividade desta espécie e se relacionando com o particular por motivo desta forma de atuação e na busca de objetivos sociais comuns como ideal superior de todo o funcionamento da estrutura social, vai uma distância facilmente perceptível" (SOUZA, 1980, p. 413).

[142] Vide item 5.2.

Atualmente, estamos vivenciando um pleito político por uma grande liberalização e redução da regulamentação estatal. Porém, juridicamente, nada impede que se possa novamente definir, segundo critérios políticos, que determinada atividade tenha que se submeter a um regime jurídico, cujos caracteres se assemelhem às imposições de obrigações de serviços público, especialmente, na atual fase de desenvolvimentos tecnológicos e novas "utilidades públicas", tais como *Uber*, patinetes elétricos, *airbnb*, usinas privadas de energia fotovoltaicas, *Uber Copter* (*uber* de helicóptero), serviços de *internet* etc. Aliás, essa é a consequência que estudiosos das privatizações enxergam, acerca do regime jurídico "remanescente" pós-privatizações de atividades anteriormente assumidas pelo Estado. Por exemplo, Juan Miguel de la Cuétara Martínez:

> A médio prazo e como dizia no começo, seremos impulsionados a reconsiderar a separação "público-privado" das contribuições que os economistas estão fazendo para purificar a regulamentação setorial. Considere, por exemplo, o regime legal de bens afetados por um serviço público privatizado; logicamente, serão de propriedade da empresa vendida e deixarão de ser de domínio público, uma vez que o *despublicatio*, gerou a liberalização do setor. Mas eles não deixarão de estar vinculados à função à qual eles estavam servindo e, portanto, mesmo que sejam declarados transferíveis, sua transferibilidade será limitada a empresas do setor: serão bens, vinculados, privados, mas ao serviço do púbico (ou como se verifica em certa doutrina europeia, "bens de clube"). (MARTÍNEZ, 2001, p. 200 *et seq.*).

A iniciativa econômica pública não demanda que o exercício da intervenção no domínio econômico, pelo Estado, seja precedido de especificação constitucional de quais atividades podem ser objetos de publicização. Seja a nível de regulação da atividade, seja a título de titularização do serviço. A história institucional brasileira traz exemplos de outros serviços públicos que foram criados, sem a prévia menção constitucional da competência exploratória, expressamente para a referida atividade, além dos já mencionados casos já descritos.

Esse é o caso da municipalização dos serviços de abatedouros públicos, na década de 1930. Essa atividade foi assumida por diversos municípios, de forma que apenas carnes provenientes de matadouros públicos ou matadouros concedidos pelas municipalidades poderiam ser comercializados (SCHIRATO, 2012, p. 83). Nesse contexto, as razões políticas para a titularização da atividade pelos municípios, utilizando-se de sua prerrogativa de regulamentar atividades de interesse local, deu-se pela necessidade de maior controle da adequação sanitária da atividade de abate de gado, para evitar a proliferação das doenças advindas da carne (SCHIRATO, 2012, p. 83). Tal titularização foi questionada judicialmente por algumas empresas, com base no fundamento da livre iniciativa, mas o Supremo Tribunal Federal, em julgamento do Recurso Extraordinário nº 3.172, proposto em face do município de São Paulo, entendeu, por unanimidade, ser constitucional tal titularização do serviço essencial (SCHIRATO, 2012, p. 84). Oswaldo Aranha Bandeira de Mello, então diretor jurídico do município de São Paulo, assim argumentou:

> O monopólio, portanto, exercido pela PREFEITURA DO MUNICÍPIO DE SÃO PAULO, relativo ao serviço de matança é absolutamente constitucional e está perfeitamente de acordo com a sua tradição governamental.
>
> E esse monopólio é exercido no interesse público. Isso se explica, porque, sendo o serviço de abastecimento de carnes à população uma coisa que diz muito de perto à questão da

saúde pública, deve ser cuidada de modo mais completo e mesmo todo e qualquer interesse individual. É pois natural [sic] o Município chame a si a exploração da matança do gado que deve ser distribuído ao consumo local, porque ele pode, melhor que ninguém, controlar a qualidade e a sanidade do produto a ser consumido, bem como a normalização dos seus preços em bases razoáveis, impedindo abusos dos 'trusts' e facilitando, desse modo, ao público a aquisição desse gênero de primeira necessidade. (MELLO *apud* SCHIRATO, 2012, p. 84).

Assim, pode-se dizer que *antes de um serviço ser considerado "serviço público", ele é, também no Direito brasileiro, um serviço de interesse geral, que desperta atenção protetiva especial do Estado*. O serviço, politicamente considerado como "serviço de interesse geral", pode se transformar em um empreendimento estatal, prestado em concorrência com outros serviços, ou de maneira exclusiva, como meio de resguardar um regime jurídico que se repute necessário para a boa prestação da atividade. Ou ainda, o "serviço de interesse geral" também poderia, nessa perspectiva, sujeitar-se a condições regulatórias, de modo a se submeter a um regime jurídico-prestacional que, de certo modo, assemelha-se ao regime jurídico dos serviços públicos, exigido conforme os crivos de proporcionalidade, razoabilidade e necessidade para o devido resguardo de um nível que se considere um "serviço adequado".

Considerando que tais serviços de interesse geral podem não estar previstos expressamente na Constituição, há, assim, os serviços de interesse geral "constitucionalmente expressos", como é o caso dos serviços elencados no art. 21, X, XI e XII, da Constituição da República de 1988. Por outro lado, há também os serviços de interesse geral *extravagantes*, não expressos no texto constitucional, mas previstos por leis específicas, que revelam a preocupação do legislador na adequação prestacional das referidas atividades, seja mediante titularização da atividade, seja mediante imposição regulatória de um regime jurídico-prestacional (com previsão de obrigações que compõem o regime jurídico-prestacional dos serviços públicos). Esse seria o caso dos serviços de energia elétrica, telégrafos e radiocomunicação (quando não existia a previsão da competência constitucional), como é também o caso de vários outros serviços assumidos pelo Estado, tendo por exemplo a titularização dos matadouros e funerárias,[143] dentre outros serviços essenciais cuja intervenção estatal é autorizada legalmente.

Nestes casos de serviços de interesse geral extravagantes, como já se adiantou, a autorização constitucional para a intervenção estatal no domínio econômico encontra-se em vários dispositivos constitucionais, desde que prevê o "princípio da liberdade condicionada", segundo o qual "ninguém será obrigado a fazer ou deixar de fazer alguma coisa senão em virtude de lei" (art. 5º, I, da CR88), passando-se pelo princípio da intervenção prévia da Administração, segundo o qual só é permitido o que foi autorizado, de maneira expressa ou tácita, tal como prevê o parágrafo único do art. 170, da CR88.

Isso, sem mencionar outros dispositivos constitucionais que evidenciam o dever do Estado em intervir e impor obrigações positivas em face de atividades de interesse geral, como ocorre: (i) no caso do art. 9º, §1º, ao se referir a serviços "essenciais" (mas não serviços públicos), aos quais pode haver a restrição do direito de greve; e (ii) no art. 129, II, que confere ao Ministério Público o encargo de zelar pelo efetivo respeito

---

[143] Este serviço foi legalmente definido como um serviço "essencial" pela Lei nº 7.783/1989, ao lado de vários outros serviços de interesse geral constitucionalmente expressos.

"dos serviços de relevância pública aos direitos assegurados nesta Constituição", que abrange certamente serviços não titularizados pelo Estado.

Portanto, a definição do grau de publicização de uma atividade econômica, no Brasil, *é prerrogativa da iniciativa econômica pública*. Logo, o *publicatio* no Brasil [assim como o *despublicatio*] não é decorrência de uma aferição da natureza da atividade; é, isso sim, uma prerrogativa instrumental do poder público para melhor atender a seus objetivos institucionais.

4.4.2 A intangibilidade do dever de resguardo prestacional no período de privatizações na década de 1990

O papel do Estado como condutor do desenvolvimento econômico, através da centralização de diversas atividades econômicas em seu domínio público, foi duramente questionado após crises econômicas e fiscais ocorridas na década de 1970. A recessão econômica e o grande endividamento público que acometeram vários países deram base para a proeminência de um movimento privatista, em contraposição às correntes intervencionistas-desenvolvimentistas que justificariam o crescimento do Estado em meados do século XX.

Reformas gerenciais e institucionais realizadas a partir da década de 1970, em razão de diversas crises fiscais e de ingovernabilidade, evidenciaram, para alguns autores, uma irreversível crise das noções tradicionais do serviço público.[144] Isto, porque as reformas liberalizantes dos serviços públicos se pautaram pela premissa de que o particular teria mais condições de executar certas atividades, antes titularizadas como serviços públicos, *para atingimento das finalidades públicas que justificavam a reserva de titularidade*. Por outro lado, serviços públicos, ainda assumidos pelo Estado, deixaram de ser prestados com exclusivismo, para poder competir em um mercado concorrencial. O fato é que a incapacidade fiscal e gerencial do Estado na condução de investimentos em infraestrutura, especialmente na década de 1980, foi decisivo para a opção política de transferir esse papel para a iniciativa privada.

Em vista da recessão que acometeu o Brasil e demais países latino-americanos, organismos internacionais, tais como o Fundo Monetário Internacional e o Banco Interamericano de Desenvolvimento, chegaram a um "consenso" sobre os benefícios da realização de reformas na máquina estatal orientadas pelo gerencialismo, sugerindo mudanças drásticas em prol da implantação dos preceitos da "Nova Administração Pública", quais sejam:

> [...] o ajuste estrutural do déficit público, a redução do tamanho do Estado, a privatização das estatais, a abertura ao comércio internacional, o fim das restrições ao capital externo, a abertura financeira às instituições internacionais, a desregulamentação da economia, a reestruturação do sistema previdenciário, o investimento em infraestrutura básica e fiscalização dos gastos públicos. (PAULA, 2006, p. 113).

Tais recomendações de *good governance* aos países latino-americanos ficaram conhecidas como o *Consenso de Washington* (VALE, 2018, p. 17).

---

[144] Contexto identificado como a 2ª crise dos serviços públicos, tal como referenciado no Capítulo 2.

Nesse contexto, a crise do modelo nacional-desenvolvimentista, de ordem centralizante, foi um dos motivos que fizeram emergir um consenso político de caráter liberalizante, pautado por estratégias gerencialistas para a busca de uma maior eficiência da gestão pública e novas propostas de estabilização econômica (VALE, 2018, p. 17). Várias das reformas implementadas na década de 1990 harmonizaram as propostas do "Consenso de Washington" com as premissas gerencialistas[145] da Terceira Via, sem olvidar de uma nova espécie de desenvolvimento dependente e associado, realizada através da abertura do mercado e da atração de investimentos estrangeiros (VALE, 2018, p. 18).

Para implantação das reformas gerenciais, o governo federal criou o Ministério da Administração e Reforma do Estado (MARE), ocupado por Bresser-Pereira em 1994, o qual foi responsável pela apresentação de um "Plano Diretor da Reforma do Estado". Tal plano de reformas resultou na Emenda Constitucional nº 19/1998, que modificou vários aspectos do regime jurídico da Administração Pública, acrescentando novos princípios, como o princípio da eficiência. Além disso, foram elaboradas normas atinentes à gestão pública, aos seus servidores e agentes públicos, ao controle de despesas e finanças públicas, além de outras providências aptas a "modernizarem" a atividade pública, para a consecução mais eficiente de seus próprios objetivos (VALE, 2018, p. 18).

Para dar prosseguimento às reformas sugeridas pelo Plano Diretor da Reforma do Estado, tornou-se necessário, ainda, delimitar e separar as atividades exclusivas do Estado das não-exclusivas (BRESSER-PEREIRA, 1996, p. 18). Nas *atividades exclusivas do Estado* estaria incluso o núcleo estratégico do Estado, essência da atividade estatal, tal como a Presidência da República e seus Ministérios, o Poder Legislativo e o Judiciário. A este grupo, pertencem também as secretarias formuladoras de políticas públicas, ligadas aos ministérios, as quais realizam o planejamento e o controle de políticas governamentais (PAULA, 2006, p. 127). Dentro das atividades exclusivas, ainda foram criadas, no advento da Lei nº 9.649/1998, as agências executivas, título que se conferia às autarquias e fundações que tivessem "um plano estratégico de reestruturação e de desenvolvimento institucional em andamento" e que "[...] hajam celebrado contrato de gestão com o respectivo Ministério supervisor" (MELLO, 2006, p. 174). As empresas estatais também faziam parte dos planos da reforma do Estado, ficando sob o crivo das recém-criadas "agências reguladoras", cujo escopo era a regulação da prestação de serviços públicos pelo setor privado. Por outro lado, entre as *atividades não-exclusivas* do Estado figuravam os serviços de *caráter competitivo*, as atividades auxiliares e de apoio (VALE, 2018, p. 19). Nesse sentido, como explica Bresser-Pereira (1996, p. 19),

> Os serviços não-exclusivos ou competitivos do Estado são aqueles que, embora não envolvendo poder de Estado, o Estado realiza e/ou subsidia porque os considera de alta relevância para os direitos humanos, ou porque envolvem economias externas, não podendo ser adequadamente recompensados no mercado através da cobrança dos serviços. (BRESSER-PEREIRA, 1996, p. 19).

Dentre os serviços não exclusivos ou competitivos do Estado, incluem-se os serviços sociais, tais como educação, saúde e assistência social, e atividades científicas,

---

[145] As bases das ideias gerencialistas serão melhor abordadas mais abaixo neste Capítulo, no item 4.4.3.

que deveriam ser prestadas por "entidades públicas não-estatais".[146] As atividades auxiliares e de apoio, por sua vez, tais como limpeza, vigilância, transporte, serviços técnicos, manutenção dentre outras, ficariam a cargo de terceiros, através de contratos administrativos de terceirização (BRESSER-PEREIRA, 1996).

Foi nesse contexto, de reestruturação do papel do Estado e uma busca maior do particular para o exercício de funções públicas, que também caracterizaram as reformas da década de 1990, com a alteração de marcos normativos que estabeleciam a exclusividade estatal na execução de diversos serviços de interesse geral. Essa participação se deu não apenas em uma ampliação de concessões em diversos serviços públicos, mas, especialmente, em razão da liberalização e privatização de algumas atividades, antes de prestação exclusiva do Estado. Isso resultou, por exemplo, e como visto, na reforma do serviço de produção e comercialização de energia elétrica perpetrada pela Lei Federal nº 9.074/1995, no qual se previu a ampliação da figura do produtor independente de energia e a liberalização para venda ao atacado de energia. No setor de telecomunicações, a liberalização foi ainda mais marcante, com a criação do setor privado de serviço de telecomunicações, pela Lei Federal nº 9.472/1997. Isso, sem mencionar inúmeros processos de privatizações de empresas estatais prestadoras de serviços públicos.

A questão é que, após as privatizações e liberalizações de importantes serviços públicos (como serviços de telecomunicações, produção de energia, navegação aérea, atividades portuárias, dentre outras), a relevância coletiva (viés teleológico) na adequada prestação dessas atividades (agora privadas) ainda permanece e é reconhecida pelo Estado.

A perda do elemento orgânico de muitas atividades de interesse geral, fez propagar a tese de que o atual estágio das liberalizações representaria a fase da "morte do serviço público",[147] o que, como já adiantado, trata-se de uma visão inadequada. O "serviço público", enquanto instrumento de intervenção estatal no domínio privado, em seu mais alto grau de publicização, existe e pode sempre ser utilizado pelo Estado, de acordo com os critérios políticos vigentes, os quais são variantes no tempo.

Por outro lado, se o fundamento do serviço público é a assunção de responsabilidades pelo Estado, visando o resguardo da atividade em que houve a intervenção pública, o *núcleo teleológico* do serviço público ainda continuou a persistir, mesmo durante a atual fase de privatizações e liberalizações dos últimos 30 anos.[148] Neste caso, a contextualização histórico-jurídico evidencia que o poder público é inarredável na função assumida de garantir a adequada prestação de serviços de interesse geral, o

---

[146] Para tanto, foi criada a Lei nº 9.637/1998, que possibilita a qualificação de entidades privadas, voltadas para o exercício de serviços sociais e científicos, em Organizações Sociais, após a realização de contrato de gestão com o poder público. Ainda, buscando incentivar a atuação do terceiro setor, foi apoiada, ainda, a criação da Lei nº 9.790/1999, que regulamentou a qualificação de entidades sem fins lucrativos como Organizações da Sociedade Civil de Interesse Público para a atuação em diversas áreas de interesse do Estado.

[147] Maria Sylvia Zanella Di Pietro (2017, p. 40 *et seq.*), por exemplo, identifica a existência de uma pretensa "crise da noção de serviço público", que não poderia ocorrer no Brasil. Segundo a autora, o que vem ocorrendo é uma privatização parcial, feita pela legislação ordinária, ao arrepio da Constituição, como na legislação de telecomunicações, energia elétrica, correios, portos, em que uma parte da atividade atribuída à União para ser exercida diretamente ou por autorização, permissão ou concessão, está sendo deixada à iniciativa privada" (DI PIETRO, 2017, p. 41).

[148] Nesse contexto, políticas de descentralização e da estratégia de utilização da esfera particular para a condução de atividades de interesse público, não podem ser mais vistas como posições ideológicas, considerando a sua generalização e manutenção em diferentes tipos de governo, de diferentes ideologias.

que lhe dá a prerrogativa de absorver a execução da atividade ou de impor um regime jurídico tendente à sua adequada prestação, sempre que reputar necessário e oportuno.

A reforma do Estado, conforme comportamento verificado mundialmente, preconizou um vigoroso movimento de delegação e "devolução" de responsabilidades que foram assumidas pelo Estado. Contudo, a "fuga" da operacionalização direta das atividades econômicas e serviços públicos (*stricto sensu*) pelo Estado, foi acompanhada proporcionalmente do crescimento da regulação administrativa e da imposição de encargos especiais para o serviço, em semelhança aos existentes no regime jurídico dos serviços públicos. Por isso, a emergência de um poder público supervisor e estrategista não é sinônimo de desengajamento do Estado de tradição francesa (CHEVALLIER, 2009, p. 69). É, ao contrário, uma forma moderna de o Estado cumprir efetivamente com suas atribuições institucionais.

A contrapartida para a redução da intervenção estatal como agente econômico é o predomínio de funções regulatórias, como se o Estado fosse um "árbitro das atividades privadas" (JUSTEN FILHO, 2002, p. 21). Isso revela que esse novo atuar estatal "não significa negar a responsabilidade pela promoção do bem-estar, mas alterar os instrumentos para a realização dessas tarefas" (JUSTEN FILHO, 2002, p. 21).

Neste caso, a regulação administrativa dos serviços de interesse geral assume um papel diferenciado: não se trata apenas de evitar o "abuso de direito" e da liberdade, mas de estabelecer parâmetros diretivos para o exercício da atividade que foi aberta à livre iniciativa, mediante a imposição de obrigações positivas, em semelhança às diretrizes impostas em regulamentos contratuais, no caso de delegação de serviços públicos.

Por isso, é possível afirmar que, na atual fase de liberalizações e redução das competências estatais na execução direta de algumas atividades, transparece a *manutenção* do princípio do resguardo prestacional, o qual sempre existiu na história institucional brasileira, em diferentes níveis.

O caso da liberalização dos *serviços de telecomunicações* é paradigmático. A criação da Lei Geral de Telecomunicações, com a liberalização da exploração dos serviços de telefonia móvel e *internet*, surgiu com o *intuito de massificar* o uso do serviço pela população e viabilizar o acesso em mercados antes não atingidos pelo referido serviço "público", buscando-se prezar pelas obrigações estatais de universalidade e continuidade desse serviço de interesse geral. Esse propósito de resguardo prestacional, fez com que a prestação de serviço sob o "regime privado", aberto à livre iniciativa [mas sujeito a vários encargos regulatórios especiais] em muito se assemelhasse com os objetivos da prestação sob o "regime público".[149] Como bem pontua Quinalia:

---

[149] Nesse sentido, a *Resolução nº 516, de 30 de outubro de 2008*, da ANATEL, apresentou o seguinte princípio regulatório: "A abertura do mercado de telecomunicações à competição, seja baseada na prestação de serviços exclusivamente no regime público, seja exclusivamente no regime privado ou concomitantemente nos dois regimes, *permitiu que o Estado, ao se retirar da prestação direta de atividades econômicas, se concentrasse nas funções de agente regulador e zelasse pelo bom funcionamento do mercado, protegendo os interesses dos usuários de serviços de telecomunicações*. A atuação da ANATEL na disciplina das relações econômicas no setor de telecomunicações e na defesa da livre concorrência tem permitido a ampliação da liberdade de escolha dos usuários. Nesse sentido, o conceito difundido internacionalmente de identificação de mercados relevantes e entidades com Poder de Mercado Significativo pode ser bem aproveitado no exercício das políticas públicas que visam a melhor atender os anseios da sociedade." (grifo nosso). Essa resolução foi revogada mais recentemente pela Resolução nº 708, de 26 de março de 2019.

Frise-se que ambos buscam como vetor o acesso, contudo, os regimes estabelecem pilares e embasamento jurídico distinto. Enquanto a massificação busca estimular a disponibilização do acesso por meio de regulamentação, condicionamentos e limitações, a universalização do regime público preocupa-se em permitir o mínimo e o básico de comunicação. Nesse último caso, a União se compromete em garantir a continuidade desse mínimo.

[...]

A proposta do legislador foi de que o Estado atuasse de maneira a proteger o consumidor/usuário ao passo que estimulasse a competição e o desenvolvimento de pequenos mercados. Nesse contexto, massificar significa promover, no regime privado, o acesso aos serviços de telecomunicações, expandindo as redes, inclusive, em áreas economicamente menos interessantes, mediante estímulos financeiros adicionais por parte do governo, gerando, consequentemente, diminuição nas desigualdades regionais, crescimento do setor e benefícios a todos os usuários. Repita-se, não há que se falar em serviços de titularidade do governo e sim no âmbito das atividades privadas regulamentadas. Medidas de massificação visam concretizar os seguintes princípios regulatórios: acelerar a redução das desigualdades regionais e possibilitar oferta de serviços de forma mais homogênea possível em todo território nacional. (QUINALIA, 2015, p. 110).

Dentre os serviços realizados sob o "regime privado", porém submetido a um elevado grau de "publicização", no tocante às obrigações decorrentes do regime jurídico-prestacional,[150] merece destaque o *Serviço de Comunicação Multimídia*, que é um serviço fixo de telecomunicações, de interesse coletivo, prestado em âmbito nacional e internacional, que possibilita a oferta de capacidade de transmissão, emissão e recepção de informações multimídia (dados, voz e imagem), por diferentes meios, a assinantes dentro de uma área de prestação de serviço. Os critérios de "outorga da autorização", de natureza vinculada, e somente concedida após o pagamento de um "preço público" pelo explorador, são previstos pela Resolução nº 614, de 28 de maio de 2013, da ANATEL. Até o presente momento, foram concedidas 7.110 (sete mil cento e dez) outorgas (AGÊNCIA NACIONAL DE TELECOMUNICAÇÕES, 2020) para prestadores desse tipo de serviço de telecomunicação, de grande importância para a ampliação do acesso aos serviços de *internet* – atividade de inegável interesse coletivo.[151]

No setor dos *serviços de distribuição de água e esgotamento sanitário*, a liberalização para a exploração dos serviços, internamente em condomínios e pequenas localidades, mesmo em áreas em que haja a cobertura prestacional do titular ou da concessionária de serviço público, também revela essa preocupação da adequação prestacional pelo Estado, no atual estágio de liberalizações. A Lei do Saneamento Básico (Lei nº 11.445/2007) havia previsto, na redação do artigo 10,[152] antes da alteração promovida pela Lei

---

[150] Exemplo típico de obrigação nesse regime, seria o da transparência e imposição de padrão de desempenho mínimo, refere-se à decisão da ANATEL em vedar que os "serviços privados" de telecomunicações pudessem restringir o acesso a dados de internet, oferecido através do cabeamento, se não forem criados mecanismos de controle efetivo do uso de dados pelos usuários. Como já mencionado, a sistematização de obrigações regulatórias típicas do regime jurídico-prestacional, a serviços de interesse geral no Direito brasileiro, será realizada na Parte III deste trabalho, destinado a uma metodologia jurídico-exploratória.

[151] Não é demais exemplificar, por exemplo, os serviços de dados oferecido pelo aplicativo *WhatsApp*, fornecido pelo *Facebook*.

[152] "Art. 10. A prestação de serviços públicos de saneamento básico por entidade que não integre a administração do titular depende da celebração de contrato, sendo vedada a sua disciplina mediante convênios, termos de parceria ou outros instrumentos de natureza precária. §1º Excetuam-se do disposto no *caput* deste artigo: I – os serviços públicos de saneamento básico cuja prestação o poder público, nos termos de lei, autorizar para

nº 14.026/2020, a possibilidade de realização desse serviço por usuários organizados em cooperativas ou associações, desde que tal prestação se limitasse à área do condomínio ou determinadas localidades de pequeno porte ocupadas por população de baixa renda. A autorização para essa prestação de serviço privado possuiu o intuito de viabilizar maior universalidade na sua prestação, desde que o prestador privado se atenha a normas regulatórias editadas pela Agência Nacional de Águas, dentre outras estabelecidas por agências regionais que regulam a atividade de saneamento.

Recentemente, reformou-se o marco normativo do saneamento básico pela Lei Federal nº 14.026/2020. A reforma buscou ampliar a participação do setor privado na execução dos serviços de saneamento, como medida de tentar melhor resguardar a universalidade do serviço. Para tanto, estabeleceu-se, no artigo 10, a obrigatoriedade de a prestação dos serviços públicos de saneamento básico por entidade que não integre a administração do titular depende da celebração de contrato de concessão, mediante prévia licitação, dando prioridade para a participação do setor privado na gestão indireta dos referidos serviços – ao contrário da sistemática anterior, que possibilitava a contratação direta de empresas estatais prestadoras do serviço, através de contrato de programa. Neste caso, não há uma cláusula de *despublicatio*, com perda de titularidade na execução da atividade, mas apenas uma disposição normativa que demanda a preferência para a atuação do setor privado, em detrimento de entidades estatais em decorrência de contrato de programa ou convênio de cooperação. Nesse sentido, o ministro da Economia, Paulo Guedes, chegou a dizer que o saneamento deve ser tratado como a telefonia celular foi nas últimas décadas: "[...] ninguém tinha e (agora) todo mundo tem",[153] evidenciando-se a preocupação prestacional com a atividade.

Em suma, nosso ordenamento constitucional, mesmo que não estabeleça a obrigatoriedade de o Estado assumir diretamente determinadas atividades econômicas (salvo as hipóteses de monopólio estatal delineados no artigo 177, da Constituição), ou o dever em transformar serviços de interesse geral em domínio público, estabelece, em outro prisma, o dever do Estado em buscar resguardar que os princípios do regime jurídico-prestacional, tais como a continuidade, regularidade, universalidade, qualidade, modicidade, dentre outros, encontrem-se atendidos na execução, seja pelo setor público, seja pelo setor privado, de serviços de interesse geral. E isso se deve, necessariamente por um conjunto normativo constante da própria Constituição da República de 1988.

Como constata Alexandre Santos de Aragão (2007a, p. 132 *et seq.*), nossa Constituição é uma Constituição de um Estado que não é absenteísta, não podendo ser neutro diante das necessidades de desenvolvimento econômico e social da coletividade, o que, necessariamente, pressupõe que seja, diretamente ou através da iniciativa privada, "um Estado garantidor de determinadas prestações necessárias à realização desses desideratos, radicados, sobretudo, na dignidade da pessoa humana e na redução das desigualdades sociais e regionais (art. 1º e 3º, CF)".

---

usuários organizados em cooperativas ou associações, desde que se limitem a: a) determinado condomínio; b) localidade de pequeno porte, predominantemente ocupada por população de baixa renda, onde outras formas de prestação apresentem custos de operação e manutenção incompatíveis com a capacidade de pagamento dos usuários". Tal outorga, mediante autorização, também foi disciplinada pelo artigo 38, III, do Decreto Federal nº 7.217/2010, que regulamenta a Lei nº 11.445/2007.

[153] Reportagem publicada pela Nexo Jornal Ltda, disponível no seguinte link: https://www.nexojornal.com.br/expresso/2019/12/12/O-que-%C3%A9-o-novo-marco-legal-do-saneamento-b%C3%A1sico

Por isso, não se pode opor o fundamento da livre iniciativa, como um valor absoluto,[154] de modo a vedar a imposição de um regime jurídico-prestacional, quando se tratar de atividades abertas ao setor privado, em detrimento de todos os demais valores normativos constitucionais, tais como a dignidade da pessoa humana e função social da propriedade, que demandam a adequação do direito individual ao direito coletivo, bem como a *adequabilidade* na execução de serviços de interesse geral.

O ordenamento jurídico-constitucional denota, como bem observa Eurico Bitencourt Neto (2017b), um *princípio da socialidade*, o qual exige que o Estado atue em posição de garantia, especialmente na imposição de obrigações que busquem a boa consecução de atividades que não mais são de sua competência exploratória. Segundo o autor (2017b, p. 293 *et seq.*), o princípio da socialidade é um dever resultante do dever de respeito à dignidade da pessoa humana e dos direitos fundamentais que estruturam o Estado Democrático de Direito, o que faz urgir ao Estado garantir um mínimo de recursos materiais propiciadores do adequado desenvolvimento social. Segundo o autor:

> No caso da Constituição brasileira de 1988, a previsão da erradicação da pobreza e da marginalização e da redução das desigualdades sociais e regionais como um dos objetivos fundamentais da República (art. 3º, III) e a consagração expressa de amplo rol de direitos econômicos, sociais e culturais deixa fora de dúvida a opção constituinte por um modelo forte de socialidade. Trata-se da instituição do Estado de Direito democrático e social.
>
> Daí que se, de um lado, a própria Constituição impõe que sua concretização se dê num quadro de pluralismo político (art. 1º, V), o que afasta a conclusão por um único modo constitucionalmente adequado de realização da socialidade, por outro lado não se pode admitir a adequação constitucional de um modelo governativo liberal clássico, que retire do Estado a responsabilidade pela concretização dos objetivos da socialidade. Pode-se dizer que o princípio da socialidade se desdobra, sob o ponto de vista normativo, no princípio geral, vinculante de todos os poderes públicos, do fim social do Estado (BENDA, 2001, p.521) e na consagração de direitos fundamentais (SCHMIDT-AβMANN, 2003, p.144). (BITENCOURT NETO, 2017b, p. 294 *et seq.*).

Esse necessário papel do Estado, como garantidor das atividades, repele o retorno ao liberalismo clássico, diante da consagração da socialidade, que decorre do Estado de Direito, democrático e social, instituído na Constituição de 1988 (BITENCOURT NETO, 2017b, p. 297). Assim, concluindo o autor:

> Se, em princípio, se podem admitir distintos meios de concretização dos fins sociais do Estado, incluída a execução privada de atividades de interesse público, não se pode olvidar que tal interesse social impõe uma atuação regulatória do poder público que assegure o cumprimento de obrigações públicas mesmo quando tais atividades sejam materialmente privatizadas. (BITENCOURT NETO, 2017b, p. 297).

Neste ponto, independentemente da opção política de nacionalização ou liberalização de serviços de interesse geral, o ordenamento constitucional sempre resguarda o *dever de solidariedade social*, o qual decorre diretamente do próprio conceito de democracia.

---

[154] No item 5.9, do Capítulo 5, a questão da ponderabilidade do princípio da livre iniciativa e a fragilidade de uma visão fundamentalista desse fundamento será mais bem discutida.

O ideal de democracia, enquanto conceito jurídico, não implica apenas processos decisórios participativos ou reflexivos, mas também o respeito a valores que impõe uma visão amplificada e eticamente adequada do uso de direitos individuais. A democracia, então, "[...] parte do princípio de que o seu significado essencial reside numa ética, num conjunto de valores" (WALDO, 2012, p. 383). O princípio da solidariedade é, então, um imperativo da própria democracia, enquanto conceito jurídico, e fundamento do Estado. O ideal de solidariedade não emerge da moral, mas é sim, fruto de uma construção dialógica da sociedade, no que tange aos interesses individuais, pois evidenciará os limites da liberdade de cada um em face da harmonização de todos os interesses daqueles envolvidos em uma decisão (VALE, 2018, p. 75).[155]

Nesse contexto, o ideal de solidariedade, típico do princípio democrático, desponta uma ruptura com a concepção tradicional de igualdade, em prol de um *princípio da equidade*: "[...] tomando em conta as disparidades existentes entre os indivíduos e os grupos e se esforçando em corrigi-las – caso preciso, por meio de discriminações positivas, pelas quais se outorga mais àqueles que têm menos" (CHEVALLIER, 2009, p. 81).

A lógica da solidariedade é inerente ao Estado protetor e traduz a ideia de assunção de certos riscos sociais pelo conjunto da coletividade (CHEVALLIER, 2009, p. 80). No contexto estatal, o dever de solidariedade se revela nas *funções assecuratórias*, tal como ocorre na seguridade social (VALE, 2018, p. 78). Nesse cenário, a jurisprudência reconhece a importância do princípio da solidariedade na estruturação da seguridade social, principalmente para reafirmar obrigações contributivas, independente da fruição de benefícios (VALE, 2018, p. 78).[156] Em decisão recente, o Supremo Tribunal Federal, inclusive, estendeu a imunidade de impostos, prevista no art. 150, VI, "c", da Constituição da República de 1988, para as contribuições incidentes sobre instituições de educação e de assistência social sem fins lucrativos, com base no princípio da solidariedade,[157] em um sentido inverso, já que são entidades que colaboram com os fins precípuos do Estado (VALE, 2018, p. 78).

Por isso, em razão do *princípio democrático*, o Estado deve buscar a consolidação de um "sujeito coletivo", em detrimento da valorização do individualismo (VALE, 2018, p. 78). Assim, reconhecer o pluralismo de interesses em uma sociedade democrática exige o "enfraquecimento da subjetividade, 'um abandono do Eu', na busca por uma

---

[155] As premissas teóricas para o princípio da solidariedade, enquanto dimensão deontológica do princípio democrático, são aqui apresentadas em sintonia com a abordagem adotada por este autor no livro "A Natureza Jurídica do Princípio Democrático na Função Administrativa" (2018).

[156] Por exemplo, o Supremo Tribunal Federal já pacificou o entendimento de que "[...] o princípio da solidariedade se presta a universalizar o âmbito de potenciais contribuintes, mitigando a referibilidade que é própria das contribuições" (ARE 672673 AgR, Relator(a): Min. Roberto Barroso, Primeira Turma, julgado em 13.05.2014, DJe 18 jun. 2014). No julgamento do RE nº 430418 decidiu que "o princípio da solidariedade faz com que a referibilidade das contribuições sociais alcance a maior amplitude possível, de modo que não há uma correlação necessária e indispensável entre o dever de contribuir e a possibilidade de auferir proveito das contribuições vertidas em favor da seguridade" (RE 430418 AgR, Relator(a): Min. Roberto Barroso, Primeira Turma, DJe 06 mai. 2014).

[157] O Supremo Tribunal Federal assim decidiu: "[...] 18. Instituições de educação e de assistência social sem fins lucrativos são entidades privadas criadas com o propósito de servir à coletividade, colaborando com o Estado nessas áreas cuja atuação do Poder Público é deficiente. *Consectariamente, et pour cause*, a Constituição determina que elas sejam desoneradas de alguns tributos, em especial, os impostos e as contribuições. 19. A *ratio* da supressão da competência tributária funda-se na ausência de capacidade contributiva ou na aplicação do princípio da solidariedade de forma inversa, vale dizer: a ausência de tributação das contribuições sociais decorre da colaboração que estas entidades prestam ao Estado." (RE 636941, Relator(a): Min. Luiz Fux, Tribunal Pleno, julgado em 13.02.2014, DJe 04 abr. 2014).

espécie de renovação do ser, que se tornaria pluripessoal, ou ainda, suprapessoal" (GABARDO, 2009, p. 187). Assim, o dever de solidariedade demanda que o Estado leve em consideração, em suas decisões, o bem-estar de todos os cidadãos envolvidos. Segundo Habermas (1997, p. 143), em "[...] questões morais, a humanidade ou uma suposta república dos cidadãos forma o sistema de referência para a fundamentação de regulamentações que são do interesse simétrico de todos". Nos termos do artigo 3º, IV, da Constituição da República de 1988, o bem-estar de todos é um dos objetivos da República.

Nesse sentido, atender ao dever de solidariedade é, no entendimento de Jaime Rodríguez-Arana Muñoz (2012), uma medida necessária para a identificação de uma *boa administração*. Segundo o autor, o "[...] bom governo, ou a boa administração, há de visar precisamente à geração desse ambiente no qual cada cidadão possa exercer sua liberdade de forma solidária." (MUÑOZ, 2012, p. 47).[158] Por isso que, segundo o autor, "as ações políticas têm valor na medida em que valem para o desenvolvimento humano" (MUÑOZ, 2012, p. 51).

Pode-se dizer que a realidade institucional, como a interpretação de normas constitucionais, torna incontestável a conclusão de que, no atual período de liberalizações, mantém-se para o Estado o dever de atentar para que a execução de serviços privados, de interesse geral, garantam padrões que levem em consideração os objetivos de coesão social e econômica, que justificaram, em determinado período da história institucional brasileira, a titularização das referidas atividades, ou de outras semelhantes. Assim, pode-se dizer que a visão instrumental do serviço público também é corroborada pelas medidas reformistas e liberalizantes ocorridas em 1990, que – segundo a exposição política de motivos apresentada em diversas medidas – mostraram-se instrumentais para a garantia da boa execução das mesmas atividades que antes justificavam o exclusivismo estatal.

4.4.3 O enquadramento das obrigações de serviço público, no Direito brasileiro, como direitos do usuário e não como encargos necessários à atividade

No Direito brasileiro, é de se constatar que o tema das obrigações de serviço público voltou a ser revisitado, não na perspectiva de um regime jurídico mínimo de uma atividade de interesse geral, mas sob o prisma de um sistema de direitos subjetivos dos destinatários dos serviços estatais. Nesse contexto, a doutrina administrativista não se preocupou em identificar as obrigações de serviços públicos sob o enfoque de uma regulação necessária para a adequação da atividade passando a ver as obrigações de

---

[158] Segundo o autor: "[...] a liberdade no plano moral é em última instância uma conquista, um êxito pessoal; se a participação na vida pública seja pelo procedimento e no âmbito que seja, só pode ser consequência de uma opção pessoalmente realizada; a solidariedade é constitutivamente uma ação livre, só pode ser compreendida como um ato de livre participação. A solidariedade constitui, ademais, um instrumento para compreender o alcance da liberdade, no sentido em que aqui falamos de liberdade. [...] uma concepção de liberdade desconectada da solidariedade é antissocial e derivadamente cria condições de injustiça. Nesse sentido, a liberdade, sendo um bem primário, não é um bem absoluto, mas sim um bem condicionado pelo compromisso social necessário, inevitável, para que o homem possa realizar-se plenamente como homem. Dito de outra maneira: se é possível afirmar-se que o homem é constitutivamente um ser livre, na mesma medida é constitutivamente solidário. Sua grande opção moral é viver livre e solidariamente." (MUÑOZ, 2012, p. 49).

serviço público como um conjunto de *direitos dos usuários dos serviços públicos*. Isso se verifica claramente na literatura jurídica comentadora do artigo 22, do Código de Defesa do Consumidor, do artigo 6º, da Lei Federal nº 8.987/1995 (Lei das Concessões), bem como do novel artigo 4º, da Lei nº 13.460/2017, também conhecida como o "Código de Defesa dos Usuários dos Serviços Públicos".

O artigo 4º, da Lei nº 13.460/2017 estabeleceu, em sintonia com o que já diagnosticava a doutrina administrativista, que os "serviços públicos e o atendimento do usuário serão realizados de forma adequada, observados os princípios da regularidade, continuidade, efetividade, segurança, atualidade, generalidade, transparência e cortesia". Tratam-se de princípios gerais aplicáveis às atividades prestacionais do Estado, em sentido amplo, não apenas aquelas de conteúdo econômico, considerando que o sentido de "serviço público" trazido por essa lei, não correspondeu ao sentido de "serviço público", trazido pela Lei nº 8.987/1999, esta, sim, amparada pelo conceito de serviço público econômico previsto no art. 175, da Constituição da República de 1988.

A Lei nº 13.460/2017 regulamentou o disposto no inciso I do §3º do artigo 37, da Constituição da República de 1988, com redação dada pela Emenda Constitucional nº 19, que determinou à lei disciplinar formas de participação do usuário na Administração Pública direta e indireta, regulando especialmente as "reclamações relativas à prestação dos *serviços públicos em geral*,[159] asseguradas a manutenção de serviços de atendimento ao usuário e a avaliação periódica, externa e interna, da qualidade dos serviços".

Os princípios gerais da adequação prestacional dos serviços públicos (em sentido amplo), previstos no artigo 4º, da Lei nº 13.460/2017, já haviam sido referenciados como encargos condicionantes a um "serviço adequado", tal como disposto no art. 6º, §1º, da Lei Federal nº 8.987/1995,[160] diferenciando apenas pela previsão adicional do princípio da transparência e não menção ao princípio da modicidade tarifária, o que evidencia o intuito da adoção da concepção ampla de serviço público. Neste sentido, os princípios do serviço público foram trazidos como regulamentação do dever de a lei dispor sobre a *obrigação de manter o "serviço adequado"*, no âmbito dos serviços públicos econômicos, conforme previsto no art. 175, parágrafo único, inciso IV, da Constituição da República de 1988. Definir as condições para a prestação adequada de um serviço foi, nesse contexto, considerado como um "direito dos usuários", em atenção à determinação constitucional de que a lei disporá sobre os direitos dos usuários (art. 175, parágrafo único, inciso II, da Constituição da República de 1988).

Anteriormente à própria existência da Lei Federal nº 8.987/1995, o Código de Defesa do Consumidor, em seu artigo 22, já havia feito menção ao dever de "órgãos públicos" prestarem *serviços adequados* e, quanto aos serviços essenciais, serviços "contínuos". O parágrafo único, do mesmo dispositivo, também dispôs que, em caso de descumprimento, total ou parcial, de suas obrigações, os fornecedores de serviços públicos serão compelidos a cumpri-las e a reparar os danos causados. Neste caso, desde o Código de Defesa do Consumidor, algumas obrigações de serviços públicos já

---

[159] "Serviços públicos em geral", referido por esse dispositivo da Constituição da República de 1988 evidencia a menção ao sentido abrangente de serviço público, envolvendo não apenas os serviços públicos econômicos, referenciados pelo art. 175 do texto constitucional, como também toda a atividade da Administração Pública direta ou indireta, executado diretamente ou indiretamente, por concessões administrativas.

[160] "Serviço adequado" é o que satisfaz as condições de regularidade, continuidade, eficiência, segurança, atualidade, generalidade, cortesia na sua prestação e modicidade das tarifas.

eram identificadas como uma obrigação mínima da atividade prestacional do Estado, seja ela sob a forma de serviço público econômico ou quaisquer outras atividades administrativas do Estado.

A inserção normativa das obrigações de serviço público no Direito brasileiro, em diplomas normativos a partir de 1990, especialmente no Código de Defesa do Consumidor e na Lei das Concessões, corrobora a ideia de que o legislador, por influência da doutrina administrativista, enfatizou que tais encargos seriam um direito subjetivo de usuários de qualquer atividade prestacional realizada pela função administrativa (serviço público em sentido amplo), em vez de serem considerados apenas como o regime jurídico típico de determinadas atividades de interesse coletivo necessárias para a devida coesão social. Não se quer aqui dizer que os deveres decorrentes das obrigações dos serviços públicos não se consubstanciassem em direitos subjetivos dos seus destinatários. Mas, sim, quer-se dizer que há nítida mudança na categorização normativa das "obrigações de serviço público": aqueles deveres que caracterizavam uma atividade de domínio estatal passam a ser identificados pelo legislador como encargos daquilo que se parametriza como um "serviço adequado", direito básico do consumidor usuário, sendo este o fundamento desse tipo de imposição regulatória.

Pode-se dizer que essa nova forma de se enxergar as obrigações de serviço público foi influenciada por ideais do *gerencialismo* da Nova Gestão Pública, em ascendência nas ciências da Administração Pública no início da década de 1990, cuja corrente foi responsável pela implantação de projetos reformistas que se ocuparam em transmudar o foco da gestão dos processos (meios), para os resultados.

O gerencialismo foi um fenômeno em que se observou uma série de reformas, implantadas em países economicamente centrais, para mitigar ineficiências na condução da função administrativa, decorrentes de um crescimento exponencial da presença do Estado na economia e na vida social, em vista de um número maior de competências públicas, caracterizando o que se chamou de Estado do Bem-Estar Social (*welfare state*).[161] À medida em que se acumulavam competências estatais, o aparato gerencial do poder público patentemente demonstrava sua ineficiência.

Nesse contexto, sabe-se que a mais atual reforma administrativa, intitulada de "Nova Gestão Pública", surgiu para solucionar problemas de eficiência no modelo burocrático de gestão.[162] O crescimento da máquina estatal, no contexto do Estado de

---

[161] A presente análise da evolução do gerencialismo, como uma nova forma de unilateralismo estatal, foi desenvolvida em outro trabalho, publicado por este autor (VALE, 2018).

[162] Em busca de uma maior racionalidade capitalista de produção, Max Weber apresentou a sua *Teoria das Organizações Burocráticas*. A "Burocracia" weberiana pregava que a previsibilidade, uniformidade de procedimentos da organização e impessoalidade seriam medidas essenciais para gerar a confiabilidade na prestação de sua atividade, prevenindo, assim, os problemas e conflitos (ABRUCIO, 1997, p. 6). A gestão ideal, segundo a concepção weberiana da burocracia, deveria solidificar o processo de dominação racional-legal. Ou seja, *no processo de gestão não poderia haver, ou dever-se-ia evitar, grandes margens de discricionariedade para o administrador*. A atividade do gestor deveria ser "procedimentalizada" por normas que descrevam cabalmente a conduta administrativa (atos vinculados), a qual deveria estar estruturada em uma rígida hierarquia (princípio da hierarquia). Desta feita, o controle e a legitimidade da gestão seria decorrência lógica do atendimento aos seguintes princípios: (i) previsibilidade normativa da conduta; (ii) documentação dos processos, (iii) consecução das atividades somente por especialistas; (iv) promoção do mérito profissional; (v) princípio da hierarquia, no qual os superiores controlam e supervisionam toda conduta dos subordinados. Uma vez atendido tais requisitos, a *impessoalidade* seria consequência da adoção desse modelo. Assim, o modelo burocrático foi criado como medida para afastar o patrimonialismo monárquico ainda existente nas práticas administrativas do século XIX. Por isso, tal modelo burocrático foi logo adotado pela Administração Pública do Estado Liberal.

Bem-Estar Social da segunda metade do século XX, generalizou preocupações sérias com relação à eficiência dos serviços públicos prestados pela Administração Pública, resultando em uma crise do Estado moldado de acordo com os preceitos burocráticos weberianos.[163]

David Osborne e Ted Gaebler (1995) catalisaram esse entendimento na obra "Reinventando o Governo", na qual "defendem a falência da organização burocrática e argumentam que essas características organizacionais não se adaptam mais ao atual contexto, que exige instituições flexíveis, adaptáveis, produtivas e voltadas para a qualidade" (PAULA, 2006, p. 61). Analisando experiências inovadoras no plano da Gestão Pública, Osborne e Gaebler (1995) deram destaque à necessidade de implantar a competição entre os que prestam serviços públicos, a transferência de atividades públicas para a comunidade e orientação para a focalização de resultados (VALE, 2018, p. 14). Para atingir a esses objetivos, esses autores elencam *dez princípios* que poderiam levar à uma "reinvenção do governo", tal como bem sistematizado por Fernando Abrucio (1997, p. 32), a saber: (i) competição entre os prestadores de serviço; (ii) poder aos cidadãos, transferindo o controle das atividades à comunidade; (iii) medir a atuação das agências governamentais através dos resultados; (iv) orientar-se por objetivos, e não por regras e regulamentos; (v) redefinir os usuários como clientes; (vi) atuar na prevenção dos problemas mais do que no tratamento; (vii) priorizar o investimento na produção de recursos, e não em seu gasto; (viii) descentralização da autoridade; (ix) preferir os mecanismos de mercado às soluções burocráticas; e (x) catalisar a ação do setores público, privado e voluntário.[164] Nesse sentido, como bem pontua Ana Paula Paes de Paula (2006, p. 63), as ideias do movimento "reinventando o governo" mantiveram o foco na reprodução de técnicas administrativas do setor privado e na questão da eficiência, tais como a "privatização de serviços públicos, utilização de técnicas e práticas da administração do setor privado e delegação de responsabilidades públicas para a comunidade".

---

[163] Esse fenômeno foi bem descrito em obra publicada por nós (VALE, 2018, p. 10 *et seq.*): "Conforme bem pontua Abrucio (1997), o modelo de Estado Social-Burocrático esfacelou-se em suas três dimensões interligadas: (i) a econômica, representada pelos mandamentos keynesianos de intervenção estatal na economia, como método de garantir o pleno emprego e o macro-desenvolvimento; (ii) a social, caracterizada pelo *welfare state*, o qual preza pela ampliação de políticas públicas voltadas a suprir as necessidades básicas dos cidadãos; e (iii) a administrativa, referente ao modelo burocrático weberiano. [...] Na medida em que a Administração Pública Burocrática foi revelando seus problemas, novos movimentos acadêmicos foram dando força ao pensamento liberal, aos quais se somaram a uma nova crença gerencialista e a uma cultura do *management*, amplamente difundido nos círculos gerenciais, tanto da esfera privada, como da pública". Dentre esses movimentos acadêmicos, podemos destacar: (i) a *Teoria da Escolha Pública*, segundo a qual a busca pelo lucro orienta os burocratas tanto do setor privado e do público, propondo assim a remoção das características burocráticas na execução dos serviços públicos que poderiam ser facilmente exercidos pela iniciativa privada; (ii) a influência dos *think tanks* que aproximou as elites intelectuais às visões do livre-mercado e da necessidade de reformas das competências do Estado Social; (iii) a proliferação dos *business schools* e novos instrumentos de administração, tais como a reengenharia, a administração da qualidade total, dentre outros "modismos" gerenciais, que passaram a ser usados constantemente.

[164] Tais recomendações catalogadas por Osborne e Gaebler (1995) ganharam tanto terreno no mundo da Gestão Pública, que deram início a um movimento que ganhou o nome do livro publicado por eles: movimento "reinventando o governo". Como já apontado em trabalho já publicado por nós, ao analisar tais princípios, dos quais sintetizaram o que se convencionou chamar de "Nova Gestão Pública" – ou "nova administração pública" – verifica-se que eles foram uma catalogação e aprofundamento das ideias que motivaram as reformas iniciadas por Thatcher, Carter e Reagan, bem como de governantes de outros países de influência anglo-saxão, tais como a Austrália e Nova Zelândia (VALE, 2018, p. 14).

Nesse contexto, a cultura do gerencialismo, que tornou parâmetro de eficiência para as organizações privadas, foi resgatada pelo setor público nos anos 1980 (VALE, 2018, p. 15). E, segundo Ana Paula Paes de Paula (2006, p. 79), a utilização das novas técnicas gerenciais pela Administração Pública, advindas do setor privado, caracterizaram a Nova Gestão Pública, "um modelo ideal a ser emulado pelos países que estão reformando seu aparelho de Estado e práticas de Gestão".[165]

A adoção do gerencialismo como agenda política do Estado fez incorporar o preceito de que *o cidadão não seria apenas mero destinatário de serviços públicos, mas clientes/consumidores dos serviços estatais*, que deveriam ser exercidos de modo adequado, assim entendidos aqueles serviços que atendessem a determinadas condições. Assim, as obrigações de serviço público deixariam de ser apenas um regime jurídico típico de um serviço público, para se tornar um direito do consumidor.

Nesse contexto, em atenção às reformas gerencialistas que também atingiram a França, na década de 1990, Jacques Chevallier (1996, p. 52) bem pontua que a reforma gerencialista francesa atingiu indubitavelmente a concepção tradicional [e ampla] do serviço público, pois: (i) a condução da mudança tende a promover um estilo consensual de gestão no interior das estruturas administrativas; (ii) a relação administrativa é modificada pela *promoção da figura do usuário cidadão*; (iii) a função dos agentes é flexibilizada pela introdução da gestão descentralizada de recursos humanos; e, especialmente, (iv) a arquitetura administrativa deve ser reordenada em torno dos polos estratégico/operacional. Para Jacques Chevallier, a reforma administrativa, ocorrida na década de 1990 em vários países, teve impacto significativo sobre as concepções clássicas da noção tradicional do serviço público. Dentre elas, segundo o autor, é de se destacar o novo perfil do administrado, sobre o qual deveria repousar a atividade administrativa, sendo que este não seria mero destinatário de funções estatais, *mas o centro de toda a função administrativa* (CHEVALLIER, 1996, p. 42).

Disso, é que surgiu a figura do *"usuário cliente"*, inserida nos ordenamentos jurídicos, como fruto da reforma administrativa ocorrida na década de 1990, que "tende a assimilar e fundir as figuras do usuário e do cidadão", que estariam estruturados em

---

[165] Tal como asseverado em trabalho publicado (VALE, 2018, p. 21 *et seq.*), é de se registrar que as concepções gerencialistas encontraram muita resistência e críticas perante a literatura das ciências da Administração Pública e ciência política, que apontavam várias limitações, tais como: (i) formação de uma nova elite burocrática e centralização do poder dos novos técnicos gerencialistas formuladores de políticas públicas; (ii) inadequação do gerencialismo no setor público com a dimensão sociopolítica do Estado, qual seja, da participação cidadã; (iii) incompatibilidade entre a lógica gerencialista e o interesse público, já que o gerencialismo preza pela ampla liberdade de decisão – *rule-based* – e um nível de discricionariedade incompatível com o necessário envolvimento dos administrados, em decisões que afetem seus legítimos interesses (PAULA, 2006, p. 82). Nesse contexto, as ideias e ferramentas de gestão empresarial, quando transferidas para o setor público, não tocariam na "dimensão sociopolítica de gestão", já que os "modismos gerenciais" tendem a pactuar com uma visão esquemática do mundo e ignorar a complexidade da gestão pública. O esquematismo gerencialista da Nova Gestão Pública dificulta o tratamento da interação dos aspectos técnicos e políticos, não se mostrando capaz de lidar com a complexidade da vida política (PAULA, 2006, p. 101), principalmente com relação aos anseios sociais de ponderação e racionalização das ações governamentais. Nesse contexto, ao lado do movimento reinventando o governo, Anthony Giddens em seu livro "Terceira Via" (1999), busca adaptar a nova tendência do empreendedorismo do setor público às novas abordagens políticas, consequência dos reclames do eleitorado por mais amparo estatal. Para tanto, procurou abrandar as tendências de livre-mercado, com um pouco mais de regulação estatal, porém, sem se afastar das premissas econômicas do neoliberalismo. A sofisticação neoliberal apresentada pela "Terceira Via", que procurou dar um espaço maior a questões sociais, passou a ser conhecida como "governança progressista", cujas tendências passaram a ser seguidas por vários governos social-liberais, tais como por Bill Clinton (Estados Unidos), Tony Blair (Reino Unido), Gerhard Schröder (Alemanha) e Fernando Henrique Cardoso (Brasil) (VALE, 2018, p. 15).

uma mútua relação paradigmática, que definiria os deveres do Estado (CHEVALLIER, 1996, p. 42). Foi em razão dessa influência gerencialista que, na França, como também no Brasil, houve *a ampliação do rol dos princípios clássicos do serviço público,* segundo a noção tradicional francesa, conforme bem pontua Jacques Chevallier:

> O arsenal de reformas pretendidas se inspira numa vontade de ampliação do serviço público. A circular de 26 de julho de 1995 desejava acrescentar aos três princípios tradicionais de "neutralidade" (curiosamente substituto do princípio de "mutabilidade" que era, no entanto, a terceira "lei de Rolland"), "igualdade, continuidade", não menos do que oito novos princípios: "qualidade, acessibilidade, simplicidade, rapidez, transparência, mediação, participação, responsabilidade"; deste modo, ela sobrecarregou excessivamente, de uma só vez, – e não sem redundância (todos estes princípios originavam-se de um modo ou de outro da idéia de qualidade) e contradição – a barca do serviço público, correndo o risco de diluir a especificidade de seu regime. (CHEVALLIER, 1996, p. 43).

O resgate da importância das obrigações dos serviços públicos, agora na perspectiva do "usuário-cliente", é evidente na intenção do legislador constituinte derivado, que, no art. 27, da Emenda à Constituição nº 19, determinou que o "Congresso Nacional, dentro de cento e vinte dias da promulgação desta Emenda, elaborará lei de defesa do usuário de serviços públicos".[166] Esse prazo para a criação dessa lei de defesa dos usuários, certamente, não foi respeitado, tanto que o ministro Dias Toffoli, do Supremo Tribunal Federal, deferiu medida cautelar na ADI por omissão nº 24/DF, proposta pelo Conselho Federal da Ordem dos Advogados do Brasil (OAB), para reconhecer estado de mora do Congresso Nacional, com intuito de que fossem adotadas as providências legislativas necessárias ao cumprimento do dever constitucional disposto pelo artigo 27 da EC nº 19/1998 (GROTTI, 2017a, p. 13). Essa determinação foi cumprida somente após quase 20 anos de atraso, por meio da Lei nº 13.460/2017, acima referenciada como o Código de Defesa dos Usuários do Serviço Público.

Assim, por influência da nova literatura gerencialista, as obrigações do serviço público assumiram então um *novo significado,* inspirado pela *Carta de Serviços,* criada na década de 1990 na França e Itália, e da Carta dos Cidadãos, criada no Reino Unido (GROTTI, 2017a, p. 5). No Brasil, obrigações de serviços públicos deixaram de ser apenas um regime jurídico mínimo encontrado na prestação de serviços públicos, como definidor de sua atividade, para se transformar em direitos potestativos criados para o cidadão/usuário, como uma nova dimensão da eficiência administrativa. Esse sentido para as obrigações dos serviços públicos foi bem trazido por Dinorá Adelaide Musetti Grotti:

> A reforma administrativa busca uma nova figura do administrado, sobre a qual possa se apoiar, em oposição ao cidadão-consumidor satisfeito, materialista, desideologizado e despolitizado: o usuário-participativo; o usuário-parceiro; e o usuário-cliente, do que resulta a relevância dos temas da participação, da transparência e da qualidade dos serviços. Entre as estratégias predominantes para reformar a Administração Pública encontra-se, como princípio básico, o enfoque no cidadão, esclarecendo-se que, muitas vezes, na execução de grandes políticas, a Administração se perde, voltando-se mais para interesses

---

[166] Neste caso, "serviço público" previsto em sentido amplo, nos termos da nova redação trazida pelo artigo 37, §3º, da Constituição da República de 1988.

internos (corporativismo, burocratismo) do que para seu cliente, que é o cidadão. Neste sentido, é importante valorizar o cidadão como principal consumidor dos serviços públicos, adotando pesquisas de satisfação de usuários como parâmetros para avaliação de desempenho no setor público, que também pode levar a uma maior participação no processo decisório, a uma democracia cada vez mais direta e menos representativa. (GROTTI, 2017a, p. 9 *et seq.*).

Nesse contexto, verifica-se que os comentadores da Lei nº 13.460/2017 passaram a identificar as obrigações do serviço público como *indicadores de qualidade de um serviço*, agora controlável pelo *usuário-cidadão* que, de uma maneira participativa, seriam empoderados para construir uma Administração Pública mais eficiente e efetiva em termos de resultados.[167] Tanto é assim que se verifica que o legislador constituinte derivado imiscuiu os sentidos de "usuário" na novel redação dos incisos constantes no §3º, do artigo 37, do texto constitucional, de modo a aproximar noções jurídicas do serviço público (em sentido amplo) à literatura gerencialista difundida desde a década de 1980: no inciso I,[168] do referido dispositivo (artigo 37, §3º, da CR88), "usuário" tem o sentido daquele que é destinatário dos serviços estatais e tem direito de receber serviços de qualidade; já nos incisos II e III, do mesmo dispositivo, "usuário" é remetido ao sentido de "cidadão" ou "administrado", que ultrapassa e muito o sentido usualmente difundido no Brasil, acerca da ideia de que "usuários" seria uma terminologia aplicável apenas para serviços públicos em sentido estrito (BITTENCOURT, 2018, p. 11).

Portanto, "obrigações de serviços públicos" deixou de ser referenciado como um regime jurídico existente na prestação de uma atividade estatal – não essencialmente na perspectiva tradicional francesa, que representa a linha divisora entre a condução de atividades no regime de direito público e no regime do direito privado, em especial para fins de aferição de competência da jurisdição administrativa – passando a ser visto como um regime necessário que compõe um sistema de direitos do cidadão, visto como um "mínimo" jurídico para a identificação de um serviço estatal de *qualidade*.

Thiago *Ávila* evidencia esse entendimento, ao mencionar que a Lei nº 13.460/2017 foi criada para melhorar a qualidade dos serviços públicos do Estado brasileiro, estabelecendo, em seu artigo 4º,[169] "*os princípios do serviço público de qualidade*" (ÁVILA, 2017). Segundo Onofre Alves Batista Júnior (2012, p. 173 *et seq.*), algumas obrigações de serviço público, tais como a universalidade, enquanto dimensão da eficácia do serviço, bem como a continuidade na prestação do serviço, seriam, sobretudo, aspectos nucleares do princípio constitucional da eficiência administrativa.

Os princípios fundamentais do serviço público, nesse prisma, não mais se enquadram como a linha divisória entre o procedimento público e o privado; *seriam a linha divisória entre uma "boa administração pública" e uma "má administração pública"*; entre

---

[167] Essa perspectiva assumida pela doutrina nacional foi bem demonstrada por Sidney Bittencourt (2018).

[168] "Artigo 37 [...] §3º A lei disciplinará as formas de participação do usuário na administração pública direta e indireta, regulando especialmente: [...] I – as reclamações relativas à prestação dos serviços públicos em geral, asseguradas a manutenção de serviços de atendimento ao usuário e a avaliação periódica, externa e interna, da qualidade dos serviços; II – o acesso dos usuários a registros administrativos e a informações sobre atos de governo, observado o disposto no art. 5º, X e XXXIII; III – a disciplina da representação contra o exercício negligente ou abusivo de cargo, emprego ou função na administração pública."

[169] "Art. 4º Os serviços públicos e o atendimento do usuário serão realizados de forma adequada, observados os princípios da regularidade, continuidade, efetividade, segurança, atualidade, generalidade, transparência e cortesia."

a Administração Pública eficiente e ineficiente. Nessa visão, de certo modo influenciada pela literatura gerencialista das Ciências da Administração Pública, obrigações de serviço público fariam parte do regime jurídico da "boa administração" ou Administração Pública eficiente. Isso fica ainda mais cristalino pela análise de Adilson Moreira de Medeiros sobre a nova Lei nº 13.460/2017:

> Trata-se de medida inegavelmente vocacionada a contribuir para a máxima efetividade do direito posto aqui tratado, nele incluídos os princípios e direitos fundamentais, ainda que implicitamente agasalhados no ordenamento jurídico nacional, a exemplo do direito fundamental à *boa administração* invocado ao início deste texto e que é tão caro, em especial, ao Ministério Público de Contas, dada a sua insofismável vocação para o combate à má gestão dos recursos públicos.
> Com efeito, depois da corrupção, praga que nos dias que correm atinge níveis insuportáveis, a má gestão pode ser encarada como a segunda mais perniciosa chaga que acomete a administração pública brasileira – e que com incomum frequência anda de braços dados com a primeira – o que se reflete na péssima qualidade e insuficiência dos serviços públicos ofertados à sociedade.
> Em arremate, é inegável que a Lei nº 13.460/2017, ainda que com décadas de atraso e mesmo não estabelecendo prazos para as regulamentações ou consequências jurídicas para o seu desatendimento, representa um importante avanço rumo ao incremento da qualidade dos serviços públicos e abre mais uma frente de atuação para o Ministério Público de Contas no quotidiano combate à má administração dos recursos públicos. (MEDEIROS, 2020, *online*).

A perspectiva adotada das obrigações dos serviços públicos, enquanto princípios de *accountability*, e de parametrização de uma gestão pública de qualidade, não é incompatível com a possibilidade de imposição regulatória de obrigações de serviços públicos a atividades privadas. Pelo contrário, pode revelar o já mencionado princípio da precedência do resguardo prestacional à estatização de uma atividade,[170] evidenciando, ainda mais, o caráter instrumental do serviço público.

Se a perspectiva clássica francesa — de os princípios fundamentais do serviço público serem um denominador comum das atividades estatais sujeitas a um regime especial de direito público – não é considerada nesta visão, certamente o propósito de adotar práticas empresariais como parâmetros de boa gestão pública é um dos sustentáculos dos movimentos políticos para incorporar o princípio da eficiência, em sua nova versão, à execução dos serviços públicos.

Há uma sutil constatação nisto: as obrigações de serviços públicos, que já foram elementos caracterizadores do que seria tipicamente "público", tornam-se indicadores de uma maior eficiência da gestão pública. Considerando que as obrigações de serviço público são instrumentos para a busca de uma eficiência "perdida" da Administração Pública, mas desejada e espelhada do setor privado, perde-se toda a congruência da ideia de indissociabilidade desses encargos com a existência de uma atividade estatal. Se a premissa da eficiência administrativa é o espelhamento com a gestão privada,

---

[170] Como adiantou-se, no item 1.1, deste trabalho, o *princípio do resguardo prestacional* é um princípio de ação estatal que pressupõe a precedência de uma *premissa* de que sua ação é realizada para proteger (e resguardar) necessidades e utilidades públicas por determinadas prestações, ora assumidas pelo Estado, ou então executadas pelo setor privado sob o escrutínio, incentivo e proteção do poder público.

porque seria incompatível a imposição desse regime de "direitos dos usuários" ao setor privado, almejando a mesma eficiência desejada aos deveres do Estado?

Se o usuário se torna consumidor dos serviços do Estado, dotado de direitos subjetivos de adequação prestacional, o mesmo consumidor também pode possuir expectativa prestacional semelhante no tocante a uma atividade de interesse geral, que foi privatizada pela Administração Pública, como, por exemplo, ocorreu com os serviços de telecomunicações.

Nesse sentido, a imposição ou manutenção (pós-privatizações) de obrigações de serviços públicos para atividades privadas pode ser um meio para que as legítimas expectativas dos consumidores *sejam mantidas*. Como já mencionado, essa é a consequência e o propósito da imposição de obrigações de serviços públicos para serviços de interesse econômico geral, de domínio privado: fazer com que o fim dos exclusivos públicos, em determinadas atividades de interesse geral, não seja notado negativamente pelo cidadão (GONÇALVES; MARTINS, 2004, p. 214). Em que pese não se manter a ideologia de nacionalizações de serviços para amparar um regime jurídico especial, a permanência deste, em atividades privadas, certamente, legitimou várias liberalizações e privatizações de importantes serviços públicos.

4.5 O sentido jurídico-constitucional da incumbência estatal em prestar serviços públicos definido no artigo 175, da Constituição da República de 1988, na perspectiva da iniciativa econômica pública e da visão instrumental do serviço público

O artigo 175, da Constituição da República de 1988 dispõe que: "Incumbe ao Poder Público, na forma da lei, diretamente ou sob regime de concessão ou permissão, sempre através de licitação, a prestação de serviços públicos". Vários autores da doutrina administrativista brasileira apontam que esse artigo repele a execução, pelo particular, de serviços públicos, cuja titularidade é do Estado. E com razão. Atividades de interesse geral, definidas pela lei como serviços públicos, devem ser prestadas pelo Estado, direta ou indiretamente, neste caso, por meio de concessão ou permissão.

Em sintonia com o posicionamento dominante no Direito brasileiro, já se adiantou que, no ordenamento jurídico constitucional, todo sentido jurídico da expressão "serviço público", mesmo que referenciada em alguns trechos em um sentido amplíssimo, amplo ou restrito, denota um serviço de domínio do Estado, e não do particular. Ainda, foi demonstrado que a definição do que é um serviço público (em sentido estrito) é algo que a lei assim o define, já que não há serviços públicos econômicos "por natureza", ou previamente elencados na Constituição. Logo, havendo um serviço de interesse geral, legalmente definido como de domínio do Estado, não poderá o particular executar, sem que o titular do serviço estabeleça essa possibilidade de execução privada, por meio de concessão ou permissão, sempre precedidas de procedimento licitatório, ressalvadas as hipóteses de contratação direta estabelecida em lei.

Mas a impossibilidade de atuação do setor privado em atividades do domínio público não decorre desse dispositivo constitucional. Toda a exposição jurídica até então realizada, evidencia a existência de uma prerrogativa estatal em condicionar a liberdade de iniciativa privada, para reservar determinados serviços ao seu próprio domínio, conforme critérios de conveniência política. Este seria o "serviço público", atividades intrinsecamente afetadas a um interesse público, as quais são legalmente definidas como de domínio público justamente para que seja preservada a boa aplicação de um regime jurídico-prestacional (obrigações de serviço público) demandado para a prestação adequada do serviço, na perspectiva do usuário-cidadão.

Nesse sentido, a expressão "incumbe ao Poder Público prestar serviços públicos", considerada isoladamente, na perspectiva apresentada neste trabalho, é uma redundância e não tem qualquer sentido jurídico. Se a lei pode definir a titularização estatal de um serviço, com a restrição do acesso pelo setor privado, logicamente, a prestação do serviço público, inserido na estrutura orgânica do Estado, incumbirá somente a este. Então, se uma atividade de domínio público somente pode ser explorada pelo poder público, qual seria o sentido jurídico do dispositivo na Constituição?

O sentido jurídico do artigo 175, da Constituição da República, não pode ser dissociado das expressões "na forma da lei", "diretamente ou sob regime de concessão ou permissão" e do seu enquadramento dentro do capítulo constitucional destinado à intervenção do Estado no domínio econômico. Há três sentidos jurídicos para o referido dispositivo: (i) a lei infraconstitucional irá definir o *modus operandi* da exploração de um serviço de domínio do Estado; (ii) é autorizado ao Estado a utilização do particular para a execução de serviços legalmente definidos de domínio público, por intermédio dos formatos administrativos da concessão ou da permissão (prestação indireta); e (iii) o regime de prestação indireta de atribuições estatais está se referindo a serviços de natureza econômica titularizados pelo Estado.

Assim, o artigo 175, da Constituição da República de 1988, é *uma cláusula de legitimação da técnica concessória de serviços públicos econômicos*, conforme procedimento e hipóteses definidas em lei.

Quanto ao *primeiro sentido jurídico* ("na forma da lei"), é evidente que a Constituição estabeleceu uma *norma constitucional de eficácia contida*, dependendo da prévia definição no ordenamento legal sobre quais são as hipóteses de exploração de determinado serviço. Se a lei tipifica um serviço como de domínio público, estabelecendo a incumbência exclusiva da Administração Pública em executar tal serviço, logo, não se poderá proceder com a prestação indireta da atividade, por meio da técnica concessória, em observância ao texto constitucional. Harmoniza-se a esse entendimento o fato, defendido por este trabalho, de que os serviços econômicos de interesse geral expressos (com menção na Constituição, *ex vi*, os mencionados no artigo 21, X, XI e XII) não poderem ser titularizados como 'domínio público', ou seja, serviços públicos (no sentido do artigo 175), sem prévio *publicatio* legal, já que tais dispositivos se referem a normas de delimitação de competências federativas.

Quanto ao *segundo sentido jurídico* ("diretamente ou sob regime de concessão ou permissão"), verifica-se que todo serviço de interesse geral, de natureza econômica, que seja legalmente definido como de domínio público, pode ser explorado indiretamente sob o regime de concessão ou permissão, desde que previamente autorizado por lei.

Contudo, prezando-se pela *unidade constitucional*, é forçoso reconhecer que há algumas exceções de serviços de interesse geral, de natureza econômica, legalmente definidos como de domínio público, os quais podem ser explorados indiretamente mediante ato de autorização. Estes seriam o caso de alguns serviços econômicos de interesse geral expressos, estabelecidos no artigo 21, incisos XI e XII. Como já adiantado, considerando que o sentido jurídico de "serviço público", estabelecido na Constituição, necessariamente envolve o elemento orgânico, não se pode entender que as autorizações vinculativas em serviços de interesse geral, abertos à livre iniciativa, seriam uma outra hipótese de delegação (ou outorga) de serviços públicos. Trata-se de uma atividade aberta à livre iniciativa, ou um serviço público que se sujeitou a um processo de liberalização, na forma da lei, sendo que não há que se falar mais em "serviço público".

O sentido da autorização, como hipótese excepcional de prestação indireta de serviços de domínio público, é o que foi, a nosso ver, corretamente apresentado por Celso Antônio Bandeira de Mello (2009, p. 684), segundo o qual a expressão "autorização", que aparece no artigo 21, XI e XII, quando se trate de exploração indireta de serviços públicos, só pode existir na seguinte situação: quando se está diante de um serviço público [em sentido estrito], mas busca resolver emergencialmente uma dada situação, até a adoção dos procedimentos administrativos de permissão ou concessão. Esse também seria o sentido do termo "autorização" no artigo 223, da Constituição.

Assim, em harmonia com as premissas assumidas por este trabalho, um serviço de interesse geral definido por lei como de domínio público, somente poderia ser explorado indiretamente por meio de autorização se este representar um ato administrativo emergencial, concedido até que sejam realizados os trâmites administrativos necessários para a realização da delegação sob o regime de concessão ou permissão.

Quanto ao *terceiro sentido jurídico* (a inserção do dispositivo no capítulo constitucional destinado à intervenção do Estado no domínio econômico), é de se constatar que a única possibilidade constitucional para prestação indireta de um serviço público, sob o regime de concessão ou permissão, *é para serviços públicos de natureza econômica*. Isso implica dizer que não há previsão constitucional para que serviços públicos sociais (tais como saúde, educação e assistência social) sejam prestados indiretamente pelo poder público, sob o regime de concessão ou permissão. Pelo contrário, tais hipóteses encontrariam vedação constitucional. E isso se deve por diferentes motivos jurídicos, também de ordem constitucional.

Os serviços sociais de saúde e educação não são, assim como os demais serviços de interesse geral, serviços públicos "por natureza". A concepção finalística "não orgânica" para a expressão "serviço público" não encontra guarida constitucional, pois, como visto, todas as menções à expressão, no texto constitucional, referem-se a atividades estatais, ou do domínio estatal.

A Constituição, por outro lado, estabeleceu que é dever do Estado prestar serviços de saúde (artigo 196) e educação (artigo 205). Contudo, também ficou estabelecido [melhor seria a expressão "resguardado"] que os serviços de saúde e educação serão de livre execução pelo setor privado, respectivamente nos artigos 199 e 209 da Constituição da República.

Dessa forma, no campo dos serviços sociais de saúde e educação, a Constituição estabeleceu um campo de *exploração concorrente*, tanto pelo poder público, como pelo setor privado, especialmente em vistas de uma maior universalização e acessibilidade dessas atividades de extrema importância para o desenvolvimento da sociedade (mais um indicador do princípio da precedência do resguardo prestacional). Seriam serviços públicos, então, apenas os empreendimentos estatais, obrigatoriamente gratuitos, de assistência à saúde e de ensino. Os empreendimentos privados de saúde e educação não são serviços públicos, mas serviços privados de interesse geral, necessariamente sujeitos à atividade regulatória do Estado, que poderá impor, nos termos da lei, obrigações semelhantes às existentes ao regime jurídico-prestacional do serviço público.

Assim, as disposições constitucionais referentes aos serviços de educação e saúde trazem *duas conclusões inafastáveis*: *(i)* de que a Constituição estabeleceu a obrigatoriedade de o Estado explorar *diretamente* empreendimentos de saúde e ensino, o qual tem a obrigatoriedade de aplicação mínima de recursos, nos termos do art. 198, §2º e art. 212, respectivamente;[171] *(ii)* que é proibido ao legislador infraconstitucional estabelecer o *publicatio* dos serviços de saúde e educação de modo a afastar a livre exploração pelo setor privado.

Os serviços de saúde e educação se diferenciariam dos serviços de interesse geral de natureza econômica, por dois prismas: *(i)* seria o fato de que são serviços de interesse geral de prestação obrigatória pelo Estado, ao contrário dos demais serviços de interesse geral, de natureza econômica, que não são de prestação obrigatória pelo Estado (mas dependente do crivo de conveniência política, conforme definido em lei); *(ii)* seria o fato de que ao Estado é vedado, mesmo que por meio de lei, restringir o acesso do setor privado na prestação de tais atividades, ao passo que, nos demais serviços de interesse geral, de natureza econômica, o Estado poderia vedar o acesso do setor privado, se assim for conveniente e oportuno no crivo político do legislador.

Ademais, os serviços de saúde e educação não podem ser explorados economicamente pelo Estado, pois há um dever de prestá-lo de maneira gratuita, a ser custeada por verbas orçamentárias. A gratuidade compõe o sentido jurídico para acesso universal na saúde, referida pelo artigo 196, da Constituição da República de 1988, em sintonia com as diversas disposições constitucionais referentes à obrigatoriedade de custeio público das atividades. No caso da educação, o artigo 206, IV, da Constituição da República, prevê expressamente a "gratuidade do ensino público em estabelecimentos oficiais".

Por outro lado, o artigo 175, da Constituição da República de 1988, refere-se a atividades que podem ser objeto de exploração econômica, não apenas em razão de tal dispositivo estar inserido em capítulo destinado à Ordem Econômica, mas especialmente pelo fato de que sua exploração deve ser feita com base em uma *política tarifária*, estabelecida por lei, nos termos do parágrafo único do mesmo dispositivo.

Em suma: o artigo 175, da Constituição da República de 1988 não possui o sentido jurídico de afirmar que particulares estão vedados de explorar serviços de domínio do Estado; isso é da própria natureza da titularização, pela lei, de uma determinada atividade como de domínio do Estado. O artigo dispõe que o nosso ordenamento jurídico permite que serviços de interesse geral, de domínio do Estado, passíveis de serem explorados economicamente mediante cobrança de tarifas, podem ser explorados pelo Estado por intermédio da técnica concessória, assim entendida aquela realizada sob o regime das concessões ou permissões, cujo regime jurídico será definido por lei.

Portanto, sob a perspectiva da visão instrumental do serviço público, é de se concluir que não há qualquer coerência jurídica a utilização desse dispositivo 175, da Constituição, para amparar alegações de que o regime jurídico-prestacional, existente

---

[171] Neste ponto, entendemos que a execução de serviços de saúde por Organizações Sociais, por intermédio do Contrato de Gestão (Lei nº 9.637/1998) não consubstancia em concessão de serviços sociais, tais como o de saúde, educação e assistência social. Trata-se, na verdade, de forma de fomento para atividades do domínio privado, de relevância pública. Em outras situações, a atuação das Organizações Sociais se identifica como terceirização de atividades de apoio em serviços sociais de domínio público.

em atividades de domínio público (obrigações de serviço público), não pode ser imposto para outras atividades de interesse geral. Isto, considerando:

- todo serviço público é assim definido por se tratar de atividade que foi legalmente definida como de domínio do Estado (*publicatio*), razão pela qual o setor privado já encontraria restrição de acesso sem a anuência do poder público. A estrutura orgânica do serviço público é encontrada em todas as menções constitucionais à expressão. Por isso, não há sentido jurídico para a expressão isolada "incumbe ao poder público prestar serviços públicos";
- o artigo 175, refere-se, portanto, à cláusula que autoriza ao Estado a exploração indireta de serviços de domínio público, de natureza econômica;
- um dos principais motivos (políticos, e não jurídico) para a transformação de uma atividade de interesse geral como de domínio público é a necessidade do Estado em garantir a aplicação de obrigações típicas do regime jurídico-prestacional. Dessa forma, "serviço público" é, nessa perspectiva, um instrumento disponível ao Estado de intervenção no domínio de serviços econômicos de interesse geral. Contudo, isso não resulta na conclusão de que a utilização desse instrumento (serviço público) seja o único meio disponível ao Estado para garantir a preservação de um regime jurídico-prestacional desejado para uma atividade de interesse geral, até mesmo porque a Constituição estabeleceu a iniciativa econômica pública na exploração dessas atividades, não olvidando da possibilidade de utilização de prerrogativas do Estado Regulador.

Assim, a referência ao artigo 175, da Constituição da República de 1988, para fundamentar a impossibilidade de imposição de obrigações de serviço público ao setor privado, decorre de uma persistente associação entre o sentido jurídico de "serviço público" e o regime jurídico-prestacional característico da execução de um serviço público. Isto é, serviço público é serviço definido por lei como de domínio público, como forma de resguardar o seu aspecto finalístico (interesse público) e *viabilizar a incidência de um aspecto formal* que se reputou necessário à atividade (regime jurídico-prestacional); por outro lado, o regime jurídico-prestacional, consubstanciado pelas "obrigações de serviço público" não é, senão, um regime jurídico que se deseja a uma atividade, que pode ser de domínio público, ou aberta à livre iniciativa privada.

Esse atrelamento conceitual fica claro, por exemplo, no prólogo dos tradutores da obra "Serviço Público", de Jacques Chevallier (2017), Augusto Neves Dal Pozzo e Ricardo Marcondes Martins, cujo trecho de relevância é necessário citar integralmente, para demonstração do ponto aqui apresentado:

> Dessarte: após a instituição da União Europeia, os europeus adotaram o conceito vigente no Direito inglês e norte-americano de *public utilities*, atividades privadas que, diante do grande interesse social, são submetidas a uma intervenção estatal mais incisiva. Nascia o "novo serviço público", denominação dada por muitos autores às missões de interesse público impostas a certas atividades privadas. Pelo conceito tradicional, a atividade era de "titularidade" do Estado, pelo novo conceito, deixa de sê-lo. Chevallier expõe, com bastante minúcia, como a substituição do serviço público tradicional por esse "novo" serviço público deu-se na França. Ele nega que o conceito de serviço público tenha "morrido",

mas reconhece que sofreu uma profunda modificação. A análise do tema, apresentada na obra que ora se publica, é bastante clara e didática.

A pergunta fundamental, para nós, é: essa "crise", que atingiu o instituto do serviço público na Europa, deu-se também no Brasil? A essa pergunta nós defendemos, com ênfase, a resposta negativa. A Constituição brasileira, ao contrário do que faz a francesa, separa as atividades materiais em dois grupos: a) campo das atividades econômicas, campo privado, em que a atuação estatal é excepcional – a.1) sem concorrência com os particulares nos casos expressamente discriminados no art. 177 da CF/88, caso dos monopólios federais; a.2) e em concorrência com os particulares, quando for necessário aos imperativos da segurança nacional ou ao relevante interesse coletivo, nos casos expressamente autorizados em lei específica; b) e o campo dos serviços públicos, campo público, de titularidade estatal, cuja prestação pode ser outorgada aos particulares por concessão ou permissão. É o que se extrai da leitura conjunta dos artigos 173 e 175 da Constituição brasileira. Como os dispositivos constitucionais não foram alterados, consideramos que os serviços públicos no Brasil não sofreram as profundas modificações relatadas por Chevallier. (CHEVALLIER, 2017, p. 11 et seq., grifos nossos).

Como demonstrado neste Capítulo, o "novo serviço público" não é um afastamento do próprio conceito de serviço público, mas representa um movimento da Comunidade Europeia em estabelecer medidas que viabilizassem o desenvolvimento de um mercado concorrencial entre os Estados membros, inclusive em setores de serviços de interesse geral. O que urgiu dessas concepções comunitárias é um *pleito geral* para que os Estados-membros utilizassem o instrumento do "serviço público", como exclusivismo estatal na execução de algumas atividades, apenas como *ultima ratio*, para homenagear a concorrência e, consequentemente, auxiliar no processo de integração da Comunidade Econômica Europeia. Ou melhor, como já dito, o "novo modelo de serviço público" é uma *nova forma de o Estado ver o seu dever de subjetivação* de uma atividade – como instrumento garantidor de sua boa prestação – que deixa de ser regra geral segundo a noção tradicional francesa, para se transformar em regra excepcional, utilizado apenas quando for imperativo para atingir a missão confiada ao serviço.

Assim, o Estado-membro da Comunidade Europeia pode utilizar, ainda, do serviço público, de acordo com a noção tradicional francesa, quando este for necessário para resguardar a "missão particular que lhes foi confiada" (artigo 86, inciso 2, do Tratado de Roma).

Foi com o propósito de promover a concorrência na Comunidade Europeia que o tema da imposição de obrigações de serviços públicos a atividades privadas (ou seja, do domínio privado, e não público) ganhou força, de modo a incentivar uma redução da necessidade do exclusivismo prestacional do Estado. Os "serviços de interesse econômico geral" são, então, um supraconceito que abarca, de um lado, serviços públicos de acordo com a noção tradicional francesa, e, de outro, atividades privadas sujeitas a encargos de serviços públicos.

Ao contrário do que é mencionado, serviços privados sujeitos a obrigações de serviço público não são equivalentes a *public utilities*. Ainda, "*public utilities*", na construção histórico-institucional[172] do Reino Unido e dos EUA não são necessariamente

---

[172] Capítulo 3.

serviços privados sujeitos a obrigações de serviços públicos. Há *public utilities* que foram "titularizadas" e prestadas com exclusivismo pelo Estado britânico, como meio de afastar a necessidade de imposição de encargos excessivos ao setor privado. Ademais, é importante consignar que o fundamento jurídico legitimador da imposição de obrigações típicas do serviço público (na tradição francesa) para *public utilities privately owned*, no *Common Law*, é a *função social da propriedade*, preceito fundamental característico do Estado Social, que também foi incorporado pela ordem constitucional brasileira.

Além disso, o raciocínio jurídico-histórico aqui desenvolvido revelou que, no Brasil, existe uma prerrogativa constitucional de iniciativa econômica pública, para definição de quais serviços e atividades econômicas prestacionais devem ser sujeitas ao *publicatio*, ou melhor, ao domínio estatal exclusivo. Ainda verificou-se que, no Brasil, existe amparo constitucional para a opção política de não assunção da responsabilidade na prestação de algumas atividades, expressamente referenciadas como de competência privativa da União, como ocorreu com alguns serviços de telecomunicação e produção e comercialização de energia elétrica, antes do domínio do Estado. Isso significa que inexistem serviços públicos "por natureza", que estariam inseridos em um "campo dos serviços públicos", representado pelo artigo 175, em contraposição ao artigo 173, ambos da Constituição da República de 1988. É a lei que define, de acordo com critérios políticos, quais serviços econômicos serão incluídos como de domínio público e que, por isso, estarão inseridos no sentido jurídico trazido pelo artigo 175, da Constituição.

Nesse sentido, a lei possui a prerrogativa de definir: (i) quais atividades serão serviços de "domínio público" de modo a resguardar um regime jurídico-prestacional (compondo o campo delimitado pelo artigo 175); e (ii) quais serviços de "domínio privado" poderão ser excepcionalmente explorados pelo Estado, em semelhança a qualquer outra atividade econômica privada, quando não há a necessidade de imposição desse regime jurídico-prestacional (compondo o campo delimitado pelo artigo 173).

Por outro lado, a lei também tem a prerrogativa de definir: (i) a *restrição total* do direito individual de livre iniciativa, através da transformação de uma atividade como "serviço público", no sentido definido pelo artigo 175, da Constituição da República; e (ii) a *restrição parcial* do direito individual de livre iniciativa, mediante a imposição de um regime jurídico-prestacional, que justificaria a transformação da atividade como um "serviço público", mas que se optou politicamente mantê-la como um "serviço privado", para conciliar o *princípio da adequação prestacional* com o *princípio da livre iniciativa*, fundamentando-se nos *princípios da liberdade condicionada* (art. 5º, I, da CR88) e do *princípio da intervenção prévia* (artigo 170, parágrafo único, da CR88). Ou seja, a fundamentação jurídica para a imposição de um regime jurídico-prestacional a uma atividade não está relacionada aos campos delimitados pelos artigos 173 e 175, da Constituição.

Logo, conclui-se que não existe coerência jurídica na afirmação de que a imposição de encargos de serviços públicos, tal como ocorrida no Direito Comunitário, não poderia ocorrer no Brasil, pelo fato de que há dois campos de atuação, um tipicamente privado, no qual o Estado atua excepcionalmente (artigo 173) e um tipicamente público, no qual o particular somente atua por meio da técnica concessória (artigo 175). O que não se pode confundir é uma atividade ser definida como de domínio estatal, com o regime jurídico-prestacional aplicável a essa atividade. Neste ponto, a Constituição não afirma que o regime jurídico-prestacional somente pode ser exigido em atividades do domínio estatal. Conforme exposição alhures, isso não seria constitucionalmente adequado.

4.5.1 O conceito estrito de serviço público na perspectiva da visão instrumental do serviço público

Diante das conclusões até então obtidas por este trabalho – que corroboram a existência de um princípio da adequação prestacional, que precede à titularização estatal de um serviço de interesse geral – "serviço público", no sentido restrito mencionado pelo artigo 175, da Constituição da República de 1988, pode ser conceituado da seguinte maneira:

Serviço público econômico é um instrumento, disponível ao poder público, de intervenção no domínio econômico, constituído por lei, que torna de domínio público um serviço econômico de interesse geral, previsto expressamente na Constituição, ou não, para exercício da atividade de maneira exclusiva, ou não, de forma direta, ou por meio da técnica concessória, com o objetivo de resguardar a imposição de um regime jurídico-prestacional, caracterizado pela incidência de obrigações especiais afetas à relevância pública da atividade (obrigações de serviço público), necessárias à boa consecução das finalidades pretendidas com a atividade.

Nesse sentido, as atividades econômicas titularizadas como "serviço público" se diferenciam daquelas previstas no artigo 173, da Constituição da República de 1988, considerando que estas se referem a empreendimentos empresariais do Estado, de natureza não prestacional, cuja criação foi motivada por relevante interesse público ou imperativos de segurança nacional, na qual não é necessária a imposição de um regime jurídico-prestacional para a consecução das finalidades pretendidas com a atividade. Pode-se chamar essas atividades, referidas no artigo 173, de diversas formas; pode ser um "empreendimento empresarial de interesse privatístico do Estado", ou "atividades empresariais privadas do Estado", ou, adotando-se a terminologia francesa, serviços públicos comerciais ou industriais, não prestacionais, e por isso, regidos majoritariamente pelo regime jurídico de direito privado, e sem a incidência de um regime jurídico-prestacional.

Segundo esse conceito de serviço público, resultante das conclusões apresentadas por este trabalho, fica evidente que a tutela estatal no regular cumprimento de um regime jurídico-prestacional, demandado pelos fins públicos pretendidos com a atividade econômica [reputada politicamente como] de interesse geral, pode ser atingido por duas prerrogativas do poder público: (i) seja pelo *publicatio*, com a criação de um serviço público; (ii) seja pela função administrativa regulatória, com os contornos previamente estabelecidos em lei.

4.6 Conclusões parciais: o serviço público como instrumento de intervenção estatal para preservação do regime jurídico-prestacional

Assim, através deste Capítulo, é possível extrair as seguintes conclusões parciais:

1) A visão formal-finalística do serviço público é decorrente de duas principais consequências da noção francesa do serviço público, a saber, a substantivização das atividades estatais e a ideologização do *munus* estatal. O primeiro caso se manifesta através do esforço doutrinário e jurisprudencial em buscar individualizar o conteúdo jurídico da atuação estatal, de modo a diferenciá-lo

da atuação privada, especialmente para fins de identificação da competência da jurisdição administrativa. No segundo caso, a ideologização se manifesta pela criação de um simbolismo político que coloca o Estado em posição de superioridade na execução de atividades que visam atender ao interesse público, justamente porque o regime jurídico de direito público, pertinente às suas atividades, seria instrumento hábil para tanto.

2) Os elementos caracterizadores do serviço público – substantivização e ideologização – são responsáveis por criar uma simbiose conceitual que sustenta a premissa da indissociabilidade e dependência dos elementos conceituais do serviço público. Essa simbiose conceitual caracteriza a visão formal-finalística do serviço público, pois (i) identifica-o com a natureza ou objeto de uma atividade e (ii) correlaciona-o com o regime tipicamente estatal. Essa visão formal-finalística prevalece na doutrina administrativista, evidenciando a perpetuação do dogma da noção clássica francesa.

3) Em razão de tratados constitutivos da União Europeia, o serviço público passou a ser visto sob um critério instrumental, afastando a visão essencialista típica da noção tradicional francesa. No contexto da Comunidade Europeia, a noção de "serviços de interesse econômico geral" representou um "supra conceito" estruturante da forma como se deveria ver o serviço público, que é um instrumento a ser utilizado pelo Estado apenas quando estritamente necessário para cumprir com as missões inerentes ao serviço. Ou seja, os serviços de interesse econômico geral deveriam, regra geral, submeter-se às regras da concorrência, mas se sujeitando a obrigações de serviço público, de modo a compatibilizar a pretendida preservação da liberdade econômica no bloco europeu, com as imposições necessárias ao serviço. Nesse contexto, a experiência dos serviços de interesse econômico geral *desmantelou* a ideia, advinda da tradição jurídica francesa, que as obrigações de serviços públicos seriam caracterizadoras de uma atividade estatal, linha divisória entre o regime público e o regime privado. Neste caso, passou-se a identificar o serviço público como um instrumento que poderia ser utilizado, se necessário para resguardar as obrigações especiais (obrigações de serviço público) que seriam afetas à atividade.

4) A experiência comunitária demonstrou que a imposição de obrigações de serviço público *não é indissociável* e não está atrelada à noção tradicional francesa de serviço público. Este conceito de serviço público se conservou, todavia, ao lado da imposição de encargos de serviços públicos a particulares; mas tal conceito passou a ser visto como um instrumento alternativo de intervenção no domínio econômico, quando a atividade demandasse essa intervenção caracterizada pelo exclusivismo prestacional, de modo a suportar a imposição de encargos especiais inerentes ao serviço. Por isso, essa nova dinâmica de imposição de obrigações de serviço público não demandou um movimento político para alteração constitucional dos dogmas econômicos da livre iniciativa, tampouco para desvincular a "imposição do regime jurídico de serviço público" da própria noção francesa do serviço público. Assim, essa constatação institucional e

comparada do Direito Comunitário torna questionável a premissa assumida no Brasil de que os "princípios do serviço público" não seriam passíveis de se impor às atividades econômicas abertas ao setor privado.

5) A trajetória jurídico-institucional relativa à titularização dos serviços públicos também revela o pragmatismo instrumental do serviço público, como instrumento de resguardo prestacional. Como a trajetória jurídico-histórica no Brasil demonstra, a titularidade pública de atividades não foi resultante de uma determinação constitucional para a exploração exclusiva de alguns serviços, mas sim de *opção político-legislativa*, realizada dentro do campo de competência legislativa definida na Constituição. Nesse sentido, a definição de competência exploratória da União, expressamente descrita em Constituições desde 1934, e remanescente na Constituição de 1988, foi resultante de um projeto do Estado Novo, de centralização das competências federativas na União, como meio de enfraquecimento da República Oligárquica. Mas isso não implicou, por si mesmo, a titularização dos mesmos serviços ao domínio público da União. O propósito dessa definição federativa seria impedir que leis estaduais e municipais pudessem interferir no domínio econômico nas referidas atividades, resguardando essa prerrogativa apenas à União.

6) A evolução histórico-jurídica dos serviços de produção e comercialização de energia elétrica, telégrafos e radiocomunicação, aqui adotados como paradigmáticos, corrobora a finalidade da definição da competência federal na exploração de algumas atividades, especialmente porque foram serviços titularizados anteriormente a qualquer previsão constitucional para exploração das referidas atividades. Corrobora esse entendimento o fato dessas mesmas atividades terem se sujeitado a processos de liberalizações e privatizações, com a imposição de um regime regulatório especial, mesmo com a manutenção da delimitação da repartição de competências federativas na sua exploração. A trajetória desses serviços evidencia, assim, a *iniciativa econômica pública* do Estado, dentro de suas competências constitucionais para a intervenção nas referidas atividades. Assim, a intervenção estatal não é uma determinação constitucional, mas a *manifestação de um interesse político*, descrito em lei, na transformação discricionária das referidas atividades em domínio público, como meio de viabilizar a execução do serviço com o nível de adequação prestacional esperado. Nesse sentido, a prerrogativa estatal de limitação completa do princípio da livre iniciativa, através da transformação da atividade em domínio público, é sempre realizada buscando melhor viabilizar a execução da atividade sob os encargos especiais demandados pela atividade de interesse coletivo. Essa visão legitima, então, uma limitação parcial do próprio princípio da livre iniciativa (princípio da liberdade condicionada e da prerrogativa de intervenção prévia) para que se exija do setor privado os mesmos encargos demandados pela atividade (obrigações de serviço público), na medida do necessário.

7) A recente fase de liberalizações e privatizações de serviços públicos, ocorrida a partir de 1990, corroborou a *intangibilidade* do dever de resguardo prestacional do Estado, sobretudo no âmbito das atividades liberalizadas e privatizadas. Isto, porque tais atos liberatórios e de redução do aparato administrativo foram [muitas vezes] motivados no próprio dever público da busca pela adequação dos serviços, mediante maior universalidade e eficiência das atividades. Além disso, esses atos liberatórios foram sucedidos de medidas regulatórias que representaram um papel de um "Estado Garantia", na boa execução das mesmas atividades, tal como ocorreu com o período de privatizações das *public utilities publicly owned* no Reino Unido. O poder de intervenção econômica, em atividades de interesse coletivo, reflete, desse modo, vontades políticas conjunturais e temporárias, as quais estão inseridas em um cenário jurídico perene caracterizado por um dever estruturante de o Estado sempre zelar pela boa execução de serviços que sejam de interesse geral – que aqui chamamos de princípio da adequação prestacional. Isso revela que a visão instrumental do serviço público também é corroborada pelas medidas reformistas e liberalizantes ocorridas em 1990, que – segundo a exposição política de motivos apresentada em diversas medidas – mostraram-se instrumentais para a garantia da boa execução das mesmas atividades que antes justificavam o exclusivismo estatal.

8) Por influência de literatura fundada em correntes gerencialistas, difundiu-se, mais recentemente, um sentido jurídico novo para as obrigações dos serviços públicos, não como deveres inerentes a uma atividade de interesse coletivo, mas como um espectro de direitos subjetivos do cidadão-cliente, perante uma Administração Pública mais eficiente. Por intermédio dessa perspectiva doutrinária, as obrigações de serviço público deixaram de ser a linha divisória entre o setor público e o setor privado, para se transformar no "divisor de águas" entre uma "boa administração pública" e uma "má administração pública". Nesse contexto, o novo sentido jurídico atribuído às obrigações de serviço público não é incompatível com a tese da possibilidade jurídica de imposição regulatória dessas obrigações ao setor privado, mas pelo contrário, corrobora o princípio da precedência do dever de resguardo prestacional à estatização de uma atividade. As obrigações de serviços públicos, que já foram elementos caracterizadores do que seria tipicamente "público", tornam-se indicadores de uma maior eficiência da gestão pública, cujos parâmetros são resgatados da própria forma de administração privada. Nesse sentido, a expectativa do consumidor de serviços do Estado, dotado de direitos subjetivos de adequação prestacional, mantém-se semelhante no tocante a uma atividade de interesse geral, que foi privatizada pela Administração Pública.

9) A visão instrumental do serviço público, especialmente a prerrogativa de iniciativa econômica pública, é plenamente compatível com o disposto no art. 175, da Constituição da República. Este dispositivo não possui o sentido jurídico de prever o dever estatal de necessariamente assumir atividades de interesse coletivo, ou de estabelecer o exclusivismo estatal na condução

de serviços de interesse geral que devam ser onerados por um regime jurídico-prestacional, consubstanciado pelas obrigações de serviço público. A expressão, muitas vezes repetida pela doutrina juspublicista, de que "incumbe ao Poder Público prestar serviços públicos", na perspectiva aqui apresentada, é uma *redundância* e não tem qualquer sentido jurídico. O *caput*, do artigo 175, da Constituição da República de 1988, não pode ser dissociado das expressões "na forma da lei", "diretamente ou sob regime de concessão ou permissão" e do seu enquadramento dentro do capítulo constitucional destinado à intervenção do Estado no domínio econômico. Por isso, o mencionado dispositivo traz *três sentidos jurídicos*: *(i)* a lei infraconstitucional irá definir o *modus operandi* da exploração de um serviço de domínio do Estado; *(ii)* é autorizado ao Estado a utilização do particular para a execução de serviços econômicos legalmente reservados ao domínio público, por meio dos formatos administrativos da concessão ou da permissão (prestação indireta), tratando-se, assim, de uma cláusula de institucionalização da técnica concessória no Direito brasileiro; e *(iii)* que o regime de prestação indireta de atribuições estatais está se referindo aos serviços de natureza econômica titularizados pelo Estado, *excluindo desse âmbito os serviços sociais* que devem ser prestados pelo Estado, tais como educação, saúde e segurança social, os quais estão inseridos em um campo constitucionalmente definido como de *prestação concorrente* com o setor privado e impassível de titularização estatal.

10) Sob o prisma da visão instrumental, "serviço público", no sentido estrito mencionado pelo artigo 175, da Constituição da República de 1988, pode ser conceituado da seguinte maneira: *Serviço público econômico é um instrumento, disponível ao poder público, de intervenção no domínio econômico, constituído por lei, que torna de domínio público um serviço econômico de interesse geral, previsto expressamente na Constituição, ou não, para exercício da atividade de maneira exclusiva, ou não, de forma direta, ou por meio da técnica concessória, com o objetivo de resguardar a imposição de um regime jurídico-prestacional, caracterizado pela incidência de obrigações especiais afetas à relevância pública da atividade (obrigações de serviço público), necessárias à boa consecução das finalidades pretendidas com a atividade.*

CAPÍTULO 5

A REGULAÇÃO SOCIAL E AS NOVAS FRONTEIRAS INTERVENTIVAS PARA A IMPOSIÇÃO REGULATÓRIA DE ENCARGOS DE SERVIÇO PÚBLICO

5.1 Considerações preliminares

É comum se referenciar ao poder de polícia como o limite para o poder interventivo do Estado na esfera dos direitos individuais. Nesse sentido, é usual se repetir que a intervenção estatal na propriedade e na liberdade individual somente é possível quando se tratar do exercício legítimo do poder de polícia. Através do próprio instituto jurídico do poder de polícia, é possível identificar objeções a determinadas propostas interventivas, mesmo que convenientes para o interesse público. Tais questionamentos se apresentam, especialmente, quando se indaga sobre a possibilidade de imposição de encargos regulatórios, semelhantes a obrigações de serviço público, a atividades do domínio privado. Mas em que momento a intervenção estatal, mesmo que amparada na legalidade, não pode ser encarada como um legítimo poder de polícia? A ideia de limite para a intervenção de polícia, muitas vezes, é encarada mais como um tema de adequação de conceitos jurídicos do que de enfrentamento de direitos resguardados pelo ato interventivo.

O presente capítulo busca desmistificar a ideia de que existe um direito, quase natural, à liberdade econômica e de livre iniciativa, que é oponível às prerrogativas interventivas do Estado, mesmo que destinadas a fazer cumprir missões de interesse público pertinentes à proteção de direitos e deveres constitucionalmente previstos. Isso é demonstrado: (i) mediante a compreensão da construção jurídico-histórica do conceito de poder de polícia, que estruturou uma premissa maior de intangibilidade da liberdade individual; (ii) pela demonstração dos novos limites ao intervencionismo estatal revelado pelo *welfare state* e pelo desenvolvimento e empoderamento da função administrativa regulatória; (iii) pela constatação de uma reordenação jurídica compensatória destinada a manter o controle do Estado sobre atividades privatizadas; (iv) pela demonstração das alterações paradigmáticas que evidenciaram que as novas prerrogativas regulatórias alteraram premissas de imposição de regime jurídico especiais, oriundas do direito público; (v) pela compreensão dos novos contornos de atuação regulatória, também identificadas sobre a rubrica da regulação social.

5.2 O poder de polícia e a ilusão do "máximo" interventivo

5.2.1 Precedentes do poder de polícia

Não se pode dizer que o intervencionismo estatal é uma expansão dos poderes administrativos originários do Estado Social. Pelo contrário, o intervencionismo estatal é anterior ao próprio constitucionalismo responsável pela base do Estado de Direito. Antes da Revolução Francesa, o Estado absolutista exercia uma intervenção muito intensa nos direitos econômicos, na liberdade individual e de propriedade da população. O Colbertismo, na França Absolutista, como já relatado,[173] era representação típica desse Estado intervencionista. O exercício da prerrogativa de "polícia" que, de acordo com acepções mais atuais, representa o poder de intervir e limitar a fruição de direitos individuais, tem longínqua etimologia.

Sabe-se que o poder de polícia não é um conceito originário do Direito Administrativo. O vocábulo "polícia" tem origem na palavra grega *politeia*, que remete à *polis*, ou seja, referenciando à atividade estatal como um todo (DI PIETRO, 2014, p. 122). Exercer a polícia significava exercer os poderes atribuídos à *polis*, com todas as prerrogativas de império que eram conferidas aos governantes, e que implicam no *munus* de interferir em vários aspectos da vida individual. Mesmo no modelo de democracia da Grécia antiga, não se conhecia o sentido de liberdade individual, tal como a conhecemos hoje, "sendo que a própria vida privada não ficava imune às ingerências do Governo, que intervinha em assuntos tais como a proibição ao celibato, disciplina do vestuário, uso do bigode" (BATISTA JÚNIOR, 2001, p. 10).

O termo "polícia" em sua etimologia, fazia parte de uma dicotomia entre os comandos da esfera estatal (heteronomia), e as disposições da vida familiar de cada cidadão (autonomia). Como bem pontua Binenbojm (2016, p. 27 *et seq.*), a autonomia e a heteronomia representavam dois reinos distintos: a política (esfera pública) e a economia (esfera privada). As regras da polícia eram impostas de forma heterônoma, e executadas pelos patriarcas, os quais detinham o *poder da autonomia*, ou melhor, o *paterfamilias* (BINENBOJM, 2016, p. 29).

As premissas da heteronomia e autonomia gregas criaram as bases para que o Direito Romano delimitasse os conceitos de *jus publicus* e *jus privatus*, como distintos e estanques, separando a esfera jurídica daqueles que detinham o poder de comandar, restringir e intervir (governantes) e daqueles que tinham o dever de obedecer e se abster (indivíduos), que poderiam tomar decisões que afetassem o outro apenas no âmbito da autonomia privada. Nesse sentido, os contornos iniciais do que viria a ser conhecido como "poder de polícia" já existiam desde o Direito Romano, no qual referenciava a qualquer atividade estatal que pudesse interferir na vida dos indivíduos.

Na Idade Média, a ideia de polícia, como atribuição estatal, permaneceu, sob a autoridade do príncipe, com exceção das atribuições das autoridades eclesiásticas,

---

[173] Capítulo 1.

quanto à ordem moral e religiosa (DI PIETRO, 2014, p. 122). Como mencionado anteriormente, o instituto da suserania também foi, no período medieval, uma forma de implantação de prerrogativas de intervenção pública, não em razão de um poder inerente à soberania, mas diante de atribuições assumidas através da *concordia*, acordo de vontades estabelecido entre o senhor feudal não detentor do poder real e os indivíduos que se submetiam aos seu protetorado.[174] Conforme relata Batista Júnior (2001, p. 12), na Alemanha, já no final do século XV, o *jus politiae* vem significar os amplos poderes, que dispunha o príncipe, de ingerência na vida privada, mesmo em sua vida espiritual ou religiosa, alicerçado na pretensa finalidade de buscar a segurança e o bem-estar coletivo.

A unificação e fortalecimento dos Estados nacionais fez com que as atribuições de polícia fossem concentradas no monarca, cujas atribuições eram cada vez mais absolutas. O período do absolutismo monárquico iniciado após o período de unificação nacional foi, por isso, usualmente referenciado como "Estado de Polícia", "precisamente porque o poder de polícia passa nele a designar a integralidade da ação estatal, enquanto a expressão *jus politiae* é empregada para referir-se ao direito público como um todo" (BINENBOJM, 2016, p. 29). Nesse cenário, durante o absolutismo monárquico, não haviam limites jurídicos[175] para o poder de polícia, que era exercido de maneira discricionária pelo monarca, de acordo com o seu crivo de conveniência sobre o que seria mais adequado para o interesse coletivo, sem qualquer deliberação normativa prévia.[176] Ainda nesse período do "Estado de Polícia", desenvolveu-se uma graduada separação entre *polícia* e *justiça*: na primeira categoria (polícia) estariam compreendidas todas as "normas baixadas pelo príncipe, relativas à Administração, e eram aplicadas sem possibilidade de apelo dos indivíduos aos Tribunais" (DI PIETRO, 2014, p. 122); e, na segunda (justiça), estariam compreendidas as normas que ficavam fora da ação do príncipe e que eram aplicadas pelos juízes (DI PIETRO, 2014, p. 122).

Independentemente das variações sobre a abrangência do conceito de polícia no Estado absolutista, certamente, tal amplitude bem espelha o grau de intervencionismo do poder real na esfera dos indivíduos. O uso da prerrogativa de *jus politiae* era realizado intensamente, sem qualquer previsibilidade para quem era submetido a tais poderes, pois que exercidos por meio de uma atividade essencialmente discricionária, prescindida de prévia definição normativa, decididas com base nos casuísmos e necessidades do bem comum, que eram aferidos pelo monarca. Segundo Binenbojm (2016, p. 30), poderia até se considerar um "Estado de bem-estar, de cariz paternalista, mas

---

[174] Conforme Binenbojm (2016, p. 28) bem pontua: "A polícia era exercida pelo Senhor Feudal não apenas sobre os membros de sua família, mas sobre todos aqueles admitidos a viver sob sua tutela no feudo. Assim, vassalos e servos encontravam-se sob a jurisdição senhorial, de base costumeira, mas também sob sua proteção para manutenção da ordem interna e contra ameaças externas. Nesse contexto, os votos de submissão e lealdade dos súditos, além de sua dependência econômica em relação ao proprietário da terra, conferiam-lhe uma autoridade largamente discricionária".

[175] Falar que não havia limites jurídicos não significa que o poder do monarca não encontrava limites de qualquer ordem. Na verdade, o poder do rei absoluto, mesmo no período de maior despotismo, sempre identificou limites de ordem moral e religiosa, que impunham um crivo de razoabilidade e relativa aceitação social de seus provimentos.

[176] Segundo Batista Júnior (2001, p. 14 *et seq*.): "Assim, o Poder de Polícia aparece como um processo governativo, eminentemente discricionário, alheio ao princípio da legalidade e guiado pelas vicissitudes e circunstâncias do bem comum e da segurança pública, para o qual utilizavam meios arbitrários. No Estado de Polícia, os poderes do príncipe e de seus servidores não careciam de qualquer definição normativa prévia, e eram determinados segundo uma avaliação casuística do que deveria se considerar interesse público".

que não assegura quaisquer direitos a seus súditos, não lhes confere vias judiciais para a proteção de direitos, nem conhece a separação entre os poderes legislativo e executivo". A polícia administrativa exercida pelo Estado absoluto era o braço operacional de suas atribuições despóticas, realizadas para "promover a ordem pública em nome da felicidade geral, ao mesmo tempo em que aumenta o poder do próprio Estado" (BINENBOJM, 2016, p. 30).

O mercantilismo do Estado absoluto evidenciou o exercício dessa prerrogativa de polícia na atividade econômica, por meio de medidas interventivas que envolviam restrições à liberdade comercial e do exercício do trabalho, e que visavam tornar as trocas comerciais mais vantajosas para o Estado nacional, de modo a incrementar maior riqueza. Não apenas isso, com o intuito de induzir superávits favoráveis para as trocas comerciais internacionais, foi muito comum restringir a liberdade econômica mediante a declaração de privilégios de comércio em determinados setores, especialmente nas exportações e importações envolvendo metrópole e colônias.

Nesse contexto, o movimento revolucionário e iluminista, com o apoio da classe burguesa, se predispôs a agir em duas frentes, necessárias para o devido rompimento com as bases do Antigo Regime: (i) por um lado, para combater o pressuposto da *propriedade do poder público*, os revolucionários buscaram conferir nova versão à corrente contratualista, que antes legitimava o poder real, de modo a se criar a ideia republicana de que o povo é o centro do poder e de todas as deliberações estatais; (ii) por outro lado, os revolucionários, especialmente apoiados pela classe burguesa, buscaram reforçar a ideia de liberdade individual como um direito que deveria ser protegido em face da ação do Estado, para as diferentes vertentes, especialmente a econômica, como mecanismo de combate ao intervencionismo mercantilista.

5.2.2 A construção do controle formal do poder de polícia na França revolucionária e na Alemanha bismarckiana

Como adiantado anteriormente,[177] o conceito de "soberania nacional" foi uma criação artificial dos revolucionários franceses, primordial para instituir os primeiros contornos do princípio democrático de organização do Estado. O termo "soberania", em sua etimologia, sempre esteve atrelado à figura do rei, detentor da propriedade do *imperium*, e por ser sua propriedade, poderia ser repassada para seus herdeiros (DUGUIT, 1921, p. 3).

Para se afastar a ideia de propriedade do poder público, convergiu-se ampla discussão filosófica sobre a legalidade como pressuposto de ação do Estado. O Estado de Direito é uma construção do Estado Liberal, pautada pela estrita legalidade, sendo que o Estado somente pode agir nos exatos limites da lei. Neste caso, para limitar o poder real, pretendido pelos anseios revolucionários, tornou-se necessária, como se sabe, garantir a *supremacia da lei* como o produto de uma vontade geral, sendo que a separação dos poderes seria o instrumento constitucional necessário para garantir a primazia do produto oriundo do Parlamento (GUIMARÃES, 2007, p. 17).

---

[177] Capítulo 1.

A ideia de supremacia da lei como meio de controle do "Estado de Polícia" é uma premissa tipicamente oriunda da Revolução Francesa, adotada para a estruturação do constitucionalismo de Estado moderno. Diversas nações, tanto europeias quanto de outros continentes que adotaram a ideia de supremacia da lei para contenção do poder real, foram influenciadas, neste ponto, por bases teóricas da França revolucionária.[178] Na França, criou-se um sistema de controle baseado na ideia republicana de soberania popular, difundida, especialmente por Rousseau: o meio pelo qual o povo exerce seu poder soberano é através da confecção das leis, que devem ser obrigatoriamente produzidas por todos aqueles que agem em nome do interesse público, trazendo, assim, importância fulcral do Parlamento para a legitimidade do poder público.

Nesse sentido, a prerrogativa de polícia só pode ser exercida quando autorizada pelo povo, em observância às regras e aos direitos consagrados pela vontade geral. Porém, como reflete Otto Mayer (1904, p. 72), a estrutura de controle estatal criada na França foi o *princípio da separação dos poderes*, difundido pelas ideias de Montesquieu, segundo o qual o Estado deve ser dividido em três repartições independentes, poder executivo, poder legislativo e poder judiciário. De todo modo, em que pese essa divisão estanque, o essencial para o controle do poder público, inegavelmente, seria a soberania da lei, que faz com que, na prática, os poderes executivos e judiciário se vinculem às deliberações do poder legislativo. Por isso que, segundo Mayer, no modelo francês, o que existem são apenas dois poderes, o que cria as regras (legislativo) e o que as executam, a saber, a administração, através do ato administrativo, e a justiça, através da sentença (MAYER, 1904, p. 73 *et seq.*).

Importante ressaltar que a legalidade, como meio de controle do poder de polícia, não foi um corolário lógico da Revolução. Em que pesem todas as mudanças paradigmáticas ocorridas no pós-constitucionalismo, não se pode olvidar que ocorreu uma nítida continuidade das formas de ação estatal do Antigo Regime no contexto do Estado que sucedeu à Revolução Francesa. No caso, a atuação de polícia do Estado revolucionário continuou a ser uma ação eminentemente discricionária, realizada sem prévia definição em lei e pautada por conceitos genéricos, antes também utilizados, tais como a ordem pública, supremacia do interesse público, domínio eminente etc. (BINENBOJM, 2016, p. 31). Somente gradualmente é que o poder de polícia foi objeto de juridicização, porém sempre deixando um espaço de legitimidade a ser preenchido (BINENBOJM, 2016, p. 31).

A fórmula constitucional criada na França revolucionária, que mais inclina para um direito natural, torna-se mais bem discernível quando comparada com a fórmula alemã desenvolvida para o controle do poder do príncipe. Na França pré-revolucionária, não havia qualquer instrumento de controle para conter o poder do rei. No Estado de Polícia, no contexto francês, o poder público atuava com plena arbitrariedade, sem que se tivesse que falar em qualquer controle jurídico. Todos os pleitos suscitando direitos

---

[178] Isso também se aplica, por exemplo, à Alemanha, quando Otto Mayer revela o seguinte: "[Nós] Os alemães, é necessário dizer, desempenhamos, sobretudo em face da França, um papel que imita e recepciona; se devemos estar-lhes sempre agradecidos, isso é outro assunto. O direito francês, e sua história, são particularmente instrutivos para nós, porque estão sempre adiantados alguns passos com relação a nós, e porque o passado é mais fácil de compreender que o presente; ademais, existe a particularidade, conforme característica do povo francês, que na França todas as novas ideias do direito público se formulam e são implementadas bruscamente." (MAYER, 1904, p. 69 *et seq.*, tradução nossa).

contra atos do rei deveriam se submeter a um conselho régio, que, em *ultima ratio*, prevalecia o que fosse decidido pelo monarca.

No Direito alemão, durante o período conhecido como "regime dos direitos de supremacia do príncipe" (*landesherrliche Hoheitsrechte*) (MAYER, 1904, p. 27), os direitos de soberania do príncipe seriam limitados ou contrabalanceados pelos direitos dos súditos constantes do Direito Civil. As prerrogativas do príncipe, que representavam o direito de polícia, foram desenvolvidos historicamente e aceitos como uma espécie de direito natural, necessários para o atendimento do bem-estar geral. O *jus politiae* era, nesse modelo, uma prerrogativa exclusiva do príncipe, não sujeita a qualquer limite externo. Porém, o direito de polícia reconhecidamente tinha a sua legitimidade condicionada à manutenção da ordem pública e o atendimento do bem-estar geral, sob pena de abuso deste direito (MAYER, 1904, p. 35).[179] Contudo, os direitos de polícia do príncipe encontravam barreiras ao se depararem com os direitos dos súditos, consagrados no Direito Civil, especialmente os direitos adquiridos.[180] Neste caso, os direitos comuns (Direito Civil) não poderiam ser afastados por nenhuma prerrogativa, tampouco pelo *jus politiae*, exceto quando o direito do súdito conflitava com os imperativos do resguardo do bem-estar que autorizava o exercício do direito de polícia pelo príncipe (MAYER, 1904, p. 38 *et seq.*). Para proteger a intransponibilidade do direito do príncipe em face do direito do súdito, foi resguardada a autonomia dos juízes para deliberar sobre essas questões.[181]

Nesse regime do "Estado sob o regime de polícia" (*Der Polizeistaat*), em que pese existirem limites para o exercício do direito de polícia pelo príncipe, em vista dos direitos civis que não poderiam ser suprimidos pelos atos de soberania, conforme explica Otto Mayer (1904, p. 53 *et seq.*) não existia propriamente um "direito público" que regulamentava ou especificava a atuação da administração ou do exercício do poder de polícia. O que há é outro mecanismo de controle, em razão da intangibilidade dos direitos reconhecidos para o soberano e para o súdito, que não propriamente a soberania popular. Ainda mais porque a lei e atos de polícia são prerrogativas exclusivas do

---

[179] Nesse sentido, Otto Mayer (1904, p. 35) expõe que os tribunais do império outorgam proteção eficaz contra abusos do direito da prerrogativa, já que devem estar atinentes ao bem-estar geral, sendo ilegais atos do soberano que abusam do direito de polícia.

[180] Direito adquirido, na concepção trazida por Otto Mayer (1904, p. 35 *et seq.*), difere da acepção atualmente adotada de direito adquirido no Direito brasileiro, que se refere a um direito constituído por norma jurídica vigente e que não pode ser afastado por norma jurídica posterior. Direito adquirido, nesta acepção, se refere a um direito subjetivo concedido ao súdito, que o príncipe deve respeitar, como, por exemplo, o direito de servidão sobre um terreno, a imunidade tributária, dentre outros.

[181] Segundo Otto Mayer (1904, p. 50 *et seq.*, tradução nossa): "Nesta organização do poder público aparece um elemento de caráter particularíssimo, a partir do instante em que foi reconhecido o princípio da independência dos juízes. O príncipe havia exercido desde antigamente o poder judicial supremo em seu território, julgando a si mesmo ou sendo julgado por seus conselheiros, vigiando os tribunais do país e avocando as causas que lhe interessava resolver diretamente. Era conforme o regime de polícia dominante nesta época, que o príncipe poderia imiscuir-se de tal maneira na administração e na justiça. Na verdade, a justiça civil e a criminal estavam ordinariamente confiadas a tribunais instituídos para este fim. Contudo, o príncipe podia a qualquer momento por fim a um processo civil ou criminal por um ato de soberania (Machtspruch). Então, decidia pessoalmente o que deveria ser o direito em um caso particular; ou ainda ordenava ao tribunal pronunciar determinada sentença. A consequência desse uso abusivo deste instrumento [...] na Prússia, sob o reinado de Frederico, o Grande, produziu uma guinada em sentido contrário. Reconheceu-se que o interesse superior do bem público, que poderia exigir em todos os outros ramos a incansável intervenção do príncipe em pessoa, impedia precisamente uma intervenção semelhante neste ramo especial, pelo menos no que se refere aos casos individuais".

soberano. O meio para dar efetividade a esse controle foi a adoção da *teoria do fisco*, a qual buscou separar os direitos atribuídos ao príncipe, dos recursos e bens necessários para que o príncipe e as autoridades públicas pudessem cumprir com os fins públicos do Estado.[182]

Há, assim, uma distinção jurídica do Estado, entre príncipe (detentor do direito de polícia) e bens do fisco necessários para execução das tarefas públicas, os quais são regidos por normas de Direito Civil, as mesmas que resguardam os direitos dos súditos. Trata-se de uma interpretação jurídica destinada a viabilizar e concretizar o controle do Estado através da qual se concebiam *duas personalidades jurídicas distintas*: (i) *o fisco*, que é o Estado considerado como sociedade de interesses pecuniários ou pessoa jurídica de Direito Civil; e o *príncipe*, que é o *Estado propriamente dito*, ou seja, a associação política, na qual não há aplicação do Direito Civil e que não tem patrimônio próprio (MAYER, 1904, p. 60 *et seq.*). Assim, para resguardar os direitos civis, quando o Estado atua para atender a um interesse coletivo gerando um dano especial, ou quando o príncipe atua desrespeitando um Direito Civil específico, o tribunal atende ao direito do súdito, não responsabilizando o príncipe, que é detentor do poder de polícia, mas sim o fisco, que é responsável pela indenização dos prejuízos ocasionados.

Assim, a teoria do fisco é o instrumento de contrabalancear o poder real, diferentemente do perpetrado pela França pós-revolucionária, que seria a extinção do regime de propriedade do poder público e a submissão dos juízes e da Administração à lei, resultante da soberania popular. Somente posteriormente, com o início do período referenciado como "Estado sob regime do Direito" (*Rechtsstaat*) é que a teoria do fisco foi abandonada pelo Direito alemão, o qual passou a adotar a concepção francesa de submissão da administração ao direito criado pela soberania popular, mas com interpretação própria, pois que o poder soberano passou a ser condicionado com a aprovação pela Representação Nacional (MAYER, 1904, p. 77).

De todo modo, verifica-se que a ideia da legalidade, como forma de ação do Estado (Estado de Direito e *Rechtsstaat*), e sobretudo durante o Estado [alemão] sob o regime de polícia (*Der Polizeistaat*), no qual a prerrogativa do ato de soberania encontrava seu limite de atuação, em face dos indivíduos, nos direitos civis, verifica-se que a prerrogativa estatal de polícia é algo que deveria ser controlado com base naquilo que as convenções políticas e sociais da época consideravam como *direito do indivíduo*. Ou seja, o direito do indivíduo (cidadão ou súdito) é que determinaria, tanto no sistema francês como no sistema alemão do *Der Polizeistaat*, os contornos do poder interventivo do Estado no período oitocentista em diante.

---

[182] Segundo Otto Mayer (1904, p. 59, tradução nossa), assim se definia a *teoria do fisco*: "A ideia do fisco teve sua origem no direito romano. O fisco se apresentava ali como uma pessoa jurídica ao lado do Imperador, pessoa jurídica a quem pertenceria todos os bens que serviam para cumprir com os fins do Estado e que gozava de recursos especiais e de certos privilégios de direito civil e de procedimento. No Direito alemão, quando se começa a falar de fisco, num primeiro momento, apenas as utilidades, as vantagens materiais inerentes a esta instituição são contempladas: são levadas em consideração os *jura fisci*, as multas, os confiscos, os *bona vacantia*, os tesouros descobertos, etc., o fisco é a caixa que recebe tudo isso."

5.2.3 O referencial smithiano para a construção dos limites do poder de polícia

A revolução burguesa também estava amplamente lastreada no valor da liberdade, especialmente a econômica, para superação do excesso de intervencionismo do Estado absoluto. Com efeito, o Estado Liberal foi uma construção burguesa destinada diretamente à emancipação da liberdade econômica, que era reprimida pela discricionariedade policial do antigo regime. Pode-se dizer que o Estado Liberal é a solidificação do Estado burguês com a consagração dos valores da burguesia, que resguarda o poder político para si, com o objetivo de preservar as liberdades econômicas dos indivíduos, especialmente as liberdades comerciais e de uso da propriedade (BATISTA JÚNIOR, 2001, p. 16).

Na construção das bases do liberalismo, as premissas econômicas trazidas por *Adam Smith* tiveram importante papel filosófico, em que pesem terem sido mal interpretadas e distorcidas para a construção de um reducionismo pretendido para o Estado Liberal. Como aponta Rosenberg (*apud* MATTOS, 2007, p. 108), "[...] qualquer pessoa instruída submetida a um teste de associação de palavra, quando solicitada a identificar algum personagem histórico com o termo 'laissez-faire' responderia 'Adam Smith'".

Todavia, não se pode olvidar o fato de que os benefícios da "mão invisível" divulgados na obra *Riqueza das Nações* não deixaram de ser intencionalmente deturpados e equivocadamente difundidos, de modo a amparar interesses dos burgueses, detentores do poder político, para o mais novo projeto de Estado Liberal. Nesse sentido, é elucidador aqui as razões trazidas na monografia elaborada por Laura Valladão de Mattos (2007), que melhor delimitam os motivos do ataque smithiano ao mercantilismo e o real sentido da defesa da liberdade econômica em Adam Smith.

O termo "mercantilismo" foi notoriamente utilizado na obra de Adam Smith ao expor as características básicas do que chamou de *Estado Mercantil*, que identificava em Estados europeus centrais, no século XVIII. Nesse contexto, não se nega que Adam Smith criticou veementemente o excesso de regulações e privilégios criados nesse período, todavia, como aponta Mattos (2007, p. 110), as interpretações sobre as razões pelas quais Smith rejeita o intervencionismo e defende o liberalismo "são anacrônicas, estando muito mais relacionadas a concepções atuais sobre o funcionamento dos mercados, do que à visão que Smith tinha da economia e sociedade no final do século XVIII". Nesse viés, o que se identifica eminentemente em Smith é uma crítica contra a *política aduaneira* adotada pelo Estado Mercantil, destinada a acumular metais preciosos nos Estados nacionais.

Para criticar o mercantilismo, Smith, primeiramente, tenta expor, na obra *Riqueza das Nações*, qual seria a sua teoria sobre as *causas da riqueza*. Para Smith, os mercantilistas pressupõem que toda riqueza de uma nação consiste em ouro e prata (NUNES, 2009, p. 10). Por isso, para trazer metais preciosos para o Estado, a concepção econômica do mercantilismo era de que seria necessário sempre manter a balança comercial superavitária, o que demandava a intervenção do Estado na vida econômica para garantir maior acúmulo dessa riqueza (MATTOS, 2007, p. 112). Além de buscar estimular as exportações mediante subsídios, tratados comerciais e pela expansão colonial, o mercantilismo executava também outras políticas que buscavam estimular as importações e restringir a exportação de matérias primas, com o objetivo de tornar as manufaturas mais competitivas, mediante imposição de restrições à liberdade dos artesãos, impedindo-os de trabalhar em outros locais ou de residir em outros países (MATTOS, 2007, p. 112 *et seq.*).

Contra essa política econômica do mercantilismo, Adam Smith propôs o *sistema da liberdade natural*, não apenas o mais justo, do ponto de vista da necessária igualdade perante a lei (já que reprimia os privilégios concedidos em regulações do Estado Mercantil), como também o mais adequado para a criação do que considerava "riqueza", do ponto de vista econômico.

Neste contexto, Smith busca afastar a ideia de que a fonte de riqueza da nação é o resultado do superávit do comércio externo, e defende que a riqueza está associada com a quantidade de bens e serviços à disposição da população, sendo que a fonte para esse crescimento é o trabalho, e não o comércio externo (MATTOS, 2007, p. 116). Por isso, o que deveria ser buscado é o saldo do produto e do consumo anual. Em suas palavras:

> Esse é o saldo (*balance*) do produto e do consumo anual. Se o valor de troca do produto anual (...) excede aquele do consumo anual, o capital da sociedade aumenta na proporção desse excesso (...) o que é economizado anualmente da receita é naturalmente adicionado ao seu capital, e empregado de forma a aumentar ainda mais o produto anual. Se, ao contrário, o valor do produto anual é menor do que o do consumo anual, o capital da sociedade irá anualmente decair na proporção dessa deficiência (...) e junto com ele o valor de troca do produto anual de sua indústria (*industry*)." (SMITH *apud* MATTOS, 2007, p. 116).

Para Adam Smith, a agricultura é a principal fonte de produção de riqueza, comparada com outras fontes, tendo em vista a relação entre o trabalho produtivo aplicado e o potencial de criar uma remuneração maior ao dono da terra. Naturalmente, o detentor do capital é induzido a investir em situações que seriam mais favoráveis considerando o retorno para o capitalista, o que certamente seria a atividade agrária. Contudo, a política mercantilista veio a inverter artificialmente essa lógica de aplicação mais favorável do capital, dando primazia para as atividades reguladas da cidade, que seriam menos capazes de produzir riquezas (MATTOS, 2007, p. 117 *et seq.*).

Assim, a conclusão de Smith é que ao privilegiarem os mercados externos em relação ao interno e a manufatura em relação à agricultura, as regulações mercantilistas teriam engendrado um resultado no qual a "[...] indústria (*industry*) do país é desviada de um emprego melhor para um emprego pior" (MATTOS, 2007, p. 119). Por isso, para ele, a fonte de toda a riqueza não seria consequência dos privilégios e reservas de mercado perpetrados pelo mercantilismo, mas sim como consequência do ambiente de liberdade e justiça que prevalecia mais na Grã-Bretanha do que em outras nações (MATTOS, 2007, p. 120).

Estaria aí, então, a base do liberalismo econômico defendida por Adam Smith. A liberdade defendida por ele é aquela que se *contrapõe ao artificialismo aduaneiro* do Estado Mercantil, que buscou, através de intervenções estatais, aumentar artificialmente as trocas comerciais entre as Nações, objetivando balanças comerciais mais favoráveis. Tal medida iria de encontro ao que fundamenta como mais adequado: a destinação natural dos recursos onde tem mais predisposição de retorno, o que induziria em maior trabalho e riqueza para a nação.

O sistema de liberdades individuais é, para Adam Smith, um sistema em que o Estado deveria se abster de proceder regulamentações destinadas a induzir esse artificialismo aduaneiro. Essa seria a razão para que esse influente filósofo e economista ter elencado três funções essenciais do Estado, quais sejam, a garantia da defesa nacional, a administração da justiça e a execução das obras públicas, dentro das quais incluem não apenas as obras de infraestrutura (portos e estradas), mas também aquelas destinadas à educação (MATTOS, 2007, p. 114).

Neste contexto, é importante ressaltar que o Estado tem, para Adam Smith, extrema relevância, estando distante de concepções relacionadas ao Estado mínimo ou da ideia de que o mercado é capaz de resolver sozinho os problemas econômicos e sociais (MATTOS, 2007, p. 114). Conforme pontua Mattos (2007, p. 114), mesmo dentro dessas três funções básicas do Estado, apontadas por Adam Smith, está contida uma grande gama de intervenções estatais, já defendidas por ele, tais como a utilização dos impostos como instrumentos de reforma social e de políticas redistributivas, a defesa de regulamentação contra a usura e leis bancárias, dentre outras.

5.2.4 A construção silogística da caracterização do poder de polícia como máximo interventivo

O sistema da liberdade natural, cunhado pelo brocado do *laissez faire*, foi um grande apoio político para o minimalismo que estruturou o Estado Liberal. A preservação dos interesses da classe burguesa na redução do intervencionismo econômico não poderia se concretizar sem apoiar a legalidade como pressuposto de ação estatal. O melhor controle das ações interventivas do Estado certamente é limitar a sua ação, sem prévia deliberação de lei criada exclusivamente por aqueles que tinham o interesse na abstenção pública. Nesse sentido, bem pontua Vasco Manoel Pascoal Dias Pereira da Silva:

> Um dos fenómenos teorizados pela referida doutrina do Estado de Direito é o que diz respeito à lei. Lei essa entendida e teorizada no quadro do modelo liberal de Estado. Caracterizando, em traços largos, essa forma de relacionamento entre a sociedade e o poder, há que ter em conta que, de acordo com a concepção liberal, o problema da liberdade individual colocava-se, sobretudo, em face do Estado, sendo a não intervenção deste e a separação radical entre Estado e sociedade a melhor garantia da liberdade política. O Estado encontrava-se numa posição de superioridade, actuando através de lei geral e abstracta e não intervindo, ou intervindo o 'mínimo', na vida em sociedade. A sociedade era a sociedade burguesa, que se entendia estar representada no Parlamento, eleito por sufrágio censitário. A liberdade identificava-se com a liberdade da burguesia e era concebida em termos de estremas, como a propriedade ('a minha liberdade termina onde começa a liberdade do outro'); a solidariedade era vista como problema da sociedade e não do Estado, o qual devia se limitar a permitir que fosse a sociedade a segregar as suas próprias formas de solidariedade. (SILVA, 2003, p. 48).

Por isso, em atenção ao desígnio de mínima intervenção pelo qual almejavam os interesses burgueses no final do século XVIII e no transcurso do século XIX, construiu-se no Estado Liberal o pressuposto de que a intervenção estatal, aqui representada pela prerrogativa de polícia, deveria ser o mínimo, apenas, indispensável para a garantia da ordem pública e a convivência pacífica dos cidadãos, o que certamente implicava liberdade para as atividades econômicas e o menor distúrbio possível à fruição dos benefícios da propriedade.

Assim, no âmbito da intervenção de natureza administrativa, competia ao Estado "fundamentalmente garantir a segurança interna e externa, assegurar a convivência pacífica entre os cidadãos, manter a ordem pública", contudo seria imprescindível que a "intervenção pública teria que ser comedida – a prossecução daqueles fins públicos deveria limitar ao menos possível a liberdade dos indivíduos" (GONÇALVES; MARTINS, 2004, p. 174). Nesse sentido, como bem pontuam Pedro Gonçalves e Licínio Lopes Martins,

> [...] do ponto de vista da intervenção administrativa, ao Estado liberal cabia, portanto, uma função estritamente executiva da lei: os actos administrativos de autorizar, de proibir, de limitar, de fiscalizar e de liquidar e cobrar impostos, na estrita execução da lei, eram seus actos típicos (GONÇALVES; MARTINS, 2004, p. 174).

Por isso, sem olvidar do uso inaugural autocrático do poder de polícia no Estado de Direito recém-criado, e não obstante o intervencionismo estatal que caracterizou o Estado absolutista, pode-se dizer que o *poder de polícia*, agora amparado na legalidade administrativa, inserida em um momento histórico em que se pretendia a contenção e negativismo da atuação estatal, passou a representar, na técnica jurídica, o *extremo interventivo e regulatório* do Estado. Ou seja, o conceito jurídico que passou a ser conferido ao poder de polícia implicaria séries de normas jurídicas necessárias para a segurança pública e garantia da liberdade econômica e da propriedade, o que representou a visão do limite máximo – e suficientemente adequado na visão oitocentista – que o Estado poderia intervir na esfera jurídica do indivíduo. Com efeito, conforme bem pontuado por Batista Júnior:

> [...] certa regulação pelo Estado era reclamada e considerada legítima e necessária à manutenção do *laissez-faire*; em outras palavras, o Estado era chamado a intervir para não intervir. A esfera política, assim deveria limitar-se à garantia do pleno funcionamento dos mecanismos de autorregulação do mercado (aos quais se atribuía uma racionalidade intrínseca), à proteção da propriedade privada e da obrigatoriedade dos contratos, à segurança pública. (BATISTA JÚNIOR, 2015, p. 23).

A construção da legalidade, como meio de controle do poder público – ou da delimitação dos direitos civis como limites ao exercício do direito natural de polícia dos príncipes na Alemanha bismarkiana – associou-se então com a premissa econômica, amparada no referencial smithiano de liberdade econômica – mesmo que interpretado de uma maneira mais extensiva – de que o Estado tinha limites para atuação na liberdade individual. Essa união de premissas se tornou, em processo silogístico, incontornável na construção do instituto jurídico do poder de polícia, que se solidificou, de tal modo, que sobreviveu às alterações políticas, econômicas e sociológicas vindouras e que ensejaram a mudança do papel do Estado e dos limites interventivos. Enquanto premissa maior, construiu-se o dogma da impossibilidade de o poder público interferir na fruição dos direitos individuais à liberdade e da propriedade, concebidos politicamente no período oitocentista que se sucedeu à Revolução Francesa, exceto em casos excepcionais, referenciado como poder de polícia, devidamente autorizado em lei, o qual poderia visar apenas a proteção da ordem e segurança pública.

Nesse sentido, é possível identificar na construção doutrinária da noção mais estrita do poder de polícia, não incluindo aqui a atividade normativa, um núcleo que associa ação da Administração e a restrição à liberdade e à propriedade (direitos tipicamente liberais), em prol do bem comum, bem-estar geral ou outro título dessa ordem (GUIMARÃES, 2007, p. 24). Certamente, como bem pontua Bernardo Strobel Guimarães (2007, p. 24), "[...] é que se demonstra ser o Poder de Polícia a categoria unificadora da função administrativa no período liberal, podendo ser o grosso de suas atividades reconduzidas a essa noção [...]", sendo que até hoje o poder de polícia vem sendo invocado como fundamento das atuações administrativas sobre a liberdade e a propriedade, herança desse período do Estado Liberal. Carlos Ari Sundfeld corrobora essa posição:

> A ideia de poder de polícia foi cunhada para um Estado mínimo, desinteressado em interferir na economia, voltado sobretudo à imposição de limite negativos à liberdade e à propriedade, criando condições para a convivência dos direitos. Daí haver-se definido o poder de polícia como imposição ao particular do dever de abstenção, de não fazer. (SUNDFELD, 1993, p. 14).

O conceito de "polícia" se atrelou, no Estado Liberal, com a noção de arbitrariedade e sacrifício, como se o indivíduo não dispusesse de quaisquer direitos frente ao Estado todo-poderoso. A polícia, no antigo regime, apresentava-se como um "direito" do soberano, cuja amplitude foi limitada em prol do direito dos indivíduos. Por isso, o sacrifício deveria ser sempre excepcional, mas a excepcionalidade esteve vinculada com o momento e interesses políticos e econômicos oitocentistas: só haveria que se falar em prerrogativa de polícia em casos estritamente necessários para assegurar a ordem pública, a regular fruição da propriedade e a plenitude do valor da liberdade, especialmente a econômica.

Pode-se dizer, nesse contexto, que essa premissa construída em torno do instituto do poder de polícia, de certo modo, deu legitimidade para a transformação de atividades em serviços públicos, de modo que o desejo estatal de controlar e condicionar determinadas atividades de interesse coletivo não afetasse o núcleo essencial do poder de polícia, estruturador da função pública. A transformação da atividade em domínio estatal não demandaria, assim, a violação aos limites interventivos concebidos pelo poder de polícia.

Diante disso, a separação entre poder público e setor econômico, pretendida pelos ideais revolucionários burgueses, passou concomitantemente a representar uma premissa conceitual jurídica, de que *a esfera econômica seria típica do particular e que o Estado não poderia interferir, senão excepcionalmente, quando se tratasse de imperativo de "polícia", considerando o sacrifício que isso implicava ao ideal da liberdade econômica*. Neste aspecto, a doutrina jurídica da época passou a identificar o poder de polícia com instrumentos estatais excepcionais, como o estado de sítio, estado de defesa, a segurança pública e a polícia de apoio ao sistema criminal.

Nesse contexto, Maurice Hauriou já propagava essa dupla dimensão estanque, a saber, (i) a sociedade política, que é a esfera da vida pública, e (ii) a sociedade econômica, que é a esfera da vida privada (HAURIOU, 1927, p. 165). Segundo Hauriou (1927, p. 165), a separação entre o político e o econômico seria, em grande medida, uma separação entre o poder político e a propriedade, porque o poder econômico pertence realmente a quem detém a propriedade das riquezas e dos meios de produção. Se tais poderes (político e econômico) estivessem nas "mesmas mãos", segundo este autor, "[...] então a escravidão dos súditos poderia ser espantosa" (HAURIOU, 1927, p. 165, tradução nossa). Essa separação entre a sociedade política e a sociedade econômica garante ao indivíduo uma esfera de liberdade que não poderia ser desrespeitada pelo Estado, exceto quando se tratar de uma intervenção política "motivada para fins de polícia" (HAURIOU, 1927, p. 166, tradução nossa).

O conceito de poder de polícia, criado em momento de idealização da contenção do poder público e da preservação fundamentalista da liberdade e dos direitos do indivíduo, passou a ser reproduzida pela doutrina francesa do final do século XIX e início do século XX, influenciando os manuais de Direito Administrativo dos países de tradição jurídica francesa, em especial, do Direito brasileiro.

Em diversos autores clássicos do Direito Administrativo francês, como Maurice Hauriou (1927), Gaston Jèze (1928), Léon Duguit (1913), Joseph Barthélemy (1932), a expressão "polícia", ora é utilizada em termos de organização do poder público, ora é utilizada como expressão de atos públicos de intervenção do poder público. Todavia, em que pese não ser conceituado como um dos instrumentos da Administração Pública, no sentido estrito identificado atualmente, é comum a colocação da ideia de polícia em contraposição com a ideia de liberdade, segurança e propriedade. Nesse contexto, Louis Rolland (1951) revelava o uso impreciso da expressão polícia no Direito francês, mas reiterando que o conceito mais estrito da polícia administrativa seria a garantia da ordem pública:

> A expressão polícia é usada em sentidos muito diversos. Em um sentido muito geral, quando se fala em polícia, às vezes pensamos no desenvolvimento racional da cidade. Está incluído tudo o que constitui a organização da sociedade como um Estado e, em particular, a organização e funcionamento de todos os serviços públicos. Essa é uma maneira muito antiga de entender a polícia. Vestígios disso permanecem nas fórmulas de certos autores que falam, por exemplo, da polícia assistencial ou educacional. Este ponto de vista primitivo deve ser rejeitado. Pode-se dizer que a finalidade da polícia se limita a garantir, manter ou restaurar a ordem no país. Quase não há necessidade de mostrar a necessidade dos serviços correspondentes a este propósito. Basta pensar na necessidade do homem viver em sociedade e, ao mesmo tempo, na sua imperfeição. (ROLLAND, 1951, p. 396, tradução nossa).

No mesmo sentido, Georges Vedel, no qual a herança minimalista é evidente na seguinte conceituação do poder de polícia:

> A ação que tende a manter a ordem pública é chamada de *polícia*. (O uso do termo polícia para designar o pessoal encarregado da manutenção da ordem constitui um significado derivado deste significado principal). (VEDEL, 1973, p. 23)

A concepção reducionista do poder de polícia, por influência do Direito francês, certamente incorporou-se no Direito brasileiro, como se verifica, por exemplo, em Hely Lopes Meirelles[183] e Celso Antônio Bandeira de Mello.[184] Essa concepção modelada

---

[183] Segundo Hely Lopes Meirelles (2016, p. 152 *et seq.*): "Poder de polícia é a faculdade de que dispõe a Administração Pública para condicionar e restringir o uso e gozo de bens, atividades e direitos individuais, em benefício da coletividade ou do próprio Estado. Em linguagem menos técnica, podemos dizer que o poder de polícia é o mecanismo de frenagem de que dispõe a Administração Pública para conter os abusos do direito individual. Por esse mecanismo, que faz parte de toda Administração, o Estado detém a atividade dos particulares que se revelar contrária, nociva ou inconveniente ao bem-estar social, ao desenvolvimento e à segurança nacional".

[184] Segundo Celso Antônio Bandeira de Mello (2009, p. 823 *et seq.*): "17. O poder de polícia tem, contudo, na quase-totalidade dos casos, um sentido realmente negativo, mas em acepção diversa da examinada. E negativo no

pelo Estado Liberal de mínimo intervencionismo no Estado é revelada, ao nosso ver, sobretudo, pela concepção "moderna" apresentada por Maria Silvia Zanella Di Pietro:

> Pelo conceito clássico, ligado à concepção liberal do século XVIII, o poder de polícia compreendia a atividade estatal que limitava o exercício dos direitos individuais em benefício da segurança. Pelo conceito moderno, adotado no direito brasileiro, o poder de polícia é a atividade do Estado consistente em limitar o exercício dos direitos individuais em benefício do interesse público. (DI PIETRO, 2014, p. 124).

Essa construção histórica do conceito de polícia, revela, assim, que os atos interventivos do Estado não são apenas legítimos quando revelam o legítimo uso do poder de "polícia". Diante da compreensão histórica da prerrogativa estatal de intervenção na esfera no indivíduo, qualquer pretensão de limitar o poder interventivo do Estado com base unicamente na interpretação de incompatibilidade com o conceito de polícia revela ser incongruente e tautológica. A legitimidade da intervenção estatal não se dá por concepções doutrinárias inspiradas na construção liberal do poder de polícia, mas, isso sim, na adequação com o sistema normativo vigente.

Ou seja, a imposição de obrigações positivas ao setor privado, semelhante ao que se convencionou chamar de encargos de serviço público, não pode ser obstada pelo fato de que a intervenção na esfera do indivíduo somente seria adequada se consonante com a construção histórica do atual conceito de polícia (como aquela destinada a manter a ordem social), inspirada nos anseios políticos revolucionário e do liberalismo oitocentista; a análise de legitimidade do ato interventivo somente deve ser enfrentada com base no sistema de normas e direitos previstos no ordenamento jurídico, em especial quanto ao dever de preservação do mercado concorrencial, em vista dos imperativos de desenvolvimento econômico e social e quanto ao resguardo da dignidade da pessoa humana frente à prestação de serviços de interesse coletivo.

Não há, *per se*, uma violação conjectural à liberdade individual ou aos direitos de propriedade, a imposição de encargos positivos, que limitam esses direitos, desde que amparados e fundamentados por outros preceitos estruturantes do constitucionalismo de determinada época.

Por isso, é de se frisar: a legitimidade da imposição de regras de continuidade, igualdade, qualidade, universalidade, por exemplo, não deve ser aferida em confronto com o que seria usual da prerrogativa de polícia, conforme a concepção doutrinária clássica da expressão, mas sim no tocante à adequação e proporcionalidade do grau de intervenção, em vista do núcleo essencial dos direitos constitucionais protegidos e daqueles que estão sendo sacrificados.

---

sentido de que através dele o Poder Público, de regra, não pretende uma atuação do particular, pretende uma abstenção. Por meio dele normalmente não se exige nunca um *facere*, mas um *non facere*. Por isso mesmo, antes que afirmar o seu caráter negativo, no sentido que usualmente se toma – o que é falso –, deve-se dizer que a utilidade pública é, no mais das vezes, conseguida de modo indireto pelo poder de polícia, em contraposição à obtenção direta de tal utilidade, obtida através dos serviços públicos. [...] 21. Dado que o poder de polícia administrativa tem em mira cingir a livre atividade dos particulares, a fim de evitar uma consequência antisocial que dela poderia derivar, o condicionamento que impõe requer frequentemente a prévia demonstração de sujeição do particular aos ditames legais. Assim, este pode se encontrar na obrigação de não fazer alguma coisa até que a Administração verifique que a atividade por ele pretendida se realizará segundo padrões legalmente permitidos."

A ideia do poder de polícia como "máximo regulatório" é uma ilusão a ser afastada, considerando a compreensão do instituto na evolução do Direito Administrativo.

5.3 Novos limites para o intervencionismo estatal no *welfare state*

No período conhecido como *welfare state*, vislumbrou-se novas fronteiras para o intervencionismo estatal. Tratou-se, inegavelmente, de um fenômeno político-econômico de repercussões globais, permanentes e que impactou, sob contornos próprios, várias abordagens teóricas e pragmáticas.

Muitos autores têm se dedicado a pesquisar o *welfare state*, para explicar a sua origem e desenvolvimento, focando os estudos sobre as razões, o significado e as perspectivas deste fato histórico (ARRETCHE, 1995, p. 2). A bibliografia sobre o *welfare state* é imensa. Trata-se de ponto de convergência teórica, para diferentes objetivos e metodologias, ainda mais em vista da representatividade da temática quanto aos fundamentos para a guinada do papel do Estado frente à sociedade.

Welfare state é mundialmente identificado como um *conceito oposto* ao Estado Liberal que se desenvolveu no contexto oitocentista: tratou-se de uma superação do Estado como garantidor da liberdade individual, pois a liberdade somente poderia ser realizada por intermédio do Estado; tratou-se, também, da superação do Estado como mero garantidor da igualdade formal, pois o Estado existiria para desenvolver a sociedade em prol da igualdade material, ou seja, Estado enquanto garantidor de condições mínimas para a subsistência do cidadão.

Não obstante, o *welfare state* foi especialmente caracterizado pela institucionalização de direitos subjetivos à prestação pública e à intervenção estatal, superando a ideia de Estado absenteísta, concebido para proteger a liberdade em face do próprio Estado (direitos negativos de defesa). Por isso, a prerrogativa de intervenção do Estado – antes, no contexto liberal, atrelado apenas à proteção da segurança necessária à fruição da propriedade e à garantia da liberdade individual – estendeu-se consideravelmente a arenas antes consideradas típicas e resguardadas à autorregulação privada.

Como bem pontua Batista Júnior (2015, p. 24), o: "Estado Social é fruto de uma pluralidade de fatores que alteraram o mundo e a sociedade". Neste caso, não seria adequado "[...] buscar explicações monocausais para o surgimento do *Welfare State* e para a expansão de seus serviços, pois inúmeros foram os fatores determinantes que se combinaram singularmente para cada Estado em particular" (BATISTA JÚNIOR, 2015, p. 24).

Com efeito, a criação do *welfare state* não foi repentina, até mesmo porque, como visto, a atividade prestacional também existia no âmbito do Estado Liberal, e sobretudo em períodos anteriores ao Estado de Direito. Inúmeros elementos históricos se convergiram para a construção do constitucionalismo social, que institucionalizou (i) um amplo rol de direitos subjetivos direcionados para a proteção social e (ii) um papel ativo do poder público na condução de medidas interventivas destinadas ao desenvolvimento econômico, não cabendo aqui descrevê-los de maneira minuciada. Todavia, como se sabe, o desenvolvimento do modelo social de Estado esteve atrelado ao reconhecimento das contradições do liberalismo econômico desenvolvido durante o estágio inicial do capitalismo – em especial as deformações geradas pelas concentrações econômicas – bem como em razão da consciência pública de proteção social gerada pela revelação e conscientização das perversas condições laborais e socioeconômicas criadas pelas dinâmicas naturais do capitalismo não regulado.

O *welfare state*, conforme bem descreve Batista Júnior (2015, p. 28 *et seq*.) passou pela demarcação de três fases.

Na primeira, "[...] o Estado assume o encargo de intervir autoritariamente no universo das relações de trabalho [...]", como uma "[...] primeira tentativa de socialização do risco [...] de substituição da caridade privada pelo seguro público, de estatização da forma de solidariedade" (BATISTA JÚNIOR, 2015, p. 28). Nesta fase, podem-se citar as intervenções do período Bismark, de 1883 a 1889, no qual desenvolveu mecanismos de seguridade para o trabalhador, tais como seguro-doença, lei sobre acidentes de trabalho, "seguro-velhice-invalidez", todas elas englobadas no Código dos Seguros Sociais (BATISTA JÚNIOR, 2015, p. 28). Essa forma autocrática de intervenção nas relações do trabalho, para proteção do trabalhador, foi bastante desenvolvida também em governos fascistas da primeira metade do século XX, em que pesem as bandeiras que os distinguiam de outros períodos do *welfare state* (BATISTA JÚNIOR, 2015, p. 28).[185]

Na segunda fase, o "Estado passou a intervir no funcionamento da economia, chamando para si a orientação e regulação da atividade econômica e financeira, tal como aconteceu no período entre as duas grandes guerras mundiais" (BATISTA JÚNIOR, 2015, p. 29). Trata-se de período de consolidação da *doutrina keynesiana*, que foi experimentada para fazer frente à crise de 1929, cujas diretrizes ganharam espaço e hegemonia nos Estados, como meio de solucionar os problemas gerados pela grande depressão econômica (VALE, 2018, p. 9).

Visando solucionar as contradições do liberalismo econômico, Keynes propôs uma revisão das premissas do pensamento liberal e elaborou medidas econômicas inovadoras que se caracterizaram por um novo tipo de intervencionismo estatal. Com o intento de recuperar a economia dilacerada pela crise de 1929, Roosevelt implantou as recomendações keynesianas em um programa de governo que se denominou "New Deal" (VALE, 2018, p. 9). Esse programa caracterizou-se eminentemente pelo intervencionismo estatal no domínio econômico, através de "[...] medidas de controle financeiro, dirigismo econômico fomentador da produção e da geração de empregos [...] dentre outras medidas que realmente evidenciaram a nova face do Estado, não mais liberal, mas social" (VALE, 2018, p. 9).

A terceira fase do *welfare state* se consolidou a partir do final da Segunda Guerra Mundial, quando o Estado se estruturou em um grande aparato prestador (BATISTA JÚNIOR, 2015, p. 30) através da qual se vislumbra a consolidação das práticas keynesianas, mas não como meio de solucionar uma crise econômica, mas como doutrina de Estado, que passou a guiar as relações entre o poder público e o cidadão.

Pode-se dizer que a partir da Segunda Grande Guerra, houve a consolidação do constitucionalismo social, através da incorporação das premissas do *welfare state*, que se pautam pelo dever de intervenção estatal no domínio social e econômico, buscando resguardar uma proteção social mínima. A partir de um novo constitucionalismo, o mero programa social de um governo se transforma em objetivo do Estado, que deve

---

[185] Segundo bem pontua Batista Júnior (2015, p. 29 *et seq*.), "[...] se, até então, a ideia de democracia política vinha fortemente relacionada com a de liberalismo econômico, a ideia de um 'governo forte' tornou-se cada vez mais palatável, quando não obrigatória, seja em termos políticos, seja em termos econômicos, reclamando-se, então, um aparato jurídico que lhe desse respaldo".

ser sempre perseguido pelo poder público. Há, assim, a caracterização de um novo direito subjetivo, destoando com o direito subjetivo à liberdade e à propriedade do período liberal.

Segundo Bitencourt Neto (2010, p. 52 *et seq.*), uma das principais características do Estado Social de Direito é a existência de direitos fundamentais e sociais a prestações por parte do Estado. Neste caso, o Estado Social

> [...] se diferencia dos aparatos da assistência pública próprios do modelo liberal, especialmente, pela cominação ao Estado do dever de buscar a justiça social por ampla e direta intervenção na sociedade, que já não se satisfaz com ações assistencialistas, antes pressupõe direitos fundamentais sociais. (BITENCOURT NETO, 2010, p. 53).

Por isso, segundo o autor, essa nova geração de direitos subjetivos à intervenção do Estado no domínio econômico e social, para a devida proteção social e resguardo de direitos decorrentes da dignidade da pessoa humana, pode ser vista sob dupla perspectiva: primeira, a da normatividade, uma vez se tratar de direitos fundamentais; a segunda é que tais direitos sociais estão vinculados a um regime jurídico peculiar, dotados de eficácia jurídica própria (BITENCOURT NETO, 2010, p. 53).

Essa normatividade passou a ser incorporada nas diversas constituições promulgadas no decorrer do século XX, sempre pautada pela ideia do direito à intervenção estatal em medidas necessárias para a devida proteção social e econômica. Esse dever e direito subjetivo à intervenção estatal, oponível ao Estado, é típico deste paradigma do Estado Social [em regimes democráticos], característica que diferenciou este modelo das ações públicas de assistência aos necessitados perpetradas anteriormente, e que existiam desde a Antiguidade clássica (BITENCOURT NETO, 2010, p. 54).

Nesse contexto, pode-se dizer que o *welfare state* trouxe novos contornos para a função administrativa regulatória, evidenciando a legitimidade de prerrogativa mais abrangente de intervenção na esfera da liberdade econômica e individual, bem como do uso da propriedade. O que se visualizou foi uma alteração de premissas jurídicas que eram aceitas, e muitas vezes até hoje são referenciadas como imutáveis, que desmistificam a ideia oitocentista de que o Estado não poderia intervir na esfera de direito do particular senão em casos estritamente necessários para resguardar a boa ordem social. O que se passou a vislumbrar foi uma intervenção estatal no domínio privado – antes mais intangível – fundamentada em imperativos do interesse coletivo, e nos novos deveres de dignidade da pessoa humana e do desenvolvimento econômico e social, com o intento de direcionar a sociedade para resultados sociais e econômicos desejáveis.

Nesse sentido, é possível vislumbrar três mudanças paradigmáticas ocorridas na função administrativa, decorrente do *welfare state* que contribui para ruir as premissas jurídicas que limitam a prerrogativa de intervenção na liberdade econômica e no domínio privado, como instrumento de ação estatal.

Primeiro, em linha ao já esposado, o modelo do Estado *welfarista* representou uma guinada em sentido oposto quanto à amplitude e aos objetivos da prerrogativa de intervenção pública: rompeu-se com o modelo liberal de mínima ingerência como uma garantia decorrente do resguardo às liberdades individuais, para o modelo da ampla intervenção estatal para satisfação das necessidades coletivas.

O Estado Social é, por sua natureza, um Estado do serviço público. A concepção do dever de garantir a efetividade de direitos sociais induziu a Administração Pública a incrementar um amplo rol de competências prestacionais diretas, bem como a atuar em campos econômicos antes reservados à atuação do setor privado. A ideia de serviço público decorreu desse cenário, que emergiu em contraposição à lógica negacionista do Estado Liberal, cuja intervenção se limitaria à ideia minimalista do poder de polícia.

A noção do serviço público, na França, e nos países que foram influenciados por sua doutrina, foi responsável pela visão mítica do serviço público, tal como expusemos anteriormente.[186] O modelo *welfarista*, ao elevar o Estado como ente responsável pela garantia do bem-estar do cidadão, desenvolveu a premissa no sentido de que a Administração Pública teria a predisposição natural para assumir atividades destinadas a atender aos interesses coletivos, enquanto o setor privado estaria direcionado ao egoísmo e individualismo. Essa ideia ensejou o avanço dos limites do domínio público para áreas até então reservadas e dominadas pelo setor privado, especialmente quando houvesse algum interesse coletivo na sua boa execução. Por isso, em razão de processos políticos influenciados por essa construção da noção francesa do serviço público, diversas atividades econômicas de interesse coletivo se transformaram em atividades tipicamente estatais, pois possuíam, como pano de fundo, o interesse coletivo na qualidade e continuidade de sua prestação. Tal movimento legitimou a transformação de atividades econômicas, tais como a distribuição de energia, abastecimento de água, transportes coletivos, correios, telégrafos a serem atividades tipicamente estatais. A fronteira do serviço público na França abrangeu, sobretudo, atividades industriais, que passaram a ser incorporadas pelo Estado, considerando o interesse coletivo nos seus bons resultados, como foi o caso da indústria do tabaco, na primeira metade do século XX (CHEVALLIER, 2017, p. 69).

Mesmo nos países que não foram influenciados pela doutrina francesa do serviço púbico, como o Reino Unido e os Estados Unidos da América, vislumbrou-se o crescimento do domínio público frente ao domínio privado, diante de diversas *public utilities publicly owned* que foram criadas em áreas empresariais de interesse coletivo, tal como a energia, aviação, saneamento, radiodifusão, telecomunicações, dentre outros. Neste caso, a atuação direta, seja através do domínio empresarial, ou pela intensificação de normas regulatórias limitadoras da liberdade econômica e do uso da propriedade, deram-se no contexto anglo-saxão e norte americano como decorrência prática das ideias keynesianas, que demandavam maior presença estatal no domínio econômico. O Reino Unido, por exemplo, a partir da década de 1940, passou pelo período conhecido como *public ownership* de *public utilities*, quando se procedeu a diversas nacionalizações de importantes indústrias e serviços, como o Banco da Inglaterra, mineração de carvão, indústrias siderúrgicas, ferrovias, dentre outras atividades (LARKIN, 2007, p. 190).

A lógica intervencionista do *welfare state* não se reproduziu unicamente no reforço dos mecanismos de seguridade social, e na intervenção direta na economia, através das nacionalizações e transformações de atividades empresariais como de domínio público. Neste período, o intervencionismo cresceu exponencialmente por uma maior regulação da atividade empresarial e da liberdade contratual, mediante o crescimento de regras restritivas dos abusos econômicos e da proteção da parte contratual hipossuficiente.

Essa lógica revela a *segunda dimensão paradigmática* do *welfare state*, que seria a *perda da distinção clara e fronteiriça entre o direito público e o direito privado*.

---

[186] Capítulo 3.

O Estado Liberal buscou deixar totalmente dissociável as esferas do público e do privado, sobretudo visando a garantia da liberdade individual desejada pela sociedade burguesa da época. O domínio público estava atrelado apenas pelas prerrogativas da imperatividade e coercitividade, que poderiam ser demandadas pelo poder de império, reservado ao Estado, para a garantia da ordem pública. Neste ponto, foi representativa a dicotomia francesa entre *atos administrativos de império e atos administrativos de gestão*, como critério de definição do que é tipicamente estatal (logo, relegado à jurisdição administrativa) e o que seriam atos de direito tipicamente privado praticados pelo Estado (logo, relegado à jurisdição comum).[187] Essa classificação para a identificação do direito público pressupunha o princípio da *dupla personalidade* do Estado, que ora se apresentava como pessoa civil ou proprietário (Estado sob o regime de direito privado), ora se apresentava como pessoa pública, detentora da *puissance publique* (Estado sob o regime de direito público) (CHEVALLIER, 2017, p. 29).

Com a elevação do critério do serviço público no Direito francês, essa construção da dupla personalidade do Estado perdeu sustentação jurídica, considerando que caberia ao Estado, preeminentemente, a prestação de serviços de interesse coletivo. Seria estatal e, portanto, pública, toda atividade prestacional, reconhecidamente como de competência estatal, mesmo que se utilizassem instrumentos de direito privado. As inúmeras fases de definição dos critérios jurídicos para a identificação da competência do contencioso administrativo, na França, revelam como se tornou cinzenta a separação entre o direito público e o privado. Neste caso, com a ampliação dos limites da concepção acerca das funções do Estado no *welfare state* – que não é apenas o poder de impor e de mando, mas a obrigação de agir para a proteção de um sistema de direitos sociais e econômicos – revelou-se que a atuação estatal não deveria estar propriamente vinculada a um tipo de regime jurídico, podendo ter, a seu favor, o regime jurídico típico da esfera privada.[188]

A perda da dimensão subjetiva da noção de serviço público, como elemento identificador do direito público, revelou a primeira crise da noção tradicional do serviço público.[189] Essa primeira crise foi revelada diante do aumento considerável da intervenção regulatória em atividades econômicas, abertas à livre iniciativa, com o propósito de promover a realização do serviço de interesse coletivo. É o campo dos mencionados *serviços públicos impróprios ou virtuais*, assim denominados justamente pela convergência de condições regulatórias que, em tese, identificaria a atividade com o aspecto formal do serviço público. Porém, tratou-se de expressão muito criticada na doutrina por não possuir o elemento conceitual essencial, que seria o domínio estatal.

---

[187] Esta discussão da dupla personalidade foi bem exposta, com mais detalhes, no Capítulo 3, que buscou explicitar o artificialismo da construção francesa do regime jurídico mínimo do serviço público.

[188] Nesse sentido, Maria João Estorninho bem pontua: "A teoria dos actos de autoridade e de gestão havia sido abandonada, por se entender que padecia de dois inconvenientes: por um lado, a sua aplicação prática era difícil e incerta e, por outro, baseava-se num incorrecto desdobramento da actividade da Administração Pública. Reconheceu-se que ela restringia de forma exagerada o âmbito de aplicação do regime administrativo, uma vez que passou a admitir-se que, mesmo quando a Administração não actua de forma autoritária e unilateral, pode ser justificável o recurso a um direito especial. Foram as próprias transformações da vida social e administrativa que justificaram o aparecimento da teoria do serviço público. Com a passagem do Estado de polícia ao Estado--providência verificou-se, na expressão de DUGUIT, 'uma transformação formidável': passa a ser especialmente importante não o poder de impor, mas sim a obrigação de agir da Administração e o dogma do serviço público torna-se verdadeiramente o 'alfa e o ómega' do Direito Administrativo." (ESTORNINHO, 1990, p. 36).

[189] Vide Capítulo 2.

Também corroborou a tese da "crise do serviço público" justamente essa expansão da fronteira de atuação do poder público, quando passou a admitir a atuação do Estado sob regime de direito privado, como também se admitiu que o setor privado pudesse prestar atividades que seriam do domínio público, sob o regime privado, através da técnica concessória.

Em uma *perspectiva inversa*, é possível vislumbrar na doutrina civilista um movimento que aponta a *publicização do Direito Civil*, na medida em que se verifica a imposição de inúmeras normas regulatórias e regras de limitação da liberdade de contratar, que romperia com as premissas jurídicas, sagradas do direito privado, que seriam a liberdade individual e a autonomia da vontade. Em função dessas mesmas mudanças perpetradas no papel do Estado Social e de Providência, o direito privado passou a ter que conviver com uma série de *princípios de ordem pública*, irrevogável pela vontade das partes, e cujos efeitos são insuscetíveis de renúncia (PEREIRA, 2011, p. 14). Esse fenômeno é conhecido pelos civilistas como *publicização do direito privado*, assim descrito por Caio Mário da Silva Pereira:

> A influência absorvente do Estado e a necessidade de se instituírem, com mais segurança e amplitude, fórmulas cada vez mais dirigidas no sentido de realizar a finalidade precípua do direito que se positiva e se afirma no propósito de garantir e proteger o bem-estar do indivíduo *in concreto*, cogitando da normação social em atenção ao bem da pessoa, geram a tendência à publicização da norma jurídica. Em consequência deste movimento acentua-se a restrição da liberdade individual, tomando corpo a estatização de numerosos serviços e intervindo o Estado em matérias que antes eram relegadas exclusivamente ao arbítrio de cada um. O direito de família tende ao direito público, em razão da relevância cada vez maior em que o organismo familiar é tido no ordenamento jurídico. O direito de propriedade sofre este impacto nas restrições que o proprietário encontra à utilização e à disponibilidade do bem. O contrato, antes expressão maior da autonomia da vontade, sofre interferências a benefício do economicamente inferior. O princípio da responsabilidade civil amplia-se na medida em que avulta o risco criado pelo desenvolvimento dos meios de produção, do maior aparelhamento técnico das indústrias, e do aceleramento das vias de transporte. Por toda parte se desenvolve a tendência à instituição de princípios de ordem pública, substituindo as velhas normas que, a pretexto de assegurarem a liberdade humana, permitiam à atividade individual a faculdade de sacrificar ao seu exercício a órbita pessoal de outros indivíduos. (PEREIRA, 2011, p. 14 *et seq.*).

Então, pode-se dizer que o *welfare state* foi força motriz para a *diluição da divisão entre o que é público e o que é privado*. O que era privado, passou a ser total ou parcialmente público. O que é público passou a ser total ou parcialmente privado. A perda da distinção entre o direito público e o direito privado é reforçado ainda pelas expressões "privatização do direito público" (PEREIRA, 2011, p. XXVII) e "publicização do direito privado" (PEREIRA, 2011, p. 14), que são simbioses de um mesmo processo, reforçado pelo intervencionismo estatal perpetrado pelo Estado Social.

Assim, conforme bem pontua Guimarães (2007, p. 29), essa ausência de distinção do setor público e privado, traz, assim, uma profunda transformação sobre a disciplina dos institutos fundamentais do direito privado: "[...] antes, o campo reservado à atuação livre dos particulares, orientado em torno das categorias do direito de propriedade privada [...] e do contrato [...], era salvaguardado da atuação legal do Estado", razão pela qual "[...] o advento do Estado Social conduz à afirmação da função social da propriedade e põe limites à liberdade contratual, alterando profundamente o mundo das relações privadas" (GUIMARÃES, 2007, p. 29).

A instituição da ideia de "função social" da propriedade, amparado em todo o sistema de direitos fundamentais do Estado Social, significou uma justificativa para o fato de que não há mais direito individual à liberdade e à propriedade que é intocável pelo Estado, pois podem ser condicionados aos imperativos de interesse público, agora identificados com a ideia de um Estado prestador e garantidor do bem-estar social e da dignidade da pessoa humana.[190] Neste aspecto, se a liberdade individual, aqui entendida a autonomia da vontade e a liberdade de empreender economicamente, foi amplamente condicionada pelo Estado Social, por normas de "direito público", não se pode olvidar que a mesma liberdade individual foi totalmente suprimida pelas cláusulas de *publicatio*, em consequência do ideal do serviço público, que impediram o acesso ao mercado a empreendimentos que eram antes abertos à liberdade de iniciativa do cidadão.

As restrições impostas à liberdade individual, pelo novo intervencionismo *welfarista*, não possui, contudo – ou pelo menos não é o que se propõe – um caráter repressivo ao cidadão, mas evidencia o prisma prestacional, pois é instrumento estatal para *ampliação de direitos*. O *welfare state*, com a restrição do [tão caro] direito de liberdade econômica, cria uma nova proposta de relacionamento entre o Estado e o cidadão, um dependencionismo deste à atuação estatal. Para a perspectiva do indivíduo, a intervenção pública não é mais vista como uma agressão a interesses particulares, e sim uma forma de proteção dos interesses privados, considerados em uma perspectiva *macro*, tendo em vista o interesse geral de desenvolvimento econômico e social, o que é reconhecido como essencial para a prosperidade econômica individual. Nesse sentido, as prerrogativas de império, reconhecidas ao Estado, não são mais vistas na mesma perspectiva dos arquitetos do Estado Liberal, frente às arbitrariedades do Estado absolutista (ou Estado de Polícia).

O Estado é, neste contexto, um parceiro do setor privado na consecução de seus objetivos, e que sem a presença pública não poderia lograr efetividade. Portanto, não se fala mais em "liberdade perante o Estado", mas sim, "liberdade por intermédio do Estado" (SARLET, 2001, p. 15), pois este é essencial para que interesses individuais possam ser conquistados em face de deturpações causadas pela liberdade *sem* a presença do Estado.

A importância conferida ao intervencionismo estatal no domínio privado evidencia a *terceira consequência paradigmática* do *welfare state*, que é a supremacia da função administrativa em face da função legislativa. O Poder Executivo, no Estado Social, experiencia um crescimento exponencial de sua estrutura organizacional, em vista não apenas das diversas competências prestacionais incrementadas, mas também em razão do necessário aparato interventivo que foi criado para dar um mínimo de eficiência e eficácia ao papel diretivo que se pretendeu assumir em face do setor privado.

Diante disso, no Estado Social, o Poder Executivo não é identificado como mero executor de leis criadas pelo Poder Legislativo. A complexidade da função intervencionista conferida ao Estado Social certamente demandou uma maior discricionariedade na definição de políticas e medidas a serem definidas pelo próprio administrador público,

---

[190] Giselda Maria Fernandes Novaes Hironaka (2001, p. 15), citando Gustavo Tepedino, faz conveniente observação no sentido de que "[...] a inserção da função social como um dos mega-princípios constitucionais – entre os direitos e as garantias fundamentais – teve o escopo de elevar a determinação de seu atendimento ao patamar de regra fundamental, *apta a instrumentalizar todo o tecido constitucional e, por via de consequência, todas as normas infraconstitucionais, criando um parâmetro interpretativo do ordenamento jurídico.*"

legitimado por normas legais mais genéricas, que devem ser integralizadas pelo poder normativo da Administração.

Neste contexto, vislumbra-se o início de uma "destipicização do ato administrativo", tal como referenciado por Pedro Gonçalves (2006, p. 558), considerando que há uma autorização para a realização de atos administrativos atípicos. O ato administrativo foi alavancado, no Estado Liberal, como instrumento jurídico de controle do Poder Executivo pelo Poder Legislativo. Por isso, o ato administrativo era indissociável da ideia de *tipicidade*, pois a Administração Pública, sempre que sua atuação fosse afetar a esfera de direitos do indivíduo, deveria encontrar na lei o conteúdo de seus atos. Com o desenvolvimento da função regulatória, cada vez mais proeminente no Estado Social, o que ocorreu foi que a própria lei entregou à Administração o poder administrativo de editar atos em determinados contextos, sem que o seu conteúdo fosse previamente delimitado pela lei (GONÇALVES, 2006, p. 558). É claro que, neste cenário, não se está afirmando que o Estado Social é apto a agir de maneira autoritária, ou com arbitrariedade. Trata-se aqui de uma flexibilização da atuação administrativa, agora realizada sob fundamento de leis quadros, mais genéricos, a serem complementadas a nível infralegal (GUIMARÃES, 2007, p. 34).

A proeminência da função administrativa, iniciada e consolidada pelo Estado Social é, por isso, um reconhecimento da importância crescente da intervenção estatal no domínio privado, como instrumento de consecução de direitos constitucionais. Não apenas isso. A expansão do intervencionismo no Estado Social corrobora o entendimento acerca da legitimidade de limitação de direitos individuais em prol da persecução de interesses coletivos de ordem social e econômica. Restringe-se o patrimônio jurídico de um indivíduo para incrementar o mesmo patrimônio jurídico do indivíduo, enquanto membro de uma coletividade O instrumentalismo do novo viés interventivo do Estado Social afasta a ideia de intangibilidade da livre iniciativa em face de condicionamentos ou direcionamentos do Estado [tais como os encargos típicos de serviços públicos], se for mais adequado para a proteção de direitos sociais constitucionalmente abarcados.

5.4 O modelo intervencionista no Estado Regulador

O que usualmente se chama de "Estado Regulador", mesmo que seja uma expressão às vezes criticada por sua imprecisão,[191] se refere a um novo modelo de intervenção estatal que emergiu a partir da década de 1970, e cuja feição ainda está em construção. A ideia de um "Estado Regulador" é caracterizada como uma tendência de um novo modelo de intervencionismo do Estado, segundo o qual a persecução dos interesses públicos, pertinentes ao desenvolvimento econômico e social, não demanda, necessariamente, a assunção direta de atividades prestacionais pelo poder público e através da atuação direta como um agente econômico.

Pode-se dizer, para os fins aqui pretendidos, que a principal característica do Estado Regulador envolve o reconhecimento da premissa de que os objetivos públicos de adequada prestação de serviços de interesse coletivo – que no Estado *welfarista* envolveu

---

[191] Marçal Justen Filho faz a seguinte advertência: "[...] a alusão a 'Estado Regulador não pode ser interpretada no sentido da existência de uma configuração padronizada e unitária. Fala-se muito mais de um 'modelo regulador' de Estado para indicar uma situação variável e heterogênea, que se concretiza de diversos modelos." (JUSTEN FILHO, 2002, p. 25).

a necessária assunção da atividade pelo poder público – podem ser atingidos através da exploração empresarial pelo setor privado, complementada por novos contornos de atuação estatal diretiva e mais intrusiva no âmbito das decisões empresariais, o que se efetivará pelo incremento material da prerrogativa de regulação setorial. Por isso, incentivou-se, neste modelo, uma redefinição das competências do Estado, de uma atuação direta para uma mais estratégica e garantista.

Não se desconhece que os contornos da definição do Estado Regulador não sejam problemáticos, especialmente em vista de todo o contexto institucional de redução do aparato estatal que está atrelado a essa ideia. O desenvolvimento do Estado Regulador ocorreu em sintonia com um movimento político que defendia a derrocada do modelo de ação estatal no *welfare state*, diante da situação de ingovernabilidade e de crise fiscal que se desenhou na década de 1970 em diante, nos países economicamente centrais. Como já abordado neste trabalho,[192] as reformas administrativas ocorridas nesse período evidenciaram irreversível "crise" da noção tradicional do serviço público, pois revelou que o particular teria mais condições de exercer determinadas atividades (inclusive as de considerável interesse coletivo) que o próprio Estado, agora desgastado em diversas crises fiscais e de ingovernabilidade provocadas pelo crescimento desordenado do aparato administrativo. Neste caso, todos os movimentos "liberalizantes" de serviços públicos, abrindo ao mercado concorrencial atividades até então incondicionalmente de domínio estatal, demonstraram uma necessária alteração do desenho de ação estatal.

O gigantesco crescimento do Estado no decorrer do *welfare state* alavancou questionamentos acerca da ineficiência do modelo. Essa ingovernabilidade estremeceu também, no campo da gestão pública, as premissas da burocracia weberiana como recomendações de boas práticas de gestão. O modelo burocrático de gestão passou a significar inflexibilidade e formalismo exacerbado, e que gerava um demasiado e desnecessário crescimento do aparelho administrativo, cujos gastos poderiam ser evitados.

Segundo aponta Abrucio (1997), quatro fatores concorreram para a crise desse modelo Social-Burocrático, por expor a ineficiência do excesso de atribuições e do formalismo nos procedimentos hierárquicos da Administração Pública: (i) as crises do petróleo de 1970, que submergiram a economia mundial em novo ciclo recessivo; (ii) a crise fiscal que atingiu diversos Estados, que não tinham mais condições de arcar com os vultosos gastos do aparato estatal em constante crescimento em razão do modelo welfarista; (iii) a situação de inaptidão dos Estados em resolverem os problemas econômicos e fiscais que se depararam, consoante o desenho organizacional até então utilizado; e (iv) a emergência do fenômeno da globalização, ocasião em que o avanço da tecnologia da informação e do poder das multinacionais colocaram as políticas macroeconômicas dos Estados em uma situação de hipossuficiência.

A globalização, por sua vez, demonstrou a fragilidade do papel do Estado na condução direta de empreendimentos econômicos, especialmente no monopólio ou exclusivismo prestacional de atividades de interesse coletivo, diante de um crescimento desmesurado de transações internacionais e da atuação econômica transnacional de diversas empresas. Tornaram-se insuficientes e inofensivas as políticas estatais conduzidas através das nacionalizações de atividades pertinentes à infraestrutura, diante da superioridade da influência econômica praticada pelas empresas multinacionais. Diante

---

[192] Vide Capítulo 4 (4.4.2).

disso, a política de centralização da atuação econômica, especialmente dos serviços de interesse coletivo, passou a ser contestada e "desafiada"[193] pela nova dinamização econômica de um mundo globalizado. A difusão generalizada das tecnologias de informação, por meio de suas mais recentes tecnologias, e a ação transnacional de empresas contribuíram, assim, para questionar o agigantamento de competências públicas, especialmente aquelas relacionadas à assunção de responsabilidades na condução direta de atividades de interesse coletivo.

Nesse contexto, a convergência de diversos fatores que caracterizam o fenômeno da globalização, contribuíram para afetar o modelo estatal até então existente, ao menos, sob quatro prismas, tal como bem pontuado por Jacques Chevallier (2009, p. 37 *et seq.*): (i) "o processo de globalização coloca o Estado num contexto de interdependência estrutural, que torna obsoleta a conceção tradicional da soberania"; (ii) "a perda pelo Estado do comando sobre uma série de variáveis essenciais de que depende o desenvolvimento econômico e social acarreta uma redefinição de suas funções"; (iii) "a clareza e precisão das fronteiras entre o público e o privado tendem a se atenuar, entranhando uma banalização da gestão pública"; e (iv) "nos casos em que o Estado estiver organizado de um modo unitário, assiste-se a um movimento de fragmentação e de degeneração de aparelhos cada vez mais heterogêneos".

Os reclamos por maior eficiência, que implicou na derrocada do modelo do Estado welfarista, estiveram motivados na desintegração da premissa de que o Estado teria mais condições para executar, sozinho, os imperativos do interesse coletivo na esfera econômica. E isso se evidenciou, ainda mais, diante da incapacidade de atualização das ações estatais frente às novas tendências do mercado, o que fez questionar a necessidade e os benefícios do agigantamento do aparato gerencial, ainda mais em um padrão organizacional pautado pela previsibilidade e uniformidade de ação, típico do modelo burocrático de gestão. Como afirma Binenbojm (2016, p. 160), no modelo do Estado Regulador, "[...] a pedra de toque da intervenção estatal na economia passa a ser a preocupação com a eficiência, embora outros objetivos de interesse geral também sejam perseguidos por meio da regulação". Nesse sentido, a hipertrofia do Estado de bem-estar social passou a representar, para alguns, a ideia de "Estado de mal-estar", o que demandou uma reflexão sobre a dimensão do papel social e econômico do Estado (OTERO, 2001, p. 35). Por isso, no final dos anos setenta, e início dos anos oitenta, pelo menos na Europa, os partidos políticos de orientação conservadora, mas também aqueles de matriz socialista, defenderam que a redução do peso do Estado seria um objetivo programático em comum (OTERO, 2001, p. 35).

Como reação à sobrecarga do modelo do *welfare state*, constatou-se um movimento para uma *contração quantitativa da intervenção pública*, com a redefinição de papéis entre o Estado e a sociedade, atribuindo maior responsabilidade ao setor privado para a condução direta de atividades de interesse coletivo (GONÇALVES, 2006, p. 535). Isso ensejou um movimento global para o reformismo da Administração Pública de modo

---

[193] Bernardo Strobel Guimarães, neste ponto, bem pontua o seguinte: "Está-se diante daquilo que já se chamou com propriedade de 'Estado desafiado'. Sem prejuízo de outras análises possíveis, parece inegável que estão a influenciar esse fenômeno uma nova perspectiva em relação à atuação dos Estados no cenário internacional (chamada usualmente de globalização) e um novo arranjo dos interesses da sociedade civil, cada vez mais pulverizada em relação aos seus interesses, hoje absolutamente heterogêneos e, pois, incapazes de serem conduzidos a grandes categorias unificadoras" (GUIMARÃES, 2007, p. 41).

a concentrar, no poder administrativo, apenas as funções exclusivas e estratégicas do Estado. Por exemplo, no contexto francês, Jacques Chevallier afirma:

> A ideia central da reforma do Estado a respeito da arquitetura administrativa é distinguir claramente as funções ditas "estratégicas", pertencentes ao Estado central, e as funções "operacionais" de execução, que devem se originar de estruturas periféricas (serviços descentralizados, estabelecimentos públicos, e mesmo parceiros privados): como indica o documento de trabalho, "não pertencem ao Estado central, de maneira genérica, tarefas relativas a assuntos de gestão ou de prestação de serviços. Estas devem ser de responsabilidade dos serviços operadores, serviços descentralizados de competência nacional ou territorial ou estabelecimentos públicos. (CHEVALLIER, 1996, p. 49).

A lógica de reformulação das competências do Estado implicou a identificação de atividades que não seriam, por sua própria natureza, exclusivas à atuação estatal, e aquelas, antes executadas diretamente pelo Estado, com exclusivismo ou não. A delimitação de atividades que imprescindivelmente demandariam a atuação estatal incentivou a realização de processos de liberalização de atividades econômicas, que eram exploradas em monopólio estatal, e a privatização de outras empresas estatais que atuavam em um mercado concorrencial. Essa redefinição dos papéis do Estado, para fazer frente aos elevados gastos públicos e à "ineficiência" da gestão pública foi identificada como mecanismo de boa governança pública e passou a ser exigida em todo o contexto global, como condições para apoio financeiro externo. É o caso, por exemplo, do já mencionado *Consenso de Washington*, que se propagavam o ajuste estrutural do déficit público, com a redução do tamanho do Estado, privatização das estatais, a abertura ao comércio internacional, dentre outras medidas (PAULA, 2006, p. 113).

Ainda, a Organização para a Cooperação e Desenvolvimento Econômico (OCDE) passou também a exigir, de seus países vinculados, a revisão de práticas e instrumentos regulatórios, como também incentivaram movimentos reformistas em demais países, para "[...] rompimento com qualquer estilo administrativo que se reportasse ao desenvolvimento, ou seja, às estratégias de desenvolvimento econômico e tecnológico baseados em financiamento estatal", cujas propostas também atingiram países da América Latina, inclusive o Brasil (CRUZ, 2009, p. 57).

No Brasil, esse movimento foi fomentado na década de 1990, com o Plano Diretor da Reforma do Estado e que resultaram na Emenda Constitucional nº 19/1998, o qual modificou o regime jurídico da Administração Pública, acrescentando novos princípios, tal como o princípio da eficiência. Segundo um de seus idealizadores, Luiz Carlos Bresser-Pereira, essas medidas tinham os seguintes objetivos:

> [...] não basta estabilizar através da disciplina fiscal e reduzir o papel do Estado, liberalizando e privatizando. É necessário, adicionalmente, superar a crise fiscal, reduzindo ou cancelando a dívida pública e recuperando a capacidade de poupança do Estado, e definir uma nova estratégia de desenvolvimento ou novo padrão de intervenção, no qual o Estado desempenhe um papel menor, mas significativo, promovendo o desenvolvimento tecnológico, protegendo o ambiente e aumentando gastos na área social. (BRESSER-PEREIRA, 1990).

Essa lógica ficou registrada na exposição de motivos do Projeto de Lei do Senado nº 179/1990, que resultou na criação da Lei nº 8.987/1995, consoante às palavras do ex-Presidente Fernando Henrique Cardoso, na época ex-Senador responsável pela apresentação do projeto:

> É usual, entre os administrativistas, a divisão dos serviços públicos em duas grandes vertentes. A primeira compreende os *serviços "próprios do Estado'*, que incluem aqueles relacionados com as atribuições do poder público. Destacam-se entre eles os serviços de saúde pública, segurança, polícia e justiça. São eles, como regra, prestados diretamente por órgãos do Estado, porquanto trazem subjacente o poder de império estatal, como 'requisito indispensável à sua eficácia. De outra parte, colocam-se os *serviços 'impróprios do Estado'*, denominação utilizada para abarcar um sem-número de atividades, também voltadas para o atendimento à coletividade, mas que, com ganho de eficiência e com economia de recursos públicos, podem ser prestadas por órgãos descentralizados do Estado ou ter sua execução transferida a particulares, que os executem mediante remuneração, sob regulamentação e controle do poder público. (CARDOSO, 1991, p. 21).[194]

Importa notar, contudo, que, no atual modelo de atuação estatal, em tese, *não há uma alteração qualitativa das missões atribuídas ao Estado*. Neste caso, diminuiu-se as intervenções diretas, porém, alterou-se o grau de intervenção estatal. A atuação estatal no campo econômico não tem mais que se variar entre os extremos do liberalismo e do *welfarismo*, podendo atuar de maneira "intermédia" de responsabilidades públicas (GONÇALVES, 2006, p. 536). Ou seja, reconhece-se a responsabilidade pública na boa execução das atividades que estão deixando de ser conduzidas diretamente pelo próprio Estado.

Neste caso, o Estado assume a "responsabilidade pública de garantia". Como bem explica Pedro Gonçalves (2006, p. 537), a ideia de "garantia" traduz que a desmontagem dos serviços públicos e de privatização de tarefas públicas não significa a retirada do Estado e a entrega dessas atividades integralmente para as leis de mercado ou para o *"laissez-faireism"*. Há o reconhecimento, no Direito do Estado Regulador, de uma incumbência em garantir ou assegurar a realização de certos fins de interesse público, sobretudo na condução de atividades empresariais, tais como os direitos dos cidadãos, a promoção do bem-estar e o regular fornecimento de serviços de interesse coletivo (GONÇALVES, 2006, p. 537). Segundo o autor:

> Confinando-nos aos tradicionais serviços públicos económicos, verifica-se que, abandonado o encargo de, por si mesmo, proceder ao fornecimento, ao *"providing"* de bens e serviços (entretanto privatizados), o (agora) "Estado de Garantia foi chamado a assumir uma nova posição de garante da realização de dois objetivos ou interesses fundamentais: por um lado, o correcto funcionamento dos sectores e serviços privatizados [...], e, por outro, a realização dos direitos dos cidadãos, designadamente, do direitos a beneficiar, em condições acessíveis, de serviços de interesse geral (GONÇALVES, 2006, p. 537 *et seq.*).

Desse modo, no modelo de intervencionismo posterior à crise do *welfare state*, o recuo do serviço público e da ação direta do Estado na economia é compensada por

---

[194] A íntegra digitalizada do processo legislativo PLS nº 179/1990 está disponível no seguinte link: http://www.camara.gov.br/proposicoesWeb/prop_mostrarintegra;jsessionid=65E49727B4DDC77C3AE022C65145F434.proposicoesWeb1?codteor=1143821&filename=Dossie+-PL+202/1991

um avanço do Estado Regulador e de Garantia, representado por novas prerrogativas regulatórias (GONÇALVES, 2006, p. 538), que são utilizadas para a missão de cumprimento dos objetivos de desenvolvimento econômico e social e de proteção do bem-estar individual, resguardados pelas constituições sociais que continuaram em vigor.

Assim, nesse modelo, o aumento da intervenção na esfera privada é contrapartida à redução da atuação direta na economia. Nesse contexto, o novo paradigma regulatório "[...] se peculiariza não por integral rejeição da concepção intervencionista, mas pela diferenciação acerca dos limites e instrumentos adequados" (JUSTEN FILHO, 2002, p. 21). Como menciona Marçal Justen Filho (2002, p. 21), "[...] postula-se que o Estado não deveria mais atuar como agente econômico, mas sim como árbitro das atividades privadas". Não se busca, com o novo modelo, negar a responsabilidade do Estado pela promoção do bem-estar, mas pretende-se alterar os instrumentos para a realização dessas tarefas (JUSTEN FILHO, 2002, p. 21).

Esse novo papel, em países de tradição francesa do serviço público, desenvolveu-se nesse contexto de reformismo das funções estatais e da eminência de um Estado Regulador, também referenciado como "Estado supervisor e estrategista", que buscou separar as funções estratégicas das operacionais, que passaram a ser descentralizadas[195] (CHEVALLIER, 1996, p. 49). Segundo Jacques Chevallier (2009, p. 72) a nova concepção do Estado, amparada na ideia de regulação, "[...] se afasta do discurso neoliberal, que opõe à regulação estatal aquela que resulta da lógica do mercado".

A governança regulatória cria um novo fenômeno que trouxe, portanto, linhas novas ao conceito de regulação, o qual não passou somente a reger atividades monopolizadas (ou prestadas com exclusivismo), mas, especialmente, aquelas abertas à livre concorrência (VASCONCELOS, 2008, p. 193). O Estado poderia exercer seu poder de império e seus objetivos sociais através da livre iniciativa, mediante o controle indireto do direito da iniciativa econômica privada. Poderia, assim, governar, mas sem governo. Segundo pontua Vasconcelos (2008, p. 189), o debate acerca da governança administrativa, no Estado Regulador, relaciona-se à preocupação de tentar melhor compreender as "[...] interações entre o governo e a sociedade, no âmbito de uma administração pública renovada, onde o papel do Governo tende a esbater-se ('*Governing without government*')". Assim, "[...] a 'nova regulação' não se limita a regular monopólios (agora restringidos às redes), como praticava a 'velha regulação', ela tem também como missão promover activamente a concorrência." (VASCONCELOS, 2008, p. 193).

Enfim, a reforma do Estado, conforme comportamento verificado mundialmente, preconizou um vigoroso movimento de delegação de responsabilidades estatais. A "fuga" da operacionalização direta das atividades econômicas e serviços públicos (*stricto sensu*) pelo Estado, foi acompanhada proporcionalmente do crescimento da regulação administrativa. Por isso, a emergência de um poder público supervisor e estrategista não é sinônimo de desengajamento do Estado, influenciado pela tradição francesa do

---

[195] Essa é uma premissa jurídica que já estava prevista no artigo 10, §7º, do Decreto-Lei nº 200/1967, *in verbis*: "Para melhor desincumbir-se das tarefas de planejamento, coordenação, supervisão e contrôle[sic] e com o objetivo de impedir o crescimento desmesurado da máquina administrativa, a Administração procurará desobrigar-se da realização material de tarefas executivas, recorrendo, sempre que possível, à execução indireta, mediante contrato, desde que exista, na área, iniciativa privada suficientemente desenvolvida e capacitada a desempenhar os encargos de execução". (BRASIL, 1967).

serviço público (CHEVALLIER, 2009, p. 69). É, ao contrário, uma forma moderna de o Estado cumprir efetivamente com suas atribuições institucionais.[196]

5.5 Coordenadas jurídicas pós-privatizações

A tendência de redução do aparato estatal, verificada no final do século XX, especialmente pela difusão de práticas de privatização, evidencia também o novo escopo regulatório do modelo de Estado Regulador que se solidificou após a apontada crise do *welfare state*. Processos de privatização que ocorreram em diversos países se fizeram acompanhar de mudanças dos sistemas regulatórios para a respectiva atividade, de modo a impor um regime jurídico que garantisse os direitos de usuários, ou as diretrizes institucionais de interesse público, compensando os efeitos negativos da retirada do Estado na execução direta da mesma atividade.

Pode-se dizer que o termo "privatizar" tem o significado de tornar público algo que antes não era, o que demanda remeter para o direito privado bens ou atividades que até então estavam restringidas do acesso a esse setor (OTERO, 2001, p 36). Nesse contexto, sabe-se que o termo "privatização" possui diversos sentidos e classificações,[197] podendo abranger, em seu sentido mais restrito, a alienação de ativos e de participações societárias majoritárias, passando por outras operações que viabiliza uma maior atuação do setor privado em determinada atividade estatal ou que era estatal, tais como liberalizações (quebra da barreira de entrada de um agente privado a um determinado mercado antes reservado à atuação estatal), delegações de atividades estatais (concessões, permissões e outros instrumentos delegatórios), ampliação da atuação privada em atividades públicas através de contratos de prestação de serviço (terceirizações, convênios, contratos administrativos etc.), dentre outras medidas de associação do poder público com o setor privado para execução de funções estatais.[198] Neste ponto, ao se referir aqui em "pós-privatização", está-se referindo à saída do Estado enquanto prestador exclusivo de determinada atividade econômica ou serviço público

---

[196] A busca de um novo papel para o Estado providência, no contexto das privatizações, é discutido por Pierre Rosanvallon (1998), na sua obra "A *nova questão social*: repensando o Estado-providência", que propõe a reestruturação do Estado para um modelo de "providência ativa", o que seria necessário para resgatar o sentimento cívico e a coesão social do Estado Social típico do período do pós-Guerra. O antigo modelo do Estado de providência passiva, no qual se previa uma parametrização dos direitos sociais, daria lugar a uma individualização desses direitos sociais com imposição de obrigações positivas.

[197] Não é o objetivo do presente trabalho trazer uma taxonomia da privatização, ou realizar a análise jurídica das diferentes formas de privatização. Sobre as diferentes formas de privatização, referencia-se Fernando Bordes Mânica e Fernando Menegat (2017), que apresenta a seguinte classificação: (i) despublicização, (ii) descentralização, (iii) associação, (iv) desregulação, (v) terceirização, (vi) desestatização e (vii) estruturação integrada. Paulo Otero (2001, p. 37 *et seq.*) também apresenta interessante proposta classificatória das formas de privatização, em que abrange dentro do conceito de privatização formatos em que se quebra a dicotomia entre direito público e direito privado. Seriam as seguintes classificações de privatização para esse autor: (i) privatização da regulação administrativa; (ii) privatização do direito regulador da Administração; (iii) privatização das formas organizativas da Administração; (iv) privatização da gestão ou exploração de tarefas administrativas; (v) privatização do acesso a uma atividade econômica; (vi) privatização do capital social de entidades empresariais públicas.

[198] Conforme definido pela Lei nº 9.491/1997, que trata de procedimentos relativos ao Programa Nacional de Desestatização em seu art. 2º, §1º, considera-se desestatização: "a) a alienação, pela União, de direitos que lhe assegurem, diretamente ou através de outras controladas, preponderância nas deliberações sociais e o poder de eleger a maioria dos administradores da sociedade; b) a transferência, para a iniciativa privada, da execução de serviços públicos explorados pela União, diretamente ou através de entidades controladas, bem como daqueles de sua responsabilidade; c) a transferência ou outorga de direitos sobre bens móveis e imóveis da União, [...]".

(liberalização), à venda de participação societária de empresas estatais (privatização em sentido estrito), ou à alienação de equipamentos públicos em que se tenham utilidades públicas geridas pelo próprio Estado.

A ideia básica de privatização, em sentido amplo, não é algo novo, pois que sempre foi utilizado pelo Estado (inclusive o Estado pré-revolucionário) para repassar ao setor privado atividades ou papéis que se identificavam como de interesse do próprio governante. Mas o sentido que se passou a assumir, qual seja, a privatização enquanto instrumento de reordenação das funções no Estado Regulador, pode ser identificado como um *fenômeno inédito*, tratando-se de uma realidade dotada de especificidades que lhe conferem uma originalidade histórica (OTERO, 2001, p. 36).

O ponto em comum nos processos de privatização, pelo menos no contexto de países adeptos do constitucionalismo social, foi a *natureza compensatória* da reordenação administrativa, com a criação de administrações reguladoras independentes, dotadas de poderes de impor regras técnicas diretivas da atividade de determinado setor, que substituiriam o escopo da condução direta pelo Estado enquanto estratégia de resguardo dos direitos dos usuários.

Assim, o desenvolvimento da regulação setorial pode ser identificado como decorrência direta de processos de privatizações e liberalizações ocorridas nessa fase pós *welfare state*. Como já mencionou o Banco Mundial (*apud* MARTÍNEZ, 2001, p. 194), a regulação subsequente à privatização é, necessariamente, uma regulação econômica setorial, que incorpora funções de ordenação e supervisão de um setor, assumindo técnicas que se sobrepõem ao aparato institucional jurídico-administrativo de atribuição de direitos e obrigações. Dessa superposição, resulta-se um tipo de atividade nova, que rompe com a clássica dicotomia público-privado sobre a qual assenta o Direito Administrativo (BANCO MUNDIAL *apud* MARTÍNEZ, 2001, p. 194).

Há, certamente, uma desconfiguração ainda maior da separação entre o público e o privado, considerando a imposição de obrigações diretivas que eram aplicadas quando da condição direta das referidas atividades pelo Estado, em situação de exclusividade. Para exemplificar, Martínez (2001, p. 200 *et seq.*) bem expõe o regime especial pelo qual os bens de entidades privatizadas, que prestavam serviço público, passaram a ser identificados. Com o *despublicatio*, tais bens deixaram de ser públicos, o que, em tese, permitiria a sua transferência e alienação. Contudo, essa transferibilidade e alienabilidade ficaram limitadas a empresas do setor, transformando-se em bens privados, porém vinculados ao serviço do público. Usualmente, denominou-se esses bens vinculados, como "bens do clube" (MARTÍNEZ, 2001, p. 201).[199] Trata-se de um exemplo de responsabilidade pública de garantia, no qual a Administração Pública deixa de ser provedora de serviços e passa a regular as atividades e a assegurar algumas obrigações típicas de serviços públicos (ROJAS, 2001, p. 212).

As privatizações e liberalizações ocorridas neste estágio do Estado Regulador, revelam, assim, um novo papel interventivo do Estado, ao criar mecanismos de condições de acesso e de prestação de serviço pelo setor privado, diferenciando-se da regulação

---

[199] Essa característica de intransferibilidade e inalienabilidade é comum de se verificar em bens privados vinculados à execução de um serviço público, no âmbito da gestão de uma concessão. Por isso, usualmente, se denominam de bens privados materialmente públicos esses bens que não podem ser transferidos. Contudo, trata-se de uma situação distinta nessa permeabilidade público-privado dessa experiência europeia, considerando se tratar de técnica concessória da exploração de um serviço público, ou seja, de titularidade estatal.

até então praticada para proteção de interesses públicos genéricos e da regulação para a concorrência, ou seja, aquela realizada para garantir as boas condições de funcionamento do mercado. A regulação assume características próprias após a liberalização de grandes serviços públicos, por meio da imposição de condições operacionais e de acesso, com especial realce ao alto grau de discricionariedade concedido às entidades reguladoras para a concessão de licenças e autorizações de acesso da empresa à atividade aberta à livre iniciativa, que antes era prestada com exclusivismo estatal.

Com efeito, como aponta Francisco José Villar Rojas (2001, p. 215), a principal consequência das liberalizações e privatizações de grandes serviços públicos é a *reordenação jurídica da atividade* em tela. Não simplesmente se transfere a atividade de um controle direto do Estado para as regras de mercado, tal como revelam as experiências das liberalizações na área de energia e telecomunicações. A atuação regulatória do Estado ultrapassa o mero objetivo de resguardar a justa competição no mercado, como também busca assegurar a mesma ordem de encargos que evidenciariam a prestação adequada dos referidos serviços (ROJAS, 2001, p. 215). Por isso, por trás da "privatização", consumou-se a tendência intransponível à publicização da atividade privatizada ou aberta à livre iniciativa. Ou seja, "a privatização supõe uma redução do que seja serviço público, mas também pressupõe a sua juridicização (regulação)" (ROJAS, 2001, p. 215, tradução nossa).

Assim, em que pese existir a preocupação regulatória para a ampliação e preservação da concorrência para a boa execução do serviço privatizado ou liberalizado, é interessante a observação de Francisco José Villar Rojas (2001, p. 216 *et seq.*) no sentido de que prevalece um modelo de "concorrência regulada", através da qual não se busca apenas resguardar o acesso ao mercado, mas se pretende especialmente "fixar condições de acesso, ou instruções ou diretrizes para a tomada de decisões empresariais". Porém, cabe a ressalva de que essa regulação não visou substituir a vontade empresarial, como ocorria no modelo de planificação tradicional;[200] busca, em verdade, influir no funcionamento do mercado, transformando o Estado em um "gestor na sombra" (ROJAS, 2001, p. 216). Isso é evidenciado, tal como aponta Rojas (2001, p. 216 *et seq.*) (i) pela constatação do grau de discricionariedade dos requisitos exigidos para conceder licenças e autorizações, (ii) pelo grau de oportunidade na concessão desses títulos, (iii) na manutenção dos direitos exclusivos das empresas privatizadas em largo período além do necessário para adaptar à livre concorrência, (iv) nos poderes regulatórios mais ou menos genéricos, dentre outras constatações.

Assim, para o autor, na concorrência regulada que caracteriza o mercado liberalizado e privatizado, *combina-se o instrumental e o essencial da privatização*: a privatização ou liberalização é o fundamental, e a regulação é o instrumental. Na competência regulada, a liberdade de eleição pelo usuário tem o seu alcance, conteúdo e condições delimitadas pelo regulador (ROJAS, 2001, p. 217).

Essa foi uma tendência mundial ocorrida desde 1970, que não deixou de influenciar reordenações jurídicas no Brasil, na área de infraestrutura,[201] que colocou

---

[200] Marçal Justen Filho (2002, p. 21) corrobora esse entendimento ao mencionar que "o modelo regulatório distancia-se rigorosamente da concepção de dirigismo econômico que, visando à realização do projeto de Bem-Estar, foi praticada em inúmeros países".

[201] Segundo o Banco Mundial (1994, p. 2), o termo "infraestrutura" é bastante amplo, abrangendo atividades econômicas diferenciadas, dentre elas, a necessária para o que usualmente se chama de serviços públicos. Para essa

processos de desestatizações como prioridade em todo âmbito nacional.[202] O processo jurídico de reordenação jurídica para a privatização iniciou, de maneira consistente, através da Lei Federal nº 8.031/1990, no Governo de Fernando Collor, que regulamentava o Programa Nacional de Desestatização, o qual foi posteriormente substituída pela Lei Federal nº 9.491/1997. Importante registrar que as primeiras medidas governamentais para o caminho da privatização de ativos públicos já haviam sido iniciadas no Governo Militar, através do *Programa Nacional de Desburocratização*, instituído pelo Decreto Federal nº 83.740/1979, demonstrando a preocupação governamental com o gigantismo estatal, em sintonia com "ventos privatistas" vindo da Europa (OLIVEIRA FILHO, 2020, p. 1).

Não se pode afirmar, contudo, que não havia preocupações anteriores com a desestatização. Com efeito, o Decreto-Lei nº 200/1967, que dispõe sobre a organização da Administração Federal, previu que a execução das atividades da Administração Pública Federal deverá ser amplamente descentralizada, devendo ser posta em prática também através de descentralização para a "órbita privada, mediante contratos ou concessões" (art. 10, §1º, c). Contudo, até então, não havia uma estruturação administrativa e política direcionada para iniciar processos de desestatização, em especial, privatizações em sentido estrito, que não foi objeto de regulamentação pelo Decreto-Lei nº 200/1967.

No início do Plano Nacional de Desestatizações ("PND"), através da Lei Federal nº 8.031/1990, foi criada a *Comissão Diretora do Programa Nacional de Desestatização* que tinha como incumbência aprovar as condições gerais de venda das ações do controle acionário e de outros bens e direitos (art. 6º, VII). Tratando-se de alienação de empresa que prestam serviços públicos, essa mudança de titularidade envolvia a delegação do serviço, cujas condições seriam posteriormente fixadas pelo poder concedente (art. 7º). Ainda, o PND inicial previa a possibilidade de se estabelecer classes especiais de capital social, que pudessem garantir à União o poder de veto sobre alguns temas, que considere relevante, de modo a evitar prejuízos a interesses nacionais no processo de desestatização (art. 8º), conhecidas como *golden shares*.[203] Posteriormente, através da Lei Federal nº 9.491/1997, o PND assumiu novos contornos, criando o *Conselho*

---

classificação, a infraestrutura se subdivide em 3 segmentos: (i) serviços públicos, que abrange os serviços de "energia, telecomunicações, fornecimento de água encanada, saneamento e esgoto, coleta e disposição de lixo, gás encanado"; (ii) Obras Públicas, que abrangem empreendimentos públicos como "rodovias e grandes obras de represamento e canalização para irrigação e drenagem"; e (iii) outros setores de transportes, como as "vias férreas urbanas e interurbanas, transporte urbano, portos e vias navegáveis e aeroportos".

[202] Como aponta Oliveira Filho (2020, p. 2), no período de 1990 a 2015, o processo de desestatização no Brasil é considerado um dos maiores do mundo ocidental, arrecadando montante acumulado superior a US$ 150 bilhões.

[203] Por exemplo, a *Resolução do CND nº 2, de 5 de março de 1997*, em seu art. 7º, definiu que na data da liquidação financeira do Leilão, a União deterá uma ação de classe especial que lhe atribuirá poder de veto sobre as seguintes matéria referentes à *Companhia Vale do Rio Doce* ("CVRD"): "(i) alteração da denominação social; (ii) mudança da sede social; (iii) mudança no objeto social no que se refere à exploração mineral; (iv) liquidação da CVRD; (v) alienação ou encerramento das atividades de qualquer uma ou do conjunto das seguintes etapas dos sistemas integrados de minério de ferro da CVRD, a saber, (a) depósitos minerais, jazidas e minas, (b) ferrovias, (c) portos e terminais marítimos; (vi) quaisquer modificações nos direitos atribuídos às espécies e classes de ações que compõem o capital social da CVRD; e (vii) quaisquer modificações nos direitos atribuídos à ação de classe especial ("golden share") de emissão da CVRD." Da mesma forma, quanto à *Companhia Eletromecânica Celma*, a *Resolução do CND 09*, de 01 de julho de 1991, dispõe, em seu art. 1º, inciso III, que após a transferência do controle acionário a União deterá 1 (uma) ação ordinária de classe especial com poder de veto nas seguintes matérias: "a) mudança do objeto social da Companhia no que diz respeito à suas atividades de projetar, construir, reparar, revisão, motores aeronáuticos, inclusive, ferramentas, instrumentos, peças, acessórios e componentes; b) alteração do limite de participação no capital da Celma [...]; e c) alteração da composição do Conselho de Administração, para o qual serão indicados um membro pela União e outro pelos empregados da Companhia".

Nacional de Desestatizações ("CND"), com essa prerrogativa de estabelecer as condições de alienação, antes resguardada para a Comissão Diretora do PND. Nesse processo, desde o início, o Banco Nacional de Desenvolvimento Econômico e Social ("BNDES") teve papel fundamental na condução de todas as avaliações, modelagens de vendas, gestor do Fundo Nacional de Desestatização, negociador de todos os ajustes prévios às vendas, interlocutor com todos os envolvidos nos processos de desestatização, bem como financiador do processo de desestatização (OLIVEIRA FILHO, 2020, p. 3).

Nos processos de privatização em sentido estrito, ou seja, envolvendo a alienação da participação societária, *o planejamento prévio da alienação era medida essencial*, não apenas para verificar as melhores condições de mercado, mas também para estabelecer as condições de interesse público que, antes, poderiam justificar a manutenção da empresa estatal. A possibilidade de manutenção de *golden shares* é instrumento essencial para esse desiderato, uma vez que se viabilizou o resguardo de decisões empresariais em pontos sensíveis ao interesse estatal.

Não apenas isso. A decisão em alienar a maioria do capital votante, mas não a totalidade das ações da empresa estatal, também pode servir de instrumento para a busca da manutenção de interesses públicos paralelos aos interesses da privatização. Neste ponto, é importante ressaltar a figura das *empresas semiestatais*, ou *empresas público-privadas*, como são chamadas as sociedades empresariais em que o Estado detém o *controle minoritário*, sem o controle das deliberações sociais. Neste contexto, a manutenção de um controle minoritário de uma empresa privatizada também deve ser objeto de prévio planejamento e deve consubstanciar como meio a um propósito de interesse público.

Segundo bem pontua Mário Saadi (2019, p. 233 et *seq.*), é necessário existir planejamento estatal para que empresas semiestatais sejam constituídas e planos para nortear sua atuação. Com efeito, a constituição de empresas semiestatais "deve ser antecedida pela explicitação das razões em função das quais a participação estatal é necessária, o montante de recursos que se fará necessário, definição dos meios de ação e resultados esperados" (SAADI, 2019, p. 235). O art. 1º, §7º, da Lei Federal nº 13.303/2016 deixa evidenciada a necessidade de adoção de práticas de controle sobre as atividades em que o Estado é partícipe na condição de sócio minoritário, devendo, para esse fim, justificar os investimentos e agir para ter informações estratégicas sobre o negócio. Esse prévio planejamento para justificar a participação minoritária pode ser realizado através da instituição de planos e consequentes programas, projetos e atividades que estejam alinhadas com a política do ente federativo que a empresa semiestatal está vinculada, e outras medidas para avaliar a efetividade dessa participação (SAADI, 2019, p. 234 *et seq.*)

Esse planejamento prévio é essencial, como bem lembra o autor (SAADI, 2019, p. 238), para a análise de *value for money* exigido para a celebração de parcerias público-privadas, nos termos do art. 10, inciso I, da Lei Federal nº 11.079/2004 (Lei das PPPs). Nesta disposição, exige-se a realização de estudos que demonstrem o custo-benefício para a modelagem, levando-se em consideração os impactos do empreendimento e as vantagens a serem auferidas. Nesse caso, a análise de custo-benefício leva em consideração não apenas os benefícios tangíveis (análise financeira), como também os benefícios intangíveis, que se relacionam com a efetividade do serviço ou atividade administrativa a ser delegada, em vista dos interesses públicos envolvidos (VALE, 2013). Análise semelhante também foi determinada pelo *Programa Nacional de Publicização*, através do

Decreto Federal nº 9.190/2017, que prevê, em seu art. 7º, §1º, inciso IV, a "demonstração, em termos do custo-benefício esperado, da absorção da atividade por organização social, em substituição à atuação direta do Estado, considerados os impactos esperados a curto, médio e longo prazo" (SAADI, 2017, p. 240).

A participação minoritária em empresas privadas, pelo Estado é, assim, uma forma de persistência de intervenção do Estado na economia, com o objetivo de resguardar missões institucionais que lhe são próprios (SAADI, 2019). Ou, ainda, conforme bem pontua Binenbojm (2016, p. 171) "[...] tamanha a relevância de tal participação minoritária do Estado, com tão amplos poderes de interferir nas decisões de setores estratégicos da economia, que ela tem sido denominada pela doutrina de intrarregulação".

O governo de Fernando Henrique Cardoso, pode-se dizer, foi o período, até então, em que houve uma maior reordenação jurídica e regulatória, como contrapartida à grande condução de processos de desestatização em geral.[204] Nesse período, houve a regulamentação do art. 175, da Constituição da República, com a edição da Lei Federal nº 8.987/1995, com o intuito de reforçar e trazer maior segurança à técnica concessória de serviços públicos. Esse foi o período das grandes liberalizações, com retirada de algumas barreiras ao ingresso no mercado de grandes serviços públicos, pelo setor privado. Através da Lei Federal nº 9.074/1995, houve a regulamentação da concessão e permissão de serviços de energia elétrica, prevendo a liberalização na produção, e comercialização no atacado, através do produtor independente de energia. Através da Lei Federal nº 9.472/1997, conhecida como Lei Geral das Telecomunicações, institucionalizou-se a exploração de serviço de telefonia em regime privado, baseado nos princípios constitucionais da atividade econômica (art. 126).

Em contrapartida a essas liberalizações, nesse período foram implantados, no Brasil, os primeiros modelos de entidades reguladoras independentes, denominadas agências reguladoras, de inspiração norte-americana.[205] Nesse sentido, a Lei Federal nº 9.472/1996 criou a Agência Nacional de Energia Elétrica ("ANEEL") com atribuições para regular serviços públicos concedidos da área de energia, bem como estabelecer regras diretivas para todas as demais atividades econômicas na área de energia. A Lei

---

[204] Para fins de comparação, é de se ressaltar que, nos 8 (oito) anos de governo Fernando Henrique Cardoso, o CND emitiu 210 (duzentas e dez) resoluções destinadas a aprovar e condicionar processos de desestatização, tanto de concessões, como venda de participações societárias de empresas estatais. Nos 8 (oito) anos do governo de Luís Inácio Lula da Silva, houve apenas 90 (noventa) resoluções do CND. Nos 5 (cinco) anos e 5 (cinco) meses de governo de Dilma Rousseff, houve apenas 56 (cinquenta e seis) resoluções do CND (BANCO NACIONAL DE DESENVOLVIMENTO ECONÔMICO E SOCIAL, 2021). Com a vigência da Medida Provisória nº 727, de 12 de maio de 2016, convertida na Lei nº 13.334, de 13 de setembro de 2016, as atribuições do CND foram incorporadas pelo Conselho do Programa de Parcerias de Investimentos – CPPI. Nesse sentido, desde setembro de 2016 até dezembro de 2020, durante o pequeno período do governo Michel Temer e os dois primeiros anos do governo Bolsonaro, foram expedidas 162 (cento e sessenta e duas) resoluções do CPPI (PROGRAMA DE PARCERIAS DE INVESTIMENTOS, 2021).

[205] Não é o objetivo deste trabalho fazer uma taxonomia das agências reguladoras. Porém, em linhas gerais, segundo bem pontua Sérgio Guerra (2012, p. 118), as agências reguladoras, no Brasil, são classificadas como autarquias de natureza especial, com maior autonomia frente ao poder público. Segundo o autor: "O regime especial – i.e. diferenciado – significa que à entidade autárquica são conferidos privilégios específicos visando aumentar sua autonomia comparativamente com as autarquias comuns, sem infringir os preceitos constitucionais pertinentes a essas entidades de personalidade pública. Além das atribuições de competência regulatória, com a ampliação das funções normativas e judicantes da Administração Pública indireta, pode-se congregar os seguintes elementos confirmadores da autonomia das Agências Reguladoras: organização colegiada; impossibilidade de exoneração *ad nutum* dos seus dirigentes; autonomia financeira e orçamentária, e, por último, a independência decisória." (GUERRA, 2012, p. 118).

Geral de Telecomunicações (Lei Federal nº 9.472/1997) também criou a Agência Nacional de Telecomunicações ("ANATEL"), que possui como finalidade essencial a competência regulatória em "expedir normas sobre prestação de serviços de telecomunicações no regime privado" (art. 19, X).

Ainda nesse período, através da Lei Federal nº 9.478/1997, que estabeleceu a política energética nacional, quebrou-se o exclusivismo estatal na exploração das atividades empresariais relacionadas ao petróleo. Com efeito, no art. 5º, dessa lei, estabeleceu-se que as atividades monopolizadas através do art. 177,[206] da Constituição, relativas ao setor de petróleo, gás natural e outros hidrocarbonetos fluidos, "poderão ser exercidas, mediante concessão, autorização ou contratação sob o regime de partilha de produção, por empresas constituídas sob as leis brasileiras, com sede e administração no País". Essa quebra do exclusivismo já havia sido preparada pela Emenda Constitucional nº 05/1995, que mudou a redação do §1º, do art. 177, da Constituição, permitindo que a União possa "contratar com empresas estatais ou privadas a realização das atividades previstas" como monopólio no mesmo dispositivo. Em contrapartida, a mesma Lei Federal nº 9.478/1997 criou a Agência Nacional do Petróleo ("ANP"), que tem como finalidade promover a regulação, a contratação e a fiscalização das atividades econômicas integrantes da indústria do petróleo, do gás natural e dos biocombustíveis (art. 8º).[207]

Também nesse período, para reforço do modelo regulatório de Estado, através da Lei Federal nº 10.233/2001, foram criadas a Agência Nacional de Transportes Terrestres ("ANTT") e a Agência Nacional de Transportes Aquaviários ("ANTAQ") com competências gerais de regulação de outorgas de atividades de transportes terrestres e aquaviário, e de regulação dos prestadores de serviços nessa seara. Também se criaram outras agências reguladoras para regulação das atividades empresariais na área de saúde, tal como a Lei Federal nº 9.961/2000, que criou a Agência Nacional de Saúde Suplementar ("ANS"), com competência para regulação setorial das atividades empresariais de assistência suplementar à saúde. Também foi criada a Agência Nacional de Vigilância Sanitária ("ANVISA"), através da Lei Federal nº 9.782/1999, que, dentre diversas competências, destacam-se a prerrogativa de regular o setor de fabricação e distribuição de medicamentos.[208]

---

[206] "Art. 177. Constituem monopólio da União: I – a pesquisa e a lavra das jazidas de petróleo e gás natural e outros hidrocarbonetos fluidos; II – a refinação do petróleo nacional ou estrangeiro; III – a importação e exportação dos produtos e derivados básicos resultantes das atividades previstas nos incisos anteriores; IV – o transporte marítimo do petróleo bruto de origem nacional ou de derivados básicos de petróleo produzidos no País, bem assim o transporte, por meio de conduto, de petróleo bruto, seus derivados e gás natural de qualquer origem; V – a pesquisa, a lavra, o enriquecimento, o reprocessamento, a industrialização e o comércio de minérios e minerais nucleares e seus derivados, com exceção dos radioisótopos cuja produção, comercialização e utilização poderão ser autorizadas sob regime de permissão, conforme as alíneas b e c do inciso XXIII do *caput* do art. 21 desta Constituição Federal."

[207] Dentre suas competências, destacam-se aqui as seguintes: (i) regular e autorizar atividades relacionadas com o abastecimento nacional de combustíveis (inciso XV); (ii) regular e autorizar as atividades relacionadas à produção, à importação, à exportação, à armazenagem, à estocagem, ao transporte, à transferência, à distribuição, à revenda e à comercialização de biocombustíveis, assim como avaliação de conformidade e certificação de sua qualidade (inciso XVI); (iii) exigir dos agentes regulados o envio de informações relativas às operações de produção, importação, exportação, refino, beneficiamento, tratamento, processamento, transporte, transferência, armazenagem, estocagem, distribuição, revenda, destinação e comercialização de produtos sujeitos à sua regulação (inciso XVII); (iv) articular-se com órgãos reguladores estaduais e ambientais, objetivando compatibilizar e uniformizar as normas aplicáveis à indústria e aos mercados de gás natural (inciso XXVIII), dentre outras relevantes competências para a regulação setorial de atividades privadas relacionadas à área do Petróleo.

[208] Além dessas agências reguladoras, destinadas à regulação setorial de atividades privadas, especialmente na área de serviços públicos, cabe fazer menção a outras agências criadas nesse período: através da Lei Federal

Além dessas reordenações jurídicas relacionadas às privatizações em sentido estrito, liberalizações e concessões, verifica-se que se buscou criar sistemas normativos que fomentassem parcerias do setor público com organizações sem fins lucrativos, para execução de atividades de interesse público que não seriam de domínio do Estado, tais como na área de educação, saúde, assistência social, pesquisa e desenvolvimento, dentre outras.[209]

No período de 2003 a 2015, durante o governo do Partido dos Trabalhadores, em que pese ter sido um período de maior concentração de competências estatais e um apelo ideológico por um maior protagonismo da execução estatal, também se verificou a continuidade do projeto da descentralização administrativa, com a devida reordenação jurídica necessária. Durante esse período, cabe ressaltar que foram realizadas licitações para outorgas de diversas concessões de rodovias, de serviços de energia elétrica, dentre outros, destacando, ainda, a privatização do Instituto de Resseguros do Brasil.[210]

Dentre as reordenações jurídicas, ressalta-se que o modelo contratual das parcerias público-privadas ("PPPs") foi regulamentado, a nível nacional, através da Lei Federal nº 11.688/2004,[211] com a criação das modalidades de concessão patrocinada e concessão administrativa, a partir da qual se viabilizou a delegação, para o setor privado, da construção e gestão e operação de empreendimentos públicos e serviços públicos não autossustentáveis, que inviabilizariam a concessão nos moldes tradicionais. Este modelo foi inspirado no *private finance initiative*,[212] da Inglaterra, que incluía projetos autossustentáveis e não autossustentáveis. Além disso, a PPP foi um modelo que possuiu como principal baluarte a busca por maior *atratividade* na captação de investimentos pelo setor privado, na condução de importantes projetos de infraestruturas, que não seriam autossustentáveis. E isso foi conquistado através da institucionalização de instrumentos que traziam maior eficiência na gestão contratual, tais como a alocação de risco, a contragarantia ao financiador, mecanismos extrajudiciais de solução de conflitos, possibilidade de aplicação de penalidade para o parceiro público e, principalmente, pela contraprestação pública garantidamente prestada pela Administração Pública (VALE, 2013, p. 14).

---

nº 9.984/2000, também se criou a Agência Nacional de Águas ("ANA"), com competências para a gestão dos recursos hídricos no país; e por meio da Medida Provisória nº 2.228-1/2001, foi criada a Agência Nacional do Cinema ("ANCINE"), como administração independente para a gestão da atividade de fomento.

[209] Neste caso, a Lei Federal nº 9.637/1998 previu a possibilidade de qualificação de pessoas jurídicas sem fins lucrativos, como Organizações Sociais, através de contrato de gestão em que se disciplinará as atividades públicas a serem assumidas pelo parceiro privado, que sejam dirigidas ao ensino, à pesquisa científica, ao desenvolvimento tecnológico, à proteção e preservação do meio ambiente, à cultura e à saúde. Ainda, criou-se a figura das Organizações da Sociedade Civil de Interesse Público ("OSCIP"), através da Lei Federal nº 9.790/1999, que se previu a possibilidade de celebração de termo de parceria com entidades privadas sem fins lucrativos que estejam qualificadas como OSCIPs, para execução de projetos de interesse coletivo em diversas áreas do âmbito da filantropia.

[210] Por meio da Resolução CND nº 03, de 07 de abril de 2011, apresentou as condições para a retomada do processo de desestatização do IRB – Brasil Resseguros S.A, com previsão da necessidade de reserva de *golden share* em benefício da União, para deliberação sobre alguns temas.

[211] Essa modalidade já havia sido inaugurada a nível estadual, pela Lei nº 14.868/2003, do Estado de Minas Gerais, e pela Lei nº 11.688/2004, do Estado de São Paulo.

[212] O nível de sustentabilidade de um *Private Finance Iniciative* contribui para a averiguação de sua modelagem ideal, que variavam entre diversos modelos. De acordo com a experiência inglesa, podemos mencionar os seguintes: (i) DBFT (*design, build, finance and transfer*); (ii) BOT (*build, operate and transfer*); (iii) BOO (*build, operate and own*); (iv) DBFO (*design, build, finance and operate*); (v) privatização completa, sob a regulação pública (FUNDAÇÃO GETULIO VARGAS, 2006, p. 22).

Também houve a criação da Agência Nacional da Aviação Civil ("ANAC"), por meio da Lei Federal nº 11.182/2005, com o objetivo de desenvolver e fomentar o setor da aviação civil, e de toda a infraestrutura aeronáutica e aeroportuária do país, com atribuições de proceder a outorgas e autorizações de serviços aéreos, bem como regular o exercício de atividades privadas no setor, sobretudo aquelas abertas à livre iniciativa.

Com o início do governo de Michel Temer (maio de 2016 a 2018), a agenda política de incentivo às privatizações retomou com maior intensidade. Inicialmente, foi criada a Lei Federal nº 13.303/2016, conhecida como "Lei das Estatais" buscando regulamentar o art. 173, da Constituição. Através dessa lei, pretendeu-se aproximar o regime jurídico das estatais com o regime jurídico das empresas privadas (em sintonia com o art. 173, §1º, II, da Constituição), bem como de maneira alinhada com as diretrizes de governança corporativa das companhias privadas. Cabe ressaltar que a despublicização do regime jurídico das estatais foi característica em razão da pretensão legislativa em aproximar o regime jurídico das empresas estatais que exercem atividades econômicas *stricto sensu*, com as empresas estatais prestadoras de serviços públicos, rompendo com o que a doutrina administrativa propagava até então.

Também o modelo de Estado descentralizado, liberalizante e regulatório foi incentivado, especialmente com a edição da Lei Federal nº 13.334/2016, que criou o Programa de Parcerias de Investimentos, destinado à ampliação e fortalecimento da interação entre o Estado e a iniciativa privada por meio da celebração de contratos de parceria para a execução de empreendimentos públicos de infraestrutura e de outras medidas de desestatização (art. 1º). Por meio dessa lei, buscou-se nova reordenação administrativa, com o objetivo de induzir maior investimento privado na condução de empreendimentos da área de infraestrutura, com maior segurança jurídica, sob a contrapartida do fortalecimento do papel regulador do Estado e a autonomia das entidades estatais de regulação (art. 3º).

A atual gestão econômica de Paulo Guedes,[213] em que pese estar inserida em um governo repleto de contradições políticas e ideológicas,[214] mostrou-se querer colocar em prática no Brasil uma política ainda mais reducionista e liberal. A ideologia liberal da atual gestão econômica é estampada na Lei Federal nº 13.874/2019, ao instituir a "Declaração de Direitos de Liberdade Econômica".[215]

Em que pese esse perfil liberal e reducionista divulgado no início do governo, verifica-se que há também um reforço do papel regulatório do Estado pela atual gestão. Primeiro, é de fazer menção à Lei Federal nº 13.448/2019, que dispõe sobre o procedimento de "relicitação" de empreendimentos explorados nos setores rodoviário,

---

[213] Trata-se de uma referência incentivada até mesmo pelo Sr. Presidente da República, pois em suas palavras, "homem que decide a economia no Brasil é um só: Paulo Guedes", conforme a seguinte reportagem: https://g1.globo.com/politica/noticia/2020/04/27/homem-que-decide-a-economia-no-brasil-e-um-so-paulo-guedes-diz-bolsonaro.ghtml.

[214] Entendemos que não cabe, a um texto científico, tecer considerações pessoais sobre um governo específico. Todavia, é de se ressaltar que a referência aqui a "contradições políticas e ideológicas" não é crítica direcionada à pessoa do Sr. Presidente da República, Jair Bolsonaro, ou às polêmicas que vem colecionando nestes tempos de pandemia do COVID-19. Trata-se, na verdade, de uma escusa sobre a incapacidade deste autor em caracterizar, com precisão, o governo atual à luz dos objetivos deste trabalho.

[215] A pretendida declaração de liberdade econômica trazida por essa lei será debatida abaixo, ainda neste Capítulo, quando será discutida a inocuidade de sua previsão, considerando o princípio da especialidade das leis, de conteúdo regulatório.

ferroviário e aeroportuário, substituindo a aplicabilidade do instituto da caducidade, pelo da necessidade de realização de nova licitação, para melhor assegurar a continuidade e boa execução dos serviços delegados.

Com a Lei Federal nº 13.879/2019, verificou-se um vigoroso avanço no processo de liberalização do setor de telecomunicações. Através desta lei, houve a viabilização jurídica de conversão das concessões em autorizações, caso em que o novo art. 144-A determina a obrigatoriedade na "manutenção da prestação do serviço adaptado", mantendo a observância das determinações da ANATEL.

Além disso, com a Lei Federal nº 13.848/2019, chamada "Lei Geral das Agências Reguladoras", estabeleceu-se o regime jurídico para padronizar a atuação das agências reguladoras, até então inexistente no país, através do qual reforçou a independência e mecanismos jurídicos para redução da interferência política na sua atuação. Houve também a regulamentação do aprimoramento do processo decisório, mediante a obrigatoriedade de realização prévia da Análise de Impacto Regulatório, que conterá informações e dados sobre os possíveis efeitos do ato normativo regulatório (art. 6º).

Ainda, através da Lei Federal nº 14.026/2020, conhecida como Novo Marco do Saneamento Básico, estabeleceu-se a obrigatoriedade de a prestação dos serviços públicos de saneamento básico, por entidade que não integre a administração do titular, ser realizada através de contrato de concessão, precedida de licitação. Neste caso, afastou-se a prerrogativa de delegação, sem licitação, para a prestação do serviço mediante convênio de cooperação ou consórcios públicos, que dava primazia para a atuação de empresas estatais. Além disso, o novo marco do saneamento básico empoderou as prerrogativas regulatórias da Agência Nacional de Águas, passando a regular também a atividade setorial do saneamento básico.

Enfim, esse longo panorama normativo apresentado está longe de ser uma exposição sobre as principais mudanças do Direito Administrativo brasileiro dos últimos 30 anos. Da mesma forma, é de se destacar que há questões jurídicas de grande relevância, nas mudanças legislativas que deixaram de ser aqui apresentadas, por escusa metodológica. O que se pretende demonstrar com esse panorama normativo é ser possível visualizar, até mesmo no Brasil, uma reordenação jurídica, organizacional e do próprio regime jurídico, que demonstra que o Estado, no atual modelo regulatório, busca resguardar a atividade que está sendo colocada como objeto de projetos de desestatização (privatizações *stricto sensu* e liberalizações), através de novas estruturas jurídicas que garantam o controle diretivo de determinadas atividades de interesse coletivo.

5.6 Particularidades da função administrativa regulatória e novos vetores para a intervenção na autonomia privada

A função regulatória do Estado, enquanto função estratégica e supervisora de atividades privadas, que passou a ser proeminente na atualidade para atender a racionalidades de interesse público, é um tema em grande discussão na atualidade, sendo objeto de inúmeras investigações que buscam identificar nuances conceituais, novos instrumentos e limites de ação estatal para o atendimento de seus fins institucionais. A teoria da regulação é vasta e seriam necessárias muito mais linhas para expor cada característica e limitações da função regulatória do Estado, o que não é o objetivo deste texto.

Dentre as inúmeras formas de ver o fenômeno no Estado Regulador, posterior ao modelo concentrador do *welfare state*, cabe aqui destacar alguns elementos que revelam uma mudança na estrutura clássica da função administrativa e da noção de legalidade, como elemento de intervenção do Estado no âmbito da esfera individual.

A ideia pós-revolucionária e liberal da legalidade e da supremacia da lei, como critério de controle da função interventiva do Estado, passou a ser flexibilizada. Se antes os limites de atuação da função administrativa estavam restritos ao conteúdo definido em lei, esta passou apenas a conceder poder normativo e maior discricionariedade de atuação para o poder público no Estado Regulador.

O modelo do Estado Regulador, nesse sentido, se apresenta como um *modelo paradoxal* ao Estado Liberal. Enquanto neste, a legalidade e a supremacia da lei foi um instrumento para limitar a atuação do Estado a um mínimo, ou como mencionado anteriormente, a um "máximo regulatório", que seria o imprescindível para a proteção da segurança e da propriedade de produção, no modelo regulatório, a legalidade é o instrumento apenas para legitimar e ratificar um poder administrativo mais forte e ampliado, para poder intervir na esfera de liberdade econômica do indivíduo, quando sua análise discricionária assim entender como necessária para a proteção do desenvolvimento econômico e social e da defesa do indivíduo enquanto usuário de um serviço privado de interesse coletivo.

Não se diz aqui que, no atual modelo do Estado Regulador, abre-se margem para uma atuação arbitrária da Administração Pública, mas sim que o conteúdo de ação administrativa passa, cada vez mais, a ser definida por ela, como critério de discricionariedade técnica, e amparada por *leis-quadros* que definem as competências interventivas e os objetivos de ação. A lei, em sentido estrito, sempre será um limite formal para a ação administrativa, pois que, como menciona Carlos Ragazzo, qualquer medida que restrinja a livre iniciativa deve estar sujeita a reserva legal (*apud* LEURQUIN; LARA, 2016, p. 166). Se antes o conteúdo de ação já era definido na lei, entende-se agora mais conveniente que o conteúdo seja definido pela função administrativa.

Segundo Pedro Gonçalves (2006, p. 552 *et seq.*), a *retração do princípio da legalidade administrativa* é uma das principais características do Estado Regulador. Verifica-se a transformação de uma legalidade substancial, para uma legalidade de tipo formal, bem como de um direito de regras para um direito de princípios. Neste caso, a lei se coloca mais para definir os objetivos públicos e resultados a atingir, confiando à Administração Pública "uma ampla liberdade de escolha das medidas que, em concreto, se mostrem adequadas, eficazes e eficientes para a produção dos efeitos desejados" (GONÇALVES, 2006, p. 552). E, segundo o autor, as consequências para essa nova função legal, seriam duas: (i) a destipicização dos atos administrativos e (ii) o reforço do regulamento administrativo.

A primeira consequência (destipicização dos atos administrativos), já adiantada em linhas anteriores, significa que não mais se coloca como elementar para o ato administrativo que seu comando tenha seu conteúdo previamente definido em lei. O fato é que a função regulatória desmorona a ideia, antes assumida como premissa da função administrativa, no sentido de que os atos administrativos são atos típicos, ou seja, que devem corresponder a uma qualquer figura reconhecida e regulada pelo direito (GONÇALVES, 2006, p. 558). A exigência de tipicidade decorria de própria interpretação do princípio da separação dos poderes, pois, como o poder administrativo se exerce pelo ato administrativo, este não pode ter seu conteúdo inventado, pois isso corresponderia "inventar" poderes administrativos em desrespeito à função legislativa. Todavia, em diferentes graus, vislumbra-se que o Direito Administrativo da regulação vem, cada vez mais, apresentando desvios ao modelo clássico da observância do princípio da tipicidade administrativa, na medida em que autoriza a Administração Pública praticar atos administrativos atípicos, assumindo que a própria transferência da definição da dimensão substancial seria suficiente para observar o preceito da legalidade administrativa (GONÇALVES, 2006, p. 559).

Em contexto prático, verifica-se essa destipicização em normas legais transferindo a responsabilidade para a criação de normas gerais regulamentadoras de atividades privadas. Por exemplo, é o caso do art. 19, inciso XII, da Lei Geral de Telecomunicações (Lei nº 9.472/1997), que concedeu à ANATEL a competência de "expedir normas e padrões a serem cumpridos pelas prestadoras de serviços de telecomunicações quanto aos equipamentos que utilizarem". Também se verifica a destipicização do ato administrativo quando se considera a extensão da utilização de *conceitos jurídicos indeterminados* em normas legais de atribuição de competências de entidades reguladoras. Com efeito, na mesma Lei Geral de Telecomunicações, isso se verifica quando atribui à ANATEL, em diversos dispositivos, a prerrogativa de definir condições adequadas e proporcionais de atuação da atividade do setor de telecomunicações.[216]

Além disso, o corolário lógico da retração da legalidade administrativa, é o *reforço dos regulamentos administrativos*, os quais têm natureza mais substancial de ação administrativa, dentro do campo legal previamente delimitado. É possível vislumbrar um vigoroso movimento de contenção do legislador e a devolução de poderes normativos para a Administração Pública que, em muitos casos, podem se revestir de regulamentos independentes ou através de uma conformação regulamentar, mediante normas concretas editadas a partir de normas autorizativas (GONÇALVES, 2006, p. 555 *et seq.*).

No contexto brasileiro, é de se fazer a ressalva no sentido de que essa tendência de valorização do regulamento administrativo não possa se confundir com a prerrogativa do Poder Executivo de regulamentação, para dar fiel execução à lei, consoante dispõe o art. 84, IV, da Constituição da República de 1988. Não se pode confundir "regulação" com "regulamentação". Apesar de essas expressões normalmente serem imiscuídas no

---

[216] Não se busca aqui defender a discricionariedade administrativa no caso de uso de conceitos jurídicos indeterminados, considerando a corrente, no qual filiamos, no sentido de que a utilização de conceitos jurídicos indeterminados enseja em uma atividade vinculada da Administração Pública, e não discricionária, pois admitem apenas uma solução jurídica acertada, a ser aferida na subsunção do caso concreto ao conceito abstrato da norma regulamentadora. Esta corrente é defendida pelo Professor Florivaldo Dutra Araújo (2006) que pontua que "[...] não se pode caracterizar como hipótese de discricionariedade a aplicação dos conceitos jurídicos indeterminados, que são expressões presentes em qualquer área do direito – e não peculiaridade do direito administrativo – e demandantes de interpretação, processo pelo qual o intérprete atribui à norma o sentido que entende o mais adequado para regular uma situação, segundo o método da razoabilidade" (ARAÚJO, 2006, p. 123). A posição de Florivaldo Dutra Araújo (2006) encontra forte influência da doutrina alemã, também defendido no Direito espanhol, através da doutrina de Eduardo García de Enterría e Tomás-Ramón Fernández Rodríguez (1997). Para esses autores, a aplicação dos conceitos jurídicos indeterminados significa interpretar a lei para obter somente um resultado justo: "*La aplicación de tales conceptos o la calificación de circunstancias concretas no admite más que una solución: o se da o no se da el concepto. Tertium non datur. Esto es lo esencial del concepto jurídico indeterminado: la indeterminación del enunciado no se traduce en una indeterminación de las aplicaciones del mismo, las cuales solo permiten una unidad de solución justa en cada caso.*" (ENTERRÍA; RODRÍGUEZ, 1997, p. 449). Todavia, mesmo neste caso, não há que se falar em tipicidade administrativa, pois o conteúdo do ato não será definido previamente em lei, mas sim aferida pela própria função administrativa.

mundo jurídico, tratam-se de atividades estatais substancialmente diferentes. A regulamentação é atividade típica do chefe do Poder Executivo, que foi incumbido, pelo legislador de poder normativo para criar normas gerais e abstratas necessárias para que seja dada fiel execução de um diploma legal.[217]

A regulamentação é sempre uma atividade dependente da lei, para dar eficácia normativa ao comando do legislador. Por isso, entende-se que, em vista da legalidade e da separação dos poderes, ao buscar regulamentar uma lei, para dar fiel execução a esta, não é possível ao Poder Executivo extrapolar os limites do poder regulamentar, criando direito novo, não previsto legalmente. Assim, a atividade regulamentar não pode ser considerada como repasse da prerrogativa de definição do conteúdo normativo pela Administração Pública. É apenas a previsão de normas instrumentais, para dar efetividade a um comando normativo, sem qualquer conteúdo novo.

A "regulação", por sua vez, é compreendida como uma atividade estatal, tipicamente administrativa, que, por meio de normas gerais, ou comandos e decisões específicas, de controle e direcionamento de condutas, visam conformar a atividade exercida pelo setor privado ao interesse público. A função regulatória, nesse sentido, não pode ser vista como uma mera atividade regulamentar, pois demanda, por sua própria natureza, o poder de criar normas específicas, dentro de "leis-quadros" delimitadoras da competência, limitadoras da liberdade econômica e da propriedade privada, cujo conteúdo não foi previamente definido em lei, mesmo que esta seja instrumento legitimador dessa prerrogativa regulatória. É nesse sentido que o regulamento administrativo assume importância fulcral na atividade regulatória, pois não é um instrumento gerencial para dar eficácia ao desígnio previamente delimitado e tipificado pelo legislador (regulamentação), mas sim o poder administrativo de criar padrões de condutas, invasivas da autonomia privada, com um certo grau de autonomia do legislador, em que pese este definir os objetivos, finalidades e limites do exercício dessa própria prerrogativa.

E é aqui que repousaria e conciliaria o reforço do regulamento administrativo com a premissa constitucional de reserva da lei (art. 5º, II, da CR88). Não haveria que se falar em violação ao princípio da legalidade quando a própria lei que delimita a prerrogativa da Administração Pública em disciplinar determinadas matérias. Trata-se de fenômeno usualmente designado como "deslegalização", ou seja, a atuação normativa da Administração, através de autorização legislativa (GUIMARÃES, 2007, p. 119).

Por isso, mesmo que no Brasil não se admita a possibilidade de regulamentos autônomos, em que o Poder Executivo tem a prerrogativa de criar norma jurídica com fundamento direto da Constituição, o Direito regulatório vem viabilizando uma maior

---

[217] Segundo Celso Antônio Bandeira de Mello (2009, p. 339), "pode-se conceituar o regulamento em nosso Direito como ato geral e (de regra) abstrato, de competência privativa do Chefe do Poder Executivo, expedido com a estrita finalidade de produzir as disposições operacionais uniformizadoras necessárias à execução de lei cuja aplicação demande atuação da Administração Pública". Fernando Dias Menezes de Almeida (2006, p. 119 *et seq.*) bem pontua que ainda não existe, na doutrina brasileira, um amadurecimento suficiente para que se configure univocidade de sentido para o conceito de regulação aplicado ao Direito Administrativo. Segundo o autor: "Regulação não é conceito tradicionalmente empregado no Brasil, nem nos textos normativos, nem em estudos doutrinários de direito administrativo. Daí decorrem não apenas uma dificuldade de precisão de seu sentido como, também, conseqüentes [sic] confusões terminológicas. Um exemplo disso é a confusão, no Brasil, entre 'regulação' e 'regulamentação'. Tais vocábulos têm a mesma etimologia. Em linguagem leiga podem ser tidos como sinônimos. Mesmo em obras jurídicas não-específicas sobre a matéria essa assimilação ocorre. Todavia, "regulamentação" já possui sedimentado em nosso Direito – do ponto de vista doutrinário, a partir de sólida fundamentação no direito positivo – um sentido próprio, distinto do de "regulação", que o rigor científico impõe não seja desprezado." (ALMEIDA, 2006, p. 119 *et seq.*).

flexibilização do princípio da reserva legal para que o legislador apenas conceda ao administrador discricionariedade normativa para dispor de determinados temas, observando as diretrizes gerais previamente estabelecidas em lei. Isso implica dizer que há, de certo modo, uma *aquiescência legislativa para que a própria Administração Pública possa estabelecer os efetivos contornos da intervenção estatal na livre iniciativa*, justamente por poder estabelecer as condições de acesso ao mercado e de exercício de sua propriedade produtiva, sem que tais contornos tenham sido previamente definidos no legislativo.

Portanto, o empoderamento administrativo é a tônica do Estado Regulador. A intensificação dos poderes administrativos é uma consequência desse modelo. No Estado Regulador, confere-se maior poder de supervisão sobre as atividades privadas abertas à livre iniciativa, especialmente para prever e aplicar sanções contra a inobservância de obrigações e condições operacionais criadas pela própria Administração Pública (GONÇALVES, 2006, p. 567). Ainda, segundo Pedro Gonçalves (2006, p. 562) verificam-se novos poderes, tal como prerrogativas de solução de litígios que se desenrolam em procedimentos administrativos triangulares, em que diferentes agentes econômicos colocam interesses em disputa e decisão pela própria Administração Pública regulatória.

Também pode ser indicado como consequência do empoderamento administrativo a tendência de despolitização da administração regulatória, o que traz maior independência da função administrativa frente às intempéries políticas e ao controle político-legislativo. Segundo Binenbojm (2016, p. 241), "[...] as agências reguladoras independentes são exemplos de autoridades administrativas parcialmente desvinculadas da lógica político-partidária e eleitoral, cuja missão seria criar incentivos para a deliberação regulatória pautada por critérios técnicos e econômicos".

No Brasil, a preocupação com a despolitização da função regulatória já era vislumbrada na Lei nº 9.986/2000, ao prever mandato fixo para dirigentes de Agências Reguladoras (artigo 6º). A despolitização foi ampliada com a recente Lei nº 13.848/2019, que alterou substancialmente o regime de recursos humanos das Agências Reguladoras, definido na referida Lei nº 9.986/2000, estabelecendo diversas normas que resguardam a independência política dessas entidades administrativas, tais como: (i) proibição de nomeação para o Conselho Diretor ou Diretoria Colegiada de membros do segundo escalão do Poder Executivo (ministros e secretários), parlamentares, dirigentes de partidos políticos ou que exerçam cargos em organização sindical (art. 8º-A); (ii) proibição de diretores da Agência Reguladora em exercer atividade político-partidária ou sindical (art. 8º-B); (iii) a obrigatoriedade de o presidente ou diretor-presidente, ou diretor-geral, da Agência Reguladora e os demais membros do Conselho Diretor terem notório conhecimento no campo de sua especialidade, com formação acadêmica compatível com o cargo para o qual foram indicados e vasta experiência profissional na área da função a ser assumida, nos termos do art. 5º, da Lei nº 9.986/2000.

Nesse sentido, é defensável afirmar que o empoderamento da função administrativa – mediante a destipicização do ato administrativo, do reforço do regulamento administrativo e da despolitização da função regulatória – forneceu maior base para o *avanço da permeabilidade* de normas publicistas sobre o direito privado, sobretudo para condicionar o direito de livre iniciativa, cujo processo de ingerência pública já havia se iniciado durante o *welfare state*. Todavia, no modelo regulatório atual, pode-se dizer que a autonomia privada ficou ainda mais fragilizada: enquanto no *welfare state*, a publicização de determinada atividade induzia o Estado a assumir a atividade como de domínio próprio, no atual cenário, a autonomia privada (a livre iniciativa, especialmente) está mais suscetível de condicionamentos e limites administrativos, tendo em vista o processo acelerado de deslegalização, viabilizada pelo próprio legislador.

Por isso, a publicização do regime privado é a consequência mais marcante do modelo regulador. Criou-se campo emergente para maiores interações público-privadas cujo grau de publicização se mede não pela titularidade dos bens e serviços, mas pela importância da própria atividade. O modelo regulatório viabilizou o aprofundamento do que se chama de "direito privado administrativo", que justifica ainda mais a normatividade crescente no exercício de atividades privadas (MÂNICA; MENEGAT, 2017, p. 24 *et seq.*).

No *welfare state*, diversas movimentações – usualmente denominadas como primeira crise do serviço público – desmitificaram a ideia de que processos de identificação do direito público (que ainda persiste na doutrina administrativista) estaria sempre vinculado com a natureza jurídica do empreendimento (atividade econômica *versus* serviço público), ou dos bens utilizados na prestação do serviço (bens públicos ou privados) ou com a personalidade jurídica de quem exerce a atividade (Estado *versus* particular). Tornou-se comum o Estado criar empresas, espelhadas na estrutura da atividade empresarial privada, para exercício de atividades econômicas e serviços públicos, no qual sempre se reconheceu a imersão de normas de direito privado para o ente estatal. Da mesma forma, permitiu-se que entidades privadas pudessem atuar em atividades legalmente definidas como de domínio econômico, quando a estrutura empresarial se viu atingida por diversas normas até então usualmente aplicáveis às atividades estatais.

No modelo regulatório, essa interação entre o público e privado se aprofundou tão substancialmente que tornou possível identificar atividades de titularidade privada com graus de publicização, ou melhor, escalas de *publicatio*, mais elevadas do que atividades de domínio público, como por exemplo, ao cotejar a intensa regulação do setor financeiro (domínio privado) com a regulação em alguns serviços públicos explorados pelo próprio Estado, tal como a geração de energia elétrica de matriz eólica (domínio público) (MÂNICA; MENEGAT, 2017, p. 26).

Assim, pode-se dizer que a função regulatória *transformou como elemento indutivo do direito público a importância coletiva da atividade*, e não mais a titularidade do serviço, independentemente de quem seja o titular de sua execução. Por isso, tal como bem pontua Mânica e Menegat (2017, p. 27), considerando que a variação do regime jurídico modifica conforme a natureza específica da atividade em questão, isso "[…] pode resultar em um regime jurídico de uma atividade de titularidade privada mais constritor do que um regime jurídico aplicável a uma atividade de titularidade estatal executada de modo exógeno por um agente privado". A oposição entre direito público e privado, com a identificação de atividades de domínio público e domínio privado, perde, nesse sentido, toda sua razão de ser, considerando os diferentes graus de publicização que podem ocorrer nas atividades do Estado ou do setor privado.[218]

---

[218] O grau de publicização aqui se difere da referência ao termo trazido no Capítulo 4 (item 4.4.1), até mesmo porque observaram fenômenos distintos. Aqui, o grau de publicização refere-se à comparação do grau de incidência de normas de natureza privada e natureza pública em atividade de titularidade do Estado e atividades abertas à livre iniciativa. No Capítulo 4, "graus de publicização" se referiam ao nível de limitação do direito à iniciativa econômica privada consubstanciada pela prerrogativa de *publicatio* e do caráter instrumental do serviço público,

No modelo regulatório, o *munus* interventivo não foi criado para publicizar atividades de domínio estatal, mas especialmente de domínio privado. Da mesma forma, o incremento regulatório incidente sobre o setor privado veio mais para proteger a própria finalidade do Estado, que visa resguardar o sistema de direitos fundamentais e os objetivos sociais programáticos decorrentes da cláusula de bem-estar social, do que meramente evitar o prejuízo a interesses individuais pelo abuso do poder econômico. A regulação não é instrumento dotado de neutralidade apenas para assegurar o correto funcionamento de um setor que visa atingir seus próprios interesses; o que ela reflete é o modelo do Estado de responsabilidade pública, ou Estado de garantia, "[...] que se mantém comprometido com o bem-estar e com a realização dos direitos dos cidadãos a usufruir em condições acessíveis de certos serviços e bens" (GONÇALVES, 2006, p. 571 *et seq.*).

Por isso que a regulação não é apenas medida para impedir intempéries ao interesse econômico coletivo que representam determinadas falhas de mercado, como meio de proteger uma concorrência mais profícua no domínio econômico. A regulação também busca, mediata e imediatamente, proteger determinados fins sociais (regulação social), mediante a imposição de obrigações condicionantes à livre iniciativa, não com o objetivo de trazer equilíbrio na relação entre empresa *versus* empresa, mas para contrabalancear o interesse da empresa *versus* o interesse do consumidor/usuário e o interesse público de atingimento de determinadas metas socialmente aferíveis, que poderia também justificar a opção estatal pelo instituto do serviço público.[219]

5.7 Regulação social como um dos tipos de regulação: a legitimação da imposição regulatória de encargos de serviço público à autonomia privada

Como alerta Tony Prosser (2010, p. 1), é comum verificar doutrinadores que referenciam a "regulação" sempre como um instrumento de correção das falhas de mercado. Todavia, essa é apenas uma das finalidades da função regulatória e referencia apenas um conceito muito restrito da expressão. Neste caso, anteriores definições sobre o que vem a ser "regulação" sempre relacionaram a sua função com o bom funcionamento do mercado e do sistema econômico. Contudo, recentemente, há o reconhecimento de um amplo rol de outros tipos de controle social no conceito de regulação, incorporando ideias advindas da sociologia, como também das ciências econômicas (PROSSER, 2010, p. 1 *et seq.*).

Em uma visão mais ampla da função regulatória, a intervenção estatal na autonomia privada e na livre iniciativa pode ter a finalidade não apenas de impedir que os interesses individuais possam prejudicar os interesses coletivos; pode ter como escopo a utilização dos interesses privados para atingir a objetivos públicos. A regulação social, enquanto tipo de regulação – ao lado da regulação econômica – traz em si a ideia de que o intervencionismo estatal é fundamentado não apenas no controle de abusos de direitos, mas no ideal dirigista de Estado.

---

sopesando, assim, a diferença entre a limitação do acesso do particular a determinada atividade e pela imposição de condições operativas, com incidência de encargos de serviço público, em atividade abertas à livre iniciativa.

[219] Essa relação criada pelo novo papel regulatório é, por isso, identificada como "equilíbrio tripolar", tal como referenciado por Sabino Cassese (*apud* GONÇALVES, 2006, p. 573).

A regulação econômica é a forma mais clássica, derivada da ideia de vigilância e pacificação social, que subentende que o Estado intervém na iniciativa econômica privada pois há um abuso de direito na sua utilização, desenhando inúmeras hipóteses de "falhas de mercado". Na regulação social, por outro lado, a intervenção não se justifica – pelo menos não diretamente – pela ideia de vigilância e pacificação, pois não há, a princípio, um abuso de direito, em detrimento de direitos específicos da coletividade. Neste caso, é a sociedade – através do Estado – que impõe deveres objetivos condicionantes do uso de um direito pelo particular, para que a fruição de um interesse privado possa ter resultados positivos para toda a coletividade. Há, então, através da regulação social, uma convergência entre o interesse egoístico – que motiva a iniciativa econômica privada – com o interesse coletivo de integração e inclusividade na execução de atividades privadas que são reputadas importantes para a sociedade.

A regulação é normalmente assumida como uma medida de intervenção estatal externa, na esfera das atividades privadas, consistindo na definição de condições normativas de funcionamento da atividade regulada e no controle da aplicação e observância de tais condições (GONÇALVES, 2006, p. 540). Nesse sentido, segundo entendimento de Pedro Gonçalves (2006, p. 541 *et seq.*), o conceito da regulação compreende as *regulações setoriais* e as *regulações transversais*.

No primeiro conceito (*regulação setorial*), a regulação atinge determinados setores da economia, de caráter mais *dirigista*, normalmente se apresentando como uma intervenção de *natureza intrusiva*, com a imposição de obrigações *ex ante*; mas também admitem formas de *regulação profilática* – no qual o Estado busca se envolver mais ativamente para obtenção de determinados objetivos – como também de *regulação repressiva*, com punição pelo descumprimento de regras (GONÇALVES, 2006, p. 541). No segundo conceito (*regulações transversais*), a intervenção estatal tem um *caráter limitador*, caso em que a regulação se aplica à generalidade dos agentes econômicos; este é o caso paradigmático da *regulação da concorrência*, que parte da premissa de que o Estado não deve intervir no âmbito econômico, exceto quando necessário para reprimir abusos e práticas comerciais lesivas para escolha do consumidor (GONÇALVES, 2006, p. 542).

Nessa classificação, as regulações transversais ficam a cargo das *autoridades antitruste* e fazem parte do âmbito do *direito concorrencial*. A regulação setorial, por outro lado, é a esfera em que se encontra *a imposição de obrigações específicas*, buscando o atendimento a uma expectativa de *qualidade e acessibilidade* que se espera de determinadas atividades econômicas de interesse coletivo. A regulação setorial é o domínio interventivo em que se encontram encargos específicos, tais como: o interesse à não interrupção incondicionada do serviço (continuidade); interesse em prestar na generalidade do território do âmbito de execução empresarial (universalidade); interesse em resguardar igualdade nas condições comerciais, aqui entendido respeitar as diferenças de cada utilizador de um serviço, o que viabiliza uma progressividade de preços para facilitar o acesso aos hipossuficientes; interesse em resguardar um padrão mínimo de qualidade e atualidade na execução do serviço, cujos parâmetros também podem ser objeto de controle pelos consumidores (transparência) etc.

Ainda, Pedro Gonçalves (2008, p. 21), em outra ocasião, menciona que o modelo transversal de regulação, que tem uma projeção econômica – para o funcionamento equilibrado e eficiente do mercado, garantindo a ordem pública deste – também pode ter um viés de regulação social, na medida em que "[...] procuram proteger e realizar outros valores (defesa dos direitos dos consumidores, dos trabalhadores, protecção do ambiente e qualidade de vida, etc.)". Todavia, segundo o autor, é no *campo da regulação setorial* que o âmbito da regulação social assume maior proeminência, especialmente diante da *possibilidade de imposição de obrigações de serviço público* (GONÇALVES, 2008, p. 23 *et seq.*).

A regulação setorial é resultado de deliberações político-legislativas e administrativo-regulatórias que buscam conferir um regime específico para um determinado setor de atividade, considerando os imperativos de interesse público e dos sistemas dos direitos dos cidadãos interessados nos mesmos serviços de caráter essencial. Diante das particularidades de cada atividade, e da estratégia regulatória assumida, é nesse campo de regulação que impende instituir obrigações específicas sobre certos ou todos os operadores, encargos estes conhecidos como "[...] obrigações de serviço universal e as obrigações de serviço público, que impõem a adopção de certas condutas e que podem ter uma relevância organizativa" (GONÇALVES, 2008, p. 23). Completa o autor,

> [...] o que está aqui em causa é a exigência de a legislação configurar, com uma margem significativa de discricionariedade, os termos do exercício da liberdade de iniciativa económica, acomodando esta com o interesse público e os direitos dos cidadãos quanto ao acesso a serviços essenciais. Neste plano, em que o estabelecimento de regras legais já se pode qualificar como regulação, a legislação deve assumir preocupação social (de garantia da universalidade), no quadro de uma *regulação social* (GONÇALVES, 2008, p. 24).

Nesse contexto, Marçal Justen Filho (2002, p. 32 *et seq.*) ressalta que a regulação econômica, ou seja, a destinada a suprir falhas de mercado, faz parte da *"primeira onda regulatória"*, ocasião em que se consolidou a necessidade de intervenção estatal para suprir deficiências e insuficiências do mercado, as quais podem ser assim sintetizadas: (i) deficiência na concorrência; (ii) bens coletivos, (iii) externalidades, (iv) deficiências (assimetrias) de informação, (v) desemprego, inflação e desequilíbrio. A *deficiência na concorrência (i)* representa a mencionada atuação antitruste, que visa minimizar os efeitos negativos do monopólio natural e de concentrações econômicas. A regulação econômica em vista dos *bens coletivos (ii)* busca garantir a boa consecução de utilidades igualmente necessárias para todos os membros da coletividade, de modo a evitar a apropriação individual ou privada de determinados sujeitos (JUSTEN FILHO, 2002, p. 34).[220] A regulação econômica em vista das *externalidades (iii)* representa a ação estatal destinada a centralizar os custos econômicos para o agente econômico, evitando que este repasse determinados *custos de transação* para a própria sociedade: "[...] a externalidade reflete, sob um certo ângulo, a transferência (indevida) para terceiros de custos inerentes à atividade econômica" (JUSTEN FILHO, 2002, p. 35).[221] A regulação em vista da *assimetria de informações (iv)*, significa que o Estado atua para mitigar os efeitos negativos ao consumidor em razão do conhecimento restrito de determinadas informações essenciais

---

[220] Em que pese se tratar de evidente preocupação distributiva e social, o propósito regulatório, neste caso, é eminentemente econômico, na medida em que se busca evitar que apenas um grupo restrito de pessoas ou os mais afortunados possam ter acesso a um mercado imprescindível, como de medicamentos ou abastecimento, por exemplo.

[221] Isso ocorre, por exemplo, quando determinada atividade econômica produz poluição e, logo, não computam nos custos de transação os ônus para evitar o dano ao meio ambiente sustentável, deixando esse encargo para a coletividade.

pelo agente econômico, gerando danos aos consumidores.²²² Assim, o Estado intervém justamente "[...] para impor a obrigação de difusão de informações essenciais, que permitam aos sujeitos dotados de menor poder a realização de escolhas mais adequadas" (JUSTEN FILHO, 2002, p. 36). Por fim, sobre a regulação econômica com o objetivo de evitar os *desequilíbrios de mercado* e para abreviar os *ciclos econômicos espontâneos (v)*, o Estado tem que tomar diversas medidas micro e macroeconômicas que visem eliminar desequilíbrios naturais e cíclicos do próprio sistema econômico, evitando ou mitigando crises econômicas e financeiras, inflação, redução do poder de compra e outros efeitos negativos diversos (JUSTEN FILHO, 2002, p. 36 *et seq.*).

Com efeito, todas as subclassificações apresentadas por Marçal Justen Filho (2002), para a regulação econômica, de fato, apresentam situações em que a intervenção estatal é essencial para mitigar ou superar falhas do mercado, geradoras de danos para a sociedade, as quais foram provocadas pelo exercício de um direito individual (liberdade econômica).

Em que pese a proeminência da regulação econômica, Marçal Justen Filho (2002, p. 38), por sua vez, identifica que a regulação social estaria atinente a uma *"segunda onda regulatória"*, o que ocorreu com a "drástica redução da atuação estatal direta", caso em que houve uma amplitude da noção da função regulatória, que também estaria destinada à "realização de inúmeros outros fins, de natureza sociopolítica", não devendo se restringir a preocupações meramente econômicas. Segundo o autor:

> Num modelo de Estado de Bem-Estar, inúmeras dessas finalidades já permeavam a disciplina jurídica da atuação privada. Ademais disso, instituições estatais estavam vinculadas à sua realização. A ideia de um Estado Regulador não significa a extinção da atuação estatal nesses planos, mas impõe uma intensificação da regulação jurídica sobre outros temas. (JUSTEN FILHO, 2002, p. 38).

O reconhecimento dessa nova onda regulatória não é, a princípio, assumido na mesma abrangência mencionada por diversos teóricos da regulação.²²³ Windholz e Hodge (2013) bem explicam que existem diversas correntes conflituosas no tocante à abrangência do conceito de regulação social. Uma primeira corrente identifica a regulação como subespécie da regulação econômica, como pertencente ao seu próprio conceito, pois são formas de intervenção que visam também corrigir deficiências do livre mercado; a regulação social consubstanciaria, então, em intervenções governamentais aptas a tratar os efeitos negativos das relações de produção nos consumidores, trabalhadores,

---

²²² Segundo Marçal Justen Filho: "A assimetria de informação significa, então, que os diversos agentes que participam do processo econômico detêm diferentes graus de informação, o que significa que alguns dispõem de melhor condição de escolha do que outros. Mais ainda, a titularidade da informação se transforma em uma espécie de bem econômico de segundo grau, já que propicia grandes vantagens econômicas. Daí deriva que os titulares do conhecimento tentam evitar a difusão para a coletividade das informações mais fundamentais." (JUSTEN FILHO, 2002, p. 36).

²²³ Maria Sylvia Zanella Di Pietro (2004, p. 21) se posiciona no sentido de que "[...] é possível definir-se a regulação econômica como o conjunto de regras de conduta e de controle da atividade privada pelo Estado, com a finalidade de estabelecer o funcionamento equilibrado do mercado". A autora também *reconhece* a existência da regulação social, contudo, restringida à ideia de normas regulamentadoras de serviços públicos executados em regime de concessão, permissão ou autorização, ou ainda no caso de "serviços públicos não exclusivos do Estado" (DI PIETRO, 2004, p. 22). Essa restrição do conceito da regulação social apenas para casos regulamentares da concessão, revela, a nosso ver, o já mencionado e demasiado apego doutrinário à ideia da indissociabilidade do regime jurídico-prestacional do serviço público com o elemento subjetivo e organizacional da noção do serviço público.

comunidades e meio ambiente, como se fosse parte do próprio gerenciamento econômico (WINDHOLZ; HODGE, 2013, p. 28 *et seq.*).²²⁴

Corrente oposta a esta define a regulação social em termos de alcançar certos resultados socialmente desejados, de satisfazer as aspirações e desejos coletivos e de produzir resultados melhores do que aqueles produzidos por uma economia de mercado, mesmo que operada de maneira eficiente (WINDHOLZ; HODGE, 2013, p. 30 *et seq.*). Neste sentido, a regulação econômica estaria inserida no conceito de regulação social, que é mais abrangente do que as intervenções governamentais destinadas a suprir falhas de mercado, abrangendo outras formas de intervenção destinadas apenas a atender a metas socialmente desejáveis.²²⁵

Importante referencial teórico dessa corrente, que demonstra mais afinco com definições anteriormente já apresentadas, é Tony Prosser (1997a), para o qual existe grande número de razões não-econômicas para a regulação. Segundo o autor, a regulação social, como categoria mais recente do Direito regulatório, parece sobrepor aos motivos econômicos da regulação, fundando-se em razões basicamente distributivas, amparadas na intenção em evitar uma indesejável distribuição inefetiva de direitos sociais (PROSSER, 1997a, p. 13). Enquanto a regulação econômica busca, em última instância, justificar a intervenção estatal na maximização da eficiência alocativa, qualquer preocupação com a distribuição de recursos econômicos pela regulação econômica é apenas resultado da concretização desse objetivo. Contudo, para o autor, a regulação social se justifica não na ideia econômica, mas sim na proteção de direitos (PROSSER, 1997a, p. 15). Os direitos que a regulação social busca amparar não são, necessariamente, derivados de um objetivo utilitarista e não são limitados a direitos negociáveis no mercado (PROSSER, 1997a, p. 15).

A nova abordagem acerca da regulação, na qual se admite a abrangência de outras finalidades, é mais realística do que o conceito de regulação restringido para

---

[224] Expoente representante dessa corrente, Anthony Ogus (2004, p. 4 et seq.), faz a seguinte explanação sobre o tema: "The public interest justifications for social regulation, which deals with such matters as health and safety, environmental protection, and consumer protection, tend to centre on two types of market failure. First, individuals in an existing, or potential, contractual relationship with firms supplying goods or services often have inadequate information concerning the quality offered by suppliers; in consequence, the unregulated market may fail to meet their preferences. Secondly, even if this information problem does not exist, market transactions may have spillover effects (or externalities) which adversely affect individuals who are not involved in the transactions. To deal with these problems, policy-makers can choose from a range of regulatory instruments, classifiable according to the degree of state intervention required. At the end of the spectrum associated with low intervention, we can identify three regulatory forms: information regulation [...], forcing suppliers to disclose details concerning the quality of their goods or services; 'private' regulation [...], imposing obligations which nevertheless can be enforced only by the individuals for whose benefit they have been created; and economic instruments [...] which, as explained above, are not coercive but rather induce desirable behaviour by financial incentives. At the other end of the spectrum, we find the highly interventionist instrument of prior approval [...]; this prohibits the undertaking of an activity without a licence or authorization issued by an agency. Between the extremes lies the most frequently employed form of regulation—sometimes referred to as 'command-and-control'—in which standards, backed by criminal sanctions, are imposed on suppliers".

[225] Cumpre observar que Windholz e Hodge (2013, p. 31 *et seq.*), ao expor as diferentes conceituações de regulação social, buscam propor um modelo interconectado e interdependente de regulação econômica e social, no sentido de que valores primários pretendidos para determinado tipo de regulação, corresponderiam a valores secundários do outro tipo de regulação. Ou seja, para o entendimento desses autores, valores primários da regulação econômica (eficiência, concorrência, inovação, individualismo e escolha) corresponderia aos "valores de apoio" da regulação social. Também, de maneira inversa, os valores primários da regulação social (justiça, razoabilidade, equidade, coesão social e confiança), corresponderiam aos "valores de apoio" da regulação econômica (WINDHOLZ; HODGE, 2013, p. 34 *et seq.*).

superar as falhas de mercado, considerando a quantidade de instituições regulatórias com responsabilidades sociais, em vez de econômicas, ou que representam uma mistura de ambos, as quais utilizam da regulação como instrumento preferencial para administrar uma área de provisão social, para a qual o mercado é considerado, a princípio, inapropriado (PROSSER, 2010, p. 3).

O realce da regulação social frente à regulação econômica (que seria apenas uma das formas mais restritas de regulação) é revelado pela classificação que Tony Prosser (2010) realiza acerca dos racionais que advém para a função regulatória, que podem ser divididas em quatro visões (i) regulação para a eficiência econômica e escolha do consumidor; (ii) regulação para proteger direitos humanos; (iii) regulação para a solidariedade social; e (iv) regulação como deliberação.

A regulação para a eficiência econômica e escolha do consumidor (i) refere-se ao conceito restrito de regulação econômica, que se relaciona com institutos do direito da concorrência e se reproduz para mitigar efeitos negativos nas mencionadas situações de monopólios naturais e nas diversas formas de dominação econômica, e nos efeitos adversos do livre comércio; pode-se também se reproduzir em medidas de incentivo à ampliação da concorrência em mercados mais restritos (PROSSER, 2010, p. 12).

A regulação para proteção de direitos básicos (ii) revela um intervencionismo de equidade, diante da premissa assistencialista de que todos os indivíduos possuem o direito incondicional para certos níveis de proteção (PROSSER, 2010, p. 13). Neste caso, o regulador pode proteger os direitos de utilizadores de serviços, mediante o desenvolvimento de padrões que reflitam tais direitos, bem como monitorando a sua aplicação, através de uma maior supervisão (PROSSER, 2010, p. 14). Esse tipo de regulação espelharia, segundo o autor, a forma mais comum de regulação de serviços de interesse coletivo no *Common Law*.

A regulação para a solidariedade social (iii), por sua vez, trata-se de um racional para a regulação social mais comum na tradição jurídica da Europa continental, considerando a sua nítida influência na noção do serviço público (PROSSER, 2010, p. 15). Essa forma de regulação não busca apenas preservar direitos individuais, mas parte de um dever da comunidade em assegurar a inclusão e o sentido moral de igualdade, de modo a minimizar a fragmentação social, quando da prestação de um serviço de interesse coletivo (PROSSER, 2010, p. 15 *et seq.*). Para melhor explicitação desse racional, é conveniente transcrever a seguinte passagem do autor:

> A solidariedade social pode desempenhar diferentes papeis na regulação. O primeiro é criar a concepção social sustentada na confiança e expectativa mútuas, as quais são necessárias para o funcionamento do mercado. Nesse sentido, a criação de necessárias pré-suposições para a eficiência econômica e escolha do consumidor é inerente a esta primeira razão regulatória. O segundo papel da abordagem baseada na solidariedade social é, no entanto, prevenir ou limitar o papel socialmente fragmentador dos mercados. Por exemplo, intervenções regulatórias podem tentar assegurar a igualdade de tratamento entre os usuários dependentes dos serviços públicos em razão da cidadania e da inclusão, tais como a exigência de tarifas médias regionalizadas para os serviços de utilidade pública. Exemplos mais específicos são a garantia do serviço universal, abrangendo áreas urbanas e rurais e consumidores ricos e pobres, e a proteção de padrões uniformes de qualidade de serviço através da fiscalização. Claramente, em tais casos, há uma sobreposição com a promoção dos direitos individuais, mas o elemento de inclusão social também é bastante

forte. A solidariedade social é também particularmente relevante nos serviços de saúde, no contexto do 'Serviço Nacional de Saúde' (talvez a mais célebre expressão de valores da solidariedade social) e no serviço público de radiodifusão. (PROSSER, 2010, p. 16, tradução nossa).[226]

Por fim, a visão da regulação como instrumento deliberativo (iv) significa que a função regulatória pode ser utilizada como instrumento de deliberação pública, de modo a que decisões estatais possam ser mais legítimas, efetivas e acertadas. Esse racional necessariamente envolve uma transparência regulatória, necessidade de consultas públicas regulatórias, prestação de contas e abertura à participação em geral. Neste caso, o autor reitera que essa visão não implica utilizar a participação social como um fim em si mesmo, pois representa o exercício de um direito mais abrangente no qual as regras limitadoras do indivíduo sejam definidas no âmbito daqueles interessados, e que os diferentes princípios da regulação são ponderados e enfrentados, em prol de uma regulação mais responsiva (PROSSER, 2010, p. 17 *et seq.*). O modelo da regulação como deliberação considera, então, que o princípio democrático é uma finalidade que, separadamente, pode ser atingido pela regulação, o que motivou Tony Prosser (2010) a separar essa visão de regulação, das demais.

Sobre esse racional para a regulação social, é de se referenciar aqui, no Direito brasileiro, os vários instrumentos de necessidade de participação de usuários de serviços públicos e de regulados, na definição de normas regulatórias para os serviços. Por exemplo, a Lei nº 13.460/2017, que dispõe sobre participação, proteção e defesa dos direitos do usuário dos serviços públicos da Administração Pública, prevê inúmeros instrumentos deliberativos para definição de direitos de usuários de serviços públicos, tais como ouvidorias, direito ao monitoramento e participação em decisões relacionadas a serviços públicos, representatividade em conselhos deliberativos específicos, dentre outros. Cabe menção, também, a Lei nº 13.848/2019, que dispõe sobre normas gerais de funcionamento das Agências Reguladoras, que dispõe sobre a possibilidade de convocação de audiência pública para tomada de decisão sobre matéria relevante (artigo 10), bem como a institucionalização de outros meios de participação de interessados em suas decisões (artigo 11).

Enfim, dentre as suas quatro visões da regulação, o modelo da regulação para a solidariedade social, apresentado por Tony Prosser (2010), bem delimita como a função regulatória pode, e deve, intervir na esfera da liberdade econômica para legitimamente impor obrigações positivas com o objetivo de resguardar a adequação prestacional de atividades de interesse coletivo, visando objetivos públicos e sociais de inclusividade e o atendimento de direitos decorrentes da cláusula de bem-estar social.

Segundo o autor, enquanto a regulação econômica busca resguardar a qualidade do serviço e razoabilidade do preço por meio de indução à competitividade, a regulação social possui relação com a indução de princípios decorrentes do "serviço universal", que visam resguardar o acesso e boa prestação de serviços de interesse geral a todos os cidadãos (PROSSER, 1997a, p. 13 *et seq.*). Neste contexto, o autor reitera que essa forma

---

[226] Tony Prosser (2010, p. 16 *et seq.*) também inclui dentro desse conceito de solidariedade social a promoção da sustentabilidade ambiental, mediante medidas que resguardem a possibilidade de utilização das necessidades básicas para aproveitar a qualidade de vida, sem prejudicar o compromisso com a qualidade de futuras gerações.

de regulação foi característica do estágio inicial das liberalizações e privatizações de serviços econômicos de propriedade estatal, diante do reconhecimento de que a aplicação de princípios decorrentes do "serviço universal", representadas pelas obrigações do serviço público, teriam que ser aplicadas, por se pautarem em direitos sociais dos usuários dessas atividades (PROSSER, 1997a, p. 14 *et seq.*).

Ainda, esse autor inglês desenvolve suas premissas de regulação de maneira bem concatenada com a realidade do *Common Law* e da tradição jurídica da Europa continental. Tanto que busca justificar a aplicação desse tipo de regulação às *public utilities* com base na utilização das premissas do serviço público de tradição francesa as quais, segundo ele, "[...] poderiam prover uma fonte jurisprudencial para o seu desenvolvimento" (PROSSER, 1997a, p. 15).

O fato é que a regulação social, como modelo atualmente reconhecido pelas teorias da regulação, é uma realidade regulatória em diversos países amparados pela tradição francesa do serviço público, e possui fundamentos semelhante à ideia de um Estado prestacional e garantidor de direitos sociais criados e desenvolvidos desde os primórdios do constitucionalismo social. A observância de determinados padrões prestacionais (tais como a continuidade, adequação, universalidade, igualdade etc.) foi, e ainda é, razão primordial para a ideia instrumental do serviço público, como também é para a ação interventiva perpetrada pela regulação social.

Tal como bem pontua Pedro Gonçalves (2008, p. 8 *et seq.*), a regulação social constante no modelo de regulação setorial é decorrência dos imperativos do modelo do "Estado de Garantia", ou melhor – como já ressaltado em outras linhas acima – trata-se da própria efetivação da responsabilidade pública de garantia. Esta, se traduz, especialmente, na (i) garantia de fornecimento de serviços essenciais, como também na (ii) proteção dos direitos dos utilizadores dos serviços essenciais.

No primeiro caso (*dever de fornecimento de serviços essenciais*), a incumbência de "garantir" decorre justamente porque o Estado, no modelo welfarista da segunda metade do século XX, se encarregava de "fornecer, produzir e prestar" (GONÇALVES, 2008, p. 8). Com imperativos atuais de privatizações e liberalizações, a ideia da "garantia" restou como decorrência lógica da cláusula do bem-estar social, considerando a manutenção da importância social dessas mesmas atividades. O conceito de serviços de interesse econômico geral é um espelhamento dessa ideia de garantia, considerando os imperativos comunitários de que o Estado deve garantir a sua boa execução, mesmo que resolva não assumir a responsabilidade de sua prestação (serviço público) (GONÇALVES, 2008, p. 9). Tal como relatamos em linhas anteriores, a instrumentalidade do serviço público (no sentido da transformação de uma atividade como de domínio estatal) está vinculada a essa ideia de "garantia", na medida em que cabe ao Estado decidir se assume a posição de prestador direto, ou a posição de garante, especialmente através da função regulatória. Assim, diante do reconhecimento da essencialidade dos serviços, mesmo que o Estado não opte por executá-los diretamente, ou através da técnica concessória, não se pode olvidar de sua responsabilidade de garantia, considerando o dever estatal em resguardar a boa execução das mesmas atividades.

No segundo caso (*proteção dos direitos dos utilizadores dos serviços essenciais*), a ideia de responsabilidade de garantia não envolve apenas garantir a "existência" desses serviços, mas, além disso, "garantir o acesso dos cidadãos a esses mesmos serviços em condições de universalidade" (GONÇALVES, 2008, p. 11).[227] Verifica-se, assim, uma nova *relação triangular* no dever prestacional do Estado:

> [...] em vez da realização de direitos a certas prestações no âmbito de uma *relação bipolar* ou *dual* com o cidadão (através de uma Administração Pública de fornecimento ou de prestações de serviços aos utentes), o Estado assume um dever institucional de protecção dos direitos de acesso a serviços essenciais, no contexto de uma *relação triangular*. Nesta relação, intervêm, além do Estado (com funções de regulação, controlo, garantia e protecção), entidades particulares e cidadãos titulares de direitos fundamentais, como clientes ou utilizadores de serviços, de um lado, e outras entidades particulares igualmente titulares de direitos fundamentais, como fornecedores e prestadores de serviço, do outro lado (GONÇALVES, 2008, p. 12).

Verifica-se, assim, que o modelo do Estado de garantia tem o efeito de aumentar as exigências de proteção estatal dos direitos dos particulares, criando-se um dever especial de proteção que pode, sobretudo, ser exigido do cidadão, em face do Estado, em uma espécie de "direito subjetivo à regulação pública" (GONÇALVES, 2008, p. 13). Diante disso, completa o autor:

> A definição dos standards de qualidade e de segurança dos serviços prestados em contexto de Mercado, bem como a garantia do tratamento igualitário e da acessibilidade aos serviços (valores que se reconduzem, afinal, às clássicas "leis do serviço público": igualdade, continuidade e adaptação) surgem assim como elementos essenciais da fisionomia do Estado de Garantia (45). Em especial no que se refere à acessibilidade dos cidadãos a certos serviços essenciais, importa chamar a atenção para a intervenção dos Poderes Públicos na definição e fixação de preços (v.g., preços mínimos) (46) ou na proibição de cobrança de valores a que não corresponde qualquer contrapartida (v.g., imposição de consumos mínimos) (GONÇALVES, 2008, p. 13).

A regulação social é, sobretudo, um tipo regulatório tipificado pela OCDE, que buscou influenciar amplamente países da América Latina, sobretudo o Brasil, para realização de reformas para uma nova governança regulatória (CRUZ, 2009, p. 57). Segundo a tipologia da OCDE, regulação social seria a regulação destinada a "atuar sobre recursos sociais que não estão sujeitos a transações de mercado, mas que, no entanto, são importantes ou mesmo imprescindíveis à produção de um bem ou serviço regulado" (CRUZ, 2009, p. 58).

Em conclusão, a regulação social, enquanto fundamento de intervencionismo estatal, referenciada como atual tendência das atuais modificações da governança regulatória do Estado Regulador, tanto em países de tradição da *Common law*, como da tradição francesa dos serviços públicos (inclusive o Brasil), revela que o fundamento do regime jurídico-prestacional, que antes justificaria a prestação da atividade diretamente pelo Estado, agora permanece como racional para dever e prerrogativa estatal

---

[227] Pedro Gonçalves (2008, p. 11) cita, nesse sentido, a Carta dos Direitos Fundamentais da União Europeia, que, no seu artigo 36º – com a epígrafe "acesso a serviços de interesse económico geral" –, prescreve o seguinte: "a União reconhece e respeita o acesso a serviços de interesse económico geral tal como previsto nas legislações e práticas nacionais, de acordo com os Tratados, a fim de promover a coesão social e territorial da União".

em intervir e condicionar a autonomia privada para a proteção de direitos individuais e coletivos, também fundados na cláusula do bem-estar social.

Essas premissas jurídicas evidenciam que não existe uma incompatibilidade jurídica dos direitos inerentes à liberdade econômica e à autonomia privada com a intervenção estatal destinada a promover interesses públicos de inclusividade e promoção de outros direitos fundamentais, sobretudo no exercício do setor econômico, e abrangendo, inclusive, a imposição de obrigações típicas do regime jurídico-prestacional (obrigações de serviço público). A noção de regulação social torna manifesta, indubitavelmente, e por sua própria natureza, a permissibilidade e transferibilidade da imposição de obrigações do serviço público, específicas para a boa execução da atividade privada reputada como de interesse coletivo, quando assim é demandado por razões de interesse público e para cumprimento das missões institucionais conferidas ao Estado, no constitucionalismo social.

5.8 A imposição regulatória de obrigações de serviço público ao setor privado: breve panorama da literatura europeia

Como visto,[228] a noção de serviço de interesse econômico geral surgiu no Tratado de Roma de 1957 como um "supraconceito" a abarcar todas as tradições e realidades jurídicas existentes entre os diferentes Estados-membros, de modo a buscar a consolidação de um mercado comum concorrencial. Regra geral, serviços comumente identificados como serviços públicos (de domínio estatal), ou *public utilities,* deveriam se submeter à regra de concorrência, exceto quando a restrição à concorrência e ao ingresso de novos agentes de mercado implicar prejuízos à missão de interesse público pertinente ao objeto da atividade. A determinação de uma atuação exclusiva pública (*publicatio*) seria, então, uma regra de exceção. Por outro lado, a flexibilização do regime jurídico das atividades executadas em regime de concorrência não afastou a incidência de normas específicas inerentes ao regime comum desse tipo de atividade, que permaneciam como uma *cláusula de garantia* da adequação prestacional, mesmo quando o Estado assumia a atividade por meio de formatos eminentemente empresariais, ou, então, quando era imposta a demais agentes privados que assumiam as mesmas atividades categorizadas dentro do amplo conceito de serviço de interesse econômico geral.

Por mais que o conceito de "obrigações de serviço público" não tenha sido definido no Tratado de Roma, ele foi encarado no Direito Comunitário como característica do regime jurídico próprio dos serviços de interesse econômico geral, diante do reconhecimento da relevância de determinadas regras para o serviço quando de sua execução, seja enquanto empreendimento público ou privado. As obrigações de serviço público se apresentaram, então, no contexto comunitário, como um *instrumento de garantia do aspecto finalístico dos serviços*, não mais executados em regime de exclusivos públicos.

A expressão "obrigações de serviço públicos" surgiu nas normas comunitárias a partir do Tratado da União Europeia (Tratado de Maastricht) de 1992, que de acordo com o novo artigo 73, do Tratado que instituiu a Comunidade Europeia, referenciou-se em "prestações inerentes à noção de serviço público": "São compatíveis com o

---

[228] Capítulo 4.

presente Tratado os auxílios que vão ao encontro das necessidades de coordenação dos transportes ou correspondam ao reembolso de certas prestações inerentes à noção de serviço público." O artigo 16,[229] com redação dada pelo Tratado de Amesterdão, de 1997, passou também a identificar os serviços de interesse econômico geral com os princípios e condições que permitam a essas atividades cumprirem as suas respectivas missões.

Diante do ecletismo jurídico, criado no Direito Comunitário com a adoção do conceito de "serviço de interesse econômico geral" e as "obrigações inerentes à noção de serviço público", difundiu-se em países da Europa Continental, adeptos à noção francesa de serviço público, e signatários do Tratado de Roma, uma vasta literatura jurídica que justifica e defende a legitimidade da imposição de obrigações de serviços públicos a atividades privadas, considerando o novo papel regulatório assumido pelo Estado, em sua função de "garantidor" das referidas atividades.

No *Direito português*, as obrigações de serviço público não apenas se fundamentaram na ideia de serviço de interesse econômico geral advinda dos Tratados constitutivos da Comunidade Europeia, mas também em *deveres constitucionais* pertinentes à necessidade de manutenção do bem-estar dos cidadãos e da necessária realização de medidas que visem o resguardo do desenvolvimento social e econômico. De acordo com Paulo Otero (2001, p. 53 *et seq.*), em função da cláusula constitucional de bem-estar ou da "cláusula de Estado Social", o ordenamento jurídico português impõe limites gerais à privatização de atividades da Administração Pública, assumida como tarefa essencial, e que determina uma intervenção direta do Estado em algumas áreas econômicas e sociais. Nesse contexto, Pedro Gonçalves e Licínio Martins (2004, p. 300 *et seq.*) bem pontuam que com "[...] o processo de privatização e de liberalização não se pretendeu fazer o enterro dos fins inerentes ao tradicional serviço público – a satisfação de necessidades colectivas –, mas sim que os mesmos podem ser conseguidos através das atividades privadas". A emergência do paradigma do "Estado Garantia" transformou a concepção do Estado como prestador da atividade, para a função de *garantidor de sua prestação adequada*, fazendo insurgir uma regulação específica para garantir a manutenção de um regime jurídico comum à prestação dos serviços públicos. Por isso, como afirmam esses autores:

> [...] a (nova) regulação não tem apenas por objetivo o controlo das atividades (privadas), mas também *assegurar a sua continuidade e disponibilidade para a prestação de serviços básicos universais*, de forma a que as utilidades por estes proporcionados cheguem em termos efectivos e com carácter universal ao conjunto dos cidadãos. São as *designadas obrigações de serviço público* ou de serviço universal, às quais se reconduz, neste novo contexto a nova noção de serviço público (objetivo).
>
> Neste novo cenário, há pois que ter em conta a existência e a satisfação de necessidades que podem impor excepções (legítimas) ao livre jogo das regras do mercado. (GONÇALVES; MARTINS, 2004, p. 302).

---

[229] "Artigo 16º – Sem prejuízo do disposto nos artigos 73º, 86º e 87º, e atendendo à posição que os serviços de interesse econômico geral ocupam no conjunto dos *valores comuns da União e ao papel que desempenham na promoção da coesão social e territorial*, a Comunidade e os seus Estados-Membros, dentro do limite das respectivas competências e no âmbito de aplicação do presente Tratado, *zelam por que esses serviços funcionem com base em princípios e em condições que lhes permitam cumprir as suas missões*. (grifos nossos)."

Essa imposição de obrigações de serviço público, segundo perspectiva classificatória de Vital Moreira (2001, p. 227 *et seq.*), é um tipo especial de regulação, que difere do modelo de regulação comumente aplicada às atividades empresariais privadas. No tocante a estas, a atividade regulatória do Estado normalmente possui as seguintes racionalidades: seja para garantir a concorrência e reprimir o abuso econômico; seja para corrigir falhas do mercado nas situações que as regras comuns à concorrência não conseguirem resolver; seja para mitigar "externalidades negativas", relacionadas à busca pelo lucro, tais como danos ambientais pela condução da atividade; seja para a proteção dos consumidores, em sua relação de hipossuficiência na relação comercial com o fornecedor. Contudo, no tocante a determinados serviços privados, a regulação também busca garantir as obrigações de serviço público, que se "[...] mantêm depois da privatização e liberalização de empresas públicas e o afastamento dos antigos mecanismos do exclusivo público, que eram inerentes à antiga responsabilidade directa do Estado pelos serviços públicos" (MOREIRA, 2001, p. 228).

No *Direito espanhol*, também se encontra vasta literatura que incorpora a ideia de obrigações de serviço público, como um dever assumido pelo Estado, enquanto garantidor de algumas atividades, e que deve ser exercido através de uma regulação setorial especial,[230] em contrapartida ao estágio mais avançado de privatizações e liberalizações de diversas atividades assumidas como serviços públicos exclusivos do Estado. Nesse sentido, Sebastián Martín-Retortillo (2001, p. 24 *et seq.*), ao mencionar sobre as privatizações de uma atividade ou função que se considera pública, defende que não há nada a se opor, jurídica e politicamente, contra as privatizações dessas atividades, sempre e quando sua gestão resulte mais eficaz, menos dispendiosa *e, em qualquer caso, se forem garantidos devidamente os princípios da universalidade e igualdade ao que deve responder o sistema de prestações administrativas*.

No *Direito francês*, berço da formação da noção tradicional do serviço público, o conceito de obrigação de serviço público deixou de ser apenas um regime jurídico exclusivo de uma atividade assumida pelo Estado, passando a ser possível também sua imposição ao setor privado através da atividade regulatória. Segundo Michel Rousset e Olivier Rousset (2004, p. 134 *et seq.*), a concepção dos serviços de "interesse geral" foi responsável por fazer desaparecer uma fronteira que separava as atividades públicas das privadas, já que atividades públicas não encarregadas diretamente pelo Estado, são controladas remotamente, pela regulação, para a manutenção do alinhamento de seu exercício com o interesse geral. Assim, pontuam que a utilização de organizações privadas para a gestão de missão de serviço público pode se dar, além das técnicas de delegação ou criação de uma empresa estatal, como também pela imposição de "obrigações de serviço público", especialmente nos casos em que há a outorga de uma autorização para um empreendimento privado que envolva o uso de domínio público.

---

[230] Nesse sentido, Juan Miguel de la Cuétara Martínez (2001, p. 195 *et seq.*) defende que a regulação econômica setorial tem a prerrogativa de: "[...] manter as poderosas forças derivadas do afã do lucro e da inovação tecnológica dentro de certos limites, atuando sobre elementos muitos concretos do mercado: os preços de determinados bens ou serviços (preços regulados), a transparência de determinadas ofertas, alguns contratos obrigatórios, certas obrigações de serviço público, etc. A regulação consiste, em abrir e fechar válvulas e orientar vetores ou, o que é o mesmo, em fixar quantidades, determinar preços, atribuir direitos etc, em resposta às interações do setor." (MARTÍNEZ, 2001, 195, tradução nossa).

Por mais que as exigências de interesse geral e a ideia de imposição de encargos de serviço público a particulares tenham sido difundidas a partir da inserção da noção do serviço de interesse econômico geral, conforme bem pontua Fabienne Gazin (KAUFF-GAZIN, 1996, p. 49), os pressupostos para viabilização da imposição de obrigações de serviço público, tais como universalidade, igualdade e continuidade, conhecidos no Direito francês sob a expressão de "Leis de Rolland", já possuíam similitudes dentro do Direito nacional francês. O conceito de serviço público francês foi obrigado a se desenvolver, segundo Jacques Chevallier (2017,p. 74 *et seq.*), não apenas em razão de imposições comunitárias, mas sobretudo por circunstâncias diversas, tais como os novos obstáculos tecnológicos, financeiros, mudanças de contexto social e político, dentre outros, que justificam a imposição de obrigação de serviços públicos a atividades privadas.[231]

No *Direito italiano*, é possível encontrar autores que se apoiam nesse entendimento. Paolo De Carli (*apud* ARAGÃO, 2007a, p. 250), por exemplo, afirma que,

> [...] ainda quando a missão de serviço assinalada não parece ser compatível com as regras de mercado, o direito comunitário prevê a possibilidade de se impor a todas as empresas obrigações de prestações de serviço público ou obrigações de contribuir para um fundo que permita a repartição dos custos do serviço, ou ainda ajuda a algumas empresas encarregadas da missão, que compense os ônus impróprios suportados pelas operações de serviço fora do mercado. (DE CARLI *apud* ARAGÃO, 2007a, p. 250).

Eberhard Schmidt-Assmann (2003, p. 256 *et seq.*), referenciando ao contexto normativo *alemão*, enxerga na imposição de obrigações de serviço público uma característica de um *novo modelo de direção*, que reflete as recentes alterações organizacionais da Administração Pública. Também para esse autor, a privatização de funções administrativas não resulta no desaparecimento de setores da atividade administrativa, mas sim uma *transformação da própria função administrativa*, que deixa de ser prestadora direta, para se converter em garantidora de sua prestação. Neste caso, a imposição da obrigação de serviços públicos (*zusätzliche Versorgungspflichten*), tal como ocorre em setores de transportes, telecomunicações, correios, serviços ferroviários e outros, é uma *nova dimensão da supervisão administrativa* (SCHMIDT-ASSMANN, 2003, p. 257).

Segundo o autor, a preocupação central dos movimentos e estudos sobre a reforma e modernização do Direito Administrativo está relacionada com as formas cambiantes de atribuição de esferas ou âmbitos de responsabilidades entre a Administração Pública e o setor privado. Nesse sentido, a "responsabilidade do Estado de garantir a prestação" se erigiu como um conceito-chave dentro dessa discussão (SCHMIDT-ASSMANN, 2006, p. 105). Essa responsabilidade e compromisso se dá quando à Administração – de ofício, porque assim dispõe a lei – é atribuída assegurar que uma atividade de interesse geral seja satisfeita em condições adequadas pelo setor privado, cuja responsabilidade pode se articular de diversas formas (SCHMIDT-ASSMANN, 2006, p. 106). Dentre elas, o autor pontua a possibilidade de imposição de encargos de serviço universal à empresa privada, momento em que essa empresa perde sua autonomia que o direito privado lhe resguardaria (SCHMIDT-ASSMANN, 2006, p. 106).

---

[231] Essa também é uma opinião encontrada em Jacques Amar (*apud* ARAGÃO, 2007a, p. 258).

Diante das concepções sobre o novo papel das obrigações de serviço público no cenário europeu, é indelével a conclusão de que a imposição de "obrigações de serviços públicos", a um setor privado aberto à livre iniciativa, difere substancialmente dos demais encargos comumente impostos pela função regulatória do Estado, até mesmo em setores tradicionalmente regulados com mais intensidade, como no caso das atividades financeiras. Mesmo que as imposições regulatórias a atividades empresariais intensamente reguladas – como a própria atividade financeira – sejam bem mais complexas e limitadoras da liberdade do que algumas "obrigações de serviço público", a diferença repousa no fato de que a prescrição destas impõe ao Estado uma responsabilidade pública na avaliação e ponderação sobre os impactos que isso irá ocasionar na viabilização da atividade empresarial e na livre concorrência, bem como na adoção de medidas que visem contrabalancear os efeitos gerados por essa oneração.

Por isso, não são todas as obrigações impostas pelo Estado ao setor privado, através da regulação administrativa, que estão inseridas dentro do conceito de "obrigações de serviço público". Em que pese haver algumas sistematizações de obrigações de serviços públicos realizadas por Comunicações da Comissão Europeia, como o caso do "Livro Verde sobre Serviços de Interesse Geral" (COMISSÃO DAS COMUNIDADES EUROPEIAS, 2003), não há uma sistematização normativa de quais seriam as "obrigações de serviço público" existentes e passíveis de imposição ao setor privado.

Independentemente da ausência de um rol nas normativas comunitárias, a doutrina europeia tem identificado como "obrigações de serviços públicos" aquelas imposições regulatórias *não tradicionalmente incidentes sobre o setor privado*, mas verificáveis no âmbito da prestação de um serviço público, de acordo com a noção francesa, ou pertinente ao regime jurídico de *public utilities*, inseridos na noção de serviço universal. Portanto, seriam obrigações regulatórias comuns aos serviços públicos econômicos e *exorbitantes ao que é normalmente suportado pelo setor privado*.

Pode-se dizer, para fins meramente classificatórios: as restrições impostas pelo o que usualmente se intitula de "poder de polícia administrativa" – mesmo que "estendida" – que restringem ou condicionam o exercício de um direito econômico, visando um interesse público genérico, estão inseridas no âmbito de uma *regulação ordinária*, imposta a todos os agentes do setor privado, independentemente de sua atividade, mesmo com diferenças de intensidade e tipicidade entre os diversos tipos de atividades econômicas; por outro lado, a imposição de obrigações de serviço público pela função administrativa, seja através de contrato ou por instrumentos de polícia administrativa, estaria inserida no âmbito de uma *regulação extraordinária*, não passível de serem suportadas por todos os tipos de atividades, mas apenas por aquelas que um determinado ordenamento jurídico reconheceu como uma atividade com alto grau de essencialidade, a qual é passível de titularização pública, se assim almejar o poder público.

Essa regulação extraordinária, normalmente incidente sobre o regime jurídico dos serviços públicos, pode ser imposta ao setor privado, mas, em contrapartida, a sua imposição gera ao Estado a responsabilidade de verificar as condições de viabilidade de execução da atividade com tais encargos, devendo oferecer benesses, ou privilégios, para contrabalancear a imposição da obrigação regulatória exorbitante, de modo a resguardar um ambiente concorrencial justo e equilibrado.

É no contexto dessa regulação extraordinária, mediante a imposição de obrigações de serviços públicos, que surge, no Direito Comunitário, o instituto do "*financiamento de obrigações de serviços públicos"*, que pode se dar de diversas formas, tais como subvenções de fundos específicos, benefícios tributários, privilégios de execução, dentre outros. O dever estatal de financiar obrigações de serviços públicos somente é encarado, no contexto comunitário, como instrumento subsidiário, a ser utilizado pelo Estado para garantir a imposição desse tipo de oneração regulatória extraordinária, quando os próprios mecanismos do mercado não sejam suficientes para a viabilização econômico-financeira da atividade sujeita a tais encargos especiais.

A conclusão de vinculação entre a regulação extraordinária e a necessidade de tutela estatal, para tomar as contramedidas necessárias a compensar o particular com as onerações especiais, pode ser deduzida dos próprios Tratados constitutivos da Comunidade Europeia que estabelecem a possibilidade de o Estado impor o privilégio de exclusividade a um prestador de serviço apenas quando for necessário para compensar os encargos necessários a garantir as suas finalidades públicas. Tal sentido pode também ser extraído dos mencionados artigo 86, alínea 1, do Tratado de Roma, e artigo 16, do Tratado de Amesterdão.

O Capítulo 6 dedicará, em uma análise jurídico-exploratória, a compreender o regime dessas obrigações regulatórias identificadas, no contexto comunitário, como "obrigações de serviços público", ou seja, encargos regulatórios extraordinários não comumente verificáveis na regulação das atividades econômicas em geral.

5.9 Intervenção pública e ponderabilidade do princípio da livre iniciativa

O fato "intervenção" depende, logicamente, de um conceito sempre discordante, porém que deve conviver em harmonia, que é o da liberdade. Não há intervenção sem liberdade, colocando-se, assim, como paradigmas de contraconceitos, tal como é a estatização e a liberalização.

A evolução do papel regulatório do Estado demonstra como as fórmulas interventivas do Estado lidaram, de maneira diferente, com base em discursos políticos distintos, com o consagrado direito de liberdade de empreender e de fruição da propriedade. A formulação histórica de novas necessidades públicas demandou visões menos ou mais rígidas e proeminentes aos direitos da liberdade econômica e da propriedade privada, na medida em que novas formas de intervenção estatal passaram a ser concebidas e legitimadas ao lado desses direitos primários.

Ao contrário da concepção negacionista do constitucionalismo liberal, em que há direitos universais intangíveis, o constitucionalismo social suplantou definitivamente a ideia política de absenteísmo do Estado frente ao direito de liberdade. Como bem pontua Menelick de Carvalho Netto (2003, p. 147), sob o amparo de Carl Schmitt, é ineficaz a perpetuação da ideia de uma "[...] universalidade da Constituição, de uma constituição ideal, de direitos humanos universais". O constitucionalismo liberal do século XIX, que buscou neutralizar a ação do Estado, de modo a garantir o livre desenvolvimento das propriedades de cada um, é completamente inútil para a sociedade emergente no século XX, que prometeu constitucionalmente "[...] o resgate dos desvalidos, o asseguramento a todos das condições materiais mínimas ao exercício consciente da cidadania, mediante a prestação de um sem-número de serviços estatais" (CARVALHO NETTO, 2003, p. 148). Por isso é que "[...] afirmam que direitos universais não existem; o que há são direitos nacionalmente reconhecidos que dependem da tradição na qual se inserem" (CARVALHO NETTO, 2003, p. 148). Assim, é possível dizer que o constitucionalismo social do século XX "[...] revela um processo difuso de doloroso aprendizado social [...]", conforme pontua o autor:

> Liberdade e igualdade, como direitos fundamentais, não mais podem ser entendidos em seu sentido exclusivamente formal. Para serem plausíveis requerem, agora, a sua materialização em direitos que constitucional e legalmente protejam, como vimos, o lado mais fraco das várias relações e que viabilizem políticas públicas inclusivas (acesso à saúde, à educação, à cultura, a tentativa de controle estatal e jurídico da economia buscando evitar as crises cíclicas do capitalismo, etc.). (CARVALHO NETTO, 2003, p. 149).

O conteúdo jurídico da "liberdade" econômica e do direito de propriedade, frente às prerrogativas estatais, pode-se dizer, é discursivamente construído,[232] o que faz com que a interpretação e valoração de princípios constitucionais se deem por via de um *esforço deliberativo*. Com efeito, tal como ressalta Menelick de Carvalho Netto (2003, p. 163),

> [...] a autoridade encarregada de aplicar a constituição não pode fazer o que bem quiser do texto constitucional, há limites, esses limites são intersubjetivamente compartilhados, e a maior garantia de qualquer constituição chama-se cidadania, uma cidadania viva e atuante, zelosa de seus direitos. (CARVALHO NETO, 2003, p. 163).

Nesse contexto, o sentido e alcance dos direitos fundamentais "[...] são sempre passíveis de serem revisitados, não sendo estáticos e nem imune a retrocessos, conformando, em realidade, um sistema dinâmico, conflituoso, indivisível e interdependente das mais variadas liberdades e igualdades" (REPOLÊS *et al.*, 2015, p. 3). Por isso, pode-se dizer que o poder negativo de defesa atrelado ao direito de liberdade *é fluido e relativo*, de acordo com concepções políticas e consensuais de possibilidade de ação estatal, conforme demonstram os novos limites da regulação no *welfare state* e no atual modelo do Estado Regulador, acima explicitados.

No constitucionalismo social, todos os direitos e fundamentos constitucionais devem ser vistos como um *sistema de valores em ponderação*, e não como conceitos estanques, influenciando, sobretudo, o confronto entre liberdade econômica e intervenção estatal na ordem econômica. Neste aspecto, a evolução do papel regulatório do Estado, além de simples fórmulas interventivas do modelo liberal, é a comprovação de uma *relatividade do ideal puro da livre iniciativa*.

A compreensão teleológica da Constituição Econômica evidencia a fragilidade de uma *visão fundamentalista* do princípio da livre iniciativa, que enxerga esse princípio

---

[232] Nesse sentido, como pontua Marcelo Cattoni (2017) a legitimidade e o sentido da constituição se concretiza através de forma discursiva, mediante disputas políticas na esfera pública: "Estando a legalidade, a legitimidade e a efetividade implicadas no próprio conceito de constitucionalidade, defendemos, a partir de uma teoria da sociedade em termos de teoria da comunicação, que uma constituição é legítima e efetiva enquanto o próprio sentido de e da constituição for objeto de disputa política na esfera pública, e não em função de uma suposta correspondência, em maior ou menor medida, entre um dado conteúdo constitucional e a realidade dos processos político-sociais. O direito é, assim, reconstruído como uma prática social, interpretativa, argumentativa, com caráter normativo e institucional, sobre o pano de fundo de visões paradigmáticas que competem entre si para a sua compreensão; e o Direito Constitucional como a expressão contrafática de compromissos entre as forças políticas e sociais, num determinado momento da história, cujo sentido normativo se abre ao porvir das lutas por reconhecimento no interior da esfera público-política" (CATTONI, 2017, p. 118).

como supremo na ordem econômica e, logo, imponderável. O fundamentalismo do princípio da livre iniciativa cerceia a ponderação da liberdade econômica em face de demais princípios e valores constitucionais, como se, posto conflito, dever-se-ia curvar a uma concepção *laisse-farista* de supremacia frente a outros fundamentos econômicos constitucionais, tais como a função social da propriedade, defesa do consumidor, redução das desigualdades, busca do pleno emprego e a constante busca pelo bem-estar, este último identificado como fundamento da própria República.

A supremacia do princípio da livre iniciativa tende ao extremismo de colocar o liberalismo puro como medida única capaz de fazer frente ao malfadado dirigismo estatal de períodos autocráticos. Tal como bem pontuam Cláudio Pereira de Souza Neto e José Vicente Santos de Mendonça:

> Ao incorporarem pretensões abrangentes ao conteúdo da livre iniciativa e, ato seguinte, procederem à fundamentalização-releitura de diversos dispositivos constitucionais relativos à intervenção do Estado na economia, essas interpretações cerceiam o espaço democrático e tornam constitucionalmente necessário o que é politicamente contingente. Entre os extremos da abrangência liberal e social-dirigente, a última vem deixando de ser base de "fundamentalismos" constitucionais. Se a metáfora do "retorno do pêndulo" for verdadeira, o Direito Econômico brasileiro caminha em direção ao extremo do liberalismo econômico constitucional. (SOUZA NETO; MENDONÇA, 2007, p. 721).

Em sintonia disso, Enzo Bello, Gilberto Bercovici, Martonio Mont'Alverne Barreto Lima, contrapõem-se à tendência fundamentalista do princípio da livre iniciativa, considerando a existência de diversos outros princípios constitucionais que devem necessariamente ser objeto de ponderação, para avaliação da legitimidade da intervenção estatal no âmbito econômico:

> O texto constitucional abriga [...] inúmeros princípios ideologicamente contrapostos ao credo liberal. Por mais que estes autores "fundamentalistas" desejem, a ordem econômica constitucional brasileira não é liberal, tendo incorporado elementos liberais, sociais, intervencionistas, nacionalistas, desenvolvimentistas, cooperativistas, entre outros. A ideologia e o juízo político anti-intervencionista ou anti-estatal não podem ser transformados em uma imposição constitucional simplesmente pela vontade de seus defensores. O Estado não só pode como deve atuar na esfera econômica e social, legitimado por toda uma série de dispositivos constitucionais. (BELLO *et al*, 2019, p. 1789).

A leitura sistematizada da Constituição Econômica impede, por isso, que haja a oposição de fórmulas estatais interventivas, especialmente limitadoras ou condicionadoras da liberdade econômica, pelo simples cotejo ao fundamento da livre iniciativa. A constatação de legitimidade interventiva vai além, através de ponderação de diversos valores que justificam ou reprovam medidas estatais em face da atividade econômica. Tal como assevera Eros Grau, (2018, p. 190), não se pode interpretar a Constituição "em tiras, aos pedaços", pois todo o conjunto de princípios constitucionais devem ser ponderados, na sua globalidade, se há a pretensão de discernir, no texto constitucional, a definição de um sistema e de um modelo econômico.

A própria noção instrumental do serviço público, seja a legalista-essencialista, ou a instrumental, aqui defendida, revela a contradição tautológica com uma ideia fundamentalista do princípio da livre iniciativa. Seja porque determinadas atividades, por atenderem a um interesse geral relevante, devem ser serviços públicos, ou porque serem serviços públicos viabilizam maior efetividade ao conjunto de condições operacionais da atividade, o que já demonstra uma necessária flexibilização do princípio da livre iniciativa.

Por isso, pode-se dizer que *a livre iniciativa não é obstáculo apriorístico à coexistência de condições regulatórias semelhantes a encargos típicos de serviços públicos, em atividades abertas ao mercado privado*. Ser uma atividade aberta à "livre iniciativa", não significa que se trata de uma constatação constitucional de "privilégio" à não intervenção estatal ou ao condicionamento do uso no direito de empreendimento econômico e de fruição da propriedade.

Contudo, é importante fazer a ressalva, tal como apresentada por Egon Bockmann Moreira (2016, p. 242), de que a funcionalização da liberdade empresarial e da intervenção do Estado na economia "[...] não podem resultar num desvirtuamento da Ordem Econômica celebrada pela Constituição". Tal como bem pontua o autor, citando Carlos Ari Sundfeld, "[...] qualquer condicionamento do direito de propriedade tem como limite a viabilidade prática e econômica do emprego da coisa: proibido este, o direito estará totalmente sacrificado." (MOREIRA, 2016, fl. 243). Certamente, não se poderia pretender elevar ao máximo determinados princípios ao ponto de inviabilizar o exercício de liberdades garantidas de modo expresso no texto constitucional (MOREIRA, 2016, fl. 244). Princípios sociais que também incidem sobre o sistema econômico, tal como o da dignidade da pessoa humana, e o princípio do bem-estar e da justiça social, autorizam, como também determinam, intervenções estatais na economia, mesmo em detrimento da liberdade empresarial, desde que não a agridam injustificadamente ou a nulifiquem (MOREIRA, 2016, fl. 245).

O que se quer dizer é que a ponderabilidade da livre iniciativa e da propriedade individual não pode significar o afastamento do próprio direito de seu âmbito de aplicação. Na prática, a regulação administrativa sempre deve envolver uma ponderação mediante harmonização entre determinados valores constitucionais – o que dá lugar à regulação social. A ponderação excludente da livre iniciativa somente é justificada quando se está diante do serviço público, e desde que justificadamente implique em exclusivismo estatal, o que revela o caráter instrumental do conceito, já debatido acima. Em qualquer caso, sempre há que se observar o *crivo de necessidade e adequação* da intervenção aos objetivos públicos pretendidos e resguardados constitucionalmente, consoante típica técnica neoconstitucionalista da proporcionalidade.

Como advoga Floriano de Azevedo Marques Neto (2003), o princípio da proporcionalidade é um limite vertical para aferição da adequação da atividade regulatória do Estado, que se destina à aferição da adequada intensidade da intervenção Estatal:

> Já o princípio da proporcionalidade diz respeito à vedação do manejo da autoridade estatal de forma não equânime, não cingida ao equilíbrio entre benefício e restrição. É, pois, um princípio muito mais relacional do que preso a um senso comum de razoabilidade. Envolve sempre a mensuração ou entre o benefício para o interesse público em face da restrição para a propriedade privada, ou entre uma e outra medida à disposição do poder público, obrigando sempre a escolha da medida menos gravosa ao indivíduo sujeito ao poder estatal. Ou seja, embora sempre o cotejo inerente à auferição do respeito ao princípio da

proporcionalidade implique em um juízo racional (em busca do equilíbrio, do razoável), a proporcionalidade se difere da razoabilidade pois algo só poderá ser desproporcional em relação a outra alternativa possível, enquanto algo será irrazoável em si. (MARQUES NETO, 2003, p. 88).

A demanda pela prévia análise da proporcionalidade da intensidade da regulação e da intervenção estatal foi justamente o que motivou a apresentação do Projeto de Lei nº 4.888/2019, da Câmara dos Deputados, cuja proposição é baseada na "Proposta acadêmica para a reforma das bases jurídicas da regulação e de sua governança nos âmbitos municipal, estadual, distrital e federal", divulgada em 04.04.2019, e elaborada pelo Grupo Público da Sociedade Brasileira de Direito Público (SBDP) e da FGV DIREITO SP, sob a responsabilidade dos professores Carlos Ari Sundfeld, Eduardo Jordão, Egon Bockmann Moreira, Floriano Azevedo Marques Neto, Gustavo Binenbojm, Jacintho Arruda Câmara, José Vicente Santos de Mendonça e Marçal Justen Filho. Dentre as diretrizes da proposição, é de se destacar a necessidade de as autoridades regulatórias sobre a atividade econômica indicarem "[…] evidências suficientes quanto à necessidade e adequação das decisões".

Em suma, é importante ressaltar que a demonstração da evolução regulatória do Estado, que implica em novos limites interventivos, em especial para o modelo da regulação social, não implica em defender a prerrogativa de oneração de atividades privadas em encargos semelhantes a serviços públicos, sem qualquer ponderação de necessidade e adequação desse tipo de oneração, em vista dos diversos valores constitucionais e a hipótese em tela. A ponderabilidade da livre iniciativa e da propriedade privada não implica oneração desnecessária e não concatenada com os objetivos constitucionalmente expostos.

O que se pretende evidenciar é que o princípio da livre iniciativa não é, nem pode ser, entrave jurídico apriorístico que afaste a possibilidade de coexistência de encargos regulatórios no setor privado semelhantes às típicas obrigações de serviço público (jurídico-prestacionais). A reconhecida ponderabilidade do princípio da livre iniciativa com outros valores constitucionais pode, certamente, tecer construções legais legítimas, sob o ponto de vista da aferição da necessidade e da adequação, que institucionalizem encargos de serviço público a serem suportados em determinadas atividades privadas de interesse coletivo, tal como ocorre na prática.

5.10 Imposição regulatória das obrigações de serviço público e a Lei da Declaração de Direitos de Liberdade Econômica

A Lei nº 13.874, de 20 de setembro de 2019, foi criada pelo governo de Jair Bolsonaro, para instituir a "Declaração de Direitos de Liberdade Econômica", com o propósito de buscar restringir a atividade regulatória do Estado, visando homenagear o princípio da livre iniciativa, dentre outras disposições destinadas a proteger o exercício de atividades econômicas contra restrições burocráticas desnecessárias.

O surgimento dessa lei traz, necessariamente, o questionamento sobre a viabilidade jurídica de imposição regulatória de obrigações de serviço público, considerando as expressas disposições normativas determinando o direito de o particular exercer atividade econômica sem que haja a incidência de obrigações regulatórias desmotivadas.

Importante registrar neste trabalho que a referida lei não tem o condão de prejudicar a prerrogativa do Estado em intervir em atividades econômicas de interesse geral, quando se trata de um imperativo de conveniência, politicamente averiguado.

A "Declaração de Direitos da Liberdade Econômica", trazida pela Lei nº 13.874, de 20 de setembro de 2019, trata-se mais uma medida de afirmação ideológica liberal do Governo Bolsonaro, do que propriamente um instrumento de Direito regulatório, de conteúdo jurídico relevante. As "normas" criadas para proteger a livre iniciativa e o livre exercício de atividade econômica possuem, antes de ter um efeito restritivo da imposição regulatória, mais um efeito didático pretendido para evitar uma atividade interventiva desarrazoada. Em algumas situações, certas disposições da "Declaração dos Direitos da Liberdade Econômica" chegam a ser inócuas, em vista de seu alto grau de abstração e da ausência de objeto na definição de suas diretrizes (VALE, 2019a).

Como se verifica, as normas contidas na "Declaração de Direitos da Liberdade Econômica" se inserem como normas gerais, no âmbito do Direito Econômico (art. 1º, §3º). Todavia, os direitos elencados em seu artigo 3º, como afirmadores da liberdade econômica, em sua grande maioria, não se impõem coercitivamente contra o papel interventivo do Estado. Não trazem inovações normativas no Direito brasileiro, frente às nuances regulatórias de que usa o Estado atualmente, para condicionar, no seu poder de polícia administrativa, direitos de liberdade econômica, em nome da proteção a um interesse público juridicamente protegido.

Por ser uma lei geral, é sabido que normas especiais trazidas em outras leis que regulam determinados tipos de atividades econômicas, anteriores ou posteriores à edição dessa lei, irão prevalecer normativamente em face dos direitos de liberdade econômica ali elencados. Trata-se do *princípio da especialidade*, princípio geral do Direito positivado no artigo 2º, §2º da Lei de Introdução às Normas do Direito Brasileiro (Decreto-Lei nº 4.657, de 4 de setembro de 1942).

Por isso, em vista das competências normativas e federativas previamente estabelecidas pela Constituição, o Estado possui a prerrogativa, desde que legalmente autorizada, de averiguar situações em que é necessária a intervenção estatal para manutenção das finalidades públicas envolvidas. Por isso, é inócuo o esforço em buscar regulamentar, em lei geral, situações e limites gerais para a atuação regulatória do Estado em nome da proteção da liberdade econômica.

A livre iniciativa é um fundamento da República, sendo que a própria Constituição, em seu art. 5º, concretizou como cláusula pétrea, o *princípio da liberdade condicionada*, segundo o qual "ninguém será obrigado a fazer ou deixar de fazer alguma coisa senão em virtude de lei" (art. 5º, I, da CR88), como já mencionado anteriormente. Em seguida, a Constituição, no art. 170, parágrafo único, resguardou ao Estado o *poder da intervenção prévia*, nos casos delimitados por lei. Este dispositivo constitucional é uma norma dotada de plena eficácia, independentemente de regulamentação legal:

> [...] é assegurado a todos o livre exercício de qualquer atividade econômica, independentemente de autorização de órgãos públicos, exceto nos casos em que o Estado assim entenda ser necessária a prévia intervenção, o que o fará em casos específicos definidos em Lei. (BRASIL, 1988).

Por isso, não é adequado juridicamente uma lei pretender regulamentar o mencionado fundamento constitucional, como se fosse uma norma de eficácia contida, mesmo sabendo que é o *casuísmo* que irá definir, por meio de leis específicas, as hipóteses em que a livre iniciativa será preterida, em face da licença prévia, para resguardo de um determinado interesse público. Isto é o que ocorre com todas as atividades de interesse geral e outras atividades econômicas, em que há leis específicas que outorgam poderes à Administração Pública para exercício da intervenção prévia, sempre que for necessário (VALE, 2019a). Por isso, é inadequado pretender restringir as hipóteses de prévia intervenção estatal, garantindo, por uma norma geral, o exercício de qualquer atividade econômica sem a sujeição a cobranças ou encargos adicionais (artigo 3º, inciso II).

Enfim, leis especiais, com um nível um pouco maior de concreção e com objeto mais delimitado, é que estabelecerão as hipóteses de intervenção prévia atribuídas à função administrativa, em proteção a interesses públicos diversos, inclusive impondo obrigações para o devido resguardo prestacional de uma atividade econômica que seja politicamente taxada como de interesse geral. E tal limitação regulatória dependerá, certamente, da estratégia pública adotada por um determinado Governo para atingir os objetivos da República, trazidos no artigo 3º, da Constituição, a saber, (i) construir uma sociedade livre, justa e solidária; (ii) garantir o desenvolvimento nacional; (iii) erradicar a pobreza e a marginalização e reduzir as desigualdades sociais e regionais; e (iv) promover o bem de todos, sem preconceitos de origem, raça, sexo, cor, idade e quaisquer outras formas de discriminação.

Assim, todas as exceções à regra geral da livre iniciativa, descritas nos incisos do artigo 3º, "proclamadores" da "Declaração de Direitos da Liberdade Econômica", não terão o condão jurídico de impedir outras exceções mais específicas estabelecidas em leis especiais. Tal taxatividade restritiva somente ocorreria se os direitos da liberdade econômica, trazidos nessa lei, fossem elencados no ordenamento constitucional, o que não é o caso.

Talvez a única inovação jurídica constante da "Declaração de Direitos da Liberdade Econômica" (incluído no artigo 3º), e passível de ser utilizada, trata-se do direito constante do inciso IX, do artigo 3º, que prevê o direito ao recebimento de um prazo expresso que estipulará o tempo máximo para análise de pedido de liberação de atividade econômica, findo o qual, "importará em aprovação tácita para todos os efeitos". Tratando-se de lei que preveja a necessidade de prévia intervenção da Administração Pública para liberação de uma atividade econômica, havendo prazo para apreciação do pedido, definido prévia ou posteriormente, a referida situação de "aceitação tácita" realmente necessitaria de norma legal disciplinando dessa maneira. Por isso, esse direito poderia ser utilizado para dar segurança jurídica ao início de atividades econômicas, quando diante de rotineira morosidade administrativa, salvo se uma lei especial expressamente vedar a aceitação tácita, o que prevalecerá frente a esse dispositivo.

Por outro lado, dizer que a Lei nº 13.874/2019 não poderá prevalecer-se frente a leis regulatórias especiais, pelo princípio da especialidade, não desmerece a pretensão didática da lei, que busca homenagear o princípio da liberdade econômica, em detrimento de imposições regulatórias desnecessárias, com fito em um melhor ambiente de negócios e crescimento econômico.

Anteriormente à edição da Medida Provisória nº 881/2019, que resultou na Lei nº 13.874/2019, um grupo de juristas composto por Carlos Ari Sundfeld, Eduardo Jordão, Egon Bockmann Moreira, Floriano Azevedo Marques Neto, Gustavo Binenbojm, Jacintho Arruda Câmara, José Vicente Santos de Mendonça e Marçal Justen Filho, haviam apresentado uma proposta de minuta de lei, em 04 de abril de 2019, como resultante do relatório intitulado "Para uma reforma nacional em favor da liberdade econômica e das finalidades públicas da regulação".

Nesse relatório, tais juristas justificaram a pertinência da lei, em vista de três objetivos. Primeiro, é "recuperar o *status* legislativo da liberdade econômica, que foi se perdendo na medida em que se sucederam as leis interventivas" (FUNDAÇÃO GETULIO VARGAS, 2019, p. 5), caso em que o projeto teria um valor "didático e expletivo, contribuindo para assegurar a liberdade econômica na prática administrativa cotidiana e reduzindo ao essencial as suas frequentes limitações" (FUNDAÇÃO GETULIO VARGAS, 2019, p. 6). O segundo objetivo seria "criar instrumentos para as medidas estatais de intervenção serem metódicas e efetivamente avaliadas, questionadas, corrigidas e, quando inadequadas, substituídas ou eliminadas" (FUNDAÇÃO GETULIO VARGAS, 2019, p. 6), de modo a proteger a liberdade e as finalidades públicas. O terceiro objetivo seria "contribuir com o combate à corrupção", de modo a afastar barreiras desnecessárias à entrada dos agentes econômicos e, assim, o risco de criação de situações de propinas e favorecimentos ilícitos (FUNDAÇÃO GETULIO VARGAS, 2019, p. 7).

O projeto de lei proposto por essa comissão de juristas, muito mais adequado juridicamente ao propósito colocado, buscou, assim, criar normas gerais interpretativas para fazer com que a Administração Pública contivesse seu anseio de criar normas regulatórias desnecessárias, desproporcionais e inadequadas para os fins que se destina, bem como que fossem respeitados os limites legais previamente definidos, representativos do princípio democrático, para a avaliação da necessidade, ou não, da restrição da liberdade econômica. Isso ficou claro nos artigos 3º e 4º, propostos pela comissão, nos quais mencionam que a liberdade econômica deve ser exercida com responsabilidade, em respeito aos direitos humanos, do consumidor, meio ambiente, bem como indicam que a imposição de condicionamentos públicos deverá respeitar a proporcionalidade, a adequação aos fins a que se destina, a viabilidade da atividade econômica e o equilíbrio entre direitos e deveres, dentre outros.[233]

A preocupação legislativa para que o exercício regulatório observe os limites legais e para que seja realizado conforme os fins a que se destinam, não cria um entrave para o exercício da prerrogativa do poder público em impor obrigações de serviço público, através de sua função regulatória. O que impede – e não seria necessária a edição

---

[233] "Art. 3º A liberdade econômica abrange as liberdades de iniciativa, de concorrência, de organização da atividade econômica e de inovação, e, ainda, as liberdades de empresa, profissional e contratual. Parágrafo único. A liberdade econômica deve ser exercida com responsabilidade, lealdade e boa-fé, e com respeito aos direitos humanos, ao meio ambiente, aos direitos do consumidor, à livre concorrência e às medidas e normas de comércio exterior.
Art. 4º O exercício da liberdade econômica sujeita-se apenas aos deveres e condicionamentos públicos que tenham sido previstos em lei ou em regulamento expressamente autorizado em lei.
§1º A imposição de deveres e condicionamentos públicos, em especial quando envolver ônus financeiro, respeitará a proporcionalidade, observando: I– a adequação aos fins a que se destina; II – a mínima intervenção na vida privada; III – a viabilidade da atividade econômica e o equilíbrio entre direitos e deveres; e IV – a simplicidade e a eficácia. §2º As medidas de ordenação pública poderão exigir do agente a mitigação ou compensação proporcional do impacto de sua atividade e, em casos especiais definidos em lei, a comprovação de regularidade fiscal, mas não vincularão a atuação privada a deveres ou condicionamentos que não sejam imprescindíveis à segurança e licitude dessa atuação. §3º A fixação e a contratação de preços nas atividades econômicas privadas não terão interferência pública, ressalvados apenas os limites, regras e competências previstos em lei federal. §4º Não serão instituídos ou mantidos deveres e condicionamentos públicos sobre a liberdade econômica para proteger agentes econômicos determinados ou setores ineficientes ou obsoletos."

de lei nesse sentido – seria a imposição de obrigações de serviço público de maneira desproporcional e desnecessária para o fim pretendido, em desrespeito aos valores constitucionais da livre concorrência e da liberdade econômica.

Tal constatação já havia sido objeto de deliberação pelo Supremo Tribunal Federal, no julgamento da Ação Direta de Inconstitucionalidade nº 4.874, ao reconhecer a legitimidade do poder regulatório da Administração Pública, em acórdão recentemente publicado, o qual consignou o seguinte:

> 7. A liberdade de iniciativa (arts. 1º, IV, e 170, caput, da Lei Maior) não impede a imposição, pelo Estado, de condições e limites para a exploração de atividades privadas tendo em vista sua compatibilização com os demais princípios, garantias, direitos fundamentais e proteções constitucionais, individuais ou sociais [...]. (BRASIL. Supremo Tribunal Federal, 2019).

Liberdade econômica e imposição regulatória da atividade de obrigações semelhantes ao regime jurídico-prestacional não são proposições inconciliáveis, desde que de maneira proporcional e adequada aos fins públicos a que se destina. Neste ponto, é importante resgatar que, conforme descrito no Capítulo 3, a Comunidade Econômica Europeia incentivou a imposição de obrigações de serviços públicos, a atividades de interesse geral (serviços de interesse econômico geral), justamente para homenagear e dar eficácia aos fundamentos da liberdade econômica no âmbito da União Europeia.

Certamente, não é adequado, do ponto de vista constitucional, permitir uma intervenção excessiva do Estado na atividade privada: se é excessiva, é porque é inadequada; se é inadequada, certamente o direito constitucional de livre iniciativa estaria sendo violado. Contudo, somente é por meio de lei que a liberdade é restringida, por isso, entende-se que somente o processo político-legislativo que seria capaz de aferir quais serão as medidas constritivas possíveis de serem exigidas em determinadas atividades, cujas prerrogativas seriam impostas por lei ou por regulamentos administrativos, e cujos contornos jurídicos já seriam previamente autorizados no texto legal. Se a demanda político-normativa for no sentido de que o administrador resguarde a adequação prestacional de determinado serviço de interesse geral, especialmente daqueles decorrentes de processos de liberalização e privatizações, a lei, nessa hipótese, permitirá que haja a imposição regulatória de obrigações de serviço público, na exata medida [ou seja, no mínimo possível] para que se atinja os fins públicos pretendidos com a ação interventiva.

Neste aspecto, é de se constatar que o próprio "serviço público econômico", enquanto instrumento de intervenção do Estado no domínio econômico, poderia ser questionado, quando se verifica (politicamente) que não haveriam razões jurídicas para impor esse grau de intervenção na esfera da liberdade econômica, considerando que serviço público implica a supressão completa desse direito, enquanto a atividade regulatória com imposição de encargos prestacionais ensejaria apenas a relegação parcial do direito da livre iniciativa.

A análise do "mínimo regulatório", em homenagem ao princípio da livre iniciativa, pode ser medida para viabilizar a preservação de um ambiente de negócios. Para tanto, a investigação da necessidade da medida estatal, com a análise comparativa entre os meios alternativos e o fim público perseguido, é uma medida estritamente necessária.

O que se deve evitar são medidas interventivas desnecessárias, quando existentes alternativas igualmente eficazes, porém menos incisivas na esfera jurídica dos particulares.

E para isso, a *análise de impacto regulatório* é um instrumento de grande conveniência para tal averiguação. Esse instrumento foi previsto no artigo 5º, da Lei nº 13.874/2019, que dispõe que as propostas de edição e alteração de atos normativos de interesse geral de agentes econômicos ou de usuários dos serviços prestados, editadas por órgão ou entidade da Administração Pública federal, incluídas as autarquias e as fundações públicas, serão precedidas da realização de análise de impacto regulatório, que conterá informações e dados sobre os possíveis efeitos do ato normativo para verificar a razoabilidade do seu impacto econômico.

Analisar o impacto regulatório é importante para verificar se a medida interventiva é necessária. Todavia, o que a Lei nº 13.874/2019 não tem o condão jurídico de fixar é impedir, incondicionalmente, a prerrogativa de intervenção estatal no domínio econômico, especialmente para o fim público de resguardar a boa execução de determinadas atividades, segundo critérios politicamente averiguados.

Pouco antes da criação da Lei nº 13.874/2019, foi editada a Lei nº 13.848/2018, conhecida como a "Lei Geral das Agências Reguladoras", que dispõe sobre a gestão, a organização, o processo decisório e o controle social das agências reguladoras. Essa lei, de maneira similar, também dispôs, em seu artigo 6º, que a adoção e as propostas de alteração de atos normativos de interesse geral dos agentes econômicos, consumidores ou usuários dos serviços prestados serão "precedidas da realização de Análise de Impacto Regulatório", que conterá informações e dados sobre os possíveis efeitos do ato normativo. Nesse contexto, foi buscando prezar por um ambiente concorrencial satisfatório, em harmonia com as razões das diretrizes comunitárias de primazia da ampla concorrência na Comunidade Europeia, que a Lei Geral das Agências Reguladoras regulamentou uma necessária interação entre as agências reguladoras e os órgãos de defesa da concorrência. De acordo com Lei nº 13.848/2018, incumbe às agências reguladoras, no exercício de suas atribuições, "monitorar e acompanhar as práticas de mercado dos agentes dos setores regulados, de forma a auxiliar os órgãos de defesa da concorrência na observância do cumprimento da legislação de defesa da concorrência" (artigo 26).

Assim, a "Lei Geral das Agências Reguladoras" transpareceu o dever de órgãos regulatórios de setores de interesse geral, constituídos nessa modalidade de autarquias especiais (energia elétrica, telecomunicações, vigilância sanitária, saúde complementar, serviços de distribuição de água, transportes aquaviários e terrestres, aviação civil etc.), em buscar conciliar o seu dever regulatório com a necessária preservação de um ambiente concorrencial, o que demanda a análise de razoabilidade, proporcionalidade e adequação da imposição de encargos, sobretudo aqueles semelhantes ao regime jurídico do serviço público.

Infelizmente, a proposta apresentada pela comissão de juristas, acima referida, criada justamente para evitar "improvisos jurídicos na matéria" (FUNDAÇÃO GETULIO VARGAS, 2019, p. 8), não foi aproveitada na redação final da "Lei da Declaração dos Direitos da Liberdade Econômica". Não é por menos que muitas das cláusulas inseridas na "Declaração de Direitos da Liberdade Econômica" (artigo 3º) são inócuas frente à prerrogativa estatal de estabelecer, mediante leis especiais, as demandas regulatórias incidentes sobre diversos setores do serviço, sobretudo para exigir algumas obrigações decorrentes do regime jurídico prestacional.

5.11 Conclusões parciais: a regulação social como instrumento interventivo legítimo para a imposição de obrigações de serviço público para atividades privadas abertas à livre iniciativa

Assim, através deste Capítulo, é possível extrair as seguintes conclusões parciais:

1) O controle do poder interventivo do Estado, especialmente em decorrência da propriedade do poder público, teve soluções distintas na França pós-revolucionária e na Alemanha, no período bismarkiano. Enquanto na França, o controle do poder interventivo se dava pela premissa da ideia de supremacia da lei e da legalidade administrativa – oriundo da ideia contratualista de que o poder emana do povo – na Alemanha, durante o período do *Der Polizeistaat*, o controle do poder do príncipe se deu pela definição de limites ao exercício do direito natural de polícia do soberano – que seriam os direitos adquiridos dos súditos – bem como pelos contornos jurídicos criados para a responsabilidade do Estado, que estavam atrelados à construção da teoria do fisco, que concebia uma dupla personalidade estatal: (i) o príncipe, detentor do poder público e o (ii) fisco, que é o Estado considerado em seus interesses pecuniários e patrimoniais. Essas duas construções jurídicas da forma de controle sobre o poder interventivo, em todo caso, estabeleciam limites ao Estado em vista de direitos primários da liberdade econômica, de inspiração smithiana, consagrados no período oitocentista, e que modelaram o limite do poder de polícia.

2) Pode-se dizer que o poder de polícia traz, em si, uma ideia de máximo interventivo, que contribui para uma resistência à ideia de limitação parcial do direito de livre iniciativa para imposição de obrigações típicas na execução de serviços públicos. Mesmo que se fale em uma flexibilização do "poder de polícia" pelas novas atribuições do Estado welfarista, e do atual estágio da evolução da função regulatória, ainda permanece a ideia de que o poder de polícia tem limites interventivos frente à primazia do direito individual de liberdade e propriedade, mesmo em cenários de alterações substanciais quanto ao grau de oponibilidade desses direitos pelo particular em face das novas finalidades do Estado. E isso se deve pela construção histórica do próprio instituto do poder de polícia, que é fruto de uma construção silogística que envolve, enquanto premissa maior, a ideia de impossibilidade de o poder público impedir a fruição dos direitos individuais à liberdade e à propriedade, concebidos politicamente no período oitocentista que se sucedeu à Revolução Francesa, exceto em caso excepcional, referenciado como poder de polícia, o qual visava a proteção da ordem e segurança pública. Considerando a proposição analítica da criação do conceito de poder de polícia, que se perpetuou como uma premissa maior sempre verdadeira, não se pode deduzir *a priori* que a intervenção do Estado para imposição de condicionamentos ao direito de livre iniciativa, através de encargos típicos do regime jurídico-prestacional (continuidade, universalidade, igualdade, transparência etc.) seja algo incompatível com as fronteiras de ação pública.

3) Durante o período do *welfare state*, construiu-se novos contornos para a função administrativa regulatória, evidenciando a legitimidade de prerrogativa mais abrangente de intervenção na esfera da liberdade econômica e individual, bem como do uso da propriedade. O que se visualizou foi uma alteração de premissas jurídicas que eram aceitas, e muitas vezes até hoje são referenciadas como imutáveis, que desmistificam a ideia oitocentista de que o Estado não poderia intervir na esfera de direito do particular senão em casos estritamente necessários para resguardar a boa ordem social. O que se passou a vislumbrar foi uma intervenção estatal no domínio privado – até então intangível – fundamentada em imperativos do interesse coletivo, nos novos deveres de dignidade da pessoa humana e do desenvolvimento econômico e social, com o intento de direcionar a sociedade para resultados sociais e econômicos desejáveis. A partir do constitucionalismo social, a proteção do direito individual à liberdade e à propriedade é vista sobre outro viés, em uma perspectiva macro, no qual a restrição ao patrimônio jurídico de um indivíduo é realizada para incrementar o mesmo patrimônio jurídico do indivíduo, enquanto membro de uma coletividade.

4) O atual período, referenciado como "Estado Regulador" revelou uma ampliação da legitimidade interventiva do Estado no âmbito da livre iniciativa, como mecanismo de garantir a preservação de direitos, consagrados no período welfarista, em contrapartida à redução da execução estatal direta em atividades prestacionais, muitas delas, agora, exploráveis pelos particulares. Conforme demonstra a evolução institucional no período que se sucedeu à crise do *welfare state*, a redução do aparato prestacional do Estado não implicou em alteração qualitativa das missões atribuídas ao Estado, tampouco ensejou na ampliação do conteúdo do direito de liberdade e propriedade. Pelo contrário, reconhece-se a existência de uma responsabilidade pública de garantia que evidencia um novo papel dirigista e estratégico do Estado que, por meio do empoderamento da função regulatória, impediu que a abertura de atividades de interesse coletivo à livre iniciativa ensejasse um retorno para as regras de mercado ou para o "*laissez-fareism*". Por isso, o setor privado, no atual período, vê-se atingido por um rol cada vez maior de condicionantes à liberdade econômica, que se destinam a atender a diversos direitos sociais, tais como a promoção do bem-estar e garantias de maior acessibilidade a serviços de interesse coletivo, inclusive àqueles que não são de titularidade do Estado.

5) Verificou-se, no período do Estado Regulador, uma reordenação jurídica dos aparatos do Estado e do regime jurídico de execução de determinadas atividades estatais privatizadas, que evidenciaram um movimento político compensatório, tais como a criação de novas entidades regulatórias independentes, criação de novas leis estruturando prerrogativas de regulação setorial e outras medidas de viabilização de parcerias e controle do Estado sobre a execução de atividades de interesse coletivo executadas pelo setor privado. Há, assim, uma intensificação da tendência, que vinha desde o período do

welfare state, de publicização da atividade privatizada, com criação de regras que buscam resguardar determinado controle estatal na execução das mesmas atividades que foram entregues à iniciativa econômica privada, desmistificando os limites, antes politicamente concebidos, ao poder interventivo do Estado.

6) As mais recentes reordenações jurídicas da função Estado, com a proeminência da função regulatória, quebrou alguns paradigmas que antes eram intransponíveis no Direito Administrativo. Primeiro, reconhece-se a *retração do princípio da legalidade administrativa* pelo qual passou as funções do Poder Executivo. Neste caso, houve um movimento por maior destipicização dos atos administrativos, viabilizando que a função administrativa pudesse definir os contornos de atuação, dentro de leis-quadro autorizativas, afastando a premissa de que o ato administrativo somente poderia representar a mera reprodução de conteúdo definido em lei. Além disso, também inerentemente à constatação de retração da legalidade, reconhece-se o reforço do regulamento administrativo, representado por um movimento de contenção normativa pelo legislador e a clara criação de um poder normativo mais amplo para a Administração Pública, dentro das diretrizes legalmente definidas. Isso implica, de certo modo, que há uma *aquiescência legislativa para que a própria Administração Pública possa estabelecer os efetivos contornos da intervenção estatal na livre iniciativa*, justamente por poder estabelecer as condições de acesso ao mercado e de exercício de sua propriedade produtiva, sem que tais contornos tenham sido previamente definidos no legislativo. Segundo, em sintonia com alteração paradigmática anterior, verifica-se um movimento de *maior empoderamento administrativo*, como consequência do modelo do Estado Regulador, seja pelo reconhecimento legal de maior poder de supervisão sobre atividades do domínio privado, seja pelo movimento por uma despolitização de instâncias regulatórias, conferindo maior autonomia e "legitimidade técnica" em suas deliberações, seja por maior poder punitivo e coercitivo para instigar o setor privado a adotar suas regras condicionadoras da livre iniciativa. Toda essa mudança paradigmática revela que a função regulatória passou a considerar, como elemento indutivo do direito público, a importância coletiva da atividade, independentemente da sua titularidade, e não apenas a previsão de regras para reger os empreendimentos estatais. Neste caso, o maior *munus* e empoderamento interventivo não foi concebido para alterar as regras do funcionamento de atividades de domínio público, mas sim, para condicionar e alterar o regime jurídico das atividades abertas à livre iniciativa. Por outro lado, a função regulatória, incidente sobre o particular, não é ação estatal que visa a proteção do indivíduo destinatário das regras condicionantes à sua liberdade econômica, mas sim visam interesses próprios da sociedade e em sintonia com cláusulas oriundas no Estado de bem-estar social.

7) Esse novo papel regulatório, que espelha essa responsabilidade pública de garantia, delimita e vem criando sustentáculo jurídico para a noção de *regulação social*, que discerne dos clássicos contornos da regulação econômica – mas cujos conceitos se aproximam por uma relação de continência

ou pertinência, a depender de vertentes doutrinárias – e que, não apenas legitima, mas descreve novos instrumentos de intervenção regulatória do Estado destinados a condicionar direitos individuais de liberdade econômica e de fruição da propriedade privada, visando impor obrigações que se propõem a proteger direitos sociais e coletivos, e que são atinentes a missões de serviço público. Essa prerrogativa interventiva difere substancialmente da que justifica a regulação econômica, que visa preservar o direito à livre concorrência, em razão de distorções geradas pelo livre mercado, bem como visam mitigar deformidades econômicas geradas pelo abuso do direito de liberdade econômica. Nesse contexto, utilizando-se os referenciais teóricos apresentados, com especial destaque às contribuições de Pedro Gonçalves e Tony Prosser, reconhece-se que a regulação setorial e a regulação para a solidariedade social evidenciam bases jurídicas que legitimam a imposição de obrigações de serviços públicos, tais como as decorrentes de imperativos de continuidade, acessibilidade, generalidade, modicidade, igualdade, dentre outros, em atividades que não são de domínio estatal, cujas premissas jurídicas são igualmente aplicáveis ao Direito brasileiro.

8) A experiência comunitária revelou, através de ampla revisão de literatura da doutrina administrativista de vários países europeus, como a imposição de obrigações de serviços público é legitimada como novo instrumento regulatório do Estado. Todavia, o grande rol de encargos regulatórios exigidos sobre atividades de interesse geral foi considerado como uma espécie de regulação extraordinária, ao lado da atividade regulatória normalmente incidente sobre todas as demais atividades privadas. Essa regulação extraordinária, assim entendida como os encargos regulatórios "exorbitantes", que gera o dever do Estado em atentar para as condições de viabilidade de execução dos serviços privados onerados, em vista dos princípios de liberdade econômica e livre concorrência.

9) O princípio da livre iniciativa, utilizado de maneira universal e isolado, não é obstáculo jurídico para a imposição regulatória ao setor privado de encargos semelhantes a obrigações de serviço público (regime jurídico-prestacional), considerando a fragilidade de uma concepção fundamentalista deste fundamento estatal, bem como da necessária ponderabilidade frente a outros direitos fundamentais e outros fundamentos da Ordem Econômica, expostos na Constituição. Neste caso, a ponderabilidade da livre iniciativa não significa que qualquer oneração regulatória desse tipo possa ser legítima e livremente imposta pelas autoridades regulatórias, considerando que a própria ideia de ponderação de valores envolve a presença do crivo de necessidade e adequação da intervenção estatal, consoante parâmetros neoconstitucionalistas da proporcionalidade.

10) A "Declaração de Direitos da Liberdade Econômica", trazida pela Lei nº 13.874, de 20 de setembro de 2019, não é incompatível com a prerrogativa estatal de imposição regulatória de obrigações de serviço público. Em vista

do *princípio da especialidade*, é o casuísmo legal que irá definir as hipóteses de imposição regulatória de obrigações de fazer, semelhantes às obrigações de serviço público. O que a Lei de "Declaração de Direitos da Liberdade Econômica" busca é homenagear o direito de livre iniciativa, contra ações estatais que restrinjam a liberdade econômica além do estritamente necessário para atingir às finalidades públicas da regulação. Neste ponto, é importante resgatar que, como visto, a Comunidade Econômica Europeia incentivou a imposição de obrigações de serviços públicos, a atividades de interesse geral (serviços de interesse econômico geral) justamente para homenagear e dar eficácia aos fundamentos da liberdade econômica no âmbito da União Europeia. Portanto, liberdade econômica e imposição regulatória da atividade de obrigações semelhantes ao regime jurídico-prestacional não são proposições inconciliáveis.

PARTE III

INVESTIGAÇÃO JURÍDICO-EXPLORATÓRIA – O REGIME JURÍDICO DAS OBRIGAÇÕES DO SERVIÇO PÚBLICO E DIAGNÓSTICO DE SUA INCIDÊNCIA NO SETOR PRIVADO ABERTO À LIVRE INICIATIVA

CAPÍTULO 6

ANÁLISE JURÍDICO-EXPLORATÓRIA DA IMPOSIÇÃO DE OBRIGAÇÕES DE SERVIÇOS PÚBLICOS NO DIREITO COMUNITÁRIO

6.1 Obrigação de garantir a continuidade do serviço

Os princípios fundamentais, comuns a todos os serviços públicos, sistematizados inicialmente por Louis Rolland, quais sejam, a continuidade, igualdade e mutabilidade, comumente, são exigidos de todos os serviços de interesse econômico geral no contexto comunitário.

A obrigação de continuidade, que sempre foi enxergada como uma decorrência da própria existência do Estado, em seu aspecto finalístico, serviu para onerar algumas atividades econômicas classificadas como essenciais. Como visto, a obrigação de continuidade consiste, assim, na imposição de que o serviço seja prestado de maneira ininterrupta, permanecendo disponível a qualquer tempo em que o usuário dele necessitar. Em algumas atividades, a obrigação da continuidade implica a regularidade e previsibilidade de sua prestação, como ocorre em serviços postais e transportes liberalizados.

A imposição de dever de continuidade enseja consequências jurídicas acessórias, como restrições ao direito de greve, caso em que eventuais paralisações devem respeitar uma prestação mínima essencial, bem como cria uma obrigação de não suspensão sem pré-aviso adequado ao usuário (GONÇALVES; MARTINS, 2004, p. 210).

A garantia da continuidade da prestação de um serviço não é tratada de forma coerente na legislação da Comunidade Europeia. Por exemplo, o artigo 3º, nº 1, da Diretiva 97/67/CE obriga os Estados-membros a resguardarem "uma oferta permanente de serviços postais". Também, o artigo 3º, nº 2, da Diretiva sobre "Eletricidade" (Diretiva 96/92/CE) estabelece que os Estados-membros "podem impor às empresas do sector da electricidade, no interesse económico geral, obrigações de serviço público relativas à segurança, incluindo (...) regularidade (...) dos fornecimentos" (COMISSÃO DAS COMUNIDADES EUROPEIAS, 2003, p. 17).

No Brasil, é paradigmático como típica aplicação da obrigação de continuidade as *restrições trazidas ao direito de greve para os serviços essenciais*, mesmo para aqueles que não consubstanciam em serviços organicamente estatais. O art. 37, VII, da Constituição da República de 1988, ao tratar da Administração Pública, dispõe que "o direito de greve será exercido nos termos e nos limites definidos em lei específica". Ainda no texto constitucional, o art. 9º, *caput*, assegura o direito de greve, porém ressalva, em seu §1º, que "a lei definirá os serviços ou atividades essenciais e disporá sobre o atendimento das necessidades inadiáveis da comunidade".

A Lei nº 7.783/1989 regulamentou o referido art. 9º, e seus parágrafos, da Constituição da República de 1988, e em seu art. 10,[234] estabeleceu um extenso rol de serviços ou atividades essenciais, muitas delas, referidas a atividades normalmente privadas, abertas à livre iniciativa, tal como, por exemplo, serviços funerários, processamento de dados ligados a serviços essenciais, compensação bancária. Nesse contexto, o art. 11, dessa lei, estabeleceu que, nos serviços e atividades essenciais, "os sindicatos, os empregadores e os trabalhadores *ficam obrigados*, de comum acordo, a garantir, durante a greve, a prestação dos serviços indispensáveis ao atendimento das necessidades inadiáveis da comunidade".

Além das obrigações decorrentes do princípio da continuidade, trazidas na análise exploratória setorial a ser realizada mais adiante,[235] cabe pontuar outras imposições regulatórias que preveem regras de restrição à regra da exceção do contrato não cumprido, como no caso dos planos de saúde privados, em que o art. 13, II, da Lei nº 9.656/1998, estabelece que aos planos privados de assistência à saúde (planos de saúde), é vedada

> [...] a suspensão ou a rescisão unilateral do contrato, salvo por fraude ou não-pagamento da mensalidade por período superior a sessenta dias, consecutivos ou não, nos últimos doze meses de vigência do contrato, desde que o consumidor seja comprovadamente notificado até o quinquagésimo dia de inadimplência. (BRASIL, 1998).

Ainda no setor dos planos de saúde, o art. 16[236] da Resolução Normativa nº 279, de 24 de novembro de 2011, da ANS, estabelece outra regra de continuidade, ao vedar que se rescinda as condições do plano de saúde contratadas pelo trabalhador, após ser demitido ou exonerado sem justa causa.

---

[234] "Art. 10 São considerados serviços ou atividades essenciais: I – tratamento e abastecimento de água; produção e distribuição de energia elétrica, gás e combustíveis; II – assistência médica e hospitalar; III – distribuição e comercialização de medicamentos e alimentos; IV – funerários; V – transporte coletivo; VI – captação e tratamento de esgoto e lixo; VII – telecomunicações; VIII – guarda, uso e controle de substâncias radioativas, equipamentos e materiais nucleares; IX – processamento de dados ligados a serviços essenciais; X – controle de tráfego aéreo e navegação aérea; XI – compensação bancária; XII – atividades médico-periciais relacionadas com o regime geral de previdência social e a assistência social; XIII – atividades médico-periciais relacionadas com a caracterização do impedimento físico, mental, intelectual ou sensorial da pessoa com deficiência, por meio da integração de equipes multiprofissionais e interdisciplinares, para fins de reconhecimento de direitos previstos em lei, em especial na Lei nº 13.146, de 6 de julho de 2015 (Estatuto da Pessoa com Deficiência); e XIV – outras prestações médico-periciais da carreira de Perito Médico Federal indispensáveis ao atendimento das necessidades inadiáveis da comunidade; XV – atividades portuárias."

[235] Capítulo 7.

[236] "Art. 16. A manutenção da condição de beneficiário no mesmo plano privado de assistência à saúde em que se encontrava quando da demissão ou exoneração sem justa causa ou aposentadoria observará as mesmas condições de reajuste, preço, faixa etária e fator moderador existentes durante a vigência do contrato de trabalho."

6.2 Obrigação de igualdade de tratamento

Enquanto uma obrigação inerente a uma função estatal, o dever de igualdade decorre da própria ideia de Estado de Direito, no qual todos são iguais perante a lei. Louis Rolland classificou o princípio da igualdade como um princípio fundamental do serviço público, por imperativo da Declaração dos Direitos do Homem e do Cidadão de 1789 (ROLLAND, 1951, p. 18). Quando se trata de uma atividade exercida pelo Estado, o dever de igualdade de tratamento é um dever lógico: todos os usuários que buscam uma tutela estatal, devem estar sujeitos a um mesmo regime de direitos e obrigações, como decorrência do direito fundamental primário da igualdade.

Contudo, a imposição, ao setor privado aberto à livre iniciativa, do dever de igualdade no tratamento dos consumidores, possui origem nas premissas jurisprudenciais do *Common Law*, que inspirou a criação do conceito de serviço universal. O dever de ampla acessibilidade, criado pela jurisprudência britânica em 1810, atrelou esse princípio com o *princípio de equidade*, inerente ao oferecimento de uma utilidade pública. Os atributos do direito à propriedade privada se relativizam quando esse direito primário é afetado a uma utilidade pública, de interesse de toda a coletividade. A afetação ao público enseja o dever de ampla competitividade e igualdade das condições de acesso. Como visto, tais premissas britânicas foram incorporadas no Direito norte-americano para a criação do conceito do serviço universal, a serem aplicadas a atividades que devem garantir, em razão de sua essencialidade, uma prestação abrangente territorialmente, para que todos possam utilizá-lo, e com um nível de qualidade e a um preço que permita a todos o seu uso efetivo e sujeitos a condições básicas de igualdade (LÓPEZ-MUÑIZ, 2001, p. 272).

Nesse contexto, a aplicação do princípio da igualdade em atividades de "domínio privado" é vista como a obrigação de serviço público mais intimamente relacionada com objetivos sociais da regulação e faz aproximar a atividade privada à noção tradicional de serviços públicos. Tony Prosser defende isso da seguinte forma:

> Qual seria a implicação de um regime de serviço público? Isso é complexo e controverso, especialmente diante de uma disputa intricada que surgiu relacionando sua vinculação com os princípios do Direito Comunitário, incluindo o serviço universal. O princípio básico da igualdade, que requer igual acesso aos serviços e demanda que os usuários sejam tratados igualmente a não ser que haja boas razões para não agir assim. Sem se adentrar nas especificidades do relacionamento entre esse princípio e o serviço universal, é bastante claro que esses dois princípios partilham muito em comum, embora os defensores da noção do serviço público tenham resistido a isso, buscando limitar esse princípio a provisão de um serviço mínimo aos mais necessitados. (PROSSER, 1997a, p. 289, tradução nossa)

O *Livro Verde dos Serviços de Interesse Geral*, faz referência ao dever de "igualdade de tratamento" (COMISSÃO DAS COMUNIDADES EUROPEIAS, 2003, p. 25), mas não especifica quais seriam as especificidades deontológicas decorrentes do princípio da igualdade na prestação de serviços privados. Defende-se, todavia, que a igualdade de tratamento jurídico dos utilizadores supõe que eles se encontrem na mesma situação e condição de acesso, o que implica que a noção de igualdade deve ser tomada numa *perspectiva relativa e relacional*, justificando tratamento desigual daqueles que se encontrem em situações desiguais, na estrita medida dessa desigualdade, em atenção ao princípio da proporcionalidade (GONÇALVES; MARTINS, 2004, p. 209).

A análise jurídico-exploratória desenvolvida mais adiante também exemplificará diversas imposições de obrigação de igualdade de tratamento, em serviços liberalizados. Além desse, inúmeros exemplos podem ser apresentados em diversos outros serviços essenciais. Por exemplo, no setor da saúde complementar, proíbe-se a diferenciação de preços entre pessoas empregadas e desempregadas, bem como entre ativos e inativos,[237] bem como impõe-se coberturas obrigatórias, independentemente do plano pactuado ou do consumidor em referência.[238]

6.3 Obrigação de mutabilidade ou adaptabilidade do serviço

Também referenciado como *princípio da adaptabilidade*, trata-se de uma obrigação que gera a prerrogativa, de exercício obrigatório, de alteração do regime de obrigações aplicável ao serviço, alteração tarifável, independentemente da aquiescência do usuário, bem como cria prerrogativa contratual de modificação unilateral do contrato administrativo (RIVERO, 1975, p. 431). Trata-se de uma prerrogativa de *ius variandi*, que enseja a necessária mutabilidade de uma relação, de modo a adequar ao interesse público, em constante mutação.

Ao ser aplicado aos serviços de interesse geral, o Direito Comunitário relaciona essa obrigação extraordinária com o conceito de serviço universal, pois o dever de ampla acessibilidade e universalidade, atrai, em decorrência, a necessidade de adaptação do serviço às exigências dos usuários, em constante evolução. Isso é evidenciado pelo próprio *Livro Verde dos Serviços de Interesse Geral* elaborado pela Comissão das Comunidades Europeias:

> O conceito de serviço universal tem um *carácter dinâmico*. Garante que as exigências de interesse geral têm em conta os avanços políticos, sociais, económicos e tecnológicos e permite, sempre que necessário, um *ajustamento regular destas exigências* às necessidades em mutação de utilizadores e consumidores. (COMISSÃO DAS COMUNIDADES EUROPEIAS, 2003, p. 37).

No mesmo sentido, a Comunicação da Comissão Europeia sobre os serviços de interesse geral (COM 96/443), vinculou o princípio da adaptabilidade ao conceito de serviço universal, ao tratar dos serviços postais:

> 38. A garantia a longo prazo do serviço universal dos correios constitui um elemento fulcral do dispositivo proposto. O serviço universal corresponde a uma oferta de boa qualidade à escala do território na sua totalidade, segundo uma frequência mínima, a preços acessíveis a todos. Compreende a tiragem, o transporte, a triagem e a distribuição da correspondência, bem como – tendo em conta certos limites de peso e preço – de publicações, catálogos e encomendas postais. Inclui os objectos registados e com valor declarado. Serão cobertas quer as expedições internas, quer as transfronteiras. Além disso, esse serviço responde a exigências de continuidade, confidencialidade, neutralidade, igualdade de tratamento e *adaptabilidade*. (COMISSÃO DAS COMUNIDADES EUROPEIAS, 1996, p. 9).

---

[237] Art. 16, da Resolução Normativa ANS nº 279, de 24 de novembro de 2011.

[238] Resolução Normativa ANS nº 465/2021.

Assim, aplicável aos serviços de interesse econômico geral, este princípio traduz-se pela "necessidade de os serviços de interesse geral acompanharem o progresso técnico e tecnológico, bem como as alterações sociais, designadamente no que diz respeito às necessidades dos utilizadores desses serviços" (GOUVEIA, 2001, p. 29). Por isso, a prestação universal deve se adaptar ao ritmo do progresso técnico e desenvolvimento do mercado, sendo o caso da prestação de serviços de *internet*, por empresas de telefonia, um exemplo típico dessa obrigação.

No contexto de execução privada de serviços público, através da técnica concessória, os contratos de concessão preveem usualmente o dever de o concessionário assumir o risco na incorporação de novas tecnologias ou atualidades de execução do serviço delegado, sem qualquer direito a recomposição de preços, de acordo com definições a serem estabelecidas pelo próprio poder concedente. Tratando-se de execução indireta de uma atividade, através de um "contrato", pode-se dizer que a ideia do *ius variandi* é mais evidente, especialmente por implicar em prerrogativa de uma parte contratual pela redefinição dos termos "bilateralmente"[239] fixados. Todavia, é igualmente usual definir em contratos que a superveniência de novas regras de regulação setorial também deve ser assumida pelo concessionário, sem direito ao reequilíbrio contratual, especialmente no tocante a regras pertinentes à boa execução do serviço prestado.

O fato é que tanto concessionários, como outros prestadores de atividades privadas reguladas, sujeitam-se a constantes mudanças regulatórias que visam adequar os serviços às atualidades decorrentes do avanço tecnológico, buscando sempre manter o serviço atual e de qualidade. A necessidade de impor a serviços públicos, como a outros serviços privados regulados, o dever de adaptação do serviço prestado, de acordo com as novas tendências prestacionais, é revelada mais nas alterações regulatórias, do que propriamente contratuais. Neste contexto, é considerável a quantidade e rápida frequência de alterações de resoluções normativas,[240] editadas para regular e condicionar a prestação de determinados serviços, de modo a adaptar às novas exigências prestacionais, que nada mais é do que a própria manifestação do princípio da mutabilidade.

Portanto, pode-se dizer que a regulação administrativa é a representação do próprio princípio da mutabilidade, considerando que os prestadores privados têm o dever de sempre observar as condições prestacionais, sob pena de cassação da autorização vinculativa concedida para a exploração da atividade econômica regulada.

6.4 Obrigação de universalidade na prestação do serviço

Como visto, a obrigação de universalidade foi incorporada no Direito Comunitário ao recepcionar o conceito de serviço universal, no contexto de legitimação das

---

[239] Importante enfatizar que a natureza bilateral do contrato administrativo é questionada por parcela considerável da doutrina, cabendo pontuar a posição de Celso Antônio Bandeira de Mello (2009), segundo o qual grande parte das cláusulas de contratos administrativos não têm nada de "contratual", mas sim de atos unilaterais, semelhantes a normas regulamentares, que são mutáveis. Segundo o autor: "é curioso notar que os doutrinadores afirmam, muitas vezes, reportados aos 'contratos administrativos' em geral – e não apenas a esta espécie ora cogitada –, que neles se contêm cláusulas 'regulamentares' (as mutáveis) e cláusulas imutáveis atinentes à parte econômica. Esta assertiva faz, de si mesma, prova de que certas disposições que o regulam não integram o contrato." (MELLO, 2009, p. 613).

[240] Desde o início da elaboração deste trabalho, há quase quatro anos, este autor teve que proceder a diversas atualizações de citações regulatórias. E assim terá que proceder constantemente.

liberalizações necessárias para a formação de um mercado comum na Europa. O dever de universalidade na prestação de um serviço é a característica essencial do conceito de serviço universal e representou uma construção expansiva do dever de amplo acesso e uma dimensão do dever de tratar igualmente todos os usuários de um serviço. A incorporação do princípio da universalidade na Comunidade Europeia, e o regime jurídico de sua imposição a atividades privadas, foi bem tratada no tópico 3.3.3 acima, o qual é de se fazer remissão.

A aplicabilidade para o setor privado é mais comum nos serviços de telecomunicação, do qual surgiu a própria definição norte-americana dos serviços universais. Nesse contexto, mais adiante,[241] ao mencionar a análise setorial dos serviços de telecomunicações no Brasil, verificam-se algumas situações em que a ideia de universalidade também se aplica a serviços privados de telecomunicações, como condições para licenças operacionais.

6.5 Obrigação de modicidade ou acessibilidade dos preços

O dever de modicidade tarifária, ao lado do dever de universalidade, também é um dos pilares estruturantes do conceito de serviço universal, o qual foi inspirado na jurisprudência britânica (*case Allnutt v. Inglis*, de 1810). Segundo essa premissa de origem britânica, uma propriedade, cujo uso natural seja destinado ao público, deve se curvar ao interesse coletivo, de modo a garantir ampla acessibilidade e se abster de cobrar preços desarrazoáveis pela sua utilização. Ou seja, desde o início do século XIX, desenvolveu-se um princípio de controle de preços de serviços privados de relevante interesse coletivo. No item 3.3.3 acima se explanou os contornos desse princípio e sua relação com o serviço universal, bem como a sua incorporação no Direito Comunitário.

O dever de modicidade, também chamado de dever de "*acessibilidade de preços*", está relacionado ao próprio método de prestação de um serviço universal. Segundo o *Livro Verde de Serviços de Interesse Geral*, elaborado pela Comissão das Comunidades Europeias (2003, p. 38), no tocante ao método de prestação, um Estado-membro não tem de intervir, ou tomar medidas adicionais para garantir a modicidade, somente quando considerar que a prestação de um serviço universal é assegurada pelo mero funcionamento do mercado, isto é, quando estão disponíveis, pelas regras do mercado, propostas comerciais a preços acessíveis para todos. Contudo, se os Estados-membros considerarem que o mercado não é suficiente para garantir a prestação de um serviço universal, a legislação comunitária permite-lhes designar um ou mais prestadores e possivelmente compensar o custo líquido da prestação desse serviço, de modo a minimizar as distorções do mercado (COMISSÃO DAS COMUNIDADES EUROPEIAS, 2003, p. 38).

Nesse contexto, já se discutiu sobre a existência de um princípio da neutralidade, ou melhor, da *gratuidade* do serviço público. Contudo, a gratuidade da prestação de um serviço é mais factível na seara de prestação de um serviço público, enquanto atividade organicamente estruturada dentro das estruturas do Estado, quando seu subsídio é realizado pelos próprios cidadãos através de suas contribuições fiscais. No contexto da prestação de um serviço privado de interesse geral, a gratuidade não pode

---

[241] Capítulo 7.

ser necessariamente exigida do prestador privado, exceto quando há o pagamento de um serviço privado diretamente pelo Estado. No Brasil, seria o caso, por exemplo, de convênios realizados com hospitais e clínicas privadas para remuneração de serviços assistenciais de saúde através do Sistema Único de Saúde. Entretanto, em um contexto de liberalização, é necessário que se resguarde necessariamente um equilíbrio econômico-financeiro para viabilização do serviço privado de interesse geral. Por isso, o dever de *acessibilidade* do serviço não pôde incorporar o princípio da gratuidade como um princípio no domínio dos serviços econômicos na União Europeia (GONÇALVES; MARTINS, 2004, p. 212).

Nesse sentido, a Comissão das Comunidades Europeias, ao dispor sobre o conceito de acessibilidade de preços, afirma que os preços devem ser fixados em função dos custos, sendo que a intervenção estatal deve ocorrer quando o custo do serviço não resultar em preço acessível aos usuários:

> 18. O conceito de acessibilidade de preços não deve ser confundido com o de determinação dos preços com base nos custos, não sendo estes necessariamente correspondentes. De facto, o melhor que o mercado pode oferecer é um preço fixado em função dos custos. No entanto, se este custo for considerado não acessível, o Estado poderá optar por intervir, garantindo assim a acessibilidade para todos. Em alguns casos, a acessibilidade de preços pode implicar a gratuidade de um serviço para todas as pessoas ou grupos específicos. Em função das condições nacionais, os Estados-Membros podem exigir que as empresas designadas ofereçam opções ou pacotes tarifários diferentes dos propostos em condições comerciais normais, sobretudo com o intuito de assegurar que as pessoas com baixos rendimentos ou com necessidades sociais especiais não sejam impedidas de aceder a um serviço ou de o utilizar. O conceito de acessibilidade de preços parece ser mais próximo do de "preços razoáveis" actualmente em discussão no contexto das alterações propostas às directivas do mercado interno relativas ao gás e à electricidade. Ainda que a acessibilidade de preços seja um critério que atende essencialmente à perspectiva do consumidor, o princípio de "tarificação razoável" sugere também a consideração de outros elementos. (COMISSÃO DAS COMUNIDADES EUROPEIAS, 2003, p. 41).

Assim, na definição do preço, deve-se observar um valor que seja suficiente para amortizar os custos e remunerar o prestador, e, adicionalmente, que atenda aos imperativos do interesse público.[242] A importância na definição de preços módicos fundamenta outros deveres acessórios típicos de serviços públicos, tais como o da transparência e obtenção de informações, pelos consumidores, dos custos envolvidos para a estruturação do serviço de interesse geral, como será analisado adiante.

Quando se trata de serviço prestado sob o imperativo da universalidade, é de se observar que o preço, para se atingir um patamar que garanta a ampla acessibilidade, deve observar diretrizes de solidariedade entre os próprios consumidores. O *subsídio cruzado*, desde que razoavelmente utilizado, pode consubstanciar em uma solução para manter a igualdade dos preços, a nível razoável. Neste caso, os custos envolvidos para a prestação em locais mais distantes ou com pouca infraestrutura podem ser compensados pelo preço pago em centros urbanos, de menor custo envolvido ou com maior ganho de eficiência.

---

[242] Por isso que se diz que, nos serviços de interesse econômico geral, ocorre a prática de preço *quase-privado* (SOUSA, 2010, p. 160).

Além disso, a acessibilidade dos preços, especialmente para aqueles com condições econômicas mais desfavoráveis, pode ser viabilizada por uma relativa *progressividade* no preço cobrado, caso em que os maiores consumidores podem pagar uma tarifa relativa maior, para subsidiar os custos para oferecimento para os menores consumidores. Contudo, isso deve ser aferido na exata medida da proporcionalidade, desde que não desvirtua a própria modicidade do preço cobrado em locais em que a prestação é menos custosa, ou mesmo prejudiquem aqueles que necessitam consumir mais do que outros. Neste aspecto, considerando as condições de acesso destoantes, o princípio da igualdade pode ser fundamento para estabelecer diferenças, pautadas pela equidade, de modo a viabilizar o acesso de pessoas com maiores necessidades econômicas e em regiões mais desvantajosas.

Como já foi visto, na Comunidade Europeia, há Estados-membros que também financiam os custos de prestação universal a preços acessíveis por meio de fundos de compensação, geridos por órgãos regulatórios específicos, destinados a compensar economicamente o cumprimento da acessibilidade do preço em regiões mais custosas (GARCIA, 2004, p. 151). Enfim, a acessibilidade dos preços é uma medida subjetiva e relativa, que deve levar em consideração as vicissitudes sociais e econômicas de determinado país e região dentro do país. Neste caso, o Estado Regulador tem um papel importante na definição do preço acessível, conforme reconhecido pela Comissão das Comunidades Europeias (2003, p. 41), no sentido de estabelecer o preço adequado, e as medidas de intervenção para mitigar as distorções de mercado, de modo a buscar a manutenção do preço adequado, mediante a imposição de políticas de subsídio cruzado, tarifas diferenciadas pautadas pela progressividade de utilização do serviço e condição econômica, ou a instituição de fundos de compensação.

Quando se trata de um serviço de interesse econômico geral exercido em regime de monopólio de fato ou monopólio natural, a intervenção regulatória deve ser realizada para se evitar os efeitos indesejados da falta de concorrência, com o estabelecimento de taxa de retorno previamente determinada, ou um *price cap* a ser observado pelo prestador.

No Brasil, além de situações pertinentes à análise setorial a ser realizada mais adiante, verificam-se diversas situações em que a função regulatória realiza diversas medidas visando o resguardo da justa contraprestação em serviços privados de interesse coletivo. Por exemplo, a Resolução Normativa ANS nº 433, de 27.06.2018 estabeleceu limites para a exposição financeira de segurados em planos de saúde. Além disso, a Resolução Normativa ANS nº 63, de 22.12.2003 estabeleceu critérios de reajuste de preços por faixas etárias, estabelecendo limites quantitativos para o aumento de preços na mudança dos padrões de idade,[243] visando impedir abusos na definição dos preços do serviço.

No tocante à modicidade tarifária, e controle de preços, é de se destacar a decisão da Ação Direta de Inconstitucionalidade nº 319,[244] na qual o Supremo Tribunal Federal

---

[243] Segundo a Resolução: "Art. 3º Os percentuais de variação em cada mudança de faixa etária deverão ser fixados pela operadora, observadas as seguintes condições: I – o valor fixado para a última faixa etária não poderá ser superior a seis vezes o valor da primeira faixa etária; II – a variação acumulada entre a sétima e a décima faixas não poderá ser superior à variação acumulada entre a primeira e a sétima faixas; III – as variações por mudança de faixa etária não podem apresentar percentuais negativos."

[244] "EMENTA: – Ação direta de inconstitucionalidade. Lei nº 8.039, de 30 de maio de 1990, que dispõe sobre critérios de reajuste das mensalidades escolares e dá outras providências. – Em face da atual Constituição, para

reconheceu a constitucionalidade da Lei nº 8.039/1990, que havia estabelecido regras para reajustes de mensalidades escolares, limitando-os aos índices gerais de reajustes de salários.[245]

Interessante observar, ainda, a política regulatória de preços de medicamentos, realizada pela Lei nº 10.742/2003, que também cria a Câmara de Regulação do Mercado de Medicamentos (CMED), a qual possui o objetivo de adotar, implementar e coordenar "atividades relativas à regulação econômica do mercado de medicamentos, voltados a promover a assistência farmacêutica à população, por meio de mecanismos que estimulem a oferta de medicamentos e a competitividade do setor" (art. 5º). O art. 8º, dessa lei, dispõe que o descumprimento dos atos emanados pelo CMED, no exercício de suas competências de regulação e monitoramento do mercado de medicamentos, sujeitará o agente privado às sanções administrativas do art. 56, da Lei nº 8.089/1990, também conhecida como Código de Defesa do Consumidor. Nesse sentido, a Orientação Interpretativa nº 01/2006, do CMED, obrigou o distribuidor de medicamentos a vender seus produtos para farmácias e drogarias pelo preço do fabricante, repassando o ICMS quando for o caso. Desse modo, a regulação sobre os medicamentos, no intuito de buscar mais adequação na oferta de medicamentos, impõe limitações para a liberdade na fixação de preços, o que repercute, assim, a obrigação de modicidade dos preços oferecidos.

6.6 Obrigação de qualidade e padrão de desempenho mínimo

O objetivo de imposição de um regime jurídico-prestacional a serviços de interesse geral, sejam públicos ou privados, deve-se em razão de se tratar de atividades prestacionais de caráter vital para a satisfação de direitos fundamentais, e para o desenvolvimento de uma vida digna, pautado em parâmetros mínimos para que se permita o progresso econômico e social. Por isso, não é possível cogitar um serviço prestado, sob parâmetros de continuidade, universalidade e igualdade, sem que se resguarde um mínimo padrão de qualidade que, em determinado contexto espacial e territorial, atende a esses objetivos. Estabelecer padrões mínimos de qualidade para a execução de um serviço de interesse econômico geral é imprescindível para que a prestação de um

---

conciliar o fundamento da livre iniciativa e do princípio da livre concorrência com os da defesa do consumidor e da redução das desigualdades sociais, em conformidade com os ditames da justiça social, pode o Estado, por via legislativa, regular a política de preços de bens e de serviços, abusivo que é o poder econômico que visa ao aumento arbitrário dos lucros. – Não é, pois, inconstitucional a Lei nº 8.039, de 30 de maio de 1990, pelo só fato de ela dispor sobre critérios de reajuste das mensalidades das escolas particulares. – Exame das inconstitucionalidades alegadas com relação a cada um dos artigos da mencionada Lei. Ofensa ao princípio da irretroatividade com relação a expressão "marco" contida no parágrafo 5 do artigo 2, da referida Lei. Interpretação conforme a Constituição aplicada ao "caput" do artigo 2., ao parágrafo 5. desse mesmo artigo e ao artigo 4, todos da Lei em causa. Ação que se julga procedente em parte, para declarar a inconstitucionalidade da expressão "marco" contida no parágrafo 5, do artigo 2. da Lei nº 8.039/90, e, parcialmente, o "caput" e o parágrafo 2, do artigo 2., bem como o artigo 4, os três em todos os sentidos que não aquele segundo o qual de sua aplicação estão ressalvadas as hipóteses em que, no caso concreto, ocorra direito adquirido, ato jurídico perfeito e coisa julgada." (STF, ADI 319 QO, Relator (a): MOREIRA ALVES, Tribunal Pleno, julgado em 03.03.1993, DJ 30-04-1993 PP-07563 EMENT VOL-01701-01 PP-00036).

[245] Sobre controle regulatório de preços, Gustavo Binenbojm (2016, p. 206) assim se manifesta: "a regulação de preços máximos traz sempre em si o risco do *populismo regulatório*, traduzido em medidas que atendem ao clamor popular imediato, mas produzem consequências desastrosas em médio e longo prazos. Quando desvinculada de critérios que atentem para a estrutura de custos dos fornecedores e suas expectativas razoáveis de lucros, costumam resultar em escassez artificial de oferta formal e em crescimento vertiginoso do mercado informal – casos típicos em que o *tiro* regulatório *sai pela culatra*."

serviço essencial atenda aos anseios de desenvolvimento social e econômico mínimo que se espera do mesmo.

A Comunidade Europeia, em diversas comunicações sobre os serviços de interesse geral, referencia o dever de qualidade em *sentido amplo*, que envolve o nível de cumprimento dos mais diversos tipos de encargos de serviço público, como a adaptabilidade, a continuidade e segurança do provisionamento do serviço.

Em *sentido estrito*, a obrigação de qualidade do serviço se refere a um padrão mínimo, objetivamente aferível, de desempenho do serviço. Para atender aos anseios de desenvolvimento social e econômico, é comum e recomendável a utilização de indicadores qualitativos e quantitativos que sirvam de padrão para uma prestação adequada do serviço. Isso pode ser imposto através de níveis de qualidade da própria comodidade comercializada (como no caso da prestação de serviço de telecomunicação, em que se exige um mínimo de qualidade sonora; ou nos serviços de distribuição de água, a qualidade mínima de potabilidade), ou então, pode consubstanciar em obrigações acessórias ao serviço, relacionado à qualidade de atendimento, por exemplo.

Neste caso, a Comissão das Comunidades Europeias (2003, p. 18), coloca a definição, acompanhamento e aplicação de requisitos de qualidade por parte das autoridades públicas como elemento essencial do processo de regulação no tocante a serviços de interesse geral. Assim, mesmo que tenham liberdade para definir padrões de desempenho, os Estados-membros devem se submeter também às normas de qualidade definidos pela legislação comunitária, tais como "em matéria de segurança, correcção e transparência da facturação, cobertura territorial e protecção contra cortes de fornecimento ou serviço" (COMISSÃO DAS COMUNIDADES EUROPEIAS, 2003, p. 18).

Normalmente, quando os próprios mecanismos de mercado não são suficientes para o estabelecimento de uma melhoria da qualidade do serviço a um preço competitivo, o estabelecimento de padrões de performance é essencial para a preservação da obrigação de um mínimo de qualidade exigível para a prestação do serviço. Neste sentido, a imposição do dever de modicidade invariavelmente cria incentivos para que o prestador privado reduza a qualidade do serviço, o que gera o dever de autoridades regulatórias estabelecerem esses padrões de performance (OGUS, 2004, p. 307).

Neste ponto, os padrões de desempenho podem se distinguir em *padrões de desempenho aferíveis individualmente e padrões gerais de desempenho*: no primeiro caso, tais definições são trazidas nos regulamentos de prestação dos serviços e criam-se direitos subjetivos para sua exigência pelos usuários em face do prestador do serviços; no segundo caso, os padrões de desempenho, estabelecidos de maneira geral, são aferíveis pela própria autoridade reguladora e que conferiu a licença de operação, pautados em objetivos gerais e de longo prazo (OGUS, 2004, p. 316).

Neste contexto, os padrões de qualidade devem guarnecer uma relação direta e proporcional com os custos envolvidos na atividade e as exigências de modicidade para a prestação de serviço. As exigências de maior qualidade induzem, por isso, em aumento do preço. E, por outro lado, as exigências de modicidade geram demandas por "simplificação" na execução das atividades de interesse geral pelo privado. Conforme diretriz da Comunicação da Comissão das Comunidades Europeias (1996, p. 1), "os europeus esperam obter serviços de qualidade por um preço acessível". A justa medida deve ser ponderada levando-se em consideração a realidade e demandas sociais de cada região.

É tarefa inviável fazer uma sistematização de obrigações de qualidade e padrão de desempenho incidentes sobre atividades privadas, abertas à livre iniciativa, diante da grande extensão de regras técnicas e prestacionais previstas para esse desiderato. Os padrões de desempenho mínimo consubstanciam nas próprias normas regulatórias que regulam as condições operacionais de cada serviço privado regulado, como também são reproduzidos, vários deles, em condições gerais que normalmente acompanham autorizações vinculativas, ou licenças de operação, em sintonia com o definido em atos regulatórios.

6.7 Obrigação de segurança privada com função de segurança pública

No Direito Comunitário, a obrigação de segurança em um serviço de interesse geral se diferencia do dever consumerista genérico de segurança, que representaria o dever de evitar danos pessoais e à saúde pelo consumo de um produto ou serviço. A obrigação de segurança, enquanto encargo de serviço público, reparte-se em dois tipos pela legislação comunitária: (i) segurança privada em função de segurança pública; e (ii) segurança no provisionamento, enquanto estabilidade de fornecimento.

No tocante à *segurança privada em função de segurança pública*, a legislação comunitária estabelece o dever de o prestador de um serviço de interesse geral tomar medidas para proteger seus usuários contra a *criminalidade comum e ataques terroristas*. Não se trata de um serviço típico de um serviço público econômico, tal como identificado pela doutrina francesa, mas um poder público relativamente atribuído pela regulação na prestação de um serviço de interesse geral, razão pela qual diretrizes comunitárias a insere dentro do rol de "encargos de serviço público". Como bem pontua Pedro Gonçalves (2008, p. 16 *et seq.*), atualmente:

> [...] os particulares são chamados a assumir responsabilidades de execução de tarefas nucleares do Estado, que correspondem, em certa medida, à mais profunda razão de ser – e da existência – do próprio Estado: a gestão global das prisões, a manutenção da ordem e da tranquilidade públicas e a definição de parâmetros e o controlo das condições de segurança técnica são apenas alguns exemplos de tarefas de "policy making" com que os particulares espontaneamente se envolvem ou se vêem estrategicamente envolvidos. (GONÇALVES, 2008, p. 16 *et seq.*).

Em que pese atos criminosos ocorridos no esteio da prestação do serviço ensejarem diversos danos diretamente ao próprio prestador, neste caso os necessários investimentos em segurança não são criados essencialmente para proteção dos interesses egoísticos do próprio prestador do serviço – como ocorre, por exemplo, nos investimentos em segurança privada em instituições bancárias – mas sim do próprio usuário do serviço de modo a evitar serem vítimas de atos criminosos de terceiros.

O Regulamento CE nº 2320/2002, do Parlamento Europeu, buscou impor um conjunto de normas de segurança, tendo como motivação "os actos criminosos cometidos em Nova Iorque e Washington em 11 de Setembro de 2001". Dentre as inúmeras normas, pode-se destacar o *dever de controle de acesso*, com "verificação da identidade e do passado histórico de uma pessoa, incluindo o eventual registro criminal, como parte da avaliação da sua aptidão para aceder sem escolta às zonas restritas de segurança" (Anexo, item 5), bem como o dever de impedir carregamento de objetos e substâncias que possam ser utilizadas em atos criminosos (Apêndice, alínea viii), dentre outros atos fiscalizatórios decorrentes do poder de polícia.

Estudo sobre o financiamento da segurança da aviação civil europeia, indo além dos 15 Estados-membros, incluindo a Noruega, a Islândia e a Suíça, verificou que a *maior parte das despesas de segurança* na aviação foram aplicadas pelas *próprias transportadoras privadas*, em montante superior ao aplicado diretamente pelo Estado.

No tocante às despesas com a segurança, o estudo revelou que em 2002, antes da entrada em vigor dos regulamentos europeus, o montante total das despesas relacionadas com a segurança nos 18 Estados se situou entre 2,5 e 3,6 mil milhões de euros, repartidos do seguinte modo: 0,65 mil milhões de euros dos Estados, 1,32 mil milhões de euros dos aeroportos e entre 0,52 e 1,66 mil milhões de euros das transportadoras aéreas (COMISSÃO DAS COMUNIDADES EUROPEIAS, 2006, p. 2). Neste caso, segundo as conclusões desse mesmo estudo, o passageiro é o principal financiador da segurança através das taxas de segurança estatais, das taxas de segurança da companhia aérea aplicáveis aos títulos de viagem e/ou das taxas de aeroporto (COMISSÃO DAS COMUNIDADES EUROPEIAS, 2006, p. 3).

Quanto aos *serviços marítimos* de passageiros, o Regulamento CE nº 725/2004, do Parlamento Europeu e do Conselho, inseriu uma série de deveres destinados a impedir a ocorrência de atos criminosos que possam prejudicar a segurança da tripulação, tais como: realização de revistas; necessidade de classificação de comportamento de pessoas suscetíveis de ameaçar a devida proteção dos passageiros; investimento de instrumentos de vigilância e guardas privados nos navios, com rondas obrigatórias em áreas mais sensíveis de segurança, como no convés; investimentos em barcos de patrulha a acompanhar o navio em algumas áreas, dentre outros. Segundo a Comissão das Comunidades Europeias (2006, p. 4), estima-se que tais investimentos em segurança privada com função de segurança pública girem em torno de 100 mil euros por embarcação, que devem estar inseridos no custo do serviço.

No Brasil, pode-se citar como exemplo dessa obrigação regulatória extraordinária, as imposições de deveres de estabelecimentos bancários manterem seguranças privados para vigilância patrimonial e segurança dos consumidores. Quem regula a segurança privada é o Ministério da Justiça, juntamente com a Polícia Federal. Neste contexto, verifica-se que a Lei nº 7.102/1983, em seu art. 1º, proíbe o funcionamento de estabelecimentos financeiros, onde haja guarda de valores ou movimentação de numerário, que não possua sistema de segurança com parecer favorável à sua aprovação, elaborado pelo Ministério da Justiça. Nesse contexto, a Portaria nº 3.233/2012, do Departamento da Polícia Federal, também estabelece a obrigação de qualquer estabelecimento bancário possuir "serviço orgânico de segurança, autorizado a executar vigilância patrimonial ou transporte de valores, ou contratar empresa especializada devendo, em qualquer caso, possuir plano de segurança devidamente aprovado" pelo Delegado Regional Executivo, sem o qual não poderá dar início às suas atividades empresariais.

6.8 Obrigação de segurança no provisionamento

Segurança no provisionamento poderia ser chamado também de *estabilidade* no fornecimento do serviço. Trata-se de um dever identificado por diretrizes comunitárias como *corolário da própria obrigação de continuidade*. Dar segurança na provisão dos serviços significa o dever de garantir que a sua prestação se dê de maneira contínua com *constante oferta do serviço*. Por isso, as autoridades reguladoras devem exigir que o prestador de serviço inclua nos custos dos serviços os investimentos necessários para que se garanta o *aprovisionamento contínuo a longo prazo*. Mesmo que o desenvolvimento de um mercado concorrencial possa gerar essa garantia de contínuo aprovisionamento do serviço (como serviços de telecomunicações), no caso de alguns serviços de interesse econômico geral, a intervenção do poder público revela-se necessária, especialmente em face ao risco de subinvestimento prolongado em infraestrutura e para garantir a disponibilidade de capacidades suficientes (COMISSÃO DAS COMUNIDADES EUROPEIAS, 2003, p. 21).

Essa preocupação é especialmente importante em setores como o de fornecimento de *energia e de gás natural*. O desenvolvimento natural da população, das atividades econômicas e das tecnologias envolvidas necessariamente resultam no contínuo aumento da demanda por serviços energéticos que não conseguirão ser suportados pela infraestrutura já existente. Neste aspecto, o dever de continuidade não implica apenas prestar serviço com base na capacidade de produção que o prestador privado assumiu inicialmente. Implica em *sempre garantir a demanda crescente da população*.

Assim, é imputado aos prestadores privados a responsabilidade pela interrupção do fornecimento de energia, em caso de apagões, mesmo que ocasionados diretamente pelo crescimento da demanda. Por isso, por intermédio do dever de segurança de aprovisionamento, cria-se o dever de os prestadores privados tomarem medidas para buscar o equilíbrio no fornecimento a longo prazo, com manutenção de estoques e planejamento de construção de novas infraestruturas, até mesmo no incentivo de desenvolvimento de tecnologias alternativas de produção de energia, tais como a energia fotovoltaica.

6.9 Obrigação de transparência e permissividade de acesso à informação

O dever de transparência e permissibilidade de acesso à informação é um encargo essencial para que se possa exercer o devido *controle social e controle regulatório* do serviço de interesse geral, como instrumento de garantia do atingimento das metas das obrigações de qualidade, universalidade e modicidade inerente ao conceito de serviço universal.

Os agentes reguladores, para que possam atingir ao fim público dos setores em que atuam, bem como para terem condições de tomar as medidas necessárias para a efetivação das missões de serviço público atinentes a esses serviços, dependem de uma considerável quantidade de informações referentes às atividades dos prestadores (SOUSA, 2010, p. 143). Neste caso, as informações a serem obtidas diferem das informações contábeis normalmente concedidas através de publicações de demonstrações financeiras, pois podem incluir informações sobre custos de atividades que normalmente não são fornecidas em vista de interesses competitivos próprios (SOUSA, 2010, p. 143). Mas é justamente por estarem se dispondo a prestar um serviço inserido dentro do conceito de serviço universal, é que tais empresas devem submeter a esse grau de controle, sobretudo para viabilizar a imposição de diretrizes regulatórias adequadas e proporcionais ao fim pretendido.

A Comissão das Comunidades Europeias (2000, p. 24) exigiu expressamente o dever de transparência no exercício do serviço de interesse econômico geral como um dos pilares legitimadores das liberalizações de grandes serviços públicos. Segundo Rodrigo Gouveia (2001, p. 33), a transparência deverá ser assegurada mediante o estabelecimento de regras precisas em toda a linha, desde a tomada de decisões, passando pelo fornecimento dos serviços e pela sua regulação etc. Neste caso, é necessário que as autoridades públicas ajam em completa transparência, de modo a fixar quais são as necessidades dos usuários a serem atendidos pelo serviço, bem como que seja demonstrado o *modus operandi* de observância dos encargos de serviço público (GOUVEIA, 2001, p. 33).

A transparência é essencial para o procedimento de fixação das tarifas e dos mecanismos de financiamento dos encargos do serviço universal. A missão de garantir a ampla acessibilidade de um serviço a preços razoáveis demanda, essencialmente, que seja *amplamente revelado o método de fixação do preço* (GOUVEIA, 2001, p. 33).

Segundo o *Livro Verde dos Serviços de Interesse Geral*, a fim de assegurar a eficácia do serviço universal, as regras nesta matéria deveriam ser complementadas por uma série de direitos do utente e do consumidor. Entre estes, contam-se o acesso físico, independentemente de uma deficiência ou idade, a transparência e plena informação sobre tarifas, os termos e as condições contratuais, os indicadores de qualidade de desempenho e os índices de satisfação dos consumidores, o tratamento de queixas e os mecanismos de resolução de litígios (COMISSÃO DAS COMUNIDADES EUROPEIAS, 2003, p. 38 *et seq.*). Mais adiante, essa mesma Comunicação apresenta a transparência como um dos princípios mais basilares que regem os serviços de interesse geral, conceituando da seguinte forma: "*Transparência e plena informação*: neste aspecto devem ser incluídas informações claras e comparáveis sobre tarifas; termos e condições dos contratos; tratamento de queixas; e mecanismos de resolução de litígios" (COMISSÃO DAS COMUNIDADES EUROPEIAS, 2003, p. 42).

Assim, o prestador privado não poderá negar o fornecimento das informações solicitadas pelo poder público, quando as exigências de acesso forem proporcionais aos fins pretendidos. Nesse sentido, como bem explica Sousa:

> Apesar de haver um dever geral de proporcionalidade dos atos administrativos, os gestores privados não podem negar o fornecimento de informações alegando a desnecessidade de determinados dados para a função regulatória, uma vez que compete exclusivamente ao Estado a elaboração das políticas regulatórias, bem como das informações que julgue necessárias para o delineamento e a efetivação de tais políticas, podendo os gestores privados, entretanto, conforme já afirmamos, exigir das autoridades reguladoras o uso e acesso restrito de informações. (SOUSA, 2010, p. 145).

Ainda é apontado, como obrigação subsidiária de prestar contas, o *dever de separação contábil relativa às atividades financiáveis*, especialmente das entidades privadas incumbidas de obrigações de serviço público financiáveis, de modo a permitir o cálculo exato do montante a ser financiado em virtude do desempenho de obrigações/atividades de interesse público que não sejam lucrativas (SOUSA, 2010, p. 145). Com efeito, esse dever de separação é inerente à necessidade de preservar o ambiente concorrencial e evitar, assim, subvenções estatais além do necessário para a viabilização de determinado encargo de serviço público (SOUSA, 2010, p. 145). Neste caso, a Diretiva 2000/52/CE da Comissão, de 26 de julho de 2000, em seu art. 3º-A, estabelece essa obrigação de separação contábil, para que os custos envolvidos com o cumprimento de obrigações de serviço público financiáveis, acompanhados, ou não, de um direito especial ou exclusivo, sejam separados em diferentes contas.

Por isso, segundo Pedro Gonçalves e Licínio Martins (2004, p. 221), a transparência é um elemento aliado à imposição de obrigações de serviço público, quer pela necessidade de comunicar a imposição das mesas à Comissão, com o intuito de analisar a sua conformidade com o Direito Comunitário, quer pela transparência na contabilidade "a fim de evitar discriminações, subsídios cruzados e distorções de concorrência" (artigo 14º e segs. e 12º e segs. das Diretivas do Conselho 90/337/CEE, de 29 de julho de 1990).

6.10 Obrigação de permissividade de participação dos usuários

Tratando-se de prestação de um serviço de interesse geral, seja pelo poder público (serviço público), seja pelo setor privado, as diretrizes comunitárias garantem o direito dos usuários em se organizarem para, legitimamente, obter informações sobre o funcionamento dos serviços e efetuar petições visando adaptações necessárias. Por isso, a obrigação de transparência, referida no item anterior, é essencial para que se viabilize também o *dever de permissividade de participação dos usuários* na definição dos caracteres do serviço. De acordo com a Comissão das Comunidades Europeias (2003, p. 39), a aplicação do conceito de serviço universal "pode basear-se na participação alargada das partes interessados (por exemplo, indústria, pequenas e médias empresas, consumidores e outros grupos sociais representativos)".

Segundo Rodrigo Gouveia (2001, p. 32 *et seq.*), o *princípio da participação ativa* das organizações representativas dos usuários demanda o estabelecimento de regras que permitam assegurar a consulta das organizações de defesa e proteção dos direitos e interesses dos consumidores, de forma a que estas possam participar ativamente na definição, execução e fiscalização das decisões que lhes digam respeito, direta ou indiretamente.

É por isso que Paulo Otero (2001, p. 50) aponta que a privatização da Administração Pública pode também encontrar o seu fundamento na exigência constitucional de aprofundamento da democracia participativa, especialmente por meio da afirmação do princípio da participação dos administrados na gestão efetiva das diversas estruturas administrativas ou, ainda, a nível decisório.

No Brasil, a Lei nº 13.460/2017, que dispõe sobre os direitos dos usuários dos serviços públicos, estabelece o direito à participação no acompanhamento da prestação e na avaliação dos serviços como um direito básico do usuário (art. 6º). Essa lei estabeleceu os Conselhos de Usuários (art. 18) como a principal forma de participação destes no acompanhamento e avaliação da prestação dos serviços públicos, sem prejuízo de outras formas previstas, em especial, as *ouvidorias*. Estas, segundo o art. 13, I, da Lei nº 13.460/2017, têm o propósito de "promover a participação do usuário na administração pública, em cooperação com outras entidades de defesa do usuário".

Nesse contexto, é comum encontrar diversas normas regulatórias que imponham o dever de serviços privados regulados instituírem sistemas de ouvidorias. Por exemplo, a Resolução ANATEL nº 632, de 7 de março de 2014, que aprova o regulamento geral de direitos do consumidor de serviço de telecomunicações, em seu art. 104-A, impõe a obrigação de que todos os prestadores de serviços de telecomunicações, sobretudo aqueles prestados sob o regime privado, "devem instituir e divulgar amplamente um canal de comunicação com os consumidores, denominado Ouvidoria, designado como unidade específica em sua estrutura, dotada de autonomia decisória e operacional", cujo objetivo "será assegurar um tratamento específico e individual às demandas de consumidores já analisadas anteriormente pelas prestadoras".

6.11 Obrigação de adoção de práticas de proteção e sustentabilidade ambiental

A proteção do meio ambiente é uma regra regulatória aplicável a qualquer atividade privada, por se tratar de um interesse público genérico. Nestes termos, ninguém poderá exercer um direito econômico em detrimento da proteção do meio ambiente. Contudo, tratando-se de serviços de interesse geral, o Direito Comunitário não apenas impõe abstenções de atos lesivos ao meio ambiente, como também impõem obrigações específicas intentadas a *difundir valores de sustentabilidade e proteção ambiental*, sem as quais não é possível exercer o direito econômico envolvido.

A proteção ambiental não é, propriamente, uma típica obrigação de serviço público, na noção tradicional francesa ou do serviço universal. Mas, trata-se de um dever especial, exigido dos Estados-membros, na execução de um serviço público, ou de um serviço privado de interesse geral, como extensão do próprio escopo da obrigação de *qualidade* do serviço público e que, por isso, extrapolam os limites do poder de polícia administrativa exercido para as demais atividades econômicas comuns ao setor privado. Nesse sentido, o *Livre Verde dos Serviços de Interesse Geral* dispõe que a "protecção ambiental e o desenvolvimento sustentável são também aspectos cada vez mais considerados quando da definição de critérios de qualidade do serviço" (COMISSÃO DAS COMUNIDADES EUROPEIAS, 2003, p. 40).

É compreensível que o nível de proteção ambiental incidente sobre os serviços de interesse econômico geral seja mais intenso do que em outras atividades privadas, justamente em razão das características que envolvem a sua prestação, que geram grande impacto ambiental, tais como exploração dos recursos energéticos, por exemplo (SOUSA, 2010, p. 146).

Neste aspecto, a proteção ambiental tem gerado flexibilizações em regras de responsabilidade civil, de modo a se criar uma ampla e irrestrita responsabilidade por danos ambientais. Certamente, a ideia de uma teoria do risco, potencializada na esfera ambiental, traduz a necessidade do setor privado tomar diversas medidas que normalmente não tomariam se não houvesse tais riscos a serem suportados objetivamente.

De todo modo, o rol de obrigações exigidas, pela atividade regulatória, dos serviços de interesse econômico geral *supera a mera prevenção de danos ambientais* (como no caso de exigir estudos de impacto ambiental), ou de compensação de impactos ambientais naturais à atividade desenvolvida, mas envolve condutas positivas de *promoção à sustentabilidade e proteção ambiental*, sem que necessariamente haja correlação com os danos potenciais e emergentes envolvidos na própria atividade. Ou melhor, a execução de um serviço de interesse geral se transforma em *instrumento de implementação de políticas ambientais específicas,* que devem ser realizadas pelos prestadores privados como condição ao exercício da atividade.

Nesse contexto, o *Tratado de Amesterdão* (1997), na nova redação dada ao artigo 2º do Tratado que instituiu a Comunidade Europeia, instituiu o dever de integrar a proteção do ambiente em todas as políticas setoriais da União Europeia, tendo em vista promover o desenvolvimento sustentável, ao lado dos fundamentos da coesão social e desenvolvimento de um mercado interno. O artigo 179, do Tratado em comento, dispõe que a política no domínio do meio-ambiente tem por objetivo atingir um nível de proteção elevado, pautando-se, não apenas no princípio do poluidor-pagador, mas também no princípio da precaução. Este princípio, aplicável às funções estatais, segundo a Declaração do Rio/92, alude ao dever de serem aplicadas medidas preventivas pelos Estado para se evitar o risco de um dano ambiental, mesmo que diante de uma falta de certeza jurídica que revele essa obrigação.

Para tanto, são criadas *"normas de qualidade ambiental"* a serem observadas por determinadas empresas. Segundo o artigo 10, da Diretiva 96/61/CE, relativa à prevenção e controles integrados da poluição, se uma norma de qualidade ambiental necessitar de condições mais estreitas do que podem ser obtidas com a utilização das melhores técnicas disponíveis, devem ser previstas nas licenças, nomeadamente, condições suplementares, sem prejuízo de outras medidas que possam ser tomadas para respeitar as normas de qualidade ambiental. Para viabilizar a aplicação de tais obrigações ambientais, a Comissão Europeia emitiu um *Comunicado de "Enquadramento Comunitário dos auxílios estatais a favor do ambiente"*, segundo o qual os Estados-membros poderiam *financiar obrigações específicas para investir em tecnologias mais ecológicas*, que não poderiam ser impostas sem o auxílio estatal (COMISSÃO EUROPEIA, 2008, p. 2).

Em que pese a multiplicidade de normas de qualidade ambientais criadas com o ímpeto de proteção ambiental, seja para o exercício de qualquer atividade comercial e ambiental, seja para a prestação de serviços de interesse geral, o fato é que há normas mais incisivas, que impõem ao setor privado o dever de realizar medidas de precaução e condutas inerentes as políticas ambientais. Isso ocorre, por exemplo, no dever de investir no desenvolvimento tecnológico, que é considerado, ao lado dos diversos encargos típicos de serviços de interesse geral, uma função pública imposta ao setor privado e que, por isso, deve ser financiado pelo Estado, tais como os demais encargos já aqui referidos.

No Brasil, ao lado de diversas normas regulatórias, que impõem soluções ambientalmente adequadas – como será mais explorado na análise setorial a ser realizada mais adiante – é de se destacar que a Administração Pública também vem envidando esforços para impor obrigações para adoção de práticas de proteção ambiental e sustentabilidade ambiental, mediante o estabelecimento de regras preferenciais para a contratação pública. O novo marco nacional de licitações e contratos administrativos (Lei nº 14.133/2021), prevê diversas disposições destinadas a condicionar contratações a adoção de métodos inovadores para proteção ambiental, em sintonia com o encargo regulatório em referência. Sobretudo, um dos objetivos da licitação é "incentivar a inovação e o desenvolvimento nacional sustentável". Não apenas isso, para fomentar a adoção de condutas de proteção ambiental ativa, essa lei estabeleceu a possibilidade de remuneração variável, vinculada ao desempenho do contratado, com base em critérios de sustentabilidade ambiental (art. 144).

Em especial, considerando a atual preocupação global pela sustentabilidade ambiental – cabendo aqui menção aos *Objetivos de Desenvolvimento Sustentável* da ONU – o ordenamento jurídico brasileiro vem, cada vez mais, sensibilizando – acreditamos – para impor deveres ao setor privado que não são meramente regras proibitivas de condutas geradoras de danos ambientais, mas especialmente que visam ao melhor aproveitamento ambiental.

6.12 Obrigação de permissão de acesso a infraestrutura de domínio privado

Essa obrigação possui fundamento na noção de serviço universal, na qual o proprietário de determinada utilidade pública deve garantir a ampla acessibilidade aos usuários. A exigência de uma propriedade relativa em utilidades públicas esteve atrelada a situações de monopólio natural ou exclusividade territorial, casos em que há empecilhos de ordem natural ou geográfica para a exploração da atividade por mais de um agente econômico, em determinada localidade.

A proteção da concorrência e livre mercado, no contexto da União Europeia, resultou em diretrizes que indicavam o dever de proprietários de infraestruturas, pertinentes à execução de serviços de interesse econômico geral, em permitir o acesso de outros operadores do mesmo serviço de interesse geral que necessariamente demandem a utilização de uma infraestrutura já instalada e de domínio do concorrente.

Em alguns casos, a viabilização de um mercado competitivo, em serviços de interesse econômico geral, condiciona-se em obrigar que demais operadores, já atuantes no mercado, deem acesso à infraestrutura que já construíram, impedindo restrições de acesso ou imposição de encargos abusivos e não isonômicos aos demais operadores do mesmo serviço.

Trata-se de um dever plenamente justificável, por características do próprio monopólio natural, pois que existem limites de ordem técnica, territorial ou ambiental para se exigir que o novo operador construa uma nova infraestrutura em concorrência com a já existente. Isso sem mencionar as implicações à necessária eficiência do serviço, já que a construção de nova infraestrutura despenderia diversos anos, e custos que inviabilizariam a própria atuação concorrencial no referido setor. Daí vem a importância da *gestão de rede de infraestruturas*, que passou a assumir bastante atenção da regulação na Comunidade Europeia. Por ser muito dispendiosa a construção de nova infraestrutura, ou mesmo diante de uma inviabilidade ambiental para essa construção, é comum que essa gestão de rede de infraestruturas se transforme em domínio público, a ser exercido no âmbito de um serviço público assumido pelo Estado, todavia, mediante a concretização de um mercado aberto à exploração pelo setor privado, respeitadas as prévias condições regulatórias.

A obrigação de permissão de acesso à infraestrutura possui precedência na doutrina das *essencial facilities*, criada a partir da jurisprudência da Suprema Corte dos EUA, especialmente no *case United States of America* vs. *Terminal Railroad Association of St. Louis*, de 1912, no qual se decidiu que a empresa que possuía o domínio de estradas de ferro de St. Louis deveria permitir o acesso para as composições ferroviárias de outras empresas (SOUSA, 2010, p. 149 *et seq.*). Segundo essa concepção, o monopólio do domínio da infraestrutura "não afasta a possibilidade de competição, impondo-se ao titular dessa infraestrutura um dever de permitir o acesso (mediante remuneração apropriada) de competidores a esse conjunto de bens" (JUSTEN FILHO, 2001, p. 120).[246]

---

[246] Segundo Marçal Justen Filho: "Há uma forte tendência na Europa e nos EUA a impedir que o titular da infraestrutura explore outra atividade econômica além dela própria. Assim, o proprietário dos trilhos não poderá prestar serviços de transporte ferroviário: oferecerá a estrutura que permite a exploração dos serviços, obtendo lucro através da remuneração paga pelos agentes na área de transporte. A grande decorrência consistiu no fracionamento econômico das atividades, o que inviabilizou o tratamento jurídico unitário" (JUSTEN FILHO, 2001, p. 120 *et seq.*).

Essa diretriz da *essencial facilities* foi contemplada na Diretiva 91/440/CEE, do Conselho, de 29 de julho de 1991, relativa ao desenvolvimento dos caminhos-de-ferro comunitários. Segundo o seu artigo 1º, essa diretiva foi criada com o objetivo de "facilitar a adaptação dos caminhos-de-ferro comunitários às exigências do mercado único". Para tanto, no seu artigo 10, estabeleceu-se o direito de acesso e trânsito das companhias ferroviárias nos demais Estados-membros, o que envolve o dever de permissão de acesso às estradas de ferro geridas ou de domínio de outros proprietários privados.

Tal dever de permissividade atinge a infraestrutura construída para o funcionamento dos demais serviços de interesse econômico geral, conforme bem pontua Sousa (2010, p. 150):

> No *transporte ferroviário*, as infraestruturas são as estações e os trilhos; nos *transportes aéreos*, são os aeroportos e serviços aeroportuários; na *energia elétrica*, são as redes de alta tensão e as redes de distribuição central, ascendendo o operador através das redes de baixa tensão de distribuição local; nos serviços de *telefonia*, são as redes de cabos e os satélites, havendo o acesso através de interconexões múltiplas compartilhadas; nos *serviços postais*, são os postos de recolha, classificação e despacho das encomendas, bem como a logística de transporte e entrega, havendo o múltiplo acesso com a entrega de encomendas e correspondências fora da área de atuação da operadora que o recolheu; no *abastecimento de gás*, as infraestruturas são os gasodutos de alta pressão, aos quais os operadores têm acesso a partir de redes de distribuição de baixa pressão. (SOUSA, 2010, p. 150).

Nesse contexto, a obrigação de permissão de acesso às infraestruturas demanda que todos os operadores do setor tenham iguais condições de utilização, de modo que não haja distorção da concorrência entre estes, devendo ser garantido o acesso com base em condições objetivas, transparentes e neutras (SOUSA, 2010, p. 151).

No Brasil, a obrigação de permissão de acesso a infraestrutura de domínio privado é evidente com as regras previstas para o compartilhamento de infraestruturas de telecomunicações. O art. 14, da Lei nº 13.116/2015, dispõe que "é obrigatório o compartilhamento da capacidade excedente da infraestrutura de suporte, exceto quando houver justificado motivo técnico". Ainda, o §3º, estabelece que a construção da infraestrutura deverá ser planejada e executada de modo "a permitir seu compartilhamento pelo maior número possível de prestadoras", sendo que, segundo o §4º, do mesmo dispositivo, "o compartilhamento de infraestrutura será realizado de forma não discriminatória e a preços e condições justos e razoáveis, tendo como referência o modelo de custos setorial". No setor da infraestrutura ferroviária, em Minas Gerais, recentemente, foi editado o Decreto Estadual nº 48.202, de 08.06.2021, conhecido como decreto da liberdade do transporte ferroviário, que regulamenta o regime de autorização para exploração de infraestrutura e serviços de transportes ferroviários no estado pela iniciativa privada. Dentre suas disposições, o art. 14, §2º,[247] previu a possibilidade de compartilhamento de infraestrutura de transporte ferroviário com os prestadores privados.

---

[247] "Art. 14 [...] §2º: Quando a nova ferrovia fizer uso de bem público, o contrato de autorização poderá ser associado a contrato de cessão ou de concessão de uso, inclusive de trechos ferroviários preexistentes, sempre que não houver interesse do poder público em alienar os bens necessários à operação da ferrovia."

CAPÍTULO 7

DIAGNÓSTICO SETORIAL DA REGULAÇÃO SOCIAL E DE IMPOSIÇÃO DE OBRIGAÇÕES DE SERVIÇOS PÚBLICOS EM ATIVIDADES LIBERALIZADAS NO BRASIL

7.1 Esclarecimentos preliminares

É importante fazer uma prévia ressalva. O objetivo deste Capítulo não é dissertar sobre o Direito regulatório de diversos setores, o que extrapolaria, e muito, os objetivos do presente trabalho.

O objetivo da presente exposição é, através de uma investigação jurídico-exploratória, diagnosticar exemplos de encargos regulatórios, semelhantes a "obrigações de serviço público", exigidos de atividades privadas abertas à livre iniciativa, em alguns setores liberalizados.

Nesse contexto, utilizar-se-á de amostragens intencionais, de modo a evidenciar, no campo pragmático-jurídico, que a premissa da indissociabilidade do regime jurídico-prestacional com o exercício de uma atividade de domínio estatal, apenas não tem fundamento jurídico, como também não encontra resguardo do mundo prático, diante de diversos exemplos que podem ser apresentados.

Assim, os setores aqui analisados não são os únicos em que podem ser encontrados a imposição regulatória de obrigações de serviços públicos a atividades liberalizadas, mas representam apenas alguns exemplos de serviços regulados, porém conceitualmente classificados como "privados" ou "liberalizados", em que há diversas imposições de encargos típicos do regime jurídico-prestacional.

Com essa exposição, de caráter exemplificativo, pretende-se melhor ilustrar como que pode ocorrer a imposição dos encargos de serviços públicos ao setor privado liberalizado, e como pode ser aferida a conveniência dessa aplicação.

Para o devido enquadramento do serviço analisado, como um serviço privado, tornou-se a fazer breve digressão sobre o histórico da liberalização do setor ou de algumas discussões sobre a natureza do serviço, para melhor delimitação do caráter privado da atividade.

7.2 Energia Elétrica

De acordo com a descrição histórico-institucional realizada no Capítulo 1, até a federalização e titularização dos serviços inerentes à Energia Elétrica pelo Código de Águas, estes eram explorados conforme interesse local. Até esse momento, a exploração dos potenciais energéticos era conduzida de maneira concorrente entre o Estado e o particular, nos termos do Decreto nº 5.407/1904.

No Brasil, desde o início da exploração energética nos primeiros anos do século XX, reconheceu-se o seu grande potencial hidroelétrico para a produção de energia.[248] Não seria por menos. O potencial técnico de aproveitamento da energia hidráulica no Brasil está entre os 5 (cinco) maiores do mundo: o país tem 12% da água doce superficial do planeta e condições adequadas para a exploração. O potencial hidroelétrico é estimado em cerca de 260 gW (duzentos e sessenta gigawatts), dos quais 40,5% (quarenta inteiros e cinco décimos por cento) estão localizados na Bacia Hidrográfica do Amazonas – para efeito de comparação, a Bacia do Paraná responde por 23% (vinte e três por cento), a do Tocantins, por 10,6% (dez inteiros e seis décimos por cento) e a do São Francisco, por 10% (dez por cento). Contudo, apenas 63% (sessenta e três por cento) do potencial foi inventariado. A Região Norte, em especial, tem um grande potencial ainda por explorar. Algumas das usinas em processo de licitação ou em obras na Amazônia vão participar da lista das dez maiores do Brasil: Belo Monte – que terá potência instalada de 11.233 mW (onze mil duzentos e trinta e três megawatts) – São Luiz do Tapajós – 8.381 mW (oito mil trezentos e oitenta e um megawatts) – Jirau – 3.750 mW (três mil setecentos e cinquenta megawatts) e Santo Antônio – 3.150 mW (três mil cento e cinquenta megawatts). Entre as maiores em funcionamento estão Itaipu – 14.000 mW (quatorze mil megawatts) ou 16,4% (dezesseis inteiros e quatro décimos por cento) da energia consumida em todo o Brasil – Tucuruí – 8.730 mW (oito mil setecentos e trinta megawatts) – Ilha Solteira – 3.444 mW (três mil quatrocentos e quarenta e quatro megawatts) – Xingó – 3.162 mW (três mil cento e sessenta e dois megawatts – e Paulo Afonso IV – 2.462 mW (dois mil quatrocentos e sessenta e dois megawatts).[249]

Foi por esse cenário de preponderância dos potenciais hidroelétricos, que a titulação da exploração pelo governo federal e a regulação da atividade foi realizada no Código de Águas, no qual se estabeleceu a prerrogativa da União em explorar os serviços através de contratos de concessão ou atos de autorizações discricionárias – diferindo, portanto, de autorizações vinculativas outorgadas a atividades abertas à livre iniciativa para melhor controle regulatório.

Durante a segunda metade do século XX, passou-se para uma fase de estatização da atividade, diante da importância estratégica do setor, somado a insuficiência de investimentos privados em atividades de geração e transmissão de energia. Durante os anos de 1960 e 1970, o Estado realizou grandes investimentos públicos especialmente na atividade geradora, destacando-se a criação da Eletrobrás e a estatização da empresa Light em 1978. Também é de se destacar a construção da usina hidroelétrica da Itaipú, entre 1975 e 1982, a qual, até hoje, é líder na produção de energia hidroelétrica no mundo.

---

[248] A análise da liberalização dos serviços de energia também foram objeto de artigo publicado por este autor no livro "Direito de Energia e Áreas Afins" (VALE, 2021).

[249] Informações obtidas no site oficial do Governo Federal brasileiro. Disponível em: http://www.brasil.gov.br/infraestrutura/2011/12/potencial-hidreletrico-brasileiro-esta-entre-os-cinco-maiores-do-mundo. Acesso em: 13 abr. 2017.

Somente com a influência da onda regulatória e liberalizante, advinda da Comunidade Europeia, o Brasil passou, na década de 1990, a realizar reformas no marco legal energético, para permitir a inserção da competitividade no setor e à abertura à livre iniciativa de produção independente de menor monta, não apenas para uso próprio, mas para fins de comercialização e exploração econômica da atividade.[250] Através da Lei nº 8.631/1993, criou-se as bases para a competitividade no setor de energia no Brasil, ao permitir a flexibilização das tarifas, a serem estabelecidas pelo concessionário distribuidor e posterior homologação pelo poder concedente. Além disso, essa lei autorizou que os concessionários contratassem com os consumidores, fornecimento que tenham por base, tarifas diferenciadas, que contemplasse o custo com o respectivo atendimento ou a existência de energia elétrica excedente (artigo 14).

Em seguida, editou-se a Lei nº 9.074/1995 que representou um grande avanço para a liberalização no setor energético no Brasil. A Lei nº 9.074/1995 inaugurou um novo modelo de produção de energia elétrica, com a flexibilização de conceitos jurídicos antes assumidos como premissas, bem como de prerrogativas estatais na realização da execução material dessa atividade, com o objetivo de tentar atrair o investimento de capitais privados para a *expansão do sistema e o atendimento do mercado de energia*, como um meio de evitar o racionamento e *blackouts* (CALDAS, 2001, p. 169 *et seq.*). Para tanto, previu-se a figura do *Produtor Independente de Energia* e a outorga de empreendimentos por meio de autorizações vinculativas, nos quais os novos prestadores executam a atividade material de produção energética, até determinado montante, através de uma produção independente, destinada à comercialização no atacado ou para consumidores finais livres, como uma *commodity*.

Desde a edição da Lei nº 9.074/1995, o campo de abrangência da liberalização na produção de energia passou do teto de 1.000kWs (um mil quilowatts) para potenciais

---

[250] Importante trazer em nota a compreensão da setorização de energia, para melhor visualização das atividades objeto de liberalização e implantação da concorrência. No Brasil, seguindo a tendência técnica e mundialmente observada, o setor da Energia Elétrica sempre foi dividida em 3 *setores: geração, transmissão e distribuição*. Na década de 1990, acrescentou-se, ainda, o setor da *comercialização*, como atividade independente. Na *geração*, é onde ocorre a produção de energia, seja por fontes hidroelétricas, térmicas, biomassa, eólicas, solares ou em cogeração, ou seja, como subproduto de outra atividade. A *transmissão* é uma atividade de condução e gerenciamento de transporte de energia produzida, em alta tensão, até as subestações de energia. Trata-se de atividade importante em países dependentes da produção hidroelétrica, tal como o Brasil, em função da grande distância entre a fonte produtora e os centros distribuidores, ao contrário do que ocorre no caso de produção termoelétrica, em que a produção pode ser realizada perto dos grandes centros urbanos. Os serviços de transmissão, por ser um monopólio natural, sempre ocorreram em exploração pública, como se pode verificar de grandes torres de transmissão que cortam estradas. Trata-se de atividade que não tem o potencial em ser concorrencial, devendo manter a neutralidade, possuindo o dever de acessibilidade isonômica com relação às fontes de produção de energia, consoante regras e preços fixados pela autoridade regulatória. No Brasil, há um sistema de transmissão interligado, conhecido como "sistemas elétricos interligados" que atendem diferentes usinas, cujo gerenciamento da produção é conferido ao Operador Nacional do Sistema Elétrico (ONS), que possui a competência de determinar o fluxo da transmissão, bem como o fluxo de entrada, o que impacta na definição da vazão e produtividade entre as diferentes usinas hidroelétricas, consoante regras gerais definidas na Lei nº 9.648/1998. Os *serviços de distribuição* envolvem toda a estrutura necessária para transporte da energia em baixa tensão aos consumidores finais. Os serviços de distribuição podem também envolver, ou não, a atividade de comercialização, caso em que as concessionárias de distribuição de energia, que também exercem a atividade de comercialização, podem comercializar a energia tanto para consumidores cativos (aqueles que não possuem opção de compra, senão com o próprio concessionário), e os consumidores livres. Por fim, a Lei nº 9.648/1998 inovou o segmento da energia, criando o *setor da comercialização*, em que o comercializador é uma atividade aberta à livre iniciativa, cujo ingresso depende de autorização do poder público. Trata-se de atividade que envolve a compra e venda de energia, entre o produtor e o possuidor de excedentes para outros distribuidores ou consumidores livres.

hidráulicos e 3.000kWs (três mil quilowatts) para usinas termoelétricas, passando, com novas modificações da mesma lei, para atingir o teto de 50.000 kWs (cinquenta mil quilowatts) para ambas as atividades, com redação dada pela Lei nº 13.360/2016, a partir do qual, a atividade consubstanciaria em serviço público, a ser objeto de concessão através de licitação (art. 5º).

A figura do produtor independente de energia (artigo 11) poderia fornecer energia a determinados tipos de usuários, mediante mecanismos do livre mercado. De acordo com o artigo 12, dessa lei, a venda de energia elétrica por produtor independente poderia ser feita: (i) em atacado, para concessionário de serviço de energia elétrica; (ii) ou através do varejo, para novos consumidores de energia elétrica com carga maior do que 3.000kWs (três mil quilowatts); (iii) ou para consumidores de complexos industriais ou comercial aos quais o produtor independente também forneça vapor oriundo de processo de cogeração; (iv) conjunto de consumidores de energia elétrica, independente de tensão e carga, em condições pré-estabelecidas com o fornecedor; ou (v) quaisquer consumidores que demonstrem ao Estado não ter o concessionário atuante em regime de monopólio local o fornecimento da energia solicitada no prazo de 180 (cento e oitenta) dias do momento da solicitação.

Com base nessa lei, permitiu-se que empresas autorizadas pelo Estado pudessem produzir energia de maneira autônoma, a sua conta e risco, e vendê-la, ao atacado, para outras concessionárias de transmissão e distribuição de energia. Da mesma forma, lhe foi permitido a venda direta para consumidores finais (varejo), fazendo-se a transmissão, ou utilizando-se a estrutura realizada por outros concessionários, ou mesmo a distribuição direta. Todavia, não houve a liberalização para consumidores finais comuns. Adicionalmente, em 1998, a Lei nº 9.648/1998 permitiu a livre negociação de energia entre os concessionários, observada a regulação da ANEEL, criando base para a privatização de várias empresas estatais atuantes no setor.

Contudo, essa tendência à liberalização do mercado energético, verificada na década de 1990, recuou com a reforma energética realizada em 2004, a qual implicou em uma série de medidas que visaram reduzir a competitividade nas transações entre as concessionárias, através da criação do "sistema de contratação regulada", dando bases para o que chamaram de "o novíssimo modelo"

Segundo aponta Lohbauer e Santos (2012), a reforma energética, aqui conhecida como o "novíssimo modelo", se caracterizou da seguinte forma:

> O Novíssimo Modelo se sustentava nos seguintes pilares: 1) a competição na geração; 2) planejamento central e garantia da segurança do suprimento de energia elétrica; 3) a coexistência de dois ambientes de contratação de energia, um Livre (ACL) e outro Regulado (ACR); 4) a desvinculação do serviço de distribuição de qualquer outra atividade; e 5) a modicidade tarifária. (LOHBAUER; SANTOS, 2012, *on-line*).

O sistema de contratação regulada, segundo Krüger (2014, p. 28 *et seq.*), deixou de acreditar que a livre concorrência na aquisição de contratos de suprimentos de energia pelas concessionárias de distribuição seria suficiente para criar incentivos necessários ao investimento na expansão do setor e garantir tarifas módicas.

Por meio da Lei nº 10.848/2004, foram completamente alteradas as regras de comercialização de energia elétrica para as concessionárias de serviço público de distribuição de energia elétrica, não podendo mais as concessionárias escolherem de quem adquirir a eletricidade (KRÜGER, 2014, p. 28). São criados, a partir dessa lei, dois ambientes para a comercialização de energia elétrica, a contratação regulada e a contratação livre (artigo 1º, da Lei nº 10.848/2004).

Segundo o artigo 1º, §2º, da Lei nº 10.848/2004 submeter-se-ão à contratação regulada a compra de energia elétrica por concessionárias, permissionárias e autorizadas do serviço público de distribuição de energia elétrica e o fornecimento de energia elétrica para o mercado regulado. Assim, as concessionárias do serviço de distribuição estão obrigadas a comprar através de licitação, no ambiente de contratação regulada, afastando-se as distribuidoras da exposição ao ambiente de livre contratação vigente anteriormente (KRÜGER, 2014, p. 28).

Os produtores independentes de energia e produtores de energia já existentes não estão obrigados a ofertarem sua energia no mercado regulado, podendo ofertar nos dois ambientes (livre e regulada). Contudo, os novos empreendimentos poderão ser obrigados a ofertar um percentual mínimo de energia no mercado regulado, a serem estabelecidos pelo Estado, em licitação a ser instaurada para essa finalidade. O sistema de contratação livre, assim definido na Lei nº 9.074/1995, abrange os "consumidores livres", considerados aqueles que comprem quantia maior do que 3.000 kWs (três mil quilowatts) e atendidos em tensão igual ou superior a 69 kV (sessenta e nove quilovolts), os quais poderão optar pela compra de energia elétrica a qualquer concessionário, permissionário ou autorizado de energia elétrica do mesmo sistema interligado (art. 15, §2º, da Lei nº 9.074/95). A Lei nº 9.074/1995, em seu art. 3º, também previa a possibilidade de comercialização do excedente de energia gerada livremente para a contratação livre.

Contudo, com a Lei nº 12.783/2013, a prorrogação de concessões com os custos já amortizados poderá ser realizada desde que toda a energia produzida seja alocada às delegatárias de distribuição de energia (artigo 1º).

Assim, a competitividade na geração foi incentivada com a Lei nº 9.074/1995 com a figura do "produtor independente de energia", que eram as pessoas jurídicas ou consórcios que recebiam a autorização ou concessão do poder público para produzir a energia elétrica destinada ao comércio de toda ou parte da energia, por sua conta e risco (artigo 11). Entretanto, essa competitividade no mercado do atacado, através da atuação dos produtores independentes de energia, manteve intacta no novíssimo modelo de 2003, considerando que os geradores vendiam sua energia em leilões altamente competitivos (LOHBAUER; SANTOS, 2012).

Assim, por mais que o novo "novíssimo modelo", mais centralizador, criado pela Lei nº 12.783/2013, tenha reduzido o âmbito da concorrência na venda atacadista de energia, não houve uma supressão da atuação de um novo mercado liberalizado no campo da energia, através dos produtores independentes.

Ainda, no tocante aos serviços privados de produção de energia, recentemente foi publicada a Resolução Normativa ANEEL nº 921/2021, que estabeleceu deveres e condições gerais aplicáveis às outorgas de autorizações para pessoas jurídicas, físicas ou empresas reunidas em consórcio, interessadas em se estabelecerem como Produtores Independentes de Energia Elétrica ou Autoprodutores de Energia Elétrica, tendo por objeto a implantação ou exploração de centrais geradoras elétricas. Dentre as obrigações previstas, condicionantes da autorização de exploração desse serviço privado, encontram-se diversas obrigações típicas do regime jurídico-prestacional, semelhantes a obrigações de serviço público.

Por exemplo, com relação à *obrigação de qualidade e padrão de desempenho mínimo*, estabeleceu-se a obrigação de a central geradora privada ser implantada e operada em conformidade com as normas técnicas e legais específicas, conforme cronograma a ser aprovado pela ANEEL (art. 2º, I).

É de se destacar também clara imposição da *obrigação de segurança no provisionamento*, como decorrência do princípio da continuidade aos prestadores privados. No caso, o art. 2º, XXII, dessa resolução, estabeleceu que os produtores têm o dever de permanentemente manter os equipamentos e instalações da central geradora em perfeitas condições de funcionamento e conservação, por meio de adequada estrutura de operação e conservação, provendo adequado estoque de peças, pessoal técnico e administrativo, legalmente treinado, e em número suficiente "para assegurar a continuidade, a regularidade e a segurança da central geradora". Essa é uma típica obrigação de serviço público, na medida em que condiciona a autorização para realização do serviço privado à realização de medidas que evitem a descontinuidade das atividades prestadas.

Também visando à regularidade prestacional, a resolução estabeleceu a obrigatoriedade de o prestador solicitar acesso aos sistemas de transmissão e distribuição, sob pena de cassação da autorização vinculativa. Neste ponto, vale frisar que, por outro lado, o art. 7º[251] da Resolução ANEEL nº 281/1999, estabelece a obrigação de permissão de acesso à infraestrutura, sendo que é vedado aos detentores da infraestrutura de transporte de energia impedir o acesso dos produtores privados ou ao prestador de serviço público, e ainda, estabelecer qualquer tratamento não isonômico ou discriminatório.

Essa resolução também estabeleceu diversas *obrigações de transparência e acessibilidade de informações*, abaixo enumeradas:

- Os produtores privados têm o dever de prestar todas as informações relativas ao andamento do empreendimento, devendo ainda facilitar o acesso aos fiscalizadores (art. 2º, VIII);
- Deve, ainda, permitir que os fiscalizadores da ANEEL possam examinar todos os assentamentos gráficos, quadros e demais documentos relativos à central geradora (art. 2º, IX);
- No caso de centrais geradoras eólicas privadas, há ainda o dever de garantir acesso ao histórico e dados anuais atualizados "referentes às leituras de vento, histogramas e frequências de ocorrência, com base em estações de medição de dados anemométricos e climatológicos, que deverão ser instalados dentro da área do parque" (art. 4º);
- No caso da centrais geradoras fotovoltaicas privadas, há ainda o dever de "manter em arquivo, à disposição da ANEEL, as leituras de irradiação global horizontal, ou de irradiação global, difusa e direta, e a certificação de medições solarimétricas e de estimativa da produção anual de energia elétrica associada

---

[251] "Art 7º A ANEEL estabelecerá as condições gerais do acesso aos sistemas de transmissão e de distribuição, compreendendo o uso e a conexão, e regulará as tarifas correspondentes, com vistas a: I – assegurar tratamento não discriminatório a todos os usuários dos sistemas de transmissão e de distribuição, ressalvado o disposto no §1º do art. 26 da Lei nº 9.427, de 1996, com a redação dada pelo art. 4º da Lei nº 9.648, de 1998; II – assegurar a cobertura de custos compatíveis com custos-padrão; III – estimular novos investimentos na expansão dos sistemas; IV – induzir a utilização racional dos sistemas; V – minimizar os custos de ampliação ou utilização dos sistemas elétricos."

ao empreendimento, emitida por certificador independente, com base em série de dados obtidos por meio de estação solarimétrica instalada no local do empreendimento, nos termos do Anexo II da Resolução Normativa nº 876, de 10 de março de 2020" (art. 5º).

A atividade no setor de comercialização também não foi isenta de imposição de obrigações específicas de regularidade e qualidade. Importante frisar que o Decreto nº 2.655/1998, que regulou a atividade, estabeleceu que é condição para outorga da autorização para exploração de atividade de comercialização, inclusive importação e exportação de energia, a demonstração de capacidade jurídica, regularidade fiscal e idoneidade econômico-financeira (art. 9º). Ainda, mesmo os comercializadores privados, não ficaram isentos da imposição de regras de controle de preços, visando a *modicidade tarifária*, consoante as regras de ajuste tarifário em ambientes de contratação regulada, conforme consolidação trazida pela Resolução Normativa ANEEL nº 870/2020. Em que pese se tratar de "Contrato de Comercialização de Energia Elétrica no Ambiente Regulado", o fato é que a comercialização liberalizada é realizada por serviços privados de intermediação e que se submetem, por imposição de normas regulatórias da ANEEL, a um ambiente de controle de preços.

Mais recentemente, o avanço da tecnologia de sistemas de energia fotovoltaica obteve o reconhecimento por parte da ANEEL, que buscou criar diversas condições regulatórias para a fruição desses sistemas pelos consumidores, de forma a trazer maior segurança no investimento e instalação dos referidos equipamentos, os quais podem ser uma solução à escassez de produção energética em futuro, não muito distante. A Resolução Normativa ANEEL nº 482/2012 – alterada pela Resolução Normativa ANEEL nº 687, de 24.11.2015 – além de prever o sistema de compensação de energia elétrica, regulamentou as figuras do "empreendimento com múltiplas unidades consumidoras",[252] "a geração compartilhada"[253] e o "autoconsumo remoto".[254] Através dos procedimentos definidos nesse diploma regulatório, criou-se uma segurança para que os particulares possam investir na produção de energia fotovoltaica, de modo que a energia produzida seja conectada à rede pública gerida pela concessionária de energia, com a subsequente geração de um crédito de energia a ser utilizado no prazo de 60 (sessenta) meses. E, para a adesão aos sistemas de compensação e geração compartilhada (nos termos do artigo 4º, dessa resolução), "fica dispensada a assinatura de contratos

---

[252] Para a ANEEL "empreendimento com múltiplas unidades consumidoras" é caracterizado pela utilização da energia elétrica de forma independente, no qual cada fração com uso individualizado constitua uma unidade consumidora e as instalações para atendimento das áreas de uso comum constituam uma unidade consumidora distinta, de responsabilidade do condomínio, da administração ou do proprietário do empreendimento, com microgeração ou minigeração distribuída, e desde que as unidades consumidoras estejam localizadas em uma mesma propriedade ou em propriedades contíguas, sendo vedada a utilização de vias públicas, de passagem aérea ou subterrânea e de propriedades de terceiros não integrantes do empreendimento.

[253] "Geração compartilhada", por sua vez, é caracterizada pela ANEEL como a reunião de consumidores, dentro da mesma área de concessão ou permissão, por meio de consórcio ou cooperativa, composta por pessoa física ou jurídica, que possua unidade consumidora com microgeração ou minigeração distribuída em local diferente das unidades consumidoras nas quais a energia excedente será compensada.

[254] "Autoconsumo remoto" é caracterizado por unidades consumidoras de titularidade de uma mesma pessoa jurídica, incluídas matriz e filial, ou pessoa física que possua unidade consumidora com microgeração ou minigeração distribuída em local diferente das unidades consumidoras, dentro da mesma área de concessão ou permissão, nas quais a energia excedente será compensada.

de uso e conexão na qualidade de central geradora" sendo suficiente a celebração de um "acordo operativo", que se dará por meio de mero requerimento do interessado e averiguação [vinculativa] do atendimento às condições objetivamente estabelecidas pela ANEEL.[255]

Interessante observar que os melhoramentos necessários ao sistema de distribuição foram incluídos como "parte de cálculo da participação financeira do consumidor" (artigo 5º, §2º, da Resolução Normativa ANEEL nº 482/2012), como uma espécie de *equilíbrio econômico-financeiro* para esse tipo de atividade, supostamente privada, mas de considerável interesse público e em nítida colaboração com à incumbência estatal de geração e fornecimento de energia elétrica.

Quanto aos setores de transmissão e distribuição, por envolverem, em sua essência, a disponibilização de estrutura de transporte de energia (o primeiro em alta tensão, para grandes distâncias, e o segundo, em baixa tensão, para curtas distâncias), logicamente envolve uma situação de monopólio natural, o que motiva a titularização dessas atividades como serviços públicos a serem executados diretamente, ou indiretamente através da técnica concessória.

Não obstante, na área da distribuição, houve a construção da figura das *cooperativas de eletrificação rural*. Essa forma de execução privada de prestação de serviços de distribuição de energia foi inicialmente prevista no Decreto nº 62.655, de 3 de maio de 1968, e no art. 18 do Decreto nº 62.724, de 17 de maio de 1968, e que identificava esses prestadores como "permissionários" de serviço público de distribuição. Contudo, através da Lei nº 9.074/1995, as *cooperativas de eletrificação rural* passaram a ser previstas como um instituto passível tanto de ser uma atividade privada liberalizada, como uma delegatária de serviço público.

A Lei nº 9.074/1995 também previu a figura da cooperativa de eletrificação rural como associação destinada à prestação de serviços de distribuição e que tem por finalidade adquirir a energia elétrica de um fornecedor e rateá-la entre seus cooperados (WALTENBERG, 2002, p. 367). Essa forma cooperativista representava um meio de serviço privado de distribuição, voltado essencialmente para o atendimento de um público previamente determinado. Nesse contexto, a Lei nº 9.074/1995 previa a possibilidade de essas cooperativas de eletrificação rural serem submetidas a *dois tipos de regimes de titulação*, sendo serviços privados e serviços públicos permissionários, a depender de "suas situações de fato como prestadoras de serviço público". Por isso, o art. 23, da Lei nº 9.074/1995 previu a possibilidade de o poder concedente "promover a regularização" de sua situação para a permissão de serviço público, preservando o atual regime jurídico próprio das cooperativas, se for constatado que os serviços privados da cooperativa estivessem sendo prestados a um público indistinto de usuários.

Nesse contexto, editou-se a Resolução Normativa da ANEEL nº 354/2009, que definia as cooperativas de eletrificação rural como a organização associativa que comercializava energia elétrica "para seu mercado próprio", enquanto as permissionárias seriam aquelas que assinassem contratos de permissão para distribuição a um público indistinto. Todavia, essa resolução foi revogada pela Resolução Normativa ANEEL nº 897/2020, sob a justificativa, trazida em seu anexo II, de que *houve a regularização da*

---

[255] Essas condições são estabelecidas pela Seção 3.7, do Módulo 3, do PRODIST ("Procedimentos de Distribuição de Energia Elétrica no Sistema Elétrico Nacional").

totalidade de cooperativas de eletrificação rural, com o seu enquadramento como permissionárias de serviço público de distribuição.

O pressuposto assumido pelas regulações da ANEEL, no tocante à regularização das cooperativas de eletrificação rural como permissionárias de serviço público, seria a necessária assunção dos direitos e obrigações estabelecidos nas Condições Gerais de Fornecimento de Energia Elétrica, consoante os termos da Resolução Normativa ANEEL nº 414, de 9 de setembro de 2010. Todavia, em análise à referida resolução, há também aplicação de seus termos às cooperativas de eletrificação rural autorizadas, com regras de continuidade, qualidade e modicidade, dentre outras, tal como pode se deduzir da regra prevista no art. 42, §3º, da Resolução Normativa ANEEL nº 414/2010, que prevê que a cooperativa autorizada, que não tiver as condições para regularização como permissionária,

> [...] continuará como consumidor rural, subclasse cooperativa de eletrificação rural, com as tarifas de fornecimento vinculadas aos descontos fixados na legislação específica e atendidas as disposições regulamentares concernentes aos serviços de eletrificação rural, especialmente as previstas no Decreto no 62.655/68 e nos arts. 16 a 18 do Decreto no 62.724/68, assim como no inciso IV, art. 20, da Resolução ANEEL no 456/00. (AGÊNCIA NACIONAL DE ENERGIA ELÉTRICA, 2010).

Portanto, mesmo diante de uma situação em que não há mais cooperativas de eletrificação rural, como autorizadas de serviços de distribuição, é possível constar a aplicação de regime semelhante ao que foi aplicada às cooperativas de eletrificação rural, enquanto permissionárias de serviço público.

7.3 Telecomunicações

Como abordado neste trabalho,[256] a trajetória dos serviços de telecomunicações se iniciou com a invenção do telégrafo, inicialmente sendo uma atividade aberta à livre iniciativa e, diante de sua grande relevância pública e para as próprias atividades estatais, foi publicizada como um serviço de domínio estatal. O crescimento das redes de telégrafos proporcionou melhor inserção dos serviços de telefonia fixa, inventado e popularizado posteriormente, cuja prestação também foi incorporada pelo Estado e foi inserida sob o controle das mesmas repartições administrativas que geriam os serviços de telégrafos.

Também se inseriu na trajetória da evolução dos serviços de telecomunicação os serviços de comunicação via rádio, criada, inicialmente, no âmbito dos serviços de telégrafo (telégrafo sem fio), cuja tecnologia foi essencial para a posterior invenção da radiodifusão sonora e, na segunda metade do século XX, após a invenção da televisão, com a radiodifusão de sons e imagens. Desde o Decreto nº 8.354/1881, os serviços de telégrafos se mantiveram como de titularidade do poder central, sendo que, pelo Decreto nº 372-A, de 2 de maio de 1890, titularizou-se também os serviços de telefonia, recém inventados nos Estados Unidos da América. Quanto aos serviços de radiodifusão de sons, o Decreto nº 20.047/1931 publicizou a atividade como propriedade da União,

---

[256] Capítulo 1

mantendo-se essa competência após a invenção e implantação da radiodifusão de sons e imagens (televisão).

Através da edição do Código Brasileiro de Telecomunicações, pela Lei nº 4.117/1962, ainda em vigor, tais atividades se mantiveram como serviços de titularidade estatal. Neste ponto, cabe ressaltar que o Código Brasileiro de Telecomunicações previu que a autorização também seria forma de outorga da delegação para prestação privada do serviço público, todavia, considerada de maneira mais genérica. Importa ressaltar que as autorizações, como meio de outorga do serviço público, muito se diferem das hipóteses de autorizações vinculativas atualmente existente em diversos setores em campo liberalizado. Conforme previsto pelo art. 5º, I,[257] e art. 17,[258] do Decreto nº 52.795/1963 – que regulamentou os serviços de radiodifusão – as autorizações não foram classificadas como uma forma de outorga, ao lado das concessões ou permissões. Tratou-se, em verdade, de uma *forma genérica de se referir à delegação dos serviços*, que poderia ser efetivada mediante permissão ou concessão. Ou seja, pode-se dar "autorização", mediante concessão ou permissão.

Diante disso, pode-se dizer que a viabilização de atuação do setor privado, de maneira liberalizada, no setor das telecomunicações, somente se efetivou através da Lei Geral de Telecomunicações (Lei nº 9.472/1997), em que bifurcou a atuação no setor em dois regimes: o (i) *regime público*, no qual consubstanciariam em empreendimentos estatais, executados direta ou indiretamente, mediante outorga ao particular através da técnica concessória prevista no art. 175, da Constituição da República de 1988; e (ii) o *regime privado*, que representaria um campo de atuação do mercado, livremente acessível através de autorizações vinculativas – semelhantes as licenças operacionais – que impunham diversas condições regulatórias para a execução do serviço privado. Mesmo que o art. 128, da Lei Geral de Telecomunicações, tenha estabelecido o princípio da mínima intervenção na vida privada, o fato é que a prestação dos serviços de telecomunicações sob regime privado não esteve isenta de inúmeros condicionamentos regulatórios, visando a regular prestação do serviço. Neste ponto, o próprio art. 128, dessa lei, em seu inciso III, ressalvou que "os condicionamentos deverão ter vínculos, tanto de necessidade como de adequação, com finalidades públicas específicas e relevantes".

Os critérios de "outorga da autorização", de natureza vinculada, e somente concedida após o pagamento de um "preço público" pelo explorador, são previstos pela Resolução nº 614, de 28 de maio de 2013, da ANATEL. Até o presente momento, foram concedidas 7.800 outorgas[259] para prestadores desse tipo de serviço de telecomunicação, de grande importância para a ampliação do acesso aos serviços de *internet* – atividade de inegável interesse coletivo.[260]

---

[257] "Art, 5º 1) AUTORIZAÇÃO – É o ato pelo qual o Poder Público competente concede ou permite as pessoas físicas ou jurídicas, de direito público ou privado, a faculdade de executar e explorar, em seu nome ou por conta própria, serviços de telecomunicações, durante um determinado prazo."

[258] "Art 17. A outorga de autorizações para a execução de serviço de radiodifusão será feita através de concessões ou permissões."

[259] Informação obtida no sítio eletrônico da ANATEL, no seguinte *link*: http://sistemas.ANATEL.gov.br/stel/consultas/ListaPrestadorasServico/tela.asp?pNumServico=045

[260] Acesso em 03 abr. 2021.
Não é demais exemplificar, por exemplo, os serviços de dados oferecido pelo aplicativo *WhatsApp*, fornecido pelo *Facebook*.

Mesmo que a Lei Geral de Telecomunicações tenha mantida intocada a normatização já prevista para a radiodifusão, especialmente regida pelo Código Brasileiro de Telecomunicações (Lei nº 4.117/1962), foi editado, pouco tempo depois, a Lei nº 9.612/1998, que instituiu o "Serviço de Radiodifusão Comunitária". No caso, o art. 2º, dessa lei estabeleceu que os serviços de radiodifusão comunitária deveriam também se submeter, no que couber, ao disciplinamento da Lei nº 4.117/1962, bem como aos princípios definidos no art. 223 da Constituição da República de 1998. Através dessa lei, estabeleceu-se uma lógica análoga aos serviços privados de telecomunicação, prevista na Lei Geral de Telecomunicações, mediante outorgas através de autorizações vinculativas, ao invés das tradicionais formas de permissão para a radiodifusão de caráter local (WIMMER; PIERANTI, 2009, p. 10).

Neste ponto, importante registrar que a natureza de "serviço público", aos serviços autorizados de radiodifusão comunitária é contestável. Verifica-se que a Lei nº 9.612/1998 buscou garantir um maior acesso ao setor privado (sem fins lucrativos) para exploração do serviço de radiodifusão sonora, trazendo critérios vinculativos para a outorga da autorização, conforme o procedimento definido nessa lei. Por mais que essa lei refira ao ente autorizante como "poder concedente", em diversas passagens, não há elementos que apontem se a autorização é concedida como meio de execução indireta de um empreendimento estatal, que conduz à aplicação da regra constitucional do art. 175, para a técnica concessória, especialmente a delegação mediante prévia licitação. Contudo, peculiaridades físicas no tocante às atividades de radiodifusão, referente às limitações à atuação concorrente em mesmas frequências, que motivaram critérios legais para a exclusão de particulares interessados em uma autorização, tal como previsto no art. 9º, da Lei nº 9.612/1998, o qual prevê o seguinte procedimento: (i) as entidades que desejarem a autorização para prestação de serviço de radiodifusão comunitária deverão dirigir petição ao "poder concedente", indicando a área que pretendem prestar o serviço (art. 9º, I); (ii) cumpridas as exigências de viabilidade técnica, haverá a "habilitação" da entidade interessada e a posterior divulgação para viabilizar a oportunidade para outras entidades se inscreverem, consoante os documentos mínimos exigidos (art. 9º, §1º e §2º); (iii) se apenas uma entidade se habilitar para a prestação do serviço, e estando regular a documentação apresentada, será outorgada a autorização à referida entidade (art. 9º, §3º); (iv) havendo mais de uma entidade habilitada para a prestação do serviço, o "poder concedente" promoverá o entendimento entre elas, objetivando que se associem (art. 9º, §4º) ; (v) não havendo êxito a tentativa de entendimento entre os interessados habilitados para a mesma localidade, o "poder concedente" procederá à "escolha da entidade levando em consideração o critério da representatividade, evidenciada por meio de manifestações de apoio encaminhadas por membros da comunidade a ser atendida e/ou por associações que a representem" (art. 9º, §5º); (vi) por fim, "havendo igual representatividade entre as entidades, proceder-se-á à escolha por sorteio" (art. 9º, §6º). Esse procedimento de escolha existe, sim, para atender a critérios isonômicos, bem como a demandas envolvendo interessados em atuar na radiofrequência comunitária cuja atuação concorrente não é conciliável por questões físicas, relacionadas à faixa de frequência. Pode-se dizer, por isso, que o critério de escolha se deve à concorrência de atuação em um bem público, que seria representada pela faixa de frequência do serviço de radiodifusão sonora em "frequência modulada" (FM), em determinada localidade. Por isso, é de se considerar um serviço privado em concorrência a um espaço público, para execução de atividades privadas. É de se notar que esse raciocínio é o mesmo que se aplica para os serviços de telecomunicações exercidos em regime privado, caso em que o art. 132, da Lei Geral de Telecomunicações, exige a disponibilidade de radio-frequência necessária, para os serviços que a utilizem, como condição objetiva para a obtenção da autorização de serviço. Ainda, é de se notar que não há aplicação da Lei de Concessões (Lei nº 8.987/1995) a esses serviços.

Assim, pode-se delimitar o campo liberalizado de atuação nos serviços de telecomunicações: (i) para serviços que se utilizem da radiocomunicação, temos a telefonia móvel, a qual inclui a transmissão de dados por radiodifusão (*internet* móvel), bem como os serviços de radiodifusão comunitária; (ii) para serviços que utilizem de transmissão por estruturas físicas, como cabos e redes físicas, lista-se os serviços de TV a cabo, por assinatura, bem como os serviço de comunicação de dados a cabo (*internet*). Neste último caso, o art. 212, da Lei Geral de Telecomunicações, estabeleceu que os serviços de TV a Cabo, inclusive quanto aos atos, condições e procedimentos de outorga, continuarão regido pela Lei nº 8.977/1995, ficando transferidas à ANATEL as competências atribuídas pela referida Lei ao Poder Executivo.

Nessas atividades privadas, é vasta a imposição de típicas obrigações de serviço público.

Por exemplo, quanto à *obrigação de qualidade e padrão de desempenho mínimo*, verificam-se obrigações positivas que visem à regularidade e qualidade prestacional, como, p. ex.: (i) a imposição de metas de qualidade para serviços privados de telecomunicação que, se descumpridas, ensejarão a caducidade da autorização vinculativa concedida e na assunção do serviço pela ANATEL;[261] (ii) restrições comerciais a serviços privados de fornecimento de *internet* que impedem a comercialização limitada do uso de dados, nos serviços oferecidos por cabeamento; (iii) exigência para que haja atendimento ininterrupto durante 24 horas por dia e 7 dias por semana, aos usuários de serviços de telecomunicações, como mecanismo de assegurar a qualidade do serviço.

Diversas obrigações relacionadas à *mutabilidade* das prestações também possuem relação com a obrigação de qualidade. Cabe notar também que as imposições de investimentos mínimos – como as exigidas pela Lei Geral de Telecomunicações, tal como se verifica das "condições subjetivas" para a autorização de serviço, disposto no art. 133, inciso II – para a abertura de um empreendimento inserem-se como obrigações de serviços públicos que visam ao resguardo da qualidade e segurança do serviço (GOUVEIA, 2001, p. 44).

No tocante a *obrigações de continuidade*, é possível verificar, na regulação setorial das telecomunicações, aberta à livre iniciativa, normas que impõem limitações à exceção do contrato não cumprido, como por exemplo, regras que impedem que a inadimplência enseje a suspensão total dos serviços, mas apenas parcialmente, durante um certo período de tempo, bem como exige-se que haja atendimento ao consumidor ininterruptamente durante 24 horas por dia e 7 dias por semana.[262]

---

[261] Raquel Dias da Silveira (2003, p. 123) frisa que, no caso dos serviços privados de telecomunicações, sujeitos à autorização, tais setores "submetem-se às metas de qualidade, cujo descumprimento poderá acarretar, inclusive, a caducidade da autorização e a retomada do serviço pela agência".

[262] Art. 90 e seguintes, e art. 25, da Resolução ANATEL nº 632/2014.

Ainda sobre o princípio da continuidade, mais recentemente, a Lei Geral de Telecomunicações foi submetida a uma série de mudanças, através da Lei nº 13.848/2019, que incentivaram a substituição do regime público de telefonia através da possibilidade de modulação da concessão para autorização. Através do art. 144-A, dispôs-se que a ANATEL poderá autorizar, mediante solicitação da concessionária, a adaptação do instrumento de concessão para autorização, condicionado a observância dos serviços requisitos: (i) a manutenção da prestação do serviço adaptado e compromisso de cessão de capacidade que possibilite essa manutenção, nas áreas sem competição adequada, nos termos da regulamentação da ANATEL; (ii) a assunção de compromissos de investimentos, de acordo com o valor econômico associado à adaptação do instrumento de concessão para autorização, consoante critérios financeiros definidos pela ANATEL, os quais deverão ser destinados prioritariamente à implantação de infraestrutura de rede de alta capacidade de comunicação de dados (*internet*) em áreas sem competição adequada e a redução das desigualdades, nos termos de regulação da ANATEL (art. 144-B); (iii) apresentação de garantia para arcar com esses compromissos financeiros e de continuidade do serviço; (iv) adaptação das outorgas para prestação de serviços de telecomunicações e respectivas autorizações de uso de radiofrequências detidas pelo grupo empresarial da concessionária em termo único de serviços. Além disso, estabeleceu-se o compromisso de a prestação de serviços manter as ofertas comerciais do serviço adaptado existentes à época da aprovação da adaptação nas áreas sem competição adequada, conforme regulação da ANATEL (art. 144-A, §1º). Certamente, tais condições consubstanciaram em típicas coordenadas jurídicas pós-privatizações, que demandaram um controle público sobre a atividade, em especial, para preservação da devida continuidade dos serviços, sob as condições anteriores.

Sobre o *princípio da igualdade de tratamento*, verifica-se que o art. 107, da Lei nº 9.472/1997, somente admite descontos de tarifa se puderem ser "extensíveis a todos os usuários que se enquadrarem nas condições, precisas e isonômicas, para sua fruição". Nesse contexto, o art. 36, da Resolução ANATEL nº 426, de 09.12.2005, estabeleceu que a oferta e comercialização de serviços de telefone fixo "devem ser feitas de forma isonômica e não discriminatória".

Sobre *obrigações de universalidade* (princípio de serviço universal), em que pese ser uma obrigação que, para sua viabilização, é necessário – mediante a técnica concessória – conceder prerrogativas de monopólio para financiar mecanismos de subsídio cruzado, ainda assim é possível verificar sua exigência, em suas devidas proporções, em face de serviços de telecomunicações abertos à livre iniciativa.[263] No setor das telecomunicações, por exemplo, a regulação exige que, ao escolher uma área local de abrangência, a prestadora privada de serviço de telefonia fixa deverá estender a sua oferta de serviço "às demais áreas locais de sua área [sic] de prestação com número

---

[263] Segundo Yolanda Fernandes Garcia (2004, p. 139), a garantia da universalidade do serviço não constitui um detalhe exclusivo das obrigações especiais de um serviço essencial. Segundo cita Martínez Lopes-Muniz, "essa universalidade *pode ser perfeitamente integrada como obrigação comum e geral exigível a todos os operadores por igual, sem direito a compensação alguma.*"

igual ou superior de terminais em serviço".²⁶⁴ ²⁶⁵ Nesse contexto, é de se notar que a Lei Geral de Telecomunicações surgiu com o *intuito de massificar* o uso do serviço pela população e viabilizar o acesso em mercados antes não atingidos pelo referido serviço.²⁶⁶ Por isso, como meio de garantir a acessibilidade (princípio decorrente da universalidade), previram mecanismos de indução à concorrência e aumento de opções aos consumidores, como, por exemplo, obrigações positivas da ANATEL de compartilhamento da rede e infraestrutura de prestação para concorrentes privados.²⁶⁷ Ainda, as mencionadas alterações promovidas na Lei Geral de Telecomunicações pela Lei nº 13.848/2019, condicionou as alterações do regime de serviço público (concessão) para a de serviço privado (autorização) à condição de prestar serviços e realizar investimentos em banda larga "em áreas sem competição adequada", bem como destinando-se à redução das desigualdades prestacionais, o que consubstanciam em típica obrigação de serviço universal.

Possível verificar, também, *obrigações de transparência e permissividade de acesso à informação*. No setor das telecomunicações, o art. 5º, da Resolução nº 632/2014, da ANATEL, estabelece a *transparência* como princípio de atendimento do serviço de telecomunicações. No caso, segundo o art. 83 da Resolução ANATEL nº 426, de 09.12.2005, a prestadora de serviços de telefonia fixa (pública ou privada), "deve fornecer relatório detalhado dos serviços e facilidades prestados, observado o disposto na regulamentação vigente".

Também se verificam diversos exemplos de *obrigação de modicidade tarifária*. Por exemplo, o art. 153 da Lei Geral das Telecomunicações, estabelece que o preço, além de não ser discriminatório, deve também ser justo, "atendendo ao estritamente necessário à prestação do serviço". A Lei nº 13.848/2019, ao alterar a Lei Geral de Telecomunicações, também previu a obrigação de manutenção das mesmas condições comerciais previstas para a concessão, após transformação em autorização e a modulação para o regime privado para o serviço adaptado (art. 144-A, §1º).

---

²⁶⁴ Art. 83, §2º, da Resolução nº 426/2005. Esse diploma normativo regula a fixação de uma "área geográfica contínua de prestação de serviços, definida pela Agência, segundo critérios técnicos e econômicos, onde é prestado o STFC [Serviço Telefônico Fixo Comutado] na modalidade local" (art. 2º).

²⁶⁵ Semelhantemente, Tony Prosser (1997, p. 176) pontua que, na Inglaterra, todas as empresas de telecomunicações que atuam em mercado concorrencial têm o *encargo da prestação do serviço universal*, a todos os habitantes da Grã-Bretanha, em situações idênticas de tarifas a serem cobradas do usuário.

²⁶⁶ A *Resolução nº 516, de 30 de outubro de 2008*, da ANATEL, apresenta o seguinte princípio regulatório: "A abertura do mercado de telecomunicações à competição, seja baseada na prestação de serviços exclusivamente no regime público, seja exclusivamente no regime privado ou concomitantemente nos dois regimes, permitiu que o Estado, ao se retirar da prestação direta de atividades econômicas, se concentrasse nas funções de agente regulador e zelasse pelo bom funcionamento do mercado, protegendo os interesses dos usuários de serviços de telecomunicações. A atuação da ANATEL na disciplina das relações econômicas no setor de telecomunicações e na defesa da livre concorrência *tem permitido a ampliação da liberdade de escolha dos usuários*". Nesse contexto, Quinalia bem pontua: "[...] *massificar significa promover, no regime privado, o acesso aos serviços de telecomunicações, expandindo as redes*, inclusive, em áreas economicamente menos interessantes, mediante estímulos financeiros adicionais por parte do governo, gerando, consequentemente, diminuição nas desigualdades regionais, crescimento do setor e benefícios a todos os usuários. Repita-se, não há que se falar em serviços de titularidade do governo e sim no âmbito das atividades privadas regulamentadas. Medidas de massificação visam concretizar os seguintes princípios regulatórios: acelerar a redução das desigualdades regionais e possibilitar oferta de serviços de forma mais homogênea possível em todo território nacional (QUINALIA, 2015, p. 110).

²⁶⁷ No tocante à navegação aérea, é interessante citar o ordenamento jurídico português que, através do Decreto-Lei nº 138/99, impõe obrigações de universalidade para transportadoras aéreas privadas, estabelecendo a obrigatoriedade de rotas para todas as regiões, mesmo que desfavoráveis, caso em que haverá regime de concessão "apenas quando for necessário para assegurar a exequibilidade e eficácia das obrigações de serviço público" (art. 14).

Quanto aos serviços de radiodifusão comunitária, cabe-se notar que o regime jurídico-prestacional aplicável em muito se assemelha ao regime jurídico dos serviços de radiodifusão concedidos por ato do Poder Executivo. Essa semelhança também se aplica aos serviços de TV a cabo, que também se submetem aos mesmos princípios constitucionais definidos para a radiodifusão, definidos no art. 221,[268] da Constituição, relativos ao conteúdo da produção e programação das emissoras. Essa aplicação decorre do §3º, do art. 222, da Constituição, incluído pela Emenda Constitucional nº 36/2002, que dispõe que os meios de comunicação social eletrônica, independentemente da tecnologia utilizada para a prestação do serviço, deverão observar os princípios enunciados no art. 221. Conforme pontuam Miriam Wimmer e Octavio Penna Pieranti (2009, p. 12), embora seja digna de nota a ausência de diferenciação significativa no que se refere às obrigações incidentes os serviços de radiodifusão e TV por assinatura prestados mediante concessão, permissão ou autorização, é relevante ainda apontar que "grande parte das normas que regem o setor de TV por Assinatura remonta à época anterior à privatização das telecomunicações e a lei que rege o serviços de radiodifusão remonta a 1962".

Nesse sentido, os princípios do art. 221 foram transplantados para os serviços de radiodifusão comunitária nos termos do art. 4º, da Lei nº 9.612/1998, que estabeleceu diretrizes sobre conteúdo dos serviços.[269] Ademais, o art. 2º, da Lei nº 9.612/1998, determinou a aplicação do disposto no art. 223, da Constituição a essas atividades e, no que couber, o que é disposto na Lei nº 4.117/1962 (Código Brasileiro de Telecomunicações), cuja normatização prevê um amplo regramento de um típico regime jurídico-prestacional, com especial destaque para todos os critérios de qualidade de transmissão, definidos por normas reguladoras, bem como o princípio da continuidade, sendo que a interrupção do funcionamento por mais de trinta dias consecutivos implicará em penalidade de cassação da autorização (art. 64, c, da Lei nº 4.117/1962).

7.4 Saneamento básico

Segundo dispõe a Lei nº 11.445/2007, com redação dada pela Lei nº 14.026/2020 (conhecida como o "novo marco do saneamento"), saneamento básico é considerado o conjunto de serviços públicos, infraestruturas e instalações operacionais de (i) abastecimento de água potável, (ii) esgotamento sanitário, (iii) limpeza urbana e manejo de resíduos sólidos e (iv) drenagem e manejo das águas pluviais urbanas.

Independentemente das discussões doutrinárias que foram enveredadas sobre a competência federativa para exercer a titularidade do serviço de saneamento básico, o

---

[268] "Art. 221. A produção e a programação das emissoras de rádio e televisão atenderão aos seguintes princípios: I – preferência a finalidades educativas, artísticas, culturais e informativas; II – promoção da cultura nacional e regional e estímulo à produção independente que objetive sua divulgação; III – regionalização da produção cultural, artística e jornalística, conforme percentuais estabelecidos em lei; IV – respeito aos valores éticos e sociais da pessoa e da família."

[269] O §1º, do art. 4º, da Lei nº 9.612/1998, previa a proibição do "proselitismo de qualquer natureza na programação das emissoras de radiodifusão comunitária", ou seja, a utilização da radiodifusão com o objetivo de conversão de conjunto de pessoas para causas de natureza política, ideológica ou política. Todavia, esse dispositivo foi declarado inconstitucional pelo Supremo Tribunal Federal, através da ADI 2.566, sob o fundamento da liberdade de expressão. No caso, o relator da ADI, Min. Alexandre de Moraes, havia considerado constitucional esse dispositivo na medida em que a vedação legal pretendia o respeito recíproco entre as diversas correntes de pensamento, porém, foi vencido.

novo marco do saneamento deixou claro, no art. 8º, que (i) em caso de interesse local, a titularidade é exercida pelos municípios e Distrito Federal – em sintonia com o disposto no art. 30, V, da Constituição da República de 1988 – e (ii) esta será do estado, juntamente com o município, quando houver compartilhamento de instalações operacionais integrantes de regiões metropolitanas, aglomerações urbanas e microrregiões. Segundo o §1º, do mesmo art. 8º, "o exercício da titularidade dos serviços de saneamento poderá ser realizado também por gestão associada, mediante consórcio público ou convênio de cooperação, nos termos do art. 241 da Constituição Federal", consoante as regras dispostas nesse dispositivo.

Pode-se dizer que o serviço de saneamento básico é o serviço de utilidade pública mais antigo ainda existente, sendo que há relatos de atividades de tratamento de água desde a Idade Antiga, quando havia se descoberto que o consumo de "água suja" ensejava em disseminação de doenças (BARROS, 2017). No Brasil, o primeiro registro de serviços de saneamento ocorreu em 1561, quando Estácio de Sá determinou escavar o primeiro poço para abastecer o Rio de Janeiro (TRATA BRASIL, 2020). Também é antiga a existência de aquedutos destinados ao abastecimento da população. Entretanto, mesmo sendo o mais vetusto serviço de utilidade pública que ainda permanece como essencial, é curioso observar que somente com a Constituição da República de 1988 é que houve menção ao termo "saneamento básico", como competência normativa de entes da Federação.

Independentemente disso, a situação de monopólio natural na prestação de serviços de saneamento básico, especialmente nas vertentes da distribuição de água potável e esgotamento sanitário, sempre induziu o envolvimento de interesses locais na sua condução, financiada pelos demais entes governamentais envolvidos. No Brasil, através do Decreto nº 82.587/1978, que regulamentou a Lei nº 6.528/1978, estabeleceu-se as condições de operação dos serviços públicos de saneamento básico integrados ao Plano Nacional de Saneamento Básico (PLANASA), tendo sido conferida a responsabilidade para os Estados, através de suas companhias de saneamento, para a condução do serviço, em atenção às diretrizes e regras de tarifas estabelecidas consoante os critérios realizados a nível federal. Com a vigência da Constituição da República de 1988, coube à União instituir diretrizes sobre saneamento básico (art. 21, XX), fixando-se uma regra de competência compartilhada na condução de programas de saneamento (art. 23, IX), cabendo, para tanto, a celebração de convênios de cooperação e consórcios públicos para a gestão associada de serviços públicos, tal como os serviços pertinentes ao saneamento básico (art. 241).

Os convênios de cooperação e consórcios públicos foram regulamentados pela Lei nº 11.107/2005, sendo que a Lei nº 11.445/2007 permitiu aos municípios firmarem convênios de cooperação, ou contrato de programa no âmbito dos consórcios públicos, sem licitação, com os estados, para que suas empresas estatais prestadoras de serviços de saneamento pudessem conduzir as atividades em âmbito municipal. Recentemente, com o expresso intuito de viabilizar maior participação do setor privado no investimento de infraestrutura de saneamento básico, o novo marco do saneamento obrigou a realização de licitação, com ampla participação do setor privado, para a prestação de serviços públicos de saneamento básico por entidade que não integre a administração do titular, sendo imprescindível a assinatura de contrato de concessão com o referido ente, nos termos do art. 175 da Constituição Federal, sendo vedada a sua disciplina mediante contrato de programa, convênio, termo de parceria ou outros instrumentos de natureza precária (art. 10).

Nesse contexto, antes das alterações promovidas pelo novo marco do saneamento (Lei nº 14.026/2020), o §1º, do art. 10,[270] da Lei nº 11.445/2007 previa a possibilidade de prestação de serviços de saneamento por "usuários organizados em cooperativas ou associações", para atender a condomínios ou determinadas localidades de pequeno porte ocupadas por população de baixa renda, mediante autorização prévia do poder público.

Curioso observar que o referido artigo 10, §1º, mencionava em "serviços públicos de saneamento básico cuja prestação o poder público, nos termos da lei, autorizar para usuários organizados em cooperativas ou associações", mesmo estando evidente que não se trataria de um empreendimento estatal executado indiretamente, através da técnica concessória, nos termos do art. 175, da Constituição da República de 1998. O Decreto Federal nº 7.217/2010, que regulamenta a Lei nº 11.445/2007, menciona também, em seu art. 38, que o titular poderá prestar os serviços de saneamento básico: (i) diretamente, por órgão de sua Administração Pública Direta ou Indireta (usualmente referenciado como "serviços autônomos de água e esgoto); (ii) de forma contratada, através de concessão ou permissão, sempre precedida de licitação, ou no âmbito de gestão associada de serviço públicos, mediante contrato de programa autorizado por contrato de consórcio público ou por convênio de cooperação entre entes federados;[271] ou, ainda (iii) através de autorização a usuários organizados em cooperativa ou associações, para atender aos interesses próprios, desde que os serviços se limitem a um determinado condomínio ou localidade de pequeno porte, nos termos da antiga redação do art. 10, §1º, da Lei nº 11.445/2007. Ainda, é interessante observar que esse Decreto, em seu artigo 2º, VIII, combinado com o §3º do mesmo dispositivo, considera como *prestador de serviço público de manejo de resíduos sólidos*" as associações ou cooperativas, formadas por pessoas físicas de baixa renda reconhecidas pelo poder público como catadores de materiais recicláveis, que executam coleta, processamento e comercialização de resíduos sólidos urbanos recicláveis ou reutilizáveis.

O que se verifica é que a Lei nº 11.445/2007, que estabelece diretrizes gerais para o saneamento, referiu-se a "serviço público" em seu aspecto finalístico, e não orgânico, considerando evidenciar não se tratar de um empreendimento estatal, mas de um *serviço de utilidade pública*. O Decreto Federal nº 7.217/2010, que a regulamentou, por outro lado, utilizou o termo "serviço público", para afirmar que a autorização seria uma forma de exercício de titularidade, o que representa um contrassenso ao sentido constitucional do serviço público e às regras de técnica concessória definidas na própria Constituição (art. 175). Como amplamente discutido neste trabalho, sendo necessário identificar o

---

[270] "Art. 10. A prestação de serviços públicos de saneamento básico por entidade que não integre a administração do titular depende da celebração de contrato, sendo vedada a sua disciplina mediante convênios, termos de parceria ou outros instrumentos de natureza precária. §1º Excetuam-se do disposto no caput deste artigo: I – os serviços públicos de saneamento básico cuja prestação o poder público, nos termos de lei, autorizar para usuários organizados em cooperativas ou associações, desde que se limitem a: a) determinado condomínio; b) localidade de pequeno porte, predominantemente ocupada por população de baixa renda, onde outras formas de prestação apresentem custos de operação e manutenção incompatíveis com a capacidade de pagamento dos usuários". Tal outorga, mediante autorização, também foi disciplinada pelo artigo 38, III, do Decreto Federal nº 7.217/2010, que regulamenta a Lei nº 11.445/2007.

[271] Neste ponto, pode-se dizer que o Decreto Federal nº 7.217/2010 não foi atualizado com as recentes alterações perpetradas pelo novo marco de saneamento, que exigiu a licitação para celebração do contrato para prestação de serviços de saneamento básico por quem não pertence ao titular do serviço.

serviço público em seu viés orgânico, como um empreendimento estatal, executado diretamente, ou indiretamente, através de permissão ou concessão, sempre precedido de licitação, não se pode entender que a autorização do poder público conferida para esses casos consubstancie em efetiva delegação de serviço público, mesmo sendo o serviço qualificado como "público" no mesmo dispositivo. Tratando-se de autorizações destinadas a permitir a prestação de serviços de saneamento por usuários organizados em associação ou cooperativa, visando a interesse próprio, ou para atender determinado condomínio ou localidade de pequeno porte "predominantemente ocupada por população de baixa renda, onde outras formas de prestação apresentem custos de operação e manutenção incompatíveis com a capacidade de pagamento dos usuários", certamente se está diante de um empreendimento privado, especialmente porque executado pelos próprios beneficiários do serviço, em vista de seus próprios interesses.

Considerando que a lógica dessa prestação pelos próprios usuários é atender a interesse próprio, seja em caso de carência de investimento público ou mesmo diante da devida cobertura prestacional pelo próprio titular ou concessionário, a autorização aqui referida não é para a execução indireta de um empreendimento público, mas sim totalmente privado. Logo, não se trata de hipóteses excepcionais de autorização de serviço público, para atender a uma situação emergencial, em que não é possível realizar a licitação para a técnica concessória, nos termos da lei, para a devida prestação por quem não é titular no serviço, prezando-se, assim, pela continuidade do serviço público delegado.

Nesse contexto, o fato é que, tratando-se logicamente de um "serviço privado", cuja execução é viabilizada por meio de autorização – nas municipalidades em que for aberta ao setor privado essa possibilidade exploratória, considerando a prerrogativa de *publicatio* da referida atividade pelo titular – justamente para suprir a lacuna prestacional deixada pelo próprio titular do serviço, é indelével a incidência de um regime jurídico-prestacional semelhante ao aplicado ao serviço público propriamente dito, especialmente: (i) o dever de observância de todas as diretrizes de qualidade (como os parâmetros mínimos de potabilidade, conforme art. 9º, da Lei nº 11.445/2007); (ii) o dever de segurança no fornecimento e continuidade no serviço prestado (mediante, por exemplo, a vedação do *exceptio non adimplendi*, conforme o art. 40, da Lei nº 11.445/2007); (iii) dever de adotar padrões de sustentabilidade ambiental "que incluam, entre outros procedimentos, a medição individualizada do consumo hídrico por unidade imobiliária" (art. 29, §3º, da Lei nº 11.445/2007), sem mencionar outras que podem ser devidamente aplicáveis, para a devida equiparação do regime jurídico prestacional dos serviços de saneamento prestados direta ou indiretamente pelo Estado, com o executado pelo setor privado, para atender a interesses próprios.

Cumpre observar que o novo marco de saneamento revogou os referidos dispositivos do art. 10, que previa a possibilidade de prestação privada de serviços de saneamento em condomínios ou para execução em pequenas localidades. Todavia, em sintonia com a prerrogativa de iniciativa econômica pública, garantido ao ente competente para sua exploração, é defensável que os municípios, que possuem a competência prestacional dos serviços de saneamento básico, possam autorizar, por meio de suas próprias leis, a prestação privada de serviços de saneamento, por usuários que desejarem atender a interesses próprios, porém, resguardadas as diretrizes federais para a prestação dos referidos serviços.

7.5 Transportes individuais de passageiros (táxi e transporte por aplicativo)

É notório e emblemático o caso do *Uber*, aplicativo que consubstancia em um serviço individual remunerado de passageiros. Com a "explosão" do aplicativo, de grande utilidade pública, muitos taxistas protestaram [e protestam] e tentaram [tentam] obstruir a atividade alegando, dentre diversos outros argumentos, que a referida atividade representa um transporte clandestino de passageiros, pois que a atividade seria privativa de taxistas,[272] conforme se pautaram algumas poucas decisões judiciais esparsas.[273] Operadores do aplicativo, por sua vez, defendem a legalidade do exercício da atividade sob o fundamento de que não prestam serviço público de transporte individual, mas serviço privado de transporte individual. E se amparam na Lei nº 12.587/2012, a qual, na prática, estabelece diretrizes para o "transporte público individual de passageiros" e o "transporte motorizado privado", sem diferenças substanciais entre eles.[274]

Em Belo Horizonte, a Lei Orgânica Municipal, em seu artigo 193, é clara em dispor que incumbe ao município "planejar, organizar, dirigir, coordenar, executar, delegar e controlar a prestação de serviços públicos relativos a *transporte coletivo e individual de passageiros*". Em atendimento ao apelo dos taxistas, e com o claro intuito de vedar a atividade livre dos motoristas do *Uber*, foi promulgada a Lei Municipal nº 10.900/2016, que estabelece normas sobre o credenciamento de pessoas jurídicas que operam e/ou administram aplicativos baseados em dispositivos de tecnologia móvel ou quaisquer

---

[272] É isso o que menciona o artigo 2º, da *Lei Federal nº 12.468/2011*: "É atividade privativa dos profissionais taxistas a utilização de veículo automotor, próprio ou de terceiros, para o transporte público individual remunerado de passageiros, cuja capacidade será de, no máximo, 7 (sete) passageiros". Segundo o art. 1º, da Resolução nº 4.287-14, da *Agência Nacional do Transporte Terrestres*, entende por "serviço clandestino o transporte remunerado de pessoas, realizado por pessoa física ou jurídica, sem autorização ou permissão do Poder Público competente".

[273] É o caso, por exemplo, da decisão liminar da *Ação Cautelar Inominada nº 1040391-49.2015.8.26.0100*, proferida pela 12ª Vara Cível da Comarca de São Paulo. Segundo o inteiro teor: "Pelo contrário, a tentativa da requerida em apontar diferenças entre a sua atividade e aquela exercida pelos táxis apenas *evidencia a semelhança existente entre ambas*, ofertando indícios de que o serviço por ela prestado se enquadra como transporte público individual. Afinal, o que mais seria o serviço prestado a partir de um aplicativo disponível para *download* a qualquer interessado maior de 18 anos (fl. 126), em lojas virtuais de aplicativos de aparelho celular, senão aberto ao público? O mero fato de se exigir um cadastro prévio à utilização do aplicativo, o que se relaciona, por óbvio, a aspectos secundários do negócio, como a necessidade de realização dos pagamentos por meio de cartão de crédito (fl. 126) e a eventual redução da insegurança e incerteza inerentes aos negócios efetuados virtualmente, não torna privado o serviço em questão, já que oferecido à generalidade das pessoas, de modo indeterminado. E nem poderia ser diferente, frente ao porte da empresa. Com efeito, abstraindo-se os fatores secundários mencionados, decorrentes da natureza virtual de parte do serviço oferecido pela requerida, persiste, essencialmente, como serviço idêntico ao ofertado pelos taxistas.". Adicionalmente, *cabe pontuar que recentemente, o Uber vem aceitando também pagamento em dinheiro em semelhança aos táxis*.

[274] A Lei nº 12.587/2012 apenas diferencia "transporte público individual" e "transporte motorizado privado" da seguinte maneira: o primeiro é "serviço remunerado de transporte de passageiros aberto ao público, por intermédio de veículos de aluguel, para a realização de viagens individualizadas" (art. 4º, VIII); o segundo é "meio motorizado de transporte de passageiros utilizado para a realização de viagens individualizadas por intermédio de veículos particulares". E para ambos estabelece que "os serviços de utilidade pública de transporte individual de passageiros deverão ser organizados, disciplinados e fiscalizados pelo poder público municipal, com base nos requisitos mínimos de segurança, de conforto, de higiene, de qualidade dos serviços e de fixação prévia dos valores máximos das tarifas a serem cobradas" (artigo 12), bem como os mesmos direitos dos usuários (artigos 14 e 15), com base em princípios semelhantes aos estabelecidos pelo artigo 7º, da Lei nº 8.987/1995. Mais recentemente, a Lei nº 13.640/2018 alterou a terminologia "transporte motorizado privado", para "transporte remunerado privado individual de passageiros", que foi definido como serviço remunerado de transporte de passageiros, não aberto ao público, para a realização de viagens individualizadas ou compartilhadas solicitadas exclusivamente por usuários previamente cadastrados em aplicativos ou outras plataformas de comunicação em rede".

outros sistemas georreferenciados destinados à captação, disponibilização e intermediação de serviços de transporte individual remunerado de passageiros no município. Por meio dessa lei, estabeleceu-se o dever de tais motoristas, em tese, adaptar-se à regulamentação municipal, para que participem de licitações para credenciamento de motoristas.

No município de São Paulo, a Lei Municipal nº 16.279/2015 dispôs, em seu art. 1º, que "fica proibido no âmbito da Cidade de São Paulo o transporte remunerado de pessoas em veículos particulares cadastrados através de aplicativos para locais pré-estabelecidos". Contudo, em sequência, diante do receio com o prejuízo político a ser gerado pelos usuários afetados – que, diga-se de passagem, é cada dia mais crescente – houve a edição da Lei Municipal nº 16.345/2016 para regulação da atividade do aplicativo, que dispõe que "as empresas interessadas na prestação do serviço previsto no art. 1º de que dispõe esta lei deverão atender os requisitos exigidos pelo Poder Público, tendo como seus prestadores exclusivamente os taxistas" (art. 2º).

Como se verifica, a definição de o serviço prestado pela *Uber* ser "público" ou "privado" para fins da aplicação do artigo 175, da CR88, é sujeito a tormentosas variações políticas. Da mesma forma, é o serviço de táxi. Neste caso, a Lei Federal nº 12.468/2011 dispôs, em seu art. 2º, que "é atividade privativa dos profissionais taxistas a utilização de veículo automotor, próprio ou de terceiros, para o transporte público individual remunerado de passageiros, cuja capacidade será de, no máximo, 7 (sete) passageiros".

Todavia, em vista da importância cada vez mais crescente do transporte individual por aplicativo, foi editada a Lei nº 12.587/2012, que impôs diretrizes da Política Nacional de Mobilidade Urbana, o qual definiu, em seu art. 4º, inciso VIII, o "transporte público individual" como sendo o "serviço remunerado de transporte de passageiros aberto ao público, por intermédio de veículos de aluguel, para a realização de viagens individualizadas". Por outro lado, havia definido "transporte motorizado privado",[275] consoante o inciso X, do art. 4º, como sendo o "meio motorizado de transporte de passageiros utilizado para a realização de viagens individualizadas por intermédio de veículos particulares". Na redação original o art. 12, dessa lei, havia disposto sobre "os serviços públicos de transporte individual de passageiros, prestados sob permissão", os quais deveriam ser organizados, disciplinados e fiscalizados pelo poder público municipal. Através de redação dada pela Lei nº 12.865/2013, o art. 12 deixou de fazer menção a "serviço público", passando a referir a "serviços de utilidade pública", que deveriam ser disciplinados pelo poder público municipal, omitindo-se também quanto ao instrumento delegatório da "permissão", indicando se tratar de uma atividade aberta à livre iniciativa. Além disso, acrescentou-se o art. 12-A, que dispôs que "o direito à exploração de serviços de táxi poderá ser outorgado a qualquer interessado que satisfaça os requisitos exigidos pelo poder público local", também indicando que tal serviço deveria ser tratado como aberto à livre iniciativa.

O §2º, desse art. 12-A, dispôs sobre a transferência do direito à exploração do serviço aos sucessores legítimos, dispositivo que foi objeto da Ação Direita de

---

[275] A Lei nº 13.640/2018 alterou a redação desse dispositivo, para deixar claro o caráter privado do serviço, passando a nomeá-lo como "transporte remunerado privado individual de passageiros", caracterizado como "serviço remunerado de transporte de passageiros, não aberto ao público, para a realização de viagens individualizadas ou compartilhadas solicitadas exclusivamente por usuários previamente cadastrados em aplicativos ou outras plataformas de comunicação em rede".

Inconstitucionalidade nº 5337, ainda não objeto de julgamento até a elaboração deste trabalho. Em suas razões iniciais,[276] o Procurador-Geral da República,[277] pautou-se pelo entendimento de que os serviços de táxis não seriam serviços públicos propriamente dito, mesmo que regulados pelo poder público para fixação de tarifas, por considerar que as empresas de táxis são regidas pelo princípio da livre iniciativa e que os profissionais de táxis são autônomos, sendo que a atividade é preponderantemente regida por normas de direito privado, não sendo prestada por concessão ou permissão, e sim por mera autorização.[278] Contudo, para amparar a discussão de inconstitucionalidade, essa ação partiu do fundamento de que seria incompatível com o princípio da isonomia e impessoalidade a transferência da "autorização" para sucessores, ou a livre comercialização desta, quando há o interesse de múltiplos cidadãos interessados a obter essa titulação.[279]

Não se pode olvidar que o raciocínio de inconstitucionalidade trazido por essa Ação Direita de Inconstitucionalidade nº 5337 confunda preceitos relativos a serviços privados e serviços públicos. Se por um lado entende que serviços autorizados seriam abertos à livre iniciativa e, portanto, públicos, por outro lado, assume um caráter de domínio estatal sobre o exercício da atividade, ao entender que o repasse da atividade para sucessores viola a impessoalidade e isonomia, até mesmo porque é através da licitação que se resolveria esse problema. Diferentemente seria o argumento, caso se fundamentasse na necessária comprovação prévia de capacidade técnica do beneficiário da transmissão da autorização, para fins de resguardo do serviço, o que não foi o fundamentado. Além disso, não é o caso de se exigir uma prévia concorrência para preservar a isonomia aos interessados na utilização de um bem público, de acesso limitado. De todo modo, ficou evidente a posição trazida no sentido de que serviços de táxis não são serviços públicos.

---

[276] Disponível em http://www.stf.jus.br/portal/peticaoInicial/verPeticaoInicial.asp?base=ADI&documento=8716059&s1=5337&numProcesso=5337

[277] Na época, Rodrigo Janot Monteiro de Barros.

[278] Segundo consta na Petição Inicial: "O serviço de táxi, embora tenha utilidade pública e mereça regulamentação do poder público (como, por exemplo, a fixação da tarifa por decreto do prefeito e a necessidade de autorização prévia pela prefeitura), não se insere na categoria de serviço público propriamente dito, especialmente porque os motoristas de táxi são profissionais autônomos, e as empresas de táxi, por sua vez, pessoas jurídicas no exercício de atividade econômica, que atuam no mercado em conformidade com os princípios da livre iniciativa e da livre concorrência, insculpidos no art. 170, caput e inc. IV, da Constituição Federal. Partindo desse raciocínio, parece correto afirmar que os serviços de táxi, embora de utilidade pública, diferenciam-se dos serviços públicos propriamente ditos por serem regidos, preponderantemente, por regras de direito privado. A atividade de taxista, sendo privada, não é prestada mediante permissão ou concessão, mas por mera autorização, que possibilita ao poder público credenciar os profissionais, exercer controle e estabelecer parâmetros voltados à melhor qualidade na prestação do serviço. [...] Portanto, a autorização de serviço de táxi não pode ser denominada de 'permissão', tampouco seu regime se compatibiliza com a submissão à obrigatoriedade de licitação, que tem por finalidade selecionar a melhor proposta entre as oferecidas pelos interessados."

[279] Segundo fundamentou a Petição Inicial: "De todo modo, há, sim, no caso, afronta ao *caput* do art. 37 da CF, o que justifica a presente ação direta de inconstitucionalidade. Com efeito, a livre comercialização ou transferência das autorizações é incompatível com a Constituição Federal de 1988. Em se tratando de autorização para exercício de profissão, para cujo desempenho há múltiplos cidadãos interessados em obter autorização idêntica, cabe ao poder público, em decorrência dos princípios constitucionais da isonomia e da impessoalidade, controlar os destinatários dessas autorizações e permitir que os interessados a elas concorram de maneira equânime e impessoal, sem favoritismos nem perseguições. Cabe-lhe igualmente verificar o cumprimento dos requisitos da autorização, de maneira a impedir que os taxistas autorizados, a seu talante, repassem (naturalmente, mediante pagamento) as autorizações a quem lhes oferecer maior retribuição. Tais autorizações, portanto, detêm caráter *intuitu personae*. Cessado o desempenho da atividade por parte do taxista, por qualquer motivo (aposentadoria, morte, desinteresse, caducidade etc.), a autorização deve caducar e ser oferecida a outro interessado que preencha os requisitos. Não há falar, portanto, em direito subjetivo à exploração do serviço pelos sucessores legítimos do outorgado falecido."

No entendimento de Dinorá Adelaide Musetti Grotti (2015, p. 86 *et seq.*), com a nova redação ao art. 12, da Lei nº 12.865/2013, os serviços de táxis deixaram de ser públicos e se tornaram privados. Além disso, essa autora bem pontua que diversos outros doutrinadores do Direito Administrativo, tais como Celso Antônio Bandeira de Mello, José dos Santos Carvalho Filho, Geraldo Spagno Guimarães, Marçal Justen Filho, Alexandre Santos de Aragão, Maria Sylvia Zanella Di Pietro, entendem que o serviço de táxi também não é serviço público.

Por outro lado, André Rosilho e Carlos Ari Sundfeld (2018, p. 977), pautam-se pelo entendimento de que os serviços de táxis, referidos pela Lei nº 12.865/2013, seriam serviços públicos pelo fato de a lei impor a necessária outorga,[280] ao contrário dos "serviços de utilidade pública de transporte individual de passageiros", que seriam atividades abertas à livre iniciativa, portanto, não sujeitos a condicionamentos do poder público municipal.[281]

A prerrogativa de iniciativa econômica pública, a qual evidencia que o pressuposto orgânico do serviço público – enquanto empreendimento estatal executado direta ou indiretamente – é instrumento de ação pública para o resguardo prestacional da referida atividade, evidencia, ao nosso ver, qual seria a posição dos aplicativos de transporte individual de passageiros e dos serviços de táxis.

Segundo o art. 30, V, da Constituição da República de 1988, compete aos municípios organizar e prestar, diretamente ou sob regime de concessão ou permissão, os serviços públicos de interesse local, sobretudo o de transporte. Diante disso, uma vez reconhecendo essa competência federativa, o município tem a prerrogativa de liberalizar, ou titularizar como "próprios" os serviços de interesse local, tal como o táxi, bem como viabilizar o acesso ao mercado para atuação de serviços privados de transporte por aplicativo, ou não, em concorrência com esse empreendimento público. Ao titularizar o serviço de táxi como um "serviço público", não há como olvidar da aplicação do art. 175, da Constituição da República de 1988, em especial, a outorga (normalmente de permissão, considerando o baixo investimento realizado) mediante prévia licitação. Por outro lado, se o município tem a competência para titularização, a legislação municipal também tem a prerrogativa de liberalização dos serviços de táxis, regulando

---

[280] Assim os autores se posicionam: "a hipótese razoável é que a expressão 'serviços de utilidade pública de transporte individual de passageiros' empregada pelo art. 12 da Lei de Mobilidade (versão de 2013) se refira só a serviços privados de transporte individual de passageiros – isto é, não titularizados pelo estado, podendo ser prestados por atores privados, sem prévia chancela pública. Já os serviços públicos de transporte individual de passageiros (táxis), cuja lógica de organização e funcionamento é diversa, ficaram disciplinados por preceitos específicos (arts. 12-A e 12-B)." (ROSILHO; SUNDFELD, 2018, p. 977).

[281] Segundo os autores: "Assim, é difícil aceitar que legislação impeça ou onere a atuação dos prestadores de serviços privados de transporte (a qual é livre, nos termos do art. 170 da Constituição), ou permita que autoridades municipais o façam. Não podem ser criadas barreiras burocráticas artificiais a essa atuação, nem reservas de mercado em favor dos táxis. Ademais, os municípios não têm competência constitucional para a regulação econômica desses serviços e não podem fazê-la de modo indireto, pela imposição de novas exigências de direito de trânsito, exclusivas da lei nacional (CF, art. 22, XI). A circunstância de o art. 12 da Lei de Mobilidade, em sua redação atual, dispor sobre serviço privado de transporte individual de passageiros faz com que o dispositivo tenha que ser lido de forma estrita, evitando-se, de um lado, interpretações que firam a repartição de competências entre os entes federativos estabelecida pela Constituição e, de outro, conduzam a indevida ingerência estatal em atividades privadas. Se esta linha de interpretação estiver correta, a consequência será que este art. 12 terá limitado a atuação do poder público municipal à fiscalização do cumprimento dos requisitos mínimos estabelecidos pela lei nacional de trânsito e transporte, bem como à organização e disciplina do modo dessa fiscalização. Não lhe caberá suplementar a legislação nacional sobre trânsito e transporte, tampouco fixar, para os prestadores do serviço privado de transporte individual, tarifa-teto" (ROSILHO; SUNDFELD, 2018, p. 985).

sua prestação privada, consoante os parâmetros municipais de qualidade, que poderão condicionar as autorizações a serem conferidas. Em suma, sob a luz da prerrogativa de iniciativa econômica pública, o serviço de táxi pode ser um serviço público ou um serviço privado aberto à livre iniciativa, dependendo da forma como for organizado pelo respectivo município, que tem a competência para a *publicatio*.

Os serviços de transporte individual por aplicativo, por sua vez, é um serviço privado, aberto à livre iniciativa, sujeito à regulação estatal, tal como referenciado pela Lei nº 12.587/2012. Neste aspecto, pode-se discutir a possibilidade de restringir a atividade de transporte individual de passageiros em determinado âmbito, como mecanismo de fomento do serviço público de táxi, todavia, isso é medida normativa de âmbito municipal, e não uma diretriz de transporte de competência da União. Se o município tem a prerrogativa de estabelecer o *publicatio* da atividade, pode também, em tese, estabelecer a reserva de mercado aos taxistas – mesmo que isso não seja defensável do ponto de vista do melhor atendimento do interesse público, o que demanda a liberalização da referida atividade. Nesse contexto, a Lei nº 12.468/2011, ao pretender regulamentar a profissão de taxista, que é uma atividade usualmente identificada como serviço público em diversos municípios, não teria a competência de limitar a iniciativa econômica pública dos municípios, em especial, quanto à organização dos serviços de táxis como serviços públicos, com reserva de mercado ou não, ou como serviços privados liberalizados.

A Lei nº 12.587/2012, que prevê regras e diretrizes que estão inseridas na "Política Nacional de Mobilidade Urbana", tem por objetivo "contribuir para o acesso universal à cidade, o fomento e a concretização das condições que contribuam para a efetivação dos princípios, objetivos e diretrizes da política de desenvolvimento urbano, por meio do planejamento e da gestão democrática do Sistema Nacional de Mobilidade Urbana" (art. 2). Neste aspecto, essa lei buscou trazer diretrizes de mobilidade urbana, referenciando aos serviços de transporte por aplicativo. Contudo, não é uma lei – tampouco poderia ser – que poderia impedir a titularização municipal dos serviços de transporte individual, através de táxi, até mesmo porque a própria lei resguarda a possibilidade de o poder público municipal regulamentar o direito à exploração desses serviços. Enfim, os serviços de aplicativo são serviços privados, que podem estar sujeitos à supressão do acesso ao mercado em determinados contextos municipais, de acordo com o crivo político-legislativo local.

De todo modo, independentemente dessa discussão jurídica, é inquestionável que os serviços de transporte individual por aplicativo são serviços privados, abertos à livre iniciativa. Além disso, é bastante defendido que os serviços de táxis são – ou podem ser – serviços privados também.

Diante disso, verifica-se que há, para esses serviços privados, um grande rol de encargos típicos de serviços públicos, seja para controle da qualidade, acessibilidade, transparência, cortesia no atendimento, modicidade tarifária, o que corrobora a tese aqui apresentada.

Para exemplificar, quanto a *obrigações de qualidade, segurança no fornecimento e cortesia na prestação*, pode-se apontar que a própria Lei nº 12.468/2011 estabelece o dever dos profissionais taxistas: (i) atender ao cliente com presteza e polidez; (ii) trajar-se adequadamente para a função; e (iii) manter o veículo em boas condições de funcionamento e higiene (art. 5º). É muito comum, também, que diversos municípios estabeleçam a padronização do veículo do táxi, como em cor, sinais e emblemas do município, para melhor identificação pelo usuário, bem como requisitos de manutenção e condições de experiência de atuação.

Quanto à *obrigação transparência e permissividade de acesso à informação*, no transporte individual de passageiros por aplicativos, como o *Uber*, verificam-se medidas de transparência e acesso à informação, para órgãos municipais competentes, de dados pertinentes a todas as corridas, exigência de registros de percursos etc.[282]

Com relação à *obrigação de modicidade tarifária*, verifica-se que o art. 12, da Lei nº 12.587/2012, ao deixar evidente se tratar de um serviço privado de transporte individual de passageiros, também dispôs sobre a possibilidade de tais serviços serem organizados, disciplinados e fiscalizados pelo poder público municipal, com base nos requisitos mínimos de segurança, de conforto, de higiene, de qualidade dos serviços e de *fixação prévia dos valores máximos das tarifas a serem cobradas*. Ou seja, a própria lei federal, que buscou regulamentar esse serviço privado por aplicativo, deixou clara a possibilidade de imposição de *price cap*, um dos principais instrumentos para controle de preços de serviços de utilidade pública.

7.6 Navegação aérea

O serviço de navegação aérea é vastamente regulamentado pela Lei nº 7.565/1986, conhecido como Código Brasileiro da Aeronáutica (CBA). Conforme art. 21, XII, alínea "c", da Constituição da República de 1988, compete à União explorar, diretamente ou mediante "autorização, concessão ou permissão" os serviços de "navegação aérea, aeroespacial e a infraestrutura aeroportuária".

Segundo redação original do CBA, em seus artigos 174 e 175, os serviços aéreos compreendem os "serviços aéreos privados" e os "serviços aéreos públicos", estes últimos referentes aos "serviços aéreos especializados públicos e os serviços de transporte aéreo público de passageiro, carga ou mala postal, regular ou não regular, doméstico ou internacional" (art. 175).

Os serviços aéreos privados, segundo o art. 177, do CBA, são aqueles realizados, sem remuneração, em benefício do próprio operador, compreendendo atividades aéreas de recreio ou desportiva, de transporte reservado ao proprietário, ou operador da aeronave, e os serviço aéreos especializados, realizados em benefício exclusivo do proprietário ou operador da aeronave. Nessa situação, o CBA dispensou a obtenção de autorização para realização de suas atividades aéreas (art. 178), contudo não dispensou na necessária observância "aos respectivos requisitos técnicos e a todas as disposições sobre navegação aérea e segurança de voo, assim como ter, regularmente, o seguro contra danos às pessoas ou bens na superfície e ao pessoal técnico a bordo" (art. 178, §1º).

---

[282] A Lei Federal nº 13.640/2018, buscando a adequação prestacional, dispôs que "na regulamentação e fiscalização do serviço de transporte privado individual de passageiros, os Municípios e o Distrito Federal deverão observar as seguintes diretrizes, tendo em vista a eficiência, a eficácia, a segurança e a efetividade na prestação do serviço" (novo Art. 11-A, da Lei nº 12.587, de 3 de janeiro de 2012). A Lei Municipal nº 10.900/2016, de Belo Horizonte, estabeleceu inúmeros deveres de informações e necessidade de prévio credenciamento de motoristas desse serviço privado, bem como obrigações de forma de pagamento, de o veículo ter registro no município, dentre outras.

Quanto aos serviços aéreos públicos, para sua execução, dependerá de prévia concessão, quando se tratar de transporte aéreo regular, ou de autorização, quando se tratar de transporte aéreo não regular ou de serviços especializados, que somente poderá ser concedida a pessoa jurídica constituída sob as leis brasileiras, com sede e administração no país (art. 180 e 181).

Atualmente, a outorga das concessões e autorizações estão regulamentadas pela Agência Nacional da Aviação Civil (ANAC), através da Resolução nº 377, de 15 de março de 2016. Segundo essa Resolução, *"transporte aéreo público regular"* significa o serviço de *"*transporte aéreo público, outorgado por meio de concessão, aberto ao uso pelo público em geral e operado de acordo com uma programação previamente publicada ou numa regularidade tal que constitua uma série sistemática de voos facilmente identificável" (item 1.1.1, do Anexo à Resolução ANAC nº 377/2016). Por outro lado, *"transporte aéreo público não regular"* significa "o serviço de transporte aéreo público, outorgado por meio de autorização, que não se caracterize como serviço aéreo regular" (1.1.2 do Anexo à Resolução ANAC nº 377/2016), sendo que o táxi-aéreo é "a modalidade de transporte aéreo público não regular, realizado por um operador sujeito a certificação operacional nos termos do Regulamento Brasileiro da Aviação Civil nº 135 (RBAC nº 135)" (1.1.2.1, do Anexo à Resolução ANAC nº 377/2016). O "serviço aéreo especializado", que também é outorgado por autorização, significa serviço aéreo público distinto do transporte aéreo público, cujas atividades são detalhadas no item 1.2, do Anexo à Resolução ANAC nº 377/2016.[283]

---

[283] Segundo essa Resolução: "1.2 serviço aéreo público especializado (SAE) significa serviço aéreo público distinto do transporte aéreo público. Em acordo com o art. 201 do Código Brasileiro de Aeronáutica, são abaixo detalhadas as definições das atividades de SAE: 1.2.1 aeroagrícola significa atividade aérea realizada nos termos do Regulamento Brasileiro da Aviação Civil nº 137 (RBAC nº 137). 1.2.2 aerocinematografia significa atividade aérea que tem o objetivo de realizar filmagens aéreas, sem o uso de equipamentos que caracterizem o aerolevantamento, aeroreportagem ou aeropublicidade. 1.2.3 aerodemonstração significa atividade aérea destinada à realização de manobras especiais, com aeronave, visando à atração do público em eventos. 1.2.4 aerofotografia significa atividade aérea que tem por objetivo realizar fotografias aéreas, sem o uso de equipamentos que caracterizem o aerolevantamento, aerorreportagem ou aeropublicidade. 1.2.5 aeroinspeção significa atividade aérea que tem por objetivo realizar inspeções, tais como inspeções em oleodutos, gasodutos, linhas de alta tensão, obras de engenharia e reflorestamento. 1.2.6 aerolevantamento significa conjunto de operações para obtenção de informações de parte terrestre, aérea ou marítima do território nacional, por meio de sensor instalado em plataforma aérea, complementadas pelo registro e análise dos dados colhidos, utilizando recursos da própria plataforma ou estação localizada à distância compreendendo as seguintes operações: 1.2.6.1 aeroprospecção; ou 1.2.6.2 aerofotogrametria; 1.2.7 aeropublicidade significa atividade aérea com a finalidade de propaganda comercial, mediante o uso de aeronave, compreendendo as seguintes operações: 1.2.7.1 reboque de faixa; 1.2.7.2 inscrição com fumaça; e 1.2.7.3 exposição de letreiros luminosos; 1.2.8 aerorreportagem significa atividade aérea que tem por objetivo registrar ou acompanhar acontecimentos, em atendimento aos meios de comunicação. 1.2.9 combate a incêndio significa atividade aérea que tem por objetivo o combate a incêndios de modo geral. 1.2.10 operação com carga externa significa atividade aérea realizada por aeronaves de asas rotativas para a condução de carga externa, nos termos do Regulamento Brasileiro da Aviação Civil nº 133 (RBAC nº 133). 1.2.11 provocação artificial de chuvas ou modificação de clima significa atividade aérea que tem por objetivo a provocação artificial de chuvas ou a modificação de clima. 1.2.12 voo de experimentação desportiva, significa qualquer atividade remunerada com propósito exclusivamente desportivo, realizada em equipamentos devidamente certificados e por pessoal habilitado, com objetivo de experimentação lúdica do desporto relacionado a esse equipamento. (Redação dada pela Resolução nº 479, de 07.06.2018) 1.2.13 lançamento de paraquedistas, significa qualquer atividade remunerada, realizada em equipamentos devidamente certificados e por pessoal habilitado e qualificado, com objetivo de lançar paraquedistas. A operação de lançamento de paraquedistas realizada no âmbito das associações e clubes, por pessoal próprio, onde os praticantes dividem os custos da operação para viabilização da prática não é considerada serviço aéreo especializado. (Redação dada pela Resolução nº 479, de 07.06.2018) 1.2.14 reboque de planadores, significa qualquer atividade remunerada, realizada em equipamentos devidamente certificados e por pessoal habilitado e qualificado, com objetivo de rebocar planadores ou motoplanadores. A operação de reboque de planadores realizada no âmbito das

Nesse contexto, é controversa a classificação dos serviços de transporte aéreo público, regular e não regular, como um serviço público no sentido estrito, tal como definido no art. 175, da Constituição da República 1988. Na verdade, não se encontram elementos para justificar eventual classificação desse tipo de serviço como um "serviço público".

Independentemente da titulação autorizativa de "concessão" para o transporte aéreo público regular, não há elementos que apontam que tais serviços se tratam de empreendimentos orgânicos do Estado, executados mediante delegação do poder público. Pelo contrário, toda a normatização prevista no CBA, e na Resolução ANAC nº 377/2016, indicam que tanto os serviços de transporte aéreo público, regular e não regular, consubstanciam em atividades abertas à livre iniciativa, sujeitas a uma forte regulação, sobretudo mediante a sujeição de diversos encargos de serviço público. Nesse contexto, todas as condições operativas e técnicas de obtenção da "concessão" ou da autorização, tem a natureza vinculativa, de verificação de condições mínimas de operação, sendo que *qualquer pessoa* poderá constituir empresa para explorar serviços de navegação aérea para operações abertas ao público, regulares ou não regulares – sobretudo, as companhias aéreas solicitam a outorga para os dois tipos de serviço – sendo que a concessão e a autorização necessariamente devem ser concedidas para todos aqueles que obtiverem as condições regulatórias mínimas definidas.

Segundo a Resolução ANAC nº 377/2016, são requisitos para explorar serviços aéreos públicos: (i) constituição de empresa que "cumpra os requisitos de sede social, participação de capital estrangeiro e administração definidos pela lei" (art. 2º); (ii) o nome empresarial deverá constar a atividade aérea que pretende explorar (art. 3º); (iii) o Estatuto Social das sociedades anônimas deve conter expressa proibição de conversão de ações preferenciais sem direito a voto em ações com direito a voto (art. 3º, parágrafo único). Em seguida, segundo a mesma resolução, o processo de outorga do serviço aéreo público ocorrerá da seguinte forma: (i) o interessado deve obter prévia aprovação de seu ato constitutivo e/ou modificação junto à ANAC, para analisar o atendimento aos requisitos acima; (ii) o interessado deve concluir o processo de homologação e certificação, quando exigíveis pelos Regulamentos Brasileiros da Aviação Civil (RBAC) e Regulamentos Brasileiros de Homologação Aeronáutica (RBHA), para fins de verificação de condições técnicas para a operacionalização; (iii) em sequência, o interessado irá obter a outorga da concessão ou autorização, conforme o caso da atividade de transporte público ser regular ou não regular, ou serviços técnicos especializados.

A navegação aérea regular e não regular, assim, é identificada como um serviço privado, aberto à livre iniciativa. Por mais que sejam referenciadas como "concessionárias", as companhias aéreas de aviação regular, como a Gol, Latam e Azul, não ingressam e exercem suas atividades empresariais sob o regime típico da técnica concessória

---

associações e clubes, por pessoal próprio, onde os praticantes dividem os custos da operação para viabilização da prática não é considerada serviço aéreo especializado. (Redação dada pela Resolução nº 479, 07.06.2018) 1.2.15 ensino e adestramento significa a atividade de voo de instrução prestada por entidade certificada para formação de pessoal de aviação. (Redação dada pela Resolução nº 514, de 25.04.2019) 1.2.16 voo panorâmico significa o serviço aéreo remunerado, que tenha como objetivo proporcionar passeio aéreo turístico ao público em geral, realizado em equipamentos devidamente certificados e por pessoal habilitado, devendo ser realizado obrigatoriamente com decolagem e pouso no mesmo ponto, sem pouso em pontos intermediários. (Redação dada pela Resolução nº 567, de 23.06.2020) 1.2.17 outra, para os fins desta Resolução, significa qualquer SAE não especificado acima. (Redação dada pela Resolução nº 567, de 23.06.2020)."

definida pela Lei nº 8.987/1995, e consoante a regra constitucional do art. 175. Não há procedimento licitatório para a outorga operacional para as companhias aéreas, o que seria totalmente inconstitucional, caso fossem efetivamente "serviços públicos", em sentido estrito.

Ainda, é de se observar que a concepção orgânica do serviço público é inexistente nos serviços de transporte aéreo público, regular e não regular, na medida em que inexiste previsão regulatória dos institutos da encampação, reversão e bens reversíveis. Todos os bens e investimentos realizados não são de titularidade do Estado; trata-se de investimentos privados que, após o fim da outorga, serão revertidos para o próprio patrimônio jurídico dos sócios da companhia aérea – o que muitas vezes não ocorre, já que é usual que até mesmos as aeronaves não sejam de domínio da empresa aérea, já que a posse seria legitimada por contratos de *leasing* perante as fabricantes, sem cláusula de reversão da propriedade ao final do pagamento. Tal situação seria impossível juridicamente, caso se considerasse a natureza pública da contraprestação individual dos passageiros, o que não é o caso.

Em análise aos processos administrativos e respectivos termos de outorga, o que se verifica é que se trata de um processo de autorização vinculativa (ou licença, no sentido clássico-jurídico do ato), no qual todos aqueles que possuem as condições determinadas em lei têm o direito à obtenção da "concessão" ou autorização, não havendo margem de discricionariedade na definição das rotas solicitadas. Pelo contrário, as próprias empresas aéreas que definem as rotas, que se sujeitarão a registro perante as autoridades aéreas, podendo definir horários e até mesmo desistir de rotas previamente registradas, sem a possibilidade de veto por parte do poder público.

Nesse contexto, pode-se dizer que os serviços de navegação aérea, mesmo de extrema relevância pública, são "menos serviço público" do que os próprios serviços de táxis, mencionados anteriormente, considerando que não há licitação (quando em muitos casos, as placas de táxis são outorgadas por procedimentos licitatórios) e não há padronização da tarifa, uma vez que no Brasil vige o *regime da liberdade tarifária*, consoante as regras da portaria DAC 1213/DGAC, de 16.08.2001.[284] Esse posicionamento é reforçado, ainda mais, ao considerar que a outorga da autorização, para serviços de transporte aéreo público não regular, foi equiparado também para os casos de "serviço aéreo público especializado", que abrangem diversos serviços privados realizados através do uso de aeronaves.

---

[284] Esse posicionamento também é esclarecido por Victor Carvalho Pinto (2013), *in verbis*: "A chamada 'concessão de serviços aéreos' não apresenta nenhum dos elementos definidores de uma concessão de serviço público. Na época do Plano Cruzado (1986), a Varig operava com fundamento no Decreto nº 72.898, de 1973, que lhe concedera o direito de executar o serviço aéreo de transporte regular de passageiro, carga e mala postal. Nesse sistema, que vigora até hoje, não há contrato propriamente dito, pois não há relação de contraprestação entre as partes, mas a regulação de um serviço prestado por uma das partes ao público em geral. A outorga do serviço independe de licitação, o que seria inconstitucional caso se tratasse de uma concessão de serviço público, uma vez que o art. 175 exige licitação para todas as concessões e permissões de serviço público. As aeronaves, embora essenciais à prestação do serviço, não são bens reversíveis e em geral sequer pertencem às próprias empresas aéreas, que as utilizam em regime de *leasing*. Mais importante, no que diz respeito ao tema do equilíbrio econômico-financeiro do contrato, é que a chamada concessão de serviços aéreos não confere à empresa o direito ou a obrigação de voar entre quaisquer localidades. O direito de voar somente existe após a outorga de uma autorização específica para cada linha a ser explorada. Essa autorização, denominada Horário de Transporte (HOTRAN), estabelece horários, frequências, tipos de aeronaves e oferta de assentos para cada linha. As empresas aéreas não têm, nem nunca tiveram, portanto, qualquer obrigação de operar em condições deficitárias. Podem, a qualquer tempo, comunicar ao poder público que não mais operarão determinada linha e solicitar o cancelamento do respectivo HOTRAN."

A natureza de "concessão" somente atinge a atividade das companhias aéreas, quando estas precisam se submeter à outorga de cessão de espaço para atividades operacionais em infraestruturas aeroportuárias de domínio público. O que haveria aqui não seria uma concessão de serviço público, mas sim de outorga de concessão de uso, o que deve haver quando se tratar do uso particular de equipamento público.

Por isso, sendo atividades privadas, é fácil identificar uma grande quantidade de encargos específicos de qualidade e padrão de desempenho mínimo. Existem diversas resoluções da ANAC, Instrução de Aviação Civil (IAC) editadas pela Aeronáutica e Regulamentos Brasileiros da Aviação Civil (RBAC) também da ANAC, destinados a estabelecerem regras e especificações técnicas das aeronaves, de requisitos e procedimentos de inspeção e manutenção, de condições operativas, de requisitos de aeronavegabilidade, de tratamento de passageiros, de treinamentos da tripulação, de avaliação de desempenho operativo e inúmeras outras regras, as quais são inviáveis de serem sistematizadas neste trabalho, mas que deixam claro que a regulação para controle da qualidade e padrão de desempenho é proeminente nos serviços de navegação aérea. Dentre essa regulação, pode-se citar a Portaria DAC nº 366/DGAC, de 08.06.1999, que impõe índices de pontualidade, regularidade e de eficiência operacional para serviços de navegação aérea, regular e não regular, abertos à livre iniciativa. Ainda, cita-se a obrigatoriedade de disponibilização de um canal de atendimento eletrônico para o recebimento de reclamações, solicitação de informações, alteração contratual, resilição e reembolso, quando a prestadora registrar mais de um milhão de passageiros no ano anterior ou, caso contrário, manter em funcionamento um Serviço de Atendimento ao Consumidor (SAC), se registrar menos passageiros do que esse montante, consoante as regras dos arts. 35 e 36, do Regulamento ANAC nº 400/2016.

Quanto às obrigações pertinentes a controle de preço (modicidade), é digno de nota que, por mais que haja a implantação do regime de liberdade tarifária, pela Portaria DAC nº 1213/DGAC, de 16.08.2001, esta estabeleceu a obrigatoriedade de todos os preços serem registrados previamente para monitoramento, sendo que o órgão regulador estabelecerá índices tarifários de referência, calculados com base em custos operacionais médios da indústria brasileira de transporte aéreo regular (art. 6º), resguardando o direito de intervenção no mercado pelo órgão regular para evitar abusos de preços (art. 7º).[285]

Com relação ao *princípio da igualdade*, o art. 176, do CBA dispõe que o transporte aéreo de mala postal poderá ser feito, com igualdade de tratamento, por todas as empresas de transporte aéreo regular, em suas linhas, atendendo às conveniências de horário, ou mediante fretamento especial.

Verifica-se também regras relativas à *segurança do fornecimento*, que possui relação direta com o princípio da continuidade. Por exemplo, no Regulamento ANAC nº 400/2016, estabelece-se o dever de oferecimento de alternativas de reacomodação ou execução do serviço por outra modalidade de transporte, no caso de interrupção do serviço (art. 21).

---

[285] Segundo Rodrigo Gouveia (2001, p. 43 *et seq.*), a imposição de preços dependerá da análise do nível concorrencial no setor regulado. Por exemplo, no caso de uma estrutura monopolista, é recomendável a imposição direta do preço pelo Estado; em uma estrutura oligopolista, é recomendável a imposição de limites máximos de preços (*price caps*); em uma estrutura concorrencial, a liberdade do preço deve prevalecer, contudo sem que se afaste o controle de abusos, de modo a resguardar o preço acessível a todos os cidadãos.

Por fim, é paradigmática as regras trazidas no Decreto nº 6.780/2009, que aprova a *Política Nacional de Aviação Civil* (PNAC), trazem, de maneira sistemática, diversos encargos de "serviços público" para serem observados no "serviço de transporte aéreo público regular", os quais podem ser sistematizados abaixo alguns encargos mais relevantes, para fins de exemplificação:

- *Encargos gerais sobre a prestação do serviço adequado*. O item 2.2 dispõe que a "prestação adequada do serviço de transporte aéreo público regular por operadores pressupõe continuidade, regularidade e pontualidade do serviço, entre outros, sem os quais se descaracteriza". E completa:

  Para a garantia da continuidade, da regularidade e da pontualidade do serviço é necessário estabelecer medidas que identifiquem e eliminem as ameaças a estes preceitos e que respondam rápida e positivamente aos fatores naturais, materiais ou humanos que possam interromper a prestação do serviço de transporte aéreo. A cooperação entre órgãos e entidades da administração pública e do setor privado deve ser incentivada de modo a assegurar a continuidade, regularidade e pontualidade do serviço de transporte aéreo. (BRASIL, 2009).

- *Dever de segurança privada com função de segurança pública*. Segundo o item 2.1, o conceito de segurança abrange, além da ideia de segurança operacional, também a de proteção contra atos ilícitos que podem prejudicar a integridade física e patrimonial dos usuários.
- *Dever de sustentabilidade ambiental*. O item 2.3 estabelece o dever de o setor privado envidar esforços "no sentido de estabelecer ou fazer cumprir acordos com órgãos nacionais e internacionais que contribuam para a conservação e a manutenção do meio ambiente".
- *Dever de transparência*. O item 3.4 estabelece a obrigação de o prestador do serviço "assegurar a transparência e a provisão de informações referentes à relação de consumo pelos diversos segmentos participantes do Sistema de Aviação Civil".

CONSIDERAÇÕES FINAIS

Conforme as conclusões parciais apresentadas nos Capítulos 3, 4 e 5 deste trabalho, pode-se concluir que as obrigações de serviço público não são indissociáveis de uma atividade de domínio estatal, sendo juridicamente possível sua imposição a atividades privadas abertas à livre iniciativa, considerando: *(i)* o artificialismo na construção francesa do regime jurídico "típico" do serviço público; *(ii)* a noção de que o serviço público é instrumento para fomentar e preservar o regime jurídico-prestacional de uma atividade, que é, então, pressuposto para a titularização e não consequência desta; e *(iii)* demonstração da ilusão da existência de um "máximo regulatório", decorrente da construção histórica do poder de polícia, tendo a história institucional revelado novas fronteiras para a limitação da liberdade individual e econômica, em vista da preservação de interesses coletivos pautados em direitos sociais, que antes justificariam a transformação de uma atividade como um empreendimento público.

A título de considerações finais, cabe destacar que tais conclusões, já adiantadas no texto, tem, em si, uma importância que não é apenas teórica, mas também possui uma grande relevância pragmática e político-institucional. Acredita-se que essa conclusão contribui para harmonizar um grande desafio da gestão pública no que tange a decisões relativas a privatizações e liberalizações: como dinamizar a atuação estatal, trazendo benefícios da atuação do setor privado, sem olvidar dos deveres institucionais atribuídos ao Estado?

Não é incomum se afirmar que a equiparação do setor público com o setor privado traduz diversos problemas de assimetria de interesses entre os polos "sócio" e "cidadão". Todavia, a importância da colaboração do setor privado para atender a objetivos de interesse coletivo, cada vez mais crescente desde a evolução do Estado Regulador, tem sido notoriamente incrementada diante da constante evolução tecnológica, que tem permitido o setor privado, especialmente pequenos investidores, a atuarem em esferas (telecomunicações, energia elétrica, transporte individual terrestre e aéreo, saneamento básico, dentre outros) antes não permitidas ou econômica ou naturalmente viáveis, em colaboração com a Administração Pública na persecução de atividades que lhe foram incumbidas, tal como a universalização do acesso à comodidades e utilidades materiais de grande interesse público.

Nesse contexto, o reconhecimento da possibilidade jurídica da imposição de encargos semelhantes a obrigações de serviço público a determinadas atividades, quando necessário e adequado, como alternativa à *publicatio* da atividade, visando a um melhor atendimento do dever constitucional de adequação prestacional, não é apenas um diagnóstico jurídico. Ao nosso ver, tal reconhecimento poderá contribuir, em algumas situações, em suprir falhas de eficiência institucional da estratégia de privatização de atividades de incumbência do poder público: *o alinhamento entre o interesse lucrativo do setor privado com o interesse do cidadão, o qual o Estado deve preservar, em vista da supremacia do interesse público.*

A concepção de como o Estado enxerga o seu papel frente ao exercício privado de algumas atividades de relevante interesse coletivo, inescapavelmente, interfere como determinadas atividades são prestadas. Entender que um serviço privado de interesse coletivo, aberto à livre iniciativa – e passível de transformação como um serviço de domínio público – não possa ser tutelada pelo Estado, sobretudo com imposições de condicionamentos prestacionais – com imposição de obrigações de serviço público – pelo simples fato de que não é o Estado quem está prestando, pode influenciar negativamente as finalidades públicas da própria atividade. O papel do Estado, assim, não se presta apenas para impedir ou prevenir o abuso do direito de iniciativa econômica privada, mas utilizar deste direito para que se possa melhor conduzir e harmonizar diversos outros direitos sociais que a própria "sociedade prestadora" pretenda preservar.

Por isso, o direito à livre iniciativa não é um direito absoluto, oponível à preservação e solidária condução dos objetivos públicos que os próprios beneficiários desse direito de liberdade pretendem resguardar. A conciliação do interesse individual e o interesse do todo é o próprio interesse do indivíduo, enquanto partícipe do todo.

Não é demais dizer, para fins conclusivos, que a regulação social e a possibilidade de imposição regulatória de obrigações de serviço público se harmonizam perfeitamente com a literatura atinente à *teoria econômica da agência* (POSNER, 2000).[286] A premissa economicamente verificável é que, nesse tipo de situação, quando as duas partes possuem interesses que lhe são intrínsecos (lucro, para o agente, e efetivo resultado, para o principal), existem razões economicamente defensáveis para que os agentes não busquem atender aos melhores interesses do 'principal', exceto se forem criados mecanismos que visem minimizar os impactos de assimetria informacional entre as partes, denominados "custos de agência" (JENSEN; MECKLING, 1976). No contexto regulatório, isso pode ser aplicado quando o agente regulador criar mecanismos que impliquem em "custos de transação" para o agente privado, se não forem atingidos todos os resultados esperados pela atividade, tais como mecanismos de universalização do serviço e averiguação de resultado em sua prestação, como condições para a não cassação do ato administrativo vinculado de licença para o seu exercício. A regulação

---

[286] Segundo essa teoria, em toda relação econômica, sempre haverá duas partes: o "principal", que engaja outra parte, o "agente", a desempenhar algum serviço em seu nome, envolvendo, sempre, a "delegação" de uma competência para o agente, no qual três condições ocorrem naturalmente: (i) o agente possui diferentes possibilidades de ação; (ii) a ação do agente influencia ambas as partes; e (iii) as ações do agente são dificilmente observáveis pelo principal, diante da assimetria de informações, o que se cria um "risco moral" não desejável (POSNER, 2000, p. 2 *et seq.*). Essa relação pode ser verificada em diversas situações institucionais, como: entre os administradores (agente) e acionistas (principal); advogados ou outros mandatários (agente) e cliente ou outros outorgantes (principal); entre contratada (agente) e contratante (principal). No poder público esse relacionamento pode ocorrer no exercício da função política – em que o governo é o "agente" e o cidadão é o "principal" –, bem como no relacionamento da Administração Pública (principal) com os colaboradores privados (agentes). As teorias da agência e qualquer outra teoria econômica, apesar de demonstrar a relevância da pesquisa proposta, não serão objeto de estudo.

administrativa assume importante função que pode afetar as condições de oferta dos novos fornecedores e viabilizar a implementação de mecanismos destinados a introduzir, de forma induzida no contexto da livre concorrência, a promoção do atendimento *metas sociais e economicamente desejáveis*.

Não se quer apresentar mais um novo fundamento, agora econômico, para a tese apresentada, mas apenas realçar, para fins conclusivos, que o reconhecimento da possibilidade jurídica de imposição de obrigações de serviço público a serviços econômicos de interesse geral abertos à livre iniciativa representa, ao nosso ver, um *ecletismo jurídico* que também soluciona e harmoniza, de certo modo, o antagonismo entre os esforços teóricos que buscam defender a política de privatização e liberalização de grandes serviços públicos e daqueles que se pautam pela obrigatoriedade da presença estatal para o resguardo da adequação da prestação dessas atividades, de relevante interesse público, como estabelecidas na CR88, em consonância do interesse do cidadão.

REFERÊNCIAS

ABRUCIO, Fernando Luiz. O impacto do modelo gerencial na Administração Pública: um breve estudo sobre a experiência internacional recente. *Cadernos ENAP*, Brasília: Escola Nacional de Administração Pública, nº 10, 1997.

ACEMOGLU, Daron; ROBINSON, James A. *Por que as nações fracassam*. Rio de Janeiro: Elsevier, 2012.

AGÊNCIA NACIONAL DE AVIAÇÃO CIVIL. *Resolução nº 377, de 15 de março de 2016*. Regulamenta a outorga de serviços aéreospúblicos para empresas brasileiras e dá outrasprovidências. Disponível em: https://www.in.gov.br/en/web/dou/-/resolucao-n-377-de-15-de-marco-de-2016-21395976. Acesso em: 23 fev. 2020.

AGÊNCIA NACIONAL DE AVIAÇÃO CIVIL. *Resolução nº 400, de 13 de dezembro de 2016*. Dispõe sobre as Condições Gerais de Transporte Aéreo. Disponível em: https://www.anac.gov.br/assuntos/legislacao/legislacao-1/resolucoes/resolucoes-2016/resolucao-no-400-13-12-2016/@@display-file/arquivo_norma/RA2016-0400%20-%20Compilado%20at%C3%A9%20RA2017-0434.pdf. Acesso em: 23 fev. 2020.

AGÊNCIA NACIONAL DE ENERGIA ELÉTRICA (ANEEL). *Resolução ANEEL nº 281 de 01 de outubro de 1999*. Estabelece as condições gerais de contratação do acesso, compreendendo o uso e a conexão, aos sistemas de transmissão e distribuição de energia elétrica. Disponível em: https://www.legisweb.com.br/legislacao/?id=96656#:~:text=Estabelece%20as%20condi%C3%A7%C3%B5es%20gerais%20de,e%20distribui%C3%A7%C3%A3o%20de%20energia%20el%C3%A9trica. Acesso em: 23 fev. 2020.

AGÊNCIA NACIONAL DE ENERGIA ELÉTRICA (ANEEL). *Resolução ANEEL nº 456 de 29 de novembro de 2000*. Estabelece, de forma atualizada e consolidada, as condições gerais de fornecimento de energia elétrica. Disponível em: https://www.legisweb.com.br/legislacao/?id=97033#:~:text=Estabelece%2C%20de%20forma%20atualizada%20e,de%20Fornecimento%20de%20Energia%20El%C3%A9trica. Acesso em: 23 fev. 2020

AGÊNCIA NACIONAL DE ENERGIA ELÉTRICA (ANEEL) *Resolução nº 426, de 9 de dezembro de 2005*. Aprova o Regulamento do Serviço Telefônico Fixo Comutado – STFC. Disponível em: https://informacoes.anatel.gov.br/legislacao/resolucoes/20-2005/7-resolucao-426. Acesso em: 23 fev. 2020

AGÊNCIA NACIONAL DE ENERGIA ELÉTRICA (ANEEL). *Resolução Normativa ANEEL nº 354, de 03 de março de 2009*. Estabelece as condições gerais para enquadramento de cooperativas de eletrificação rural com geração destinada ao mercado próprio – CERG, como permissionárias de distribuição de energia elétrica. Disponível em: https://diariofiscal.com.br/ZpNbw3dk20XgIKXVGacL5NS8haIoH5PqbJKZaawfaDwCm/legislacaofederal/resolucao/2009/aneel.0354.html. Acesso em: 23 fev. 2020

AGÊNCIA NACIONAL DE ENERGIA ELÉTRICA (ANEEL). *Resolução Normativa ANEEL nº 414 de 09 de setembro de 2010*. Estabelece as condições gerais de fornecimento de energia elétrica de forma atualizada e consolidada. Disponível em: https://www.legisweb.com.br/legislacao/?id=112868. Acesso em: 23 fev. 2020

AGÊNCIA NACIONAL DE ENERGIA ELÉTRICA (ANEEL). *Resolução Normativa nº 482, de 17 de abril de 2012*. Estabelece as condições gerais para o acesso de microgeração e minigeração distribuída aos sistemas de distribuição de energia elétrica, o sistema de compensação de energia elétrica, e dá outras providências. Disponível em: https://www2.aneel.gov.br/cedoc/ren2012482.pdf. Acesso em: 23 fev. 2020.

AGÊNCIA NACIONAL DE ENERGIA ELÉTRICA (ANEEL). *Resolução Normativa nº 687, de 24 de novembro de 2015*. Altera a Resolução Normativa nº 482, de 17 de abril de 2012, e os Módulos 1 e 3 dos Procedimentos de Distribuição – PRODIST. Disponível em: http://www2.aneel.gov.br/cedoc/ren2015687.pdf. Acesso em: 23 fev. 2020.

AGÊNCIA NACIONAL DE ENERGIA ELÉTRICA (ANEEL). *Resolução Normativa nº 870, de 11 de fevereiro de 2020*. Aprova as Regras de Comercialização de Energia Elétrica aplicáveis ao Sistema de Contabilização e Liquidação (SCL). Disponível em: https://www.imprensanacional.gov.br/web/dou/-/resolucao-normativa-n-870-de-11-de-fevereiro-de-2020-243801995. Acesso em: 23 fev. 2020.

AGÊNCIA NACIONAL DE ENERGIA ELÉTRICA (ANEEL). *Resolução Normativa ANEEL nº 897, de 17 de novembro de 2020.* Revoga atos normativos da ANEEL, em atendimento ao Decreto nº 10.139, de 28 de novembro de 2019, e dá outras providências. Disponível em: https://www.in.gov.br/en/web/dou/-/resolucao-normativa-aneel-n-897-de-17-de-novembro-de-2020-289210996#:~:text=A%20tentativa%20de%20qualificar%20o,como%20aferir%20a%20sua%20qualidade. Acesso em: 23 fev. 2020

AGÊNCIA NACIONAL DE ENERGIA ELÉTRICA (ANEEL). *Resolução Normativa ANEEL nº 921, de 23 de fevereiro de 2021.* Estabelece os deveres, direitos e outras condições gerais aplicáveis às outorgas de autorizações a pessoas jurídicas, físicas ou empresas reunidas em consórcio interessadas em se estabelecerem como Produtores Independentes de Energia Elétrica ou Autoprodutores de Energia de Elétrica, tendo por objeto a implantação ou a exploração de central geradora de energia elétrica e revoga a Resolução Normativa nº 389, de 15 de dezembro de 2009, o art. 59 da Resolução Normativa nº 875, de 10 de março de 2020 e os arts. 28, 29 e 30 da Resolução Normativa nº 876, de 10 de março de 2020. Disponível em: https://www.in.gov.br/en/web/dou/-/resolucao-normativa-aneel-n-921-de-23-de-fevereiro-de-2021-305704311. Acesso em: 23 fev. 2020.

AGÊNCIA NACIONAL DE SAÚDE SUPLEMENTAR (ANS). *Resolução Normativa nº 63, de 22 de dezembro de 2003.* Define os limites a serem observados para adoção de variação de preço por faixa etária nos planos privados de assistência à saúde contratados a partir de 1º de janeiro de 2004. Disponível em: http://www.ans.gov.br/component/legislacao/?view=legislacao&task=PDFOriginal&format=raw&id=NzQ4. Acesso em: 23 fev. 2020

AGÊNCIA NACIONAL DE SAÚDE SUPLEMENTAR (ANS). *Resolução Normativa nº 279, de 24 de novembro de 2011.* Dispõe sobre a regulamentação dos artigos 30 e 31 da Lei nº 9.656, de 3 de junho de 1998, e revoga as Resoluções do CONSU nº 20 e 21, de 7 de abril de 1999. Disponível em: https://www.ans.gov.br/component/legislacao/?view=legislacao&task=TextoLei&format=raw&id=MTg5OA==. Acesso em: 23 fev. 2020.

AGÊNCIA NACIONAL DE SAÚDE SUPLEMENTAR (ANS). *Resolução Normativa nº 433, de 27 de junho de 2018.* Dispõe sobre os Mecanismos Financeiros de Regulação, como fatores moderadores de utilização dos serviços de assistência médica, hospitalar ou odontológica no setor de saúde suplementar; altera a RN nº 389, de 26 de novembro de 2015, que dispõe sobre a transparência das informações no âmbito da saúde suplementar, estabelece a obrigatoriedade da disponibilização do conteúdo mínimo obrigatório de informações referentes aos planos privados de saúde no Brasil e dá outras providências; revoga o § 2º do art. 1º, os incisos VII e VIII do art. 2º, o art. 3º, a alínea "a" do inciso I e os incisos VI e VII do art. 4º, todos da Resolução do Conselho de saúde Suplementar - CONSU nº 8, de 3 de novembro de 1998, que dispõe sobre mecanismos de regulação nos Planos e Seguros Privados de Assistência à Saúde; e revoga o inciso II e respectivas alíneas do art. 22, da RN nº 428, de 7 de novembro de 2017, que atualiza o Rol de Procedimentos e Eventos em Saúde, que constitui a referência básica para cobertura assistencial mínima nos planos privados de assistência à saúde, contratados a partir de 1º de janeiro de 1999, fixa as diretrizes de atenção à saúde e dá outras providências. Disponível em: https://www.ans.gov.br/component/legislacao/?view=legislacao&task=TextoLei&format=raw&id=MzU5NA==. Acesso em: 23 fev. 2020.

AGÊNCIA NACIONAL DE SAÚDE SUPLEMENTAR (ANS). *Resolução Normativa nº 465, de 24 de fevereiro de 2021.* Atualiza o Rol de Procedimentos e Eventos em Saúde que estabelece a cobertura assistencial obrigatória a ser garantida nos planos privados de assistência à saúde contratados a partir de 1º de janeiro de 1999 e naqueles adaptados conforme previsto no artigo 35 da Lei *nº* 9.656, de 3 de junho de 1998; fixa as diretrizes de atenção *à* saúde; e revoga a Resolução Normativa – RN nº 428, de 7 de novembro de 2017, a Resolução Normativa – RN *nº* 453, de 12 de março de 2020, a Resolução Normativa – RN *nº* 457, de 28 de maio de 2020 e a RN *nº* 460, de 13 de agosto de 2020. Disponível em: https://www.ans.gov.br/component/ legislacao/?view=legislacao&task=TextoLei&format=raw&id=NDAzMw==. Acesso em: 23 abr. 2021.

AGÊNCIA NACIONAL DE TELECOMUNICAÇÕES. *Prestadoras do serviço de comunicação multimídia.* Disponível em: http://sistemas.anatel.gov.br/stel/consultas/ListaPrestadorasServico/tela.asp?pNumServico=04. Acesso em: 20 jan. 2020.

AGÊNCIA NACIONAL DE TELECOMUNICAÇÕES. *Resolução nº 516, de 30 de outubro de 2008.* Aprova o Plano Geral de Atualização da Regulamentação das Telecomunicações no Brasil (PGR). Disponível em: https://informacoes.anatel.gov.br/legislacao/resolucoes/2008/11-resolucao-516. Acesso em: 20 jan. 2020.

AGÊNCIA NACIONAL DE TELECOMUNICAÇÕES. *Resolução nº 614, de 28 de maio de 2013.* Aprova o Regulamento do Serviço de Comunicação Multimídia e altera os Anexos I e III do Regulamento de Cobrança de Preço Público pelo Direito de Exploração de Serviços de Telecomunicações e pelo Direito de Exploração de Satélite. Disponível em: https://informacoes.anatel.gov.br/legislacao/resolucoes/2013/465-resolucao-614. Acesso em: 20 jan. 2020.

AGÊNCIA NACIONAL DE TELECOMUNICAÇÕES. *Resolução nº 632, de 7 de março de 2014.* Aprova o Regulamento Geral de Direitos do Consumidor de Serviços de Telecomunicações – RGC. Disponível em: https://informacoes.anatel.gov.br/legislacao/resolucoes/2014/750-resolucao-632. Acesso em: 20 jan. 2020.

AGÊNCIA NACIONAL DE TELECOMUNICAÇÕES. *Resolução nº 708, de 26 de março de 2019.* Declara a revogação das Resoluções expedidas pela Agência que foram implicitamente revogadas e das que perderam sua eficácia. Disponível em: https://www.in.gov.br/materia/-/asset_publisher/Kujrw0TZC2Mb/content/id/68744383. Acesso em: 20 jan. 2020.

AGÊNCIA NACIONAL DO TRANSPORTE TERRESTRE. *Resolução ANTT nº 4.287 de 13 de março de 2014.* Estabelece procedimentos de fiscalização do transporte clandestino de passageiros. Disponível em: https://www.legisweb.com.br/legislacao/?id=268134. Acesso em: 20 jan. 2020.

ALMEIDA, Fernando Dias Menezes de. Teoria da regulação. *In*: CARDOZO, José Eduardo Martins; QUEIROZ, João Eduardo Lopes; SANTOS, Márcia Walquíria Batista dos (Org.). *Curso de direito administrativo econômico*, vol. III. São Paulo: Malheiros Editores, 2006. p. 119-148.

ALVES, Alaôr Caffé. A privatização dos serviços públicos. *Revista da Procuradoria Geral do Estado de São Paulo*. São Paulo, v. 45/46, p. 13-23, jan./dez. 1996. Disponível em: http://www.pge.sp.gov.br/centrodeestudos/revistaspge/revista2/artigo1.htm. Acesso em: 30 jan. 2021

AMAR, Jacques. *De l´úsager au consommatteur de service public.* Presses Universitaires d´Aix-Marseille – PUAM, Aix-em-Provence, 2001.

AMARAL, Antônio Carlos Cintra. *Concessão de serviço público.* 2. ed. São Paulo: Malheiros, 2002.

ANDERSON, Perry. Balanço do neoliberalismo. *In*: GENTILI, Pablo; SADER, Emir (Orgs.). *Pós-neoliberalismo*: as políticas sociais e o Estado democrático. Rio Janeiro: Paz e Terra, 1995. p. 9-23.

ANJOS, Maria do Rosário. Os serviços de interesse econômico geral na União Europeia: concorrência e obrigações de serviço público. *Reflexões*: revista científica da Universidade Lusófona do Porto, Porto, v. 1, ano 1, nº 1, p. 205-230, jun. 2006.

ARAGÃO, Alexandre Santos de. O princípio da proporcionalidade no direito econômico. *Revista de Direito da Procuradoria Geral*, Rio de Janeiro, v. 55, p. 137-174, 2002. Disponível em: file:///C:/Users/64733068620/Downloads/ARAG %C3%83O.%20O%20Princ%C3%ADpio%20da%20proporcionalidade%20no%20direito%20econ%C3%B4mico.pdf. Acesso em: 24 abr. 2019.

ARAGÃO, Alexandre Santos de. *Direito dos serviços públicos.* Rio de Janeiro: Forense, 2007a.

ARAGÃO, Alexandre Santos de. Serviço público e concorrência. *Revista de Direito Administrativo e Constitucional*, Curitiba, v. 21, ano 4, nº 17, p. 171-234, jan./mar. 2007b.

ARAÚJO, Florivaldo Dutra. Discricionariedade e Motivação do Ato Administrativo. *In*: LIMA, Sergio Mourão Corrêa (Org.). *Temas de direito administrativo*: estudos em homenagem ao Professor Paulo Neves de Carvalho. Rio de Janeiro: Ed. Forense, 2006. p. 127-200.

ARAÚJO, Florivaldo Dutra de. *Negociação coletiva dos servidores públicos.* Belo Horizonte: Fórum, 2011.

ARRETCHE, M. T. S. Emergência e desenvolvimento do Welfare State: teorias explicativas. *Boletim Informativo e Bibliográfico em Ciências Sociais*, Rio de Janeiro, nº 39, p.3-40, 1º sem. 1995.

ÁVILA, Thiago. A Lei 13.460 e seus benefícios para os usuários dos serviços públicos. *Governos Abertos*, [s.l.], 17 jul. 2017 Disponível em: http://governosabertos.com.br/sitev2/a-lei-13-460-e-seus-beneficios-para-os-usuarios-dos-servicos-publicos/. Acesso em: 05 jan. 2020.

AVRITZER, Leonardo; FILGUEIRAS, Fernando. *Corrupção e controles democráticos no Brasil.* Brasília, DF: CEPAL. Escritório no Brasil/IPEA, 2011.

BANCO MUNDIAL. *World development report*: infrastructure for development. New York: Oxford University Press, 1994.

BANCO NACIONAL DE DESENVOLVIMENTO ECONÔMICO E SOCIAL. *Resoluções do conselho nacional de desestatizações.* Disponível em: https://www.bndes.gov.br/wps/portal/site/home/transparencia/desestatizacao/Resolucoes-do-Conselho-Nacional-de-Desestatizacao. Acesso em: 19 set. 2019.

BANCO NACIONAL DE DESENVOLVIMENTO ECONÔMICO E SOCIAL. *Resolução do CND nº 09, de 01 de julho de 1991.* Disponível em: https://www.bndes.gov.br/wps/portal/site/home/transparencia/desestatizacao/Resolucoes-do-Conselho-Nacional-de-Desestatizacao. Acesso em: 19 set. 2019.

BANCO NACIONAL DE DESENVOLVIMENTO ECONÔMICO E SOCIAL. *Resolução do CND nº 2, de 5 de março de 1997*. Disponível em: https://www.bndes.gov.br/wps/portal/site/home/transparencia/desestatizacao/Resolucoes-do-Conselho-Nacional-de-Desestatizacao. Acesso em: 19 set. 2019.

BARROS, Rodrigo. Conheça a história do saneamento básico e tratamento de *água* e esgoto. *Blog da EOS*. [s.l.], 16 jun. 2017. Disponível em: http://www.eosconsultores.com.br/historia-saneamento-basico-e-tratamento-de-agua-e-esgoto/. Acesso em: 23 mar. 2020.

BARROSO, Luís Roberto. Apontamentos sobre as agências reguladoras. *In*: MORAES, Alexandre de. (Org.). *Agências reguladoras*. São Paulo: Atlas, 2003.

BARTHÉLEMY, Joseph. *Précis de droit constitutionnel*. Paris: Librairie Dalloz, 1932.

BATISTA JÚNIOR, Onofre Alves. *Poder de polícia no direito fiscal brasileiro*. Belo Horizonte: Mandamentos, 2001.

BATISTA JÚNIOR, Onofre Alves. *Princípio constitucional da eficiência administrativa*. 2. ed. Belo Horizonte: Fórum, 2012.

BATISTA JÚNIOR. Onofre Alves. *O outro leviatã e a corrida ao fundo do poço*. São Paulo: Almedina, 2015.

BATISTA JÚNIOR, Onofre Alves; ARÊDES, Sirlene Nunes; MATOS, Federico Nunes. *Contratos administrativos*: estudos em homenagem ao Professor Florivaldo Dutra de Araújo. Belo Horizonte: Editora Fórum, 2014.

BELLO, Enzo; BERCOVICI, Gilberto; MONT'ALVERNE, Martonio Barreto Lima. O fim das ilusões constitucionais de 1988? *Revista Direito e Práxis*, Rio de Janeiro, v. 10, nº 03, p. 1769-1811, 2019.

BELO HORIZONTE. *Lei Orgânica do Município de Belo Horizonte, de 22 de março de 1990*. Belo Horizonte, MG: Câmara Municipal de Belo Horizonte. Disponível em: https://www.cmbh.mg.gov.br/atividade-legislativa/pesquisar-legislacao/lei-organica. Acesso em: 20 jul. 2020.

BELO HORIZONTE. *Lei nº 10.900, de 8 de janeiro de 2016*. Dispõe sobre o credenciamento de pessoas jurídicas que operam e/ou administram aplicativos destinados à captação, disponibilização e intermediação de serviços de transporte individual remunerado de passageiros no Município de Belo Horizonte; sobre dispositivos de segurança e controle da atividade; sobre penalidades e dá outras providências. Belo Horizonte, MG: Câmara Municipal de Belo Horizonte. Disponível em: https://www.cmbh.mg.gov.br/atividade-legislativa/pesquisar-legislacao/lei/10900/2016#:~:text=Ementa%3A%20Disp%C3%B5e%20sobre%20o%20credenciamento,e%20controle%20da%20atividade%3B%20sobre. Acesso em: 20 jul. 2020.

BERLINGERIO, Gianna Elisa. *Studi sul pubblico servizio*. Milano: Giuffrè Editore, 2003.

BINENBOJM, Gustavo. As agências reguladoras independentes e democracia no Brasil. *Revista Eletrônica de Direito Administrativo Econômico*. Instituto de Direito Público da Bahia, Salvador, nº 3, p. 1-20, ago./set./out. 2005. Disponível em: http://www. Direitodoestado.com.br. Acesso em: 16 jul. 2016.

BINENBOJM, Gustavo. *Poder de polícia, ordenação, regulação*: transformações político-jurídicas, econômicas e institucionais do direito administrativo ordenador. Belo Horizonte: Editora Fórum, 2016.

BITTENCOURT, Sidney. *Comentários à lei nº 13.460, de 26 de junho de 2017*: novo código de defesa dos usuários de serviços públicos. Curitiba: Editora CRV, 2018.

BITENCOURT NETO, Eurico. *O direito ao mínimo para uma existência digna*. Porto Alegre: Livraria do Advogado, 2010.

BITENCOURT NETO, Eurico. *Concertação administrativa interorgânica*: Direito Administrativo e organização no século XXI. São Paulo: Almedina, 2017a.

BITENCOURT NETO, Eurico. Estado social e administração pública de garantia. *Revista de Direito Econômico e Socioambiental*, Curitiba, v.8, nº 1, p. 289–302, jan/abr. 2017b.

BOYD, William; CARLSON, Ann E. Accidentes of federalismo: ratemaking and policy innovation in public utility law. *UCLA Law Review*, [s.l.], 2016. Disponível em: https://scholar.law.colorado. edu/articles/517/. Acesso em: 22 jan. 2020.

BRANT, Celso. *Teoria geral do serviço público*. Belo Horizonte: Acaiaca, 1951.

BRASIL. *Carta de Lei de 04 de dezembro de 1810*. Crea uma Academia Real Militar na Côrte e Cidade do Rio de Janeiro. Rio de Janeiro, DF. Disponível em: https://www2.camara.leg.br/legin/fed/carlei/anteriores1824/cartadelei-40009-4-dezembro-1810-571420-publicacaooriginal-94538-pe.html. Acesso em: 15 dez. 2019.

BRASIL. [Constituição (1824)]. *Constituição Política do Império do Brasil*. Rio de Janeiro, DF: Presidência da República. Disponível em: http://www.planalto.gov.br/ccivil_03/constituicao/constituicao24.htm. Acesso em: 19 jan. 2019.

BRASIL. *Lei de 11 de agosto de 1827*. Crêa dous Cursos de sciencias Juridicas e Sociaes, um na cidade de S. Paulo e outro na de Olinda. Rio de Janeiro, DF. Disponível em: http://www.planalto.gov.br/ccivil_03/leis/lim/LIM.-11-08-1827.htm. Acesso em: 15 dez. 2019.

BRASIL. *Lei de 1º de outubro de 1828*. Dá nova fórma ás Camaras Municipaes, marca suas attribuições, e o processo para a sua eleição, e dos Juizes de Paz. Rio de Janeiro, DF. Disponível em: http://www.planalto.gov.br/ccivil_03/leis/lim/lim-1-10-1828.htm. Acesso em: 15 dez. 2019.

BRASIL. *Lei nº 16 de 12 de agosto de 1834*. Faz algumas alterações e addições á Constituição Politica do Imperio, nos termos da Lei de 12 de Outubro de 1832. Rio de Janeiro, DF. Disponível em: http://www.planalto.gov.br/ccivil_03/leis/lim/lim16.htm. Acesso em: 15 dez. 2019.

BRASIL. *Decreto nº 641, de 26 de junho de 1852*. Autorisa o Governo para conceder a huma ou mais companhias a construção total ou parcial de hum caminho de ferro que, partindo do Municipio da Côrte, vá terminar nos pontos das Provincias de Minas Geraes e S. Paulo, que mais convenientes forem. Brasília, DF. Disponível em: http://www.planalto.gov.br/ccivil_03/ decreto/Historicos/DPL/DPL641.htm. Acesso em: 15 jul. 2019.

BRASIL. *Lei nº 683 de 05 de julho de 1853*. Autoriza o governo para conceder a incorporação, e aprovar os estatutos de um banco de depósitos, descontos e emissão, estabelecido na cidade de Rio de Janeiro. Rio de Janeiro, DF. Disponível em: http://legis.senado.leg.br/norma/542236. Acesso em: 15 dez. 2019.

BRASIL. *Decreto nº 1.331 de 17 de fevereiro de 1854*. Approva o Regulamento para a reforma do ensino primario e secundario do Municipio da Côrte. Disponível em: https://www.diariodasleis.com.br/legislacao/federal/196781-approva-o-regulamento-para-a-reforma-do-ensino-primario-e-secundario-do-municipio-da-curte.html. Acesso em: 28 de jan. 2019.

BRASIL. *Decreto nº 781 de 10 de setembro de 1854*. Autorisa o Governo a reformar as Secretarias d`Estado dos Negocios do Imperio, Justiça e Estrangeiros, e as Secretarias de Policia da Côrte e Provincia; bem como a despender as quantias, que se marcão, com a fundação de hum Instituto de cegos, com a construcção e reparos de edificios para os Seminarios Episcopaes, e com a creação de Faculdades Theologicas em dous dos actuaes Seminarios Episcopaes. Disponível em: https://www2.camara. leg.br/legin/fed/decret/1824-1899/decreto-781-10-setembro-1854-558416-publicacaooriginal-79660-pl.html. Acesso em: 28 de jan. 2019.

BRASIL. *Decreto nº 1.428 de 12 de setembro de 1854*. Crea nesta Côrte hum Instituto denominado Imperial Instituto dos meninos cegos. Disponível em: https://www2. camara.leg.br/legin/fed/decret/1824-1899/decreto-1428-12-setembro-1854-508506-publicacaooriginal-1-pe.html. Acesso em: 28 de jan. 2019.

BRASIL. *Decreto nº 1.599 de 09 de maio de 1855*. Approva os Estatutos da Companhia da Estrada de ferro de D. Pedro II. Disponível em: https://www2.camara. leg.br/legin/fed/decret/1824-1899/decreto-1599-9-maio-1855-558531-publicacao original-79871-pe.html. Acesso em: 28 de jan. 2019.

BRASIL. *Decreto nº 1.664 de 27 de outubro 1855*. Dá regulamento para execução do decreto número 816 de 10 de julho do corrente ano, sobre desapropriações para construção de obras e serviços das estradas de ferro do Brasil. Disponível em: http://legis.senado.leg.br/norma/393658. Acesso em: 28 de jan. 2019.

BRASIL. *Lei nº 1.083, de 22 de agosto de 1860*. Contendo providencias sobre os Bancos de emissão, meio circulante e diversas Companhias e Sociedades. Brasília, DF: Presidência da República. Disponível em: http://www.planalto.gov.br/ccivil_03/leis/lim/lim1083.htm. Acesso em: 28 de jan. 2019.

BRASIL. *Decreto nº 3.288 de 20 de junho de 1864*. Approva o Regulamento para a repartição dos telégrafos. Disponível em: https://legis.senado.leg.br/norma/400161. Acesso em: 28 de jan. 2019.

BRASIL. *Decreto nº 3.503, de 10 de julho de 1865*. Transfere ao Estado o resto das acções da Companhia da Estrada de Ferro de D. Pedro II. Rio de Janeiro, DF. Disponível em: https://www2.camara.leg.br/legin/fed/decret/1824-1899/decreto-3503-10-julho-1865-554859-publicacaooriginal-73814-pe.html. Acesso em: 15 dez. 2019.

BRASIL. *Decreto nº 5.532 de 24 janeiro de 1874*. Crêa 10 Escolas publicas de instrucção primaria, do primeiro gráo, no Municipio da Côrte. Disponível em: https://www2.camara.leg.br/legin/fed/decret/1824-1899/decreto-5532-24-janeiro-1874-550082-publicacaooriginal-65715-pe.html. Acesso em: 28 de jan. 2019.

BRASIL. *Decreto nº 6.026 de 6 de novembro de 1875.* Crêa uma Escola de minas na Provincia de Minas Geraes, e dá-lhe Regulamento. Disponível em: http://www.planalto.gov.br/ccivil_03/decreto/historicos/dim/DIM6026. htm. Acesso em: 28 de jan. 2019.

BRASIL. *Decreto nº 7.247 de 19 de abril de 1879.* Reforma o ensino primário e secundario no município da Côrte e o superior em todo o Imperio. Disponível em: https://www2.camara.leg.br/legin/fed/decret/1824-1899/ decreto-7247-19-abril-1879-547933-publicacaooriginal-62862-pe.html. Acesso em: 28 de jan. 2019.

BRASIL. *Decreto nº 3.029, de 9 de janeiro de 1881.* Reforma a legislação eleitoral. Rio de Janeiro, DF: Câmara dos Deputados. Disponível em: https://www2.camara.leg.br/legin/fed/decret/1824-1899/decreto-3029-9-janeiro-1881-546079-publicacaooriginal-59786-pl.html. Acesso em: 28 de jan. 2019.

BRASIL. *Decreto nº 8.354 de 24 de dezembro de 1881.* Dá novo Regulamento á Repartição dos Telegraphos. Disponível em: https://www2.camara.leg.br/legin/fed /decret/1824-1899/decreto-8354-24-dezembro-1881-546636-norma-pe.html. Acesso em: 28 de jan. 2019.

BRASIL. *Decreto nº 372-A de 02 de maio de 1890.* Dá regulamento para a Repartição Geral dos Telegraphos. Disponível em: http://www.planalto.gov.br/ccivil_03/decreto/ 1851-1899/D372-A.htm. Acesso em: 28 de jan. 2019.

BRASIL. [Constituição (1891)]. *Constituição da República dos Estados Unidos do Brasil, de 24 de fevereiro de 1891.* Rio de Janeiro, DF: Presidência da República. Disponível em: http://www.planalto.gov.br/ccivil_03/constituicao/ constituicao91.htm. Acesso em: 19 jan. 2019.

BRASIL. *Decreto nº 979, de 06 de janeiro de 1903.* Faculta aos profissionaes da agricultura e industrias ruraes a organisação de syndicatos para defesa de seus interesses. Rio de Janeiro, DF. Disponível em: https://www2.camara.leg.br/legin/fed/decret/1900-1909/decreto-979-6-janeiro-1903-584238-publicacaooriginal-107004-pl.html. Acesso em: 20 nov. 2018.

BRASIL. *Lei nº 1.145 de 31 de dezembro de 1903.* Fixa a despeza geral da Republica dos Estados Unidos do Brazil para o exercício de 1904, e dá outras providencias. Rio de Janeiro, DF. Disponível em: https://www2.camara.leg.br/legin/fed/lei/1900-1909/lei-1145-31-dezembro-1903-775726-publicacaooriginal-139481-pl.html. Acesso em: 20 nov. 2018.

BRASIL. *Decreto nº 5.407 de 27 de dezembro de 1904.* Regula o aproveitamento da força hydraulica para transformação em energia electrica aplicada a serviços federaes. Disponível em: https://www2.camara.leg.br/legin/fed/decret/1900-1909/decreto-5407-27-dezembro-1904-527509-publicacaooriginal-1-pe.html. Acesso em: 28 de jan. 2019.

BRASIL. *Decreto nº 1.637 de 5 de janeiro de 1907.* Crea syndicatos profissionais e sociedades coperativas. Disponível em: https://www2.camara.leg.br/legin/fed/decret/ 1900-1909/decreto-1637-5-janeiro-1907-582195-publicacaooriginal-104950-pl.html. Acesso em: 28 de jan. 2019.

BRASIL. *Decreto nº 4.682 de 24 de janeiro de 1923.* Crea, em cada uma das empresas de estradas de ferro existentes no paiz, uma caixa de aposentadoria e pensões para os respectivos empregados. Disponível em: https://www.planalto.gov.br/ccivil_03/decreto/Historicos/DPL/DPL4682-1923.htm. Acesso em: 28 de jan. 2019.

BRASIL. *Emenda Constitucional de 03 de setembro de 1926.* Emendas à Constituição Federal de 1891. Rio de Janeiro, DF: Presidência da República, 1926. Disponível em: http://www.planalto.gov.br/ccivil_03/constituicao/ emendas/emcanterior1988/emc% 20de%203.9.26.htm. Acesso em: 24 jan. 2019.

BRASIL. *Decreto nº 17.496 de 30 de outubro 1926.* Approva o regulamento para a concessão de férias aos empregados e operarios de estabelecimentos commerciaes, industriaes e bancarios e outros. Disponível em: https://www2.camara.leg.br/legin/fed/ decret/1920-1929/decreto-17496-30-outubro-1926-526647-republicacao-87458-pe.html. Acesso em: 28 de jan. 2019.

BRASIL. *Decreto nº 5.109 de 20 de dezembro de 1926.* Estende o regimen do decreto legislativo nº 4.682, de 24 de janeiro de 1923, a outras emprezas. Disponível em: https://www2.camara.leg.br/legin/fed/decret/1920-1929/ decreto-5109-20-dezembro-1926-564656-norma-pl.html. Acesso em: 28 de jan. 2019.

BRASIL. *Decreto nº 17.943-A de 12 de outubro de 1927.* Consolida as leis de assistência e proteção a menores. Disponível em: https://www2.camara.leg.br/ legin/fed/decret/1920-1929/decreto-17943-a-12-outubro-1927-501820-publicacao original-1-pe.html. Acesso em: 28 de jan. 2019.

BRASIL. *Decreto nº 19.881 de 17 de abril de 1931.* Regula a exploração dos serviços telegráficos no território nacional. Disponível em: https://legis.senado.leg.br/norma/ 437898. Acesso em: 28 de jan. 2019.

BRASIL. *Decreto nº 20.047, de 27 de maio de 1931*. Regula a execução dos serviços de radiocomunicações no território nacional. Rio de Janeiro, DF. Disponível em: https://www2.camara.leg.br/legin/fed/decret/1930-1939/decreto-20047-27-maio-1931-519074-publicacaooriginal-1-pe.html. Acesso em: 20 nov. 2018.

BRASIL. *Decreto nº 20.405 de 16 de setembro de 1931*. Dispõe sobre os serviços do Conselho Nacional do Café. Disponível em: https://legis.senado.leg.br/norma/438931. Acesso em: 28 de jan. 2019.

BRASIL. *Decreto nº 21.111, de 1º de março de 1932*. Aprova o regulamento para a execução dos serviços de radiocomunicação no território nacional. Rio de Janeiro, DF. Disponível em: https://www2.camara.leg.br/legin/fed/decret/1930-1939/decreto-21111-1-marco-1932-498282-publicacaooriginal-81840-pe.html. Acesso em: 20 nov. 2018.

BRASIL. *Decreto nº 22.789 de 01 de junho de 1933*. Crea o Instituto do Assucar e do Alcool e dá outras providências. Disponível em: https://www2.camara.leg.br/legin/ fed/decret/1930-1939/decreto-22789-1-junho-1933-503228-publicacaooriginal-1-pe.html. Acesso em: 28 de jan. 2019.

BRASIL. *Decreto nº 24.643 de 10 de julho de 1934*. Decreta o Código de Águas. Disponível em: http://www.planalto.gov.br/ccivil_03/decreto/d24643compilado.htm. Acesso em: 28 de jan. 2019.

BRASIL. [Constituição (1934)]. *Constituição da República dos Estados Unidos do Brasil, de 16 de julho de 1934*. Rio de Janeiro, DF: Presidência da República. Disponível em: http://www.planalto.gov.br/ccivil_03/constituicao/constituicao34.htm. Acesso em: 19 jan. 2019.

BRASIL. *Lei nº 284 de 28 de outubro de 1936*. Reajusta os quadros e os vencimentos do funcionalismo publico civil da União e estabelece diversas providencias. Rio de Janeiro, DF. Disponível em: http://www.planalto.gov.br/ccivil_03/LEIS/1930-1949/L284.htm. Acesso em: 20 nov. 2018.

BRASIL. [Constituição (1937)]. *Constituição dos Estados Unidos do Brasil, de 10 de Novembro de 1937*. Rio de Janeiro, DF: Presidência da República. Disponível em: http://www.planalto.gov.br/ccivil_03/constituicao/constituicao37.htm. Acesso em: 19 jan. 2019.

BRASIL. *Decreto-Lei nº 579 de 30 de julho de 1938*. Organiza o Departamento Administrativo do Serviço Público, reorganiza as Comissões de Eficiência dos Ministérios e dá outras providências. Disponível em: https://www2.camara.leg.br/ legin/fed/declei/1930-1939/decreto-lei-579-30-julho-1938-350919-publicacaooriginal-126972-pe.html. Acesso em: 28 de jan. 2019.

BRASIL. *Decreto-Lei nº 2.398 de 11 de julho de 1940*. Autoriza o contrato entre o Instituto Nacional do Sal e o Banco do Brasil, para financiamento amparo e defesa do sal, e aprova o Regulamento do Instituto. Disponível em: https://www2.camara.leg.br/ legin/fed/ declei/1940-1949/decreto-lei-2398-11-julho-1940-412360-publicacao original-1-pe.html. Acesso em: 28 de jan. 2019.

BRASIL. *Decreto-Lei nº 3.124 de 19 de março de 1941*. Cria o instituto nacional do Pinho e dá outras providências. Disponível em: https://www2.camara.leg.br/legin/fed/ declei/1940-1949/decreto-lei-3124-19-marco-1941-413066-publicacaooriginal-1-pe.html. Acesso em: 28 de jan. 2019.

BRASIL. *Decreto-Lei nº 4.048 de 22 de janeiro de 1942*. Cria o Serviço Nacional de Aprendizagem dos Industriários (SENAI). Disponível em: http://www.planalto.gov.br/ ccivil_03/decreto-lei/1937-1946/del4048.htm. Acesso em: 28 de jan. 2019.

BRASIL. *Decreto-lei nº 4.657, de 4 de setembro de 1942*. Lei de Introdução às normas do Direito Brasileiro. Brasília, DF: Presidência da República. Disponível em: http://www.planalto.gov.br/ccivil_03/decreto-lei/del4657.htm. Acesso em: 28 de jan. 2019.

BRASIL. *Decreto-Lei nº 5.452 de 01 de maio de 1943*. Aprova a Consolidação das Leis do Trabalho. Disponível em: http://www.planalto.gov.br/ccivil_03/decreto-lei/del5452 .htm. Acesso em: 28 de jan. 2019.

BRASIL. *Decreto nº 8621 de 10 de janeiro de 1946*. Dispõe sôbre a criação do Serviço Nacional de Aprendizagem Comercial e dá outras providências. Disponível em: http://www.planalto.gov.br/ccivil_03/Decreto-Lei/1937-1946/Del8621.htm. Acesso em: 28 de jan. 2019.

BRASIL. *Decreto nº 20.471 de 23 de janeiro de 1946*. Aprova o Regulamento do Instituto Nacional do Pinho. Disponível em: https://presrepublica.jusbrasil.com.br/ legislacao/116622/decreto-20471-46. Acesso em: 28 de jan. 2019.

BRASIL. *Decreto-Lei nº 9403 de 25 de junho de 1946*. Atribui à Confederação Nacional da Indústria o encargo de criar, organizar e dirigir o Serviço Social da Indústria, e dá outras providências. Disponível em: http://www.planalto.gov.br/ ccivil_03/decreto-lei/1937-1946/Del9403.htm. Acesso em: 28 de jan. 2019. Acesso em: 28 de jan. 2019.

BRASIL. *Decreto nº 9.853, de 13 de setembro de 1946*. Atribui à Confederação Nacional do Comércio o encargo de criar e organizar o Serviço Social do Comércio e dá outras providências. Disponível em: http://www.planalto.gov.br/CCivil_03/Decreto-Lei/1937-1946/Del9853.htm. Acesso em: 28 de jan. 2019.

BRASIL. [Constituição (1946)]. *Constituição dos Estados Unidos do Brasil (de 18 de setembro de 1946)*. Rio de Janeiro, DF: Presidência da República. Disponível em: http://www.planalto.gov.br/ccivil_03/constituicao/constituicao46.htm. Acesso em: 19 jan. 2019.

BRASIL. *Lei nº 3.137 de 13 de maio de 1957*. Denomina Instituto Brasileiro do Sal o Instituto Nacional do Sal, dando-lhe nova organização. Rio de Janeiro, DF. Disponível em: http://www.planalto.gov.br/ccivil_03/leis/1950-1969/l3137.htm. Acesso em: 20 nov. 2018.

BRASIL. *Lei nº 4.117, de 27 de agosto de 1962*. Institui o Código Brasileiro de Telecomunicações.Brasília, DF: Presidência da República. Disponível em: http://www.planalto.gov.br/ccivil_03/leis/l4117compilada.htm. Acesso em: 28 de jan. 2019.

BRASIL. *Decreto nº 52.795, de 31 de outubro de 1963*. Aprova o Regulamento dos Serviços de Radiodifusão. Brasília, DF: Presidência da República. Disponível em: http://www.planalto.gov.br/ccivil_03/decreto/antigos/d52795.htm. Acesso em: 28 de jan. 2019.

BRASIL. [Constituição (1967)]. *Constituição da República Federativa do Brasil de 1967*. Brasília, DF: Presidência da República. Disponível em: http://www.planalto.gov.br/ccivil_03/constituicao/constituicao67.htm. Acesso em: 19 jan. 2019.

BRASIL. *Decreto-Lei nº 200, de 25 de fevereiro de 1967*. Dispõe sôbre a organização da Administração Federal, estabelece diretrizes para a Reforma Administrativa e dá outras providências. Brasília, DF: Presidência da República. Disponível em: http://www.planalto.gov.br/ccivil_03/decreto-lei/del0200.htm. Acesso em: 28 de jan. 2019. Acesso em: 28 de jan. 2019.

BRASIL. *Decreto nº 62.655, de 3 de maio de 1968*. Regulamento a execução de Serviços de Eletrificação Rural mediante autorização para uso privativo, e dá outras providências. Brasília, DF: Presidência da República. Disponível em: http://www.planalto.gov.br/ccivil_03/decreto/1950-1969/d62655.htm. Acesso em: 28 de jan. 2019.

BRASIL. *Decreto nº 62.724, de 17 de maio de 1968*. Estabelece normas gerais de tarifação para as emprêsas concessionárias de serviços públicos de energia elétrica.Brasília, DF: Presidência da República. Disponível em: http://www.planalto.gov.br/ccivil_03/decreto/antigos/d62724.htm. Acesso em: 28 de jan. 2019.

BRASIL. *Emenda Constitucional nº 1, de 17 de outubro de 1969*. Edita o novo texto da Constituição Federal de 1967. Brasília, DF: Presidência da República, 1969. Disponível em: http://www.planalto.gov.br/ccivil_03/constituicao/emendas/emc_anterior1988/emc01-69.htm. Acesso em: 24 jan. 2019.

BRASIL. *Lei nº 6.528, de 11 de maio de 1978*. Dispõe sobre as tarifas dos serviços públicos de saneamento básico, e dá outras providências. Brasília, DF: Presidência da República. Disponível em: http://www.planalto.gov.br/ccivil_03/leis/l6528.htm. Acesso em: 28 de jan. 2019.

BRASIL. *Decreto nº 82.587, de 6 de novembro de 1978*. Regulamenta a Lei nº 6.528, de 11 de maio de 1978, que dispõe sobre as tarifas dos serviços públicos de saneamento e dá outras providências. Brasília, DF: Presidência da República. Disponível em: http://www.planalto.gov.br/ccivil_03/decreto/d82587.htm. Acesso em: 28 de jan. 2019.

BRASIL. *Decreto nº 83.740, de 18 de julho de 1979*. Institui o Programa Nacional de Desburocratização e dá outras providências. Brasília, DF: Presidência da República. Disponível em: http://www.planalto.gov.br/ccivil_03/decreto/d83740.htm#:~:text=D83740&text=DECRETO%20No%2083.740%2C%20DE%2018%20DE%20JULHO%20DE%201979.&text=Institui%20o%20Programa%20Nacional%20de,O%20PRESIDENTE%20DA%20REP%C3%9ABLICA%20. Acesso em: 28 de jan. 2019.

BRASIL. *Lei nº 7.102, de 20 de junho de 1983*. Dispõe sobre segurança para estabelecimentos financeiros, estabelece normas para constituição e funcionamento das empresas particulares que exploram serviços de vigilância e de transporte de valores, e dá outras providências. Brasília, DF: Presidência da República. Disponível em: http://www.planalto.gov.br/ccivil_03/leis/l7102.htm. Acesso em: 28 de jan. 2019.

BRASIL. *Lei nº 7.565, de 19 de dezembro de 1986*. Dispõe sobre o Código Brasileiro de Aeronáutica. Brasília, DF: Presidência da República. Disponível em: http://www.planalto.gov.br/ccivil_03/leis/l7565compilado.htm. Acesso em: 28 de jan. 2019.

BRASIL. [Constituição (1988)]. *Constituição da República Federativa do Brasil de 1988*. Brasília, DF: Presidência da República. Disponível em: http://www.planalto. gov.br/ccivil_03/constituicao/constituicao.htm. Acesso em: 26 mar. 2019.

BRASIL. *Lei nº 7.783, de 28 de junho de 1989*. Dispõe sobre o exercício do direito de greve, define as atividades essenciais, regula o atendimento das necessidades inadiáveis da comunidade, e dá outras providências. Brasília, DF: Presidência da República. Disponível em: http://www.planalto.gov.br/ccivil_03/leis/l7783.htm. Acesso em: 18 de jan. 2019.

BRASIL. *Lei nº 8.031, de 12 de abril de 1990*. Cria o Programa Nacional de Desestatização, e dá outras providências. Brasília, DF: Presidência da República. Disponível em: http://www.planalto.gov.br/ccivil_03/leis/L8031.htm. Acesso em: 28 de jan. 2019.

BRASIL. *Lei nº 8.039, de 30 de maio de 1990*. Dispõe sobre critérios de reajuste das mensalidades escolares e dá outras providências. Brasília, DF: Presidência da República. Disponível em: http://www.planalto.gov.br/ccivil_03/leis/1989_1994/l8039.htm. Acesso em: 28 de jan. 2019

BRASIL. *Lei nº 8.078, de 11 de setembro de 1990*. Dispõe sobre a proteção do consumidor e dá outras providências. Brasília, DF: Presidência da República. Disponível em: http://www.planalto.gov.br/ccivil_03/leis/l8078compilado.htm. Acesso em: 28 de jan. 2019.

BRASIL. *Lei nº 8.389, de 30 de dezembro de 1991*. Institui o Conselho de Comunicação Social, na forma do art. 224 da Constituição Federal e dá outras providências. Brasília, DF: Presidência da República. Disponível em: http://www.planalto.gov.br/ccivil_03/leis/l8389.htm. Acesso em: 19 de jan. 2019.

BRASIL. *Lei nº 8.631, de 4 de março de 1993*. Dispõe sobre a fixação dos níveis das tarifas para o serviço público de energia elétrica, extingue o regime de remuneração garantida e dá outras providências. Brasília, DF: Presidência da República. Disponível em: http://www.planalto.gov.br/ccivil_03/leis/l8631.htm. Acesso em: 28 de jan. 2019.

BRASIL. *Lei nº 8.987, de 13 de fevereiro de 1995*. Dispõe sobre o regime de concessão e permissão da prestação de serviços públicos previsto no art. 175 da Constituição Federal, e dá outras providências. Disponível em: http://www.planalto. gov.br/ccivil_03/leis/l8987cons.htm. Acesso em: 19 de jan. 2019.

BRASIL. *Lei nº 9.074, de 07 de julho de 1995*. Estabelece normas para outorga e prorrogações das concessões e permissões de serviços públicos e dá outras providências. Disponível em: http://www.planalto.gov.br/ccivil_03/leis/l9074 cons.htm. Acesso em: 26 de jan. 2019.

BRASIL. *Emenda Constitucional nº 8, de 15 de agosto de 1995*. Altera o inciso XI e a alínea "a" do inciso XII do art. 21 da Constituição Federal. Brasília, DF: Presidência da República, 1995. Disponível em: http://www.planalto.gov.br/ccivil_03/constituicao/ emendas/emc/emc08.htm. Acesso em: 24 jan. 2019.

BRASIL. *Lei nº 9.472, de 16 de julho de 1997*. Dispõe sobre a organização dos serviços de telecomunicações, a criação e funcionamento de um órgão regulador e outros aspectos institucionais, nos termos da Emenda Constitucional nº 8 de 1995. Disponível em: http://www.planalto.gov.br/ccivil_03/leis/l9472.htm. Acesso em: 28 de jan. 2019.

BRASIL. *Lei nº 9.478, de 6 de agosto de 1997*. Dispõe sobre a política energética nacional, as atividades relativas ao monopólio do petróleo, institui o Conselho Nacional de Política Energética e a Agência Nacional do Petróleo e dá outras providências. Presidência da República. Brasília, DF: Presidência da República. Disponível em: http://www.planalto.gov.br/ccivil_03/leis/l9478.htm. Acesso em: 28 de jan. 2019.

BRASIL. *Lei nº 9.491, de 9 de setembro de 1997*. Altera procedimentos relativos ao Programa Nacional de Desestatização, revoga a Lei nº 8.031, de 12 de abril de 1990, e dá outras providências. Brasília, DF: Presidência da República. Disponível em: http://www.planalto.gov.br/ccivil_03/leis/l9491.htm. Acesso em: 28 de jan. 2019.

BRASIL. *Lei nº 9.612, de 19 de fevereiro de 1998*. Institui o Serviço de Radiodifusão Comunitária e dá outras providências. Brasília, DF: Presidência da República. Disponível em: http://www.planalto.gov.br/ccivil_03/leis/l9612.htm. Acesso em: 28 de jan. 2019.

BRASIL. *Lei nº 9.637, de 15 de maio de 1998*. Dispõe sobre a qualificação de entidades como organizações sociais, a criação do Programa Nacional de Publicização, a extinção dos órgãos e entidades que menciona e a absorção de suas atividades por organizações sociais, e dá outras providências. Brasília, DF: Presidência da República. Disponível em: http://www.planalto.gov.br/ccivil_03/leis/l9637.htm. Acesso em: 14 de abr. 2019.

BRASIL. *Lei nº 9.648, de 27 de maio de 1998*. Altera dispositivos das Leis nº 3.890-A, de 25 de abril de 1961, nº 8.666, de 21 de junho de 1993, nº 8.987, de 13 de fevereiro de 1995, nº 9.074, de 7 de julho de 1995, nº 9.427, de 26 de dezembro de 1996, e autoriza o Poder Executivo a promover a reestruturação da Centrais Elétricas Brasileiras - ELETROBRÁS e de suas subsidiárias e dá outras providências. Disponível em: http://www.planalto.gov.br/ccivil_03/leis/l9648cons.htm. Acesso em: 24 de jan. 2020.

BRASIL. *Lei nº 9.649, de 27 de maio de 1998*. Dispões sobre a organização da Presidência da República e dos Ministérios, e dá outras providências. Disponível em: http://www.planalto.gov.br/ccivil_03/leis/l9649cons.htm. Acesso em: 14 de abr. 2019.

BRASIL. *Lei nº 9.656, de 3 de junho de 1998*. Dispõe sobre os planos e seguros privados de assistência à saúde. Brasília, DF: Presidência da República. Disponível em: http://www.planalto.gov.br/ccivil_03/leis/l9656.htm. Acesso em: 28 de jan. 2019.

BRASIL. *Emenda Constitucional nº 19, de 04 de junho de 1998*. Modifica o regime e dispõe sobre princípios e normas da Administração Pública, servidores e agentes políticos, controle de despesas e finanças públicas e custeio de atividades a cargo do Distrito Federal, e dá outras providências. Brasília, DF: Presidência da República, 1998. Disponível em: http://www.planalto.gov.br/ccivil_03/constituicao/emendas/emc/emc19.htm. Acesso em: 24 jan. 2019.

BRASIL. *Decreto nº 2.655, de 2 de julho de 1998*. Regulamenta o Mercado Atacadista de Energia Elétrica, define as regras de organização do Operador Nacional do Sistema Elétrico, de que trata a Lei nº 9.648, de 27 de maio de 1998, e dá outras providências. Brasília, DF: Presidência da República. Disponível em: http://www.planalto.gov.br/ccivil_03/decreto/d2655.htm. Acesso em: 28 de jan. 2019.

BRASIL. *Lei nº 9.790, de 23 de março de 1999*. Dispõe sobre a qualificação de pessoas jurídicas de direito privado, sem fins lucrativos, como Organizações da Sociedade Civil de Interesse Público, institui e disciplina o Termo de Parceria, e dá outras providências. Brasília, DF: Presidência da República. Disponível em: http://www.planalto.gov.br/ccivil_03/leis/l9790.htm. Acesso em: 14 de abr. 2019

BRASIL. *Lei nº 9.984, de 17 de julho de 2000*. Dispõe sobre a criação da Agência Nacional de Águas e Saneamento Básico (ANA), entidade federal de implementação da Política Nacional de Recursos Hídricos, integrante do Sistema Nacional de Gerenciamento de Recursos Hídricos (Singreh) e responsável pela instituição de normas de referência para a regulação dos serviços públicos de saneamento básico. (Redação dada pela Lei nº 14.026, de 2020) Brasília, DF: Presidência da República. Disponível em: http://www.planalto.gov.br/ccivil_03/leis/l9984.htm. Acesso em: 28 de jan. 2019.

BRASIL. *Lei nº 9.986, de 18 de julho de 2000*. Dispõe sobre a gestão de recursos humanos das Agências Reguladoras e dá outras providências. Brasília, DF: Presidência da República. Disponível em: http://www.planalto.gov.br/ccivil_03/leis/l9986.htm. Acesso em: 28 de jan. 2019.

BRASIL. *Medida provisória nº 2.228-1, de 6 de setembro de 2001*. Estabelece princípios gerais da Política Nacional do Cinema, cria o Conselho Superior do Cinema e a Agência Nacional do Cinema - ANCINE, institui o Programa de Apoio ao Desenvolvimento do Cinema Nacional - PRODECINE, autoriza a criação de Fundos de Financiamento da Indústria Cinematográfica Nacional - FUNCINES, altera a legislação sobre a Contribuição para o Desenvolvimento da Indústria Cinematográfica Nacional e dá outras providências. Brasília, DF: Presidência da República. Disponível em: http://www.planalto.gov.br/ccivil_03/mpv/2228-1.htm. Acesso em: 28 de jan. 2019.

BRASIL. *Lei nº 10.406, de 10 de janeiro de 2002*. Institui o Código Civil. Brasília, DF: Presidência da República. Disponível em: http://www.planalto.gov.br/ccivil_03/leis/2002/L10406compilada.htm. Acesso em: 18 de jan. 2019.

BRASIL. *Emenda Constitucional nº 36, de 28 de maio de 2002*. Dá nova redação ao art. 222 da Constituição Federal, para permitir a participação de pessoas jurídicas no capital social de empresas jornalísticas e de radiodifusão sonora e de sons e imagens, nas condições que especifica. Brasília, DF: Presidência da República, 1998. Disponível em: http://www.planalto.gov.br/ccivil_03/constituicao/emendas/emc/emc36.htm. Acesso em: 24 jan. 2019.

BRASIL. *Lei nº 10.742, de 06 de outubro de 2003*. Define normas de regulação para o setor farmacêutico, cria a Câmara de Regulação do Mercado de Medicamentos - CMED e altera a Lei nº 6.360, de 23 de setembro de 1976, e dá outras providências. Brasília, DF: Presidência da República. Disponível em: http://www.planalto.gov.br/ccivil_03/leis/2003/l10.742.htm. Acesso em: 28 mar. 2021.

BRASIL. *Lei nº 11.079, de 30 de dezembro de 2004*. Institui normas gerais para licitação e contratação de parceria público-privada no âmbito da administração pública. Brasília, DF: Presidência da República. Disponível em: http://www.planalto.gov.br/ccivil_03/_ato2004-2006/2004/lei/l11079.htm. Acesso em: 28 de jan. 2019.

BRASIL. *Lei nº 11.107, de 6 de abril de 2005*. Dispõe sobre normas gerais de contratação de consórcios públicos e dá outras providências. Brasília, DF: Presidência da República. Disponível em: http://www.planalto.gov.br/ccivil_03/_ato2004-2006/2005/lei/l11107.htm. Acesso em: 28 de jan. 2019.

BRASIL. *Lei nº 11.182, de 27 de setembro de 2005*. Cria a Agência Nacional de Aviação Civil – ANAC, e dá outras providências. Brasília, DF: Presidência da República. Disponível em: http://www.planalto.gov.br/ccivil_03/_ato2004-2006/2005/lei/l11182.htm. Acesso em: 28 de jan. 2019.

BRASIL. Lei nº 11.445 de 05 de janeiro de 2007. Estabelece as diretrizes nacionais para o saneamento básico; cria o Comitê Interministerial de Saneamento Básico; altera as Leis nº 6.766, de 19 de dezembro de 1979, 8.666, de 21 de junho de 1993, e 8.987, de 13 de fevereiro de 1995; e revoga a Lei nº 6.528, de 11 de maio de 1978. Brasília, DF: Presidência da República. Disponível em: http://www.planalto.gov.br/ccivil_03/_ato2007-2010/2007/lei/L11445 compilado.htm. Acesso em: 20 nov. 2018.

BRASIL. *Decreto nº 6.780, de 18 de fevereiro de 2009*. Aprova a Política Nacional de Aviação Civil (PNAC) e dá outras providências. Brasília, DF: Presidência da República. Disponível em: http://www.planalto.gov.br/ccivil_03/_ato2007-2010/2009/decreto/d6780.htm. Acesso em: 28 de jan. 2019.

BRASIL. *Decreto nº 7.217 de 21 de junho de 2010*. Regulamento a Lei nº 11.445, de 5 de janeiro de 2007, que estabelece diretrizes nacionais para o saneamento básico, e dá outras providências. Brasília, DF: Presidência da República. Disponível em: http://www.planalto.gov.br/ccivil_03/_ato2007-2010/2010/decreto/d7217.htm. Acesso em: 28 de jan. 2019.

BRASIL. *Lei nº 12.468, de 26 de agosto de 2011*. Regulamenta a profissão de taxista; altera a Lei nº 6.094, de 30 de agosto de 1974; e dá outras providências. Brasília, DF: Presidência da República. Disponível em: http://www.planalto.gov.br/ccivil_03/_ato2011-2014/2011/lei/l12468.htm. Acesso em: 28 de jan. 2019.

BRASIL. *Lei nº 12.587, de 3 de janeiro de 2012*. Institui as diretrizes da Política Nacional de Mobilidade Urbana; revoga dispositivos dos Decretos-Leis nºs 3.326, de 3 de junho de 1941, e 5.405, de 13 de abril de 1943, da Consolidação das Leis do Trabalho (CLT), aprovada pelo Decreto-Lei nº 5.452, de 1º de maio de 1943, e das Leis nºs 5.917, de 10 de setembro de 1973, e 6.261, de 14 de novembro de 1975; e dá outras providências. Brasília, DF: Presidência da República. Disponível em: http://www.planalto.gov.br/ccivil_03/_ato2011-2014/2012/lei/l12587.htm. Acesso em: 28 de jan. 2019.

BRASIL. *Lei nº 12.783, de 11 de janeiro de 2013*. Dispõe sobre as concessões de geração, transmissão e distribuição de energia elétrica, sobre a redução dos encargos setoriais e sobre a modicidade tarifária; altera as Leis nº s 10.438, de 26 de abril de 2002, 12.111, de 9 de dezembro de 2009, 9.648, de 27 de maio de 1998, 9.427, de 26 de dezembro de 1996, e 10.848, de 15 de março de 2004; revoga dispositivo da Lei nº 8.631, de 4 de março de 1993; e dá outras providências. Brasília,DF: Presidência da República. Disponível em: http://www.planalto.gov.br/ccivil_03/_ato2011-2014/2013/lei/l12783.htm. Acesso em: 28 de jan. 2019.

BRASIL. *Lei nº 12.865, de 9 de outubro de 2013*. Autoriza o pagamento de subvenção econômica aos produtores da safra 2011/2012 de cana-de-açúcar e de etanol que especifica e o financiamento da renovação e implantação de canaviais com equalização da taxa de juros; dispõe sobre os arranjos de pagamento e as instituições de pagamento integrantes do Sistema de Pagamentos Brasileiro (SPB); autoriza a União a emitir, sob a forma de colocação direta, em favor da Conta de Desenvolvimento Energético (CDE), títulos da dívida pública mobiliária federal; estabelece novas condições para as operações de crédito rural oriundas de, ou contratadas com, recursos do Fundo Constitucional de Financiamento do Nordeste (FNE); altera os prazos previstos nas Leis nº 11.941, de 27 de maio de 2009, e nº 12.249, de 11 de junho de 2010; autoriza a União a contratar o Banco do Brasil S.A. ou suas subsidiárias para atuar na gestão de recursos, obras e serviços de engenharia relacionados ao desenvolvimento de projetos, modernização, ampliação, construção ou reforma da rede integrada e especializada para atendimento da mulher em situação de violência; disciplina o documento digital no Sistema Financeiro Nacional; disciplina a transferência, no caso de falecimento, do direito de utilização privada de área pública para equipamentos urbanos do tipo quiosque, trailer, feira e banca de venda de jornais e de revistas; altera a incidência da Contribuição para o PIS/Pasep e da Cofins na cadeia de produção e comercialização da soja e de seus subprodutos; altera as Leis nºs 12.666, de 14 de junho de 2012, 5.991, de 17 de dezembro de 1973, 11.508, de 20 de julho de 2007, 9.503, de 23 de setembro de 1997, 9.069, de 29 de junho de 1995, 10.865, de 30 de abril de 2004, 12.587, de 3 de janeiro de 2012, 10.826, de 22 de dezembro de 2003, 10.925, de 23 de julho de 2004, 12.350, de 20 de dezembro de 2010, 4.870, de 1º de dezembro de 1965 e 11.196, de 21 de novembro de 2005, e o Decreto nº 70.235, de 6 de março de 1972; revoga dispositivos das Leis nºs 10.865, de 30 de abril de 2004, 10.925, de 23 de julho de 2004, 12.546, de 14 de dezembro de 2011, e 4.870, de 1º de dezembro de 1965; e dá outras providências. Brasília, DF: Presidência da República. Disponível em: http://www.planalto.gov.br/ccivil_03/_ato2011-2014/2013/lei/l12865.htm. Acesso em: 28 de jan. 2019.

BRASIL. *Lei nº 13.116, de 20 de abril de 2015.* Estabelece normas gerais para implantação e compartilhamento da infraestrutura de telecomunicações e altera as Leis nº 9.472, de 16 de julho de 1997, 11.934, de 5 de maio de 2009, e 10.257, de 10 de julho de 2001. Brasília, DF: Presidência da República. Disponível em: http://www.planalto.gov.br/ccivil_03/_ato2015-2018/2015/lei/l13116.htm. Acesso em: 28 de jan. 2019.

BRASIL. *Medida Provisória nº 727, de 12 de maio de 2016.* Cria o programa de parcerias de investimentos - ppi e da outras providências. Brasília, DF: Presidência da República. Disponível em: http://www.planalto.gov.br/ccivil_03/_ato2015-2018/2016/mpv/mpv727.htm. Acesso em: 28 de jan. 2019.

BRASIL. *Lei nº 13.303, de 30 de junho de 2016.* Dispõe sobre o estatuto jurídico da empresa pública, da sociedade de economia mista e de suas subsidiárias, no âmbito da União, dos Estados, do Distrito Federal e dos Municípios. Brasília, DF: Presidência da República. Disponível em: http://www.planalto.gov.br/ccivil_03/_ato2015-2018/2016/lei/l13303.htm. Acesso em: 28 de jan. 2019.

BRASIL. *Lei nº 13.334, de 13 de setembro de 2016.* Cria o Programa de Parcerias de Investimentos - PPI; altera a Lei nº 10.683, de 28 de maio de 2003, e dá outras providências. Brasília, DF: Presidência da República. Disponível em: http://www.planalto.gov.br/ccivil_03/_ato2015-2018/2016/lei/l13334.htm. Acesso em: 28 de jan. 2019.

BRASIL. *Lei nº 13.360, de 17 de novembro de 2016.* Altera a Lei nº 5.655, de 20 de maio de 1971, a Lei nº 10.438, de 26 de abril de 2002, a Lei nº 9.648, de 27 de maio de 1998, a Lei nº 12.111, de 9 de dezembro de 2009, a Lei nº 12.783, de 11 de janeiro de 2013, a Lei nº 9.074, de 7 de julho de 1995, a Lei nº 7.990, de 28 de dezembro de 1989, a Lei nº 9.491, de 9 de setembro de 1997, a Lei nº 9.427, de 26 de dezembro de 1996, a Lei nº 10.848, de 15 de março de 2004, a Lei nº 11.488, de 15 de junho de 2007, a Lei nº 12.767, de 27 de dezembro de 2012, a Lei nº 13.334, de 13 de setembro de 2016, a Lei nº 13.169, de 6 de outubro de 2015, a Lei nº 11.909, de 4 de março de 2009, e a Lei nº 13.203, de 8 de dezembro de 2015; e dá outras providências. Brasília,DF: Presidência da República. Disponível em: http://www.planalto.gov.br/ccivil_03/_ato2015-2018/2016/lei/l13360.htm. Acesso em: 28 de jan. 2019.

BRASIL. *Lei nº 13.448, de 5 de junho de 2017.* Estabelece diretrizes gerais para prorrogação e relicitação dos contratos de parceria definidos nos termos da Lei nº 13.334, de 13 de setembro de 2016, nos setores rodoviário, ferroviário e aeroportuário da administração pública federal, e altera a Lei nº 10.233, de 5 de junho de 2001, e a Lei nº 8.987, de 13 de fevereiro de 1995. Brasília, DF: Presidência da República. Disponível em: http://www.planalto.gov.br/ccivil_03/_ato2015-2018/2017/lei/l13448.htm. Acesso em: 28 de jan. 2019.

BRASIL. *Lei nº 13.460, de 26 de junho de 2017.* Dispõe sobre a participação, proteção e defesa dos direitos do usuário dos serviços públicos da administração pública. Brasília, DF: Presidência da República. Disponível em: http://www.planalto.gov.br/ccivil_03/_ato2015-2018/2017/lei/l13460. htm. Acesso em: 28 de jan. 2019.

BRASIL. *Decreto nº 9.190, de 1º de novembro de 2017.* Regulamenta o disposto no art. 20 da Lei nº 9.637, de 15 de maio de 1998. Brasília, DF: Presidência da República. Disponível em: http://www.planalto.gov.br/ccivil_03/_ato2015-2018/2017/decreto/D9190.htm. Acesso em: 28 de jan. 2019.

BRASIL. *Lei nº 13.640, de 26 de março de 2018.* Altera a Lei nº 12.587, de 3 de janeiro de 2012, para regulamentar o transporte remunerado privado individual de passageiros. Brasília, DF: Presidência da República. Disponível em: http://www.planalto.gov.br/ccivil_03/_ato2015-2018/2018/lei/l13640.htm. Acesso em: 28 de jan. 2019.

BRASIL. *Lei nº 13.848, de 25 de junho de 2019.* Dispõe sobre a gestão, a organização, o processo decisório e o controle social das agências reguladoras, altera a Lei nº 9.427, de 26 de dezembro de 1996, a Lei nº 9.472, de 16 de julho de 1997, a Lei nº 9.478, de 6 de agosto de 1997, a Lei nº 9.782, de 26 de janeiro de 1999, a Lei nº 9.961, de 28 de janeiro de 2000, a Lei nº 9.984, de 17 de julho de 2000, a Lei nº 9.986, de 18 de julho de 2000, a Lei nº 10.233, de 5 de junho de 2001, a Medida Provisória nº 2.228-1, de 6 de setembro de 2001, a Lei nº 11.182, de 27 de setembro de 2005, e a Lei nº 10.180, de 6 de fevereiro de 2001. Brasília, DF: Presidência da República. Disponível em: http://www.planalto.gov.br/ccivil_03/_ato2019-2022/2019/lei/l13848.htm. Acesso em: 28 de jan. 2019.

BRASIL. *Lei nº 13.874, de 20 de setembro de 2019.* Institui a Declaração de Direitos de Liberdade Econômica; estabelece garantias de livre mercado; altera as Leis nos 10.406, de 10 de janeiro de 2002 (Código Civil), 6.404, de 15 de dezembro de 1976, 11.598, de 3 de dezembro de 2007, 12.682, de 9 de julho de 2012, 6.015, de 31 de dezembro de 1973, 10.522, de 19 de julho de 2002, 8.934, de 18 de novembro 1994, o Decreto-Lei nº 9.760, de 5 de setembro de 1946 e a Consolidação das Leis do Trabalho, aprovada pelo Decreto-Lei nº 5.452, de 1º de maio de 1943; revoga a Lei Delegada nº 4, de 26 de setembro de 1962, a Lei nº 11.887, de 24 de dezembro de 2008, e dispositivos do Decreto-Lei nº 73, de 21 de novembro de 1966; e dá outras providências. Brasília, DF: Presidência da República. Disponível em: http://www.planalto.gov.br/ccivil_03/_ato2019-2022/2019/lei/L13874.htm. Acesso em: 28 de jan. 2019.

BRASIL. *Lei nº 13.879, de 3 de outubro de 2019*. Altera a Lei nº 9.472, de 16 de julho de 1997, para permitir a adaptação da modalidade de outorga de serviço de telecomunicações de concessão para autorização, e a Lei nº 9.998, de 17 de agosto de 2000, e revoga dispositivos da Lei nº 9.472, de 16 de julho de 1997. Brasília, DF: Presidência da República. Disponível em: http://www.planalto.gov.br/ccivil_03/_ato2019-2022/2019/lei/l13879.htm. Acesso em: 28 de jan. 2019.

BRASIL. *Lei nº 14.026, de 15 de julho de 2020*. Atualiza o marco legal do saneamento básico e altera a Lei nº 9.984, de 17 de julho de 2000, para atribuir à Agência Nacional de Águas e Saneamento Básico (ANA) competência para editar normas de referência sobre o serviço de saneamento, a Lei nº 10.768, de 19 de novembro de 2003, para alterar o nome e as atribuições do cargo de Especialista em Recursos Hídricos, a Lei nº 11.107, de 6 de abril de 2005, para vedar a prestação por contrato de programa dos serviços públicos de que trata o art. 175 da Constituição Federal, a Lei nº 11.445, de 5 de janeiro de 2007, para aprimorar as condições estruturais do saneamento básico no País, a Lei nº 12.305, de 2 de agosto de 2010, para tratar dos prazos para a disposição final ambientalmente adequada dos rejeitos, a Lei nº 13.089, de 12 de janeiro de 2015 (Estatuto da Metrópole), para estender seu âmbito de aplicação às microrregiões, e a Lei nº 13.529, de 4 de dezembro de 2017, para autorizar a União a participar de fundo com a finalidade exclusiva de financiar serviços técnicos especializados. Disponível em: http://www.planalto.gov.br/ccivil_03/_ato2019-2022/2020/lei/l14026.htm. Acesso em: 28 de jan. 2019.

BRASIL. *Lei nº 14.133, de 1º de abril de 2021*. Lei de Licitações e Contratos Administrativos.Brasília, DF: Presidência da República. Disponível em: http://www.planalto.gov.br/ccivil_03/_ato2019-2022/2021/lei/L14133.htm. Acesso em: 28 de jan. 2019.

BRASIL. CÂMARA DOS DEPUTADOS. *Projeto de Lei nº 4.888/2019*. Dispõe sobre a Governança da Ordenação Pública Econômica. Brasília, DF: Câmara dos Deputados. Diponível em: https://www.camara.leg.br/proposicoesWeb/fichadetramitacao?idProposicao=2218814. Acesso em: 28 de jan. 2019.

BRASIL. DEPARTAMENTO DA AVIAÇÃO CIVIL. *Portaria DAC nº 366/DGAC, de 8 de junho de 1999*. Estabelece procedimentos com vistas à avaliação da regularidade, da pontualidade e da eficiência operacional das empresas brasileiras de transporte aéreo regular. Disponível em: https://www.anac.gov.br/assuntos/legislacao/legislacao-1/portarias/portarias-1999/portaria-no-366-de-08-06-1999/@@display-file/arquivo_norma/port366DGAC.pdf. Acesso em: 28 de jan. 2019.

BRASIL. DEPARTAMENTO DA AVIAÇÃO CIVIL. *Portaria DAC nº 1213/DGAC, de 16 de agosto de 2000*. Estabelece as regras de funcionamento do sistema de tarifas aéreas domésticas. Disponível em: https://pergamum.anac.gov.br/arquivos/PD2001-1213.PDF. Acesso em: 28 de jan. 2019.

BRASIL. DEPARTAMENTO DA POLÍCIA FEDERAL. *Portaria nº 3.233/2012-dg/dpf, de 10 de dezembro de 2012*. Brasília, DF: Ministério da Justiça e da Segurança Pública. Disponível em: https://www.gov.br/pf/pt-br/assuntos/seguranca-privada/legislacao-normas-e-orientacoes/portarias/portaria-3233-2012-2.pdf/view. Acesso em: 28 de jan. 2019.

BRASIL. Ministério da Infraestrutura. *Potencial hidrelétrico brasileiro está entre os cinco maiores do mundo*. Disponível em: http://www.brasil.gov.br/infraestrutura/2011/12/potencial-hidreletrico-brasileiro-esta-entre-os-cinco-maiores-do-mundo. Acesso em: 13 abr. 2017.

BRASIL. PRESIDÊNCIA DA REPÚBLICA. *Programa de parcerias de investimentos*. Disponível em: https://www.ppi.gov.br/conselho1. Acesso em: 23 set. 2020.

BRASIL. Supremo Tribunal Federal (Tribunal Pleno). *Ação Direta de Inconstitucionalidade 319*. Lei 8.039, de 30 de maio de 1990, que dispõe sobre critérios de reajuste das mensalidades escolares e da outras providencias. Relator (a): Min. Moreira Alves, 03 de março de 1993. Brasília: STF, [1993]. Disponível em: https://jurisprudencia.stf.jus.br/pages/search?classeNumeroIncidente=%22ADI%20319%22&base=acordaos&sinonimo=true&plural=true&page=1&pageSize=10&sort=_score&sortBy=desc&isAdvanced=true. Acesso em: 25 abr. 2021.

BRASIL. Supremo Tribunal Federal (2. Turma). *Recurso Extraordinário 220.999-7/PE*. (1) Preliminar: Processual. Erro na qualificação jurídica dos fatos. Afastamento da Súmula 279/STF. (2) Mérito: Constitucional. Ação de Indenização. Art. 37, §6º, CF. Responsabilidade objetiva do Estado. Não há como se extrair da Constituição a obrigação da União em oferecer transporte fluvial às empresas situadas à margem dos rios. A suspensão da atividade não se constitui em ofensa a dever ou direito. RE conhecido e provido. Relator: Min. Marco Aurélio, 25 de abril de 2000. Brasília: STF, [2000]. Disponível em: https://stf.jusbrasil.com.br/jurisprudencia/14754963/recurso-extraordinario-re-220999-pe/inteiro-teor-103140003. Acesso em: 24 maio 2020.

BRASIL. Supremo Tribunal Federal. *Ação Direta de Inconstitucionalidade nº 3.343*. Relator: Min. Ayres Britto, 22 de novembro de 2011. Brasília: STF, [2011]. Disponível em: https://jurisprudencia.stf.jus.br/pages/search?base=acordaos&pesquisa_inteiro_teor=false&sinonimo=true&plural=true&radicais=false&buscaExata=true&page=1&pageSize=10&queryString=ADI%203.343&sort=_score&sortBy=desc. Acesso em: 24 maio 2020.

BRASIL. Supremo Tribunal Federal. *Ação Direta de Inconstitucionalidade por Omissão 24/DF*. Relator: Min. Dias Toffoli, 01 de julho de 2013. Brasília: STF, [2013]. Disponível em: https://www.stf.jus.br/arquivo/cms/noticiaNoticiaStf/anexo/ADO_24MC.pdf. Acesso em: 24 maio 2020.

BRASIL. Supremo Tribunal Federal. *Agravo Regimental no Recurso Extraordinário nº 430.418* AgR. Relator Min. Roberto Barroso, 06 de maio de 2014. STF [2014]. Disponível em: https://jurisprudencia.stf.jus.br/pages/search/sjur262846/false. Acesso em: 24 maio 2020.

BRASIL. Supremo Tribunal Federal. *Agravo Regimental no Recurso Extraordinario com Agravo nº 672.673*. Relator Min. Roberto Barroso, 18 de junho de 2014. Brasília, STF [2014]. Disponível em: https://jurisprudencia.stf.jus.br/pages/search/sjur267877/false. Acesso em: 24 maio 2020.

BRASIL. Supremo Tribunal Federal (Tribunal Pleno). *Ação Direta de Inconstitucionalidade nº 4.874*. Pedido de interpretação conforme a Constituição. Art. 7º, III e XV, in fine, da Lei nº 9782/1999. Resolução da Diretoria Colegiada (RDC) da ANVISA nº 14/2002. Proibição da importação e da comercialização de produtos fumígenos derivados do tabaco contendo aditivos. Agência Nacional de Vigilância Sanitária. Regulação setorial. Função normativa das agências reguladoras. Princípio da legalidade. Cláusulas constitucionais da liberdade de iniciativa e do direito à saúde. Produtos que envolvem risco à saúde. Competência específica e qualifica da ANVISA. Art. 8º, §1º, X, da Lei nº 9782/1999. Jurisdição constitucional. Deferência administrativa. Razoabilidade. Convenção-quadro sobre controle do uso do tabaco. CQCT. Improcedência. Relator (a): Min. Rosa Weber, 01 de fevereiro de 2018. Brasília: STF, [2018]. Disponível em: https://stf.jusbrasil.com.br/jurisprudencia/768105462/acao-direta-de-inconstitucionalidade-adi-4874-df-distrito-federal-9984745-2020121000000. Acesso em: 25 abr. 2021.

BRASIL. Supremo Tribunal Federal. (Tribunal Pleno). *Ação Direta de Inconstitucionalidade nº 2.566*. Relator Min. Alexandre de Moraes, 23 de outubro de 2018. STF [2018]. Disponível em: https://jurisprudencia.stf.jus.br/pages/search?classeNumeroIncidente=%22ADI%202566%22&base=acordaos&sinonimo=true&plural=true&page=1&pageSize=10&sort=_score&sortBy=desc&isAdvanced=true. Acesso em: 24 maio 2020.

BRASIL. Supremo Tribunal Federal. (Tribunal Pleno). *Ação Direta de Inconstitucionalidade nº 5.337*. Relator Min. Luiz Fux, 25 de março de 2021. STF [2021]. Disponível em: https://jurisprudencia.stf.jus.br/pages/search?classeNumeroIncidente=%22ADI%205337%22&base=acordaos&sinonimo=true&plural=true&page=1&pageSize=10&sort=_score&sortBy=desc&isAdvanced=true. Acesso em: 24 maio 2020.

BRASIL, Felipe Gonçalves; CEPÊDA, Vera Alves; MEDEIROS, Tiago Batista. O DASP e a formação de um pensamento político-administrativo na década de 1930 no Brasil. *Temas de Administração Pública*, v. 9, nº 1, p. 60-90, 2014. Disponível em: https://repositorio.unesp.br/handle/11449/125197. Acesso em: 10 de abr. 2022.

BREITENBACH, Jerônimo. *Radiodifusão no Brasil*: avanços e retrocessos e a migração das emissoras em AM para FM. 2016. Trabalho de Conclusão de Curso (Graduação em Direito) – Departamento de Ciências Jurídicas e Sociais, Universidade Regional do Noroeste do Estado do Rio Grande do Sul, 2016.

BRESSER-PEREIRA, Luiz Carlos. A crise da América Latina: Consenso de Washington ou crise fiscal?. *Pesquisa e Planejamento Econômico*, Rio de Janeiro, v. 21, p. 3, 1990.

BRESSER-PEREIRA, Luiz Carlos. Da administração pública burocrática à gerencial. *Revista do Serviço Público*, Brasília: ENAP, ano 47, v. 120, nº 1, jan./abr. 1996.

BROWN, Stephen J.; SIBLEY, David S. *The theory of public utility pricing*. Cambridge: Cambridge University Press, 1996.

BURDICK, Charles K. The origin of the peculiar duties of public service companies. *Columbia Law Review*, New York, vol. 11, nº 8, pp. 743-764, dec. 1911,. Disponível em: https://www.jstor.org/stable/1110915?seq=1#metadata_info_tab_contents. Acesso em: 19 out. 2019.

CABRAL, Dilma. Academias médico-cirúrgicas da Bahia e do Rio de Janeiro. *Memória da Administração Pública Brasileira (MAPA)*. Rio de Janeiro, 11 nov. 2016. Disponível em: http://mapa.an.gov.br/index.php/menu-de-categorias-2/320-academias-medico-cirurgicas-da-bahia-e-do-rio-de-janeiro. Acesso em: 06 jul. 2017.

CABRAL, Dilma; ALMEIDA, Felipe. Academia dos Guardas-Marinhas. *Memória da Administração Pública Brasileira (MAPA)*. Rio de Janeiro, 10 nov. 2016. Disponível em: http://mapa.an.gov.br/index.php/menu-de-categorias-2/242-academia-dos-guardas-marinhas. Acesso em: 06 jul. 2017.

CALDAS, Geraldo Pereira. *Concessões de serviços públicos de energia elétrica*: face à Constituição Federal de 1988 e o interesse público. Curitiba: Editora Juruá, 2001.

CAMPOS, German J. Bidart. El orden socioeconómico en la Constitución Allemand. *In:* MODERNE, Franck; MARCOU, Gérard. *Lídée de Service Public dans le droit des etats de l'union europeenne*. Paris: L'Harmattan, 2001.

CANOTILHO, José Joaquim Gomes. Paradigmas de estado e paradigmas de administração pública. *Moderna Gestão Pública*. Lisboa: Instituto Nacional de Administração, 2000.

CANOTILHO, José Joaquim Gomes. Existe um direito constitucional da regulação? *Revista do Advogado*. São Paulo, ano XXIII, nº 73, p. 109-111, nov. 2003.

CANOTILHO, José Jairo Gomes; MOREIRA, Vital. *Constituição da República Portuguesa anotada*. 4. ed. vol. I, artigos 1 a 107. Coimbra: Coimbra Editora, 2014.

CARDOSO, Fernando Henrique. *Projeto de lei nº 202/1991*. Dispõe sobre o regime de prestação de serviços públicos pela iniciativa privada, previsto no artigo 175 da Constituição, e regula a concessão de obra pública. Brasília: Senado Federal, 21 de março de 1991. Disponível em: https://www.camara.leg.br/proposicoesWeb/fichade tramitacao? idProposicao=173076. Acesso em: 17 de fev. 2018.

CARNIO, Henrique Garbellini. Rudolf Von Jhering e a genealogia da ética: o devir histórico como determinante da procedência do sentimento jurídico. *História e Cultura*. Franca, v. 4, nº 3, p. 101-117, dez. 2015. Disponível em: https://ojs.franca. unesp.br/index.php/historiaecultura/article/view/1694. Acesso em: 15 dez. 2019.

CARVALHO, Carlos Eduardo Vieira de. *Regulação de serviços públicos na perspectiva da constituição econômica brasileira*. Belo Horizonte: Editora Del Rey, 2007.

CARVALHO, José Murilo. *Cidadania no Brasil – O longo caminho*. 10. ed. Rio de Janeiro: Civilização Brasileira, 2008.

CARVALHO NETTO, Menelick de. A hermenêutica constitucional e os desafios postos aos direitos constitucionais. *In*: SAMPAIO, J. A. *Jurisdição constitucional e direitos fundamentais*. Belo Horizonte: Del Rey, 2003, p. 141-163.

CASONATTO, Odalberto Domingos. O Padre Landell de Moura e a ciência – os contratempos de um padre inventor. *Web Artigos*. Porto Alegre, 30 set. 2010 Disponível em: https://www.webartigos.com/artigos/o-padre-landell-de-moura-e-a-ciencia/48500. Acesso em: 19 dez. 2019.

CASSAGNE, Juan Carlos. *Derecho administrativo*. 7. ed. Buenos Aires: LexisNexis Abeledo-Perrot, 2002.

CASSAGNE, Juan Carlos. *La intervención administrativa*. 2. ed. Buenos Aires: Editora Abeledo-Perrot, 1994.

CASSAGNE, Juan Carlos. *Estudios de Derecho Público*. Buenos Aires: Ed. Depalma, 1995.

CAVALCANTI, Themistocles Brandão. *Instituições de direito administrativo brasileiro*. Rio de Janeiro: Freitas Bastos, 1936.

CAVALCANTI, Themistocles Brandão. *Curso de direito administrativo*. 5. ed. ref. e atual. Rio de Janeiro: Freitas Bastos, 1958.

CATTONI, Marcelo. *Contribuições para uma teoria crítica da constituição*. Belo Horizonte: Editora Arraes, 2017.

CHEVALLIER, Jacques. A reforma do Estado e a concepção francesa do serviço público. *Revista do Serviço Público*, Brasília, v. 120, nº 3, p. 34-57, set./dez. 1996.

CHEVALLIER, Jacques. *O Estado pós-moderno*. Trad. Marçal Justen Filho. Belo Horizonte: Fórum, 2009.

CHEVALLIER, Jacques. *O serviço público*. Trad. Augusto Neves Dal Pozzo e Ricardo Marcondes Martins. Belo Horizonte: Ed. Fórum, 2017.

COMADIRA, Julio Rodolfo. El servicio público como título jurídico exorbitante. *Revista de Direito Administrativo e Constitucional* – A & C, Brasília, ano 4, vol. 19, nº 15, p. 79-106, 2004.

COMISSÃO DAS COMUNIDADES EUROPEIAS. *Comunicação da comissão sobre os serviços de interesse geral na Europa* – COM (96) 443. Bruxelas, 11 set. 1996. Disponível em: http://opus.nlp.eu/EUbookshop.php. Acesso em: 25 nov. 2018.

COMISSÃO DAS COMUNIDADES EUROPEIAS. *Directiva 2000/52/CE da Comissão, de 26 de Julho de 2000, que altera a Directiva 80/723/CEE relativa à transparência das relações financeiras entre os Estados-Membros e as empresas públicas*. Bruxelas, 26 jul. 2000. Disponível em: https://eur-lex.europa.eu/LexUriServ/LexUriServ.do?uri=CELEX:32000L0052:PT:HTML. Acesso em: 25 nov. 2018.

COMISSÃO DAS COMUNIDADES EUROPEIAS. *Comunicação da comissão - Serviços de interesse geral na Europa* – COM (2000) 580. Bruxelas, 20 set. 2000. Disponível em: https://eur-lex.europa.eu/LexUriServ/LexUriServ.do?uri=COM:2000:0580:FIN:PT:PDF. Acesso em: 25 nov. 2018.

COMISSÃO EUROPEIA. *Jornal oficial das comunidades europeias*. C17. 44º ano. 19 jan. 2001. ISSN 0257-7771. Disponível em: https://eur-lex.europa.eu/legal-content/PT/TXT/?uri=OJ:C:2001:017:TOC. Acesso em: 23 nov. 2018.

COMISSÃO DAS COMUNIDADES EUROPEIAS. *Livro verde sobre serviços de interesse geral*. 2003. Bruxelas, 21 mai. 2003. COM (2003) 270 final. Disponível em: https://eur-lex.europa.eu/legal-content/PT/TXT/?uri=LEGISSUM%3Al23013. Acesso em: 25 nov. 2018.

COMISSÃO DAS COMUNIDADES EUROPEIAS. *Relatório da comissão ao conselho e ao parlamento europeu sobre a segurança dos transportes e o seu financiamento*. Bruxelas, 1 ago.2006. COM (2006) 431. Disponível em: https://eur-lex.europa.eu/LexUriServ/LexUriServ.do?uri=COM:2006:0431:FIN:PT:PDF. Acesso em: 19 nov. 2018.

COMISSÃO EUROPEIA. *Auxílios estatais*: enquadramento comunitário dos auxílios a favor do ambiente - MEMO/08/31 - Bruxelas, 23 jan. 2008. Disponível em: https://ec.europa.eu/commission/presscorner/detail/pt/MEMO_08_31. Acesso em: 19 nov. 2018.

COMPANHIA ENERGÉTICA DE MINAS GERAIS. *História da eletricidade no Brasil*. Disponível em: http://www.cemig.com.br/pt-br/a_cemig/Nossa_Historia/Paginas/historia_da_eletricidade_no_brasil.aspx. Acesso em: 19 dez. 2019.

COMUNIDADES EUROPEIAS. *Tratado que institui a Comunidade Europeia (versão compilada)*. Disponível em: https://eur-lex.europa.eu/legal-content/PT/TXT/ HTML/?uri=CELEX:11997E/TXT&from=PT. Acesso em: 19 de out. 2020.

COMUNIDADES EUROPEIAS. *Directiva 91/440/CEE do Conselho, de 29 Julho de 1991, relativa ao desenvolvimento dos caminhos-de-ferro comunitários*. Disponível em: https://eur-lex.europa.eu/legal-content/PT/TXT/?uri=CELEX%3A31991L0440. Acesso em: 19 de out. 2020.

COMUNIDADES EUROPEIAS. *Directiva 96/61/CE do Conselho, de 24 de Setembro de 1996, relativa à prevenção e controlo integrados da poluição*. Disponível em: https://eur-lex.europa.eu/LexUriServ/LexUriServ.do?uri=CONSLEG:1996L0061:20060224:PT:PDF. Acesso em: 19 de out. 2020.

COMUNIDADES EUROPEIAS. *Regulamento (CE) nº 2320/2002 do Parlamento Europeu e do Conselho, de 16 de dezembro de 2002, relativo ao estabelecimento de regras comuns no domínio da segurança da aviação civil*. Disponível em: https://op.europa.eu/pt/publication-detail/-/publication/89fe2ceb-4b2c-4491-b62a-d8cbd77615e0. Acesso em: 19 de out. 2020.

COMUNIDADES EUROPEIAS. *Regulamento (CE) nº 725/2004 do Parlamento Europeu e do Conselho, de 31 de março de 2004, relativo ao reforço da protecção dos navios e das instalações portuárias*. Disponível em: https://eur-lex.europa.eu/legal-content/PT/TXT/PDF/?uri=CELEX:32004R0725&from=EN#:~:text=O%20principal%20objectivo%20do%20presente,amea%C3%A7as%20de%20ac%C3%A7%C3%B5es%20il%C3%ADcitas%20intencionais. Acesso em: 19 de out. 2020.

COMUNIDADES EUROPEIAS. *Directiva 2008/92/CE do Parlamento Europeu e do Conselho de 22 de Outubro de 2008 que estabelece um processo comunitário que assegure a transparência dos preços no consumidor final industrial de gás e electricidade (reformulação)*. Disponível em: https://docplayer.com.br/117053813-Directiva-2008-92-ce-do-parlamento-europeu-e-do-conselho.html. Acesso em: 19 de out. 2020.

CONRADO, Regis da Silva. *Serviços públicos à brasileira*: fundamentos jurídicos, definição e aplicação. São Paulo, Editora Saraiva, 2013.

CONSTANTINO, Giuseppe Luigi Pantoja. Regulação de serviços públicos: conceitos e evolução histórica. *Conteúdo Jurídico*. Brasilia, DF, 20 ago. 2014. Disponível em: http://www.conteudojuridico.com.br/?artigos&ver=2.49487&seo=1. Acesso em: 27 jul. 2016.

CORREIA, Genira Chagas *Radiodifusão no Brasil*: poder política, prestígio e influência. 2014. Disponível em: http://www.pluricom.com.br/clientes/pluricom-comunicacao-integrada/Radiodifusao%20no%20Brasil%20-%20Poder-%20prestigio%20e%20influencia.pdf. Acesso em: 19 dez. 2019.

COSTALDELLO, Angela Cassia (Coord.). *Serviços públicos:* direitos fundamentais, formas organizacionais e cidadania. Curitiba: Juruá, 2005.

CRETELLA JÚNIOR, José. *Dos atos administrativos.* 2. ed. Rio de Janeiro: Editora Forense, 1977.

CRETELLA JÚNIOR, José. *Curso de direito administrativo.* 16. ed. Rio de Janeiro: Forense, 1999.

CRUZ, Verônica. Estado e regulação: fundamentos teóricos. *In:* RAMALHO, Pedro Ivo Sebba (Org.). *Regulação e Agências Reguladoras*: governança e análise de impacto regulatório. Brasília: Anvisa, 2009.

DALLARI, Adílson Abreu. Direito ao uso dos serviços públicos. *Revista Trimestral de Direito Público.* nº 13. São Paulo: Malheiros, p. 210-215, 1996.

DE CARLI. Paolo. *Sussidiarietà e governo economico.* Milano: Giufreè Editore, 2002.

DI PIETRO, Maria Sylvia Zanella. Regulação e Legalidade: Limites da Função Reguladora das Agências diante do Princípio da Legalidade. *In:* DI PIETRO, Maria Sylvia Zanella (Coord.). *Direito Regulatório:* temas polêmicos. 2. ed. rev. e ampl. Belo Horizonte: Fórum, 2004.

DI PIETRO, Maria Sylvia Zanella. *Parcerias na administração pública:* concessão, permissão, franquia, terceirização, parceria público-privada e outras formas. 5. ed. São Paulo: Atlas, 2005.

DI PIETRO, Maria Sylvia Zanella. *Direito administrativo.* 27. ed. São Paulo: Editora Atlas, 2014.

DI PIETRO, Maria Sylvia Zanella. *Direito administrativo.* 30. ed. São Paulo: Editora Atlas, 2017.

DIAS, Juliana Costa Santos. O telégrafo, a invenção que deu início à era da informação. Trad. Juliana Costa Santos Dias. Kaspersky. [s.l], 17 jun 2015 Disponível em: https://www.kaspersky.com.br/blog/telegraph-grandpa-of-internet/5431/. Acesso em: 19 dez. 2019.

DIAS, Maria Tereza Fonseca. *Terceiro setor e estado*: legitimidade e regulação – por um novo marco jurídico. Belo Horizonte: Ed. Fórum, 2008.

DROMI, José Roberto. *Derecho administrativo.* 12. ed. Buenos Aires: Ediciones Ciudad Argentina, 2009.

DUGUIT, Léon. *Les transformations du droit public.* Paris: Librairie Armand Colin, 1913.

DUGUIT, Léon. *Droit constitutionnel.* 3. ed. v. II – a theorie generale de l'état. Paris: Ancienne Librairie Fonteoing et Cie. Éditeurs, 1921.

EBERLEIN, Burkard. *Regulation public utilities in Europe*: mapping the problem. Florença: European University Institute, 1998.

ESTORNINHO, Maria João. *Requiem pelo contrato administrativo.* Coimbra: Almedina, 1990.

FALLA, Fernando Garrido. ¿Requién por el servicio público? *Cuenta y Razón del Pensamiento Actual*, Madrid, año 2000, nº 116, p. 7-14, 2002.

FARR, Michelle. Co-production and value co-creation in outcome-based contracting in public services. *Public Management Review,* v. 18, p. 654-672, 2016.

FEDERAL COMMUNICATIONS COMMISSION. *Universal service.* Disponível em: https://www.fcc.gov/general/universal-service. Acesso em: 14 nov. 2019.

FERRAZ, Sérgio. Regulação da economia e livre concorrência: uma hipótese. *Revista de Direito Público da Economia* – RDPE, ano 1, nº 1 abr./jun. 2003. Belo Horizonte: Fórum, 2003.

FOCAULT, Michel. *Vigiar e punir*: a história da violência nas prisões. Petrópolis: Vozes, 1999.

FORTINI, Cristiana. *Contratos administrativos*: franquia, concessão, permissão e PPP. 2. ed. São Paulo: Editora Atlas, 2009.

FRANCO SOBRINHO, Manoel de Oliveira. *Os serviços de utilidade pública*. Curitiba: Empreza Grafica Paranaense, 1940.

FREITAS, Juarez. Agência nacional dos transportes aquaviários – princípio da segurança jurídica – exigência da menor precariedade possível das relações de administração – terminais portuários de uso privativo: contrato de adesão – princípio da retroatividade dos atos normativos – limites ao poder de modificação unilateral do estado-inviabilidade dos atos administrativos autônomos na CF/88 – princípios da legalidade. *Interesse Público*, São Paulo, v. 5, p. 88-106, 2003.

FUNDAÇÃO GETULIO VARGAS. *Relatório sobre análise da experiência internacional e nacional em matéria de PPP*. Projeto de aperfeiçoamento do controle externo da regulação do Tribunal de Contas da União – SEFID. Brasília, DF: Fundação Getúlio Vargas, 2006. Disponível em: http://portal2.tcu.gov.br/portal/pls/ portal/docs/2055918.PDF. Acesso em: 29 de janeiro de 2018.

FUNDAÇÃO GETULIO VARGAS. *Para uma reforma nacional em favor da liberdade econômica e das finalidades públicas da regulação.* Disponível em: https://direitosp.fgv.br/sites/direitosp.fgv.br/files/arquivos/proposta_de_lei_nacional_de_liberdade_economica_-_sbdp__fgv_direito_sp.pdf. Acesso em: 19 dez. 2019.

FUNK, William F.; SEAMON, Richard H. *Administrative law*. New York: Wolters Kluwer Law & Business, 2012.

GABARDO, Emerson. *Interesse público e subsidiariedade*: o estado e a sociedade civil para além do bem e do mal. Belo Horizonte: Fórum, 2009.

GABLER, Louise. Academia de belas artes. *Memória da Administração Pública Brasileira (MAPA).* [s.l]. Disponível em: http://mapa.an.gov.br/index.php/component/content/article?id=740 . Acesso em: 19 jul. 2017a.

GABLER, Louise. Caixas econômicas (1889-1930). *Memória da Administração Pública Brasileira (MAPA).* [s.l]. Disponível em: http://mapa.arquivonacional. gov.br/index.php/dicionario-primeira-republica/888-caixas-economicas. Acesso em: 06 jul. 2017b.

GABLER, Louise. Estrada de ferro de D. Pedro II. *Memória da Administração Pública Brasileira (MAPA).* [s.l]. Disponível em: http://mapa.an. gov.br/index.php/menu-de-categorias-2/317-estrada-de-ferro-d-pedro-ii. Acesso em: 06 jul. 2017c.

GABLER, Louise. Imperial junta do comércio, agricultura, fábricas e navegação. *Memória da Administração Pública Brasileira (MAPA).* [s.l]. Disponível em: http://mapa.an.gov.br/index.php/menu-de-categorias-2/359-junta-do-comercio-agricultura-fabricas-e-navegacao. Acesso em: 06 jul. 2017d.

GARCIA, Maria da Glória. As transformações do direito administrativo na utilização do direito privado pela administração pública: reflexões sobre o lugar do direito no estado. *In*: NUNES, António José Avelães *et al*. *Os caminhos da privatização da administração pública*. Coimbra: Coimbra Editora, 2001.

GARCIA, Miguel Ángel Sendín. *Regulación y servicios públicos*. Granada: Editorial Comares, 2003.

GARCIA, Yolanda Fernández. Las obligaciones especiales de los operadores de los servicios esenciales económicos. *Revista de Administración Pública*. Madrid, nº 163, p 127-153, ene./abr. 2004. Disponível em: https://dialnet.unirioja.es/servlet/ articulo?codigo=904621. Acesso em: 30 out. 2018

GARCIA DE ENTERRIA, Eduardo; RODRÍGUEZ Tomás-Ramón Fernandez. *Curso de derecho administrativo*. Madrid: Editorial Civitas, 1997.

GENOSO, Gianfrancesco. *Princípio da continuidade do serviço público*. Dissertação (Mestrado em Direito) – Faculdade de Direito, Universidade de São Paulo, 2011. Disponível em: https://teses.usp.br/teses/disponiveis/2/2134/tde-26032012-112515/publico/Gianfrancesco_Genoso.pdf. Acesso em: 18 jul. 2018.

GIACOMUZZI, José Guilherme. *Estado e contrato*: supremacia do interesse público "versus" igualdade – um estudo comparado sobre a exorbitância no contrato administrativo. São Paulo: Malheiros Editores, 2011.

GIDDENS, Anthony. *A terceira via*. Reflexões sobre o impasse político atual e o futuro da social-democracia. Rio de Janeiro: Record, 1999.

GODOY, Dagoberto Lima. Inadmissibilidade de autorização na delegação de serviço público para Exploração pela Iniciativa Privada. *Revista Marco Regulatório,* AGERGS, Porto Alegre, vol. 4, p. 15-30, 2001.

GONÇALVES, Pedro António Pimenta da Costa. *A concessão de serviços públicos*. Coimbra: Almedina, 1999.

GONÇALVES, Pedro António Pimenta da Costa. *Direito das telecomunicações*. Coimbra: Ed. Coimbra, 1999.

GONÇALVES, Pedro A. P. C.; MARTINS, Licínio Lopes. Os serviços públicos econômicos e a concessão no estado regulador. *In*: MOREIRA, Vital (Org.). *Estudos de regulação pública.* v. I. Coimbra: Coimbra Editora, 2004.

GONÇALVES, Pedro António Pimenta da Costa. Direito administrativo da regulação. *In*: MIRANDA, Jorge (Coord.). *Estudos em homenagem ao Professor Doutor Marcello Caetano*. v. II. Coimbra: Editora Coimbra, 2006.

GONÇALVES, Pedro António Pimenta da Costa. *Entidades privadas com poderes públicos*: o exercício de poderes públicos de autoridade por entidades privadas com funções administrativas. Coimbra: Almedina, 2008.

GONÇALVES, Pedro A. P. C.; MARTINS, Licínio Lopes. Nótulas sobre o novo regime das entidades independentes de regulação da atividade econômica. *In*: GONÇALVES, Pedro A. P. C. (Org.). *Estudos de regulação pública*. v. II. Coimbra: Coimbra Editora, 2015.

GORDILLO, Agustín. *Tratado de derecho administrativo y obras selectas*. Tomo 1. 1. ed. Buenos Aires: Fundación de Derecho Administrativo, 2013.

GORRITI, Silbia Sarasola. *La concesión de servicios públicos municipales*. Oñati (ES): Estudio Especial de las Potestades de Intervención, 2003.

GOUVEIA. Rodrigo. *Os serviços de interesse geral em Portugal*. Coimbra: Editora Coimbra, 2001.

GRAU, Eros Roberto. Concessionária de SP – bens públicos – direito de uso. *Revista de Direito Administrativo – RDA*, São Paulo, v. 218, p. 343-356, 1999.

GRAU, Eros Roberto. *A ordem econômica na Constituição de 1988*. 6. ed. São Paulo: Malheiros, 2018.

GRAU, Eros Roberto. *Direito, conceitos e normas jurídicas*. São Paulo: Revista dos Tribunais, 1988.

GROTTI, Dinorá Adelaide Musetti. Teoria dos serviços públicos e sua transformação. *In*: SUNDFELD, Carlos Ari (Coord.). *Direito administrativo econômico*. São Paulo: Malheiros, 2002.

GROTTI, Dinorá Adelaide Musetti. *O serviço público e a constituição brasileira de 1988*. São Paulo: Malheiros, 2003.

GROTTI, Dinorá Adelaide Musetti. Apontamentos sobre os serviços públicos e serviços privados de transporte. *Revista da Faculdade de Direito da PUC-SP*, v. 3, **nº** 1, 2015. Disponível em: https://revistas.pucsp.br/index.php/red/issue/download/1594/6. Acesso em: 30 mar. 2019.

GROTTI, Dinorá Adelaide Musetti Grotti. Direito dos usuários. *In*: NUNES JÚNIOR Vidal Serrano (Coord.). *Enciclopédia jurídica da PUCSP*, tomo II (recurso eletrônico): direito administrativo e constitucional. São Paulo: Pontifícia Universidade Católica de São Paulo, 2017a.

GROTTI, Dinorá Adelaide Musetti. A evolução da teoria do serviço público. *In*: NUNES JÚNIOR Vidal Serrano (Coord.). *Enciclopédia jurídica da PUCSP*, tomo II (recurso eletrônico): direito administrativo e constitucional. São Paulo: Pontifícia Universidade Católica de São Paulo, 2017b.

GUERRA, Sérgio. *Agências reguladoras*: da organização administrativa piramidal à governança em rede. Belo Horizonte: Fórum, 2012.

GUIMARÃES, Bernardo Strobel. *Da regulação como função de direito administrativo*. Dissertação (Mestrado em Direito) – Faculdade de Direito, Universidade de São Paulo, 2007. Disponível em: https://www.teses.usp.br/teses/ disponiveis/2/2134/tde-25022008-155225/publico/Bernardo_Strobel_Guimaraes.pdf. Acesso em: 18 jul. 2018.

GUSTIN, Miracy Barbosa de Sousa; DIAS, Maria Tereza Fonseca. *(Re)pensando a pesquisa jurídica*: teoria e prática. 2. ed. Belo Horizonte: Del Rey, 2010.

HABERMAS, Jürgen. *Direito e democracia*: entre facticidade e validade. v. 1. Trad. Flávio Beno Siebeneichler. Rio de Janeiro: Tempo Brasileiro, 1997.

HAURIOU, Maurice. *Principes de droit public*. Paris: Librairie de la Société du Recueil Sirey, 1927.

HAURIOU, Maurice. *Princípios de derecho público y constitucional*. Trad. Carlos Riuz del Castilho. Madrid: Instituto Editorial Reus, [s.d.].

HIRONAKA, Giselda Maria Fernandes Novaes. Tendência do Direito Civil no século XXI. *Seminário Internacional de Direito Civil*, 2001, Núcleo Acadêmico de Pesquisa da Faculdade Mineira de Direito da PUC/MG. Texto da Conferência de Encerramento. 2001. 18p.

HOWARD, Kolubahzizi T. *Universal service*: a review. Disponível em: https://www.academia.edu/4143275/Universal_Service_A_ Review. Acesso em: 30 jan. 2021.

INTERNATIONAL ENERGY INITIATIVE. *Sistemas fotovoltaicos conectados* à *rede elétrica no Brasil: panorama da atual legislação* – Relatório Final. JANUZZI, Gilberto de Martino (Coord.). Campinas: IEI-LA, 2009.

JENSEN, M. C.; MECKLING, W. H. Theory of firm: managerial behavior, agency costs and capital structure. *Journal of Financial Economics*, Michigan, 3, 11-25, 1976.

JÈZE, Gaston. *Principios generales des derecho administrativo*. Trad. Julio N. San Millán Almagro. Buenos Aires: Editorial Depalma, 1928.

JÈZE, Gaston. *Les principes generaux du droit administratif*. 3. ed. Paris: Marcel Giard, 1934.

JHERING, Rudolf Von. *A evolução do direito*. Trad. Abel d'Azevedo. Lisboa: Antiga Casa Bertrand, 1963. Disponível em: http://www.dominiopublico.gov.br/download/texto/bd000048.pdf. Acesso em: 10 dez. 2019.

JOSHI, Anuradha; MOORE, Mick. *Institutionalised co-production*: unorthodox public service delivery. Disponível em: http://gsdrc.org/docs/open/cc86.pdf. Acesso em: 21 out. 2019.

JUSTEN FILHO Marçal. Algumas considerações acerca das licitações em matéria de concessão de serviços públicos. *In*: MODESTO, Paulo; MENDONÇA, Oscar (Coords.) *Direito do Estado*. novos rumos. Tomo 2. São Paulo: Max Limonad, 2001.

JUSTEN FILHO, Marçal. *O direito das agências reguladoras independentes*. São Paulo: Ed. Dialética, 2002.

KAUFF-GAZIN, Fabienne. Intérêt général communautaire et service public. *In*: KOVAR, Robert; SIMON, Denys. *Service public et communauté européenne*: entre l'intérêt general et le marché. Actes du coloque de Strasbourg, p. 17-19 octobre 1996. Tome II, approche transversale et condusions. Paris: La Documentation Française, 1998.

KRÜGER, Alessandra. *Liberalização do setor de energia elétrica na União Europeia e contribuições à experiência brasileira*. Porto Alegre. Universidade Federal do Rio Grande do Sul, 2014.

LARKIN, Philip. *The poems*. New York: Palgrave Macmillan, 2007.

LASKI, Harold Joseph. *A grammar of politics*. 4. ed. London: George Allen & Unwin, 1938.

LEURQUIN, Pablo Georges Cícero Fraga; LARA, Fabiano Teodoro de Rezende. A regulação autônoma no Brasil: um diálogo com a experiência francesa. *Scientia Iuris*, Londrina, v. 20, nº 2, p.141-176, jul. 2016.

LIMA, Ruy Cirne. *Princípios de direito administrativo*. 7. ed. São Paulo: Malheiros Editores, 2007.

LIPSKY, Michael. Street-level bureaucrats as policy makers. *In*: YARWOOD, D. L. (Ed.). *Public administration*: politics and the people. Londres: Longman, 1987.

LOBO, Rodrigo. Banco do Brasil. *Memória da Administração Pública Brasileira (MAPA)*, [s.l]. 09 nov. 2016. Disponível em: http://mapa.an.gov.br/index. php/dicionario-periodo-colonial/138-banco-do-brasil. Acesso em: 06 jul. 2017

LOHBAUER, Rosane M.; SANTOS, Rodrigo M. O novo "novíssimo" modelo do setor elétrico. *Valor Econômico*, 2012. Disponível em: https://valor.globo.com/opiniao/coluna/o-novo-novissimo-modelo-do-setor-eletrico.ghtml. Acesso em: 24 de fev. 2020.

LÓPEZ-MUÑIZ, José Luis Matínez. Servicio público, servicio universal y "obrigación de servicio público" en la perspectiva del derecho comunitario: los servicios esenciales y sus regímenes alternativos. *In*: NUNES, António José Avelães *et al*. *Os caminhos da privatização da administração pública*. Coimbra: Coimbra Editora, 2001.

LOYSEAU, Charles. *A treatise of orders and plain dignities*. Trad. Howell A. Lloyd. Cambridge: Cambridge University Press, 1994.

LOYSEAU, Charles. *Traite des seigneuries*. Paris: Imprime a Chasteaudun. 1610.

MACHADO, Santiago Muñoz. *Servicio publico y mercado*. Tomo I. Madrid: Ed. Civitas, 1998.

MACIEL, Laura Antunes. *Cultura e tecnologia*: a constituição do serviço telegráfico no Brasil. Disponível em: https://repositorio.unesp.br/bitstream/handle/11449/28425/ S0102-01882001000200007.pdf?sequence=1&isAllowed=y. Acesso em: 23 nov. 2018.

MAIRAL, Héctor A. La ideologia del servicio público. *Revista de Derecho Administrativo*. Buenos Aires, nº 14, p. 359-437,1993.

MÂNICA, Fernando; MENEGAT, Fernando. Transparência nas parcerias com o terceiro setor: inovações da Lei nº 13.019/14 e deveres decorrentes da Lei nº 13.460/17. *In*: LIBÓRIO, Daniela; GUIMARÃES, Edgar; GABARDO, Emerson (Org.) *Eficiência e Ética no Direito Administrativo*. Curitiba: Íthala, 2017.

MARCOU, Gérard. De L'idée de service public au service d'interêt général. *In:* MODERNE, Franck; MARCOU, Gérard. *Lídée de Service Public dans le droit des etats de l'union europeenne*, Paris: L'Harmattan, 2001.

MARQUES NETO. Floriano de Azevedo. Direito das telecomunicações e ANATEL. *In:* SUNDFELD, Carlos Ari. *Direito administrativo econômico.* São Paulo: Ed. Malheiros, 2002.

MARQUES NETO, Floriano de Azevedo. Limites à abrangência e à intensidade da regulação estatal. *Revista de Direito Público da Economia* – RDPE, Ano 1, nº 1 (abr./jun., 2003), p. 69-93, Belo Horizonte: Fórum, 2003.

MARRARA, Thiago. Método comparativo e direito administrativo. *Revista Jurídica UNIGRAN.* Dourados/MS, v. 16, nº 32, p. 25-37, jul./dez. 2014.

MARS, Joaquín Tornos. El concepto de servicio público a la luz del derecho comunitario. *Revista de Administración Pública.* Madrid, nº 200, p. 193-211, mayo-ago. 2016. Disponível em: http://dx.doi.org/10.18042/cepc/rap. 200.10. Acesso em: 20 ago. 2020.

MARTIN, Áurea Roldan. Los nuevos contornos del servicio público. *Cuadernos de Derecho Judicial*, Madrid, vol. XII – Derecho Administrativo Econômico, 2000. p. 15-56.

MARTÍN-RETORTILHO, Sebastián. Sentido Y Forma de La Privatización de la Administración Pública. *In*: NUNES, António José Avelães *et al. Os caminhos da privatização da administração pública.* Coimbra: Coimbra Editora, 2001.

MARTÍNEZ, Juan Miguel de la Cuétara. La regulación subsiguiente a la liberalización y privatización de servicios públicos. *In:* NUNES, António José Avelães *et al. Os caminhos da privatização da administração pública.* Coimbra: Coimbra Editora, 2001.

MARTINS, Eduardo. As obrigações de serviço público no tráfego insular. *Boletim da Direcção Geral da Marinha de Comércio.* Portugal, vol. 5 (1), p. 21-27, 1980.

MASAGÃO, Mário. *Natureza jurídica da concessão de serviço público.* São Paulo: Saraiva & Cia Editores, 1933.

MASUD, M. O., *Co-producing citizen security in Karachi, "working paper"* 172. Brighton: Institute of Development Studies, 2002.

MATTOS, Laura Valladão de. *As razões do laissez-faire*: uma análise do ataque ao mercantilismo e da defesa da liberdade econômica na riqueza das nações. Disponível em: https://www.scielo.br/j/rep/a/hj3VdCT5hcvP6jtmDBLT4FD/?lang=pt. Acesso em: 22 mar. 2019.

MAYER, Otto. *Derecho administrativo alemán.* tomo I. parte general. Buenos Aires: Ediciones DePalma, 1904.

MAZUI, Guilherme; MARTELLO, Alexandro. Homem que decide a economia no Brasil é um só: Paulo Guedes', diz Bolsonaro. *G1.* Brasília, 27, abril, 2020. Política. Disponível em: https://g1.globo.com/politica/noticia/2020/04/27/homem-que-decide-a-economia-no-brasil-e-um-so-paulo-guedes-diz-bolsonaro.ghtml. Acesso em: 20 dez 2021

MEDAUAR, Odete. A figura da concessão. *In*: MEDAUAR, Odete (Org.). *Concessão de serviço público.* São Paulo: Editora Revista dos Tribunais, 1995, p. 11-17.

MEDAUAR, Odete. Serviço público. *Revista de Direito Administrativo*, Rio de Janeiro, v. 189, p. 100-113, jul./set. 1992.

MEDEIROS, Adilson Moreira. *A Lei nº 13.460/2017 como instrumento do controle de qualidade e eficiência dos serviços públicos e de efetividade do direito fundamental à boa administração.* Disponível em: https://tcero.tc.br/a-lei-n-13-4602017-como-instrumento-do-controle-de-qualidade-e-eficiencia-dos-servicos-publicos-e-de-efetividade-do-direito-fundamental-a-boa-administracao/. Acesso em: 05 jan. 2020.

MEIRELLES, Hely Lopes. *Direito administrativo brasileiro.* 2. ed. São Paulo: Revista dos Tribunais, 1966.

MEIRELLES, Hely Lopes. *Direito administrativo brasileiro.* 42. ed. São Paulo: Malheiros, 2016.

MELLO, Celso Antônio Bandeira de. *Curso de direito administrativo.* 21. ed. São Paulo: Malheiros, 2006.

MELLO, Celso Antônio Bandeira de. *Curso de direito administrativo.* 26. ed. São Paulo: Malheiros Editores, 2009.

MELLO, Celso Antônio Bandeira de. Serviço público e poder de polícia: concessão e delegação. *Revista Eletrônica de Direito do Estado*, Salvador, Instituto de Direito Público da Bahia, nº 7, jul./ago./set., 2006. Disponível na internet: http://www.direitodo estado.com.br. Acesso em: 25 jul. 2016.

MELLO, Celso Antônio Bandeira de. *Serviço público e concessão de serviço público.* São Paulo: Malheiros Editores, 2017.

MELLO, Rafael Munhoz de. O poder normativo das agências e as relações de especial sujeição. *Revista de Direito Público da Economia* – RDPE, Ano 1, nº 1 abr./jun. 2003, Belo Horizonte: Fórum, 2003.

MENDEL, Toby. *Serviço público de radiodifusão*: um estudo de direito comparado. Brasília: Unesco, 2011.

MINAS GERAIS. *Lei nº 14.868, de 16 de dezembro de 2003*. Dispõe sobre o Programa Estadual de Parcerias Público-Privadas. Belo Horizonte, MG: Assembleia Legislativa de Minas Gerais. Disponível em: https://www.almg.gov.br/consulte/legislacao/completa/completa.html?tipo=LEI&num=14868&comp=&ano=2003&aba=js_textoAtualizado. Acesso em: 10 de julho de 2021.

MINAS GERAIS. *Decreto nº 48.202 de 08 de junho de 2021*. Regulamenta o regime de autorização para exploração de infraestrutura e dos serviços ferroviários no Estado, de que trata a Lei nº 23.748, de 22 de dezembro de 2020. Disponível em: https://www.legisweb.com.br/legislacao/?id=415380. Acesso em: 10 de julho de 2021.

MODESTO, Paulo. O direito administrativo do terceiro setor: a aplicação do direito público às entidades privadas sem fins lucrativos. *Revista Eletrônica sobre a Reforma do Estado (RERE)*, Salvador, Instituto Brasileiro de Direito Público, nº. 25, mar./ abr./ mai. 2011. Disponível em: http://www.direitodoestado.com/revista/RERE-25-MAIO-2011-PAULO-MODESTO.pdf. Acesso em: 07 jul. 2017

MORAS, Juan M. González. El régimen del servicio público en los ordenamientos públicos globales. *In*: REGUEIRA, Enrique M. Alonso (Org.). *Estudios de Derecho Público*. Buenos Aires: Associacíon de Docentes – UBA – Faculdad de Derecho Y Ciencias Sociales, 2013.

MORAS, Juan M. González. El servicio público en el actual modelo prestacional mixto: sus desafíos regulatórios. *In*: FERNÁNDEZ, Francisco Alberto. *Las regulaciones estatales de la economía en la Argentina* – Tomo II. Buenos Aires: Rubinzal-Culzoni Editores, 2014, p. 165-212.

MOREIRA, Egon Bockmann. *O direito administrativo contemporâneo e suas relações com a economia*. Curitiba: Editora Virtual Gratuita, 2016.

MOREIRA, Vital. *Auto-regulação professional e administração pública*. Coimbra: Almedina, 1997.

MOREIRA, Vital. Os serviços públicos tradicionais sob o impacto da União Europeia. *Revista Eletrônica de Direito Administrativo Econômico (REDAE)*, Salvador, Instituto Brasileiro de Direito Público, nº 19, ago./set./out., 2009. Disponível em: http://www.direitodoestado.com/revista/REDAE-19-AGOSTO-2009-VITAL-MOREIRA.pdf. Acesso em: 26 jul. 2016.

MOREIRA, Vital. Regulação econômica, concorrência e serviços de interesse geral. *In*: MOREIRA, Vital (Org.). *Estudos de regulação pública*. v. I. Coimbra: Coimbra Editora, 2004.

MOREIRA, Vital. Serviço público e concorrência: a regulação do sector elétrico. *In:* NUNES, António José Avelãs et al. *Os caminhos da privatização da administração pública*. Coimbra: Coimbra Editora, 2001.

MOREIRA NETO, Diogo de Figueiredo. Mito e realidade do serviço público. *Revista de Direito da Procuradoria Geral do Estado do Rio de Janeiro*. RDPGE, v. 53, p. 143-144, 2000a.

MOREIRA NETO, Diogo de Figueiredo. *Mutações do direito administrativo*. 2. ed. Rio de Janeiro: Renovar, 2000b.

MOREIRA NETO, Diogo de Figueiredo. *Curso de direito administrativo*. 16. ed. Rio de Janeiro: Editora Forense, 2014.

MORENILLA, José Maria Souvirón. *La Actividad de la administración y el servicio público*. Granada: Ed. Colmares, 1998.

MOSQUETTI, Ellen. *Parcerias público-privadas*: delegação de serviços públicos e desenvolvimento. Dissertação (Mestrado em Direito) – Centro de Ciências Jurídicas e Sociais, Pontifícia Universidade Católica do Paraná, 2011.

MUÑOZ, Jaime Rodríguez-Arana. *Direito fundamental à boa administração pública*. Belo Horizonte: Fórum, 2012.

NUNES, Antônio José Avelãs Nunes. Controvérsias sobre o mercantilismo. *In*: CAMPOS, Diogo Leite. *Estudos em homenagem ao Prof. Doutor Manuel Henrique Mesquita*, Colecção STUDIA IURIDICA, nº 96, Ad Honorem – 4, Coimbra, Coimbra Editora, 2009, Volume II, p. 311-335. Disponível em: https://www.fd.uc.pt/~ anunes/pdfs/prefacio_10.pdf. Acesso em: 18 dez. 2019.

OGUS, Anthony. *Regulation*: legal form and rconomic theory. Oxford: Portland Oregon, 2004.

OLIVEIRA, Helli Alves de. Os serviços públicos de energia elétrica e a nova legislação sobre concessões. *In*: MEDAUAR, Odete (Org.). *Concessão de serviço público*. São Paulo: Editora Revista dos Tribunais, 1995, p. 39-57.

OLIVEIRA, José Roberto Pimenta. A Aneel e serviços de energia elétrica. *In:* SUNDFELD, Carlos Ari. *Direito administrativo econômico*. São Paulo: Malheiros, 2002.

ORTIZ, Gaspar Ariño. *La regulación económica*: teoría y práctica de la regulación para la competencia. Buenos Aires: Editora Ábaco de Rodolfo Depalma, 1996.

ORTIZ, Gaspar Ariño. Logros y fracasos De la regulación. *Revista de Derecho*. Disponível em: http://redae.uc.cl/index.php/ REDAE/article/view/4842. Acesso em: 30 nov. 2018.

ORTIZ, Gaspar Ariño. Significado actual de la noción del servicio público. *In*: ORTIZ, Gaspar Ariño., DE LA CUÉTARA Martínez J. M; MARTÍNEZ J. M.; MUÑIZ, J. L. M. L. *El nuevo servicio público*. Madrid: Marcial Pons – Universidad Autónoma de Madrid, 1997.

OSBORNE, David; GAEBLER, Ted. *Reinventando o governo*: como o espírito empreendedor está transformando o setor público. Brasília, DF: MH Comunicação, 1995.

OSBORNE, Stephen P. Delivering public services: time for a new theory? *Public Management Review*, v. 12, p. 1-10, 2010.

OTERO, Paulo. Coordenadas jurídicas da privatização da administração pública. *In*: NUNES, António José Avelães *et al*. *Os caminhos da privatização da administração pública*. Coimbra: Coimbra Editora, 2001.

PARADA, Ramón. *Concepto y fuentes del derecho administrativo*. Madrid: Marcial Pons, 2008.

PASCAL, Laurent. Les apports de la commission européenne et de la cour de justice des communautes européennes a l'identification des activites de service public. *In*: KOVAR, Robert; SIMON, Denys. *Service public et communauté européenne*: entre l'intérêt general et le marché. Actes du coloque de Strasbourg, p. 17-19 octobre 1996. Tome II, approche transversale et condusions. Paris: La Documentation Française, 1998.

PAULA, Ana Paula Paes de. *Por uma nova gestão pública*: limites e potencialidades da experiência contemporânea. Rio de Janeiro: FGV Ed., 2006.

PAVÃO, Eduardo Nunes Alvares. As relações de poder no Asylo de Meninos Desvalidos da Corte – (1875-1894) – Anais do 7º. Seminário Brasileiro de História da Historiografia – Teoria da história e história da historiografia: diálogos Brasil-Alemanha. Ouro Preto: Ed. UFOP, 2013.

PERALDI-LENEUF, Fabienne. Le Consommateur-Citoyen et la Mutation des obligations de Service Public. *In*: KOVAR, Robert; SIMON, Denys. *Service public et communauté européenne*: entre l'intérêt general et le marché. actes du coloque de Strasbourg, p. 17-19 octobre 1996. Tome II, approche transversale et condusions. Paris: La Documentation Française, 1998.

PEREIRA, Caio Mário da Silva. *Instituições de Direito Civil*. v. 1 – Introdução ao direito civil: teoria geral do direito civil – 24. ed. - Rio de Janeiro: Editora Forense, 2011.

PEREIRA, Flávio Henrique Unes. *Poder de polícia administrativa*: fundamentos e requisitos da delegação de exercício a particulares. 2013. Tese (Doutorado em Direito) – Faculdade de Direito, Universidade Federal de Minas Gerais, Belo Horizonte 2013.

PESSOA, Gláucia Tomaz de Aquino. Novo Banco do Brasil. *Memória da Administração Pública Brasileira (MAPA)*. [s.l], 11 nov. 2016. Disponível em: http://mapa.an.gov.br/index.php/menu-de-categorias-2/261-banco-do-brasil-1853-1866. Acesso em: 06 jul. 2017.

PINTO, Bilac. *Regulamentação efetiva dos serviços de utilidade pública*. Rio de Janeiro: Revista Forense, 1941.

PINTO, Vitor Carvalho. Empresa aérea é concessionária de serviço público? *Brasil, Economia, Governo*, [s.l]. 20 mai. 2013. Disponível em: http://www.brasil-economia-governo.org.br/2013/05/20/empresa-aerea-e-concessionaria-de-servico-publico/. Acesso em: 17 jul. 2019.

POMPEU, Cid Tomanik. *Autorização administrativa*: de acordo com a Constituição Federal de 1988. São Paulo: Revista dos Tribunais, 1992.

PORTUGAL. *Constituição da República Portuguesa*. Disponível em: https://www.parlamento.pt/Legislacao/Paginas/ConstituicaoRepublicaPortuguesa.aspx. Acesso em: 17 jul. 2019.

PORTUGAL. *Decreto-Lei nº 138/99, de 23 de Abril*. Regula a fixação de obrigações de serviço público e as ajudas do Estado relativamente a serviços aéreos para regiões insulares, periféricas ou em desenvolvimento. Disponível em: https://dre.tretas.org/dre/101701/decreto-lei-138-99-de-23-de-abril. Acesso em: 17 jul. 2019.

PORTUGAL. *Decreto-Lei nº 558/99, de 17 de Dezembro*. Disponível em: https://dre.tretas.org/dre/108811/decreto-lei-558-99-de-17-de-dezembro. Acesso em: 17 jul. 2019.

POSNER, Eric A. *Agency models in law and economics*. John M. Olin Law & Economics Working Paper. nº. 92, Série 2. 2000.

POTOTSCHNIG, Umberto. *I pubblici servizi*, Padova: CEDAM, 1964.

PROSSER, Tony. *Law and regulators*. Oxford: Clarendon Press, 1997a.

PROSSER, Tony. Les institutions protégeant l'intérêt général après provatisations: l'expérience britannique. *Revue Internationale de Droit Economique*. Brussels, vol. 11, nº 2, p. 175-182,1997b.

PROSSER, Tony. *The regulatory enterprise* – government, regulation and legitimacy. Oxford: Oxford University Press, 2010.

QUADROS, Fausto de. Serviço público e direito comunitário. *In*: NUNES, António José Avelães *et al*. *Os caminhos da privatização da administração pública*. Coimbra: Coimbra Editora, 2001.

QUINALIA, C. L. Regimes público e privado no setor de telecomunicações: análise de uma diferença e de uma semelhança. *Revista de Direito, Estado e Telecomunicações*, Brasília, v. 7, nº 1, p. 73-116, maio 2015.

RASPANTI, Márcia Pinna. A abolição e o fim do Império. *História Hoje.com*. nov. 2013. Disponível em: http://historiahoje.com/a-abolicao-e-o-fim-do-imperio/ Acesso em: 06 jul 2017.

REBOLLO, Luís Martín. Servicios publicos y servicios de interés general: la nueva concepción y operatividad del servicio público en el derecho administrativo Español. *In*: MOREIRA NETO, Diogo de Figueiredo (Coord). *Uma avaliação das tendências contemporâneas do Direito Administrativo*: obra em homenagem a Eduardo García de Enterría. Rio de Janeiro: Revovar, 2003.

REPOLÊS, M. F., PRATES, F. d., & CALIXTO, J. d. (2015). *O direito fundamental à propriedade em sua dimensão horizontal: uma contínua disputa, uma ininterrupta aprendizagem*. Disponível em: https://www.derechoycambiosocial.com/revista041/O_DIREITO_FUNDAMENTAL_A_PROPRIEDADE%20.pdf

RIO DE JANEIRO. Tribunal de Justiça. *Agravo de Instrumento nº 0016889.29.2020.8.19.0000*. 23ª Câmara Cível. Agravante: Associação Brasileira de Empresas de Transporte Terrestre de Passageiros. Agravada: Buser Brasil Tecnologia. Relator: Des. Antônio Carlos Ferreira Chaves, 03 de abril de 2020. Disponível em: https://www3.tjrj.jus.br/consultaprocessual/#/consultapublica#porNumero. Acesso em: 19 jun. 2021.

RIVERO, Jean. *Droit Administratif*. 7. Ed. Paris: Dalloz, 1975.

RIVERO, Jean; MOUTOUH, Hugues. *Liberdades públicas*. Trad. Maria Ermantina de Almeida Prado Galvão. São Paulo: Martins Fontes, 2006.

ROCHA, Carmen Lúcia Antunes. *Estudos sobre concessão e permissão de serviço público no direito brasileiro*. São Paulo: Saraiva, 1996.

ROJAS, Francisco José Villar. Privatización de grandes servicios públicos. *In*: NUNES, António José Avelães *et al*. *Os caminhos da privatização da administração pública*. Coimbra: Coimbra Editora, 2001.

ROLLAND, Louis. *Precis de droit administratif*. 10.ed. Paris: Dalloz, 1951.

ROSANVALLON, Pierre. *A crise do Estado-providência*. Goiânia, GO: Ed. UFG/Brasília, DF: Ed. UNB, 1997.

ROSANVALLON, Pierre. *A nova questão social*: repensando o Estado-providência. Brasília, DF: Instituto Teotônio Vilela, 1998.

ROSENBERG, Edwin; PÉREZ-CHAVOLLA, Lilia; LIU, Jing. *Universal service*. Columbus: The National Regulatory Research Institute. May. 2006.

ROSILHO, André; SUNDFELD, Carlos Ari. *Serviços privados de transporte individual na lei nacional de mobilidade urbana*. Disponível em: https://www.e-publicacoes.uerj.br/index.php/rdc/article/view/32315/24085. Acesso em: 19 de set. 2019.

ROUBICECK, Marcelo. *O que é o novo marco legal do saneamento básico*. Disponível em: https://www.nexojornal.com.br/expresso/2019/12/12/O-que-%C3%A9-o-novo-marco-legal-do-saneamento-b%C3%A1sico. Acesso em: 24 de dez. 2020.

ROUSSEAU, J. J. *O contrato social*: princípios do direito político. Tradução: Antônio de Pádua Danesi. São Paulo: Ed. Martins Fontes, 1999.

ROUSSET, Michel; ROUSSET, Olivier. *Droit administratif*. Tome I. Deuxième edition. Grenoble: Presses Universitaires De Grenoble, 2004.

ROUVIER-MEXIS, Catherine. Service public ou service rendu au public. *In:* KOVAR, Robert; SIMON, Denys. *Service public et communauté européenne*: entre l'intérêt general et le marché. actes du coloque de Strasbourg, p. 17-19 octobre 1996. Tome II, approche transversale et condusions. Paris: La Documentation Française, 1998.

SAADI. Mário. *Empresa Semiestatal*. Belo Horizonte: Fórum, 2019.

SAMUEL, Geoffrey. *An introduction to comparative law*. Theory and method. Oxford: Hart, 2014.

SANCHES, Luiz Antonio. *Fundamentos jurídicos da regulação*: encargo e tributos no setor elétrico. Disponível em: http://www.abce.org.br/downloads/200610_COGE_ CVRD nmodelo_ _tributos_sanches.pdf. Acesso em: 19 fev. 2019.

SANCHEZ, Rafael Caballero. *Infraestruturas em red y liberalización de servicios publicos*. Madrid: INAP, 2003.

SANTOS, José Anacleto Abduch. *Contratos de concessão de serviços públicos*: equilíbrio econômico-financeiro. Curitiba: Juruá, 2003.

SÃO PAULO (Estado). *Lei nº 2.004, de 19 de dezembro de 1924*. Crea o Instituto Paulista da Defesa Permanente do Café. Disponível em: https://www.al.sp.gov.br/repositorio/legislacao/lei/1924/lei-2004-19.12.1924.html. Acesso em: 19 de jan. 2019.

SÃO PAULO (Estado). *Lei nº 11.688, de 19 de maio de 2004*. Institui o Programa de Parcerias Público-Privadas (PPP) e dá outras providências. São Paulo, SP: Assembleia Legislativa do Estado de São Paulo. Disponível em: https://www.al.sp.gov.br/repositorio/legislacao/lei/2004/lei-11688-19.05.2004.html#:~:text=Artigo%20 1%C2%BA%20%2D%20Fica%20institu%C3%ADdo%2C%20no,colaboradores%2C%20atuem%20na%20 implementa%C3%A7%C3%A3o%20das. Acesso em: 10 de julho de 2021.

SÃO PAULO (Estado). TRIBUNAL DE JUSTIÇA DE SÃO PAULO. *Ação Cautelar Inominada nº 1040391-49.2015.8.26.0100*. São Paulo, SP: Tribunal de Justiça de São Paulo. Disponível em: https://esaj.tjsp.jus.br/cpopg/show.do?processo.codigo=2S000GKJ70000&processo.foro=100&processo.numero=1040391-49.2015.8.26.0100&uuidCaptcha=sajcaptcha_ffd23343977c4268b1e4c061885ee4f6. Acesso em: 10 de julho de 2021.

SÃO PAULO (Município). *Lei nº 16.279 de 8 de outubro de 2015*. Dispõe sobre a proibição do uso de carros particulares cadastrados em aplicativos para o transporte remunerado individual de pessoas no Município de São Paulo, e dá outras providências. São Paulo, SP: Gabinete do Prefeito. Disponível em: http://legislacao.prefeitura.sp.gov.br/leis/lei-16279-de-08-de-outubro-de-2015/detalhe#:~:text=Disp%C3%B5e%20sobre%20 a%20proibi%C3%A7%C3%A3o%20do,Paulo%2C%20e%20d%C3%A1%20outras%20provid%C3%AAncias. Acesso em: 10 de julho de 2021.

SÃO PAULO (Município). *Lei nº 16.345 de 4 de janeiro de 2016*. Dispõe sobre regulamentação do atendimento ao serviço de Transporte Individual Remunerado de Passageiros – Táxi, em casos de solicitação por aplicativo (APP) ou internet, no Município de São Paulo, e dá outras providências. São Paulo, SP: Gabinete do Prefeito. Disponível em http://legislacao.prefeitura.sp.gov.br/leis/lei-16345-de-04-de-janeiro-de-2016. Acesso em: 10 de julho de 2021.

SARLET, Ingo Wolfgang. Os Direitos Fundamentais Sociais Na Constituição de 1988. *Revista Diálogo Jurídico*, Salvador, CAJ – Centro de Atualização Jurídica, v. 1, nº 1, 2001. Disponível em: http://www.direitopublico.com.br. Acesso em: 10 de fev. 2022.

SAWHNEY, Harmeet; JAYAKAR, Krishna P. Universal access. *Annual Review of Information Science and Technology*. New York, nº 41, 159-221, jan. 2008.

SCHIRATO, Vitor Rhein. *Livre iniciativa nos serviços públicos*. Belo Horizonte: Editora Fórum, 2012.

SCHMIDT-ASSMANN, Eberhard. Cuestiones fundamentales sobre la reforma de la teoría general del derecho Administrativo: necessidad de la innovación y pressupuestos metodológicos. *In*: BARNÉS, Javier. *Innovación y reforma en el derecho administrativo*. Sevilla: Derecho Global, 2006.

SCHMIDT-ASSMANN, Eberhard. *La teoría general del derecho administrativo como sistema*: objeto y fundamentos de la construcción sistemática. Madrid: Marcial Pons – Ediciones Jurídicas y Sociales, 2003.

SEERDEN, René J. G. H. (ed.). *Comparative administrative law*: administrative law of the European Union, its member states and the United States. 4. ed. Cambridge – Antwerp – Portland: Intersentia, 2018.

SILVA, Almiro do Couto e. Privatização no Brasil e o novo exercício de funções públicas por particulares. Serviço público à brasileira? *Revista do Direito Administrativo* – RDA. Ed. Renovar, vol. 230, p. 45-74, 2002.

SILVA, Cristiana Maria Fortini Pinto e. *Contratos administrativos*: franquia, concessão, permissão e PPP. 2. ed. São Paulo: Editora Atlas, 2009.

SILVA, Diniz Raposo e. *O financiamento das obrigações de serviço público da União Européia*: da sua qualificação como auxílio de Estado na acepção do artigo 87(1) do Tratado de Roma. Dissertação (Mestrado em Direito) – Faculdade de Direito, Universidade de Coimbra, 2006.

SILVA, Leandro Novais e. (Org.). *Regulação e concorrência no setor aéreo no Brasil*: alternativas possíveis. 1. ed. São Paulo: Singular, 2014

SILVA, Vasco Pereira da. *Em busca do acto administrativo perdido*. Coimbra: Almedina, 2003.

SILVEIRA, Raquel Dias da. O repensar da noção de serviço público. *In*: FERRAZ, Luciano; MOTTA, Fabrício; ANASTASIA, Antônio Augusto Junho. *Direito público moderno*: homenagem ao professor Paulo Neves de Carvalho. Belo Horizonte: Del Rey, 2003.

SILVEIRA, Raquel Dias da. *Regime jurídico dos serviços de telefonia fixa*. Belo Horizonte: Fórum, 2003.

SOUSA, Marcelo Fontana de. *Os direitos fundamentais no Estado regulador*: aspectos estruturantes das obrigações de serviço público. Salvador: Academia Juris, 2010.

SOUZA, Maria do Carmo Campello de. *Estado e partidos políticos no Brasil (1930 a 1964)*. São Paulo: Ed. Alfa Ômega, 1990.

SOUZA, Washington Peluso Albino de. *Direito econômico*. São Paulo: Editora Saraiva, 1980.

SOUZA NETO, Cláudio Pereira de; MENDONÇA; José Vicente Santos de. Fundamentalização e Fundamentalismo na Interpretação do Princípio Constitucional da Livre Iniciativa. *In*: SOUZA NETO, Cláudio Pereira de; SARMENTO, Daniel (Org.). *A Constitucionalização do direito*: fundamentos teóricos e aplicações específicas. Rio de Janeiro: Editora Lumen Juris, 2007. p. 709-741.

SUNDFELD, Carlos Ari. A regulação de preços e tarifas dos serviços de telecomunicações. *In:* SUNDFELD, Carlos Ari. *Direito administrativo econômico*. São Paulo: Ed. Malheiros, 2000.

SUNDFELD, Carlos Ari. *Direito administrativo ordenador*. São Paulo: Malheiros, 1993.

SUNDFELD, Carlos Ari. *Direito administrativo ordenador*. São Paulo: Malheiros Editores, 1997.

SUNDFELD, Carlos Ari. *Direito administrativo econômico*. São Paulo: Editora Malheiros, 2002.

SUNDFELD, Carlos Ari. Regime jurídico dos bens públicos empregados na geração de energia. *Revista de Direito Administrativo* – RDA, vol. 232, p. 345, 2003.

SUNDFELD, Carlos Ari. Autorização de serviços de telecomunicações: os requisitos para sua obtenção. *Revista de Direito Administrativo e Constitucional* – A & C, v. 15, p. 193-211, 2004.

TAUNAY, Alfredo Déscragnolle; AVELLAR, Hélio de Alcântara. *História administrativa do Brasil*. v. VII. Rio de Janeiro: DASP, 1974.

TELECOMUNICAÇÕES DO BRASIL. *História das telecomunicações*. Disponível em: http://telecomunicacoesdobrasil.org.br/voce-conectado/historia-das-telecomunicacoes/. Acesso em: 19 dez. 2019

TRATA BRASIL. *Ranking do saneamento 2020*. Disponível em: http://www.tratabrasil. org.br/images/estudos/itb/ranking_2020/Relat%C3%B3rio_-Ranking_Trata_Brasil_2020_ 1. pdf. Acesso em: 27 de fev. 2021.

TRATADO DE MAASTRICHT. *Tratado da União Europeia*. Disponível em: https://eur-lex.europa.eu/legal-content/PT/TXT/?uri=CELEX:11992M/TXT. Acesso em: 16 ago. 2019.

UNIÃO EUROPEIA. *Traité instituant la Communauté Economique Européenne*. Roma: 25 Mar. 1957. Disponível em: https://eur-lex.europa.eu/legal-content/FR/TXT/PDF/?uri=CELEX:11957E/TXT&from=EN. Acesso em: 16 ago. 2019.

UNIÃO EUROPEIA. *Tratado de Amesterdão, que altera o tratado da união europeia, os tratados que instituem as comunidades europeias e alguns actos relativos a esses tratados*. Amesterdão: 1997. Disponível em: https://www.europarl.europa.eu/about-parliament/pt/in-the-past/the-parliament-and-the-treaties/treaty-of-rome. Acesso em: 16 ago. 2019.

UNIÃO EUROPEIA. *Tratado de Nice*. Versões compiladas do Tratado da União Europeia e do Tratado que institui a Comunidade Europeia. Nice: 24 Dez. 2002. Disponível em: https://www.europarl.europa.eu/about-parliament/pt/in-the-past/the-parliament-and-the-treaties/treaty-of-rome. Acesso em: 16 ago. 2019.

VALE, Murilo Melo. A conveniência das Parcerias Público-Privadas na área de saúde no Brasil: uma análise comparativa da experiência de escolha pela Concessão Administrativa para a gestão do Hospital Metropolitano de Belo Horizonte e do Hospital do Subúrbio de Salvador. *Revista SINTESE – Licitações, Contratos e Convênios*, São Paulo, v. 3, nº 16, p. 9-24, ago./set. 2013.

VALE, Murilo Melo. A declaração de direitos da liberdade econômica é mais um instrumento ideológico, do que propriamente jurídico. *Migalhas*, 10 mai. 2019a. Disponível em: https://www.migalhas.com.br/dePeso/16,MI302029,101048-A+Declaracao+de+ Direitos+da+Liberdade+Economica+e+mais+um+instrumento?fbclid=IwAR2eFhr894IfUsTCGrDTabpbWHNiZEVXOtYc4X64vLp66AF-JOdsQqBHovI. Acesso em: 19 dez. 2019.

VALE, Murilo Melo. A evolução do setor público não estatal na história administrativa brasileira: contornos do papel das entidades privadas na condução de funções públicas durante o modelo de gestão patrimonialista e burocrático brasileiro. *In*: RABELO, Nuno M. B. S. V. *Direito em foco*. v. 2. Belo Horizonte: Casa do Direito, 2019b.

VALE, Murilo Melo. *A natureza jurídica do princípio democrático na função administrativa*. Rio de Janeiro: Editora Lumen Juris, 2018.

VALE, Murilo Melo. Liberalização e evolução da livre concorrência no mercado da energia no Brasil, Estados Unidos da América e União Europeia: um estudo comparado para demonstração dos fatores prejudiciais ao estabelecimento de um mercado energético competitivo. *In*: SOARES, Cristiana N. S.; BAROTTI, Fernando; TOSCANo, Renata. *Direito de energia e áreas afins* – Tomo IV. Franca: Editoria Synergia, 2021.

VASCONCELOS, Jorge. Governo e regulação (governar sem governo, regular sem regulador?). *In*: MOREIRA, José Manuel; JALALI, Carlos; ALVES, André Azevedo Alves (orgs.). *Estado, sociedade civil e administração pública*: para um novo paradigma do serviço público. Coimbra: Almedina, 2008.

VÁSQUEZ, José Ramón Parada. Derecho administrativo, derecho privado, derecho garantizador. *Revista de Administración Pública*, Madrid. 52, 1967. Disponível em: https://dialnet.unirioja.es/descarga/articulo/2116239.pdf. Acesso em: 30 abr. 2016.

VEDEL, Georges. *Droit Administratif*. 5. ed. Paris: Presses Universitaires de France, 1973.

VENÂNCIO FILHO, Alberto. *Código de águas*. Fundação Getúlio Vargas. Disponível em: http://www.fgv.br/cpdoc/acervo/ dicionarios/verbete-tematico/codigo-de-aguas. Acesso em: 19 dez. 2019.

VERGARA, Patrícia López. Titularidade em el servicio público. *Revista de Derecho Administrativo*. Argentina, ano 11. 1999.

VERGARA, S. C. *Métodos de pesquisa em administração*. São Paulo: Atlas, 2006.

VIANA. Arízio de. *D.A.S.P – Instituição a serviço do Brasil*. Rio de Janeiro: DASP, 1953.

VOISSET, Michèle. Qualite, Adaptabilite, Mutabilite. *In*: KOVAR, Robert; SIMON, Denys. *Service public et communauté européenne*: entre l´intérêt general et le marché. actes du coloque de Strasbourg, p. 17-19 octobre 1996. Tome II, approche transversale et condusions. Paris: La Documentation Française, 1998.

WALDO, Dwight. Desenvolvimento da teoria de administração democrática. *Revista do Serviço Público* (ISSN 0034/9240). Brasília, v. 63, nº 3, p. 381-397, jul./set. 2012

WALTENBERG, David A. M. O direito da energia elétrica e a ANEEL. *In*: SUNDFELD, Carlos Ari (Coord.). *Direito administrativo econômico*. São Paulo: Ed. Malheiros, 2002.

WIMMER, Miriam; PIERANTI, Octavio Penna. Serviços públicos de radiodifusão? Incoerências, insuficiências e contradições na regulamentação infraconstitucional. *Revista de Economía Política de las Tecnologías de la Información y Comunicación*, Sergipe, vol. XI, nº 1, ene./abr. 2009. Disponível em: file:///C:/Users/64733068620/Downloads/ 156-Texto%20do%20artigo-552-1-10-20111205.pdf. Acesso em: 18 ago. 2020.

WINDHOLZ, Eric; HODGE, Graeme A. Conceituando regulação social e econômica: implicações para agentes reguladores e para atividade regulatória atual. *Revista de Direito Administrativo*, Rio de Janeiro, v. 264, p. 13-56, set./dez. 2013.

Esta obra foi composta em fonte Palatino Linotype, corpo 10
e impressa em papel Pólen Bold 70g (miolo) e Supremo 250g (capa)
pela Gráfica Formato.